Franz Xaver Freninger

Das Matrikelbuch der Universitaet Ingolstadt-Landshut-München

Rectoren Professoren Doctoren 1472 - 1872. Candidaten 1772 - 1872. 2. Teil

Franz Xaver Freninger

Das Matrikelbuch der Universitaet Ingolstadt-Landshut-München
Rectoren Professoren Doctoren 1472 - 1872. Candidaten 1772 - 1872. 2. Teil

ISBN/EAN: 9783744671279

Hergestellt in Europa, USA, Kanada, Australien, Japan

Cover: Foto ©ninafisch / pixelio.de

Weitere Bücher finden Sie auf **www.hansebooks.com**

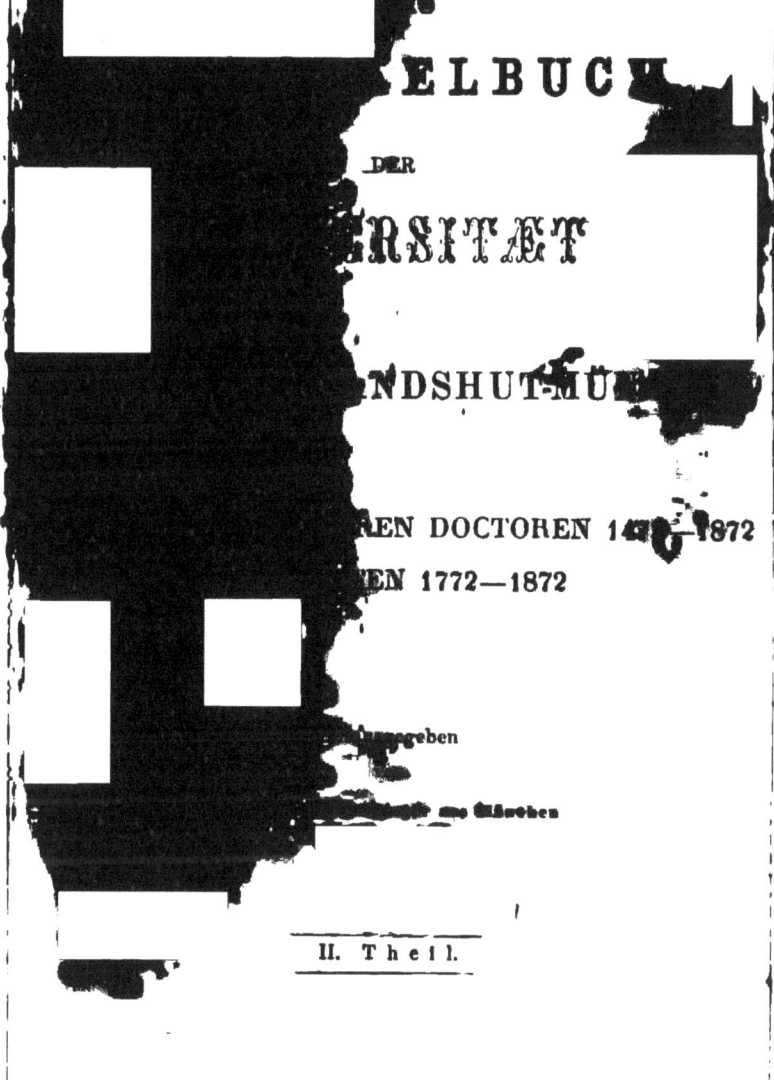

ELBUC

DER

RSITÆT

NDSHUT-MU

EN DOCTOREN 14   —1872

EN 1772—1872

geben

II. Theil.

München 1872

Druck und Verlag von A. Eichleiter in Friedberg.

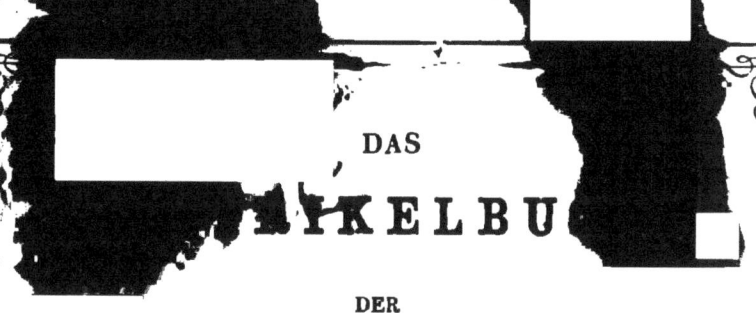

DAS

MATRIKELBUCH

DER

UNIVERSITÆT

INGOLSTADT-LANDSHUT-MÜNCHEN

RECTOREN PROFESSOREN DOCTOREN 1472—1872
CANDIDATEN 1772—1872

Herausgegeben

von

Franz Xaver Freninger aus München

II. Theil.

München 1872

Druck und Verlag von A. Eichleiter in Friedberg.

1829—1830

Rector DLXXXI Friedrich THIERSCH

Adelsdorfer Samuel Theol. Adelsdorf
Albert Dr. Alex. Karl Math. München
Allgäuer David Med. St. Gallen
Allioli Ferdinand Phil. Sulzbach
Altenbuchner Jos. Phil. Bogenhausen
Amann Jakob Theol. Freiburg
Amann Joh. Conrad Med. Wittenweil
Andrée Max Phil. Abensberg
Arnold Karl Jur. Edenkoben
Attenhofer Heinrich Jur. Sursee
Audrezky Alois Frhr. v. Phil. Irlbach
Azenberger Joseph Phil. Wunnersdorf
Baader Anton Phil. Geltendorf
Bachauer Joseph Phil. München
Bacher Karl Phil. Amberg
Bachmann Franz Jur. Dirnstein
Bär Eduard Phil. Zoffingen
Baltzer Joh. Priester Theol. Andernach
Bartenstein Adolph Med. Hildburghausen
Baumann Jakob Phil. Preissach
Baumgärtner Mart. Phil. Starkenhofen
Baur Jakob von Jur. Aichach
Bautenbacher Leonh. Phil. Ziswingen
Beck Franz Xaver Phil. Simonswald
Beck Karl Phil. Strassburg
Beck Karl Philol. Etzelheim
Becker Jur. Tönning
Beiling Andreas Phil. Euerndorf
Berger Philipp Phil. Grosskarlenbach
Bernbacher Kaspar Phil. Unteregg
Bernclau Karl Bar. v. Phil. Straubing
Bernold Leonard Phil. Wallenstadt
Bernreitter Jos. Phil. Alberschwende
Berthold Karl Theol. Pappenheim
Beseler Karl Christoph Jur. Bödemis
Besnard Karl von Med. Zweibrücken
Betzel Karl Wilhelm Phil. München
Bever Gustav Jur. Ansbach
Bezold Joh. Bapt. Jur. Cam. Rabenshof
Bezold Rudolph Phil. Ansbach
Biberger Georg Phil. Dietersdorf
Binder Michael Phil. Passau
Binder Franz Phil. München
Birkmair Joseph Phil. München
Birzer Jakob Phil. Regensburg
Bodenmiller Hilarius Phil. Weiler
Boeckler Joseph Anton Phil. Moosmühl
Bösl Johann Georg Jur. Cham
Bogner Max Phil. Breitenberg
Boshart Joseph Phil. München
Boshart Karl Phil. München
Bossart Jakob Anton Med. Niederwyl

Brün Johann Bapt. Theol. Oberbrambach
Brand Johann Baptist Phil. Triftern
Braun Emil Phil. Gotha
Braun Gustav Med. Lauf
Braun Ludwig Jur. Oettingen
Braun Wilhelm August Jur. Speyer
Britzger Xaver Phil. Weissenhorn
Brunner Jakob Phil. Kremmerhäuser
Buchert Thom. Adalb. Phil. Bamberg
Buhmann Alois Phil. Weiler
Buchner Ernest Phil. München
Buchner Wilhelm Jur. Bayreuth
Buttersack Joh. Heinr. Med. Bopfingen
Butz Johann Baptist Phil. Passau
Camerer Friedrich Phil. Oettingen
Chllngensporg Alois v. Phil. Amberg
Christos Zacharizas Jur. Athen
Cigoni Dismar Phil. Stadtkemnath
Clessin Max v. Cam. Philol. Dillingen
Curtmann Friedrich Phil. Regensburg
Dall'Armi Carl von Phil. München
Dätzel Thaddä Phil. Kempten
Dallinger Joseph Engelbert Phil. Schellenberg
Daxberger Joh. B. Phil. Nymphenburg
Deigendesch Mathias Phil. Buchloe
Dellermann Baptist Phil. Forchheim
Denk Joseph Phil. Oberschneiding
Denkerl Wilhelm Phil. Ulm
Deuscherz Andreas Pharm. Landshut
Deschwanden Constantin Med. Stanz
Detmers Peter Sebastian Jur. Aurich
Dick August Jur. Frankenthal
Dickhart Franz Phil. Schönburg
Dietz Joseph Phil. Mitterteich
Dilorenzi Joh. Bapt. Pharm. Geisenheim
Donderer Anton Theol. Hainhofen
Dopfer Karl Xaver Jur. Sigmaringen
Dorfner Lorenz Phil. Kellberg
Dotzer Franz Phil. Straubing
Drechsel August Graf v. Jur. München
Dreyer Georg Phil. Landshut
Dullinger Johann Phil. Falkenacker
Dürring Gg. Frdr. Philol. Hechtingen
Dütsch Anton Phil. Neunburg
Duschl Napoleon Phil. Osterhofen
Eberl Friedrich Pharm. Landsberg
Eberle Andreas Phil. Jengen
Eggerdinger Simon Phil. Mühldorf
Eggert Karl Phil. Obernzell
Ehrne Joh. Wash. von Med. Memmingen
Eisele Ignaz Phil. Kaufbeuern
Elendner Joh. Bpt. Phil. Cam. Straubing

13

Elgass Johann Martin Phil. Ellhofen
Elvenich Stephan Med. Embken
Engel J. B. Pharm. Neustadt
Engerer Max Pharm. Windsheim
Enzensberger Albert Phil. Buchloe
Erl Anton Phil. Oberandorf
Ertle Alois Phil. Ottmarshausen
Esebeck Karl von Jur. Zweibrücken
Esper Anton Theol. Lendesdorf
Enles Markus Med. Rolle
Faist Joseph Phil. Moosburg
Fanderl Johann Baptist Phil. Langer-
    thannhausen
Faber Heinrich Philol. Zweibrücken
Faubel Joh. Phil. Aschaffenburg
Fehr Johann Ev. Phil. Krassaa
Feicht Joh. Bapt. Phil. Gottsmannsdorf
Feichtmayer Kastulus Phil. Seibersdorf
Fellmann Franz Jur. Ussibon
Ferchl Joseph Phil. Mühldorf
Ferber Anton Phil. Weilheim
Feyerabend Reinhard Philol. Ober-
    kaufungen
Fink Joseph Phil. Burgau
Fischer Joseph Med. Wertingen
Fischer Nepomuk Phil. Landsberg
Fischl Peter Phil. Epping
Flamige Max Joseph Phil. Straubing
Fleischmann Franz Xaver Theol.
    Landshut
Fleischmann Joseph Theol. Retz
Fleissner Benno Phil. Galmersheim
Foag Alois Phil. Wertingen
Förg Karl Phil. Ried
Frank Karl Phil. Waldegg
Franke Johann Nep. Phil. Huglfing
Franz Johann Phil. Au
Frey Martin Med. Schweighofen
Fredl Johann Leonh. Phil. Oettingen
Fries Wilhelm Med. Winnweiler
Friess Joseph Phil. Günzburg
Frisch Paul Phil. Aschaffenburg
Frömmer Jakob Phil. München
Fruth Philipp Phil. Marchesreith
Fürst Anton Phil. Esslarn
Fuka Karl Med. Augsburg
Fux Karl Pharm. Burghausen
Fux Nikolaus Phil. Blieskastel
Gagern Joh. Ernst Theol. Hauersheim
Gahr Sebastian Phil. Perlach
Gareis Karl Phil. Winklarn
Garlichs Hermann Phil. Bremen
Geeböck Ferdinand v. Phil. Kaufbeuren
Geyr Joseph Anton Phil. Welser
GHIKA Gregoire Fürst Bukarest
Gietl Wilhelm Phil. München
Giessen Max Joseph Pharm. München
Giessen Adolph Jur. Kirchheimbo-
    landen

Gilg Stephan Phil. Passau
Gindl Kaspar Phil. Wegscheid
Gistl David Phil. Greiling
Glogger Joseph Pharm. Augsburg
Gmeiner Alois Jur. Bürnau
Goedecke Friedrich Aug. Cam. Bracka
Goedecke Ludwig Phil. Bracka
Görz Richard Archit. Wiesbaden
Gött Johann Nepomuk Phil. Füssen
Grabner Max Phil. Kempten
Gradl Edmund Phil. Passau
Granich Mathias Philol. Frauensattling
Grau Christian Phil. München
Greger August Phil. Eschenbach
Gregor Xaver Phil. Eschelkain
Greimel Martin Phil. Wössen
Greiner Georg Jur. Bischofsgrün
Gretz Franz Ant. Theol. Dietmannsried
Griessenbeck Christ. Freiherr v. Jur.
    Amberg
Grob Joseph Phil. Mühldorf
Gröbl Johann Nepomuk Phil. Paar
Grosshauser Johann Bapt. Phil. Theol.
    Erasbach
Grosshauser Paul Phil. Nördlingen
Gruber Franz Joseph Phil. Martinszell
Gruner Emil Pharm. Dresden
Gruner Friedrich Phil. München
Gschwendner Alois Phil. München
Gsödl Johann Baptist Theol. Weng
Günther Johann Georg Phil. Penig
Güssbacher Johann Phil. Rüdesheim
Guldin Franz Joseph Jur. St. Gallen
Guhl Conrad Med. Steckbarn
Gurowski Boleslav Graf von Cam.
    Kalisch
Hable Joseph Phil. Untergriesbach
Hacker Franz Phil. Stockheim
Hagens Ludwig von Phil. Altötting
Haindl Max Phil. München
Haller Joseph Phil. Maisingen
Handl Joseph Phil. Schwaighof
Handschuh Hermann Friedrich Phil.
    Niederwerra
Hanken Hanke Jur. Tönning
Hans Karl Phil. Ingolstadt
Hardt Anton Pharm. München
Härlen Johann Med. Thun
Hartlieb Otto Sigm. v. Phil. Memmingen
Hasel August Friedr. Jur. Augsburg
Hassold Heinrich Jur. Cam. Ansbach
Hausofer Max Phil. München
Hebberling August Phil. Neuburg
Hechtfischer Johann Paul Theol. Selb
Heibsteré Joseph von Med. Beremen
Heidenreich Johann Bapt. Jur. Cam.
    Waldershof
Heininger Leopold Phil. Waldkirchen

Held Joseph Theol. Buch
Heller Johann Med. Tann
Helmsauer August Phil. München
Hemmer Johann Phil. Otterberg
Heintz August Jur. Zweibrücken
Hensel Alois Phil. Widnau
Herberger Joh. Ed. Pharm. Kempten
Herdegen Georg Pharm. Diebrun
Herold Johann Gottfr. Phil. Hof
Hertter Karl Archit. Frankenthal
Henglin Kaspar Med. Dievienn
Heyde Heinrich Pharm. Ansbach
Heyder Wilhelm von Phil. Kulmain
Heissler Georg Phil. Thierhaupten
Hiener Hieronymus Phil. Simonswald
Himmelstoss Max Phil. München
Hludringer Mathias Phil. Heming
Hinsinger Xaver Phil. Illertissen
Hinterkircher David Phil. Lauchdorf
Hipp Lorenz Phil. Günzburg
Hirsch Karl Valentin Staatsw. Balders
Hirschvogel Jakob Phil. Ebersberg
Hirstius Wilhelm Phil. Passau
Hirt Johann Theol. Villingen
Hitzler Adam Phil. Augsburg
Hoch Georg Phys. Regensburg
Hochenegger Karl Theol. Hilpoltstein
Höbel Karl Phil. Landsberg
Höchstädt Adolph Jur. Ratzeburg
Höck Johann Phil. Tölz
Hohenegger Ludwig Cam. Memmingen
Hölzl Innocenz Phil. Lenggries
Hörl Franz Xaver Phil. Hohenkammer
Hofbauer Joseph Phil. Ilang
Hofmann Carl Pharm. Dachau
Hofmann Hermann Jur. Bayreuth
Hofmann Samuel Med. Seen
Hoffmann Karl Phil. Aschaffenburg
Hoffmann Johann Pharm. Rothenburg
Hofreiter Mathias Phil. Simbach
Hokl Ulrich Med. Appenzell
Holzapfel Johann Nep. Phil. München
Holtzbacher August Med. Eisenberg
Holzinger Johann Friedrich Karl
   Phil. Ansbach
Holzinger Karl Phil. Amberg
Hom Adam Cornel Phil. Aschaffenburg
Hopf Heinrich Phil. Obernzenn
Hopf Wilhelm Phil. Obernzenn
Hopfenwieser Peter Phil. Nürnberg
Hord Friedrich Phil. Bamberg
Hornstein Joh. Dav. Phil. Nonnenhorn
Hubel Ludwig Phil. Harburg
Huber Daniel Theol. Wallenstadt
Huber Gustav von Pharm. Memmingen
Huber Joseph Jakob Phil. Weihern
Huber Max Phil. München
Huber Philipp Phil. Niederbergkirchen
Hueber Magnus Phil. Schongau

Huebmann Andr. Phil. München
Hurler Anton Phil. Augsburg
Huther Paul Phil. Regensburg
Jacob Andreas Phil. Windach
Jaeger Rupert Phil. Kempten
Jahner Georg Theol. Landshut
Jall Eugen Phil. Oberbeuern
Jehlin Max Phil. Steinach
Jenni J. Jakob Med. Ennendar
Jeuch Kaspar Phil. Baden
Joseph Rudolph Phys. Wattenweller
Irrgang Michael Phil. Kammerau
Jung David Phil. Geishurbach
Jungbauer Cajetan Phil. Grättersdorf
Jürgens Hans Conrad Wilhelm Hedde
   Jur. Hanerau
Kaiser Joseph Phil. Parsberg
Kalb Karl Phil. Wallerstein
Kattl Albo von Jur. Gardelegen
Kantberger Alois Phil. Wolfratshausen
Käss Georg Phil. Plösten
Katte Rudolph von Jur. Selmersdorf
Kaula Jakob Jur. Hanau
Kaufmann Wilhelm Cam. Lohr
Keil Gustav Adolph Phil. Halle
Keller Leonh. Phil. Unterpessenberg
Kellner Johann Ev. Phil. Neukirchen
Kellner Xaver Phil. Furth
Kern Heinrich Med. Berlingen
Kesling Heinr. Bar. v. Jur. Heidelberg
Kester Friedrich Jur. München
Kiemer Joseph Phil. München
Kienast Johann Baptist Phil. Dachau
Kiréefsky Peter Phil. Moskau
Kiesling Joseph Phil. Schönberg
Kiesl Simon Phil. Schwabing
Klein Heinrich Pharm. Rothenstein
Klein Karl Phil. Unterviechtach
Klemm Johann Nep. Phil. Straubing
Kleutgen Joseph Philol. Dortmund
Klöcker Heinrich Phil. Mainz
Knaape Johann Friedr. Jur. Loisschew
Knappe Sebastian Theol. Grulich
Kneuttinger Xaver Phil. Mettenhausen
Knoll Anton Hist. Nat. Münchberg
Knoll Franz Joseph Phil. Hengersweiler
Knopp Martin von Jur. München
Koch Joseph Phil. Mitterskirchen
Koch Heinrich Phil. Wittmund
Koch-Sternfeld Joseph von Phil.
   Salzburg
Köhler Ludwig Phil. Lemberg
König Wolfgang Phil. Bogen
König Xaver Phil. Pfaffenhofen
Küpf Johann Theol. Rostwoos
Köstler Georg Phil. Geisenfeld
Kohler Alexander Med. Bern
Kolb Joseph Phil. München
Kolb Joseph Theol. Illertissen

13*

Koller Michael Med. Lam
Kollhof Eduard Phil. Friedland
Kolp J. Conrad Med. Gütting
Konis J. A. Med. Oberried
Koppe Michael Phil. München
Konrad Mathias Theol. Oberegg
Krämer Joseph Phil. Amberg
Korte Karl Archit. Nürnberg
Kraus Phillpp Phys. Feuchtwangen
Khreninger Ludw. v. Phil. München
Kreitmayr Nepomuk Frhr. von Phil.
  München
Krepl Adam Theol. Franenberg
Kreuss Friedrich Jur. Ermetzhofen
Krigar Wilhelm Jur. Berlin
Kollmann Ludwig Phil. Geisenhausen
Kress Friedrich Frhr. v. Nürnberg
Krieger Johann Paul Phil. Passau
Krieger Max Phil. Straubing
Kroning Johann Georg Friedrich
  Cam. Thann
Kühnis Joseph Med. St. Gallen
Kuhn J. Conrad Med. Rheinthal
Laar Friedrich Jur. Straubing
Landis J. Jakob Med. Peterzell
Lallinger Jgnaz Phil. Burghausen
Lang Alois Phil. Gostheim
Lang Joseph Phil. Honsolgen
Langlechner Nep. Phil.Peterskirchen
Lanzl Michael Phil. Buch
Lau Lorenz Phil. Grünenbach
Laubender Joseph Med. Rothenburg
Lavale George Archit. Oberwiesen
Leiminger Johann Theol. Oberaudorf
Leineweber Pet.Theol.Rheinholterode
Lengmüller Max Phil. Landshut
Leonhardi Hermann Karl v. Phil.
  Frankfurt

Leonrod Stefan von Jur. Nürnberg
Lerchenfeld Ludwig v. Jur. Nürnberg
Lerizelos Alexander Atheu
Leutgeb Paul Phil. Dorn
Lieb Johann Jur. München
Liedl Joseph Phil. Tapfheim
Lilien Joh. Karl Baron von Phil. Walda
Linde Friedrich Phil. Regensburg
Lindemann Anton Phil. Altenmarkt
Lindermayer Anton Med. Ortenburg
Lindenau Emil von Jur. Stuttgart
Lipp Alexius Phil. München
Lippmann Ludwig Phil. Nürnberg
Lobenz Georg Phil. Schönberg
Lohmiller Franz Phil. Bühl
Lommel Joseph Med. Aschaffenburg
Lorenti Nikolaus Phil. Cerigo
Lotzbeck Karl Friedr. Med.Baierberg
Lücklederer Johann Phil. Kösching
Lüdgers Ernst Jur. Hildesheim

Lumberger Ignaz Phil. Dachau
Lunz Gustav Adolph Phil. Kempten
Lupin Adolph von Phil. Illenfeld
Lutz Emanuel Phil. Altdorf
Lutzenberg Karl v. Phil. Bayreuth
Luzzenberger Max Joseph Jur.
  Grönenbach
Mack Bernard Archit. Ullstadt
Mack Joseph Phil. Passau
Mack Joseph Anton Phil. Augsburg
Mader Max von Phil. Augsburg
Maier Alois Phil. Hammelburg
Maier Franz Phil. Aschaffenburg
Maier Peter Med. Rothenburg
Maier Adolph Phil. Bamberg
Maier Wilhelm Phil. München
Majer Karl Friedrich Phil. Weittingen
Mangold Joseph Karl Phil. Murnau
Mann Ludwig Phil. München
Marchand Xaver Cam. Chercenay
Märker Philipp Pharm. Zweibrücken
Marquilles Achilles Med. Pultava
März Paul Phil. Murnau
Martignoni Isidor Phil. Rorschach
Maurer Karl August Phil. Eggenfelden
Mayer Alois Phil. Blindham
Mayer Friedrich Phil. Regensburg
Mayer Joseph Phil. Wegscheid
Mayer Johann Bapt. Phil. Kumpfhof
Mayer Paul Med. Kleinlangheim
Mayer Tobias Theol. Naabburg
Mayer Xaver Phil. München
Mayerstein Moriz Math. Einbeck
Mayrhofer Gustav Phil. Augsburg
Medicus Friedrich Karl Phil. Landshut
Medicus Maximilian Ludwig Phil.
  Landshut
Meier Ludwig Arnold Jur. Bentheim
Mejer Franz Phil. Naabburg
Mesmeringer Michael Jur. Amberg
Merk Johann Baptist Theol. Hasslach
Merkel Ferdinand Phil. Detmold
Merz Joseph Phil. Steinach
Messerschmidt Clemens Phil. Irrsee
Messner Max Phil. Tettwang
Meyer Johann Phil. Zürich
Meyr Johann Melchior Phil. Ehringen
Michel Karl-Egid Jur. München
Mittnacht Jodok Jur. Aschaffenburg
Möst Georg Kaspar Phil. Kaufbeuren
Moll Joseph Phil. Kaiserslautern
Molter Franz Pharm. Fulda
Moser Franz Pharm. Pfarrkirchen
Moser Georg Theol. Räsbach
Moser Xaver Phil. Obertattenbach
Mülbe Hermann Baron von der Jur.
  Blankenburg
Müller Christian Ferd. Jur. Regensburg
Müller Johann Baptist Phil. Ingolstadt

Müller Johannes Archit. Bliesmengen
Müller Karl Pharm. Aschaffenburg
Müller Thomas Pharm. München
Muschi Georg Phil. Simbach
Nagler Karl Phil. Braunau
Nebel Michael Phil. Geinsheim
Neidhard Ludw. Pharm. Ludwigsburg
Neidhart Heinr. Karl Pharm. Altdorf
Nennhuber Jakob Phil. Kraiburg
Neuber Friedrich Aug. Phil. Wertheim
Neukam Siegfried Med. Münchberg
Neumayr August Phil. Haidenheim
Neureuther Gottfried Phil. Bamberg
Nickl Johann Baptist Phil. Rossamühl
Niethammer Emil Friedrich Med. Weinsberg
Noherr Joseph Max Phil. Herrenstetten
Notocki Heinrich Jur. Polen
Oberdorfer Jakob Philol. Wallerstein
Oberdorffer Joseph Phil. Vilshofen
Oberneder Stephan Phil. Thurmreutenmühle
Obermayer Anton Phil. Matzelberg
Oberweger Xaver Phil. Waging
Oettig Alois Phil. Niederaibach
Oppermann Karl Theol. Duderstadt
Oppenrieder Eduard Phil. Forchheim
Osthelder Ferdinand Philol. Worms
Ostrowski Alexander Jur. Polen
Ott Joseph Phil. Neualbenreuth
Palm Joseph Baron von Jur. Augsburg
Panholzer Joseph Phil. Partenkirchen
Pauer Karl Phil. München
Porret Joseph Theol. Mels
Pessenbacher Joseph Phil. Erding
Pfeffel Karl von Phil. Dresden
Pfeffer Georg Phil. Oberndorf
Pfeffer Wolfgang Phil. Ottmannszell
Pfetten Max Bar. v. Phil. Niederarnbach
Pflueg Johann Friedr. Jur. Brunsbütten
Philippus Johann Phil. Zowojra
Phottndes Johann Philipp Jur. Lesbos
Pichlmayr Max Phil. München
Pigenat Eduard Phil. Passau
Pirzer Joseph Phil. Haahof
Pistor D. Ludwig Jur. Bergzabern
Pleitner Heinrich Phil. Augsburg
Pöppel Andreas Phil. Pörnbach
Pöppl Andreas Phil. Untergriesbach
Polzer Franz Xaver Phil. Dillingen
Pronath Alois Pharm. Straubing
Port Matthäus Phil. Stockheim
Preisinger Sebastian Phil. Untersdorf
Primbs Anton Phil. Niederaltaich
Proff Karl J. A. Freiherr von Jur. Cam. Geisling
Prümers Johann Pharm. Burgsteinfurt
Pscherer Ant. Wend. Phil. Grafenwöhr
Pürsagg Ludwig Pharm. Wegscheid

Putz Wolfgang Phil. Traunsitz
Rabel Johann Med. Palzing
Rabenbauer Gottl. Phil. Hengersberg
Rätschmayr Stephan Theol. Straubing
Rangel Peter Phil. Itu
Rasch Benedikt Med. Schomburg
Raschle Johann Georg Phil. Wattwyl
Rauch Anton Pharm. Schongau
Rautzer Eduard Archit. Nassau
Reichhold Robert Med. Dachau
Reichlin-Meldegg Friedrich Baron von Phil. Augsburg
Reinsch Hugo Pharm. Arzberg
Reiser Andreas Phil. Garmisch
Reuss Frdr. Aut. Leop. Med. Kitzingen
Reuss Kaspar Med. Aschaffenburg
Reuthner Adolf Jur. Zweibrücken
Riedl Joseph Pharm. Dinkelsbühl
Rieder Franz Seraph Jur. München
Rinecker Ernst Ldw. Phil. Hammelburg
Riess Joseph Mathias Theol. Augsburg
Rist Friedrich Phil. Wangen
Ritter Andreas Phil. Augsburg
Röckl Eduard Phil. Riedenburg
Röser Constantin Cam. Mergentheim
Rösgen Albert Phil. München
Rolla Constantin Phil. Jassy
Rogister August von Phil. Dachau
Roschatin Nikolaus Phil. Moskau
Rosetti Raducan von Phil. Jassy
Roth Daniel Med. Hermannstadt
Roth Ernst Karl Phil. Eismannsberg
Roth Joseph Med. Goldach
Rudloff Wilhelm Math. Wolfenbüttel
Runnenberg Aug. Med. Bückeburg
Saint-George Karl Phil. Nördlingen
Salis Jakob Nikolaus Med. Celerina
Salzberger Anton Phil. Mariaposching
Sanders Thomas Med. Edinburg
Sandersky Karl Jur. München
Saramo Georg Jur. Burg
Sartorius Alfred Cam. Coburg
Schaller Anselm Phil. Breitenbrunn
Schaller Jakob Phil. Kemnath
Schanzer Augustin Phil. Weilach
Schaubert Gustav Philol. Gottesberg
Schoder Thomas Phil. Rohrbach
Schopper Joh. Bapt. Phil. Punnertshofen
Schedl Anton von Phil. Frankenreith
Schedl Karl von Pharm. Waldhaus
Schegn Wilhelm Jur. Weihenzell
Schenkelberg Ludwig Karl Pharm. München
Scherr Eberhard Archit. Bingen
Schidrich Martin Jur. Kallmünz
Schiessl Jakob Theol. Texeldorn
Schimpfle Peter Phil. Reichartshausen
Schlag Karl Phil. München
Schlagbauer Lorenz Phil. Brunn

Schleis von Löwenfeld Max Joseph Phil. Amberg
Schlicht Michael Phil. Waldeck
Schlickerrieder Georg Phil. Feggenbeuren
Schlichthörle Anton Phil. München
Schlosser Ignaz Phil. Monheim
Schlotter Johann Phil. Passau
Schmauss Max v. Pharm. Franzbrun
Schmelzle Valentin Phil. Buch
Schmid Franz Wilh. Pharm. Harburg
Schmid Jakob Phil. Passau
Schmid Johann Nep. Phil. Buchloe
Schmid Leopold Theol. Scheer
Schmidbauer Michael Phil. Albnrg
Schmiedingen Friedr. Cam. Kaulsdorf
Schmitz Ludwig Phil. Wolfstein
Schmitt Napoleon Phil. Straubing
Schneider Jos. Ant. Phil. Oberthalhofen
Schnelle Adolph Med. Hildesheim
Schneyder Bernhard Pharm. Wollnzach
Schnitzelbaumer Johann Bapt. Phil. München
Schnitzler Eduard Med. Oettingen
Schnitzlein Leonhard Phil. Regensburg
Schönberger Georg Phil. Reisach
Schönlaub Friedrich Pharm. Monfelden
Schöpf Ant. Jos. Theol. Phil. Bayreuth
Schoberer Georg Jur. Hiendorf
Schosso Friedrich Phil. Dillingen
Schreiner Michael Phil. Zenting
Schreiner Joseph Phil. Bamberg
Schreyer Michael Phil. Kulmain
Schrocker Alois Cam. Amberg
Schropp Joh. Gg. Phil. Hohenraunau
Schuler Karl Phil. Zweibrücken
Schultz Friedrich Wilhelm Pharm. Zweibrücken
Schuster Joseph Phil. Frettenshofen
Schwarz Eduard Phil. Augsburg
Schwarzmaier Michael Med. Reissbach
Schwarzmann A. Philol. Oberkirchberg
Schweizer J. Jakob Med. Bleiken
Schwiter Martin Theol. Lachen
Seel Karl Phil. Holtersberg
Seidl Ferdinand Phil. München
Sendlbeck Elisäus Jur. Cam. Neumarkt
Senftner Robert Med. Breslau
Sonti Justus Phil. Flums
Sevin Karl Med. Brugg
Siebeck Rudolph Botanik Leipzig
Siebein Justus Phil. Nürnberg
Sieber Johann Baptist Jur. Michelfeld
Sicherer Clem. v. Phil. Klosterholzen
Sichrer Kaspar Phil. Niederstrass
Siemons August Phil. Marsberg
Sigriz Eduard Phil. Straubing
Silbermann Joseph Phil. Riedenburg
Simon Karl Phil. Babenhausen

Sixt Simon Jur. Arnhofen
Solbrig Karl August Med. Fürth
Sölch Joseph Phil. Waldsassen
Söltl Georg Theol. Wolfsgrub
Soffer Jeremias Med. Bamberg
Solger Friedrich Jur. Rentweinsdorf
Sommer Alois Pharm. Kelheim
Speckner Anton von Phil. München
Speckner Martin Jur. Bayreuth
Sprengler Joseph Phil. Kempten
Spiess Joseph Phil. Au-München
Spitzaner Joseph Phil. Triftern
Spitzentränker Franz Phil. Perlach
Spitzweg W. Pharm. München
Spörl Clemens Cam. Regensburg
Spruner August von Cam. Straubing
Stadler Max Phil. Medlingen
Stadlmeyr Joseph Theol. Hohenwart
Stammler Ludwig Gab. Phil. München
Staudigl Michael Phil. Aumühle
Staudinger Franz Phil. München
Steiger Franz Edler v. Jur. Feldkirchen
Stemmer Wolfgang Theol. Landshut
Stetten August von Jur. Augsburg
Stetter Ludwig Phil. Memmingen
Stettner Joh. Baptist Theol. Albaching
Steub Ludwig Phil. Aichach
Stöger Ludwig Phil. München
Stark Joseph Phil. Schwabhausen
Stoll Joh. Friedr. v. Jur. Memmingen
Strauss Gottlob Pharm. Heilbronn
Strauss Johann Baptist Phil. München
Strobl Karl Phil. München
Ströhl Johann Nep. Theol. Amberg
Stubenbeck Max Phil. Sandizell
Stumvoll Jakob Phil. Ledpoldreuth
Sulzbeck Joh. Wolfg. Theol. Zauching
Sulzer Conrad Pharm. Winterthur
Suter Caspar Med. Schupp
Sutor Anton Pharm. Memmingen
Swart Georg Jur. Emelen
Syffert Chaumont Jur. Hamburg
Täglichsbeck Johann Fr. Phil. Hof
Tayler James Phil. Ruthiemay
Teggel Rudolph Med. Wassertrüdingen
Teichs Friedr. Ad. Phil. Braunschweig
Thelemann Franz Med. Aschaffenburg
Theleman Friedr. Math. Aschaffenburg
Thoma August Jur. Zweibrücken
Thoma Johann Georg Phil. Kaufbeuren
Thurn Franz Phil. Grafenwerth
Thurnherr Joh. Mart. Med. Weinfelden
Timmen Friedrich Theol. Cloppenburg
Tischler Joseph Phil. Neuhausen
Tischleder Friedrich Mathem. Astron. Neustädt
Tohler Joseph von Jur. Scheinfeld
Toussaint Gustav Bar. v. Cam. Wien
Trautmann Joh. Karl Ed. Med. Neissl

Treuberg Ernst Graf v. Phil. Holzen
Troye Franz de Phil. München
Tüxen Christian Jur. Schleswig
Ulrichs Heinrich Nik. Philol. Bremen
Unterstein Franz Phil. Falkenberg
Verflassen Ernst Archit. Oestrich
Vincenz Karl Med. Frankenthal
Vöchinger Conr. Phil. Willburgstetten
Völk Franz Xaver Philol. Iuneberg
Vogt Max Phil. Valley
Vogel Wilhelm Albert Med. Nürnberg
Vollmer Heinrich Jur. Germersheim
Volm Joseph Pharm. Hechingen
Vorhaus Philipp Jur. Prozelten
Vrana Christoph Jur. Bukarest
Waas Martin Phil. Schöllnach
Wächter Max von Phil. Wunsiedel
Wagenbauer Max Phil. München
Wagner Franz Xaver Pharm. München
Wagner Franz Phil. Schönferchen
Wagner Johann Phil. Dattenhausen
Walch Johann Baptist Phil. München
Waldenfels Wilhelm v. Jur. Kösslarn
Waller Christian Phil. Oettingen
Waltzich Karl Phil. Bayreuth
Walther Leonhard Med. Chur
Watzl Julius Phil. Würzburg
Wartmann Johann Benjam. Med. Arzt
Waschbichler Michael Phil. Neuburg
Waschmitius Karl Jur. Passau
Weidenbach Frdr. von Jur. Augsburg
Weidenbach Ldw. v. Naturw. Augsburg
Wein Xaver Med. Schwandorf
Weindler Ferdinand Phil. Erding
Weingärtner Anton Med. Cham
Weller Franz Jur. Amöneburg
Welz Eduard Adolph v. Jur. Kellheim
Wendling Georg Phil. München
Werner Friedrich Phil. Eichstädt
Werner Hermann Med. Stuttgart
Werner Wilhelm Theol. Neisse
Weiss Joseph Phil. Gelsenfeld
Weiss Sebastian Phil. Aufkirchen
Weissenbach Jos. Med. Wiggensbach
Weissenborn Hermann Phil. Gera

Westermaier Bernhard Med. Landshut
Wetzler August Pharm. Günzburg
Widerer Eduard Phil. Passau
Wiedenmann Karl Aug. Phil. Schongau
Wiedmann Frdr. Pharm. Gunzenhausen
Wiederspick Karl Phil. München
Wiellenbacher Frdr. Phil. München
Wiener Adolph Phil. Regensburg
Wiesner Franz Philol. Obernburg
Wiesmüller Joh. Bapt. Phil. Kirchberg
Wiest Alois Phil. Klosterbrunnen
Wiest Franz August Jur. Blieskastel
Wigandt Wilhelm Phil. Illertissen
Wimmer Anton Phil. Birka
Winderl Nikolaus Phil. Fischerdorf
Windmaissinger Max J. Phil. Pachling
Winhart Anton Phil. Eichendorf
Winkler Bernard Med. Richensee
Winter Georg Jur. Höchst
Wismayer Joh. Ev. Phil. Grafenmünster
Wismet August Jur. Simbach
Wörnhör Michael Phil. Burgau
Wolf Adolph Phil. Zell
Wolf Michael Phil. Biberbach
Wolff Ph. Friedrich Med. Schweinfurt
Wolfring Max Phil. Stadtamhof
Worms Julius Med. Frankfurt
Wühr Ferdinand Phil. München
Zaller Johann Jakob Med. Zweisinn
Zaller Philipp Philol. Lichtenfels
Zauner Sebastian Phil. Rafelsdorf
Zaunhuber Joseph Phil. Pfarrkirchen
Zechetmayr Aegid Phil. Grünstfall
Zellhöfer Christoph Phil. Bayreuth
Zenetti Johann Karl Pharm. Laningen
Zeis Eduard Med. Dresden
Zeitler Johann Med. Weha
Ziegler Johann Michael Phil. Lachen
Ziegler Johannes Cam. Winterthur
Ziegelmiller Friedr. Theol. Neuburg
Zimmermann Joh. Mich. Med. Bayreuth
Zirngibl Johann Phil. Abbach
Zöhnle Michael Phil. Landshut
Zottmann Wilhelm Phil. Abensberg

1830—1831

Rector DLXXXII Joseph ALLIOLI

Abt Friedrich August Phil. Mindelheim
Achasyras Johann Phil. Chios
Adelhoch Ludwig Phil. Rettenbach
Adolay Julius Jur. Frankenthal
Aigner Joseph Phil. Giesing

Albert Elias Phil. München
Aldosser Karl Phil. München
Alexander Heinrich Theol. Erlangen
Altmann Joseph Phil. Manken
Altstätter Johann Theol. Martell

Amann Johann Phil. Aholming
Amira Joseph von Phil. Dresden
Ammonn Friedrich Wilhelm August von Jur. Cam. Haag
An der Matt Viktor Jur. Baar
Andrian Max Baron von Phil. Passau
Appel Daniel Phil. Med. Pirmasens
Apprell Wilhelm Phil. Neustadt
Arbeiter Ignaz Phil. Schwandorf
Arentin P. Karl Bar. v. Phil. München
Arnhold Ludwig Jur. Werneck
Arnold Max Phil. München
Arntz Aegid Jur. Cleve
Artmann Joseph Phil. Regensburg
Attomyr Joseph Med. Diacovar
Auer Franz Phil. München
Auerhammer Joseph Phil. Klettheim
Auffenberg Alexander Baron v. Jur. Donaueschingen
Augustin Georg Phil. Landsberg
Bach Max Phil. Augsburg
Bader Joseph Phil. Oettingen
Badum Eduard Phil. Forchheim
Bär Friedrich Jur. München
Bär Ludwig Wilhelm Phil. München
Bäumler Georg Johann Phil. Erbendorf
Balzer Karl Archit. Scheuren
Bamann Hermann Phil. Regensburg
Barth Anton Jur. Erlangen
Barth Fidel Theol. Bierlingen
Barth Xaver Phil. Landshut
Battler Joseph Eugen Phil. Weismain
Bauer Anton Phil. Lam
Baumann Jos. Maria v. Med. Ernstfeld
Baumann Joseph Phil. Neukirchen
Baumgartner Fz. Ser. Phil. Haardorf
Baur Paul von Sarmenstorf
Bayer Eduard von Jur. Rorschach
Bayer Joseph Phil. Dachau
Bechtolsheim Alex. von Jur. Gotha
Beck Johann Phil. Spielberg
Bell Jakob Archit. Cusel
Bengler Franz Xav. Phil. Schwandorf
Berchtold Ferdinand Phil. Mauerstetten
Berg Dominikus Theol. Voltley
Bergmair Sebastian Phil. Hohenwart
Bergmann Abrah. Löb Med. Dittenheim
Bernhard Franz Xav. Theol. Fuchsberg
Bezold Mathias Phil. Grünberg
Besse Karl Wilhelm Cam. Passau
Buchwald Hugo von Jur. Schedehorn
Biberacher Joseph Phil. Aubofen
Bierl Joseph Phil. Herzogau
Bilger Johann Martin Phil. Ebertshofen
Biller Franz Philol. Landshut
Bingger Joseph Phil. Heimholz
Blattner Johann Melchior Theol. Schwarzenberg
Blaul Georg Friedr. Phil. Philol. Speier

Bley Johann Phil. Theol. Neustadt
Block Johann Phil. Oenfingen
Böcking Friedrich Jur. Zweibrücken
Bögler Friedrich Phil. Neuburg
Böhm Sebastian Phil. Obersunzing
Böringer Friedrich Theol. Maulbronn
Böking Ferdinand Jur. Cusel
Bode Franz Theol. Gieboldehau
Boxhammer Georg Med. Abendsberg
Boy Friedrich Jur. Freising
Braam Georg Phil. München
Bracht Prosper Jur. Recklingshausen
Brank Karl Med. Winterborn
Branka Wilhelm von Jur. München
Brebeck Lorenz Med. Bernried
Brebiselus Fr. Chr. Heinrich Phil. Nördlingen
Brenner Georg Phil. Obernzell
Bronold August Phil. Cham
Brugger Joh. Nepom. Theol. Hemberg
Brugger Anton Phil. Hegelhofen
Bruglocher Jakob Friedrich Phil. Philol. Augsburg
Brunner Georg Phil. Viehhausen
Bünsly Franz Jur. Solothurn
Burg Joseph Jur. Rastadt
Callmeris Polybius Phil. Prewesa
Cammerer Xaver Phil. Dillingen
Chevigny Alois de Phil. Straubing
Candrau Augustin Med. Graubündten
Cortolezis Candidus Phil. Traunstein
Coulon Johann Nep. v. Phil. München
Coulon Max von Phil. München
Correck Gustav Phil. Dillingen
Crallsheim Theodor Freiherr v. Phil. Ansbach
Cressirer Joseph Phil. Riedenburg
Creuzburg Karl Augustin Wilhelm Pharm. Feldburg
Creuzburg Christian Heinrich Chem. Pharm. Feldburg
Dall' Armi August von Med. München
Danhauser Max Jur. Prestat
Danen Elmer Hillers Jur. Oldenburg
Daniel Johann Phil. Fahlnbach
Danzer Anton Jur. Pfaffenhofen
Danzer Joseph Pharm. Ampfing
Dardel Julius Phil. Neuschatel
Daumüller J. P. Phil. Ebertshofen
Daxenberger Seb. Dr. Jur. München
De Crignis Peter Philol. Gempfing
Degen Gottlieb Med. Emetzhofen
Deiglmayr Alois Pharm. München
Delevieleuse J. Ferd. Phil. Aktkirch
Dellermann Joseph Phil. Forchheim
Dellinger Joachim Phil. Kaufring
Dennefeld Friedrich Phil. Bamberg
Dennerlein Thom. Phil. Sassenfarth
Deutschenbaur Xav. Theol. Auteuried

Deutter Viktor Phil. Landshut
Dippel Fr. Phil. Landau
Döderlein Friedrich Jur. Ansbach
Dominik Joseph Phil. Augsburg
Donop Eduard von Jur. Eisenach
Dorffmeister Simon Phil. Traunstein
Dosch Karl Phil. München
Drindel Max Jur. Hilpoltstein
Dürr Lorenz Friedr. Phil. Wunsiedel
Ducrue Joseph Phil. Augsburg
Dunzer Lazarus Pharm. Chur.
Eberhard Frz. Ant. Theol. Nesselwang
Eberle Frz. Xav. Theol. Wullenstetten
Eckel Friedrich Phil. Deideslielm
Eckert Karl Jur. Bamberg
Eckert Ludwig Jur. Bamberg
Eder Frz. Xav. Theol. Obergerolzhausen
Edlweck Peter Theol. Ebersbach
Eggensberger Karl Pharm. Ober-
günzburg
Egger Blasius Phil. Winterbach
Ehekircher Michael Pharm. Ulm
Ehelich Joseph Phil. Sulzbach
Ehrensberger Ludwig Phil. Amberg
Ehrne Anton von Phil. München
Ehrne Johann Washington von Med.
Memmingen
Eicher Joseph Lorenz Med. Goldingen
Eichthal Karl Frhr. von Phil. München
Eisenhofer Jakob Jur. Burglengenfeld
Eisenschmid Anton Jur. Ingolstadt
Eitzenberger Franz Jur. Bamberg
Emmer Fr. Paul Theol. Münchenerau
Endres Andreas Heinrich Theol. Philol.
Bamberg
Engelmann Theodor Jur. Winnweiler
Ellrodt Heinrich Math. Berg
Epple Gebhard Phil. Hergensweiler
Escherich Ferdinand Med. Klingenberg
Estermann Franz Xaver Phil. Prien
Falciola Franz Med. Winnweiler
Fasmann August von Pharm. Amberg
Feneberg Joseph Phil. Augsburg
Fichrmann Georg Phil. Bodenmais
Fiedler Friedrich Gust. Eduard Med.
Querfurth
Finsterer Peter Phil. Augsburg
Fischer Georg Jos. Jur. Herzogenaurach
Fischer Heinrich Phil. Landsberg
Fischner Sebastian Phil. Höchenrain
Flunger Max Phil. München
Föckerer Eduard Phil. Vilshofen
Förg Albert Phil. Ried
Föringer Michael Phil. Regensburg
Förster Max Wilhelm Jur. Erlangen
Frankfurter Frz. Theol. Aschaffenburg
Franzowitz Paul Phil. München
Freidlsperger Joseph Phil. Burghausen
Freund Georg Phil. Obernzell

Friederich Joseph Phil. Günzach
Flötzinger Joseph Phil. Obstätt
Fuchs Friedrich Jur. Mannheim
Fuchs Joseph Phil. München
Fuchs Reinhard Phil. Darmstadt
Fumian Xaver Jur. Oberbergkirchen
Gebhard Friedrich Phil. München
Gebhardt Felix Pharm. Landshut
Geiss Ernest Phil. Haselbach
Geissler Nepomuk von Phil. Passau
Gendre Nikolaus Jur. Freiburg
Gerhardinger Joseph Phil. Dingolfing
Gerl Matthäus Jur. Cam. Gemling
Gerstmayr Georg Phil. Dillingen
Gesswein Georg Phil. Simmersberg
Gietl Karl Phil. Eichstädt
Gietl Leopold Jur. Neuburg
Gilardi Friedrich von Phil. Allersberg
Glas Franz Xaver Phil. Polling
Glas Joseph Phil. Wittislingen
Görz Joseph Theol. Pressath
Godin Karl von Jur. Bamberg
Goller Stephan von Phil. Amberg
Grabowski Constantin Graf von Phil.
Russland
Grabowski Severin Graf von Phil.
Russland
Graf Franz Xaver Phil. Freiung
Graf Johann Bapt. Jur. Triesching
Graf Joseph Anton Theol. Waltenhofen
Graf Joseph Phil. Rünkam
Gramm Clemens Phil. Oberndorf
Grell Xaver Phil. Schönau
Griessl Adam Phil. Eslarn
Grossmann Joseph Phil. Winklarn
Grossmann Karl Phil. Ottobeuren
Grothwohl Joh. Nik. Philol. Rothenburg
Gruber Anton Phil. Bobingen
Gruber Georg Phil. Köfering
Gruber Xaver Theol. Rottweil
Grundherr Ferd. von Jur. Hersbruck
Grundherr Friedrich v. Jur. Nürnberg
Grupp Joseph Phil. Pfauhausen
Güntert Karl Phil. Rheinfelden
Günther Arnold von Pharm. Eichstädt
Gugger Joh. Jos. Phil. Schwarzenberg
Guittlene Johann Jur. Niederaltdorf
Gulden Gustav Jur. Mörzheim
Gumpenberg Ferdinand Baron von
Jur. München
Gumppenberg Ludwig Albert Baron
von Phil. Schwaz
Gyger J. S. Med. Gampelen
Haager Philipp Jur. Lörrach
Haas Joseph Phil. München
Haass Hermann Pharm. Gunzenhausen
Haass Julius Phil. Gunzenhausen
Habann Alois Phil. Weibing
Hacker Friedrich Phil. München

Hafner Joseph Phil. Burghausen
Haggenmiller Bened. Phil. Haubensteig
Haggenmiller Hieronymus Phil. Wiggensbach
Haid Karl Phil. Speier
Hahnreiter Joseph Phil. Arnsdorf
Halbreiter Michael Phil. München
Helmer Max Joseph Phil. Wertingen
Haller Friedrich Med. Bayreuth
Handel Theodor Jur. Zweibrücken
Hannecker Anton Phil. Vilsbiburg
Hanneder Leonhard Phil. Lallenfeld
Hartmann Gustav Phil. Eichstädt
Haslach Martin Phil. Pfronten
Haslbauer Johann Bapt. Phil. Anger
Hatt Franz Xaver Phil. Kempten
Hauber Benedikt Phil. Berlas
Häuslmayr Eduard Phil. Straubing
Hauner Napoleon Phil. Neumarkt
Haunschild Sebastian Phil. Ingolstadt
Hautmann Wilhelm Phil. Sonthofen
Hausmann Friedrich Pharm. Dettelbach
Hayd Bernhard Pharm. Schwabmünchen
Hefele Georg Theol. Amberg
Heiland Joseph Phil. Oberbernbach
Heimbrand Erasmus Phil. Regensburg
Heindl August Phil. Dillingen
Heini Ferdinand Xaver Phil. Kempten
Heintz Philipp Phil. St. Ingbert
Heiss Friedrich von Jur. Memmingen
Helbling Fidelis Theol. Rapperswyl
Held Ferdinand Phil. Kaufbeuern
Heldenberg Ludw. v. Phil. Arnsdorf
Hengler Lor. Phil. Theol. Reichenhofen
Herb Johann Baptist Theol. Warching
Herberger Theodor Phil. Ottobeuren
Herdel Lyriakus Phil. Kirrweiler
Herich Friedrich Jur. Zweibrücken
Herter Georg Phil. Pirmasens
Hettich Karl Phil. Bayreuth
Hetsch Max Archit. München
Hilgers Fr. Jakob Frhr. von Jur. Cam. Helster
Hillenmaier Stephan Phil. Gallenbach
Hillenbrand Karl Phil. Vilsbiburg
Hipp Johann Baptist Phil. Görrisried
Hirschabeck Jakob Pharm. München
Hirschmann Michael Jur. Kronau
Hitzler Leonhard Phil. Lauingen
Höflinger Anton Jur. Rapperswyl
Hoeges Wilhelm Theol. Phil. Süchtelen
Hoerner August Phil. Theol. Lindau
Hörmann Goswin von Jur. München
Hoenack Johann Georg Jur. Hof
Höninghaus Friedrich Wilhelm Jur. Cam. Crefeld
Höss Joseph Phil. Immenstadt
Hofbauer Joseph Phil. Furth
Hofmann Karl Pharm. München

Hofner Johann Phil. Ebersried
Hofpauer Peter Pharm. Landshut
Hofstedler Anton Phil. Passau
Hofstetter Joseph Theol. Illkofen
Hohenberger Thom. Phil. Bayrischzell
Hollmuth Nikolaus Phil. Haidhausen
Holzapfel Karl von Phil. Augsburg
Hoppe Rudolph Ludwig Jur. Berumm
Horn Friedrich Archit. Regensburg
Horn Wilhelm von Phil. Kempten
Huber Franz v. Paula Theol. Aichach
Huber Georg Phil. Metting
Humbrecht J. Ch. Phil. Hahnsfarth
Jacques Armand Phil. Bayreuth
Jägerhuber Joseph Pharm. München
Janda Heinrich von Phil. Bayreuth
Jaspers Dietrich Jur. Jever
Jauth Xaver Phil. Boxau
Jasonides Spiridion Phil. Cypern
Jemiller Anton Phil. Mittelneufnach
Jemiller Joseph Phil. Mittelneufnach
Imhof Nep. Frhr. v. Phil. Untermeltingen
Imminger Joh. Nep. Med. Hafenhofen
Job Albert Jur. Frankenthal
Jonas Gustav Med. Montjoin
Jonas Joseph Phil. Ellwangen
Julius Jos. Anton Phil. Bertoldshofen
Kahn Hermann von Cam. Marbod
Kaiser Ferdinand Med. Rapperswyl
Kalb Johann Georg Jur. Nürnberg
Kalbfuss Karl Med. Kriegsfeld
Kallmayer Joh. Adam Philol. Neustadt
Kamptz Karl Ludwig v. Jur. Strelitz
Karg Joseph Phil. Eichstädt
Kaussler Ludwig Jur. Landau
Kastner Cajetan von Phil. Passau
Keerl Wilhelm Jur. Ansbach
Keller André de Phil. Schweiz
Keller Johann B. Phil. Altötting
Keilshofer Eduard Phil. Bernau
Kiechle Georg Phil. Türkheim
Kiener Thaddä Phil. Schliersee
Kinader Franz Phil. München
Kircher Karl Joseph Jur. Fulda
Kislinger Georg Phil. Rosenheim
Kleekranz Eduard Heinr. Jur. Kiel
Kleinstauber Christian Philol. Regensburg
Klostermaier Paul Theol. Buch
Knappe Julius Jur. Dinkelsbühl
Knublauch Joh. Friedr. Jur. Waldeck
Kochsöder Georg Phil. Thann
Köberle Jos. Anton Phil. Nonnenhorn
König Joseph Anton Theol. Kronberg
König Konrad Pharm. München
Körber Konrad Phil. Passau
Körner Gustav Jur. Frankfurt
Kohnberg Moriz Pharm. Tarnopol
Kokinos Emanuel Phil. Chios

Kolb Ferdinand Phil. Augsburg
Kolböck Joseph Phil. Reith
Kontogori Constantin Phil. Peloponnes
Kornacher Alois Karl Phil. Oettingen
Krouiger J. L. W. H. Jur. Schwerin
Kottmann Karl Med. Solothurn
Kowas Puntaleon Phil. Smyrna
Kraus Joseph Jur. Stadteschenbach
Kraus Joseph Phil. Siegertshofen
Kranzfelder Franz Theol. Eichstädt
Kremhelner Mathias Theol. Aiterhofen
Kreuter Franz Jakob Phil. Birkenau
Krieger Ludwig Phil. Passau
Kromier Johann L. Med. Eggersried
Krüger Adolph Jur. Schleswig
Kuchler Joseph Phil. Geiselhöring
Kühlwein Hugo Med. Ravensburg
Küttlinger G. Ch. Friedmann Jur.
Cam. Schnabelwaid
Kummer Ferdinand Phil. Ulm
Kummer Friedrich Phil. Wallerstein
Kummer Georg Phil. Augsburg
Ladenburg Leopold Jur. Mannheim
Laforet Andr. Lud. Theol. Edenkoben
Lamberger Reiner Phil. Ebrach
Lang Anton Theol. Helmertingen
Lang Joseph Phil. Rentti
Lautenschlager Ottm. Theol. Amberg
Laymann Joseph Balthasar Med.
Ehrenbreitstein
Lebert Paul Jur. Augsburg
Lechner Johann Paul Phil. Friedberg
Lederer Joseph Phil. Amberg
Lederle Jakob Phil. Mindelheim
Leeb Alfred Phil. München
Lehner Johann Baptist Med. Nungasl
Lehr Johann Phil. Nudenhofen
Leitz Fidel Med. Solothurn
Lenz Ant. Seb. Phil. Grosskarolinenfeld
Leoprechting J. Frhr. v. Phil. Neuburg
Lerner Sebastian Theol. Ottobeuern
Leythäuser Hermann Phil. Passau
Liebmann Adolph von Phil. München
Lindner Johann Pharm. Nürnberg
Lingensöl Joh. Nep. Phil. Scheidegg
Linstow Hartwig v. Jur. Frydenlund
Löffelholz Karl von Phil. Nürnberg
Löffelholz Wilhelm v. Math. Nürnberg
Löffler Georg Phil. Kaufbeuern
Lössl August Pharm. Erding
Lohr Conrad Med. Schonach
Loorbeer Julius August Jur. Sulzbach
Lorentz Angelo Jur. Bukarest
Lorenz Joseph Med. Wertingen
Lorenz Joseph Phil. Augsburg
Lueg Severin Phil. Passau
Luz Heinrich Jur. Ansbach
Mack Anton Phil. Dillingen
Mack Bernard Phil. Freising

Mader Valentin Phil. Pfaffers
Mädler Joh. Bapt. Theol. Riedböhringen
Mägelin Friedrich Math. Ansbach
Mahir Oskar Phil. München
Maier Bonifazius Phil. Schwandorf
Maierböck Joachim Phil. Breitenbrunn
Mairock Xaver Phil. Kempten
Maison Friedrich Jur. Cam. Birck
Mandl Georg Theol. Stoding
Mantler Franz Xaver Furth
Markl Heinrich Pharm. München
Martin Christian Phil. München
Martin Conrad Phil. Geismar
Martin Xaver Jur. Dillingen
Maurer Simon Phil. Gerolsbach
Mayer Anton Phil. Langenthannhausen
Mayer Georg Phil. Weltenhofen
Mayer Jgnaz Phil. Passau
Mayer Philipp Phil. Ried
Mayr Johann Baptist Phil. München
Mayr Joseph Phil. Neuaich
Mayr Michael Phil. München
Mayr Wolfgang Phil. Furth
Meggle Johann Phil. Hirmenhofen
Meisperger Alois Phil. Oberhausen
Meissner Karl Johann Georg Ernst
Phil. Nürnberg
Meister Paul Phil. Paunzhausen
Meister Xaver Phil. Augsburg
Meitinger Sebast. Phil. Hochaltingen
Melfcher Franz Med. Linz
Melzl Ludwig Gottfried v. Phil. München
Merck Karl Phil. München
Merk Georg Phil. München
Merkel Gottlieb Jur. Nürnberg
Merkle Heinrich Pharm. Nekarsulm
Merz David Georg Karl von Jur. Lauf
Merzbacher Löw Phil. Fürth
Mesquita Louis de Jur. Itu
Meyer Andreas Phil. Sommersheim
Michel Fr. Anton Theol. Wallerstein
Miller Anton Phil. München
Militzer Ernst D. Jur. Hof
Milz Georg Phil. Durach
Mollerus Heinrich Baron v. Phil. Amsterdam
Moser Johann Phil. Obergriesbach
Moritz Karl Jur. Zweibrücken
Münch Friedrich Jur. Cam. Bayreuth
Mündler Eduard Phil. Trostberg
Müller Franz Phil. Innsbruck
Müller Friedrich Phil. Bayreuth
Müller Georg Leonh. Chem. Birnbaum
Müller A. Julius Pharm. Augsburg
Müller Johann Bapt. Phil. Regensburg
Müller Max Phil. Landshut
Müller Peter Theol. Osterspay
Müllinghoff Franz Pharm. Kaiserslautern

Muggly Joseph Balth. Med. Sursee
Nägele Michael Phil. Missen
Näf Eduard Med. St. Gallen
Naimer Joseph Jur. Osterhofen
Neudecker Jakob Theol. Bauerbach
Neumaier Joseph Phil. Landau
Neumüller Fz. Xv. Archit. Regensburg
Nieder Xaver Phil. Landshut
Nierirer Franz Adam Pharm. Baden
Nobiling Adolph Jur. Ansbach
Nöbauer Jakob Theol. Enzenkirchen
Noethig Karl Med. Miltenberg
Nüssler Andreas Jur. Eichstädt
Nuber Anton Phil. Beratzhausen
Nuss Daniel Phil. Ingenheim
Nusser Joseph Phil. Ichenhausen
Obermaier Erhard Phil. Aibling
Obermaier Georg Theol. Weissach
Oberndorffer Joh. Pharm. Kemnath
Oberle Ignaz Jur. Kirchheim
Oehler Johann Ignaz Theol. Balgach
Ottinger Georg Phil. Eichstädt
Oppert Adolph Phil. Mindelheim
Osterkorn Xaver Phil. Hauzenberg
Papencordt Fel. Phil. Philol. Paderborn
Paul Michael Med. Nassenbeuren
Pauli K. Jur. Landau
Pedrone Karl Phil. Augsburg
Peller Mathias Phil. Menning
Peller Xaver Phil. Au
Penzkofer Georg Phil. Cham
Perfler Georg Phil. Schalldorf
Peter Adolph von Jur. Regensburg
Peter Simon Phil. Lebersberg
Peutl Joseph Phil. Kiefenholz
Pfeiffer Klemens Phil. Dillingen
Pfitzer Joseph Theol. Ellwangen
Pflieger Karl Pharm. München
Piekl Mathias Phil. Erding
Pill Johann Phil. München
Pöbitzer Severin Med. Laatsch
Pointmayr Joseph Phil. Amberg
Popp Georg Phil. Bamberg
Popp Karl Phil. Regensburg
Porzer Karl Jur. Landshut
Posch Anton Phil. München
Prätorius Eduard Geschichte Coburg
Prasch Johann Nep. Theol. Wiesent
Predesco Eugen Jur. Bukarest
Prestele Nikolaus Phil. Grossaiting
Primus Karl Phil. Babenhausen
Promoli Quirin Pharm. München
Pürner Chr. Phil. Philol. Stadtkemnath
Pürzer Michael Jur. Altenveldorf
Putz Franz Paul Phil. Röhrnbach
Quante Wilhelm Phil. Kempten
Queiros Vincent Jur. Paulo
Quitzmann Anton Med. Freising
Quitzmann Xaver Jur. Freising

Rabus Max Karl Eberh. Franz Philol. Ansbach
Raedler Joseph Aurel Phil. Gestholz
Ramoser Georg Phil. Augsburg
Rank Joseph Med. Neuhausen
Ranz Fridolin Phil. Leuggern
Rast Adolph Freiherr von Phil. Wien
Rast Max Phil. Trostberg
Rau Joseph Phil. Dinkelsbühl
Raymund Bernard Med. Lehrberg
Reber Ferdinand Phil. Eichstädt
Reck Anton Theol. Unterthüringen
Reck Johann Eduard Baron von Jur. Venedig
Recknagel Adalbert Phil. Ansbach
Reichenberger Math. Phil. Augsburg
Reindl Johann Baptist Med. Schönsee
Reinhold Heinrich Med. Berenshausen
Reimer Adalbert Phil. Kayling
Reisch Benno von Phil. Burgau
Reiter Franz Jur. Donzdorf
Reithmayr Franz Xav. Theol. Illkofen
Renz Christoph Phil. Fellheim
Rest Joseph Pharm. Hohenaschau
Rettig Franz Cam. Kaiserslautern
Reuss Franz Phil. Aschaffenburg
Richter Franz Xaver Phil. Eichstädt
Riedel Friedrich Phil. Phil. Hof
Riedelsheimer Joseph Phil. Daiting
Riederer Alois Phil. Abensberg
Riederle Hugo Phil. Langeneufnach
Rieger Ludwig Phil. Gunzenhausen
Ries Joseph Phil. Passau
Riess Johann Conrad Philol. Nürnberg
Rinecker Georg Cam. Schesslitz
Röhrl Franz Phil. Eulsbrunn
Rockinger Joseph Jur. Pfaffenberg
Rodenstein M. von Jur. Bensheim
Romundt Eduard Jur. Neustadt
Romundt Julius Jur. Neustadt
Roos August Jur. Zweibrücken
Rose Albert Phil. Eschenbach
Rost Wilhelm Cam. Mannheim
Roth Benedikt Phil. Breitenbrunn
Roth Eduard Jur. Ansbach
Roth Xaver Phil. Erkheim
Rothschild David Phil. Forchheim
Ruchti Andreas Phil. Stein
Rützinger Ignaz Phil. Salzburg
Ruffin August Baron von Jur. München
Ruth Emil Friedrich Phil. Hanau
Sallinger Johann Bapt. Phil. Landshut
Sammer Joseph Phil. Fürth
Saherbacher Georg Phil. Feldmoching
Sagstetter Karl Archit. München
Sallwürk Joseph v. Cam. Sigmaringen
Sammüller Joh. Bapt. Jur. Fuchsmühle
Sanftl Andreas Cam. Regen
Sartory Joseph Pharm. Passau

Sauter Fidel Phil. Grafertshofen
Sax Fridolin Phil. Riedenburg
Sayn-Wittgenstein Gustav Graf von Jur. München
Schab Joseph von Phil. München
Schack Arnold Ernst Julius von Jur. Meklenburg-Schwerin
Schäffer Gustav Phil. Höchstädt
Schäffler Albert Phil. Thannhausen
Schaible Clemens Phil. Jettingen
Schaller Wilhelm Phil. Nürnberg
Schallern August von Jur. Bayreuth
Schamberg Eduard Phil. Autenried
Schauberg Jakob Phil. Annweiler
Schauberg Joseph Jur. Annweiler
Schedl Andreas Theol. Stadtamhof
Scheer Wilhelm Phil. Dirlewang
Scheffler Gg. Ldw. Jur. Herzogwaldau
Scheftlmayer Franz Phil. Riedenburg
Scheibenzuber Jos. Phil. Hofkirchen
Scherer Christoph Phil. Berchtesgaden
Scheuer Michael Phil. Wallenstein
Schickhofer Max Phil. Regensburg
Schiegg Alois Theol. Mindelberg
Schikaneder Jos. Phil. Rattenkirchen
Schilcher Karl von Phil. Neuburg
Schlag Anton Med. Camp
Schlegel Georg Phil. Mattsies
Schlesinger Friedrich Jur. Küps
Schlesinger Joseph Med. Prag
Schleiss Karl Med. Kusel
Schlicht Georg Phil. Dachau
Schlicker Quirin Phil. Alsmoos
Schmalz Georg Theol. Kötzting
Schmid Alois Phil. Allmannshofen
Schmid Kaspar Phil. Bobingen
Schmid Laspar Phil. Mittelneufach
Schmid Ludwig Med. Augsburg
Schmid Max Phil. Märzen
Schmidt Adolph Med. Wien
Schmidt Georg Frdr. Pharm. Wemding
Schmidt Georg Philol. Regensburg
Schneider Alexander Med. Heidenheim
Schneider Franz Xaver Phil. Ehingen
Schnitzer Johann Bapt. Theol. Wangen
Schöller Georg Phil. Obernzell
Schön Gustav Phil. St. Michael
Schönlanb Johann Jur. Reinfeld
Schönwerth Franz Xaver Phil. Bauw. Amberg
Schöpfer Joseph Theol. Ringschnaith
Schorer Sebastian Phil. Mittelneufnach
Schott Heinrich Jur. Wetzlar
Schott Hermann Jur. Wetzlar
Schreyer Georg Phil. München
Schuh Heinrich Pharm. Regen
Schuler Moriz Phil. Mindelaltheim
Schuppert Anton Phil. Augsburg
Schuster Friedrich Phil. Steinwiesen

Schwab Joseph Phil. Huisheim
Schwaiger Ludwig Phil. Tölz
Schwaighofer Johann Phil. Freising
Schwarz Anton Jur. Kötzting
Schwarz Wilhelm Archit. Schiltz
Schwarzer Joseph Phil. Kellheim
Schweinbeck Sebast. Phil. Linderberg
Schweitzer Armand v. Jur. Frankfurt
Sebald Mathias Phil. St. Georgen
Sedlmayr Frz. Xaver Phil. Engelsberg
Seehofer Joseph Pheol. München
Seeholzer Karl Pharm. Ingolstadt
Seelig Alois Theoph. Phil. Augsburg
Seelus Joseph Phil. Straubing
Seemüller Phillpp Maria Phil. Augsburg
Seitz Franz Phil. Lichtenau
Seitz Jgnaz Phil. Landshut
Sell Anton Pharm. Deggendorf
Seinsheim M. Graf von Jur. Salzburg
Sendtner Otto Phil. München
Senger Franz Phil. München
Sensburg Benedikt Med. Neunkirchen
Seuffert Heinrich Philol. Würzburg
Seybold Joseph Ant. Philol. Rösingen
Sieber Joseph Pharm. München
Singer Joseph Phil. Taimering
Singer Leonhard Phil. Echlishausen
Sohreiner Thaddä Phil. Oswald
Sonnenhalb Friedr. Philol. Augsburg
Söllner Joseph Phil. Pechhof
Schöberlein Ludwig Phil. Amberg
Sonner Franz Phil. Eichstädt
Spann Joseph Theol. Tirschenreuth
Spatz Karl Jur. Speier
Spaur Ludwig Graf v. Phil. Innsbruck
Specht Franz Anton Phil. Scheidegg
Spiller Anton Phil. Lindenberg
Spitzel Joseph von Med. Sulzbach
Sprecher Johann Andreas Freiherr von Bernegg Jur. Mayenfeld
Stadler Lorenz Phil. Ruhmannsfelden
Stälin Gustav Julius Pharm. Calb
Stänglmayr Joseph Med. Pfettnach
Staudinger Joseph Phil. Teisbach
Stautner Georg Phil. Stamsried
Stehele Joseph Phil. Reinhardsried
Steger Friedrich Jur. Braunschweig
Steinberger Andr. Jur. Niedergottesau
Steinegger Anton Med. Lochen
Stellwag Georg Phil. Frankfurt
Stengel Georg Baron v. Phil. München
Stephan Albert Jur. Janner
Stich Maximilian Jur. Neuhaus
Stich Wolfgang Phil. Muttenshofen
Stockinger Franz Jur. Odernheim
Stöckl Karl August Phil. Senthefen
Stoiber Michael Phil. Blaibach
Strackerjan Wilhelm August Jur. Jever
Strauss Joseph Phil. Tirschenreuth

Strobel Johann Nep. Phil. Oettingen
Stumpf Eugen Jur. München
Suter Peter Jur. Lins
Syroth Georg Phil. Cham
Tattenbach Frz. Graf v. Phil. München
Teichs Eduard Jur. Braunschweig
Thanner Johann Georg Phil. Hirschdorf
Thenn Christoph Dan. Phil. Kaufbeuren
Thoma Max Jos. von Pharm. Nabburg
Tillmetz Karl Pharm. München
Trautmann Franz Xaver Jur. München
Trott Karl Ferdinand Pharm. Ansbach
Treiber Johann Baptist Phil. Schönsee
Trettenbacher Karl Phil. München
Trinkler Bernhard Phil. Gobelsbach
Trost Karl Phil. Eckernförde
Tusch Joseph Phil. Sulzberg
Uckermann W. Ludw. Med. Niederhorn
Uibeleisen Karl Frdr. Med. Herrleden
Unger Karl Philol. Würzburg
Unsin Seraph Phil. Oberammingen
Voggenreiter Joh. Ev. Phil. Seestetten
Valentiner Wilhelm Med. Flensburg
Valta Max von Phil. Pfaffenhofen
Vara Felix Phil. München
Venewitz Eduard Jur. Beverungen
Vetsch P. P. Med. Chirur. Grabs
Vequel Max Baron v. Jur. Pfaffenhofen
Visino Joseph Med. Gern
Vogler Franz Ignaz Phil. Oberdorf
Waas Johann Nep. Phil. Wallersdorf
Wack Peter Theol. Miedelsheim
Wacker Max Anton Phil. Ravensburg
Waginger Robert Phil. Passau
Wagner Bernhard Phil. Oberstaufen
Wagner Franz Xav. Phil. Hartkirchen
Wagner Joh. Martin Phil. Kaufbeuren
Wagner Joh. Nep. Med. Babenhausen
Wagner Joseph Jur. Cam. Hienheim
Wagner Matthäus Jur. Bamberg
Walser Johann Georg Phil. Kreuzthal
Walter Karl Ludwig Med. St. Gallen
Weber Karl Archit. Kaiserslautern
Weichsler Friedrich Phil. München
Weidgen Johann Bapt. Med. Siegburg
Weiler Adolph Pharm. Augsburg

Welsch Karl Jur. Odernheim
Weinzierl Mathias Theol. Schwaighofen
Weiss Friedrich Ad. Med. Speyer
Weiss Johann Bapt. Phil. Haunstetten
Weiss Karl Phil. Rathskirchen
Weissenbach Franz Jur. Bremgarten
Wernhammer Baptist Heinrich Jur.
    Cam. Amberg
Wertheimer Leopold Med. Fürth
Wetzler Joseph Anton Phil. Osterried
Widder Anton Jur. München
Widmann Joseph Anton Phil. Kellheim
Widtmann Joseph Med. Kallmünz
Wiedemann Max Phil. Wolfratshausen
Wienninger Karl Phil. Landsberg
Wies Adam Pharm. Maunheim
Wies Karl Med. Blieskastel
Will Jakob Adolph Phil. Aschaffenburg
Wimmer Mathias Phil. Breinting
Winder Friedrich Phil. Weiler
Winkler Jakob Jur. Kranach
Winklmann Joseph Jur. Rötz
Winklmayr Georg Phil. München
Wintrich Marquard Phil. Traunstein
Wirth Franz Med. Lichtensteig
Wirthensohn Johann Phil. Englsberg
Wischan Jakob Phil. Kriegsfeld
Wittmann Joseph Phil. Augsburg
Woehner Jakob Phil. München
Wölfel Joh. Heinr. Philol. Gräfenberg
Wöhrl Joh. Donat Theol. Löschwitz
Wormser Salomon J. Jur. Homburg
Wriedt Julius Heinrich Jur. Kiel
Wurm Anton Phil. Simmerberg
Wutz Joseph Phil. Straubing
Zacher Sebastian Phil. Harthausen
Zopfy Samuel Med. Schwanden
Zatler Karl Phil. Heitzenhofen
Zech Ulrich von Jur. Gotha
Zeitler Martin Phil. Strahlfeld
Zellner Joseph Phil. Pilsting
Zengerle Nepomuk Med. Riedhammer
Zink Nikolaus Archit. Bamberg
Zinsler Oswald Phil. Herles
Zintl Johann Baptist Phil. München

1831—1832

Rector DLXXXIII Hieronymus BAYER

Adami Philipp Med. Schweinfurt
Aicheler Joseph Phil. Sigmaringen
Albertini Peter Phil. Chur.
An der Matt Viktor Jur. Baar

Anthon E. F. Pharm. Hanau
Appel Wolfgang Phil. Schwarzhofen
Aschenbrenner Melch. Med. Bamberg
Aamus Ludwig Jur. Wertingen

Augustin Joh. Bapt. Phil. Kallmünz
Bachmair Joh. Bapt. Phil. Erding
Bachner Franz Salcs Theol. Ehingen
Bärmann Ludw. Archit. Zweibrücken
Baldinger Wilhelm Phil. Baden
Barlet Martin Jur. Bamberg
Bartl Joh. Bapt. Pharm. Untervicchtach
Bauer Ferdinand Phil. Eschenbach
Bauer Friedrich Phil. Kupferberg
Baumgarten Max Jur. Straubing
Bayl Franz Joseph Jur. Bamberg
Beckh Gottlieb Phil. Thun
Becker Adam Archit. Aschaffenburg
Beesten Karl von Theol. Benthelm
Bender Friedrich Jur. Staptprozelten
Benl Georg Theol. Haselbach
Bickmeyer Hans Phil. Ansbach
Bischoff Franz Pharm. Dürkheim
Bleyer Eduard Phil. Rottweil
Bomhard Eduard von Jur. Bayreuth
Bösl Georg Jur. Cham
Bosch Carl Phil. Sachtenhausen
Bossy Franz Math. Freiburg
Brackel Adolph Jur. Rendsburg
Braun Achilles Jur. Edenkoben
Braun Kaspar Pharm. Straubing
Brawe Johann Heinrich Jur. Detern
Brenner Carl Jur. Regensburg
Briggs Thomas Med. Liverpool
Bruckmeyer Xav. Phil. Waldmünchen
Bucher Franz Med. Stanz
Buchner Friedr. Christ. Phil. Bayreuth
Bürklein Friedr. Archit. Dinkelsbühl
Burgartz Carl Phil. Füssen
Burkhard Carl Jur. Heidenheim
Burkj Joseph Jur. Biberist
Cammerer Xaver Phil. Dillingen
Cappenberg Fr. Adolph Phil. Münster
Chrysmar Wilhelm Med. Isny
Clasen Joseph M. Theol. Düsseldorf
Claude Alphons Pharm. Luxemburg
Cohen Ludwig Phil. Altona
Crailsheim Hermann Freiherr von Jur. Ansbach
Crone Wilhelm Phil. Braunschweig
Cunibert Krl. Bar. v. Jur. Aschaffenburg
Daigle Franz Xaver Phil. Schongau
Debes Anselm Jur. Stadtprozelten
Descher Georg Phil. Mainz
Demler Friedrich Wilh. Med. Nürnberg
Dennig Hyppolit Jur. Frankenthal
Dennig G. Phil. Carlsruhe
Derreth Johann Theol. Saal
Deubert Johann Bapt. Phil. Eichstädt
Deyerl Johann Baptist Phil. Sulzbach
Diehl Johann Gg. Phil. Kaiserslautern
Dirl Matthäus Phil. Donauwörth
Dölle Joseph Phil. Gundelfingen
Dommerich Friedr. Jur. Braunschweig

Dorner Leopold Jur. Regensburg
Drechsel Aug. Graf v. Jur. München
Drexel Moritz Med. Augsburg
Dreyer B. Anton Phil. Baden
Driver Friedrich Jur. Schwerin
Dubail Joseph Const. Med. Montancy
Dukes Leopold Phil. Pressburg
Dupré Georg Jur. Frankenthal
Durach Emil Jur. Regensburg
Eckert Karl Jur. Bamberg
Eggelkraut Franz v. Jur. Regensburg
Egner Friedrich Phil. Neuburg
Eichele Georg Phil. Cam. Mallersdorf
Eichthal Rud. Bar. v. Jur. München
Einhorn David Phil. Diespeck
Eirelner Roman Phil. Vilshofen
Eisenbeiss Philipp Jur. Bayreuth
Endres Friedrich Cam. Königsfeld
Engel Johann Jakob Med. Büluch
Enzensberger Xav. Phil. Siegenstein
Enzensperg Fr. Xav. Med. Sulzschneid
Ermenputsch Eduard Med. Dhün
Faeh Caspar v. Theol. Kaltbrunn
Faltermayr Jos. Phil. Laberweinting
Fellner Jakob Med. Markt-Bibart
Fiedler Michael Jur. Bamberg
Fikenscher August Jur. Bayreuth
Firmenich Johannes Phil. Köln
Fischer Joseph Jur. Wertingen
Flessa Friedr. K. Archit. Cadolzburg
Flierl Christian Theod. Med. Sulzbach
Forchthammer Johann Bapt. Cam. Donaustauf
Fraas Karl Med. Rattelsdorf
Franz Xaver Phil. Gundlau
Fricke Wilhelm Med. Bremen
Fuchs Guido Jur. Ansbach
Fuchsberger Jos. Pharm. Ellwangen
Gebler Ludwig Phil. Lender
Gendre Nikolaus Jur. Freyburg
Gerber Ant. Priester Theol. Sobernheim
Gerdes Carl Jur. Stickhausen
Gerstner Georg Phil. Amberg
Gerstner Wilhelm Pharm. Ingolstadt
Geymüller Adolph Med. Basel
Glony Simon Jur. Cham
Gmür Leonard Jur. Amden
Goebel Karl Jur. Miltenberg
Göschel Joh. Heinr. Pharm. Nürnberg
Gosner Joseph Anton Phil. Burgau
Götz Sebastian Phil. Nördlingen
Good Alois Med. Mels
Graf von Jur. Waldsee
Grathwohl Joh. Nik. Phil. Rothenburg
Greibl Johann Baptist Phil. München
Grieshammer Herm. Jur. Bayreuth
Grimm Karl Pharm. Burgdorf
Grob Thomas Jur. Lütisburg
Grundherr Ferd. v. Jur. Nürnberg

Gubsee Joseph Med. Wallenstadt
Gummi Adolph Friedr. Heinr. Pharm. Culmbach
Haag Philipp Phil. Tirschenreuth
Haarlander Peter Theol. Engenthal
Haase Heinrich Jur. Zell
Hohenfels Karl v. Cam. Zweibrücken
Hafeneder Joh. Bapt. Phil. Ammersdorf
Haid Christoph Phil. Augsburg
Hallwyl Johann Theod. v. Jur. Bern
Hammer Wilhelm Jur. Nürnberg
Harder Frz. Xav. Phil. Unterwiesenbach
Harrer Friedrich Philol. Regensburg
Hartmann Alfred Jur. Bern
Hassold Alexander Jur. Ansbach
Hehl Johann Aug. Pharm. Ravensburg
Heindl Alois Theol. Ingolstadt
Heinkelmann Heinrich Jur. Bamberg
Heinsch Ludwig Pharm. Stuttgart
Helfreich Friedrich Jur. Aschaffenburg
Henkel Nikolaus Med. Bamberg
Herbst Alois Math. Würzburg
Herford Karl von Jur. Solden
Hermann Alexander Jur. Bern
Herold Christian Julius Jur. Hof
Hessling Ludwig v. Jur. Regensburg
Hibl Joseph Phil. Archit. Wörth
Hintermayr Karl Phil. Neuburg
Hirsch Friedrich Wilh. Jur. Hannover
Höflich Johann Karl Sigmund Med. Gräfenberg
Höss Benedikt Theol. Diemendorf
Hohenadl Mathias Pharm. Ehingen
Hohmann Nikol. Theol. Simmershausen
Hoffmann Karl Phil. Landau
Hoffmann Ferdinand Jur. Lemgo
Hofstätter Dr. Heinr. Theol. München
Hollitschka Max Jos. Phil. Stadtamhof
Hörmann Ignaz Anton Jur. Neustadt
Horner Ludwig Med. Zürich
Hornstein August Baron von Jur. Orsenhausen
Horst Michael Theol. Hahnbach
Hornstein Wilhelm Baron von Jur. Orsenhausen
Huber Joseph Med. Altenburg
Hunsdorfer Xaver Phil. Eichstädt
Hüttlinger Friedrich Cam. Triesdorf
Jäger Franz Med. Mels
Jbl Johann Phil. Hahnbach
Imoberetei Johann Med. Boltig
Joachim Bernh. Archit. Kaiserslautern
Körbler Xaver Jur. Einöden
Kaufmann Ignaz Jur. Wolfenbüttel
Kaufmann Moritz Jur. Wolfenbüttel
Kellner Joseph Phil. Pressath
Kerle Joseph Med. Dillingen
Kestler Karl Pharm. Hammelburg
Ketteler Wilh. Frhr. v. Jur. Münster

Kettler Vollrath Johann Jur. Aurich
Kienzler Joh. Nep. Pharm. Villingen
Kinzelmann Georg Phil. Oberreiten
Kirschner Joseph Theol. Straubing
Klein Johannes Pharm. Heidingsfeld
Klein Joseph Phil. Weston
Klee Alois Phil. Gundelfingen
Klessing Anton von Phil. Adelstein
Klopp Bernhard Jur. Warstorf
Knörzer Karl Phil. Bellheim
Köhne Ignaz Phil. Welda
Köhnle Frz. Xav. Med. Hochaltingen
Körber Gust. Jul. Ludw. Phil. Augsburg
Körber Joseph Phil. Passau
Kohlhund Simpert Cam. Geisenried
Kolb Anton Pharm. Neuburg
Kolb Robert von Phil. Memmingen
Kolbe Heinrich Theol. Reinerz
Koller Georg Phil. Amberg
Korntheuer Andr. Med. Staffelstein
Krämmer Joseph Theol. Amberg
Krätzer Adolph Jur. Dürkheim
Kramer Albert Phil. Mainz
Krauss Phil. Jur. Mainz
Krez Burchard Joseph Med. Waldkirch
Kreittmayr Johann Nepomuk Baron von Jur. München
Kuby Jakob Archit. Kaiserslautern
Künssberg Friedrich Jur. Ansbach
Kuczurau Georg Phil. Bottoschan
Lachner Joseph Theol. Rohn
Landerer Xaver Pharm. München
Landsberger Elias Phil. Memmingen
Landauer Meyer Hirsch Phil. Cappel
Lanter Jakob Med. Steinach
Lassalle Ed. Ludw. Pharm. Obernzenn
Lassberg Max Bar. v. Phil. Salzburg
Laur Georg Med. Bayreuth
Lautenschlager Johann Baptist Jur. Untersdorf
Lechner Leopold Jur. Burghausen
Leist Caspar Med. Bamberg
Lentzen Johann Heinr. Theol. Ginnirckt
Lenzfeuchter Joh. Bapt. Phil. Gweng
Lerch Joseph Pharm. Mühldorf
Leonrod Stephan von Jur. Nürnberg
Liebrecht Jul. Phil. Breslau
Linck Peter Phil. Bierbach
Linde Anton Pharm. Würzburg
Lindemann Heinr. Sim. Jur. Landau
Lindner Johann Pharm. Nürnberg
Löwenheim Ludwig Jur. Rüttingen
Löwenstein Ignaz Med. Kriegshaber
Löwenthal Zacharias Jur. Mannheim
Loges August Phil. Aerzen
Lohbaner Georg Phil. Bretzenbruck
Lohse Ernst Theod. Jur. Rendsburg
Loretan Alois Med. Baden
Ludwig Georg Phil. Aschaffenburg

Lutz Karl Med. Ansbach
Luz Heinrich Jur. Ansbach
Mühler Alois v. Phil. Regensburg
Mann Ludwig von Jur. München
Marberger Max Theol. Josersdorf
Martens Otto Friedr. Med. Neuenräde
Martin Karl Jur. Neu-Ulm
Martin G. Jur. Frankfurt
Martin Joseph Anton Jur. Lachen
Marx Alexander Karl Jur. Frankfurt
Matthey Johann Gg. Med. La Chaux
  de Fonds
Mayer Karl Kasimir Jur. Stulle
Mayr Anselm Phil. Kempten
Mayr Konrad Phil. Weissenhorn
Mayrhofer Ulrich Phil. Pfaffenhofen
Mehrmann Joh. Gg. Jur. Regensburg
Merat Joseph Med. Courone
Merian Amadeus Math. Basel
Merk Eugen Jur. Bamberg
Merz Dominik Jur. Bamberg
Metternich Leffin Wolf. Graf v. Jur.
  Düsseldorf
Metzner Daniel Jur. Mundenheim
Meyer Franz Math. Zürich
Miller Mathias Pharm. Krumbach
Montgelas Ludw. Gf. v. Phil. München
Müller Franz Phil. Neualbenreuth
Münich Benedikt Phil. Haarbach
Mütz Wilhelm Jur. Detern
Nachreiner Frz. Xav. Jur. Gleissenberg
Nager Joseph Maria Theol. Urstern
Nast Paul Phil. Sulzbach
Neuning Otto Med. Constanz
Nero August Jur. Telfs
Neudecker Jakob Jur. Wensberg
Nickl Joseph Phil. Renzling
Nienburg Ferdinand Phil. Oldenburg
Nörr Achilles Med. Albertshausen
Nordheimer Isak Phil. Memmelsdorf
Nussbaum Leonard Theol. Laufingen
Obelt Georg Jos. Theol. Schwandorf
Oberle Ignaz Jur. Kilburg
Oberlin Leonard Pharm. Strassburg
Oesswein Ferd. Anton Med. Bellheim
OETTINGEN - SPIELBERG Otto
  Prinz von Phil. Oettingen
Ortler Joseph Phil. Vilshofen
Ott Adam Phil. Brunneck
Ott Georg Jur. Gebenbach
Pangraz Johann Theol. Neuern
Pauchinger Joseph Phil. Eggendobl
Pawel Hermann von Cam. Marienthal
Pechmann Johann Baptist Baron v.
  Phil. Würzburg
Peters Theodor Phil. Hammeln
Pfretschner Karl Med. Stockheim
Pitsch Nikolaus Med. Münster
Pöschel Ottmar Jur. Augsburg

Pösl Friedrich Jur. Landshut.
Ponikau Jul. Bar. v. Phil. Osterberg
Preuss Friedrich Theol. Burghausen
Rabl Franz Xaver Jur. Brennberg
Rascher Sebastian Med. Weippelsdorf
Rautenbach Emil Phil. Osnabrück
Rebholz Dominik Phil. Edenkoben
Reger Franz Jur. Straubing
Reger Johann Phil. Grub
Rehm Johannes Phil. Memmingen
Rehm Philipp Christ. Jur. Cam. Sennfeld
Reindl Joseph Cam. Bamberg
Reischl Alois Phil. St. Nikola
Reisenegger Anton Phil. Neuburg
Renner Alois Jur. Frankfurt
Renner Wilhelm Phil. Pfarrkirchen
Reuter Gustav Ad. Jur. Schweinfurt
Richter Hermann Jur. Bayreuth
Riedl Andreas Cam. Neustadt
Riedel Eduard Math. Bayreuth
Ritter Thomas von Phil. Augsburg
Ritter W. Jur. Wallerstein
Roeckel Ludwig v. Pharm. München
Röckl Karl Phil. Haidenburg
Rogge Eilert Math. Bracke
Rösling Adolph Jur. Buttenheim
Rosseti Alexander v. Phil. Jassy
Roth Eduard Jur. Ansbach
Roth Carl Jur. Dennenlohe
Roth Joseph Joachim Med. Goldach
Rothlauf Georg Med. Schesslitz
Ruhé Joseph Jur. Casel
Rugo August Wilhelm Phil. Weimar
Russwurm Georg Phil. Regensburg
Sammüller Johann Jur. Fuchsmühl
Sanderski Karl Phil. München
Sauter Joseph Ant. Philol. Dietershofen
Schäfer Joseph Anton Phil. Neuburg
Schäffer Karl Jur. München
Schäzler Johann Jak. Phil. Augsburg
Schatz Georg Phil. Augsburg
Schandein Mich. Phil. Frankenthal
Schelling Paul Phil. München
Schels Ludwig Phil. Salzburg
Scherer Albin Jur. Ebnath
Scheurer Joh. Bapt. Jur. Aschaffenburg
Schleicher Joseph Theol. Munzingen
Schmid Benedikt Phil. Glött
Schmid Michael Phil. Burghausen
Schmidbauer Joh. Phil. Fürstenzell
Schmidlin Theodor Pharm. Aarau
Schmidt Johann Phil. Frankfurt
Schmidt Joseph Jur. Obermoschel
Schmidt Pet. Christian Phil. Wiedeburg
Schmitt Karl Jur. Ebrach
Schmitz Friedrich Pharm. Altheim
Schneemann Karl Med. Bamberg
Schneider Karl Pharm. Passau
Schnezler August Phil. Freiburg

14

Schnitter Heinr. Fried. Jur. Eckernförde
Schön Gustav Jur. St. Michael
Schonger Joh. Bapt. Pharm. Landshut
Schopp Augustin Phil. Hönningen
Schrader Joh. Frz. Jur. Gross-Giesen
Schricker Johann Nik. Jur. Rösslau
Schramko Joseph Theol. Schredler
Schrembs Joseph Basilius Theol. Tirschenreuth
Schröder Heinr. Math. Phys. München
Schuch Heinrich Pharm. Regensburg
Schuck Andreas Archit. Aschaffenburg
Schuderer Georg Jur. Amberg
Schuegraf Rudolph Med. Thanstein
Schulenburg Ldw. Graf v. Jur. Berlin
Schurz Johann Phil. Hals
Schupert Jos. Theol. Markt-Bissingen
Schwab Joseph Med. Grünstadt
Schwab Karl Jur. Stuttgart
Schwaiger Georg Jur. Stadtamhof
Schwerd Ludwig Archit. Frankenthal
Seckendorff Franz Baron von Jur. Bamberg
Seckendorff Jul. Bar. v. Jur. Bamberg
Seel Karl Jur. Homburg
Seemüller Phil. Maria Theol. Augsburg
Seufferheld Friedrich Pharm. Ansbach
Siegert Karl Cam. Augsburg
Simon Friedrich Pharm. Bamberg
Singer Karl Phil. Mosbach
Solger Bernhard Archit. Rentweinsdorf
Sonnenburg Karl v. Phil. Auerbach
Speckner Martin Jur. Bayreuth
Spengler Anton Phil. Kaufbeuern
Stadlbaur M. Theol. Kirchenthumbach
Steege Ludwig Phil. Bukarest
Steger Georg Phil. Eichstädt
Stege Martin Phil. Mühldorf
Steinacher Joseph Jur. Neustadt
Steiner Joseph Phil. Bauhof
Steinmüller Joh. Rud. Jur. Rheineck
Stetten August von Jur. Augsburg
Stetten Max von Jur. München
Stetter Ludwig Jur. Memmingen
Stirner Eduard Phil. Schwabach
Statzl Georg Phil. Regensburg
Strähl Gustav Med. Zofingen
Stöckl Johann Baptist Phil. Mannheim
Stöcklin Jakob Theol. Neuviller
Stolle Friedrich Jur. Schweinfurt
Stolle Heinrich Karl Med. Schweinfurt
Stürtz Emmerich Jur. Cam. Aachen
Tabakobulos Johann Jur. Karltena
Tascher de Lapagerie Karl Graf von Jur. Frankfurt
Tautphöus Joseph Baron von Phil. Ingolstadt
Tein Ludwig von Theol. Neuburg
Temler Johannes Phil. Augsburg

Thedy Johann Val. Pharm. Wangen
Theuerle Paul Phil. Schneidheim
Thill Hermann Karl von Jur. Berlin
Thoma Balthasar Phil. Illertissen
Thoma Max Joseph Pharm. Naabburg
Thürmayr Michael Phil. Artlkofen
Thurnherr Benedikt Jur. Kriester
Thurnherr Sebastian Jur. Widnan
Treibmann Heinrich Gottlob Pharm. Ebersdorf
Treml Englbert Phil. Deggendorf
Trenkle Anton Pharm. Augsburg
Tscharner Rudolph von Jur. Bern
Tucher Wilh. Freiherr v. Cam. Nürnberg
Ulmann Albert Phil. Weimar
Urban Jakob Phil. Hannbach
Urban Karl Med. Bamberg
Vanderome Konrad Phil. Günzburg
Valta Friedrich Pharm. Lutzmannstein
Veragnth Franz Med. Thusis
Völderndorff Eduard Freiherr von Jur. Augsburg
Völk Thomas Phil. Eismannsberg
Vogt Franz Jur. Aschaffenburg
Volkmar August Jur. Kiel
Vorhaus Philipp Jur. Prozelten
Wagner Heinrich Joseph Jur. Aschaffenburg
Wagner Matthäus Jur. Bamberg
Waldburg-Wolfegg Franz Joseph Ludwig Graf von Jur. Waldsee
Waldvogl Gaudenz Phil. Nesselwang
Watzl Julius Jur. Würzburg
Weber Anton Med. Hammelburg
Weber Fritz von Jur. Bamberg
Weber Johann Med. Aschaffenburg
Weber Joseph Phil. Friedenberg
Weber Joseph Phil. Regensburg
Weidenbach Frdr. v. Jur. Augsburg
Weidenbach Karl von Phil. Augsburg
Weiher Johann Jur. Westerringen
Weiss Ludwig Phil. Zweibrücken
Weiss Karl Cam. München
Welser Johann Michael Freiherr von Jur. Bellenberg
Wend Friedrich Pharm. Candel
Wiblinger Ignaz Phil. Passau
Widmann Ignaz Phil. Abensberg
Wiedamann Simon Phil. Regensburg
Wiener Karl Phil. Regensburg
Wild Heinrich Phil. Plässberg
Wildt Wilhelm Med. Neuburg
Wilhelm Karl Med. Regensburg
Willing Heinrich August Jur. Ostheim
Windmaissinger Max Joseph Phil. Runding
Winkler Erhard Phil. Thanhausen
Wirth Franz Phil. Burgtrestwitz
Wisinger Rudolph von Med. Dillingen

Witt Sebastian Pharm. Wolpertsreuth
Wittmann Georg Med. Rünkam
Wolf Jakob Phil. Eschelkam
Wucherer Karl Math. Neustadt
Wunderer Adolph Phil. Pleinfeld
Wurm Joseph Theol. Grossaigen
Wyss Fidelis Pharm. Zug

Zimmerer Joseph Phil. Donaustauf
Zimmermann Ldw. Phil. Grönenbach
Zink Balduin Med. Würzburg
Zollner Johann Georg Theol. Unter-
  traubenbach
Zorn Friedrich Phil. Augsburg
Zweifel Christian Phil. Kaltbrunnen

1832—1833

Rector DLXXXIV Adam OBERNDORFER

Abbt Johann Med. Diedorf
Adler Lazarus Phil. Ursleben
Albrecht Franz Phil. Freising
Allinger Joseph Phil. Thundorf
Altmann Mathias Theol. Sielenbach
Ammerl Mathias Phil. Richartsreit
Angermaier Kaspar Phil. Ober-
  schwillach
Appiano Amand Med. Aschaffenburg
Asmus Ludwig Jur. Wertingen
Ast Patriz Phil. Landshut
Aub Emanuel Phil. Bayersdorf
Auerbach Berthold Phil. Nordstetten
Auerbach Emil Med. Nordstetten
Aufschläger Joseph Phil. München
Auris Xaver Phil. Segré
Baader Joseph Phil. Mittenwald
Bacherer Gustav Jur. Müllheim
Ballreich Friedrich Med. Waldmohr
Balz Karl Pharm. Leuffen am Neckar
Banning Adolph Friedr. Jur. Ansbach
Banwart Jakob Theol. Kirchberg
Barth Eberhard Phil. Augsburg
Bauer Anton Phil. Bodennais
Bauer Joseph Phil. Trennn
Baumann Joseph Phil. München
Baumgartner Johann Med. Root
Baumgartner Jos. Ant. Phil. Kirchberg
Baumüller Max Phil. München
Baur Friedrich Pharm. Memmingen
Baur Friedrich Ludw. Cam. Eschwege
Beck Benedikt Pharm. Ottobeuern
Beck Peter Math. Stadtamhof
Benzino Karl Jur. Landstuhl
Berchem Anton Bar. v. Jur. Taunsberg
Berenger Adolph von Forstw. Brescia
Berger Franz Xaver Phil. Rosenheim
Berghammer Franz Phil. Kraiburg
Bernstorff Gustav Graf von Jur. Plön
Bertram Friedrich Jur. Regensburg
Besnard Anton Phil. München
Bettinger Ludwig Jur. Zweibrücken
Bettmann Abraham Phil. Welbhausen

Bezold Gustav Jur. Ansbach
Billinger Karl Jur. Freising
Blank Max Joseph Pharm. Kempten
Bogner Georg Jur. München
Bonn Eduard Phil. München
Bothe August Cam. Ludwigslust
Brailoy Georg Phil. Bukarest
Brailoy Johann Phil. Bukarest
Branca Max Baron von Phil. Ansbach
Braun Anton Phil. Jettingen
Brenner Karl Jur. Regensburg
Brenner Johann Phil. Waidhaus
Briegleb Eduard Forstw. Bayreuth
Briegleb Gustav Phil. Schnabelwaid
Bruch Karl Phil. Siegsdorf
Brück Karl Frhr. von Theol. Würzburg
Brunner Heinrich Phil. Ansbach
Bucher Wilhelm Jur. Halle
Buchhofer Gabr. Phil. Burglengenfeld
Buchner Joseph Phil. Landshut
Buhmann Theodor Phil. Rosshaupten
Bürgel Heinrich Phil. Salzburg
Burkhard Joseph Phil. Gundelfingen
Butzer Joseph Med. Wäschenbeuern
Cabral Ant. Graf v. Phil. Rio Janeiro
Cabral Johann Graf v. Phil. Rio Janeiro
Camphausen Otto Jur. Gallenkirchen
Capeller Ludwig Phil. Straubing
Casparis Otto Paul Phil. Thusis
Castella Ernst von Med. Neunburg
Cheverry Rudolph Phil. Untergünzburg
Christ Karl Phil. Oberzöring
Christmann Max Jur. Immenstadt
Christoph Franz Karl Phil. Landsberg
Crailsheim Theod. Frhr. v. Jur. Ansbach
Creuzburg Heinrich Christoph Pharm.
  Feldburg
Cron Christian Phil. München
Culemann Rudolph Jur. Erlangen
Danhauser Joseph Forstw. Pressath
Daniel Wilhelm Jur. Zuffenhausen
De Crignis Karl Phil. Neuburg a. D.
De Vigneux Joseph Jur. Daxöldern

14*

Denringer Ludwig Phil. Augsburg
Dick August Jur. Speier
Dick Franz Xaver Phil. Wegscheid
Dick Joseph Phil. Wegscheid
Diechter Matthäus Phil. Untergriesbach
Diehl Ludwig Jur. Annweiler
Dietsch Ernst Jur. Münchberg
Dirnberger Franz Theol. Bamberg
Dittenheimer Amson Phil. Bechhofen
Doblinger Ludwig Phil. München
Döderlein Karl Theol. Rothenburg
Döhlemann Ludwig Wilhelm Phil. Ezelheim
Döhn Adolph Jur. Gulvezow
Dolch Gustav Adolph Phil. Ingolstadt
Dollmann Friedrich Jur. Ansbach
Dopfer Anton Jur. Sigmaringen
Dorner August Jur. Schwarzach
Dotzer Franz Theol. Straubing
Doxaros Johann Phil. Tenos
Doxaros Michael Phil. Chios
Drechsel Max Graf von Phil. München
Dreer Joseph Phil. Erding
Drexler Joseph Jur. Walterdorf
Du Bois Karl Phil. Passau
Dürr Johann Phil. Lichtenfels
Eberl Ferdinand Phil. Regensburg
Eberl Heinrich Phil. Neukirchen
Eckardt Johannes Jur. Schwarzenbach
Eckmüller Ludwig Jur. Spalt
Edenhofer Alois Phil. München
Eggerth Fritz Phil. München
Eggler Alois Phil. Greiling
Ehrensberger Wilhelm Jur. Amberg
Eichhammer Johann Baptist Phil. Schwarzhofen
Eisele Gabriel Chir. Trochtelfingen
Eisele Thomas Phil. Kaufbeuren
Eismann Joseph Med. Bernried
Eller Elias Jur. Mannheim
Elmer Dominik Phil. Eichstädt
Empl Joseph Phil. Weikertsham
Engel Friedrich Phil. Bayreuth
Englberger Joseph Phil. Auburg
Esterl Paul Phil. Simbach
Etel Simon Phil. München
Eyselein Friedrich Jur. Burghaslach
Falco Karl Jur. Thurnau
Falkenau Hirsch Jur. Fürth
Fay August Jur. Frankfurt
Fay Gerhard Jur. Cöln
Feddersen Heinrich Georg Jur. Kopenhagen
Feichtmayr Joh. N. Phil. München
Fenck Friedrich Pharm. Oettingen
Fenzl Laurentius Phil. Altenparkstein
Ferber Gustav Phil. Furth
Ferchl Johann Forstw. Karlstein
Fikentscher Fr. Jos. Pharm. Redwitz

Filz Joseph Theol. Hutthurn
Fink Jakob Phil. Rosenheim
Finsterlin August Med. München
Fischer Anton Theol. Thalking
Fischer Hermann Jur. Bayreuth
Fischer Vincenz Jur. Stetten
Fischl Andreas Phil. Oeging
Fleisser Wolfgang Phil. Raggenthal
Fleissner Joseph Phil. Gaimersheim
Fleissner Nepomuk Jur. Ingolstadt
Flembach Fr. Anton v. Phil. Amberg
Forster Ludwig Phil. Dachau
Fränkel Simon Med. Zülz
Frank Georg Med. Gmünd
Frank Joh. Baptist Cam. Truppenstein
Frasinelli Robert Med. Ludwigsburg
Frechl Georg Phil. Reichenhall
Frey Anton Phil. Wallerstein
Frey Georg Phil. Stettershausen
Frey Gustav Med. Kerzingen
Freyberg Reinh. Frhr. v. Phil. Ansbach
Friebis Johann Baptist Phil. Edelsheim
Fries Ludwig Phil. Winnweiler
Frölich Emil Phil. Ellwangen
Fuggs Friedrich Pharm. Sonthofen
Fundeis Georg Phil. Ränkam
Furtwängler Wilh. Phil. Gütenbach
Fux Nikolaus Phil. Blieskastel
Günsler Johann Baptist Phil. München
Gallenmüller Anton Phil. Mörslingen
Garcia Heinrich Phil. Rothenburg
Gasser Karl Ritter von Jur. Stuttgart
Gast Alois Phil. Wallerstein
Gebert Martin Phil. Hahnbach
Gebhardt Wilhelm Phil. Kempten
Geiger Georg Jur. Abensberg
Geiger-Kless Wolfg. Forstw. Kless
Geist Karl Phil. Kempten
Geistinger Karl Phil. Naabburg
Gemünden Peter von Phil. München
Giessen Adolph Jur. Mainz
Gigl Joseph Phil. Egern
Gleissenthal Wilhelm Freiherr von Phil. Zandt
Glimm Michael Phil. Winterbach
Glocker Emil Phil. Augsburg
Goeckel Eduard Phil. Bayreuth
Görtz Oskar von Phil. Augsburg
Götzl Anton Phil. Thurndorf
Grabner Karl Phil. Feldkirch
Graf Sebastian Theol. Landshausen
Grandvillers Konrad v. Phil. Delemont
Grathwohl Joh. Nik. Phil. Rothenburg
Granvogl Eduard von Phil. Eichstädt
Granvogl Joseph von Phil. Augsburg
Greiner Georg Jur. Bischofsgrün
Greve Hermann Ludwig Math. Hossel
Griesmeyer Frdr. Wilh. Phil. Sachsbach
Grob James Med. Lichtensteig

Gsödl Johann Baptist Med. Waag
Gross Joseph Phil. Undorf
Gruber Xaver Phil. Weilheim
Grübl Ignaz Phil. Regen
Grünbaum Aaron Phil. Gunzenhausen
Gründler Karl Pharm. Tannstadt
Grünebaum Elias Phil. Münchweiler
Grüner Ludwig Forstw. Creussen
Grundler Ludwig Phil. München
Gschwendner Karl Cam. München
Gülich Oskar Jur. Altona
Gürbinger Joseph Phil. Holzheim
Gürster Joseph Phil. Durastorf
Güth Friedrich Jur. Eltmann
Guggemos Ferdinand Phil. Kaufbeuren
Gumpinger Johann Phil. Augsburg
Gurdy Franz Med. Wohlhusten
Gutzkow Karl Ferd. Dr. Jur. Berlin
Gyr Philipp Jur. Einsiedeln
Haas Adolph Phil. Dillingen
Haas Joseph Lorenz Med. Bamberg
Haas Karl Phil. Augsburg
Häckl August Wilh. Phil. Pfarrkirchen
Hafenbrädl Joh. Nep. Baron v. Phil.
Haggenmüller Joh.Bapt. Phil.Kempten
Haid Karl Jur. Speier
Hainzlmayr Max Phil. Friedberg
Halder Conrad Phil. Langen
Haller Joseph Phil. Höhenried
Hambrecht Christian Phil. Hainsfarth
Harburger Juda Phil. Bayreuth
Harrer Michael Phil. Lauterbach
Harten Ludwig von Jur. Varel
Hartlieb Otto von Med. Memmingen
Hartmann Karl Phil. Eichstädt
Hartmann Karl Otto Jur. Kitzingen
Hartmann Joseph Anton Pharm.
  Schwabmünchen
Hartwagner Frz. X. Phil. Deggendorf
Haslbeck Sebastian Phil. Aholfing
Hassendenbel Jok. Med. Germersheim
Hauck Albert Phil. Nürnberg
Hecht Jakob Med. Rodling
Hecker Friedrich Jur. Eichtersheim
Heckenmaier Bernh. Jur. Wüschen-
  brunn
Heichlinger Ferd. Phil. Thannhausen
Heine Johann Friedr. Jur. Hannover
Held August Jur. Etterzhausen
Held Friedrich Phil. Landshut
Hellersberg Max v. Pharm. Landshut
Helmes Johann Georg Christoph Friedr.
  Jur. Welden
Helmle Andreas Jur. Hintergarten
Henle Johann Phil. Höchstädt
Hensen Gustav Wilh. Jur. Schleswig
Herbst Ferdinand Theol. Menselwitz
Herlbauer Michael Phil. Berg
Herrlein Eduard Phil. Regenstauf

Herold Hieronymus Phil. Würzburg
Hermann Georg Jur. Aschaffenburg
Herzog Paul Phil. Honsolgen
Hess Michael Med. Wunsiedl
Heuser Karl Leop. Med. Capstadt
Heumann Mayer Phil. Oettingen
Heusler Ferdinand von Phil. Spalt
Himmelstoss Eduard Phil. Salzburg
Hinterhäuser Johann Baptist Theol.
  Treuchtlingen
Hipp Joseph Jur. Günzburg
Hirschmann Michael Jur. Waldeck
Höfer Ulrich Jur. Thannhausen
Höflinger Jakob Phil. Vohburg
Hölzl Georg Phil. Sulzbach
Hoess Johann Phil. Nymphenburg
Höss Martin Phil. München
Hössle Eduard v. Phil. Dinkelscherben
Höttermann Joseph Med. Damme
Hofbauer Johann Phil. Thau
Hoofacker Philipp Phil. München
Hoffmann Karl Phil. München
Hoh Heinrich Med. Bamberg
Hohenleitner Michael Phil. Landsberg
Holderied Karl Phil. Legann
Hommel Friedrich Phil. Fürth
Horn Hugo Phil. Frankenthal
Huber Franz Xaver Phil. Traunstein
Hug Seraphin Phil. Günzburg
Huller Georg Phil. Ebern
Hummel Eduard Phil. Salzburg
Hundius Hermann Phil. Klausthal
Jacubezky Max Phil. München
Jacobi Friedrich Forstw. Rentweinsdorf
Jagow Gustav Wilhelm v. Jur. Berlin
Jan Friedrich von Med. Castell
Janett Paul Jur. Langwies
Jhering Georg Albrecht Jur. Aurich
Jeckl Andreas Phil. Krumbach
Jell Karl Phil. Waldkirchen
Ilg Andreas Phil. München
Jochner Felix Math. Med. Krumbach
Jordan Wilhelm Jur. Ansbach
Joseph Max Phil. Plattling
Jungbauer Ferd. Phil. Grättersdorf
Justl Karl Jur. Kirchheim
Kaberhuber Karl Jur. Vieran
Kälin Joseph Meinrad Jur. Einsiedeln
Kaempf Karl Phil. Zweibrücken
Kahl Wilhelm Phil. Ludwigslust
Kapsreuter Jos. Theol. Obergriesbach
Karbaumer Sebast. Theol. Grossalgen
Kardeter Franz Phil. Augsburg
Kardorff Fritz von Jur. Mecklenburg
Kaufmann Karl Phil. Tüssling
Kaufmann Jakob Cam. Coblenz
Kastenmayr Gustav Phil. Immenstadt
Katzelberger Peter Phil. Altheim
Keim Joseph Phil. Augsburg

Keller Sebastian Jur. Thal
Kellnberger Bartholmä Theol. Offen-
stetten
Kempen Lampert Theol. Altdorf
Kempter Herm. Pharm. Wettenhausen
Kester Friedrich Wilh. Jur. München
Kieffer Friedrich Jur. Pirmasens
Kilger Michael Phil. Englburg
Kipferl Johann Bapt. Med. Kondrau
Klass Simon Phil. Friedberg
Kleber Georg Med. Weiden
Klein Max Phil. Unterviechtach
Kleutgen Wilhelm von Jur. München
Klunge Moriz Pharm. Wittenberg
Kneubühler Jodoc Med. Willisen
Knitl Max Forstw. Mallersdorf
Köberle Johann Phil. Romanshorn
Königswarter Wilhelm Med. Fürth
Kolligs Karl Jur. Heiligenstadt
Kolster W. Phil. Schleswig
Kothmüller Joseph Phil. Laufzorn
Krafft Robert von Pharm. Augsburg
Kratzer Andreas Phil. Günzburg
Kraus Alois Phil. Straubing
Krempelhuber August Phil. München
Krenner Mathias Phil. Oberhaus
Kreuter Jakob Archit. Lohr
Krieger Eduard Phil. Passau
Krieger Joseph Phil. Passau
Krohne Gustav von Phil. Ansbach
Krug Anton Theol. Thannhelm
Kummerlin Joseph Jur. Olten
Künsberg Max Baron v. Jur. München
Kuntz Max Phil. Schwandorf
Kurz Karl Jur. Aschaffenburg
Lachat Johann Franz Phil. Montervon
Lacher Kaspar Forstw. Ichenhausen
Laemmert Hermann Pharm. Bayreuth
Lämminger Rudolph Phil. Freising
La Harpe Charles de Phil. Lausanne
Landgrebe Sigmund Pharm. München
Langenfass Alexander Phil. Altdorf
Langenfass Christian Phil. Altdorf
Langenmantel Ant. v. Phil. Augsburg
Langenmantel Krl. v. Phil. Augsburg
Lauber Joseph Phil. Neualbenreuth
Lautenbacher Karl Phil. Straubing
Lautenschlager Ludw. Phil. Amberg
Lecerf Alexander Pharm. Osthofen
Lechner Christian Phil. Simching
Lehner Thomas Phil. Kühstetten
Leitmeier Joseph Phil. Hunderdorf
Lerchenfeld Max Joseph Freiherr von
Jur. Würzburg
Leimbach Heinrich Jur. Aschaffenburg
Leiner Joseph Phil. Obergriesbach
Leutermann Sales Phil. Landau
Lindauer Anton Phil. Kohlgrub
Lippmann Gabriel Phil. Memmelsdorf

Listmayer Johann Bapt. Phil Gross-
harbach
Löchner Johann Med. Dürkheim
Löwe Adam Adolph Math. Warschau
Lorent Eduard Med. Bremen
Losch Joseph Phil. Greding
Lozbeck Karl Friedr. Med. Bayerberg
Lucas Eduard von Pharm. Neuburg
Lutz J. Michael Jur. Grafenheinfeld
Mack Anton Med. Dillingen
Makkus Georg Phil. Behios
Mahler Valentin Med. Weissenhorn
Martin Joseph Phil. Waal
Martin Ludwig Jur. Lauterecken
Martin Sebastian Phil. Ebenhofen
Maucher Joseph Theol. Winterrieden
Mauwerk J. Eduard Jur. Dresden
Mayer Ad. Karl Phil. Schweinshaupten
Mayer Ignaz Phil. Laufen
Mayer Karl Forstw. Ingolstadt
Mayer Thaddä Forstw. Schwand
Mayersohn Leop. Jur. Aschaffenburg
Mayr Georg Phil. Dillingen
Mayr Joseph Med. Waldsassen
Mayr Peter Phil. Polkani
Meier Alois Jur. Hammelburg
Meitinger Anton Phil. Rain
Meitinger Franz Xaver Phil. Unter-
schneidbach
Melbinger Karl Jur. Heideck
Mellinger Michael Jur. Oggersheim
Melzl Karl von Jur. München
Mendler Leopold Adolph Dr. Med.
Kimrathshofen
Menz Karl von Phil. München
Meschenmoser Philipp Phil. Augsburg
Metzler Joh. Chrys. Philol. Frauenzell
Meyer Jakob Theol. Sulz
Meyr Melchior Jur. Ehringen
Meyr Viktor Cham. Freiburg
Michel Anton Pharm. Augsburg
Miedl Jakob Phil. Trostberg
Miller Friedrich Theol. Probstried
Miller Xaver Math. Salzburg
Mindler Joseph Max Jur. Philol. Lindau
Misani Wilhelm von Jur. Ludwigsburg
Mischo Nikolaus Med. Medelsheim
Mitarakis Panagiotis Phil. Chios
Mittelholzer Anton Phil. Kunding
Möllinger Otto Phil. Speier
Mössmer Xaver Phil. Peiting
Moravski Joseph Cam. Kokowietzbi
Moreau Friedrich Baron v. Phil. Paris
Morell Johann Bapt. Med. Egelshofen
Morett Max Jur. Straubing
Moser Karl Phil. Amberg
Muck Wilhelm Phil. Furth
Mühlbauer Joseph Phil. Kumersdorf
Mühlbaur Max Phil. Augsburg

Mühlbaur Franz Phil. Augsburg
Müller Joh. Frdr. Pharm. Trautskirchen
Müller Karl Jur. Eckernförde
Müller Franz Xav. v. Jnr. Nürnberg
Müller Georg Phil. Dillingen
Müller Georg Jur. Bamberg
Müller Heinr. Adam Pharm. Nürnberg
Müller Johann Bapt. Phil. Regensburg
Muiller Frdr. Tobias Phil. Windsheim
Muschaun Johann Theol. Münster
Muschaweckh Joh. Bapt. Med. Rohr
Muser Jakob Pharm. Beilngries
Nager Jos. Maria Priester Theol. Urfern
Nagler Wilhelm Phil. Ansbach
Neuberger Friedrich Med. Petersham
Neudegger Julius Phil. Burglengenfeld
Niebauer Michael Phil. Aicha
Niederreither Theodor Phil. Unter-
  hausen
Nissl Ludwig Phil. Vilsbiburg
Nobiling Adolph Jur. Ansbach
Noodt Karl Med. Hamburg
Nusser Joh. Emanuel Phil. Augsburg
Obermayer Michael Phil. Perlach
Olesheimer Abraham Phil. Miltenberg
Osterrieder Benedict Phil. Augsburg
Ott Karl Friedrich Pharm. Ulm
Ott Max Phil. Landeck
Otto Karl Ludw. Jur. Cam. Heiligenstadt
Ow Joseph Baron von Phil. Eichstädt
Ow Max Baron von Phil. Eichstädt
Pachmayer Joh. Bapt. Phil. Pörnbach
Paur Johaun Nep. Phil. Landau
Pemerl Alois Phil. Rosenheim
Perzl Max Phil. Mering
Pettenkofer Albert Phil. Eichstädt
Pirzer Joseph Theol. Haahef
Pfaffenberger Ernst Phil. Altenmarkt
Pfaller Joseph Theol. Erding
Pfeffer Jakob Phil. Mühldorf
Pfleger Andreas Jur. Amberg
Pflieger Johann Phil. München
Pfungst Wilh. Arnold Med. Darmstadt
Pfyffer Franz Nikolaus Jur. Luzern
Pöschel Ottmar Jur. Augsburg
Pösl Karl Ludwig Phil. Landshut
Predl Ferdinand von Theol. Türkheim
Premauer Johann Phil. Kirchenhaslach
Prestele Ernst Phil. Blumthal
Priem Max Phil. München
Primus Rupert Pharm. Babenhausen
Probst Johann Max Pharm. Sickingen
Pruckberg Frz. Bar. v. Phil. Straubing
Püschel Ludwig Jur. Spremberg
Raith August Jur. München
Ramis Karl Phil. München
Rapp Joseph Med. Bamberg
Rast Adolph Baron von Med. München
Rast Johann Med. Etzenrieth

Rauchenstein Joh. Fr. Philol. Brugg
Rauner Narzis von Phil. Augsburg
Raymund Bernard Med. Lehrberg
Rebhahn Julius Jur. Rattelsdorf
Regler Georg Phil. Pleinfeld
Regnet August Forstw. Viechtach
Reichenberger Johann Baptist Phil.
  Dietersdorf
Reichert J. Moritz Med. Amberg
Reisländer Jakob Phil. Gachenbach
Rembold Franz Xaver Jur. Dietenheim
Retzer Joseph Phil. Weydholz
Reuss Franz Jur. Aschaffenburg
Reuss Gottlob Pharm. Tübingen
Reuss Kaufmann Phil. Orb
Riederer Lazarus Jur. München
Riedl Placidus Med. Graubündten
Riedl Heinrich Phil. Altötting
Riedle Joseph Phil. Illertissen
Riegg Michael Phil. Obermedlingen
Riezler Augustin Phil. München
Ring Ferdinand Jur. Darmstadt
Ringler Alexander Phil. Neresheim
Ritter Anton Theol. Stadtamhof
Roberz Jodoc Theol. Köln
Roder Georg Philol. Wolpershof
Roebel Franz Jur. Neustadt
Roeger Joseph Jur. Donaualtheim
Rösch Andreas Phil. Obertraubenbach
Rohmer Friedrich Phil. Weissenburg
Rösch Franz Sales Phil. Bärnau
Rohrbacher Ldw. Med. Zweibrücken
Rostein Thaddäus Pharm. Herrieden
Roth Eduard Ad. Pharm. Kaufbeuren
Roth Raymund Pharm. Augsburg
Rubenbauer Bernhard Phil. Sulzbach
Rübel Joseph Phil. Bamberg
Ruedorffer Michael Phil. Rosenheim
Rüttimann Franz Med. Rohrdorf
Rust Philipp Mechanik Friedrichshall
Sachs Karl Jur. Karlsruhe
Salb Alois Phil. Oberdorf
Sammeth Wilhelm Phil. München
Schallern Karl Rainer v. Phil. Bayreuth
Scharff Ludwig Jur. Guttenberg
Scharrer Franz Theol. Waldkirchen
Schatte Ldw. Baron v. Phil. Neuburg
Schauer Johann Phil. Kreuzberg
Schelhass Wilhelm von Jur. München
Schenk Joseph Frhr. von Phil. Dillingen
Scheppach Johann Alois Phil. Burgau
Scherupp Johann Bapt. Theol. München
Schick Hermann Jur. Dietz
Schieder Engelbert Phil. Amberg
Schieder Joseph Quirin Jur. Amberg
Schiefer Jakob Phil. Huttern
Schiller Franz Xaver Phil. Oberwalting
Schillinger Johann Phil. Wasserburg
Schintz Karl Med. Livorno

Schlabrendorf Constantin Graf von Jur. Schlautsa

Schlabrendorf Stanislaus Graf von Jur. Giersdorf

Schleich Heinrich Baron von Phil. München

Schlereth Wilhelm von Jur. Fulda

Schleuniger Johann Nepomuk Phil. Klingenau

Schlosser Baptist Phil. Velburg

Schlotthauer Joseph Pharm. München

Schmädel Julius von Phil. Uttenhofen

Schmauz Peter Phil. Hohenpeissenberg

Schmid Stephan Phil. Behlingen

Schmidt Adolph Med. Wien

Schmidt Michael Jur. Stadtkemnath

Schmitt Ignaz Phil. München

Schmucker Johann Phil. Neunburg

Schneemann Joseph Pharm. Bamberg

Schneider Ben. Phil. Oberleichtersbach

Schneider Mathias Phil. Lindau

Schnitzler Anton Phil. Kaufbeuren

Schobacher Karl Phil. Deggendorf

Schoder Wolfgang Phil. Ried

Schoeppel Joh. Bapt. Phil. Eschelkam

Schönborn Frz. Graf v. Jur. Wiesenthaid

Schramm Friedrich Med. Marktleugast

Schraudenbach Joseph Med. Oestrich

Schreyer Xaver Phil. München

Schröder Johann Konr. Jur. Meiningen

Schrödl Karl Dr. Theol. München

Schub Michael Phil. Schneeberg

Schuegraf Anton Phil. Tann

Schullan Sebastian Phil. Deggendorf

Schulteis Friedrich Forstw. Tafelhof

Schultheiss Joh. Gg. Phil. St. Georgen

Schuler Karl Jur. Zweibrücken

Schwab Nikolaus Phil. Vilshofen

Schwarzenbach Adam Phil. Füssen

Sebald Thomas Phil. Zolling

Sedlmayr Joseph Phil. Engelsberg

Seehofer Joseph Med. München

Seel Otto Phil. Kempten

Sell Georg Christoph Phil. Arzberg

Seidl Theodor Med. München

Seitz Franz Phil. Arcsing

Senestrey Karl Theodor Phil. Bernau

Serpert Karl Jur. Wyl

Seuffert Heinrich Philol. Würzburg

Seydel Karl Phil. Bamberg

Sicherer Heinrich von Pharm. Passau

Simmerl Joseph Phil. Ilienheim

Simon Joseph Phil. Strassburg

Simon Karl Med. Zweibrücken

Singer Friedrich Jur. Amerbach

Sippel Franz Pharm. Brückenau

Sohn Joachim Phil. Windsheim

Spangenberg Wilhelm Heinr. Philol. Hamburg

Spiegel Ambros Phil. Erding

Spiller Franz Anton Jur. Lindenberg

Spörl Karl Forstw. Regensburg

Sporrer Anton Theol. München

Sprenger Wilhelm Pharm. Kempten

Spring Anton Friedr. Phil. Geroldsbach

Stadlbaur Christ. Jur. Kirchenthumbach

Stadlmann Anton Med. Lauterhof

Städelin Dominik Med. Wollerau

Städlmayr Kaspar Phil. Waldtholz

Stägmeyr Karl Med. München

Stahl Karl Med. München

Stalfl Ignaz von Pharm. Augsburg

Stangl Johann Baptist Theol. Ebrach

Staub Konrad Jur. Bamberg

Steinhäuser Gustav Jur. Ehingen

Stengel Franz Baron v. Jur. Mannheim

Stenger Benedikt Jur. Goldbach

Stern Max Theol. Straubing

Stieger Joseph Phil. Kobelwald

Stoehfleth Georg von Jur. Kopenhagen

Stocker Franz Phil. Glött

Stolle Ferdinand Phil. Schweinfurt

Stolz Peter Phil. Obermohr

Stort Alois Phil. München

Strauch Ernst August Phil. Andreasberg

Strauss Bernhard Phil. Eichstädt

Strelch Johann Michael Med. Erfurt

Strelin Wilhelm Jur. Harburg

Strobel Honor Phil. Kempten

Strobl Wilhelm Phil. Ichenhausen

Strüpf Karl Theodor Pharm. Bamberg

Stubenranch Johann Nep. Jur. Cojetain

Stuber Anton Phil. Burghausen

Stufler Joseph Phil. Schönsee

Stürli Friedrich Jur. Baden

Stürmer Franz Xav. Jur. München

Stum Heinrich Med. Bamberg

Syffert Chanmort Jur. Homburg

Teufelhart Joseph Phil. Mehring

Tretschen Christian Jur. Bayreuth

Tronnier Friedrich Math. Elbingerode

Thentsch Johann Med. Binn

Theologides Asterius Jur. Thessalonika

Thoma Ulrich Phil. Illertissen

Thomsen Gustav Jur. Kopenhagen

Toechtermann Ludwig Phil. München

Truckenbrod Joh. Med. Aschaffenburg

Turban Johann Bapt. Phil. Unterastadt

Umbscheiden Karl Jur. Grimstadt

Uzuber Johann Med. Aschaffenburg

Valta Ludwig Pharm. Hemau

Verdat Eduard Med. Dellemont

Viehauser Karl Pharm. Amberg

Vincenti Wilhelm Jur. Amberg

Voekl Louis Jur. Herrieden

Voit Christ. Wilh. Pharm. Schweinfurt

Voeytlin Jakob Jur. Brugg

Vogl Friedrich Phil. Neuburg
Vogl Matthäus Alois Theol. Palling
Vollmer Alexander Joseph Phil. Krabek
Vollmer Heinrich Jur. Germersheim
Wächter Max Friedr. Christ. v. Jur. Neustadt
Wägele Xaver Phil. Schrobenhausen
Wüger Karl Jur. Ansbach
Wagner August Pharm. Schwabach
Walser Franz Xaver Phil. Dachau
Walte Johann Georg Jur. Bremen
Walter Johann Phil. Regensburg
Walter Joseph Theol. Neresheim
Wastl Joseph Alois Phil. Regensburg
Weber Anton Forstw. Schwimmbach
Weber Joh. Bapt. Phil. Kranchenwies
Weidmann Joh. Lor. Med. Dachsbach
Weigel Franz Med. Kandel
Weih Joseph Jur. Stadtkemnath
Weil Moriz Phil. Schopfloch
Weinberg Ignaz Med. Human
Weindl Xaver Phil. Krösham
Weinmann Joachim Jur. Neuötting
Weinschenk Ernst Jur. Rottweil
Weiss Gustav Pharm. Stuttgart
Weissbrod Anton Phil. Mühldorf
Weissbrod Max Phil. Mühldorf
Weissenhorn Xaver Phil. Benningen
Welsch Karl Jur. Odernheim
Welsch Christian Jur. Glanadernheim
Welser Emanuel von Jur. Nürnberg
Werne Karl Joseph Anton Jur. Reckllnghausen
Werner August Jur. Speier
Wetzler August Pharm. Günzburg
Wiedemann Andreas Phil. Günzburg

Wieland Max Theol. Sulzbach
Wiesend Otto Phil. Kufstein
Wild Bernhard Pharm. St. Gallen
Wild Otto Phil. Stoffenried
Wilhelm Jakob Phil. Landshut
Willibald Ed. Med. Donaueschingen
Wimmer Sebastian Phil. Eltting
Windbauer Elias Phil. Eslarn
Winder Max Phil. Weiler
Windischmann Friedr. Heinr. Hugo Dr. Phil. Theol. Bonn
Winkler Joseph Phil. Etzenhausen
Wintrich Anton Med. Störzing
Wirthmann Joachim Jur. Bamberg
Wiesend Joseph Med. Stadtkemnath
Wiest Franz August Blieskastl
Wiser Thomas Phil. Straubing
Wolff Ferdinand Med. Köln
Wölfinger Johann Phil. Etzenrieth
Wotanski Johann Phil. Krakau
Wurzer Jakob Phil. Passau
Wyttenbach Karl Pharm. Bern
Wyss Victor Med. Fülenbach
Zahn Julius Phil. Ansbach
Zan'tl Joseph Phil. Tölz
Zech Karl von Phil. Gotha
Zenettl Karl August Phil. Wertingen
Zenetti Joseph Pharm. Wertingen
Zenz Joseph Phil. Oberhannstadt
Zink Clemens Med. Oberdorf
Zierer Martin Phil. Straubing
Zocan Demeter Phil. Bukarest
Zoeller Thomas Med. Obernburg
Zör Karl Albert Pharm. Sonthofen
Zumpf Justus Christian Dr. Jur. Burgbernheim

1833—1834

Rector DLXXXIV Johann Nepomuk RINGSEIS

Achatz Joseph Phil. Staudenschedl
Acher Joseph Phil. Tölz
Achner Joh. Baptist Phil. Kieferofelden
Albert Johann Baptist Phil. München
Amann Alois Phil. Allerberg
Arbeiter Cajetan Forstw. Schwandorf
Arbinger Xaver Phil. Buch
Arnold Friedrich Phil. Pretsfeld
Bacher Ignaz Phil. Velden
Barth Ferdinand v. Phil. München
Bassus Theodor Baron v. Phil. Neuburg
Bauer Friedrich Phil. Neuburg
Bauer Heinrich Cam. Hof
Bauer Karl Forstw. Forstenried

Bauer Peter Phil. Sassenfarth
Bauernfreund Heum. Theol. Ellingen
Baumann Johann Paul Phil. Cham
Baumann Franz Forstw. Kohlberg
Baumgartner Jakob Ferdinand Phil. Eschenbach
Baumgartner Joseph Jur. Bühel
Baur Georg Phil. Holzheim
Baur Joseph Phil. Wasserburg
Bavier Eduard von Med. Chur
Beck August Phil. Mindelheim
Beck Johann Forstw. Langeneufach
Beer Ludwig Jur. Edenkoben
Benda Robert von Phil. Regensburg

Bennegger Karl Math. Weissenhorn
Berger Adolph Med. Schwabach
Berger August Phil. München
Bertsch Conrad Theol. Bensheim
Berüff Karl von Pharm. München
Biarowsky Wilh. v. Phil. München
Bierheim Meier Phil. Bechhofen
Bischof Anton Phil. Regensburg
Bitter Wilhelm Cam. Karlsruhe
Blaimberger Xaver Forstw. Leiblfing
Blenk Gustav Pharm. Kempten
Blum Mathias Phil. Ludwigsfeld
Blum Paul Phil. Vilshofen
Bocklin Xaver Theol. Sius
Böck Albert v. Phil. Obergünzburg
Böhm Karl Phil. München
Böhm Joseph Phil. Wallerstein
Böshart Wilhelm Phil. München
Bonn Michael Phil. Berchtesgaden
Borell Nathan Wolf Med. Pelne
Borster Ludwig Jur. Friedelsheim
Bornschlegl Joseph Med. Weng
Braun Karl Phil. Oettingen
Brandstetter Joseph Phil. Altötting
Brater Julius Phil. Hof
Brater Eduard Phil. Dillingen
Brinz Johann Martin Phil. Weiler
Brögly Joseph Med. Merlschwanden
Brönime Christian Pharm. Petersburg
Bruch Karl Phil. Pirmasens
Büchler Max Phil. Euernbach
Bühne Hermann Jur. Neustadt
Bürger Leonhard Jur. Lichtenau
Bumüller Fritz Phil. München
Burger Christoph Theol. Bamberg
Burgl Franz Phil. Bogen
Canstatt Theodor Pharm. Regensburg
Cantacuzenos Alexander Prinz Jur. Beilron
Capeller Heinrich Jur. Wasserburg
Clos Dr. Friedr. Maria Theol. Oettingen
Cockinos Emanuel Jur. Chios
Cramer Friedrich Wilh. Jur. Accum
Daig Joseph Phil. Bamberg
Desch Friedrich Jur. Erding
Deschauer Johann Phil. Straubing
Dessloch August Jur. Stadtprozelten
Deutinger Martin Phil. Pfaffenhofen
Devignau Michael Theol. Ingolstadt
Dick Hermann Med. Speier
Didier Karl Med. Homburg
Diehl Wilh. Fried. Frz. Pharm. Nürnberg
Dilg Karl Jur. Miltenberg
Diller Joseph Phil. Neustift
Döllinger Ferdinand Phil. Würzburg
Dorner Karl Phil. Amberg
Duffner Cyriak Phil. Furtwangen
Durocher Louis Phil. Ottobeuern
Ebenauer August Jur. Berolzheim

Eckert Joseph Phil. Tanzstadt
Eger Blasius Archit. Winterbach
Eger Xaver Phil. Delselberg
Egger Matthäus Theol. Eggersried
Eigenschin Johann Georg Forstw. Minteraching
Eichleim Ludwig Forstw. München
Eichner Johann Med. Glatz
Eireiner August Phil. Vilshofen
Elf Joseph Phil. Donauwörth
Ellersdorfer Karl Forstw. Amberg
Elsener Joh. Bapt. Jos. Phil. Menzingen
Emmerich Heinrich v. Med. Ansbach
Enzensberger Albert Med. Buchloe
Ernst Joseph Ignaz Phil. Schöllang
Erdl Michael Phil. München
Erras Georg Theol. Rodlug
Ertheller Bernhard Phil. Beckersheim
Ertlmayr Erhard Phil. Grassgundertshausen
Eumring Xaver Phil. Hafnerzell
Eysselein Joh. Heinr. Jur. Burghasslach
Exter Karl Math. Zweibrücken
Faber Karl Phil. München
Faber Hermann Phil. Ansbach
Fentsch Eduard Phil. München
Fechtig Georg Phil. Augsburg
Feibel Johann Phil. Blickweiler
Felunigl Benedikt Phil. Immenstadt
Felsenheld Hermann Phil. Merzbach
Fenst Emanuel Phil. Bamberg
Feyerabend August Med. Engelberg
Fideli Franz Anton Forstw. Landshut
Fischer Gg. Aug. Phil. Kirchenlamitz
Fischer Herm. Phil. Fürstenfeldbruck
Fischer Joseph Phil. Ingolstadt
Fischer Stephan Med. Chur.
Forster Eduard Jur. Etterzhausen
Forstner Johann Karl Phil. Neuburg
Forster Max Jur. Hinheim
Frank Karl Forstw. Würzburg
Frankl Jakob Phil. Oberammergau
Fränkel Herz Phil. Sulzbach
Frei Joseph Philol. Baden
Fries Heinrich Pharm. Winnweiler
Fries Johannes Philol. Wittesheim
Freyberg Ludw. Frhr. v. Phil. Ansbach
Fuchs Augustin Med. Einsiedeln
Fuchs Bernard Phil. Elchingen
Fuchs Eduard Med. Nürnberg
Fusseder Joseph Phil. Flohberg
Gách Albert Phil. Schwarzach
Gareis Franz Phil. Amberg
Garnier Camill Med. Saignelegier
Garnier Joseph Jur. Saignelegier
Gartner Martin Phil. Regensburg
Gasperl Joseph Phil. Oed
Gebhardt Ignaz Phil. Rennertshofen
Gebhart Mathias Phil. Wartenberg

Gebler Johann Mich. Phil. Sengenfeld
Geiger Michael Jur. Lam
Gensperger Karl Phil. Bertoldsheim
Gentner Joseph Phil. München
Gerlach Karl Phil. Kaiserslautern
Geyer Karl Phil. Vilser
Gierlinger Joseph Phil. Aholming
Gimmi Max von Phil. Friedberg
Gietl Leopold Jur. Straubing
Glas Ludwig Forstw. Friedberg
Glaser F.Wilh. Jur.Kirchheimbolanden
Glass Max Phil. Ansbach
Glasson Eduard Jur. de Bulle
Glasson Xaver Med. de Bulle
Glaus Adolph Theol. Schaenis
Gmainer Karl Phil. Ering
Godin Ludwig Frh. v. Phil. Regensburg
Gouvernon Viktor Jur. Es-Bois
Grabner Ludwig Phil. Schongau
Gradl Michael Theol. Wolfersdorf
Graf Joseph Phil. Neukirchen
Greger Ludwig Med. Regensburg
Greindl Xaver Med. Straubing
Griodt Max Phil. Augsburg
Gross Nikolaus Theol. Haselbach
Gruber Anton Theol. Bobingen
Grundner Georg v. Phil. Milbertshofen
Gschaider Mathias Phil. Neunburg
Gümbell Ludw. Jur. Cam. Damenfels
Guenot Vincenz Phil. Rougegoutte
Gümbel Theodor Phil. Damenfeld
Günther Joseph Phil. Zullbil
Güth Friedrich Jur. Eltmann
Gutermann Philipp v. Phil. Augsburg
Guttenberg Hermann Baron von zu Phil. Weisendorf
Haas Friedrich Phil. Wallerstein
Haller Florian Phil. München
Haimerl Joseph Forstw. Obermühl
Hainzlmayr Jakob Phil. Kempten
Haltenberger Michael Phil. Landsberg
Hänlein Edmund Pharm. Ansbach
Hann Ernst von Jur. Amberg
Hartmann Gustav Phil. Eichstädt
Hartmuth Johann Phil. Gundelfingen
Hartwig Albr. Herm. Phil. Bayreuth
Hasslacher Jakob Theol. Passau
Hassenmayer Ferdinand Phil. Eresing
Hatz Jakob Leonhard Med. Chur
Heddersdorf Joseph Baron von Cam. Wimingen
Hefele Georg Jur. Amberg
Hegel Imanuel Jur. Berlin
Heiligenstein Ant.v.Forstw.München
Heindl Georg Jur. Eichhofen
Helbling Alois Med. Jurna
Heller Friedrich Pharm. Nürnberg
Hellersberg Eugen Edler von Med. Landshut

Helmstett Karl Ldw. Adrian Graf v. Jur. Nekarbischofsheim
Henle Joseph Theol. Ammerbach
Henrich Johann Val. Phil. Frankfurt
Hering Gottfried Leonhard Wilhelm Phil. Reichenschwänd
Hermann Theodor Phil. Etzenhausen
Hermann UlysiesBar. v. Phil.Augsburg
Herold Friedrich Med. Zweibrücken
Hess Richard Phil. Kaufbeuren
Herzinger Ignaz Phil. München
Heussler Ludwig Phil. Neuburg
Heusner August Jur. Kaiserslautern
Heyde Friedrich Jur. Ansbach
Hildenbrand Karl Phil. München
Hillerns Diedtrich Archit. Oldenburg
Hiltner Balthasar Jur. Pilgramsreith
Höck Karl Phil. Höchstädt
Hörmann Eduard v. Phil. Kempten
Hörmann Michael Phil. Neuburg
Hörrmann Ignaz Anton Jur. Neustadt
Hohenadl Gustav Phil. Amberg
Hohenner Joh. Erh. Archit. Wunsiedel
Hofmann Karl Cam. Freising
Hofmann Joseph Phil. München
Holzapfel Karl von Jur. Kleinkötz
Holzinger Joseph Phil. München
Holzschuher August v. Phil. Nürnberg
Holzschneller Joseph Phil. Hörzing
Horlacher Karl Med. Ansbach
Horstig Emil Cam. Miltenberg
Huber Joseph Phil. Vaduz
Huber Karl Phil. Winnweiler
Huber Max Phil. Dillingen
Hüther Joseph Phil. München
Humhauser Leopold Phil. Moosburg
Hundt Max Grf. v. Phil. Weikertshofen
Hunkeller Xaver Med. Buttenberg
Hupfauf Johann Ev. Med. Günzburg
Hutter Alois Phil. Neuburg
Jäger Albert Phil. Kempten
Jahn Robert Eugen Archit. Neudamm
Janisch Otto Forstw. Eichstädt
Iberer Johann Phil. Hahnbach
Jergius Ernst Phil. Ansbach
Ilgen Ernst Med. Grünstadt
John Adolph Phil. Langenzenn
Irmich Eduard Jur. Nürnberg
Jung Johann Baptist Theol. Niederhelferswyl
Jung Simon Bauwesen Sonnenbern
Kagerbauer Joseph Phil. Mühlham
Kaisenberg Joh. Heinr. Jur. Bamberg
Kapfer Martin Phil. Lauingen
Karl Franz Med. Aichach
Kasthofer Wilhelm Forstw. Bern
Keller Joh. Cleoph. Phil. Nonnenhorn
Kempter Otto Phil. Füssen

Kienle Joseph Phil. Hausen
Klesselbach Ernst Med. Bremen
Klahr Friedrich Pharm. Neustadt
Klass Johann Nepomuk Phil. Polling
Klein Saladin Phil. Wachenheim
Klensch Ludw. Forstw. Milgertswiesen
Klostermaier Franz Jur. Thurn
Kluy Martin Forstw. Erkertshofen
Koch Karl Phil. Haselbach
Köberlin Karl Phil. Wallerstein
Köhler Georg Phil. Neustadt
Königer Peter Forstw. Waldmünchen
Könighofer Chr. Aug. Phil. Erlangen
Koeppel Peter Med. München
Küppele Frz. Bar. v. Phil. Waldmünchen
Körner Franz Xaver Phil. Eichstädt
Koerner Karl Phil. Bamberg-
Kolb Anselm Phil. Augsburg
Kolb Johann Ernst Forstw. Neustädtlein
Kolb Johann Steph. Jur. Augsburg
Kolb Nikolaus Philol. Neustädtlein
Kollmann Ludwig Phil. Gundelfingen
Konrad Peter Med. Auw
Kräh Anton Phil. Dillingen
Kraus Alois Phil. Straubing
Kraus Anton Jur. Cam. Neunburg
Krauss Max Phil. Augsburg
Krell Joseph Phil. Reichholzried
Kremer Jos. Fried. Archit. Donauwörth
Krempl Frz. Xav. Med. Unterneukirchen
Kreusser Frz. Baron v. Phil. München
Kresser Franz Joseph Theol. Missen
Kreutzer Mich. Forstw. Regen
Kröner Kaspar Jur. Linroth
Kürzl Paul Phil. Deggendorf
Küsser Johann Phil. Regensburg
Knttler Karl Theod. Phil. Augsburg
Kuttner Max Pharm. Braunau
Lachinger Anton Phil. Reichenhall
Lamberger Adolph Goblingen
Lampart Michael Phil. Adelshofen
Landerset Joseph Jur. Freiburg
Lang Eduard Jur. Neustadt
Lanter Jakob Med. Steinach
Laubmann Gottlob Phil. Hof
Lauterer Max Phil. München
Laville Nikol. Theol. Phil. Montaney
Lazi Ernst Friedrich Jur. Rothenburg
Lehner Joseph Theol. Straubing
Leibold Joseph Phil. Amberg
Leimbach Anton Jur. Aschaffenburg
Leimbach Karl Archit. Aschaffenburg
Leininger J. Nikolaus Med. Dettelbach
Leitzen Eduard Med. Braunschweig
Lerchenfeld Ernst Christian Baron
  von Phil. Würzburg
Lettner Jakob Phil. Tölz
Lieberich Karl Phil. München
Liebing Paul Forstw. Aschaffenburg

Lindig Franz Jur. Eichstädt
Linn Friedrich Jnr. Meltenheim
Lipp Theodor Phil. Emersacker
Lippl Ernst Pharm. Wasserburg
Loessl Eduard von Phil. Weiler
Loose Max Phil. Augsburg
Lorbeer Julius Jur. Schwabach
Lorenz Johann Bapt. Forstw. Augsburg
Lorenz Johann Georg Phil. Friedberg
Loritz Franz Michael Phil. Nittenau
Loritz Lorenz Jur. Amberg
Louis Ludwig Phil. Lambrecht
Lukas Albert von Archit. Lichtenfels
Luz Fedor Phil. Nördlingen
Mack Michael Theol. Dinkelsbühl
Mader Max von Jur. Mindelheim
Mahler Ferdinand Phil. München
Maier Bernhard Jur. Sursee
Maier Johann Baptist Phil. Kern
Maier Wilhelm Peter Med. Dinkelsbühl
Majer Karl Friedr. Med. Weiltingen
Maierhofer Karl Phil. München
Mairrock Kuspar Phil. Edelstetten
Mayer Franz Anton Phil. Frankenried
Mannheimer Moriz Med. Schopfloch
Manuel Max Phil. München
Marca Cäsar von Theol. Graubündten
Martin Ludwig Phil. München
Marschalek Ferdinand Phil. Passau
Maurer Friedrich Phil. Eggenfelden
Mayer Friedrich Pharm. Memmingen
Mayer Ignaz Philol. Passau
Mayer Joseph Konrad Phil. Freising
Mayr Xaver Phil. Ingolstadt
Mayrhofer Adalbert Pharm. Augsburg
Megele Joseph Phil. Ettenbeuern
Meissner Karl Johann Ernst Georg
  Jur. Nürnberg
Mengis Ferdinand Med. Bruck
Merkel Joh. Kasp. Gottl. Jur. Nürnberg
Merz Anton Jur. Neunburg
Mesmer Max Jur. Roggenburg
Messerer Anton Phil. Tapfheim
Messerschmidt Xav. Phil. Ottobeuern
Metschnabl Joseph Phil. Stadtkemnath
Meyer Johann Friedrich Phil. Sachsen
Meyer Andreas Jur. Banersheim
Mielach Karl Phil. Augsburg
Mielach Otto Phil. Augsburg
Millaner Jos. Heinr. Pharm. Ellwangen
Mirer Georg Jur. Obersaxsen
Mittermiller Anton Phil. Mainburg
Mösler Georg Phil. Augsburg
Molo Joseph von Phil. Günzburg
Mühlauer Michael Phil. München
Müller Christian Jur. Cam. Aschaffenburg
Müller Dominik Math. Tussenhausen
Müller Friedrich Jur. Landau
Müller Franz Heinrich Phil. Jever

Müller Franz Archit. Herrnstein
Müller Johann Joseph Jur. Mornang
Müller Wilhelm Forstw. Kötzting
Muggenthaler Melch. Phil. Schwarzach
Mulzer Matthäus Jur. Rötz
Näher Matthäus Phil. Augsburg
Nagler Gustav Jur. Ansbach
Neubronner Rudolph von Jur. Ulm
Neumair Joseph Phil. Preistendorf
Neumayer Joseph Forstw. Passau
Nicolai Karl Phil. Falkenberg
Niederreuter David Phil. Schifferstadt
Nöthig Jakob Phil. Grossostheim
Nothhaas Mathias Phil. München
Nüscheler Arnold Jur. Zürich
Obel Xaver Phil. München
Oberndorfer Johann Baptist Philol.
    Stadteschenbach
Oeler Johann Theol. Balgach
Ordemann Karl Friedr. Arnold Jur.
    Oldenburg
Ott Karl Phil. Eichstädt
Otting Max Graf von Phil. Fünfstetten
Pals Simon Theol. Moosburg
Panzer Gustav Cam. München
Pattberg Gust. Ad. Forstw. Erlenstegen
Paur Balthasar Jur. Landau
Paur Ludwig Jur. München
Peckert Joachim Phil. Landshut
Pemler Mathias Priester Theol. Uebersee
Perfall Max Baron von Phil. München
Pettola Cyprian Jur. Freiburg
Pfeffel Karl Baron von Jur. Dresden
Pfeffer Wolfgang Jur. Ottmannszell
Pfeiffer Joseph Archit. Augsburg
Pfeiffer Karl Phil. Rattenburg
Pflaum Karl Wilhelm Phil. Augsburg
Pflaum Salomon Phil. Pflaumlach
Pfyffer Nikolaus Cam. Luzern
Platzer Ferdinand Phil. München
Pochlmann Heinrich Jur. Kropelstein
Polnitzky Lorenz Priester Philol.
    Niederlandshut
Porzer Max Jur. Landshut
Pranald Matthäus Jur. Feigendorf
Prandl Joseph Forstw. Warzenried
Predesco Eugen Jur. Bukarest
Pretzl Karl Med. Straubing
Primbs Karl Med. Miesbach
Proels Johann Nep. Theol. Wernberg
Raab Michael Phil. Harling
Raba Xaver Phil. Neuburg
Rack Anton Med. Münstgesäss
Rapp Adam Phil. Bamberg
Rauch Alois Kilian Phil. Ochsenfurt
Recht Georg Phil. Ried
Recknagel Karl Frdr. Pharm. Ansbach
Reganer Adolph Phil. Moosburg
Reichard Louis Phil. Augsburg

Reichert Bernhard Phil. Amberg
Reichherzer Johann Theol. Zöbingen
Reinpold Clemens Phil. Inning
Reisinger Johann Math. Aschaffenburg
Reitmayer Anton Phil. Kelheim
Rennhaas Joh. Jos. Theol. Rorschach
Resenberger Karl Theol. Schledorf
Reuschel Joseph Jur. Würzburg
Reuss Kaspar Dr. Med. Aschaffenburg
Reuthner Adolph Jur. Zweibrücken
Riedheim Karl Baron v. Phil. Angsburg
Riess Johann Konrad Med. Nürnberg
Riesing August Pharm. Würzburg
Rietsch Eberhard Math. Nürnberg
Rimberger Theodor Med. Kronach
Rittler Alexander Forstw. Stoffenried
Ritzinger Joseph Phil. Reichenhall
Rock Peter Archit. Laufenfelden
Röder Andreas Phil. Mainstockheim
Röhrl Joseph Phil. Kandbach
Rölly Ignaz Theol. Luzern
Roesgen Albert Jur. München
Rohatzsch Robert Hermann Med.
    Naturw. Freiburg
Roidl Michael Med. Büchlkinn
Rolbel Franz Jur. Nenstadt
Ronca Alois Jur. Luzern
Roos August Jur. Zweibrücken
Rosendahl Raph. Dav. Philol. Littard
Rosenfeld Franz Phil. Uhlfeld
Roth Friedrich Math. Münchsteinach
Roth Johann Phil. Nürnberg
Roth Leonard Phil. Regensburg
Roth Richard Pharm. Ulm
Rumpler Karl Heinrich Jur. Forchheim
Rungaldier Domnik Med. Nürnberg
Ruppenthal Karl Phil. Kusel
Rupprecht Johann Bapt. Jur. Kirchen-
    thumbach
Russ Wilhelm Math. Hochstadt
SALM-DYCK Alfred Prinz zu Jur.
    Stuttgart
Sattler Karl Phil. St. Leonhard
Schäfer Friedrich Archit. Wallerstein
Schäffer Rudolph Phil. Lauff
Schäffner Wilhelm Pet. Jur. Frankfurt
Schalk Alois Phil. Marnau
Schauer Johann Nep. Med. Krenzberg
Schegg Peter Phil. Kaufbeuren
Schenk Joseph Theol. Dietfurt
Schenk Karl Phil. München
Scherer Joseph Med. Meggen
Schiesl Karl Phil. München
Schleicher Heinrich Phil. Regensburg
Schleis Karl von Med. Amberg
Schlosser Kaspar Phil. Monheim
Schlumpf Georg Phil. Neu-St. Johann

Schmauz Jos. Phil. Hohenpeissenberg
Schmid Ferdinand Phil. Augsburg
Schmid Johann Theol. Immelstetten
Schmid Johann Karl Phil. Ingolstadt
Schmid Karl Eduard Phil. Seheer
Schmitt Joseph Wilhelm Phil. München
Schmitt Napoleon Jur. Kumpfmühl
Schneegans Karl Forstw. Nenötting
Schneider Aug. Frdr. Jur. Heidenheim
Schneider Ludwig Phil. Landau
Schneider Michael Phil. Niederrieden
Schober Kaspar Jur. Bamberg
Schoberer Georg Jur. Hiendorf
Schobert Jakob Jur. Bayreuth
Schöller Ewald Heinr. Pharm. Tellin
Schönleutner Ed. Forstw. Schleissheim
Schönwerth Franz Xav. Phil. Amberg
Schreiner Simon Theol. Ingolstadt
Schropp Eduard Phil. Nürnberg
Schubert Ferdinand Pharm. Würzburg
Schücking Levin Jur. Clemenswerth
Schuling Heinrich Theol. Westrup
Schultze Franz Forstw. München
Schultz Friedrich Phil. Speyer
Schuster Christian Forstw. Steinwiesen
Schwaiger Julius Phil. Tölz
Schwaiger Sebastian Theol. Beutlhausen
Schwandner Joh. Jur. Schmidgaden
Schweiger Joh. Baptist Phil. München
Schweninger Franz Med. Regensburg
Sebald Mathias Theol. St. Georgen
Seck Johann Eduard Baron von Jur. Autenried
Sedelmair Edmund von Phil. München
Sedlmayr Anton Pharm. München
Seiler Robert Phil. Haidhausen
Seitz Joh. Gg. Pharm. Ermershausen
Seligmann Aaron Theol. Baiersdorf
Seyfried Karl von Cam. Glatt
Sieger Friedrich Phil. Schwarzenbach
Sigriz Heinrich von Forstw. München
Späth Ludwig Forstw. Au
Spangenberg Ludw. Emil Phil. Speier
Speckner Anton Phil. Stadtkemnath
Spiegel Ferdinand Graf von Phil. Wien
Spiegel Rud. Baron von Jur. Ansbach
Spengler Gustav Phil. Höchstädt
Sprecher Florian von Jur. Chur
Sprecher Georg Phil. Davos
Spruner Oskar von Pharm. Ansbach
Stadlbaur Joseph Jur. Amberg
Stadler Lorenz Jur. Ruhmannsfelden
Stadler Ludwig Phil. Augsburg
Stanger Bernard Med. Waldkirch'
Stauch Karl Phil. Perlach
Steidle Pius Phil. Höchstädt
Steger Ferdinand Maria Phil. München
Steger Nikolaus Theol. Almannshofen
Stegmüller Michael Forstw. Hausen

Stehle Karl Phil. Ostrach
Steinbrecher Alois Med. Kötzting
Stetten Johann von Jur. Augsburg
Stingl Gottfried Phil. Mitterteich
Strackerjan Wilhelm Gust. Friedrich Jur. Oldenburg
Strauss Matth. Baukunde Aschaffenburg
Strobl Jakob Phil. Scheppach
Strobl Max Phil. Güggingen
Strohmeyer Karl Phil. Eggenfelden
Strube Christian Forstw. Amorbach
Süsskind Samuel Theol. Kirchheimbolanden
Sverdrup William Theol. Christiania
Tancra Joseph Phil. Augsburg
Tauffkirchen Max Graf von Phil. Bayreuth
Thenu Johann Phil. Augsburg
Thiersch Heinrich Phil. München
Tillmann Jakob Phil. Freinsheim
Tillmann Johann Bapt. Jur. Freinsheim
Traub Joseph Pharm. Ellwangen
Travers Joseph von Jur. Ortenstein
Tscharner Johann Bapt. v. Jur. Chur
Tschopp Alois Theol. Luzern
Urban Joseph Phil. Waldmünchen
Valentin Christian Jur. Mayenfeld
Vetterlein Karl Phil. Bayreuth
Vieier-Steinbrugg Karl von Jur. Solothurn
Vierling Jakob Pharm. Weiden
Viliger Stephan Theol. Allekau
Vogel Karl Julius Phil. Wunsiedel
Voggenreiter Karl Joh. Jur. Seestetten
Vogl Rupert Forstw. Furth
Vornberger Philipp Phil. Bamberg
Vogt Fr. Aug. Dr. Med. Aschaffenburg
Vogtherr August Forstw. Merkendorf
Wälder Alfred Theol. Rexingen
Wagner Oswald Cam. Bischofsheim
Walch Anton Pharm. Wertingen
Waldherr Max Phil. München
Wallner Alois Phil. München.
Wallner Joseph Phil. Wasserburg
Wallner Nikolaus Phil. Buchbach
Walz August Jur. Michelstadt
Wanstrat Franz Albert Phil. Helmstadt
Weber Johann Jur. Aschaffenburg
Weeber Ernst Theol. Tirschenreuth
Weidemann Karl Jur. Ansbach
Weidner Johann Jur. Würzburg
Weigand Peter Jos. Jur. Gossmannsdorf
Weigel Hnr. Adolph Phil. Langenkandel
Weindler Ferdinand Jur. Erding
Weinzierl Gg. Joseph Med. Neunburg
Weiss Karl Phil. Haaz
Weissgerber Wilhelm Med. Königstein
Weling Friedrich von Phil. München
Wendt Friedrich Phil. Kunst München

Werner August Jur. Speyer
Wentz Karl Jur. Kirchheimbolanden
Weveld Eduard Bar. v. Phil. München
Weyer Adam Phil. Regensburg
Widmann Anton Pharm. Sigmaringen
Weyssel Johann Frdr. Pharm. Fürth
Wiedemann Friedrich Phil. Weiler
Wiederspick Dr. Friedrich Priester
  Theol. München
Wiesend Sebastian Phil. Roding
Wilhelm Karl Med. Regensburg
Winkler Joseph Theol. Gelfingen
Witt Karl Phil. Kleinkarlbach

Wolfhart Ernst Philol. Theol. Obristfeld
Wolfrum Wilhelm Phil. Hof
Wolfsteiner Joh. Bapt. Theol. Holzheim
Würdinger Joh. Bapt. Phil. Straubing
Yblagger Jos. Jur. Cam. Sandolzhausen
Zabuesnig Jos. von Pharm. Augsburg
Zarn Jakob Med. Chur
Zass Leopold Phil. Reichenhall
Zeitler Johann Fr. Jur. Weisenstädt
Zimmermann Joseph Med. Ebiron
Zimmermann Peter Theol. Gablingen
Zitelmann Conrad Jur. Stettin
Zünd Johann Baptist Med. Balgach

1834—1835

Rector DLXXXVI Thaddä SIBER

Adam Wolfgang Phil. Feldkirchen
Aichberger Franz von Phil. München
Aichinger Georg Adam Phil. Floss
Albertini Heinrich von Phil. Chur
Albrecht Conrad Theol. Weissenhorn
Alexakis Georg Phil. Patmos
Altmann Franz Peter Forstw. Seligen-
  horten
Anselm Anton Pharm. Lohr
Arendts Karl Pharm. Ingolstadt
Aschenbrenner Joseph Jur. Auhof
Aub Emanuel Med. Bayersdorf
Auer Max von Phil. Salzburg
Bach Friedrich Phil. Zusmarshausen
Bäumer Hermann Jur. Augsburg
Bauer Adam Jur. Cam. Würzburg
Bauer Ferdinand Theol. Seebach
Bauer Franz Cam. Kissingen
Bauer Ludwig Phil. München
Baumbach Otto von Jur. Rheinweiler
Baumüller Joseph Phil. Ried
Barth Anton v. Forstw. Kirchenlamnitz
Barth Johann Georg Pharm. Viechtach
Barth Mathias Phil. Welden
Bayl Franz Jur. Bamberg
Becherer Stephan Theol. Geisenried
Beckh Edmund Phil. Schwabach
Berchtold Michael Phil. Leimgruben
Berg Franz von Jur. Schweinfurt
Bernay Karl Ludw. Phil. Frankenthal
Bernhardt Christian Pharm. München
Betz Georg Phil. Tiefenbach
Bierdimpfel Georg Norbert Phil.
  Altötting
Birker Alois Phil. Sonthofen
Birkinger Joseph Forstw. Augsburg
Bischatsch Hilar. Med. Graubündten

Bischof Karl Jur. Brünn
Bittelmayer Xaver Pharm. Regensburg
Blatt Karl Jur. Goldbach
Blum Mathias Phil. Ludwigsfeld
Bolgiano Karl Phil. München
Houros Georg A. Jur. Chios
Braun Albert Pharm. Dornbirn
Braun Maximilian Forstw. Mindelheim
Brenner Wilhelm Phil. Regensburg
Bresebius Friedrich Med. Nördlingen
Brissel Maier Phil. Bayreuth
Brummer Georg Phil. Viechtach
Burkhard Anton Jur. Amberg
Burki Hieronymus Med. Solothurn
Buchner Ludw. Andr. Pharm. München
Burgarth Johann Theol. Kadelshofen
Burkhard Jakob Forstw. Dachau
Calligas Paul Phil. Smyrna
Carl Joseph Forstw. Garmisch
Carstens Samuel Johann Jur. Philol.
  Arrveskiöping
Chrysprutbopulos Leonidas Phil.
  Pelopones
Collmann Leonard Archit. London
Cröninger Friedrich Phil. Würzburg
Cunlbert Karl Bar. v. Jur. Aschaffenburg
Dall'Armi Karl Med. München
Dallmayer Max Forstw. München
Demetriades Anast. Med. Philippopolis
Dengler Leonhard Phil. Ansbach
Dick Jakob Med. Börstadt
Dietz Hermann Phil. Augsburg
Dietz Rudolph Cam. Emmendingen
Diez Theodor Pharm. Kitzingen
Dileganis Andreas Phil. Raritena
Dimpfl Johann Bapt. Theol. Strahlfeld
Döbner Eduard Ph. Pharm. Meiningen

Donop Karl Phil. Eichstädt
Drexel Adalbert Pharm. Thannhausen
Dürr Lorenz Frdr. Jur. Wunsiedel.
Durach Emil Jur. Passau
Dumatrius Pet. Componis Phil. Andros
Ebeling Karl Phil. Harzburg
Eden Eduard Jul. Gust. Jur. Oldenburg
Eggelin Georg Baron Jur. Strombeck
Ehrensberger Hieronymus Theol. Lauterhofen
Eiseler Adolph Pharm. St. Petersburg
Eismann Joseph Med. Bernried
Elminger Joseph Med. Luzern
Emmerich Jakob Med. Mutterstadt
Emmrich Hermann Naturw. Meiningen
Enhuber Max von Forstw. Nördlingen
Engelhardt Fr. Forstw. Petersgmünd
Enzensberg August Forstw. Buchloe
d'Esenger Gäntan Phil. Barlent
Fäsch Karl Pharm. Kiel
Fahrenholtz Johann Georg Amand Jur. Husum
Faulhuber Joseph Med. Miltenberg
Feichtmayr Franz Forstw. Freising
Feiler Franz Phil. Landshut
Feiler Philipp Phil. Landshut
Feldmann Sigmund Phil. München
Feller Joseph Med. Aschaffenburg
Fenzl Lorenz Phil. Altenparkstein
Feuchtwanger Bernh. Phil. Salzburg
Fey Karl Jur. Salzheim
Fidler Clemens Med. Küssnacht
Ficchtl Adam Jur. Stadt Eschenbach
Firmery Georg Phil. Altheim
Fischer Johann Phil. Stadtamhof
Fleischhut Joh. Bapt. Phil. Oberndorf
Fleischmann Karl Julius Med. Radenhausen
Florikianz Julius von Phil. Krakau
Florikianz Stanislaus Phil. Krakau
Flossmann Athanas Banw. München
Förster Karl Jur. Amorbach
Forthuber Joseph Phil. Frankenthal
Fortner Joseph Pharm. Bamberg
Frankl Egid Phil. Altenmarkt
Freyberg Hermann v. Forstw. Raunau
Frisch Joseph Phil. Waldeck
Frischholz Gustav München Med.
Fröhlich Ernst Pharm. Ellwangen
Fröhlich Ludwig Phil. Ellwangen
Fröhlich Theodor Med. Kempten
Fuchs Friedr. Aug. Forstw. Hohenberg
Fuka Karl Phil. Augsburg
Fux Nikolaus Theol. Blieskastel
Gabler Tobias Med. Obergünzburg
Gehrer Joseph Anton Phil. Neuburg
Geiger Adam Math. Aschaffenburg
Geismann Friedrich Phil. Ansbach
Gerbig Johann Jur. Hof

Gerhager Alois Forstw. Schleissheim
Germersheim Joseph v. Phil. Möhrn
Gerster Karl Med. Kleinhenbach
Gietl Heinrich Forstw. Günzburg
Glonner Peter Phil. Erding
Glony Fr. Simon Jur. Cham
Glosson Karl Jur. Bütte
Good Karl Phil. Mels
Gossner Karl Phil. Ingolstadt
Gouvillet Friedrich Med. Cronach
Graf Joseph Jur. Straubing
Greiner Friedrich Phil. Ansbach
Gresbeck Otto Jur. Trostberg
Gross Jakob Theol. Donauwörth
Gruber Xaver Phil. Rottweil
Gruner Friedrich Jur. München
Gugler Bernhard Phil. Nürnberg
Gutekunst Johann Phil. Mörslingen
Hack Franz Xaver Theol. Fünfstetten
Härtinger Martin Forstw. München
Hänle Salamon Phil. Heidingsfeld
Häring Xaver Theol. Gesch. Kirchdorf
Hahn Johann Frz. Pharm. Hammelburg
Hahn Karl Conrad Forstw. Bern
Hank Joseph Cam. Math. Regensburg
Hansbauer Kaspar Theol. Postmünster
Harms Heinrich Jur. Lunden
Hartmann Max Theol. Kempten
Hartung August Jur. Lauf
Haseney Peter Math. Mehlis
Hauer Gustav Cam. Rudolstadt
Haunreiter Joh. Nep. Forstw. Eiberg
Held Ant. Mart. Forstw. Wächtersweickl
Heinleth Franz v. Forstw. Meinmingen
Heinzelmann Robert Gustav Med. Kaufbeuren
Hebberling Gottfried Pharm. Neuburg
Herche Gustav Phil. Vorderwindenthal
Helpel Joseph Phil. Cham
Herz Jakob Theol. Blaumhöfen
Heim Isidor Phil. Limbach
Herlein Manasse Jur. Theol. Lehrensteinsfeld
Hennisch Max Pharm. Fürstenfeldbruck
Hilz Simon Forstw. Landshut
Himbzl Johann Forstw. München
Hins Joseph Phil. Rosshaupten
Hintermayr Mathias Phil. Neuburg
Hitz Joseph Paedag. Taretsch
Hochmuth Michael Jur. München
Hösslin Wilhelm v. Phil. Augsburg
Hofbauer Joseph Jur. Furth
Hofer Peter Joseph Med. Etziken
Hofmann Conrad Jur. Cam. Bamberg
Hofpauer Georg Pharm. Landshut
Hohenleitner Bernh. Phil. Landsberg
Hohenlohe Karl Prinz von Phil. Kupferzell
Holzer Florian Phil. Ellingen

Holzinger Max Phil. München
Horn Bernhard Jur. Würzburg
Horn Hermann Med. Lohr
Horn Joseph Phil. Neuburg
Hornemann Karl Phil. Hannover
Hospach Martin Phil. Pfarrkirchen
Hoyss Andreas Forstw. Rieden
Huber Joseph Theol. Theuern
Huber Michael Theol. Bertoldsheim
Hurt Max Jur. Türkheim
Jaeger Johann Jakob Jur. Nürnberg
Jahn Friedrich Med. Kulmbach
Jürgens Georg Jur. Jeve
Joseph Max Theol. Plattling
Kastenmayr Herm.Pharm. Immenstadt
Kaufmann Mathias Med. Schnam
Kehrer Valent. v. Theol. Aschaffenburg
Kerzl Wilhelm Pharm. Dinkelscherben
Kimmer Johann Theol. Ochsenfurt
Klaud Ph. J. v. Phil. Wolmersheim
Klein Wolfgang Adam Med. Weiding
Klüg Ludwig Phil. Hilpoltstein
Knappe Wilhelm Phil. München
Knoll Leonh. Karl Phil. Rüdenhausen
Köglmayr Frz.Sal. Phil. Dettenschwang
Kössler Thomas Theol. Biberg
Kohler Franz Phil. Donauwörth
Kolb Thomas Phil. Peterskirchen
Konpomis Demetrius Phil. Augsburg
Kontzias Nikolaus Jur. Ipsara
Kopf Karl Phil. Vilseck
Krais Imanuel Jur. Beilnstein
Kraemer Michael Phil. Abbach
Kratzer Alois Theol. Günzburg
Kraus-Niederlander Theol. Forbach
Krause Otto Joseph Med. Dresden
Krauthahn Joseph Theol. Bärnau
Kremer Karl Phil. Krakau
Krogh Herm. Ferd. Christ. v. Husum
Krone Wilhelm Phil. Braunschweig
Kuczuran Georg v. Med. Bottoschan
Küffner Philipp Jur. Bamberg
Kühlwein Herm. Forstw. Rothenburg
Kurz August Jur. Lohr
Kuttler Ferdinand Phil. Augsburg
Lander K.Theod.Theol. Phil.Pfullendorf
Langlois Anton Phil. München
Lanz Max Forstw. München
Laurer Ludwig Pharm. Beilngries
Lautenbacher Max Theol. Straubing
Lautenschlager Gg. Forstw. Irlbach
Lautz Eduard Pharm. Anweiler
Lehner Joseph Theol. Pleistein
Leisner Christoph Jur. Hadersleben
Leistner Eduard von Phil. München
Lentz Norbert Landwirthsch. Nürnberg
Lerchenfeld Ferdinand Freiherr von
   Bauwesen München
Lerchenfeld Max Graf v. Phil.Schesslitz

Leube Gustav Adolph Phil.Ludwigsstadt
Libilakis Emanuel Phil. Rethyme
Lichtensteiger Gg. Forstw. Kempten
Liebert Xaver Phil. Augsburg
Liegl Sigmund Phil. Bruck
Lieven Emil von Jur. Kurland
Lilienthal Max Phil. München
Lilienthal Samuel Phil. München
Lindheimer Karl v. Phil. Regensburg
Lindtner Joseph Phil. Berchtesgaden
Lingenholz Joh. Nep. Med. Scheidegg
Loé Bernhard Phil. München
Loé Ludwig Phil. München
Löblein Canut Jur. Math. Fürth
Löw Friedrich Phil. Kulmbach
Löwengard Maier Jüd.Theol. Rexingen
Lorenz Joseph Med. Wertingen
Maier Georg Phil. Seheustand
Mair Georg Phil. München
Maisenberger Karl Pharm. Mannheim
Manzinger Balthasar Phil. Thalscheid
Marc Joseph Ludwig Jur. Bayreuth
Marlalik Nikol. Staatswirthsch. Chios
Martin Albert Phil. Babenhausen
Martini Ludwig Jur. Lauterecken
Mayenberg Georg v. Phil. Augsburg
Mayer Georg Phil. Lorenzenberg
Mayer Leopold Forstw. Altenstadt
Mayer Thomas Forstw. Frankenried
Mayr Franz Pharm. Waldsassen
Mayr Georg Phil. Au
Mayr Georg Phil. Mayrhofen
Meggle Johann Theol. Hiemenhofen
Merzbacher Abraham Phil. Baiersdorf
Michlich Jos. Anton Pharm. Oettingen
Migauet Gabr. Theol. Liverpool ·
Miller Michael Phil. Unterammingen
Mitaraki Panajwtis Cam. Chios
Moser Gottlieb Forstw. Wunsiedel
Moser Ferdinand Forstw. Wunsiedel
Mühlhäuser Friedrich Med. Speyer
Müller Johannes Staatsw. Cam. Altdorf
Müller Joseph Med. München
Müller Julius Med. Triesdorf
Müller Franz Xaver Jur. Nürnberg
Müller Franz Xaver Jur. Regensburg
Murasi Constantin Phil. Constantinopel
Murrmann Georg Phil. Kronach
Ney Ludwig Phil. Gamsweiler
Nickl Wilhelm Phil. Kempten
Niggl Johann Archit. Augsburg
Nirjen Christian Jur. Hadersleben
Nussopulos Christod. Phil. Pelaponnes
Oberbigler Anton Phil. Altersbach
Orphanos Nikolaus Med. Chir. Kon-
   stantinopel
Ostermünchner Karl Jnr. Passau
Ostermayr Mathias Phil. Hettenshausen
Ostermeyer Nepom. Forstw. Neunburg

Otterburg Salomon J. Med. Landau
Ow Felix Baron von Phil. Eichstädt
Pachmayr Anton Forstw. Pfaffenhofen
Paparrigopulus Pet. Phil. Peloponnes
Parembles Matthäus Jur. Chios
Parst Hermann Phil. Cham
Paur Joseph Phil. Reichenhall
Peyer Ludwig Phil. Schaffhausen
Petri Friedrich Phil. Ballenstadt
Peterelly Remigius Phil. Savagnin
Pechmann Ottokar von Archit. München
Pfaffinger Kaspar Phil. Altenmarkt
Pfeiffer Franz Med. Bettlach
Pfetten Joseph Baron von Forstw. Niederarnbach
Pfaller Eduard Med. Wasserburg
Pfannenstiel Eugen Forstw. Zwiesel
Pflaum Ernst Friedr. Forstw. Bayreuth
Photiades Emanuel Philol. Serres
Pösl Johann Baptist Phil. Kulz
Pötter Johann Herm. Med. Osnabrück
Pontaziz Rusas Philol.
Poppenberger Joseph Phil. München
Postl August Phil. Regensburg
Prasser Karl Joseph Forstw. Schwabmünchen
Prauner Sebastian Jur. Landshut
Preusser Emil Phil. Grostenheim
Pröbst Wilhelm Phil. Neuburg
Püttner Friedrich von Med. Issingau
Rabus Friedrich Ludw. Pharm. Ansbach
Rabus Ludwig Phil. Weitlingen
Rahne Karl Baukunst Neustrelitz
Raimer Ludwig Phil. Kempten
Rath Ernst Karl Jur. Trommetsheim
Rath Eduard Jur. Creusten
Ratzinger Ignaz Philol. Passau
Rau Johann Georg Philol. Dinkelsbühl
Rauchhart Karl Phil. Ried
Rauner Narziss von Jur. Augsburg
Raith Remigius Forstw. Freundpolz
Reger Max Phil. München
Regnault Wilhelm Phil. Speyer
Reichenberger Joh. Phil. Diedersdorf
Reigersberg August Graf von Jur. Würzburg
Reiser Ferdinand Bauw. Weiden
Reth Johann Phil. Kamlach
Reithmayr Franz Xav. Theol. Illkofen
Rennhaas Johann Jos. Med. Rorschach
Riedl Franz Phil. Wiesent
Riedle Joseph Med. Illertissen
Riest Ferdinand Phil. Kempten
Ring Wolfgang Pharm. Roding
Roeder Georg Karl Pharm. Frankenthal
Roesler Hieronymus Jur. Weiden
Rosetti Georg Phil. Constantinopel
Rosskopf Joseph Theol. Treuchtlingen
Rota Xenophon Phil. Triest

Roth Bernhard Forstw. Windsheim
Roth Eduard Phil. Sparneck
Rousseau Emil Phil. München
Ruederer Nepomuk Phil. Triftling
Rupprecht Frdr. Pharm. Krennetschug
Saile Friedrich Phil. Buchloe
Saile Joseph Theol. Landshut
Sailer Isidor Theol. St. Bernard
Saint Marie-Eglise Fedor Baron von Phil. Memmingen
Salg Joseph Theol. Aschaffenburg
Sallinger Johann Phil. Donauwörth
Salzberger Otto Theol. München
Sandberger Ernst Pharm. Ellwangen
Sanftl Andreas Jur. Stegen
Sautter Friedrich Theol. Hechingen
Savigny Karl von Jur. Berlin
Sax Julian Jur. Neustadt
Saxinger Michael Phil. Zell
Schaden August von Phil. Nürnberg
Schätzler Moriz Phil. Augsburg
Schaflitzl Karl Phil. Sonthofen
Schaky Karl Baron von Jur. Bamberg
Schallern Karl Reiner von Med. Bayreuth
Schamberger Max Joseph Theol. Kleinaign
Scharf August Forstw. Hof
Schels Ludwig Jur. Salzburg
Schelling Krl. Fr. Aug. Phil. München
Schenk August von Phil. München
Schenk Heinrich von Theol. München
Schiefer Peter Phil. Früb
Schmetzer August Math. Unterschweinsdorf
Schmid Herm. Thaddä Jur. Straubing
Schmid Karl Phil. Allmannshofen
Schmid Ludw. Const. Jnr. Straubing
Schmid Xaver Phil. Oettingen
Schmidt Ernst Phil. Wunsiedel
Schmidt Franz Karl Rud. Phil. Tambach
Schmidt Karl Adolph Jur. Waren
Schmidt Karl Theol. Neuburg
Schmidtner Andreas Phil. Weilheim
Schmitt Leonhard Theol. Höchstädt
Schnitzlein Adalbert Pharm. Feuchtwangen
Schönchen Gottfried Forstw. München
Schönwerth Frz. Xav. Theol. Amberg
Scholz Franz Pharm. Petersburg
Schoor Georg Phil. Erlangen
Schopp Joh. B. Theol. Oberschönfeld
Schott Thomas Jur. Schwarzhofen
Schreiner Johann Pharm. Ingolstadt
Schreiner Nikolaus Jur. Bamberg
Schreiner Wolfgang Forstw. Nittenau
Schröder Otto Phil. Landau
Schuegraf Anton Theol. Cham
Schülein David Phil. Bechhofen

Schütz Johann Phil. Haidhausen
Schug Karl Forstw. Augsburg
Schuhmann Julius Phil. Ansbach
Schuler Franz Phil. Zweibrücken
Schurer Johann Nikol. Med. Constanz
Schuster Adam Peter Theol. Philol.
 Aschaffenburg
Schuster Albert Med. Lichtenfels
Schuster Joseph Phil. Lechhausen
Schwarz Alois Med. Prag
Sebald Thomas Theol. Zölling
Sedlmaier Askan Forstw. München
Seeligmann Moses Phil. Theol. Landau
Seggesser Joseph Jur. Brunez
Selbel Georg Pharm. Aschaffenburg
Seidenberger E. Med. Tirschenreuth
Seitz Alois Med. Bergen
Seitz Ferdinand Forstw. München
Sensburg Ernst Jur. Landsberg
Sepp Johann Nepomuk Phil. Tölz
Sepsis Andreas Phil. Griechenland
Seyfried Franz Xav. Pharm. München
Siegle Wilhelm Heinrich Pharm. Unter-
 ensingen
Sindersberger Jos. Pharm. Naabburg
Singer Joseph Med. Theimering
Spachtholz Christ. Forstw. Presdorf
Speeth Ferdinand Bauw. Würzburg
Stabl Joseph Phil. Bodenwöhr
Stadlmeyr Joseph Theol. Hohenwart
Staffel Robert Forstw. Lindau
Stauch Friedrich Forstw. Neustadt
Stawros Perides Phil. Athen
Stecher August Jur. Fallersleben
Stegmann Friedrich Med. Frankfurt
Steichele Joseph Theol. Pfaffenhausen
Steinauer Dominik Phil. Einsiedeln
Steinbauer Frz. Xav. Phil. Neumarkt
Steiner Gebhard Pharm. Weiden
Stenglein Michael Theol. Bamberg
Stephan Georg Med. Gerolzhofen
Stett Matthäus Phil. Bobenthal
Stiehle Adolph Phil. Augsburg
Stingl Gottfried Phil. Mitterteich
Strauss Joseph Theol. Tirschenreuth
Strüpf Johann Friedr. Phil. Bamberg
Struwe Gustav Konrad Jur. Hadersleben
Sucro Heinrich Pharm. Castell
Sutro Sigmund Phil. Leutershausen
Tafrathshofer Joh. B. Phil. Kempten
Tappe Karl Phil. Wolfenbüttel
Taube Oskar Baron von Forstw. Scheyern
Thalheimer Faust L. Phil. Königshofen
Thiermann Friedr. Wilh. Phil. Uchte
Tils Tobias Jur. Amerbach
Tisabos Cyriakos Phil. Griechenland

Tissot Friedrich Med. Constanz
Trautmann Karl Phil. Worms
Tretscher Christian Jur. Bayreuth
Tretscher Joh. Heinr. Phil. Bayreuth
Truckenbrod Joh. Med. Aschaffenburg
Turban Joh. Bapt. Med. Unteraschau
Unverdorben Joseph Phil. Massing
Unger Johann Phil. Wagegg
Uzuber Joseph Phil. Aschaffenburg
Vollmar Karl Phil. Hochspeyer
Vogel Joseph Phil. Mehring
Voss Johann Nikolaus Jur. Wilster
Wachter Friedrich August von Phil.
 Memmingen
Wacker Karl Forstw. Dillingen
Wagner Gebhard Pharm. Mähring
Wagner Karl Phil. Pappenheim
Waldherr Joseph Phil. Waging
Waldhör Karl Phil. Kempten
Weber Friedrich Phil. Dernhausen
Weber Leonhard Phil. Gundelfingen
Weigert Johann Bapt. Theol. Hohenfels
Weingärtner Ferdinand Phil. Cham
Weinzierl Georg Theol. Kleinkiefenholz
Wendl Georg Theol. Wiedlthal
Wenger Max von Forstw. München
Werfer Albert Phil. Ellwangen
Werner Constantin Jur. Hechingen
Werner Hilar. Ant. Pharm. Augsburg
Werner Julius Phil. Speyer
Wiedemann Adolph Phil. Moosburg
Wierrer Matthäus Med. Bamberg
Wiesnet Friedrich Pharm. Ering
Wifling Jakob Theol. Neunburg
Wilhelm Joh. Kasp. Phil. Reichenburg
Will Friedrich Phil. Bayreuth
Wimmer Sebastian Theol. Papferding
Wittwer Franz Xav. Forstw. Oberdorf
Wocher Anton Phil. Günzburg
Wolf Joseph Heinr. Dr. Med. Michelfeld
Wolf Lazarus Med. Kallstadt
Wunderer Hermann Jur. Pleinfeld
Wurm Joseph Anton Phil. Jungensberg
Yblagger Karl Med. Furth
Zeh Ludwig Forstw. Schwandorf
Zezzo Constantin Phil. Janina
Ziegler Karl Theodor Jur. Mannheim
Zimmermann Joseph Jur. Obernzell
Zimmermann Xaver Forstw. Straubing
Zink Christoph Karl Rudolph Theol.
 Phil. Erlangen
Zink Maximilian Phil. Nürnberg
Ziruth Max Joseph Phil. München
Zugschwert Karl Theodor Forstw.
 Ottobeuren

1835—1836

Rector DLXXXVII Georg Friedrich WIEDEMANN

Absmayr Sebastian Phil. Eggersham
Ahlburg Heinrich Math. Ocker
Aigner Joh. Bapt. Theol. Hirchkofen
Aigner Joseph Jur. Garmisch
Altermath Martin Med. Mümlisbyl
Amstad Joseph Med. Stanz
Amthor Johann Friedrich Jur. Cam. Unterlaimbach
Andrée Max Jur. Abensberg
Arnheim Fischel Jur. Bayreuth
Arnold Jost Anton Phil. Bürgeln
Arnold Ludwig Med. Karlsruhe
Arzberger Xaver Phil. Sittenbach
Aufsberg Karl Phil. Ansbach
Baader Friedrich Jur. Regen
Bach Max Jur. Zusmarshausen
Bachmaier Joseph Jur. Oberschneiding
Bachmann Lor. Cam. Archit. Haibach
Backhaus Reinh. Landw. Thomabrück
Bauer Max Med. Landshut
Bauernschmitt Erh. Phil. Bamberg
Balser Heinrich Pharm. Giessen
Barth Max Theol. Landshut
Barth Wilhelm Phil. Augsburg
Bamberger Johann Med. Thannhausen
Baugger Joseph Pharm. Glött
Baumüller Joseph Phil. München
Baur Johann Med. Obenhausen
Baur-Breitenfeld Fidel von Phil. Augsburg
Bayer Wolfgang Jur. Kastl
Bayrhammer Max Jur. Oberköllnbach
Bayl Franz Jur. Bamberg
Beck Martin Phil. Ingolstadt
Benz Thaddäus Pharm. Kaufbeuren
BENTHEIM-STEINFURT Karl Prinz Jur.
Benzino Karl Jur. Landstuhl
Berding Karl Jur. Vechta
Bertram Frdr. Gottl. Jur. Regensburg
Bettger Theodor Med. Grünstadt
Bezold Karl Phil. München
Blechele Eduard Jur. Lillenfeld
Blechele Joseph Phil. Eichstädt
Biel Jakob Philol. Ermatingen
Bierdimpfl Gustav Pharm. München
Bill Wilhelm Theol. Frickhofen
Bissinger Ludwig Pharm. Mannheim
Blaas Johann Jur. Schlanders
Blanberger Sebastian Theol. Landshut
Blumröder Max Franz Phil. Zell
Bodenehr August Phil. Augsburg
Böck Johann Baptist Phil. Uttenhofen
Böhm Karl Phil. Kempten
Bohrer Joseph Phil. Abensberg

Bolkart Franz Sal. Phil. Pfaffenhausen
Botta Joseph Jur. Landau
Braam Georg August Jur. München
Bram Anton Phil. Vilsbiburg
Brandl Michael Theol. Rötz
Braunsberger Jakob Jur. Kallmünz
Braunschweiger Joseph Phil. Regensburg
Breitschaft Joseph Jur. Schwarzenfeld
Brendel Karl Theol. Wunsiedel
Brockard Karl Archit. Schwarzenberg
Brunner Heinrich Phil. Augsburg
Buchhofer Gabr. Med. Burglengenfeld
Buchner Joseph Cam. Landshut
Buchner Otto Phil. München
Bürger Friedrich Phil. Ansbach
Bürli Johann Gustav Phil. Baden
Buhl Ludwig Phil. München
Burger Friedrich Phil. Mühldorf
Cammenzind Kasp. Amb. Med. Gersau
Castelli Karl von Landw. Augsburg
Christl Friedrich Cam. Burghausen
Clarmann Franz von Phil. Neuburg
Cramer Ottmar Bauw. Nürnberg
Crusilla Anton Jur. Deggendorf
Culemann Wilh. Gast. Math. Lüchow
Daller Michael Phil. Abensberg
Dallmayer Max Med. München
Dallmayr Simon Jur. Maisach
Dannenberg Julius Jur. Jever
Daxenberger Karl Pharm. Mühldorf
Delijannes Johann Phil. Mistra
Demetriades Gg. Cam. Philippopulis
Depken Heinrich Bauwesen Bremen
Desch Karl Phil. Tirschenreuth
Dick Heinrich Phil. Hürben
Dick Hermann Med. Frankenthal
Diebold Friedrich Archit. Meersburg
Dirle Mathias von Theol. Donauwörth
Dirnberger Joseph Phil. Kösching
Dirrigl Johann Baptist Jur. Amberg
Döhlemann Ludwig Cam. Meckendorf
Dölzl Johann Baptist Phil. Strasswalchen
Dollacker Ignaz Med. Amberg
Dorner Leopold Karl Jur. Regensburg
D'Outrepont Ludw. Phil. Würzburg
Drechsel Max Graf von Jur. München
Dresely Johann Bapt. Jur. München
Drey Georg Phil. Zech
Dumhof Wilhelm von Pharm. Passau
Dupré Friedrich Jur. Laumesheim
Durglai Johann Martin Phil.
Eberhard Friedrich Anton Theol. Nesselwang

Echerer Cajetan Phil. München
Echinger Joseph Phil. Kagers
Edel Max Phil. Bamberg
Edenhofer Frz. Xav. Jur. Deggendorf
Eggelkraut Sigmund Maria v. Forstw. Regensburg
Egger Johann Nep. Phil. Dingolfing
Ehrensberger Hieronymus Theol. Lauterhofen
Eichele Georg Jur. Mallersdorf
Eichhammer Johann Baptist Jur. Schwarzhofen
Eisenhofer Simon Phil. Hellsberg
Einsle Leopold Phil. Haldenwang
Eisenring Joh. Bapt. Theol. Jenschwyl
Engerer Karl Phil. Nenzenhelm
Enhuber Max von Jur. München
Epple Engelbert Phil. Altötting
Ertinger August Phil. Oettingen
Ertl Franz Phil. Mengkofen
Exelbirth Max Med. Tarnopol
Fellner Ignaz Forstw. München
Fendt Joseph Theol. Berchtesgaden
Ferchl Franz Cam. Karlstein
Fernsemer Balth. Theol. Hohenwarth
Feuchtwanger Bernh. Med. Sulzbürg
Feust Philipp Phil. Bamberg
Fink Wolfgang Phil. Weichselsried
Fischer Ernst Phil. Furth
Fitz Karl Jur. Dürkheim
Fleischmann Phllipp Phil. Regensburg
Flossmann Augustin Phil. Pähl
Flury Alphons Phil. Klosterneuburg
Föckinger Johann Phil. Gallesgrub
Förtsch Johann Nep. Phil. Straubing
Forstboom Joseph Anton Wolfgang Jur. Frankfurt
Forster Adolph Pharm. Etterzhausen
Forster Hermann Karl Frdr. Julius Jur. Ansbach
Frank Wilhelm Pharm. Ludwigsburg
Franz Johann August Phil. Weissenburg
Frenkel Salomon Phil. Worms
Frey Joseph Med. Herdern
Friederich Joh. N. Phil. Langerringen
Frischmann Friedrich Jur. Bamberg
Frischmann Ludwig Jur. Bamberg
Fritscher August Jur. Ansbach
Frobenius Christian Phil. Westgartshausen
Fruhmann Wilhelm Phil. München
Fruth Wilhelm Phil. München
Fuchs Anton Pharm. Kempten
Fuchs Franz Paul Phil. Passau
Fuchs Johann Cam. Aschaffenburg
Fuchs Ludwig Jur. Erding
Funck Florentin Med. Gefrees
Galler Johann, Baptist Phil. Vilseck
Gantherr Joseph Forstw. Gablingen

Gartner Franz Jur. Amberg
Gast August Jur. Wallerstein
Gebert Martin Med. Hahnbach
Geisberger Joh. Bapt. Phil. Neuötting
Geissler Korbinian Cam. Niederroth
Gemeinhardt Johann Adam Phil. Berg
Gentner Leonhard Forstw. Augsburg
Georgi Richard Med. Bärenwalde
Gerhager Alois Jur. Schleissheim
Gerhäuser Max Phil. Nordendorf
Gerichten C. Eduard von Phil. Landau
Getto Johann Phil. Schaidt
Geyer August Phil. Lichtenfels
Giedl Wolfgang Phil. Landshut
Gietl Alois Phil. Günzburg
Gimmi Otto von Forstw. Friedberg
Glaser Kaspar Jur. München
Gleissenthal Wilhelm Baron von Forstw. Zandt
Gmeiner Martin Phil. Schäftlarn
Goetz Simon Paul Phil. Regensburg
Goldmann Benedikt Phil. Kirchheimbolanden
Goller Stephan von Jur. Amberg
Gradel Karl Edmund Jur. Passau
Grauel Heinrich August Med. Delmhorst
Greiner Konrad Phil. Thaleischweiler
Greiner Ludwig Phil. Thaleischweiler
Greiner Wilhelm Phil. Gunzenhausen
Grieser Theodor Theol. Kempten
Greck Stephan Philol. Rheinzabern
Gschwend Wendelin Phil. Oberdorf
Gücklberger Joseph Anton Forstw. Tirschenreuth
Guggemos Joseph Phil. Görisried
Gumposch Philipp Phil. Boos
Gunzelmann Joh. Bapt. Theol. Bamberg
Haarlander Peter Theol. Engerthal
Haas Franz Jur. Wallerstein
Haberes Ulrich Phil. Weissenhorn
Hüllmajer Franz Phil. Babenheim
Hafenbrädl Johann Baptist Baron von Phil. Hohenwart
Hagen Franz Phil. Wallerstein
Haid Karl Jur. Speier
Haide Joseph Phil. Ziemetshausen
Hamp Anton Med. Krumbach
Handelmayer Alexand. Phil. München
Haneberg Daniel Phil. Auf der Tanne
Harsdorf Ernst von Jur. Ansbach
Hartmann Ed. Pharm. Schwabmünchen
Haunschild Joh. Bapt. Theol. Freystadt
Haunstetter Anton Phil. Neukirchen
Haupt Andreas Theol. Bamberg
Hausinger Franz Xav. Jur. Straubing
Heigl Anton Theol. Stephansposching
Heigl Wolfgang Phil. Heitzenzell
Heinzelmann Georg Phil. Kaufbeuren
Heiss Michael Phil. Pfahldorf

Heissner Konrad Forstw. München
Held Franz Forstw. Oberelsbach
Held Joseph Jur. Würzburg
Hennemann Jakob Jur. Zweibrücken
Herber Emanuel Med. Heidelberg
Hermann Ulysses Baron Jur. Augsburg
Herramhof Eduard Forstw. Augsburg
Herzog Philipp Pharm. Augsburg
Hess Richard Phil. Kaufbeuren
Hochmuth Michael Jur. Fuchsmühl
Höger August Phil. Naabburg
Hörmann Otto von Phil. München
Högg Sebald Pharm. Würzburg
Hoffmann Erdmann Phil. Wiesentfels
Hofmann Joseph Forstw. Banz
Hofstetter Joseph Phil. München
Hold Johann Pharm. Regensburg
Holderied Karl Theol. Legau
Holzapfel Karl von Jur. Kleinkötz
Hoppe Georg Phil. München
Horlacher Ludwig Pharm. Ansbach
Horstig Edmund Forstw. Miltenberg
Hotzel Andreas Pharm. Berra
Hueber Alois Phil. Dillingen
Hund Mathias Phil. Venningen
Hurt Xaver Jur. Mindelheim
Hutter Wilhelm Jur. München
Jaeger Lukas Med. Harthausen
Jagemann Franz von Jur. Wertheim
Jahn Albert Philol. Bern
Jaud Anton Pharm. Landau
Iblherr Franz Xaver Phil. Kühbach
Jehlin Karl Pharm. Reichenhall
Jordan Max Frhr. v. Phil. Regensburg
Käs Johann Wolfgang Jur. Amberg
Kanz Joseph Anton Phil. Nittenau
Kapeller Augustin Jur. Passau
Kaufmann Friedrich Phil. Tännesberg
Keim Wilhelm Christian Jur. Bayreuth
Kellermann Matthäus Joseph Pharm. Eitelstadt
Kellner Franz Phil. Illertissen
Kern Adrian Phil. Fladungen
Kikinger Bernhard Med. Passau
Kindinger Georg Jur. Aschaffenburg
Kirchner Friedrich Phil. Kemnath
Kitzing Gustav Phil. Amberg
Klar Joseph Phil. München
Klein Heinrich Jur. Frankfurt
Klein Joseph Phil. Straubing
Klein Karl Friedrich Phil. Wachenheim
Klein Karl Cam. Unterviechtach
Klein Max Phil. Viechtach
Kleiner Kilian Phil. Unterreitnau
Knitl Joseph Phil. Stadtamhof
Knochel Georg Cam. Archit. Neustadt
Koch Guido Med. München
Koch Ignaz Theol. Kaufbeuren
Koeferle Joseph Phil. Weissenhorn

Köpf Kaspar Med. Anhausen
Kohn Bernh. Jüd. Theol. Kleinerdlingen
Kolb Ludwig Forstw. Nenburg
Kraus Joh. Georg Phil. Ziemetshausen
Kraus Niederlender Jur. Cam. Forbach
Kreitmair August Phil. Nürnberg
Kreitmair Ferdinand Phil. Nürnberg
Krekel Hermann Bauw. Hadamar
Kroyer Antonin Cam. Berg
Krutter Georg Cam. Solothurn
Kunstmann Friedrich Theol. Nürnberg
Lacher Joseph Phil. Ziemetshausen
Lachner Joseph Med. Rohr
Landmann Martin Theol. Ummersch
Lang Anton Pharm. Vilsbiburg
Lang Anton Theol. Mostenberg
Lang Bernhard Pharm. München
Lang Joseph Phil. Lachen
Lang Max Jur. München
Laugenfass Alex. Fr. Jur. Ansbach
Lauz Johann Phil. Drosendorf
Laudenbacher Jakob Phil. Kleinerdlingen
Laucrer Joseph Jur. Amberg
Lauterbach Philipp Phil. Bärnau
Lebre Adolph Phil. Lausanno
Lehmaier Jonas Med. Baiersdorf
Lehr Michael Jur. Lupburg
Leibenger Michael Phil. Obertürken
Lerpscher Joh. Mich. Phil. Wiedenhofen
Leuk Xaver Med. Landshut
Leyerer Karl Phil. Geiselhöring
Lichtensteiger Max Joseph Theol. Kempten
Liebermann Ldw. Forstw. Ichenhausen
Liederskron Adolph v. Jur. Erlangen
Lidl Max Forstw. München
Lindl Lorenz Phil. Kellheim
Linsmayr Max Theol. Biberbach
Lintl Gustav Jur. Grenauermühle
Loé Hermann Phil. Neuburg
Löw Joseph Phil. Cham
Löwenmayer Mayer Theol. Sulzbürg
Loose Jakob Albert Phil. Kempten
Loritz Franz Michael Jur. Nittenau
Lotzbeck Alfred Baron v. Phil. Lahr
Ludwig Joh. Jos. Seb. Pharm. Nürnberg
Lutz Alois Phil. Feldkirchen
Luz Fedor Jur. Nördlingen
Macht Karl Phil. Schweinfurt
Mackas Georg Med. Chios
Maier Adolph Cam. Carlsruhe
Maier August Phil. Linz
Maier Michael Theol. Arnstorf
Manterach Math. Theol. Luxemburg
Martin Jakob Phil. Zweibrücken
Martius August Pharm. Erlangen
Maurocordato Michael Jur. Chios
Mayer Anton Phil. München

Mayer Cyprian Phil. Probstried
Mayer Johann Bonif. Jur. Schwandorf
Mayer Joseph Jur. Bergw. Schwandorf
Mayer Joseph Phil. Kipfenberg
Mayer Ludwig Pharm. München
Mayer Max Phil. München
Mayer Michael Jur. Amberg
Mayer Thomas Jur. Frankenried
Mayer Tob. Edm. Med. Schwarzenfeld
Mayr Johann Phil. Regensburg
Mayr Ludwig Pharm. München
Mayr Mathias Phil. Görisried
Medicus Ferdinand Phil. Landshut
Medicus Wilhelm Phil. Landshut
Mehler Heinrich Jur. Cam. Fulda
Meier Franz Phil. Hammelburg
Mendel Karl von Phil. Weichs
Menner Clemens Pharm. Landau
Merklein Friedrich Pharm. Nürnberg
Merklein Ludwig Jur. Nürnberg
Merz Ludwig Phil. Benediktbeuren
Messmer Hermann Jur. Roggenburg
Metaxas Gerasimo Phil. Argostoli
Metz Alois Jur. Regensburg
Meyer Karl Jur. Weissenstadt
Meyr Wilhelm Med. Freiburg
Miller Anton Phil. Fürstenfeldbruck
Mochwerth Saladin Phil. Kerzenheim
Mörschell Martin Jos. Med. Miltenberg
Molitor Ludwig Phil. Zweibrücken
Monneron Friedrich Philol. Lausanne
Morgenroth Karl Jur. Thurnau
Motschmann Christian Pharm. Coburg
Mühlbaur Theodor Jur. München
Müller Eduard Phil. Cham
Müller Franz Archit. Kleinwallstadt
Müller Franz Jur. Kempten
Müller Friedrich Jur. Speier
Müller Hermann Alex. Philol. Bremen
Müller Johann Jakob Med. Neustadt
Müller Mathias Phil. Wertingen
Münich Gottfried Phil. Alzenau
Murr Franz Forstw. Waging
Mussinan Otto Phil. Mitterfels
Mussmann Julius Jur. Hadersleben
Mutzl Johann Phil. Teisendorf
Näher Johann Math. Phil. Augsburg
Neff Conrad Phil. Augsburg
Neher Jakob Med. Augsburg
Neumaier Benno Forstw. Winhöring
Neumayer Joseph Med. Schierling
Nick Johann Theol. Mörsch
Oberbigler Karl Ant. Phil. Altersbach
Obermair Wolfg. Phil. Pilgramsberg
Oberst Adolph Xaver Phil. Waldhaus
Odenwald Philipp Pharm. Nekargmünd
Ollvier Ferdinand von Phil. Wien
Omayr Joh. Mich. Phil. Niedersonthofen
Oster Christian Jur. Tann

Ott Friedrich Phil. Schongau
Pachmayr Anton Jur. Pfaffenhofen
Pack Johann Nep. Pharm. Krumbach
Paur Franz Phil. Lam
Perglas Max Frhr. von Phil. Augsburg
Peterelly Reinigius v. Jur. Schweiz
Peterhans Jos. Lorenz Med. Fislislach
Pfeffel Max Phil. Grossmehring
Piani Emil Cam. Coburg
Pischl Johann Georg Phil. Weilheim
Pitt Leonhard Phil. Neuburg
Pitzner Georg Pharm. Freising
Plank Joseph Priester Theol. Obersaal
Pöhlmann Heinrich Jur. Krögelstein
Pözl Joseph Phil. Pechtersreuth
Popp Franz Phil. Bamberg
Posch Anton Med. München
Prandtner Jakob Phil. Waging
Prasser Wilhelm Phil. Roggenburg
Prunner Franz Joseph Pharm. Bogen
Prummerer Ludwig Phil. Passau
Raab Georg Heinrich Phil. Nürnberg
Rabl Sigmund Phil. Brennberg
Rack Anton Theol. Miragesäs
Rallis Nikolaus Phil. Chios
Rapp Lorenz Phil. Siegsdorf
Rappold Heinrich Phil. Sigmaringen
Rasch Anton Forstw. Niedersonthofen
Rast Johann Baptist Cam. Trostberg
Ranchenegger Benno Phil. Wallkofen
Raumer Heinrich Georg Rudolf von Philol. Breslau
Redwitz Wilhelm Theod. Freiherr v. Phil. Redwitz
Reichel Andreas Phil. Münchsberg
Reichert Otto von Jur. Abensberg
Reichhold Ludw. Pharm. Frankenthal
Reindl Franz Xaver Forstw. Cham
Reither Conrad Theol. Göcklingen
Reithmeier Wolfg. Forstw. Helfenkam
Reitz Georg Forstw. Treunfurt
Reizammer Ldw. Jak. Bauf. Nürnberg
Rexroth Albr. Archit. Hobachenhammer
Rezer Anton Phil. Amberg
Rhien Rob. Frdr. Archit. Elbingerrode
Rieder Paul Phil. Göttlkofen
Riederer Georg Phil. Neukirchen
Rietzl Anton Phil. München
Ritterbeck Joh. Paul Jur. Hauptstuhl
Rittler Anselm Phil. Plek
Röhrle Johann Adam Phil. Kempten
Rohrmüller Joseph Phil. Burghausen
Roiger Johann Nep. Phil. Mering
Rosenthal Jakob Med. Markt Uehlfeld
Roth Albert Pharm. Ulm
Rothhammer Fr. Phil. Oberschönegg
Rubenbauer Joh. Bapt. Jur. Sulzbach
Rudio Franz Pharm. Weilburg
Ruepp Joseph Anton Theol. Osterdorf

Wachter Gottfried Jur. Tiefenthal
Wacker Ludwig Med. Dillingen
Wächter Benno K. v. Landw. Wunsiedel
Waldmann Frz. Xav. Forstw. Augsburg
Wallner Alois Theol. München
Walter Frdr. Wilh. Pharm. Oettingen
Warnatis Friedrich Phil. Giesing
Weber Johann Nepomuk Phil. Pfalling
Weber Martin Theol. Ingolstadt
Wehrmann Joseph Pharm. Rottenbuch
Weingärtner Johann Phil. Altötting
Weisenburger Alois Phil. Sct. Martin
Weiss Joseph Jur. Welden
Weiss Karl Theod. Frdr. Pharm. Ebingen
Weiss Sigmund Med. Arzberg
Weltmann Jakob Phil. Waldstetten
Welsch Johannes Phil. Alsenz
Wendt Baron von Jur. Craissenstein
Wenzinger Symphor. Med. Burkheim
Werner Max Forstw. Kempten
Wernz Johann Phil. Rehütte
Westermayer Ant. Phil. Deggendorf
Wetzel Friedrich Jur. Tübingen
Wieben Hillard Jur. Jeven
Wiedemann Max Jur. Augsburg
Wild Johannes Phil. Richtenschweil
Wild Joseph Phil. Kemnath
Windischmann Dr. Friedrich Heinr.
  Gottfried Hugo Theol. Aschaffenburg
Windmaissinger Med. Pachling
Wintrich Eugen Phil. Laufen
Wittig Kaspar Theol. Cloppenburg
Wirth Franz Jur. Bamberg
Wirth Thomas Cam. Nuen

Wirz Joseph Theol. Solothurn
Wittstein Gg. Christ. Pharm. Münden
Wölfl Jakob Phil. Hohenau
Wölfle Franz Phil. Donauwörth
Wolf Karl Phil. München
Wolf Kohn Phil. Bauersdorf
Wolf Wilhelm Phil. Eschelkam
Wolfinger Jos. Thom. Theol. Balsens
Wurm Franz Xaver Phil. Poppenreuth
Zacher Joseph Theol. Aicha
Zahner Magnus Philol. Ried
Zapf Andreas Jur. Bamberg
Zaphirides Demetrius Phil. Agrapha
Zaphirides Georg Phil. Agrapha
Zeh Ludwig Forstw. Schwandorf
Zehetmayr Sebastian Phil. Belharting
Zeitler Friedrich Jur. Weissenstadt
Zemsch Christian Pharm. Welden
Ziegenhaim Johann Ludw. Ferdinand,
  Phil. Speyer
Zilker Paul Phil. Redling
Zimmer Georg Med. Lausanne
Zimmermann Frz. X. Jur. Straubing
Zimmermann Theodor Phil. Zwei-
  brücken
Zindel Joseph Anton Theol. Sargans
Zink Joh. Frz. Ldw. Sam. Med. Lausanne
Ziphos Johann Phil. Chios
Zittel Albert Cam. Karlsruhe
Zölch Florian Phil. Waldmünchen
Zölch Joseph Forstw. Waldmünchen
Zollner Johann Ev. Phil. Kragenroth
Zottmann Max Phil. Regen

1836—1837

Rector DLXXXVIII Hieronymus BAYER

Adamer Joseph Forstw. Hausen
Albert Thomas Bamberg
Almstetter Alois Phil. Neuburg
Alther Johann Phil. St. Gallen
Ammann Jakob Med. Bunzen
Ammonn Ludwig v. Phil. Lindenhardt
Appel Johann Georg Phil. Wagenhofen
Appiano Christ. Theol. Aschaffenburg
Arbeiter Ignaz Med. Schwandorf
Arnold Friedrich Jur. Pretsfeld
Aschenbrier Ed. Forstw. Regensburg
Asmus Ludwig Jur. Wertingen
Aulenbach Friedrich Phil. Homburg
Bachauer Matthäus Phil. München
Balk Nikolaus Theol. Berg
Bank Johann Phil. Nemmenhausen

Banzer Anton Phil. Bamberg
Barkhausen Conrad Bauw. Detmold
Barth Mathias Phil. Velden
Bauer Joseph Anton Phil. Wallerstein
Baumgärtl Michael Archit. Ansbach
Baur Eduard Pharm. Augsburg
Bayrer Jakob Archit. Darmstadt
Beck Georg Phil. Lauterhofen
Bedall Adolph Phil. Tirschenreuth
Behringer Joh. Bapt. Phil. Babenhausen
Behringer Martin Phil. Babenhausen
Beit Ferdinand Chemie Hamburg
BENTHEIM-STEINFURT Karl Prinz v.
  Jur. Steinfurt
Berg Franz von Jur. Schweinfurt
Bernreiter Andreas Phil. Landshut

Bernsteiner Johann Phil. Dillingen
Biedermann Karl Jur. Winterthur
Billwiller Karl Ulrich Jur. St. Gallen
Bino Jakob Phil. München
Blaich Albert Pharm. Ludwigsburg
Blank Joseph Phil. Kempten
Blatt Karl Joseph Jur. Goldbach
Böck Friedrich von Phil. Augsburg
Böhm Martin Phil. Landshut
Böttger Joseph Heinr. Pharm. Aschaffenburg
Bogner Alois Forstw. Neunburg
Bohlinger Max Phil. Kempten
Bolgiano Ludwig Phil. München
Bolkart Joseph Phil. Aichach
Bonu Eduard Jur. München
Bouteville Max von Jur. Ansbach
Boxler Friedrich Phil. Zusmarshausen
Braun Franz Xaver Phil. Siegertsbrunn
Braun Friedrich Phil. Germersheim
Breidenbach Jos. Jur. Aschaffenburg
Britzger Cajetan Phil. Weissenhorn
Buchhofer Gabr. Med. Burglengenfeld
Buechele Mathias Phil. Trannstein
Buhmann Theodor Jur. Rosshaupten
Bullinger Ludwig Phil. Christgarten
Busser Johann Baptist Phil. Amden
Byschl August Phil. Augsburg
Caflisch Johann Barthol. Jur. Chur
Cammenzind Caspar Med. Gresau
Castenauer Frz. Xaver Jur. München
Cetto Max Baron von Phil. München
Charamis Demetr. Phil. Konstantinopel
Chellus Karl Th. H. Phil. Neustadt
Contzen Martin H. Theod. Jur. Münster
Cramer Karl Phil. Vohenstrauss
Crausaz Johann Jur. Neuburg
Cressirer Jos. Aug. Jur. Riedenburg
Danvers (Heine) Heinrich Phil. Münden
Crusilla Anton Jur. Deggendorf
De Crignis Peter Theol. Gempfing
Degmaier Theodor Phil. Augsburg
De Troge Franz Theol. München
Denkel Jakob Phil. Burgheim
Dertsch Simon Bauw. Waldsassen
Diehl Georg Pharm. Dalsheim
Dillenius Ludwig August Christoph Med. Ludwigsburg
Dirle Mathias Med. Douauwörth
Dobler Wilhelm Phil. Falkenberg
Doll Mathias Phil. Besenbach
Donop Eugen Phil. Eichstädt
Dopfer Max Phil. Sigmaringen
Drechsel Max Joseph Graf von Jur. München
Dreer Martin von Phil. Mindelheim
Drexel Joseph Phil. Unterauerbach
Dusch Ferdinand von Phil. Karlsruhe
Dusch Gottfried von Phil. Karlsruhe

Duy Nikolaus Phil. Blieskastel
Eberz Max Baron von Phil. Roggenstein
Eder Michael Phil. Hemau
Ehrensberger Wilhelm Med. Amberg
Ehrhart Lorenz Med. Renchen
Ehrle Alois Phil. Scheidegg
Eichmeyer Andreas Phil. Deggendorf
Eicholzer Matthäus med. Luterbach
Eissenbeiss Karl Aug. Phil. Bayreuth
Emmer Joseph Phil. Weiden
Engerer Karl Phil. Kallmünz
Erhart Franz Forstw. München
Ernst Georg Phil. Höllmannsried
Ermaier Xaver Phil. Freising
Erk Georg Phil. Würzburg
Esenbeck Johann Friedr. Ferd. Med. Seenheim
Esser Heinrich Jur. Mannheim
Essich Karl August Pharm. Stuttgart
Etstaller Peter Theol. Weyer
Ettenhofer Norbert Phil. Biberach
Faber Hermann Jur. Augsburg
Fahrer Joseph Phil. München
Fath Johann Phil. Queichheim
Fecht Hermann Karl Cam. Karlsruhe
Feistle Wilhelm Phil. Dillingen
Feldbausch Johann Bapt. Phil. Landau
Felsenthal Adolph Phil. Nussbach
Feurstein Georg Phil. Au
Fischer Ludwig Wilh. Phil. Rain
Fischer Max Forstw. Dillingen
Fleischmann Jak. Pharm. Vohenstrauss
Fleissner Max Phil. Dillingen
Fleschüz Adolph Phil. München
Fodermaier Michael Theol. Reisbach
Foell Fr. Theodor Jur. Landau
Forstner Peter Phil. Eiselfing
Fränkel Simon Med. Zelty
Frank Martel Med. Würzburg
Franz Ludwig Jur. Veitshöchheim
Freund Moriz Pharm. Koburg
Freundorfer Karl Phil. München
Freyberg-Eisenberg Otto Freiherr von Phil. München
Freyberg Hermann Baron von Jur. Niederraunau
Freyberg Rudolph Baron von Phil. München
Fröhlich Franz Med. Würzburg
Frommknecht Martin Med. Sanerberg
Fuchs Anton Phil. Schrobenhausen
Fuchs Ludwig Phil. Landshut
Fuchs Max Phil. Kempten
Fürer Karl von Phil. Nürnberg
Furtenbach Karl von Jur. Nürnberg
Gässler August von Phil. Landshut
Gallenmüller Anton Jur. Mörslingen
Gantner Engelbert Phil. Illerreichen
Ganzhorn Karl Phil. Dillingen

Gartner Franz Jur. Amberg
Gartner Martin Jur. Amberg
Geisenhof Rudolph Phil. Füssen
Gengler Johann Jur. Bamberg
Gerber Andreas Phil. Hof
Gerlach Karl Jur. Kaiserslautern
Germann Gallus Med. Berg
Gian Alexander von Phil. Bottoschan
Gies Caesar Phil. Diederfeld
Gise Max Baron von Phil. München
Glaser Karl Phil. Weissenhorn
Glass Max Jur. Ansbach
Gmainer Karl Phil. Ering
Göbl Jakob Phil. Engelsberg
Göhring Heinrich Phil. Zeil
Gossmann Anton Pharm. Bamberg
Graf Franz Phil. Würzburg
Grassinger Joseph Phil. Landshut
Greissl Joseph Phil. Eglharting
Greyerz Adolph von Forstw. Günzburg
Griessenbeck Max Baron von Phil. Passau
Griessmayer Joh. Bapt. Phil. Neuburg
Grosch Julius Phil. Burghausen
Gross August Phil. München
Gross Joseph Jur. Regensburg
Gross Joseph Phil. Mathsies
Gruber Adolph Jur. St. Gallen
Gruber Fr. Joseph Med. Oberdorf
Grünsfelder Bernhard Phil. Ansbach
Grundner Karl von Pharm. München
Gruntal Fischel Bauw. Bayreuth
Gürster Alois Phil. Amberg
Guggemos August Pharm. Mindelheim
Gundler Joseph Phil. Thierhaupten
Haas Max Phil. Irlbach
Häffner Ernst Phil. Lichtenberg
Händlmayer Anton Phil. Nürnberg
Häutle Joseph Phil. Affing
Hagenbuch Johann Nepomuk Phil. Langkofen
Haimerl Max Joseph Forstw. Obermühl
Haindl Joseph Theol. Freising
Hamm Xaver Phil. Friedberg
Happold Eduard Ferd. Pharm. Ilzhofen
Harksen Frdr. Wilh. Med. Neuenburg
Harrer Albert Phil. Regensburg
Harsdorf Max von Phil. Ansbach
Hasslöcher Frz. K. Pharm. Schweinfurt
Hatz Leonhard Med. Chur
Hausmann Max Phil. München
Heim Ignaz Pharm. München
Heimerdinger Georg Phil. Gallenbach
Held Anton Med. Zigers
Helfenstein Karl Phil. Neustadt
Hemi Johann Med. Churwalden
Hepp Ludwig Baufach Speyer
Herkommer Franz Xaver Phil. Irsee
Herold Gottlieb Jur. Strussendorf

Hess Joseph Phil. Eichstädt
Hessling Theodor von Phil. Regensburg
Heuber Ferdinand Albert Phil. Kehl
Heusner Friedrich Wilhelm Aug. Jur. Erkenfeld
Heyder Eduard Pharm. Westenfeld
Hierthes Ludwig Bauw. Limbach
Hilber Franz Phil. Au
Himmelstoss Max Theol. München
Hirschmann Joseph Phil. Falkenfels
Hirschinger Johann Phil. München
Hitzler Markus Phil. Lauingen
Höpfl Paul Phil. Tirschenreuth
Hörmann Joseph Theol. Martinszell
Höss Edmund Joseph Phil. Lindkirchen
Höss Johann Baptist Phil. Dachau
Hofmann Konrad Jur. Bamberg
Hoffmann M. Herm. Pharm. Augsburg
Hoffmann Robert Phil. Augsburg
Hollstein Simon Phil. Bamberg
Holzschuher August v. Jur. Nürnberg
Honnikl Eduard Phil. Teisendorf
Hopfensperger Frdr. Phil. Pfaffenberg
Horstig Emil. Cam. Mildenburg
Huber Anton Phil. Aufkirch
Huber Joh. Bapt. Theol. Beratzhausen
Hummel Georg Pharm. Moosburg
Hundertpfund Joh. Phil. Regensburg
Hurth Georg Heinrich Bauw. Speyer
Huth Georg Forstw. Ellerstadt
Jakob Karl Phil. Kaiserslautern
Jacobi Karl Forstw. Frankenthal
Jaeger Albert Jur. Speier
Jaeger Felix Med. Pfaffers
Jahn Friedrich Med. Culmbach
Jecker Amand Jur. Seben
Jehle Joseph Phil. Augsburg
Ihering Kaspar Rudolph Jur. Aurich
Illing Karl Phil. Dischingen
Ingedult Joh. Nep. Phil. Augsburg
Jungblut Ludwig Phil. Bettenberg
Junker Georg Jur. Nürnberg
Käser Joseph Phil. Augsburg
Käss Johann Phil. Waltersberg
Kästl Lorenz Phil. Frontenhausen
Kalisch Lippmann Phil. Lissa
Kappelmeier Ludwig Phil. Laufen
Kast Albert Phil. Ulerberg
Kaufmann Joh. Gg. Phil. Babenhausen
Kempter Friedrich Phil. Wettenhausen
Kerker Philipp Phil. Mindelheim
Kienle Joseph Phil. Oberlamlach
Kimmerle Adolph Phil. Lauingen
Kirchner Friedrich Jur. Kemnath
Klein Karl Adolph Phil. Neustadt
Klein Saladin Jur. Wachenheim
Klein Wolfgang Adam Med. Weiding
Knab Paul Phil. Chateau du Fond
Knabl Joseph Phil. Harham

Ködle Joseph Phil. Augsburg
Kögler Johann Bauw. Bayreuth
Kobler Andreas Phil. Mühldorf
Körner Karl Jur. Bamberg
Köstler Andreas Med. Hahnbach
Köthe Theobald Jur. Allstädt
Koffaky Robert Ferdinand Med. Lemsal
Kolb Ludwig Forstw. Neuburg
Kolb Nikolaus Jur. Neustädtlein
Kohler Ludwig Phil. Wallerstein
Krabinger Theodor Phil. München
Krämer Joseph Phil. Aschaffenburg
Kramer Lorenz Phil. Illereichen
Krammer Florian Phil. Holzkirchen
Krebs Franz Forstw. Regensburg
Kreckel Hermann Cam. Hadamar
Kruel Reinhard Pharm. Sembach
Künsberg Heinrich Freiherr von Phil.
    München
Kuisel Martin Phil. München
Kumantdes Stephan Phil. Adrianopel
Kumundurakis Demetr. Phil. Sparta
Kuvaras Philippos Phil. Ittana
Kyriakos Georg Phil. Kalamata
Lahr Alexander Pharm. Abig
Lamberger Adolph Phil. Gablingen
Lamey August Jur. Karlsruhe
Lumey Wilhelm Cam. Karlsruhe
Landmann Samson Phil. Ansbach
Lang Eduard Jur. Neustadt
Lang Eduard Phil. Viechtach
Lanner Jakob Theol. Burghausen
Laur Joseph Baukunde Sigmaringen
Laval Ludwig Phil. München
Lebre Johann Adolph Phil. Lausanne
Lehner Karl Phil. Pfaffenhofen
Leistner August von Phil. Stadt-
    Eschenbach
Lens Clemens Med. Utrecht
Leuch Karl Jur. Bern
Lichtenberger Friedr. Phil. Zwei-
    brücken
Liegl Sigmund Phil. Bruck
Lilgenau Karl Theodor Freiberr von
    Phil. Lindau
Liller Albert von Forstw. Zweibrücken
Lindheimer Karl von Jur. Regensburg
Lindner Sebastian Phil. Ettal
Lipf Anton Theol. Massing
Loder Johann Nep. Phil. Trostberg
Löcherer Joseph Phil. Landsberg
Lösch Otto Phil. Geilsheim
Lössl Friedrich Otto von Phil. Weller
Löw Jakob Phil. Berghausen
Looser Wendelin Med. Alt-St. Johann
Lorenz Georg Phil. Friedberg
Lorenz Joh. Bapt. Agricult. Augsburg
Louis Ludwig Jur. Lambrecht
Lupin Guido von Phil. Illerfeld

Lutiger Damian Med. Zug
Lutz Joseph Phil. Au
Mack Karl Theod. Med. Mannheim
Magdalener Joseph Phil. Eichstädt
Maier Wilhelm Peter Med. Dinkelsbühl
Majer Michael Phil. Frecheurieden
Mair Wilhelm Jur. München
Mall Sebastian Phil. Wickertshofen
Manarakis Anton Phil. Hermiopolis
Marschalek Ferdinand Jur. Passau
Martin Karl Phil. Bayreuth
Martius Friedrich Forstw. Rothenburg
Marwedel Heinr. Karl Archit. Lüneburg
Mayer Alois Phil. Darmstadt
Mayer Bernhard Phil. Lauingen
Mayer Georg Karl Theol. Aschbach
Mayer Karl Jur. Grafenau
Mayer Xaver Phil. Eichstädt
Mayr Friedrich Pharm. Kaufbeuren
Mayr Martin Phil. Regensburg
Mayr Nikolaus Phil. Regensburg
Meyer Johann Archit. Ansbach
Mehrmann Karl Phil. Regensburg
Meister Joseph Med. Guibwiller
Meltinger Anton Jur. Rain
Meltinger Ludwig Jnr. Reichertshofen
Merkel Johann Phil. Nürnberg
Merkle Joseph Anton Med. Wallenstadt
Merkle Mathias Phil. Bedernau
Messerschmidt Xaver Richard Jur.
    Ottobeuren
Metschnabl Johann Jur. Kemnath
Milbauer Joseph Theol. Steinbühl
Mitterhuber Narzias Phil. Alsmoos
Mösmang Nepomuk Phil. Seeg
Molitor Wilhelm Phil. Zweibrücken
Moll Augustin Phil. Grosskötz
Moosmüller Ant. Theol. Pfarrkirchen
Moser Franz Xaver Phil. Augsburg
Mühlbauer Franz Xaver Phil. München
Müller Anton Phil. Königshofen
Müller August Phil. Germersheim
Müller Friedrich Jur. Castell
Müller Karl Phil. München
Müller Martin Phil. Weiden
Müller Xaver Phil. Buchloe
Münch Christ. Frdr. Pharm. Hirschberg
Muggenthaler Melchior Theol.
    Schwarzach
Murschhauser Jakob Phil. Karlshuld
Nagler Gustav Jur. Ansbach
Nassl Karl Phil. Friedberg
Nenning Joseph Phil. Lauingen
Nero Emil Phil. Bamberg
Nest Joseph Phil. Amberg
Neumeyer Joseph Phil. Hailing
Ney Jakob Ludwig Jur. Speyer
Ney Max Jnr. Speyer
Nickel Georg Cam. Mursbach

Niessler Johann Phil. Furth
Niggl Ignaz Phil. Bilberg
Nobel Johann Baptist Phil. München
Nothhaas Mathias Theol. München
Obel Xaver Jur. München
Öhrl Andreas Theol. Eschen
? Oischinger Johann Nepomuk Phil.
  Wittmannsberg
Ordolff Heinr. Ludw. Jur. Schweinfurt
Orff Ludwig Jur. Mannheim
Osberger Leonhard Phil. Regensburg
Ostermaier Otto Pharm. München
Ow Karl Freiherr von Phil. München
Oxpaur Ludwig Michael Bauw. Birka
Paintner Andreas Phil. Plegendorf
Panzer Benno Phil. Rothenkirchen
Papadakis Johann Phil. Creta
Papadiamatopulos Diamantes Phil.
  Patras
- Paraquin Ernst Julius Jur. Landau
Parst Hermann Phil. Cham
Passauer Ludwig von Phil. München
Patin Peter Phil. Regensburg
Paulhuber Franz Xaver Phil. Aschan
Pfaffenberger Gust. Phil. Altenmarkt
Pfaffenberger Jos. Phil. Rumgraben
Pfaffenzeller Rudolph Phil. Aham
Peter Ernst von Phil. Regensburg
Petimesas Georg Phil. Achäa
Perfall Max Baron von Phil. München
Pfeiffer Ferdinand Archit. Neuulm
Pfeiffer Heinrich Phil. Pirmasens
Pobitzer Severin Med. Laatsch
Pohl Wilhelm Christian Phil. Hof
Popp Wolfgang Phil. Münchberg
Portenreiter Georg Pharm. Welden
Pradez Georg Philol. Vevey
Prasser Eduard Phil. Schwabmünchen
Prinz Karl Eugen Phil. Landau
Prois Stamatis Phil. Chios
Prott Viktor Archit. Oldenburg
Pruckberg Franz Baron von Jur.
  Straubing
Psycharis Demetrius Phil. Chios
Rasor Heinrich Pharm. Neustadt
Rasor Ludwig Phil. Neustadt
Rauch J. Martin Philol. Pfaffenhausen
Reichhardt Johann Georg Med.
  Grossinzenmoos
Reigersberg August Graf von Jur.
  Würzburg
Reindl Franz Xaver Med. Cham
Reischl Augustin Phil. Ampermocching
Reischl Wilhelm Phil. München
Repond Joseph Phil. Villtouvollon
Riedlechner Joh. Bapt. Phil. Saferloh
Riem Karl Julius Phil. Kreuznach
Rietl Johann Pharm. Neuburg
Ries Friedrich Phil. Frankenthal

Ring Franz Xaver Phil. Gundelfingen
Ring Peter Phil. Schönau
Rittler Matthäus Phil. Grönenbach
Ritzer Johann Pharm. Ingolstadt
Röckl Eduard Phil. Nördlingen
Rossner Franz Pharm. München
Roth Albert Pharm. Ulm
Roth Friedrich Phil. Dennelohe
Roth Heinr. Ed. Herm. Jur. St. Johannis
Roth Paul Rudolph Phil. Nürnberg
Rousseau Emil Jur. München
Rust Philipp Bergw. Kissingen
Safirides Demetrius Phil. Agrapha
Safirides Georg Phil. Agrapha
Sailer Joseph Phil. Emersacker
Saint Marie Eglise Fedor Wellington
  Baron von Jur. Regensburg
Salger Andreas Phil. Schönenberg
Sallinger Eduard Phil. Höchstädt
Sator Heinrich Cam. Dieburg
Schaden August von Jur. Nürnberg
Schaffner Sebastian Phil. Wegscheid
Scharf Woldemar Pharm. Tennstädt
Scharff Hermann Phil. Frankfurt
Schaur Julius Bauw. Augsburg
Schenk Heinrich von Jur. München
Schellhorn Sigm. Phil. Zusmarshausen
Schleder Bernhard Phil. Bogenhausen
Schleder Joseph Pharm. Waldsassen
Schillinger Anton Phil. Wasserburg
Schinabeck Simon Phil. Furth
Schirmer Joh. Albert Med. St. Gallen
Schirnding Adolph von Phil. Bamberg
Schlechter Joseph Phil. Witzing
Schlecht Raym. Alois Forstw. Eichstädt
Schlereth Eduard Jur. Hammelburg
Schlör Anton Jur. Hellzichen
Schmal Anton Phil. Regensburg
Schmalz Gregor Phil. Weidach
Schmalzigaug Karl Adolph Phil. Ulm
Schmid Johann Nepomuk Med. Buchloe
Schmid Wolfgang Phil. Feldwies
Schmidtborn Karl Pharm. Dietkirchen
Schmidt Ernst Jur. Wunsiedel
Schmidt Franz Philol. Thambach
Schmidt Joh. Landw. Schwarzenbach
Schmidt Karl Phil. Zweibrücken
Schnedlz Otto Pharm. Burghausen
Schnell Eugen Cam. Sigmaringen
Schoettl Paul Phil. Halsbach
Schrader Gg. Sam. Pharm. Hannover
Schreiber Wolfgang Phil. Luhe
Schreiner Joseph Phil. Deggendorf
Schröder Friedrich Pharm. Lübbüne
Schröder Hugo Phil. Landau
Schroff Ignaz Phil. Kaufbeuren
Schub Michael Jur. Schneeberg
Schumann Julius Jur. Ansbach
Schwaier Leonhard Phil. Berghausen

Schwarz Anton Jur. Kötzting
Schwarz Joseph Pharm. Schongau
Schwertmann Joh. Ferdinand Joseph Med. Althausen
Schwindl Eduard Forstw. Regensburg
Sedlmaier Ascan Phil. München
Seibel Georg Pharm. Aschaffenburg
Seidel Franz Phil. München
Seidel Karl Phil. München
Sepp Jakob Phil. Mühldorf
Sichlern Karl von Phil. Landshut
Siener Franz Joseph Phil. Arzheim
Sighart Ernest Phil. Neuötting
Sigriz Gustav Phil. München
Sigriz Heinrich von Forstw. München
Simon Ferdinand Bauw. Ramsen
Singer Pankraz Phil. Rohr
Sinner Karl Phil. Raunau
Sippel Alexander Pharm. Brückenau
Sorg Heinrich Jur. Illertissen
Speidel Karl von Phil. München
Spiess August Pharm. St. Ingenheim
Spindlbauer Karl Phil. München
Stadlberger Joseph Phil. München
Städele Andreas Theol. Bobingen
Stägmeyr Karl Med. München
Stahl Christ. Ludw. Pharm. Ortenburg
Staiger Friedrich Forstw. Dillingen
Stathopoulos Stavros Phil. Tripolis
Stautner Joh. Baptist Phil. Schäferei
Steer Ignaz Phil. München
Steer Karl Phil. München
Steger Ludwig Phil. München
Steger Nikolaus Philol. Allmannshofen
Steinbauer Frz. Xav. Phil. Neumarkt
Steiner Simon Phil. Siegsdorf
Steinwarz Julius Jur. Amorbach
Stempel Ludwig Phil. Haardt
Stern Anton Phil. Vilshofen
Stetter Emil Jur. Passau
Stettner Hans von Jur. Bayreuth
Streccius Philipp Pharm. Anweiler
Strehl-Brizay Alb. Bar. v. Phil. Wien
Strelin Anton Pharm. Deggendorf
Strobl Joseph Paul Jur. Cam. Ensdorf
Strömer Ricklef Med. Sande
Stuffler Joseph Med. Schönsee
Taube Oskar Bar. v. Forstw. Scheyern
Tauber Albrecht Jur. Münchberg
Tester Christian Jur. Chur
Teufelhart Martin Phil. Mering
Thaller Michael Phil. Osterndorf
Throner Joseph Phil. Mindelheim
Tiegel Heinrich Pharm. Bayreuth
Tutschek Joh. Alb. Karl Jur. Bayreuth
Troeltsch Karl von Forstw. Bamberg
Ueberreiter Jos. Eman. Phil. Dachau
Umrath Friedrich Pharm. Augsburg
Veith Eduard Forstw. Dinkelsbühl

Vetterlein Karl Jur. Bayreuth
Völderndorff August Frhr. von Phil. Zweibrücken
Völk Karl Phil. Augsburg
Völk Wilhelm Phil. Augsburg
Vogel Joh. Bpt. Phil. Obergessertshausen
Voggenreiter Joh. Karl Jur. Seestetten
Voit Joh. Friedr. E. Jur. Schweinfurt
Waadt Hans Heinrich Phil. Hamburg
Waas Ludwig Pharm. München
Wachter Fr. Aug. v. Jur. Memmingen
Wäninger Sebastian Theol. Reisbach
Wagenbauer Otto Phil. München
Wallmenich Karl v. Phil. Augsburg
Wanger Joh. Chrysost. Theol. Schann
Wankmüller Ignaz Phil. Landsberg
Weingärtner Ferdinand Med. Cham
Weinhart Joh. A. Ben. Phil. Kempten
Weinzierl Joh. Gg. Phil. Pfaffenberg
Weinzierl Gg. Theol. Kleinkiefenholz
Weinzierl Max Pharm. Neuburg
Weiss Heinrich Forstw. Tirschenreuth
Weissensee Sebastian Phil. Ansbach
Weithmann Max Phil. Untergünzburg
Weling Friedr. von Jur. Bamberg
Welti J. Eduard Pharm. Zurzach
Wernigk Theodor Phil. Waldöschbach
Werry Ludwig Med. Birkenfeld
Weveld Eduard Bar. v. Jur. München
Wiedenhofer Wenzel. Phil. Neustadt
Wieninger Karl Med. Landsberg
Wiesend Peter Phil. Miesbach
Wiest Anton Phil. Neumarkt
Wilcke Anton Joseph Phil. Bayreuth
Wilhelm Joh. Kasp. Phil. Reichenburg
Will Johann Med. Amberg
Willkomm Eduard Phil. Oettingen
Willy Justus Theol. Flums
Wimmer Friedrich Phil. Bamberg
Winkler Erhard Theol. Thanhausen
Winklhofer Mathias Phil. Münzing
Witt Karl Wilh. Forstw. Kleinkerlbach
Wittelshöfer Israel Phil. Floss
Wittmann Julius Phil. Rothenburg
Wittwer Franz Xav. Med. Oberdorf
Wucher Gebhard Phil. Scheidegg
Wucherer Ferdinand Jur. München
Wöhrle Joseph Phil. Babenhausen
Wuilleret Ludwig Jur. Romont
Wunderer Hermann Jur. Pleinfeld
Würsch Johann Melch. Med. Buochs
Zahn Franz Karl Phil. Edenkoben
Zarn Peter Med. Ems
Zeitler Martin Theol. Strahlfeld
Zellner Michael Phil. Zeitlarn
Zimmermann Heinrich Phil. Kempten
Zink Johann Franz Ludwig Samuel Med. Lausanne
Zöller Otto Jur. Oettingen

1837—1838

Rector DLXXXIX Johann Baptist WEISSBROD

Albrecht Lorenz Forstw. Pforzen
Allmosslechner Leonhard Pharm. Emmazhofen
Amberger Jakob Pharm. Nürnberg
Andrian Ernst Max Sigmund Baron Phil. Werburg
Angermayer Bernh. Phil. Mattenweiler
Anzensberger Joseph Theol. Wannersdorf
Appiano Jakob Pharm. Aschaffenburg
Arnold Gustav Med. Solothurn
Aschenauer Peter Jur. Mintraching
Bader Johann Jur. Schwarzenfeld
Badhauser Xaver Phil. München
Bäumler Gg. Philol. Theol. Erbendorf
Bamann Hermann Jur. Regensburg
Bank Johann Phil. Memmenhausen
Barth Ignaz von Phil. Starnberg
Bassus Theodor Baron von Jur. Neuburg
Bauer Anton Phil. Fronberg
Bauer Anton Phil. München
Bauer Ferdinand Forstw. München
Bauer Justus Phil. Osterwald
Bauer Max Jur. Fichtelberg
Baumann Ernst Phil. München
Baumüller Max Jur. München
Bayer Friedrich Theol. Griesbach
Bayer Joseph Phil. Cham
Bayerlein Frz. Ant. Forstw. Geussfeld
Beck Georg Phil. Raitenbuch
Becker Hartmann Archit. Münchberg
Beckh Edmund Jur. Schwabach
Beckert Christoph Phil. Amberg
Bedall Max Phil. Sulzbach
Bennegger Ant. Pharm. Weissenhorn
Benninghof Johann Peter Phil. Stetten
Bernays Karl Ludw. Jnr. Frankenthal
Bernsteiner Johann Phil. Dillingen
Besel Martin Theol. Waalhaupten
Besnard August Pharm. München
Biernatzki Hermann Jur. Altona
Binder Joseph Phil. Laufen
Bischof Karl Jur. Würzburg
Binzegger Karl Jost Jur. Baar
Binzegger Karl Phil. Baar
Bongraz Johann Phil. Homried
Botta Joseph Jur. Landau
Branca Max Baron von Jnr. München
Brandhuber Jos. Theol. Sigmaringen
Braun Joseph Med. Isny
Brinz Alois Phil. Weiler
Bronold Heinrich Pharm. München
Bruckmayer Kasp. von Phil. Neuötting
Bründl Franz Xaver Pharm. Straubing

Bründl Jakob Phil. Straubing
Brunhuber Frz. Xav. Phil. Burghausen
Bünnemeyer Johann Jur.
Bürkle Anton Phil. Heigerlach
Bürklein Eduard Archit. Dinkelsbühl
Büttiker Konrad Theol. Solothurn
Burkhard Jakob Phil. Dachau
Carl Karl Forstw. Weiler
Castelli Anton Jur. Schwyz
Christmann Max Jur. Kempten
Cludius Balduin Jur. Heilbronn
Coulon Rudolph von Phil. Miesbach
Cornet Joseph Phil. Landsberg
Cressierer Jos. Aug. Jur. Neumarkt
Curti Karl Cam. Rapperschwyl
Dachs Johann Michael Phil. Frachels
Daig Johann Pharm. Bamberg
Dall'Armi Xaver von Pharm. Bernried
De Crignis Ignaz Pharm. Neuburg
Degmair Ferdinand Pharm. Augsburg
Denzel J. Ludwig Phil. Anhofen
Deppert Wilhelm Jur. Erlangen
Desch Friedrich Jur. Vilshofen
Dichtl Joseph Phil. Schwabhausen
Diezel Joseph Phil. Zeil
Dobler Ludwig Phil. Welden
Döderlein Hugo Jur. Erlangen
Dolch Michael Phil. Kronwinkl
Dorfmeister Simon Theol. Traunstein
Dosenheimer Max Phil. Ungstein
Ducrue August Phil. Margreid
Duprée Joseph Phil. Freyung
Dütsch Friedrich Forstw. Weischenfeld
Eberl Ferdinand Jur. Regensburg
Eberth Joh. Christ. Pharm. Kadolzburg
Eberz Max Baron von Phil. Roggenstein
Edel Max Jur. Bamberg
Edlinger Eduard von Phil. Landshut
Eichbichler Peter Phil. Regensburg
Eisenhofer Xav. Phil. Schrobenhausen
Egger Hugo Phil. Thannhausen
Egger Max Phil. Partenkirchen
Egn Maximus Phil. Furth
Endres Georg Phil. Rosshaupten
Englberger Karl Med. Auburg
Englmann Johann Phil. Kirchendiemenreut
Enzensberger Joseph Phil Freising
Ertle Johann Math. Phil. Walmertshofen
Fahrenschon Jos. Phil. Babenhausen
Fahrer Johann Nepomuk Phil. München
Federkiel Ignaz Phil. Rain
Feihl Anton Forstw. Neumarkt
Fernbacher Franz Paul Phil. Au

Fernberg Sigmund Phil. Sünching
Fieger Johann Phil. Augsburg
Filser Moriz Phil. Wörishofen
Fink Joseph Phil. Haid
Fink Joseph Phil. Mittelstetten
Finke Heinrich Friedr. Christ. Phil. Helmstädt
Fischer August Pharm. Speinshart
Fischer Georg Phil. Dachau
Fischer Joseph Forstw. Dachau
Fischer Wilhelm Karl Phil. Bayreuth
Fischhold Joh. Mich. Phil. Walgersdorf
Flembach Friedrich von Phil. Amberg
Fleischmann Jak. Phil. Vohenstrauss
Förtsch Georg Jur. Sesslach
Förster Karl Jur. Amorbach
Foltz Jakob Archit. Landau
Forster Karl Jur. Ansbach
Forstner Johann Baptist Phil. Gross-kitzighofen
Forstner Kaspar Phil. Neuburg
Forthuber Joseph Jur. Frankenthal
Frank Franz Georg Phil. Callstadt
Freidling Johann Forstw. München
Freidling Sebast. Forstw. Waldsassen
Frey Georg Jur. Nettershausen
Freyberg Julius Baron von Forstw. Niederraunau
Fricke Moriz Hermann Phil. Leipzig
Frickhinger Christian Albert Pharm. Nördlingen
Friedl Michael Jur. Burglengenfeld
Frommel Eugen Phil. Augsburg
Fuchs Franz Paul Phil. Passau
Gabler Tobias Med. Kempten
Ganser Georg Phil. Wallerstein
Gantner Johann Phil. Wildenberg
Gay Elias Phil. Sion
Gebhard Lorenz Theol. Buchau
Geib Rudolph Forstw. Lambsheim
Geiger Heinrich Forstw. Bayreuth
Geismann Friedrich Jur. Ansbach
Gemeiner August Jur. Schönau
Genatas Anton Phil. Corfu
Gerbig Georg Jur. Hof
Gerg Martin Phil. Hohenbrunn
Gerngrass Max Bauw. München
Geyer Franz Phil. Regensburg
Geyer Wilhelm Jur. Breslau
Gillitzer Johann Baptist Jur. Ober-viechtach
Gluk Heinrich Phil. Ernstweiler
Gintner Heinrich Phil. Freising
Gisler Joseph Phil. Arnsdorf
Glas Franz Forstw. Straubing
Gleitsmann Franz Phil. Nardhalben
Gletzl Michael Phil. Kallmünz
Gmelin Adolph Cam. Heidelberg
Gmür Berchtold Phil. Schenis

Gogl Max Forstw. Mickhausen
Gossner Lorenz Phil. Ingolstadt
Gottwald Alexander Pharm. Offenburg
Grandauer Martin Phil. Pertenstein
Graul Karl Ludwig Phil. München
Greb Karl Jur. Hilders
Greiner Wilhelm Jur. Ansbach
Greiner Friedrich Jur. Ansbach
Grieser Georg Phil. Kempten
Grill Karl Phil. München
Grosskopf Xaver Phil. Rast
Grote Gerhard Jur. Löningen
Grotz Johann Mich. Phil. Mindelheim
Gründler Xaver Theol. Sirnach
Günther Andreas Phil. Burgkundstadt
Guggemos Fr. Jos. Phil. Görisried
Guth Bernhard Phil. Kaiserslautern
Gutschneider Bernh. Phil. München
Haan Johann Heinrich Theol. Coblenz
Haas Joseph Med. Passau
Habermeyer Wilh. Forstw. Auernheim
Hacker Friedrich Phil. München
Hafenmayer Gottlieb Forstw. Wiggensbach
Haffen Ludwig Phil. Frankenstein
Hahn Adam Jur. Pettenstein
Hainz Jakob Phil. Neustadt
Hainzlmayr Jakob Jur. Kempten
Halbeisen Antoine Phil. Dellemont
Haltmeyer Benedikt Med. Scheidegg
Happersberger Joh. Med. Grünstadt
Harsch August Phil. Frankenthal
Harsdorf Ernst von Jur. Ansbach
Harsdorf Friedr. von Phil. Bayreuth
Hartl Ignaz Theol. Hocking
Hartl Johann Bapt. Phil. Chammünster
Harter Franz Phil. Scheyern
Hartlieb Tobias Jur. Nürnberg
Hatzel Eduard Archit. Reissenhausen
Hatzelmann Rupert Phil. Oberroth
Hauck Wilhelm Forstw. Hernitzheim
Haunstetter Johann Phil. Tandern
Hecquet de Roquemont Adolph Clemens Karl
Heim Franz Joseph Phil. Waal
Heimhilger Joh. Bapt. Phil. Garching
Heimpel Christian Med. Lindau
Heimpel Johann Jakob Pharm. Lindau
Heindl Franz Theol. Lochau
Heis Joseph Phil. Brig
Heislainger Georg Phil. Egern
Heislainger Jos. Phil. Benediktbeuern
Helbling Franz Paul Forstw. Moosburg
Helfelsrieder Ben. Forstw. Königsdorf
Heller Joseph Phil. Waldmünchen
Helmes Georg Jur. Weiden
Henggi Karl Phil. Nesselwang
Herb Georg Phil. Pfaffenhofen
Hermann Hugo Bar. v. Jur. Nürnberg

Hafenbrädl Alois Baron von Phil. Au
Hermann Nikolaus Jur. Sachseln
Herrambof Eduard Forstw. Augsburg
Herzog Joseph Phil. Mindelheim
Heusner Friedrich Wilhelm August Jur. Kaiserslautern
Heyde Albrecht Med. Hersbruck
Heymann Jakob Phil. Augsburg
Hiedl Hermann Jur. Passau
Hildenbrand Eduard Phil. München
Hinkel Ludwig Phil. Speyer
Hirsch Simon Phil. Steppach
Hirschmann Joseph Phil. Falkenfels
Hitzler Leonhard Med. Lauingen
Hocheder Adolph Phil. Aschaffenburg
Hölzl Franz Phil. Sulzbach
Hölzl Georg Med. Sulzbach
Hörmann Joh. Jak. Phil. Druisheim
Hörmann Otto Frdr. v. Phil. Landshut
Hörmann Winfried von Phil. Landshut
Hösslin Wilhelm von Jur. Augsburg
Hoffmann Joseph Pharm. Mergentheim
Hofmann Konrad Phil. Banz
Hofmann Felix Pharm. Pirmasens
Hofmann J. M. Konr. Jur. Bayreuth
Hofmann Karl Phil. Würzburg
Hofstetter Ignuz Phil. München
Hohl Karl Jur. Meissenheim
Hopf Joseph Forstw. Inzell
Hopff Gustav Wilhelm Ludwig Phil. Zweibrücken
Horn Gustav von Jur. Simmern
Horn Heinrich Phil. Frankenthal
Horner Karl Phil. Bellheim
Huber Joseph Phil. Steinrab
Hummel Ignaz Pharm. Legau
Hutter Joseph Theol. Beckstetten
Jäcklein Richard Phil. Bamberg
Jblher Franz Xaver Theol. Kühbach
Jehlin Joseph Phil. Hopfgarten
Ilg Max Phil. München
Im Karl Theol. Wemding
Imholz Franz Med. Gwihl
Johannes Georg Frdr. Cam. Meiningen
Irmisch Eduard Jur. Nürnberg
Jungermann Georg Phil. Osterhofen
Kaberhuber Karl Jur. Taxis
Kachel Wilhelm Pharm. Nordheim
Kaindl Johann Phil. Geltolfing
Kaler Christoph Phil. Roggenburg
Karl Michael Phil. Blaibach
Karlstätter Joseph Phil. Passau
Kastenmüller Joh. Phil. Au
Kaudinus Joseph Anton Phil. Durach
Kellner Andreas Dr. Theol. Wiedelahe
Kellner Franz Xaver Med. Murnau
Kessler Johann Georg Phil. Leutkirch
Kettele August Forstw. Weissenhorn
Ketterl Wolfgang Joseph Phil. Amberg

Kirchmayer Franz Pharm. München
Kirchmayer Franz Phil. Moosburg
Kleiber von Ries Otto Jur. Ratzeburg
Klein Heinrich Jur. Frankfurt
Klein Karl Theol. Frankfurt
Klein Karl Friedrich Jur. Wachenheim
Knör Ludwig Phil. Eichstädt
Knorr Christian Phil. München
Koch Raymund Theol. Deubach
Kögl Ludwig Phil. Freising
Köhler Johann Bapt. Phil. Bamberg
Köhne Anton Phil. Westernkotten
König Martin Phil. Mühldorf
Königshofer Theodor Phil. München
Köpp Gustav Adolph Cam. Braunschweig
Köppele Frz. Bar. v. Jur. Waldmünchen
Kohlhagen Friedrich Jur. Heidelberg
Koller Georg Phil. Abbach
Kopp Anton Phil. Kleinwaldstadt
Kostin Emanuel von Med. Schippenitz
Krafft Wilhelm Pharm. Lachen
Kraft Xaver von Phil. München
Krekel Hermann Cam. Hadamar
Krutter Georg Cam. Solothurn
Ksiczarski Felix Archit. Krakau
Künstner Lorenz Phil. Seeon
Kufner Lorenz Phil. Schwindegg
Kumpf Eduard Jur. Ansbach
Kurz Franz Xaver Phil. Zöschingen
Kurz Heinrich Karl Jur. Miltenberg
Lachenmeyer Ant. v. Phil. Augsburg
Lacher Karl Phil. Zweibrücken
Lachhammer Philipp Phil. Ast
Laforet Ludwig Phil. Edenkoben
Lallinger Ernst Phil. Burghausen
Landauer Ignaz Forstw. Hürben
Langenfass Wilhelm Phil. Uffenheim
Langenmantel Anton Phil. Lindau
Langlois Joseph Phil. München
Lasalle Wilhelm von Phil. Louisenthal
Laum Joseph Phil. Eichstädt
Lehner Thomas Phil. Kühstetten
Leonrod Aug. Baron von Phil. Ansbach
LEYEN Frz. Fürst von der Phil. Waal
LEYEN Phil. Fürst von der Phil. Waal
Lichtenstein Robert Baron von Phil. Rudolstadt
Linder Joseph Theol. Göllingen
Lingg Hermann Phil. Landau
Lippl Ernst Phil. München
Löcherer Alois Pharm. München
Löffelholz Gotthold Frhr. von Phil. Nürnberg
Loibl Barthelmä Phil. Pfeffenhausen
Luchesi Ferdinand Phil. Frankenthal
Ludwig Andreas Phil. Beuerbach
Ludsteck Ignaz Phil. Straubing
Lücken Theodor Theol. Resthausen
Lutz Eduard Med. Waiblingen

16

Lutzenberger Friedr. Phil. Bayreuth
Lutzenberger Michael Forstw. Mittelrieden
Mair Ignaz Med. Föllingen
Mange Albert Emil. Med. St. Gallen
Mangold Joseph C. Med. Murnau
Mani Gottlieb Med. Thun
Mann Karl Phil. München
Manni Christ. Jak. Forstw. Graubündten
Marchinger Joseph Phil. Türkheim
Margulies Moriz Med. Lemberg
Martius Ottomar Phil. Oberkotzau
Mauch Andreas Phil. Gossheim
Maurer Wilhelm Phil. Ebnath
Maushard Jakob Phil. Grönenbach
Maushard Philipp Phil. Grönenbach
May Andreas Jur. Bamberg
Mayenberg Joseph Adrian Theol. Laminspringe
Mayer Adolph Pharm. Waldkirch
Mayer Eduard Pharm. München
Mayer Ludwig Phil. Würzburg
Mayr Georg Alexander Jur. Dillingen
Meier Franz Andreas Med. Hammelburg
Meindl Johann Bapt. Phil. Wärnried
Meindl Joseph Phil. München
Meinel August Phil. Eichstädt
Meinzweig Philipp Pharm. Wiesent
Meiser Bernhard Phil. Bamberg
Meitinger Ludwig Phil. Reichertshofen
Mellet Julius Med. Echallens
Mennacher Sebastian Phil. Illmünster
Merkle Franz Phil. Bedernau
Messerer Anton Jur. Tapfheim
Metaxas Peter Phil. Cephalonien
Meyer Karl Jur. Weissenstadt
Meyer Clemens August Jur. Oythe
Michaelis David Med. Hildburghausen
Michot Eduard Jur. Echallens
Miller Joseph Phil. Fürstenfeldbruck
Miliopulos Herkules Phil. Patras
Mösler Georg Jur. Augsburg
Montgelas Rud. Graf von Jur. München
Moser Matthäus Phil. Pfaffenreuth
Monfang Christoph Theol. Mainz
Muck Wilhelm Med. Furth
Müllbaur Otto Phil. Eggenfelden
Müller Gustav Phil. Augsburg
Müller Hermann Phil. Augsburg
Müller Jakob Med. Summiswald
Müller J. Kaspar Med. Stüfflingen
Müller Karl Phil. Neustadt
Mullis Heinrich Med. Flums
Musard Philibert Jur. Stäfis
Nenning Eduard Pharm. Grönenbach
Neubauer Max Phil. München
Neumann Johann Baptist Jur. Amberg
Neumeyer Simon Phil. Berching
Nillius Bernard Theol. Mainz

Nischler Michael Jur. Stadtamhof
Oberländer Gustav Pharm. Koburg
Oberthanner Xaver Phil. Vordereuth
Ochsenköhl Jos. Phil. Grossberghausen
Oekonomides Basil. Phil. Nauplia
Osbild Johann Phil. Regensburg
Ostermayer Anton Pharm. Neunburg
Osterrieder Mathias Phil. Buchdorf
Ott Johann Evang. Forst. Lechbruck
Ottensooser Abraham Phil. Bayersdorf
Ottmann Karl Jur. Cusel
Otto Bernhard von Jur. Chur
Panr Georg Wilhelm Phil. Straubing
Pestallazi Johann Phil. Grünau
Peter Alois von Phil. Kreith
Petsalis Nikolaus Med. Panger
Pettenkofer Max Phil. Lichtenheim
Pfistermeister Frz. Ser. Phil. Amberg
Pfitzer Karl Forstw. München
Pflüger Johann Theol. Solothurn
Pfretschner Adolf Phil. Würzburg
Pichlmayr Dionys Phil. München
Planta Florian von Jur. Samaden
Pracher Max Phil. Straubing
Pramberger J. Bpt. Pharm. Waldsassen
Prantl Karl Phil. Landsberg
Praun Joseph Phil. Burghausen
Praxmarer Joseph Phil. München
Prestele Aloys Forstw. Angsburg
Preu Ed. Aug Friedr. Cam. Nürnberg
Preysing Leop. Graf von Phil. Sulzbach
Prims Michael Forstw. Bach
Prinz Gustav Phil. Mönchsroth
Probst Joseph Phil. Tannhausen
Pruckberg Frz. Bar. von Jur. Straubing
Putz Karl Phil. München
Rädler Anton Phil. Schäffan
Rasberger Joseph Phil. Altötting
Rasina Joseph Jur. Donaueschingen
Rau Friedrich Phil. Leipheim
Raumaier Konrad Phil. Klafterstrass
Raumer Johann von Phil. Halle
Ranner Philipp v. Landw. Augsburg
Reber Wilhelm Phil. Landau
Reichl Joseph Phil. Regensburg
Reiner Eduard Phil. München
Reisländer Jakob Jur. Gachenbach
Reitmayer Anton Jur. Kellheim
Reitmayr Peter Pharm. München
Renner Joseph Med. Urfarn
Resch Karl Phil. Dürkheim
Resch Joseph Phil. Lichtenberg
Reuss Xaver Phil. Ottmaring
Rhein Blasius Phil. Bergheim
Ried Karl Phil. Landsberg
Riedelsheimer Jos. Med. Dalting
Riederer Kasp. Bar. von Phil. Neuburg
Riederer Wilhelm Pharm. Ellwangen
Riedl Karl Phil. Kraiburg

Riedl Max Pharm. Altötting
Riedl Sebastian Phil. Morgenroth
Riedle Joseph prom. Can. Illertissen
Rieger Matthäus Phil. Oberdorf
Rietzl Karl Forstw. Kalsheim
Riezler August Jur. München
Ring Joh. Baptist Forstw. Haidenberg
Römmich Ludwig Jur. Cusel
Rössig Anton Phil. Schleissheim
Rosner Xaver Phil. Laufen
Roth Friedrich Phil. Ansbach
Roth Leonhard Jur. Regensburg
Roth Michael Phil. Deidesheim
Rothmaier Clem. Jur. Cam. Wasserburg
Rünnewolf Friedrich Phil. Speier
Ruf Georg Theol. Immelstetten
Ruffin Clem. Bar. von Phil. Weihern
Rumpf Wilhelm Phil. Buxheim
Ruppert Fried. Gottlob Phil. Presseck
Ruppert Conrad Phil. Grossostheim
Sabalitschka Lorenz Phil. Bamberg
Sachs Moses Med. Jerusalem
Sachs Salamon Phil. Altenkundstadt
Sämmer Erhard Phil. Bruck
Salis-Soglio Max Jur. Chur
Salzhuber Joh. Georg Theol. Heimberg
Schab Sigmund von Phil. München
Schacky Karl Bar. von Jur. Bamberg
Schärl Xaver Phil. Rennertshofen
Schamberger Felix Jur. Ansbach
Scharff Georg Jur. Hof
Schattenhofen Math. Phil. Beilngries
Schelhass von Phil. München
Scheiber Franz Paul Phil. München
Scherer Adolf Med. Ebnath
Schicaneder Jos. Jur. Rattenkirchen
Schiferle Joseph Theol. Oxenbron
Schindler Joh. Bpt. Forstw. Lauterhofen
Schirner Herm. Cam. Schauenstein
Schlör Gustav Phil. Hellziehen
Schlözer Georg Med. Hof
Schlutt Johann Bapt. Pharm. München
Schneegans Karl Jur. Neuötting
Schmid Ferdinand Phil. München
Schmid Karl von P. arm. Würzburg
Schmidt Karl Phil. Zweibrücken
Schmidpeter Johann Phil. Heydeck
Schmidtler Joseph Jur. Pullenreuth
Schmitt Joseph Jur. Wiesentheid
Schmucker Johann Jur. Neunburg
Schneider Johann Phil. Rain
Schneider Joseph Phil. Bamberg
Schneider Karl Phil. Kipfenberg
Schneider Lorenz Phil. Moosburg
Schneider Ludwig Med. Landau
Schnitzer Max Phil. Oekon. Hürtnagel
Schnitzler Heinrich Phil. München
Schöbel Franz Sal. Theol. Scherstetten
Schönnach Georg Phil. Hausen

Schoop Augustin Phil. Hönningen
Schrader Wilhelm Pharm. Elbingrode
Schuler Theodor Jur. Schönenberg
Schuller Sebastian Jur. Deggendorf
Schumann Christian Forstw. Nurn
Schuster Adolph Phil. Ansbach
Schuster Frz. Xav. Forstw. Augsburg
Schwab Bernhard Phil. Grünstadt
Schwab Nikolaus Jur. Passau
Schwandner Joh. Jur. Schmidgaden
Schwaner Rudolf Pharm. Mannheim
Schwartz Johannes Phil. Boxheim
Schwarz Adolph Phil. Ansbach
Schweinberger Johann Georg Phil.
  Riedhirsch
Schweinberger Karl Phil. München
Schweinhuber Ignaz Phil. Lochhausen
Seemüller Mathias Phil. Frieding
Segl Franz Xaver Theol. Kreuzberg
Seidl Johann Phil. Straubing
Seifferlitz Hugo Bar. v. Phil. Bayreuth
Seiler Wilhelm Phil. Haidhausen
Semmelmann Gottlieb Phil. Bayreuth
Siegert Philipp Jur. Amberg   -
Siess Michael Jur. Rötz
Simon Ludwig Cam. Heidelberg
Sippl Michael Phil. Waltershof
Sittersberger Wlh. Pharm. Rosenheim
Smith Werner Math. Kalding
Söllner Joseph Phil. Pechhof
Sommer Johann Bapt. Theol. Bendheim
Spengler Gustav Jur. Höchstädt
Spingler Joh. Georg Phil. Schöneberg
Spirk Baptist Pharm. München
Sprecher-Bernegg Andr. von Phil.
  Luzein
Sprecher-Bernegg Ant. v. Herkules
  Chur
Sutor Adolph Phil. Kaufbeuren
Stadler Karl Phil. München
Stadler Friedrich Phil. München
Stadler Joseph Phil. Riedelshütte
Stadler Lorenz Jur. Ruhmansfelden
Stadler Ludwig Jur. Augsburg
Straubinger Joseph Phil. Kager
Staudigl Michael Theol. Anmühle
Steger Johann Pharm. Sulzbach
Steindel Philipp Phil. Eurasburg
Steinhäuser W. Phil. Wassertrüdingen
Stengel Steph. Leop. von Phil. Speyer
Steyrer Karl Phil. München
Stiegeler Fr. Ant. Theol. Babenhausen
Stiessberger Frz. Xv. Cam. München
Stobäus Albert Archit. Freising
Stobäus Ludwig Archit. Bayreuth
Stockalper Theodor Baron von Thurn
  Med. Brieg
Stocker Franz Jur. Oberdorf
Stockmayer Jakob Phil. St. Martin

16*

Stöberl Johann Baptist Phil. Aichach
Stöckel Friedrich Phil. Pottenstein
Stöhr Emil Phil. Zweibrücken
Stolber Wolfgang Phil. Kalkofen .
Stoll Friedrich von Jur. Memmingen
Streicher Franz Phil. Polling
Stubenrauch Johann Nepomuk von Jur. München
Thiermann August Pharm. Ahornberg
Thiersch Heinrich Philol. München
Thomas Ernst Med. Kaiserslautern
Thumb-Neuburg Otto Baron von Jur. Stuttgart
Toggenburg Johann Rudolph von Phil. Ruschein
Treiber Krl. Gg. Otto Cam. Meiningen
Treitschke Gg. Edm. Archit. Leipzig
Tretscher Joh. Heinr. Jur. Bayreuth
Tripp Lorenz Theol. Hundsanger
Tröltsch Sigm. von Jur. Dinkelsbühl
Troisfontaines Arnold Phil. Salve
Troll Franz Phil. Regensburg
Tscharner Johann Baptist Jur. Chur
Ullersperger Ludwig Phil. Würzburg
Urban Joseph Phil. Waldmünchen
Valta Wilhelm von Phil. Jetzendorf
Veesenmayer Christoph Jur. Ulm
Veit Franz Jur. Eltmann
Veith Johann Michael Jur. Fürth
Veith Isaak Phil. Steppach
Veith Sigmund Phil. Steppach
Vischer Alois Phil. Oettingen
Völlinger Alban Phil. Stillnau.
Vogt Stephan Phil. Buchdorf
Vogtherr Albrecht Landw. Bayreuth
Voit Johann Friedr. Jur. Schweinfurt
Vollmar Karl Jur. Steinbach
Vollmayr Joseph Med. Passau
Wachter Johann Jur. Tiefenthal
Wagner Anton Phil. Aibling
Wagner Joseph Phil. Neuburg
Walch Jgnaz Phil. Berchtesgaden
Waldmann Johann Phil. Kaufbeuren
Waldschiz Ludwig Pharm. Freiburg
Wallner Nikolaus Phil. Buchbach

Wank Johann Theol. Haselbach
Wastl Baptist Phil. Regensburg
Walther Wilhelm Alex. Med. Bayreuth
Weber Johann Nepomuk Phil. Miltach
Weichhart Johann Phil. Freysing
Weichselbaumer Friedr. Phil. München
Weingärtner Max Forstw. Augsburg
Weiss Christian Med. Speyer
Weiss Ludwig Forstw. Ebelsbach
Wendling Georg Med. München
Wenzl Johann Bapt. Phil. München
Weveld Eduard Bar. v. Jur. München
Weyer Adam Jur. Regensburg
Wiedemann Frz. X. Forstw. Günzburg
Wiessner Karl Pharm. Pappenheim
Wilhelmj Karl Jur. Schwalbach
Windorfer Heinrich Pharm. Kötzting
Winkelbaur Alois Forstw. Fürnheim
Winkler Johann Phil. Günzburg
Winterle Anton Phil. Bissingen
Wintner Anton Phil. Freising
Wisberger Frz. Xav. Phil. Hofkirchen
Wocher Anton Med. Günzburg .
Wösch Karl Phil. Rammlingen
Wohlfart Jos. Bened. Phil. Honsolgen
Wolf Andreas Phil. München
Wolferseder Georg Phil. Arndorf
Wolff Wilhelm Jur. Regensburg
Würth Otto Phil. Leipheim
Wurzer Joseph Phil. München
Yeberle Kilian Jur. Lengenfeld
Zanker Leopold Phil. Oberroth
Zass Leopold Phil. Reichenhall
Zeiler Joseph Phil. München
Zeiler Peter Forstw. Gütlberg
Zeller Ludwig Jur. Werneck
Zenetti Karl August Jur. Wertingen
Zenetti Karl Jur. Augsburg
Ziegler Joseph Phil. Regenstauf
Ziegler Peter Forstw. Valley
Zillenbihler Kleophas Phil. Augsburg
Zillober Theodor Phil. Osterlauchdorf
Zimmermann Felix Phil. Zweibrücken
Zimmermann Joseph Med. Luthern
Zitt Michael Phil. Mindelheim

1838—1839

Rector DXC Thaddä SIBER

Achhammer Johann Baptist Forstw. Aichhof
Ahlefeld Karl Wilh. v. Jur. Schleswig
Aichmiller Sebast. Phil. Schöngeising
Albrecht Adam Jur. Bamberg
Albrecht Wilhelm Pharm. Rothenburg

Alwens Karl Phil. Speyer
Amberger Joseph Theol. Pfahl
Ammer Jakob Jur. Siffkofen
Ammon Ludwig von Jur. Culmbach
Antretter Alois Med. Egmating
Apell Joseph von Phil. München

Appert Meinrad Jur. Lachen
Arnold Johann Jur. Bayreuth
Arnold Jost Anton Theol. Bürgeln
Arpagans Anton Jur. Somvix
Aschenbrenner Joseph Jur. Kless
Attensperger Melch. Theol. Unterliezheim
Babinger Franz Med. Breitengüssbach
Bach Friedrich Jur. Zusmarshausen
Bach Mathias Phil. Wald
Bader Anselm Phil. Krumbach
Bader Valentin Forstw. Weissenhorn
Bär Karl Phil. München
Banchero Rudolph Forstw. Jettingen
Banz Joseph Jur. Russwyl
Barth Hermann Phil. München
Bastian Ludwig Jur. Zweibrücken
Baudrexl Bernhard Phil. Donauwörth
Bauer Eduard Jur. Roding
Bauer Friedrich Jur. Neuburg
Bauer Gustav Phil. Augsburg
Bauer Joseph Phil. Felldorf
Bauer Wilhelm Phil. Regensburg
Bauernfeind Karl Indust. Arzberg
Baumeister Anton Jur. München
Baumgarten Lud. v. Pharm. Parsberg
Baumgartner Anton Phil. Moosburg
Baumüller Max Philol. München
Baur Gabriel Phil. Konradshofen
Baur Georg Philol. Hechingen
Bautenbacher Jos. Phil. Kleinerdlingen
Bayer Joseph Phil. Cham
Bayrhammer Ad. Phil. Oberköllnbach
Bechhofer Mathias Med. Rain
Beck Benno Pharm. Altötting
Beck Joseph Pharm. Zusmarshausen
Benz Thaddü Pharm. Kaufbeuren
Berg Franz von Jur. Schweinfurt
Bernays Frz. Jak. Pharm. Frankenthal
Beschler Franz Xaver Phil. Eichstädt
Beselmiller Lorenz Phil. München
Beyschlag Frz. Xav. Bauw. Nürnberg
Bezold Karl Med. München
Bierdimpfel Eduard Phil. München
Bierdimpfl Karl Phil. Passau
Bierdimpfl Norbert Jur. München
Billwiller Karl Ulrich Jur. St. Gallen
Binder Hermann Jur. Nürnberg
Birker Paulus Theol. München
Dittner Michael Phil. Röckersbühl
Blank Ludwig Forstw. Altrang
Bleutge Georg Thomas Theol. Offheim
Blumenthal Heinrich von Jur. Rodels
Bockhart Johann Phil. Kempten
Böhe Viktor Phil. Langheim
Böhme Joseph Pharm. Wertingen
Böhrer Christian Archit. Nürnberg
Bösner Kaspar Phil. Aschaffenburg
Böswald Karl Phil. Wemding

Bogensperger Mart. Ed. Phil. Amberg
Bomeisler Jakob Phil. Floss
Bratsch Friedrich Phil. Dillingen
Brommer Gottfried Pharm. Balzhausen
Bronold Eduard Phil. Cham
Bruch Friedrich Pharm. Pirmasens
Bruder August Phil. Kronach
Brühwyler Joh. Bapt. Theol. Tussnang
Buchhofer Gabr. Med. Burglengenfeld
Buchner Anton Pharm. München
Buchner Franz Xaver Phil. Landshut
Buchner Ludwig Phil. München
Buchner Ludwig Andr. Phil. München
Bücler Johann Med. Rapperswyl
Büeler Karl Jur. Rapperswyl
Burger Ludwig Archit. Speier
Burgmaier Bartholm. Phil. Indersdorf
Burkhard Anton Jur. Amberg
Busch Karl Jur. Wiesbaden
Caflisch Johann Baptist Jur. Chur
Camerlohr Karl v. Forstw. Viechtach
Caselmann Wilhelm Phil. Speier
Christmann Otto Phil. Eichstädt
Clarenz Ludwig Forstw. Rothenfels
Cortolezis Matthäus Forstw. Traunstein
Coulon Joseph von Phil. München
Crailsheim Krafft Baron von Phil. Ammerang
Crusilla Anton Theol. Deggendorf
Custer Emil Med. Altstädten
Dalläus Eduard Phil. Speyer
Dambenoy Wilhelm Frhr. von Med. Oehringen
Darst Hermann Jur. Cham
Daub Karl Cam. Heidelberg
De Bruyn Otto Phil. Regensburg
Dederbeck Georg Phil. Reissbach
Degener Friedrich Phil. Regenstauf
Deissböck Clemens Pharm. München
Denier Alois Med. Bürglen
Dick Heinrich Med. Hürben
Dichtl Wilhelm Phil. München
Dietl Eduard Phil. Straubing
Diepolder Joh. Michael Phil. Lachen
Dietrich Edm. Pharm. Thierhaupten
Diezel Joseph Forstw. Zeil
Dirnberger Joseph Theol. Kösching
Dittmann Aug. Fr. Med. Sönderbynhaft
Doll Joseph Phil. Hörmannshofen
Dollinger Peter Phil. Steinweg
Doss Adam von Phil. Pfarrkirchen
Ducrue Theodor Phil. Augsburg
Eberl Wolfgang Phil. Dingolfing
Eberz Anton Philol. Frankfurt
Eder Georg Forstw. Haarburg
Eichhammer Johann Baptist Theol. Schwarzhofen
Eichthal Ludwig Bar. v. Phil. München
Endres Anton Phil. Dillingen

Engerer Adolph Pharm. Regensburg
Erb Ant. Wilh. Christ. Archit. Oettingen
Erbertseder Joh.Nep.Forstw.Geroling
Erlbeck Eduard Jur. Welchau
Ernst Salomon Heinr. Med. Winterthur
Erras Joseph Phil. Eglsee
Ertel Friedrich Pharm. München
Ertl Franz Xaver Theol. Menzkofen
Escherich Max Phil. Wolnzach
Enstriatis Panagiotis Philol. Mitylene
Essinger David Med. Oberdorf
Faber Wilhelm Jur. Bamberg
Faber Karl Jur. Bayreuth
Fahrnholz Johann Baptist Phil. Stadl
Faltermayer Mart. Forstw. Neukirchen
Feilbusch Franz Jur. Bamberg
Felber Max Phil. Laufen
Fentsch Eduard Jur. München
Ferstl Max Pharm. Weilheim
Fey Ignaz Theol. Aachen
Fick Michael Phil. Aichach
Fischer Karl Christ. Jur. Tandern
Fischer Joseph Theol. Thalkirch
Flacher Jakob Archit. Bibernch
Flaischlen Georg Phil. Ulm
Fleischmann Peter Jur. Gössweinstein
Flessa Wilhelm Jur. Waldmünchen
Förderreuther Max Med. Nürnberg
Forrer Jakob Jur. Lichtensteig
Frank Karl Jur. Würzburg
Frenkel Salomon Jur. Frankenthal
Fries Adam Phil. Neumarkt
Frölich Wilhelm Forstw. Kleinbeubach
Fürer Karl von Jur. Weissenhorn
Fürsick Johann Bapt. Phil. Titting
Fugger-Kirchberg Otto Graf von
  Phil. Weissenhorn
Fugge Friedrich Pharm. Sonthofen
Gabelsberger Georg Forstw. München
Gabler Karl Jur. Baireuth
Gaisreither Joseph Phil. Schlägldorf
Galler Johann Evang. Med. Amberg
Gattinger Paul Phil. Hofheim
Gaugenrieder Mart. Theol. Oberhausen
Gebhard Karl Phil. München
Geiger Heinrich Forstw. Bayreuth
Geiger Simon Phil. Hohenfurth
Gemeinhardt Joh. Andr. Jur. Berg
Gengler Johann Jur. Bamberg
Gerlach Joseph Med. Aschaffenburg
Gerstl Joseph Phil. Deggendorf
Getto Johann Med. Schaidt
Giegler Eugen Alex. Phil. Schweinfurt
Gilbert Ludwig Pharm. Edenkoben
Glasson Karl Jur. Freiburg
Glonner Johann Nep. Phil. Simbach
Gödl Joseph Phil. München
Goldner Jakob Phil. Freihalden
Gorup-Besanez E. Frhr. v. Med. Gratz

Graf Anton Phil. München
Grahamer Corbinian Phil. Gerolsbach
Greil Nikolaus Forstw. Gaisach
Greis Joseph Pharm. München
Greissl Bartlmä Phil. Kralburg
Grimm Balthasar Phil. Kaufbeuren
Grimmeisen Ludwig Forstw. Schaidt
Grossmann Karl Jur. Höchst
Grotter Karl Jur. Neresheim
Grundner Karl von Phil. München
Günther Georg Phil. Amberg
Guex Justin Joh. Ludw. Cam. St. Legier
Gumppenberg Karl Baron von Phil.
  Straubing
Gstöll Johann Baptist Jur. Balzers
Haas Burkhard Phil. Höchstädt
Habel Cornel Phil. Dietmannsried
Häcker Friedrich Pharm. Rothenburg
Häffner Ernst Jur. Weissenstadt
Haid Martin Phil. Waal
Haide Joseph Jur. Ziemetshausen
Hainzlmayr Jakob Jur. Kempten
Haller Andreas Med. Amberg
Haller Sigm. Bar. von Phil. Neustadt
Hammerschmidt Moriz Forstw. Re-
  gensburg
Hammel Heinrich Phil. Grünstadt
Hanrieder Ignaz Phil. Mörnsheim
Harbou Andreas von Jur. Kopenhagen
Harbou Ernst Christ. v. Jur. Kopenhagen
Haringer Michael Phil. Schlottborn
Hastreiter Jos. Phil. Schwarzenberg
Hartmann Gustav Jur. Eichstädt
Hartmann Gordian Phil. Frankenried
Hauck August Jur. München
Hauck Ernst Phil. Eichstädt
Hauenstein Ludwig Med. Kemnath
Haus Ludwig Jur. Würzburg
Hauser Friedrich Phil. Nürnberg
Heiland Joseph Theol. Oberbernbach
Helm Max Alois Phil. Immenstadt
Heindl Franz Michael Theol. Lochau
Heinrich Georg Phil. München
Hellersberg Max Edler von Forstw.
  Landshut
Hench Hermann Jos. Cam. Wertheim
Henle Sigmund Phil. München
Henop Christian Med. Altona
Herbeck Xaver Phil. Buxheim
Herkommer Peter Chir. Waal
Hermann Otto Frhr. von Jur. Nürnberg
Herrmannsdorfer Frz. Phil. Regens-
  burg
Herzog Johann Nep. Phil. Indersdorf
Heuberger Peter Phil. Rohrbach
Heuschneider Jos. Phil. Weitzenzell
Heydrich Friedrich Phil. Pappenheim
Hillenbrand Alb. v. Forstw. Augsburg
Himmelstoss Eugen Pharm. München

Hintermayer Anton Pharm. Kirchberg
Hirner Franz Xaver Theol. Freising
Hirsch Heinrich Phil. Kriegshaber
Hirsch Hugo von Pharm. Bayreuth
Hochstättler Jos. Edm. Cam. Freyburg
Höchstetter Joseph Pharm. Cham
Höfele Johann Bapt. Phil. München
Höfer Leonhard Phil. u. Philol. Seidlers-
reuth
Höglmayr Joseph Forstw. Kelheim
Hölzl Joseph Philipp Phil. München
Höss Karl Phil. Ebersberg
Höss Max Phil. Ebersberg
Höpfl Michael Phil. Landshut
Hofer Dominik Phil. Oberstorf
Hoffmann Karl Pharm. Germersheim
Hoffmann Karl Jur. St. Gallen
Hofmann Karl Med. Freihung
Hohenleitner Michael Med. Landsberg
Hohenleitner Sebastian Med. München
Hofpauer Max Bauw. Landshut
Holtzborn Jakob Forstw. Klingenberg
Holzheu Frz. Ant. Phil. Schwabmünchen
Holzmann Max Phil. München
Horstig Emil Cam. Wildenburg
Huber Joseph Phil. Wallenstadt
Huber Georg Phil. Weiherhammer
Huber Wenzeslaus Phil. Steinlohe
Hünerwadl Arnold Phil. Lenzburg
Hund Mathias Med. Wenningen
Hurt Xaver Jur. Augsburg
Janner Johann Med. Bosco
Jäcklein Richard Jur. Bamberg
Jessen Peter Heinrich Phil. Feldstett
Jlgen Ludwig Pharm. Grünstadt
Jufanger Martin Phil. Flüelen
Jörg Edmund Phil. Sonthofen
Johannes Wilhelm Phil. München
Kaindl Nikolaus Phil. Schöflding
Kalbleib Joseph Theol. Büchenberg
Kammerknecht Jakob Phil. München
Kauffmann Friedr. Theol. Eglofsheim
Kaufmann Christoph Pharm. Augsburg
Eefer Max Phil. Pfarrkirchen
Kern Emanuel von Phil. Höhenrain
Kern Joseph Phil. Eggenfelden
Kesling Karl von Jur. München
Kicherer Ludwig Pharm. Göpplngen
Kiefer Jakob Cam. Aschaffenburg
Kimmerle Eduard Phil. Lauingen
Kindlinger Georg Jur. Aschaffenburg
Kirchgrabner Karl Pharm. München
Kisser Ignaz Phil. München
Kitzelmann Jakob Phil. Brugg
Klein Anton Forstw. München
Klüg Ludwig Jur. Hipoltstein
Knauer Franz Phil. Haag
· Knobloch Martin Phil. Landau
Koch Joseph Phil. Kaufbeuren

Köck Nepomuk Forstw. Thunstein
Köhler Johann Bapt. Phil. Landshut
Köhne Joseph Phil. München
König Philipp Theol. Erbach
Körber Anton Jur. Passau
Köstler Johann Baptist Phil. Straubing
Kohn Aaron Med. Czabaj
Kolb Adam Phil. Neuburg
Koller Johann Forstw. Jasberg
Kollmann Joseph Pharm. Gundelflngen
Kompfe Karl Phil. Idstein
Krützlinger Bened. Forstw. Seeg
Kraft Joseph Forstw. München
Kraus Joseph Forstw. Irlahill
Kraus Werner Jur. Schleswig
Kreitmair Ferdinand Jur. Nürnberg
Kreittner Ferd. Forstw. Breitenthal
Krementz Philipp Theol. Coblenz
Kreutzer Karl von Phil. München
Kreutzer Friedr. Max Jul. Phil. Speyer
Kreutzer Ludwig von Phil. München
Kriechauff Günther Jur. Schleswig
Kriechbaumer Joseph Phil. Tegernsee
Künnell Joseph Phil. Bamberg
Kummer Albert Phil. Wallerstein
Kuntg Ludwig Forstw. München
Kunreuther Philipp Phil. Gelnhausen
Kuster Joseph Med. St. Gallen
Laberer Konrad Phil. Gnadenberg
Landgraf Heinrich Jur. Bayreuth
Lang Johann Cam. Schwarzach
Lang Max Jur. München
Lederer Joseph Phil. München
Lederle Johann Ev. Phil. Baisweil
Lefeubure Friedrich Phil. München
Lehner Friedrich Forstw. München
Lehner Joseph Phil. Pleistein
Leiendecker Georg Phil. Landshut
Leimbach Karl Pharm. Aschaffenburg
Leitmair Michael Phil. Mammendorf
Leonhardt Eugen Math. Hof
Lindinger Johann Phil. Triftern
Loch Valentin Theol. Bamberg
Löhle Joseph Pharm. Dillingen
Löw Jonath. Forstw. Unterschwaningen
Lottner Ludwig von Phil. München
Ludwig Peter Phil. Eurasburg
Lauglmayr Joh. Paul Phil. München
Lunz Johann Jur. Drossendorf
Lupin Julius Baron v. Jur. Illenfeld
Lutzenberger Michael Forstw.
Mittelrieden
Macedo Joachim v. Phil. Rio Janeiro
Machwirth Saladin Jur. Kerzenheim
Mahr Heinrich Med. Gumpendorf
Maier Gottfried Phil. Schweinfurt
Maier Joseph Phil. Altötting
Maierhofer Anton Phil. Welchs
Mantels Friedrich Wilh. Hamburg

Mauerer Wilhelm Phil. Pfarrkirchen
Mayer Johann Phil. Görisried
Mayer Johann Thom. Med.Tirschenreuth
Mayer Michael Jur. Amberg
Mayer Clemens Forstw. Seefeld
Mayr Georg Jur. Dillingen
Mayr Joseph Phil. Ingolstadt
Medicus Gustav Archit. Landshut
Meier Georg Phil. Engelried
Meister Joseph Med. Augsburg
Meitinger Ludw. Phil. Reichertshofen
Meixner Alois Med. Leuchtenberg
Melchers Paul Theol. Münster
Merklein Ludwig Jur. Nürnberg
Merkt Heinrich Phil. München
Mesmer Hermann Jur. Sonthofen
Meyer Leontin Jur. Sulz
Meyer Moritz Phil. München
Michell Georg Phil. Speyer
Miller Johann Phil. Rennertshofen
Milster Friedrich Phil. Speyer
Miltner Johann Theod. Phil. Neuburg
Mitschke Eleutherius Phil. Pürschwitz
Mösl Max Phil. München
Mommsen Friedrich Jur. Flensburg
Molitor Ludwig Jur. Zweibrücken
Molitor Wilhelm Jur. Zweibrücken
Moralt Heinrich Pharm. München
Morasch Karl Forstw. München
Morett Anton Jur. Straubing
Morgner Karl Albin Pharm. Treuen
Mozart Ludwig Forstw. Neuburg
Mückl Gustav Phil. Regensburg
Mühlebach Joseph Jur. Unternrothen
Müller Anton Forstw. Neustadt
Müller Christian Jur. Hof
Müller Friedrich Jur. Castell
Müller Friedrich Jur. Germersheim
Müller Georg Jur. Bamberg
Müller Heinrich Phil. Schweinfurt
Neubauer Ludwig Phil. München
Neumaier Karl Phil. Regensburg
Neumaier Michael Phil. Winhöring
Neustadt Meyer Phil. Darmstadt
Niedermayer Joh. Gg. Phil. Aufhausen
Niedermayr Joh. Phil. Pfaffenhofen
Nissl Barthmä Forstw. Hirschau
Nettre Philipp Phil. München
Neve Felix Joh. Bapt. Dr. Phil. Lille
Noack Ludwig Ferd. Jur. Hamburg
Oberhofer Karl Phil. München
Oberhofer Johann Phil. Landsberg
Obermayr Franz Xav. Phil. Hl. Kreuz
Obermayer Joh. Bapt. Phil. Halsbach
Obermeyer Leopold Phil. Ansbach
Odet Albrecht von Jur. Freiburg
Origonis Paul Med. Athen
Osterberg Eduard Forstw. Günzburg
Osterhuber Hermann Pharm. München

Osterrieder Joh. Kasp. Theol. Willburg-Stetten
Ott Joseph Forstw. Bamberg
Oxpaur Lud. Mich. Archit. Heltzenzell
Pachmayr Ant. Jur. Pfaffenhofen
Pachmayr Joseph Pharm. Pörnbach
Pauchinger Joseph Phil. Passau
Pappenheim Hugo Graf v. Phil. Augsburg
Perglas Max Bar. v. Jur. Augsburg
Peslmühler Ignaz Phil. Landshut
Petersen Karl Aug. Jur. Haldersleben
Pflaum Gustav Forstw. Bayreuth
Pflüger Ludwig Phil. Neumarkt
Pirchinger Frz. X. Forstw. Deggendorf
Plassmann Ernst Theol. Zambroich
Plöbst Andreas Phil. Römerkessel
Pobitzer Seraphin Med. Laatsch
Pöhlmann Joh. Bpt. Phil. Marloffstein
Popp Wolfgang Jur. Bayreuth
Pracher Karl Phil. Straubing
Prager Lippmann Jur. Ottensoos
Pramberger Ant. Forstw. Rapperszell
Prandl Franz Xav. Phil. Monheim
Prasser Wilhelm Med. Burgau
Preysing Aug. Graf v. Phil. Lichtenegg
Primbs Joseph Parm. Straubing
Prinz Karl Eugen Jur. Landau
Probst Joseph Phil. Reigersbeuern
Progel Albrecht Phil. München
Prost Ferdinand Phil. München
Pruckberg Frz. Bar. v. Jur. Straubing
Pruner Johann Phil. Regensburg
Räth Kaspar Phil. Kempten
Raisberger Joseph Jur. Garmisch
Rast Max Jur. Trostberg
Rath Hubert Phil. Aschaffenburg
Rapp Georg Phil. Annweiler
Real Franz Jur. St. Gallen
Reber Franz Phil. Merzalben
Rehm Jul. A. E. Pharm. Memmingen
Rehmann Emil Med. Sigmaringen
Reicheneder Eugen Phil. Eichstädt
Reichert Ignaz Jur. Bamberg
Reichert Otto von Jur. München
Reindl Kaspar Phil. Meermosen
Reitbacher Joseph Forstw. Weilheim
Reiter Xaver Phil. Niederrieden
Renner Johann Bapt. Theol. Eitting
Ring Johann Bpt. Forstw. Allersdorf
Ried Joh. Gg. Theol. Pfaffenhausen
Riederer Ed. Frhr. v. Phil. Straubing
Riezler August Jur. München
Ring Frz. Xaver Phil. Gundelfingen
Rist Joseph Anton Phil. Moos
Ritter Jakob Phil. Eschenbach
Rittinger Georg Chir. Erbendorf
Röckl Maxim. Albert Phil. Lauingen
Röhrl Franz Ser. Philol. Eulsbrunn

Rohmer Theodor Jur. Weissenburg
Rothbauer Max Phil. Dingolfing
Rottmanner Max Phil. Ast
Rubenbauer Bernhard Jur. Sulzbach
Rubenborer Heinr. Forstw. Viechtach
Rühm Christian Forstw. St. Georgen
Rumohr Willibald von Jur. Schleswig
Rupp Joseph Phil. Ragatz
Saalmüller Ferd. Pharm. Feldburg
Saile Karl Phil. München
Saint Marie-Eglise Ludwig Jakob Phil. München
Sandel Friedrich Pharm. Hall
Sandl Georg Forstw. Deggendorf
Sauter Sebastian Phil. Leuthen
Schäfer Franz Pharm. Stein
Schäfer Ludwig Pharm. Wallerstein
Schäffer Paul Phil. Ansbach
Schäzler Albert Phil. München
Schaffner Sebastian Phil. Wegscheid
Schander Ludwig Jur. Dollnstein
Scharnberger Heinr. Phil. Pirmasens
Schaur Jakob Phil. Gansheim
Schebler Karl Jur. Steinfeld
Schechner Joseph Pharm. München
Scheler Johann Aug. Phil. Coburg
Schellhorn Sig. Jur. Zusmarshausen
Schenk Karl Jur. München
Schenk Friedrich Archit. Tegernsee
Scherer Gustav Phil. Kemnath
Scherer Jos. Dr. Med. Aschaffenburg
Scherer Wilhelm Phil. München
Schierlinger Franz Med. Würzburg
Schiffelholz Al. Theol. Zusamaltheim
Schirnding Adolph v. Forstw. Bamberg
Schmädel Max von Pharm. München
Schmid Alois Phil. Kaufbeuren
Schmid Rudolph Phil. München
Schmidt Friedrich Pharm. Wunsiedel
Schmising-Kerssenbrock Ferdinand Graf von Jur. Münster
Schmal Anton Jur. Regensburg
Schöller Jak. Gottfr. Pharm. Kissingen
Schön Johann Bapt. Niederrieden
Schönberger Joseph Phil. Ingolstadt
Schönchen Eduard Phil. München
Schönhueb Nep. Bar. v. Phil. Straubing
Schöpf Joseph Theol. Pfaffenhausen
Schöpperl Jsidor Phil. Furth
Schrank Ludwig Phil. Straubing
Schreyer Johann Georg Jur. München
Schröder Joseph Phil. Landau
Schultes Julius Herm. Phil. Landshut
Schultz Wilh. Eug. Pharm. Zweibrücken
Schwaabe Ludwig Forstw. Wunsiedel
Schwagerl Joseph Phil. Cham
Schwaiger Karl Phil. München
Schwarz Anton Jur. Kötzting
Schwarzmayer Jos. Forstw. Reissbach

Schweikard Ludwig Jur. Rheinfelden
Schwertfelner Hier. Phil. Landshut
Seeanner Frz. Scr. Phil. Büschelsdorf
Seisele Joh. Ant. Theol. Ottobeuern
Seitz Joseph Forstw. Oberweiling
Sell Karl Jur. Deggendorf
Seyler Nikolaus Phil. Contwig
Sibenrock Joh. Fid. Phil. Sigmaringen
Sichart Fedor von Jur. Hof
Sickenberger Franz Cam. Weiberhof
Siebold Rudolph von Med. Würzburg
Siegler Joseph Phil. Burghausen
Siemons Johann Theol. Schleckheim
Sigl Joseph Forstw. München
Sigmund Joseph Phil. München
Simon Joseph Theol. Jahrsdorf
Söder Joseph Pharm. München
Sorg Heinrich Jur. Illertissen
Spieg Anton Phil. Dornbirn
Spiehler Johann Archit. Bellheim
Spitzlberger Fz. X. Jur. Regensburg
Spöckner Felix Jur. Altötting
Spring Joh. Nep. Phil. Zusmarshausen
Springer Georg Phil. Landshut
Stahl Robert Pharm. Böblingen
Stauber Nepomuk Pharm. Straubing
Staudinger Frdr. Chir. Niederaichbach
Steeger Willibald Phil. Dettenbrunn
Steenärts J. Theol. Aachen
Steinle Joseph Pharm. Ingolstadt
Steiner Max Forstw. Landshut
Steinmayr Joseph Phil. Neuburg
Stempel Adolph Phil. Kurweiler
Stern Moriz Jur. Straubing
Stimpfel Simon Phil. Ingolstadt
Stirner Adolph Pharm. Regensburg
Stocker Marian Med. Freyenbach
Stöhr Paul Pharm. Regensburg
Stölzl Max Forstw. München
Stömmer Anton Med. Passau
Stokar Kurt von Phil. Würzburg
Stoiber Joseph Rudolph Jur. Vilshofen
Stooss Alexander Pharm. Bern
Strehl Johann Albert Frhr. v. Jur. Paris
Stubenrauch Max von Phil. Straubing
Stübler Karl Gottlob Med. Dresden
Stuffler Joseph Med. Schönsee
Stunz Hektor Phil. Mailand
Sury Georg Jur. Solothurn
Syffert Phillipp Jur. Homburg
Täubler Matthäus Phil. Essenbach
Tannenberg Karl Phil. Culmbach
Tessin Friedrich von Cam. Kilchberg
Thiersch Karl Phil. München
Thurmayr Phil. Phil. Schrobenhausen
Trösch Christoph Jur. Hahnbach
Trost Franz Xaver Jur. Eichendorf
Tschudi Johann Jur. Glarus
Tutschek Albert Karl Jur. Bayreuth

Tutschek Karl Lorenz Phil. Bayreuth
Uebel Christian Phil. Grünstadt
Ullheimer Friedrich Forstw. Bamberg
Valentiner Gg. Theod. Med. Pronstorft
Versch Joseph Phil. München
Vetter Johann Theol. Stahlhofen
Vetter Hermann Philipp Jur. Fürth
Victor Hermann Phil. Ichenhausen
Völk Franz Joseph Phil. Mittelstetten
Vogel August Med. München
Vogel Florus Bauw. Wunsiedel
Vogel Theodor Phil. München
Vogl Johann Phil. Bamberg
Vogl Joseph Phil. München
Vogt Philipp Phil. Würzburg
Versmann Friedrich Pharm. Friedberg
Waag Albert Cam. Karlsruhe
Wagner Heinrich Jur. Zwiesel
Wagner Joseph Forstw. München
Wagner Leonhard Phil. München
Waldner Ferd. Bar. v. Jur. Mannheim
Wallmenich Karl von Jur. München
Walther Joseph Bauw. Neustadt
Walther Ludwig von Phil. München
Wanger Joh. Chrysost. Theol. Schaan
Wankmiller K. Pharm. Obergünzburg
Weimann Elkan Phil. Trenchtlingen
Weinberger Joseph Phil. Vogtareuth
Weingärtner Ferdinand Med. Cham
Weinzierl Johann Forstw. Gutenfürst
Weishaupt Johann Phil. München
Weishaupt Peter Theol. Wettenhausen
Weitmann Jakob Phil. Waldstetten
Weling Friedrich von Jur. Bamberg
Wenning Georg Phil. Erding
Wernhammer X. Forstw. Neumarkt
Wernz Johann Jur. Rehhütte
Westenhofer Anton Phil. Klingen
Westermair Jak. Forstw. Feldkirchen
Westheimer Ernst Phil. München
Westner Joseph Theol. München
Wettel Jakob Phil. Pleinfeld
Wettrich Fr. Alex. Archit. Culmbach
Weyer Adam Jur. Regensburg

Widmann Joseph Phil. Straubing
Widmer Franz Joseph Jur. Gelfingen
Widmer Joseph Cam. Gelfingen
Widtmann Gottlieb Phil. Regensburg
Wiedmann Gustav Moriz Bauw. Gunzenhausen
Wiest Anton Theol. Neumarkt
Wild Karl Phil. Dieterskirchen
Wimmer Sebastian Phil. Papferding
Wind Ludwig Phil. Würzburg
Wintter Friedrich Forstw. Wallerstein
Wisberger Ant. Phil. Ruhmannsfelden
Witt Karl Jur. Kaiserslautern
Wörlein Gust. Adolph Archit. Oettingen
Wohnlich Jakob Phil. Murnau
Wolf Joseph Phil. München
Wolff Johann Kaspar Phil. Zürich
Wottitz Bernhard Med. Pressburg
Wulffen Frdr. Baron von Phil. München
Wunder Thaddä Forstw. Ohlstadt
Zacher Joseph Phil. Nassenbeuern
Zacherl Max Chir. München
Zahn Sigmund Chir. Ansbach
Zaunreiter Joseph Phil. Thalhausen
Zenker Frdr. Forstw. Wassertrüdingen
Zezschwitz Benno von Phil. Bautzen
Zezzos Constantin Jur. Patras
Zezzos Demeter Archit. Patras
Ziegelmeyer Eduard Phil. München
Zillenbihler Cleophas Med. Holzgünz
Zimmermann Karl Phil. Freising
Zimmler Wilhelm Indust. Nürnberg
Zink Stephan Forstw. Neuses
Zinn Friedrich Jur. Iphofen
Zinnagl Michael Phil. Teisbach
Zöpfl Anton Med. Bamberg
Zogler Alois Phil. Loichingen
Zoller Ulrich von Phil. Memmingen
Zollikofer Johann Nep. Phil. Erkhelm
Zrenner Joh. Bapt. Theol. Walbenreuth
Zuber Anton Forstw. Rodeck
Zündt Ernst Frhr. von Phil. München
Zwack Joseph Phil. Neuburg
Zweifel Christian Med. Kaltbrunn

1839—1840

Rector DXCI Georg Friedrich WIEDEMANN

Abt Max Phil. Reichenhall
Aigner Joseph Phil. Halböd
Alton William Med. Cauterbury
Albrecht Joseph Pharm. Paiuten
Amuat Xaver Forstw. Porrentruy
Anderl Joseph Forstw. Belharting

Anzengruber Lambert Cam. Amberg
Apé August Pharm. Frankenthal
Arnold Anton Pharm. München
Auracher Franz Phil. München
Babo Lambert von Med. Ladenburg
Bachmaier Mathias Phil. Haunsbach

Bachmann Albert Jur. Bayreuth
Bachmeier Balthasar Phil. Forchheim
Bäumen Georg Phil. Fürth
Baldauf Alphons Pharm. Immenstadt
Bally Franz Phil. Stans
Bangert Franz Theol. Bensheim
Barach Moriz Med. Leonberg
Baumer Gottfried Jur. Goldkronach
Baur Johann Adam Phil. Füssen
Bauverot Eugen von Cam. Düsseldorf
Bechter Hermann Phil. Rothenbach
Beck Andreas Phil. Nassenfels
Bedall Melchior Phil. Sulzbach
Bentz Jakob Phil. Dackenheim
Bergmann Ignaz Phil. Obergünzburg
Berlepsch Eugen August Baron von
Theol. Seebach
Bermühler Georg Jur. Heimersreuth
Bernhard Jos. Georg Forstw. Neustadt
Bettinger Cosmas Dm. Pharm. Cusel
Bezold Ernst Phil. München
Binder Franz Xaver Theol. Simbach
Birkmayer Wilh. Phil. Germersheim
Birner Franz Phil. Ludwigsfeld
Blum Mathias Phil. Ludwigsfeld
Boccard Roger von Jur. Freiburg
Bock Georg Phil. Bamberg
Bock Joseph Phil. Au
Böhaimb Karl von Theol. Augsburg
Bohl Fidel Cam. Güttingen
Bongratz Johann Theol. Flammried
Bonn Eduard Jur. München
Bonstetten Karl von Jur. Bern
Bram Ludwig Phil. Miesbach
Bramante Jakob Phil. München
Brandt Albert von Jur. Köthen
Brandt Julius Gustav Cam. Danzig
Brehm Johann Forstw. Westendorf
Breitschaft Joseph Jur. Schwarzenfeld
Brenner Johann Ev. Theol. Ellerbach
Brönner Alois Med. Lohr
Buchbaur Michael Phil. Passau
Buchinger August Phil. München
Büchner Theodor Phil. Pharm. Mainz
Buse Adolph Theol. Paderborn
Calcos Panagiotis Archit. Athen
Candrion Johann Phil. Duvin
Caspari Friedrich Forstw. Eschan
Cetto Adolph von Phil. München
Clifford Karl Jur. London
Dabbers Joseph Theol. Düsseldorf
Dannenberg Wilhelm Med. Darmstadt
Degenfelder Joseph Phil. Stopfenheim
Deimling Otto Jur. Carlsruhe
Denkel Jakob Med. Burgheim
Deschauer Johann Ev. Jur. Straubing
Dichter Martin Theol. Untergriesbach
Diener Georg Forstw. Tabitz
Dietschi Ludwig Med. Lostorf

Dilger Thaddä Phil. Jedesheim
Donop Karl Jur. Eichstädt
Drexel Karl Jur. Ansbach
Dufresne Karl Georg Phil. Neuburg
Dufter Georg Phil. Reichenhall
Eberhardt Georg Michael Med. Rhodt
Eberl Alois Jur. Furth
Eberl Ferdinand Jur. Landshut
Eberle Jos. Andreas Jur. Wolfenstadt
Ecker Michael Phil. Landshut
Eckl Bartholmä Phil. Unholzing
Eder Anton Jur. Regensburg
Eder Anton Phil. Augsburg
Eder Georg Forstw. Harburg
Egetameyer Johann Phil. Dinkelsbühl
Egger Andreas Phil. Mindelheim
Egger Joh. Nep. Theol. Breitenbrunn
Eichner Matthäus Phil. Weihenstephan
Eireiner Ludwig Pharm. Vilshofen
Eisenbeiss Krl. Phil. Aug. Jur. Bayreuth
Engel Friedrich Jur. Kloster Malchow
Engel Hermann Jur. Röbel
Erhardt Johann Conrad Jur. Ulm
Eschenbach Eduard Pharm. Augsburg
Eschwig Alois Theol. Emersacker
Fath Johann Jur. Quelchheim
Fellerer Johann Nep. Phil. München
Fink Friedrich Ludwig Forstw. Kusel
Fischer Johann Phil. Roth
Fitz August Pharm. Dürkheim
Forster Joseph Pharm. Nürnberg
Forster Thomas Pharm. Sesslach
Forster Xaver Phil. Constanz
Fraunhofer Thomas Phil. Hintluber
Freimoser Georg Phil. Halsbach
Frentz Gottfried Jur. Bergheim
Freymann Johann Bapt. Phil. Irring
Freytag Andreas Jur. Schesslitz
Friedrich Emil Friedr. Phil. Bamberg
Frings Kaspar Peter Theol. Walhorn
Fröhlich Philipp Joh. Jur. Würzburg
Fuchs Johann Phil. Ingolstadt
Gaisberg Max von Jur. Ulm
Gallati Kaspar Med. Näfels
Gassner Ernest Phil. Krumbach
Geist Adolph Med. Augsburg
Gentil Franz Jos. Med. Aschaffenburg
Gerber Andreas Jur. Hof
Gerstmayr Joseph Jur. Dillingen
Geyer Karl August Med. Lichtenfels
Giessen G. Em. Med. Kirchheimbolanden
Glaser Johann Bapt. Forstw. Esslarn
Gmür Dominik Theol. Amden
Görz Franz Phil. Mindelheim
Görtz Wilhelm Phil. Reichmannsdorf
Goes Emmerich Pharm. Lichtenau
Gossenz Kaspar Forstw. Augsburg
Gossinger Johann Nep. Jur. München
Gradl Franz von Archit. Lichtenfels

Graf Johann Phil. Fünfstetten
Grafenauer Joseph Theol. Wallerstein
Grandaur Franz von Phil. München
Graser Franz Theol. Amberg
Gratzl Franz Seraph Phil. Königsfeld
Greimmer Franz Phil. Landshut
Grillmeier Joseph Theol. Hundsbach
Gros Bernard Pharm. Gerolzhofen
Grün Mathias Phil. München
Gruben Joseph Theol. Neuss
Grundner Baptist v. Pharm. München
Gschwind Joseph Phil. Schongau
Güntert Johann Jur. Rheinfelden
Günther Aurel Pharm. Nördlingen
Guerard Georg Phil. Charleston
Guggenberger Joh. Phil. Höchstädt
Gumbinger Max Pharm. München
Gumbmann Joseph Forstw. Erlangen
Gyldenfeldt Kaspar Heinrich Wessel
　　von Jur. Rendsburg
Haas Max Phil. Eichstädt
Haberes Frz. X. Pharm. Weissenhorn
Habersack Ferdin. Phil. Münnerstadt
Hainzlmayr Jakob Jur. Füssen
Haiss Franz Phil. Habach
Haller Fried. Bar. v. Forstw. Neustadt
Handschuh Johann Jakob Jur. Ulm
Handwerker August Phil. München
Hansbauer Kaspar Jur. Postmünster
Harsdorf Friedrich von Jur. Bayreuth
Harsdorf Max von Jur. Ansbach
Hartlieb Augustin Pharm. Ebern
Hau Constantin Jur. Altpreisach
Hauck Ernst Jur. Eichstädt
Hauser Johann Bapt. Phil. Herzogau
Hausmann Bernhard Archit. Göttingen
Hayd Joseph Phil. Furth
Heigl Joseph Phil. Freising
Heine Wilhelm Phil. Berlin
Heinleth Richard von Pharm. München
Heinrich Karl Pharm. Regensburg
Henrici Fritz Jur. Vinsebeck
Hensinger Ludwig Phil. Landshut
Herlet Joseph Jur. Neustadt
Hermann Leonhard Phil. St. Wolfgang
Hermann Ludwig Jur. Nürnberg
Herold Karl Med. Zweibrücken
Hess Jakob Jur. Ellwangen
Hessling Theod. von Med. Regensburg
Herzfelder Jakob Phil. Würzburg
Heyder Kaspar Forstw. Mauth
Hiebeler Ludwig Pharm. Schwaben
Hierl Eduard Forstw. München
Hiermayer Joh. Georg Phil. Mörnsheim
Hildenbrand Theod. Phil. München
Hillerbrand Anton Forstw. Tölz
Hillgärtuer Georg Phil. Frankenthal
Hiltebrandt Heinr. Karl Jur. Homburg
Hiltner Johann Forstw. Lochau

Hinsberg Heinr. von Forstw. München
Hintermayr Mathias Jur. Neuburg
Hirsch Heinrich Phil. Kriegshaber
Hochheimer Heinr. Phil. Ichenhausen
Hofmann Karl Jur. Würzburg
Hofmann Konrad Med. Bamberg
Hohenadel Joseph Pharm Amberg
Holler Anton Phil. Monheim
Horn Christ. Julius Pharm. Gaildorf
Huber Frz. Jos. Archit. Obergammenried
Hüsen Rudolph Theol. Wevelinghoven
Hurt Max August Jur. Mindelheim
Jäckel Daniel Forstw. Kaiserslautern
Joller Melchior Jur. Stanz
Jumpertz Heinrich Theol. Jülich
Jungbauer Joseph Phil. Straubing
Jungkunz Alois Phil. Ochsenfurt
Jungkunz Georg Phil Stadelhofen
Kärcher Karl Jur. Karlsruhe
Karcker Franz Xav. Theol. Ottmachau
Karl Alois Phil. München
Kayser Franz Forstw. Breitengüssbach
Kempter August Phil. Illertissen
Kempter Joseph Pharm. Illertissen
Kienhöfer Max Phil. München
Kienhöfer Karl Phil. München
Killinger Hermann von Jur. Ansbach
Killinger Wilhelm von Jur. Ansbach
Kirmair Joh. Baptist Phil. Naunhofen
Kittel Peter Jur. Aschaffenburg
Klahold Everhard Theol. Paderborn
Klein Johann Mich. Pharm. Buching
Klein Karl Theol. Frankfurt
Kling Karl Forstw. Mindelheim
Knaus Johann Jur. Strullendorf
Knaus J. Melchior Philol. Speicher
Köberle Georg Phil. Nonnenhorn
Köster Hans Cam. Mecklenburg
Kohlbauer Andreas Phil. Kading
Kohnstamm Moses Phil. Niederwerrn
Kolb Andr. Joh. Forstw. Neustädtlein
Koller Johann Forstw. Gasberg
Koller Joseph Phil. Rathgeb
Kollmann Joseph Pharm. Gundelfingen
Koppold Joh. Gg. Phil. Unterschönbach
Krämer Aug. Fr. Philol. Kleinlangheim
Kramer Phil. Jak. Theol. Nassenbeuern
Krammer Georg Phil. Biburg
Krasinsky Ad. Graf v. Pharm. Warschau
Krause Ludw. Herm. Aug. Med. München
Kreuter Friedr. Forstw. Aschaffenburg
Kreuzbauer Karl Forstw. Deggendorf
Krimbacher Sebast. Phil. Ettenbeuern
Krinninger Urban Phil. Wotzdorf
Krumm Joseph Pharm. Augsburg
Kühlwein Georg Forstw. München
Küster Karl Jur. Cam. Stadtoldendorf
Kuisel Johann Jur. Wettenhausen
Kugler Philipp Med. Sulzbach

Kuhn Emanuel Archit. Kunreuth
Kunig Ludwig Forstw. München
Lacher Franz Jos. Med. Ziemetshausen
Lacher Xav. Forstw. Ziemetshausen
Lachner Joseph Phil. Moos
Lämmert Philipp Forstw. Schesslitz
Lafaurie Wilh. Alb. Staatsw. Hamburg
Lallinger Ernest Cam. Burghausen
Lammerer Paul Phil. Allersberg
Lander Johann Phil. Salgen
Landgraf Theodor Jur. Bayreuth
Lang Anton Jur. Obernzell
Lang Georg Phil. Brunnen
Lang Max Jur. München
Laucher Karl Phil. Tittmoning
Lauchert Joseph Phil. Sigmaringen
Lehner Jakob Phil. Vilseck
Lehner Karl Jur. Pfaffenhofen
Leimbach Gustav Phil. München
Lentmann Franz Theol. Arnsberg
Leonrod August Bar. v. Jur. Ansbach
Lesinger Joseph Phil. München
Liffreing Karl Phil. München
Lilien Ernst von Phil. Waldau
Lilier Karl von Forstw. München
Link Ludwig Forstw. Amberg
Lipp Alois Phil. Frankenhofen
Löher Franz Anton Jur. Paderborn
Löper Ulrich Herm. von Jur. Berlin
Löhr Adolph Phil. Nürnberg
Lövenskiold Leop. v. Cam. Stockholm
Lotzbeck Ludwig Julius Jur. Wieseth
Ludwig Ignaz Forstw. Velburg
Lunglmayr Eduard Phil. München
Lupin Jul. Bar. von Jur. Illerfeld
Lutziger Johann Joseph Jur. Luzern
Luz Lucian Jos. Philol. Mersburg
Mändl Rupert Phil. Straubing
Märkl Johann Ev. Phil. Haidhausen
Maillardoz Friedr. von Jur. Freiburg
Maillardoz Julius von Jur. Freiburg
Mayer Andreas Phil. Landshut
Mayer Bernhard Theol. Lauingen
Mayer Ignaz Phil. Landshut
Mayer Joseph Max Med. Schwandorf
Mayerhofer Joseph Forstw. Burgheim
Mayerhofer Oskar Phil. Wasserburg
Mayr Alexander Georg Jur. Dillingen
Mayr Eduard Phil. Freising
Mayr Georg Phil. Scheideck
Mayrhofer Michael Phil. Achdorf
Manz Gustav Jur. Konstanz
Martin Karl Med. Speier
Maurer Wilhelm Forstw. Neukirch
Maurer Konrad Phil. München
Maurer Friedrich Theol. Eggenfelden
Maussner Georg Jur. Nürnberg
Mehlem Philipp von Phil. München
Mehrlein Franz Phil. München

Meier Franz Andr. Med. Hammelburg
Meier Michael Jur. Zielendorf
Meister Johann Phil. Eichstädt
Mende Sebastian Phil. Lauingen
Menges Peter Med. Limburg
Merian Rudolph Jur. Basel
Merk Anton Phil. Sulzemoos
Merz Peter Joseph Med. Aegeri
Mess Eduard Phil. München
Metz Ferdinand Forstw. Röttingen
Metzenauer Joh. Bapt. Phil. Weilach
Metzger Michael Forstw. München
Meyer Adolph Philol. Hannover
Mielach Max Pharm. Augsburg
Miltner Johann Ev. Phil. Neuötting
Minnigerode L. Fr. Frhr. von Cam.
  Halberstadt
Mitterhuber Ferd. Pharm. Mühldorf
Mohr Johann Phil. Gaimersheim
Moll Christian Jur. Weissenburg
Mosheimer Karl Aug. Jur. Augsburg
Mühlegger Xaver Phil. Indersdorf
Müller Franz Med. Rapperschwyl
Müller Heinrich Med. München
Müller Johann Baptist Phil. Landau
Müller Wilhelm Jur. Augsburg
Mundbrod Joh. Nep. Phil. Günzburg
Munzinger Ludwig Jur. Zweibrücken
Mussinan Hermann Phil. Mitterfels
Nager Xaver Phil. Luzern
Neubauer Max Med. München
Neuburger Jakob Phil. Fischach
Neudecker Jakob Jur. Wörnstorf
Neuhöfer Moriz Phil. München
Neuper August Phil. München
Nissl August Phil. München
Noichl Max Phil. Rohrdorf
Oberdorfer Jakob Phil. Kriegshaber
Ochsenmayer Anton Jur. Waldsassen
Oehling Joseph Theol. Impfingen
Oldendorff Markus Med. Meseritz
Ostendorf Gerhard Theol. Dinklage
Ostermaier Max Pharm. München
Ostrowski Ladisl. Graf von Jur. Gratz
Ott Adolph Phil. Sigmaringen
Ott Joseph Phil. Kempten
Ow Anton Baron von Phil. München
Panzer Karl Phil. München
Papadopulos Georg Med. Makriniza
Pappenheim Hugo Graf von Jur.
  Würzburg
Parish Oskar Jur. Hamburg
Pasqualingos Dionys Med. Pyrgos
Pauer Anton Forstw. Weiden
Paumgarten Ludwig Graf von Phil.
  München
Peppler Johann Jur. Aschaffenburg
Perchtold Melchior Theol. Türkenfeld
Petz Friedrich Phil. Eichstädt

Pfaffenberger Mich. Phil. Altenmarkt
Pfeilschifter Mich. Phil. Faustendorf
Pfordten Lud. von der Jur. Ansbach
Pfriem Joseph Dr. Med. Würzburg
Pimpfinger Ignaz Phil. Neuötting
Planta Andreas von Jur. Chur
Plass Paul Phil. Furth
Plochmann Julius Jur Erlangen
Pösl Friedrich Wilh. Phil. Landshut
Pösl Karl Jur. Landshut
Popp Franz Med. Bamberg
Porzer Martin Phil. Landshut
Posset Zacharias Phil. München
Prestele Ernst Phil. München
Preyssinger Ludw. Theol. Neumarkt
Punghorst Heinrich Jur. Bakum
Putz Alois Phil. München
Quadt-Wykradt Fr. Graf v. Jur. Isny
Rädler Wendelin Phil. Scheffau
Rapp Max Joseph Jur. Illertissen
Rau Otto Cam. Erlangen
Rauh Franz Ernst Jur. Wallerstein
Rebhan Theodor Jur. Zell
Rechenmacher Joseph Phil. München
Recknagel Ludwig Jur. Ansbach
Regauer Adolph Med. Moosburg
Rehm Kaspar Phil. Zöschingen
Reitmair Joseph Phil. Inningen
Reitmair Xaver Phil. Türkheim
Ressler Dionys Phil. München
Rezer Ludwig Phil. Amberg
Reynolds Thomas Cam. Charleston
Richter Joseph Jur. Eichstädt
Riederer Franz Phil. Mindelheim
Riedl Andreas Phil. Bamberg
Rietzl Karl Forstw. Kaisheim
Röckl Alois Phil. Lauingen
Röder Heinrich Phil. Würzburg
Röder Johann Mathias Theol. Trier
Rösch Rudolph Phil. Augsburg
Rösle Joseph Forstw. Wörishofen
Rössig Anton Phil. Bruck
Roger Julius Med. Nieder-Stotzingen
Rogg Joseph Phil. Inchenhofen
Rosenkrantz Wilhelm Phil. München
Ross Gustav Med. Altekuppel
Rossmann Joseph Phil. Zolling
Roth Friedrich Med. Dennenlohe
Roth Karl Theol. Regensburg
Rubenbauer Bernhard Jur. Sulzbach
Rückeissen Paul Pharm. Mainz
Rügemer Markus Archit. Würzburg
Ruffin Oskar Baron v. Phil. München
Rump Jakob Ernst Phil. Freren
Salzberger Anton Phil. Weyher
St. Germain Frz. Xav. Phil. Würzburg
Sartorius Franz Phil. Germersheim
Sürve Anton Forstw. Herzogauerhütte
Saxer Leonhard Med. Fontnas

Scarpatelli Remig. Ant. Jur. Conters
Schacky Karl Baron v. Jur. Bamberg
Schad Moritz von Jur. Ulm
Schäfer Friedrich Archit. Wallerstein
Schaflitzl Joh. Nep. Phil. Sonthofen
Schaflitzl Rudolph Phil. Sonthofen
Schalk Euchar Forstw. Bamberg
Schanzenbach Osk. v. Phil. München
Scharer August Rudolph Emanuel
    Phil. Bern
Schausbreitner Sim. Phil. Traitsheim
Schedl Joseph Phil. Tirschenreuth
Schelling Hermann Phil. Erlangen
Schieder Bernhard Phil. Bogenhausen
Schipper Benedikt Phil. Brückenau
Schipper Joseph Pharm. Brückenau
Schirsner Anton Phil. Messhofen
Schlecht Alois Phil. Oettingen
Schmid Johann Phil. Ebenhofen
Schmid Ludwig Phil. Burgwindheim
Schmid Nepomuk Med. Buchloe
Schmid Otto Phil. Lindau
Schmidsfeld Alb. v. Phil. Schmidsfeld
Schmidt Friedrich Jur. München
Schmidt Johann Aurr. Phil. Bayreuth
Schmitt Alois Pharm. Germersheim
Schmitz Johann Mathias Theol. Neuss
Schneevogel Sebast. Phil. Bernbeuern
Schneider Karl Forstw. Vilseck
Schneider Franz Paul Phil. Eschlkam
Schneider Jos. Fridolin Med. Weesen
Schneiderbanger Franz Christoph
    Phil. Bamberg
Schnell Emil Adolph Jur. Itzehoe
Schönche Karl Phil. München
Schönen Wern. Theol. Wevelinghoven
Schöpperl Cajetan Phil. Furth
Schonger Georg Pharm. Tölz
Schraudolph Magnus Phil. Füssen
Schreiber Hermann Cam. Lengenfeld
Schreyer Rudolph Forstw. München
Schröfl Andreas Forstw.
Schropp Johann Phil. Landshut
Schrottenberg Ludwig Frhr. von
    Forstw. Bamberg
Schultes Karl Archit. Sulzbach
Schum Ignaz Theol. Eichstädt
Schurr Alois Theol. Westerdorf
Schwabacher Sim. Jüd. Theol. Oberdorf
Schwarz Johann Phil. Wörthsee
Schweiger Ludwig Phil. München
Seelos Franz Xaver Phil. Füssen
Segesser-Brunegg Phil. v. Jur. Luzern
Seidlbeck Franz Xaver Phil. Kralburg
Seitz Karl Pharm. München
Seitz Friedrich Phil. Amberg
Sell Joseph Pharm. Deggendorf
Semler Gustav Jur. Augsburg
Senestrey Joseph Phil. München

Seyler Julius Pharm. Memmingen
Sidler Joseph Med. Küssnacht
Siebenwurst Karl Phil. München
Siegfried Heinrich Philol. Carben
Siess Wilhelm Jur. Ulm
Sigl Paul Phil. Thann
Sixt Alois Phil. Wasserburg
Sparrer Cassian Forstw. Tittmoning
Spiegelthal Franz Jur. Paderborn
Spiess August Pharm. Sugenheim
Staab Franz Xaver Phil. Eichstädt
Stabel Ludwig Phil. Würzburg
Stadlbaur Karl Phil. Amberg
Städelen Joh. Bapt. Phil. Regensburg
Stangl Joseph Forstw. Sallach
Stauffer Ferdinand Jur. Ansbach
Steger Johann Pharm. Sulzbach
Stein Friedrich Jur. Lohr
Steinbacher Joseph Phil. Augsburg
Stellner Georg Forstw. Aidenbach
Stengel Stephan von Jur. Augsburg
Stern Mayer Philol. Heidingsfeld
Stettner Christian Theol. Schwandorf
Stömmer Johann Nep. Phil. Nürnberg
Stotz Dominik Phil. Obergünzburg
Stürtz Joseph Theol. Aachen
Summer Joseph Phil. München
Surry-Bussy Joseph Graf von Jur.
  Solothurn
Sutro Adolph Phil. Leutershausen
Sutro Sigmund Med. Leutershausen
Thumann Joseph Phil. Au
Tillmann Heinrich Jos. Theol. Reuss
Traut Joseph Phil. Kempten
Tugginer-Wartenfels Eduard von
  Jur. Solothurn
Tugginer-Wartenfels Wilhelm von
  Jur. Solothurn
Timm Ernest Archit. Riga
Turrettini August Philol. Genf
Uhl Heinrich Forstw. Henbach
Ulrich Rudolph Jur. Detmold
Unold Georg von Jur. Memmingen
Utinger Jakob Mart. Med. Baar
Versmann Friedrich Pharm. Friedberg
Vincenti Karl Franz v. Jur. Karlsruhe
Völderndorf-Waradein Aug. Frhr.
  von Jur. Zweibrücken
Völderndorf-Waradein Maximilian
  Joseph Freiherr von Jur. München
Volz Albrecht Jur. Bern
Wachter August von Phil. Memmingen
Wagenbauer Otto Archit. München
Wagner Franz Pharm. Bayreuth
Wagner Jos. Anton Phil. Ottobeuern
Walchner Thädda Phil. München
Waldhör Karl Jur. Kempten
Waldner-Freundstein Ferdinand
  Graf von Jur. Mannheim

Walk Joseph Phil. Haidhausen
Wallani Georg Phil. Nürnberg
Wallensteiner Jakob Theol Buchau
Walthor Karl Med. Bayreuth
Wankmüller Friedrich Phil. Günzburg
Waschmitius Joseph Pharm. Passau
Wassall Friedrich Jur. Chur
Wastl Johann Bapt. Forstw. Regensburg
Weber Joh. Nep. Theol. Miltach
Weber Karl Pharm. Hamburg
Weber Nikolaus Phil. München
Wedekind Theodor Jur. Esens
Weh Georg Phil. Langerringen
Wehnert Albert Med. Bukarest
Wehrl Johann Bapt. Phil. Forchheim
Weimer Johann Pharm. Orb
Weinzierl Joseph Phil. Welheim
Weis Otto Leopold Forstw. Waldeck
Weiss Friedrich Karl Jur. München
Weiss Rudolph Phil. Ansbach
Weiss Wolfgang Forstw. Amberg
Weissbrod Ant. Jur. München
Weissmiller Xav. Phil. Neuburg
Weltz Friedr. Georg Phil. Speyer
Wernhammer Baptist Heinrich Theol.
  Amberg
Werthmüller Moriz Forstw. Bamberg
Wessenschneid Frz. Phil. Wolfstein
Weymayer Johann Baptist Forstw.
  Michaelsbuch
Wiedemann Andreas Theol. Günzburg
Willer Jakob von Med. St. Gallen
Wimmer Georg Phil. Bamberg
Wimmer Joseph Phil. Murnau
Windscheid Wilh. Phil. Regensburg
Winkler Georg Phil. Reit im Winkel
Winter Michael Phil. Neubeuern
Wintter Max Phil. Neuburg
Wohnlich Gust. Frhr. v. Phil. Augsburg
Wolfrum Friedrich Pharm. Hof
Wrede Fried. Frhr. von Jur. Melschede
Wucher Peter Phil. Lindenberg
Würdinger Karl Phil. München
Würzburger Julius Philol. Bayreuth
Wutz Joseph Phil. Waldmünchen
Wydler Ferdinand Med. Aarau
Zauner August Phil. Augsburg
Zech Ferdinand von Jur. Carlsruhe
Zenetti Franz Pharm. Augsburg
Zenetti Julius Phil. Speyer
Zenetti Wilhelm Phil. Speyer
Zierhelt Georg Phil. Furth
Zöloh Anton Forstw. Vilseck
Zoller Ulrich von Jur. Meiningen
Zündt Frz. Xav. Bar. v. Forstw. München
Zürcher Joh. Melchior Med. Menzingen
Zutt Philipp Jur. Bruchsal
Zwickl Sylvester Phil. Schwifting

1840—1841

Rector DXCII Franz Xaver ZENGER

Abmayr Engelbert Theol. Dillingen
Albert Heinrich Pharm. Waldmünchen
Albrecht Joseph Theol. Gottenau
Allweyer Bernhard Phil. München
Allweyer Max Phil. München
Altegger Franz Xav. Phil. Dirlewang
Annetsberger Georg Phil. Moosburg
Arnold Mathias Phil. Straubing
Atzenböck Jos. Phil. Geissenhausen
Auer Donat Phil. Werneck
Aufschläger Franz Pharm. München
Badhauser Heinrich Phil. München
Bär Georg Jur. Passau
Bangratz Joseph Phil. München
Bar Constantin von Phil. München
Bartl Kaspar Phil. Schmidhausen
Bauer August Pharm. Regensburg
Bauer David Phil. Buttenwiesen
Bauer Georg Phil. Ebermannstadt
Bauer Ignaz Phil. Schenklhammer
Bauer Joseph Med. Deisenhausen
Bauer Kaspar Phil. Bayreuth
Baumann Franz Phil. Traunstein
Baumüller Emil Phil. Bayreuth
Bayer Joseph Phil. Straubing
Becherer Friedr. Wilh. Phil. Kempten
Beckers Max Phil. München
Behringer Wilh. Phil. Babenhausen
Beller Mathias Theol. Krappenhofen
Bennighof Peter Med. Stetten
Bentz Jakob Phil. Dackenheim
Berliner Leopold Phil. München
Berthold Joseph Phil. Döfering
Betz Joseph Phil. Mindelheim
Betz Michael Phil. Tiefenbach
Beyer Georg Nikolaus Chir. Mantel
Beyschlag Max Jos. B. Hüttenwiesen
Biermaier Michael Theol. Dingolfing
Binder Johann Phil. Neumarkt
Bittmann Ernst Cam. Lahr
Blöst Karl Phil. München
Blonay Gerhard von Phil. Norden
Böhm August Pharm. Schrobenhausen
Böhner Eduard Jur. Wunsiedel
Büld Georg Phil. Lauingen
Bösner Frz. Kasp. Phil. Aschaffenburg
Boni Joseph Med. Freiberg
Bonn Karl Phil. München
Boscher Longinus Med. Ertingen
Bossert Karl Jur. Stuttgart
Branca Friedr. von Forstw. Augsburg
Brenner Franz Theol. Stenle
Brenner Heinrich Jur. Regensburg
Bronsart Wilh. von Cam. Schettinnen

Bruckmann Konr. Jur. Forchheim
Bruckmüller Karl Phil. Eichstädt
Bruder August Jur. Kronach
Brunner Michael Phil. München
Buchner Joseph Phil. Langenpreising
Buhmann Alois Phil. Rosshaupten
Burchtorff Alb. Fz. v. Phil. Regensburg
Burchtorff Karl Al. v. Phil. Regensburg
Burckhardt Heinrich Jur. Freiburg
Buxhoewden Arth. Bar. v. Jur. Riga
Cammerloher Laur. Phil. Grafenwöhr
Carl Joseph Theol. Augsburg
Castenauer Franz Xav. Jur. Altötting
Chlingensberg Karl v. Phil. München
Christenn Gustav Jur. Hof
Christl Friedrich Cam. Vilseck
Clericus Christian Forstw. Wonsees
Condrau Fidel Phil. Dissentis
Curti Albert Jur. Rapperswyl
Dalwigk Jul. Frz. Otto v. Jur. Boisdorf
De Bruyn Eduard Phil. München
Deinlein Joseph Pharm. Giech
Depuez Joseph Phil. Seth
Deroseau Theodor Med. Montmarillon
Diermayr Johann Phil. Erding
Diethelm Anton Phil. Lachen
Dietrich Edm. Pharm. Thierhaupten
Dietz Joseph Phil. Birkach
Diezfelwinger Wilh. Cam. Bamberg
Ditt Emanuel Pharm. Nymphenburg
Ditthorn Ferdinand Forstw. Amberg
Dobler Georg Phil. Kempten
Dollacker Georg Jur. Amberg
Dorner Conrad Pharm. Bayreuth
Dorsch Edard Phil. Würzburg
Dürkheim Karl Frhr. v. Phil. München
Ebenauer Aug. Pharm. Prichsenstadt
Edelmann Simon Phil. Kriegshaber
Eggelkraut Karl v. Phil. Regensburg
Eggelkraut Fried. v. Phil. Regensburg
Eichhammer Joh. Bpt. Theol. München
Eigner Johann Baptist Jur. München
Eireiner August Pharm. Vilshofen
Eireiner Julius Jur. Vilshofen
Eggensberger Johann Michael Phil.
   Martinszell
Egglseder Georg Phil. Miesbach
Eltrich Leo Phil. Masbach
Endres Anton Jur. Dillingen
Enzler Joseph Theol. Streitheim
Erhart Franz Phil. München
Eser Ferdinand Phil. Buchloe
Etlin Simon Med. Sarmen
Etterlin Johann Leonh. Med. Muri

Färber Anton Phil. Arbon
Fehlner Georg Joseph Jur. Amberg
Feihl Anton Phil. Neumarkt
Feilbusch Franz Jur. Bamberg
Feiner Georg Theol. Regenstauf
Fertig Franz Theol. Mönchhof
Feust Philipp Jur. Bamberg
Fink Friedrich Ludwig Phil. Kusel
Fischer Bernard Phil. Horgau
Fischer Johann Gg. Med. Schaffhausen
Fischer Max Achilles Phil. Heidelberg
Flanderka Theodor Theol. Bautzen
Fleckenstein Clemens Phil. Würzburg
Fleissner Georg Med. Salzburg
Flügel Georg Joseph Chir. Hirschau
Förderreuther Frdr. Bauf. Nürnberg
Forster Albert Jur. Ansbach
Forster Franz Xaver Phil. Landshut
Forster Joseph Pharm. Neuburg
Forstmaier Peter Phil. Kamming
Forstner Franz Xav. Theol. Rohrberg
Fournier Philipp Jur. Ställis
Frank Alois Phil. Waldmünchen
Fraunhofer Rupert Phil. Hintlaber
Fridl Joseph Theol. Neustift
Freytag Theodor Chr. Jur. Schweinfurt
Frösner Robert Pharm. Cannstadt
Frommel Eugen Med. Augsburg
Fuchssteiner Theodor Phil. Windberg
Führer Georg Phil. Julbach
Fuka Karl Jur. Augsburg
Garlieb Wilhelm Jur. Kopenhagen
Gartner Joseph Phil. München
Geiger Jakob Theol. Eppishausen
Geisler Georg Phil. Landshut
Gemminger Max Phil. München
Gerlach Anton Forstw. Aschaffenburg
Gerlach Joseph Med. Aschaffenburg
Gerster Theodor Pharm. Kleinheubach
Geyer Karl August Med. Banz
Ginal Johann Theol. Augsburg
Gink Heinrich Jur. Zweibrücken
Gleichauf Ludwig Phil. Straubing
Gleistmann Andreas Jur. Würzburg
Gmelch Anton Phil. Eichstädt
Goegg Amand Cam. Renchen
Goetz Johann Jur. Regensburg
Gorhan Wilhelm Theol. Kaufbeuren
Gossner Lorenz Med. Ingolstadt
Graef Georg Ad. Pharm. Schnaittach
Grandauer Martin Jur. Pertenstein
Grasser Lorenz Jur. Huppendorf
Grässl Johann Jur. Grabs
Grau Ernst Friedrich Jur. Hof
Gröll Johann Phil. Nundorf
Grosser Eduard Archit. Warschau
Gulhaud Florentin Jur. Antwerpen
Gummy Friedrich Med. Kulmbach
Gussone Joseph Theol. Düsseldorf

Häberli Johann Med. Altishofen
Haffen Ludwig Jur. Frankenstein
Haid Martin Jur. Waal
Haltmeyer Benedikt Med. Scheidegg
Hann Jakob Phil. Oberisling
Hartmann Frdr. Phil. Cam. Schweinfurt
Hartmann Joh. Bapt. Phil. Immenthal
Hartung Julius Pharm. Römhild
Hartwig Gg. Frdr. Jur. Cam. Bayreuth
Hasenberger Anton Phil. Steinberg
Hastl Leonhard Jur. Eschenfelden
Häutle Joseph Phil. Neuburg
Hauser Anton Theol. Düsseldorf
Hauser Joseph Phil. Deggendorf
Haynes Johann Theol. Roulers
Heimbucher Michael Phil. Sulzbach
Helmpel Christian Med. Lindau
Heinrich Emanuel Phil. München
Heis Joseph Med. Brig
Heitzer Franz Joseph Theol. Grub
Held Johann Phil. Rosenheim
Heller Anton Phil. München
Hellmannsberger Korb. Phil. Rotthal
Helmprächt Joseph Forstw. Nieder-
winkling
Hennemann Jakob Jur. Zweibrücken
Herdegen Andreas Phil. Luhe
Hermann Gustav Pharm. Mistelbach
Herschmann Joseph Pharm. Planken-
hammer
Hertel Friedrich Pharm. Nürnberg
Hertle Daniel Phil. Bergzabern
Heubach Ludwig Industrie Leuschal
Herzing Peter Archit. Würzburg
Heymann Jakob Jur. Augsburg
Hibl Hermann Phil. Wörth
Hierl Andreas Jur. Unterwarnbach
Hilpl Johann Nep. Pharm. Neuburg
Hirschberger Karl Phil. Oberndorf
Hirschmann Andr. Forstw. Lichtenhof
Hofer Andreas Phil. Bayerbach
Hofmann Karl Jur. München
Hoffmann Ferdinand Jur. Bezingen
Hoffmeister Nikolaus Phil. Nürnberg
Hohenegg Joseph Phil. Bidingen
Hohenleitner Christian Phil. München
Hohenthanner Karl Phil. Vilshofen
Höhl Friedrich Forstw. Bayreuth
Hoermann Johann Pharm. Altomünster
Hoiss Andreas Jur. Rieden
Holtebacher Karl Phil. Eisenberg
Holzhauser Joseph Phil. Pitting
Huber Andreas Phil. Königshütte
Huber Anton Phil. Landshut
Huber Franz Phil. München
Huber Pius Phil. Függn
Huber Theodor von Jur. Augsburg
Hutter Franz Phil. Eichstädt
Jacob Karl Med. Kaiserslautern

17

Jäger Joseph Phil. Eichstädt
Jann Christian Med. Chur
Jergius Julius Pharm. Ansbach
Ihrl Georg Phil. München
Imhof Ferdinand Med. Aarau
Jungermann Moriz Jur. Passau
Jungmayr Max Phil. München
Karg Clemens Baron v. Phil. München
Kastner August Phil. Weinding
Keck Ferdinand Phil. München
Keppler Xaver Theol. Oberbechingen
Kiderle Michael Phil. Ebersbach
Kieffer Max von Phil. München
Kienhöfer Ludwig Phil. München
Kilger Michael Theol. Winnried
Kinzelmann Martin Phil. Harbatzhofen
Kirschner Heinr. Forstw. Seibelsdorf
Kleinschrod Emil Phil. Nürnberg
Kloster Max Med. München
Knappich Joseph Alois Phil. Lechbruck
Knaps Hermann Pharm. Blieskastel
Koch Eduard Pharm. Orb
Koch Joseph Jur. Kaufbeuren
Köhr Johann Phil. Ruppertsberg
König Alexander Jur. Augsburg
König Friedrich Phil. München
König Joseph Phil. Tattenberg
Kohler Ludwig Med. München
Kohler Max Phil. Weissenhorn
Kolb Seraphin Phil. München
Kolping Joseph Theol. Kerpen
Kopp Julius Phil. München
Kränzle Joseph Theol. Rösingen
Krafft Georg Archit. Aschaffenburg
Kratzer Alois Med. Günzburg
Kraus Johann Bapt. Phil. Regensburg
Kraus Joseph Theol. Jrlahill
Kreutzer Friedrich Jur. Speyer
Kriechbaumer Max Phil. Tegernsee
Krieg Kaspar Jur. Altendorf
Kühling Gerh. Heinr. Phil. Stückenburg
Künsberg Phil. Frhr. v. Phil. München
Kuger Adam Jur. Miltenberg
Kugler Johann Phil. Furth
Kummer Albert Jur. Wallerstein
Kummerer Wilhelm Phil. München
Kunkler Karl Cam. Morges
Laforet Ludwig Med. Edenkoben
Lampert Karl Phil. Rosenheim
Langenmantel Jos. Phil. Eschelkam
Lauerer Gg. Christ. Pharm. Regensburg
Laur Heinrich Pharm. St. Ingbert
Leeb Alois Phil. Memmingen
Lehner Jakob Theol. Sulzbach
Lengmüller Anton Phil. Landshut
Lengrieser Nep. von Phil. München
Lenz Franz Phil. Speyer
Leopold Alois Phil. Pfaffenhausen
Leuthenmayr Joh. Theol. Augsburg

Levetzau Ferdin. v. Jur. Schleif
Levetzau Wilhelm v. Jur. Kopenhagen
Lex Georg Phil. Englburg
Lichtenstein Robert Bar. v. Forstw. Speyer
Liepold Joseph Phil. Galmersheim
Liese Hubert Theol. Olpe
Low Max Phil. München
Lottner Joseph von Phil. München
Löw Gustav Jur. Redwitz
Loibl Johann Baptist Jur. Röhrnbach
Longard Johann Jur. Koblenz
Lustig Franz Xaver Phil. Burgheim
Lutzenberger Jos. Theol. Eppishausen
Madler Anton Jur. Millenberg
Mündl Rupert Phil. Straubing
Mandel Wilh. Jur. Cam. Ermezhofen
Marca Clemens von Med. Misore
Marchand Karl Wilh. Jur. Cam. Eltville
Marchioll Daniel Med. Graubündten
Martin Aloys Med. Bamberg
Martin Johann Nep. Med. München
Mascher Joh. Bapt. Forstw. Monheim
Mayer Anton Jur. Hafnerzell
Mayer Georg Phil. Klinglbach
Mayer Kaspar Jur. Kettershausen
Mayr Clement Phil. Traunstein
Mayr Johann Bapt. Jur. Höchstädt
Mayr Johann Jur. Reichenkirchen
Mayr Karl Phil. München
Mehlem Eugen von Phil. Rom
Merle Franz Xav. Phil. Traunchgau
Meyer Andreas Jur. Tronsberg
Meyer Franz Xaver Phil. Eichstädt
Meyer Karl Phil. München
Michl Friedrich Phil. München
Mielach Georg Phil. München
Miller Jakob Phil. Freising
Milster Friedrich Jur. Speyer
Mitze Alfred Jur. Cam. Limburg
Möller Gottfried Phil. München
Moosbauer Friedrich Phil. München
Mozer Albert Cam. Karlsruhe
Mühlbaur Richard Theol. Augsburg
Müller Balthasar Phil. Ingolstadt
Müller Karl Jur. Landau
Münich Eduard Cam. Aschaffenburg
Münz Peter Theol. Offheim
Mussinan Gustav Pharm. München
Mutschler Georg Pharm. Esslingen
Nadler Max Forstw. München
Näf Karl Phil. Yverdon
Neppl Heinrich Phil. Landsberg
Nesgen Anton Theol. Bilk
Neumaier Joseph Pharm. Freising
Neumaier Peter Phil. Altomünster
Neumüller Anton Pharm. Vilsbiburg
Nero Emil Theol. München
Nibler August von Pharm. München

Niggl Jakob Theol. Augsburg
Nikl Alois Phil. Kempten
Nisoli Demeter Med. Grono
Nissler Johann Jur. Furth
Nössel Theodor Phil. Neustadt
Nothhaft Joseph Phil. Isarhofen
Nottebaum Friedrich Theol. Steele
Obermayr Joseph Phil. Gmund
Oechsner Joseph Theol. Laudenbach
Oesterlink Max Pharm. Glandorf
Oswald Xaver Phil. Velden
Pamler Joseph Theol. Aidenbach
Pappenberger Aug. Forstw. München
Pappenheim IIg. Graf v. Jur. Augsburg
Parst Anton Jur. Cham
Patzlsperger Johann Baptist Phil.
    Frauenbiburg
Pechmann Adalb. Bar. v. Phil. Eichstädt
Pesentore Bernhard Jur. Arnsberg
Pfeiffer Johann Bapt. Phil. Nürnberg
Petzoldt Justus Forstw. Schwabach
Plesch Andreas Forstw. Birkenfeld
Pöllath Christoph Jur. Haidenaab
Pösl Karl Ludwig Jur. Landshut
Popp Rudolph Jur. Hirschau
Porst Hermann Jur. Cham
Prevault Victor Med. Pressigny
Proff Karl Baron von Phil. München
Quitzmann Franz Xav. Theol. München
Raab Johann Paul Theol. Effeltrich
Rabe Johann Jur. Grünwald
Rahtlev Karl Jur. Kiel
Rau Joseph Cam. Waldkirch
Recknagel Karl Wilh. Pharm. Eisfeld
Reder Anton Jur. Phil. Mellrichstadt
Regauer Peter Phil. Sielenbach
Regnault Friedrich Phil. Speyer
Regnet Albert Phil. Viechtach
Reichert Karl von Phil. Augsburg
Reichharzer Karl Phil. Eichstädt
Reindl Martin Phil. Lauterbach
Reischle Karl Phil. Kempten
Reiter Joseph Phil. Mühldorf
Renner Johann Landw. Eitting
Rieder Joseph Jur. Cham
Rieger Joseph Phil. Eschlbach
Riss Michael Phil. Obermedling
Ritter Karl Pharm. Bayreuth
Rösch Gustav Phil. Augsburg
Rösch Johann Jur. Röttenbach
Roidl Joseph Jur. Schwandorf
Rosmann Hermann Forstw. München
Rosnagel Johann Jur. Dillingen
Roth Friedrich Med. Ansbach
Roth Joseph Phil. München
Roth Theodor von Jur. Ansbach
Rothpletz August Med. Aarau
Rüdin Joseph Theol. Leibstadt
Rupp Joseph Phil. Unterhamberg

Ruppenthal Theodor Phil. München
Sachs Karl Joseph Pharm. Amorbach
Sailer Joseph Jur. Dillingen
Salchli Karl Friedr. Forstw. Aarberg
Sartor Michael Phil. Straubing
Saumüller Peter Phil. Dirnaich
Sauter Joseph Alois Med. Kirchhaslach
Sautner Mathias Phil. Straubing
Schad Christ. Friedr. Pharm. Regensburg
Scharrer Johann Forstw. Neunkirch
Scherrer Ludwig Phil. München
Schäffer Georg Phil. München
Schäfler Xaver Theol. Geratshausen
Scheckenhofer Jos. Phil. Altfalterbach
Schielle Johann Phil. Neuburg
Schlessl Joseph Jur. Burglengenfeld
Schintling Ad. v. Pharm. Regensburg
Schleip Adolph Pharm. Kusel
Schlesinger Stephan Phil. Wörth
Schlink Frz. Jos. Pharm. Aschaffenburg
Schmädel August von Phil. München
Schmalix Franz Xaver Chir. Brunn
Schmid Gustav Jur. Pfarrkirchen
Schmid Ludwig Phil. Günzburg
Schmidbauer Joh. B. Phil. Burghausen
Schmidt Ludwig Jur. Augsburg
Schmitt Valent. Forstw. Aschaffenburg
Schmitt Vitus Theol. Beiharting
Schneider Anton Phil. Hilpoltstein
Schneider Friedrich Jur. Bamberg
Schneider Michael Phil. Apfeltrang
Schneller Karl Pharm. Heidenheim
Schnidtmann Paul Theol. Friedberg
Schnurbein Mrk. Bar. v. Jur. Augsburg
Schöberl Johann Phil. Nürnberg
Schönhueb Karl Bar. v. Phil. Roding
Schönwerth Xaver Philol. Amberg
Schregle Joseph Phil. Aystetten
Schreiber Friedrich Theol. Wallerstein
Schröder August Ferd. Jur. Glückstadt
Schüller Franz Jos. Theol. Holzweiler
Schüttinger Jakob Jur. Bamberg
Schütz Johann Bapt. Jur. Haidhausen
Schuster Georg Theol. Litzendorf
Schuster Peter Phil. Augsburg
Schwaab Fritz Jur. Miltenberg
Schwaicker Georg Phil. Kelheim
Schwauzer Franz Ser. Phil. Radmoos
Schwarz Joseph Forstw. Wollnberg
Schweden Franz Theol. Düsseldorf
Schweikle August Cam. Stuttgart
Schweinberger Joseph Ludwig Phil.
    Buttenwiesen
Schwerdtfeger August Jur. Wensien
Sedelmair Edm. Ritter v. Jur. München
Sedlmair Frz. Xav. Phil. Weihmörting
Seitz Joseph Phil. Dillingen
Semmelbaur Friedrich Pharm. Baben-
    hausen

17*

Sendlbeck Georg Phil. Amberg
Sendtner Theodor Phil. München
Seyler Nikolaus Theol. Contwig
Siekenberger Franz Cam. Weiherhof
Siegfried Alfred Jur. Carbon
Sienner Joh. Ev. Forstw. Regensburg
Sienner Joseph Forstw. Regensburg
Sigritz Heinr. von Jur. Reigersbeuern
Söldner Karl Pharm. München
Spandau Ferdinand Bergw. Bayreuth
Spatz Ludwig Bauw. Speyer
Speth Wilhelm v. Forstw. Mergentheim
Spöckner Martin Phil. Altötting
Spöhrer Gregor Phil. Waidhaus
Stabl Joseph Jur. Bodenwöhr
Stadlmair Karl Theol. Coblenz
Stampfl Joseph Phil. Attenkirchen
Staudigl Michael Theol. Aumühl
Stefennelli Alfr. v. Pharm. Stadtamhof
Steger Xaver Phil. Eichstädt
Stegherr Ferdinand Jur. Augsburg
Steiger Mathias Theol. Laugna
Steiner Joseph Med. Schwyz
Steiner Michael Phil. Hoheufels
Stiessberger Karl Phil. Eichstädt
Stöcklmayr Gg. Ulrich Theol. Deining
Stotz Dominik Phil. Obergünzburg
Stramer Heinrich Jur. Roth
Stransky Karl Bar. v. Phil. München
Strassmayr Jos. Ant. Theol. Inchenhofen
Straub Georg Seb. Theol. Alsterweiler
Strebel Adolph Phil. Ansbach
Stritzl Wilhelm Phil. München
Strübi Joseph Phil. Henau
Suntheim Clemens Phil. Moosbach
Suter Jakob Med. Mastrils
Tambacopulos Johann Jur. Athen
Taucher Baptist Forstw. Nittenau
Tautphoeus Franz v. Phil. Lindau
Tettenhammer Frz. Jur. Weihmörting
Thalhauser Michael Phil. Aholming
Trösch Anton Phil. Stamsried
Trummer Sebast. Theol. Mitterteich
Tuppert August Med. Wunsiedel
Ubel Christian Jur. Grünstadt
Uhl Gregor Phil. Grafertshofen
Uhland Ernst Pharm. Ludwigsburg
Ullersberger Ludwig Jur. München
Urban Franz Phil. Tölz
Utz Adolph Phil. Buttenwiesen
Veith Isaak Med. Steppach
Vierling Hubert Theol. Mainz

Vogel Camill Jur. Ulm
Voglbeer Georg Phil. Sünching
Vonwiller Ulrich Med. Malans
Waanders Herrm. Bernh. Med. Almelo
Wack Georg Phil. Regensburg
Walther Friedrich Phil. München
Weber Ludwig Philipp Phil. Hamburg
Wehrmann Johann Gg. Phil. Amberg
Weichselgartner Mch. Phil. Teisbach
Weinhart Franz Phil. Bergen
Werner Ernst Phil. Bayreuth
Werner Herz Philol. Niederwerrn
Weiss Sebastian Theol. Fürstenfeldbruck
Weiss Xaver Phil. Cham
Weiss Xaver Phil. München
Weissler Mathias Phil. Kempten
Weizenbeck Karl von Phil. München
Weixler Johann Phil. Kempten
Welsch Otto Phil. München
Westernach Bar. Ant. v. Jur. Kronburg
Wiedemann Frz. Xav. Phil. Günzburg
Wiedenhofer Franz Jur. Neustadt
Wichmann Wilhelm Jur. Paderborn
Wihrler Martin Phil. München
Wild Karl Phil. Neunburg
Wildt Wilhelm Med. Eichstädt
Wilhelm Karl Pharm. Augsburg
Wimmer Anton Pharm. Passau
Wimmer Friedrich Phil. Weilheim
Winkher Joseph von Phil. Landshut
Winkler Ferdinand Phil. Stammsried
Winkler Mathias Phil. Eichstädt
Wirth Martin Theol. Burggrumbach
Wittmann Joh. Med. Cham
Wohnlich Georg Phil. Murnau
Wolf Franz Chir. Auerbach
Wolf Joh. Baptist Phil. Rennertshofen
Wulf Theophil Jur. Hohenhütten
Wulffen Karl Bar. von Philol. München
Yberle Joseph Kilian Jur. Lengenfeld
Zaischner Joh. Paul Forstw. Regensburg
Zaus Valentin Phil Mehlmeisl
Zieglwalner Karl Phil. Eichstädt
Zierl Joseph Phil. Furth
Zimmermann Hyacinth Jur. Lauingen
Zimmler Wilh. Lothar Cam. Nürnberg
Zinder Pet. Paul Theol. Pfaffenhausen
Zinsler Joseph Phil. Thalhofen
Zöllner Martin Phil. Schesslitz
Zoller Ulrich von Jur. Memmingen
Zwirglmaier Alois Phil. Altötting

1841—1842

Rector DXCIII Adam OBERNDORFER

Adler Karl Phil. Speier
Albertis Spiridion Med. Athen
Albrecht Adam Jur. Bamberg
Albrecht Lorenz Forstw. Pforzen
Allfeld Philipp Phil. München
Ammer Mathias Theol. Windhag
Am Rhyn Leopold Friedr. Jur. Luzern
André Karl Theodor Jur. Roth
Andrelang Sebastian Phil. Au
Angerer Franz Ser. Phil. Frassdorf
Anton Heinrich Phil. Hochheim
Aubert Johann Med. Murten
Auer Anton Phil. Jungenau
Auer Max von Phil. München
Bachofen v. Echt Johann Baptist Jur. Coblenz
Bader Valentin Phil. Weissenhorn
Bär Karl Jur. München
Barth Emil Jur. Augsburg
Bauer August Pharm. Regensburg
Bauer Eduard Theol. Roding
Bauer Gottlieb Phil. München
Bauer Gustav Conrad Math. Augsburg
Bauer Sigmund Phil. Regensburg
Baumann Anton Forstw. Roding
Baumann Joseph Phil. Rain
Baumann Otto Phil. Augsburg
Baumgartner Ant. Theol. Moosburg
Baur Joseph Pharm. Oberhausen
Bayer Johann Nepomuk Phil. Kastl
Bayerl Alois Phil. München
Blank Joseph Jur. Kempten
Braun Wilhelm Pharm. Cham
Braun Wilhelm Jur. Obernburg
Braunmühl Philipp v. Phil. München
Beck Joseph Phil. Rosenheim
Benz Joh. Gg Chir. Kloster Birkenfeld
Berger Rudolph Jur. Offenburg
Berger Stephan Phil. Unteröhlkofen
Berglmayr Joseph Phil. Orthofen
Bernhard Leonhard Phil. Babenhausen
Hertelmann Joseph Theol. Altenstadt
Beyrer Franz Xaver Phil. Thaunhausen
Brendel Ludwig Arch. Erlangen
Brenken Reinhard Baron von Jur. Erpernburg
Biber Max Phil. Krumbach
Bierdimpfel Ludwig Phil. München
Biller Johann Baptist Phil. Berching
Binswanger Elieser Med. Osterberg
Böck Oskar von Phil. München
Boll Michael Theol. Heideck
Bongart Ludwig Freiherr von Jur. Paffendorf

Boveri Albert Phil. Bamberg
Boxler Andreas Phil. Wildpoldsried
Buchele Johann Nepomuk Phil. Mörslingen
Brunner Michael Phil. München
Buchhofer Mathias Med. Rain
Bücher Theodor Jur. Cam. Neuhof
Burkhard Xaver Phil. Gundelfingen
Burkhardt Karl Med. Kannstadt
Buschhausen August Theol. Ratingen
Castell Karl Phil. München
Charamy Demeter Phil. Odessa
Crailsheim Feodor von Jur. Ansbach
Cucumus Franz Ser. Phil. Neuburg
Curti Ulrich Karl Jur. Rapperschwyl
CZARTORYSKI Witold Prinz Phil. Paris
Damm Augustin Jur. Germersheim
De Bruyn Eduard Forstw. München
De Crignis Johann Baptist Pharm. Kaufbeuren
Deschler Frz. Jos. Phil. Oberreitnau
Deissböck Eduard Phil. München
Dexl Caspar Phil. Maisach
Durglai Johann Baptist Phil. Disentis
Eberl Wolfgang Joh. Theol. Landshut
Ederer Joseph Phil. Friedensried
Egger Johann Phil. Hausen
Ehrensberger Clem. Phil. Amberg
Eichberger Joseph Theol. Hofstetten
Eichthal Bernhard Freiherr von Phil. München
Eigelsperger Jak. Theol. Augsburg
Elmiger Cölestin Med. Reiden
Enderer Max Phil. Plattling
Endl Matthäus Phil. Emertsham
Englhard Jakob Phil. Ingolstadt
Englhart Jakob Phil. Straubing
Englmann Franz Phil. Kirchendiemenreuth
Epple Wilhelm Phil. Altötting
Erd Jakob Phil. Simbach
Erl Michael Phil. Oberaudorf
Eser Anton Phil. Eichstädt
Federmann Heinrich Phil. Oettingen
Feger Joseph Jur. Amberg
Feldhaus Wilhelm Theol. Steppenberg
Felser Wilhelm Phil. Ering
Feust Leopold Phil. Fürth
Fischer Karl Jur. Bamberg
Fischer Johann Franz Jur. Würzburg
Fischer Johann Nepomuk Phil. Cham
Fischer Stephan Phil. Lentau
Fischhold Frz. Ser. Phil. Walpersdorf
Foag Johann Bapt. Theol. Neuweiler

Fohr Joseph Med. Ransbach
Forster Joh. Nep. Phil. Babenhausen
Freundorfer Baptist Phil. München
Freyberg Max Bar. v. Phil. München
Freyseng Heinrich Phil. Godramstein
Friederich Ludwig Phil. München
Friederich Wilhelm Phil. München
Friedl Alois Chir. Tapfheim
Friedlein Karl Pharm. Ulm
Friedrich Friedrich Pharm. München
Fries Andreas Theol. Augsburg
Friesenegger Joh. Nepom. Pharm. Landsberg
Fröhlich Joseph Phil. Landshut
Fröhlich Wilhelm Pharm. München
Frohschammer Jakob Phil. Illkofen
Fruhstorfer Franz Pharm. Passau
Fuchs Jakob Theol. Gladbach
Fürstenwärther Otto Baron von Phil. Gern
Gareis Joseph Phil. Pfreund
Gebhart Nepomuk Phil. Kempten
Gebler Alois Theol. Augsburg
Geiger Karl Phil. Schwabmünchen
Geisenhof Karl Phil. Füssen
Geisenhof Rudolph Max Med. Füssen
Geisler Karl Phil. Zeisertshofen
Gendre Frederico Jur. Freiburg
Gentil Franz Jos. Phil. Aschaffenburg
Gernandt Karl Jur. Mannheim
Gerstmayr Georg Med. Dillingen
Geuder Karl Friedrich Eugen Baron von Forstw. Nürnberg
Giessl Wilhelm Phil. Bamberg
Gossenz Kaspar Pharm. Augsburg
Gossmann Anton Indust. Bamberg
Gouban Max Phil. München
Grabler Kaspar Phil. Adelshausen
Gränhoff Heinrich Jur. Münster
Graser Franz Jur. Amberg
Grashey Heinrich Forstw. Günzburg
Grass Philipp Med. Alzey
Grazioli Max Pharm. München
Greck Anton Theol. Dillingen
Greil Franz Max Theol. Oberbreitenau
Greiml Joseph Med. Aufhausen
Griessenbeck Max Baron von Jur. München
Griessmayer Joh. Bapt. Jur. Neuburg
Grotemayer Albert Jur. Münster
Grueber Christ. Sigm. Phil. Ansbach
Grünwald Georg Phil. München
Gumbart Heinrich Jur. Schweinfurt
Gumposch Joseph Phil. Lamerdingen
Gundlfinger Karl Pharm. Aichach
Günther Georg Jur. Amberg
Gugel Friedrich Phil. Zweibrücken
Guttenberg Karl Baron von Phil. Kulmbach

Haader Michael Phil. Gebenhofen
Hacker Johann Baptist Phil. München
Hackius Ferd. Andr. Joh. Jur. Altona
Häffner Ernst Jur. Weissenstadt
Härtl Franz Seraph Phil. Pauluszell
Hafensteiner Phil. Phil. Waldenbach
Haide Joseph Jur. Ziemetshausen
Hamm Leonard Jur. Cam. Köln
Handschuh Alfred Phil. München
Hassold Ludwig Pharm. Gunzenhausen
Haubenschmid Ant. Phil. Baierbach
Hauser Arnold Med. Auwangen
Hauser Augustin Med. Lax
Hausmann Max Jur. München
Hayd Benno Forstw. Altötting
Hebendanz Martin Forstw. Eichstädt
Heffels Rudolph von Phil. München
Hegele Rupert Theol. Wartenberg
Heiligenstein Conrad von Phil. München
Heinrich Otto Jur. Augsburg
Held Marzell Phil. Allershausen
Helm Philipp Bergfach Birkenfeld
Heller Joseph Jur. Waldmünchen
Hellmuth Joh. Bapt. Phil. Neuburg
Henle Otto Pharm. Regensburg
Hertel Karl Jur. Nürnberg
Herwig Karl Forstw. Wörth
Hessenauer Leonhard Pharm. Schillingsfürst
Hettlingen Anton von Jur. Schwyz
Heydeumiller Ernst Jur. Monheim
Heydenreich Ludwig Phil. Speyer
Hierl Eduard Forstw. München
Hierl Karl Phil. Landshut
Hillebrand Peter Phil. Trier
Hilz Johann Michael Pharm. Passau
Hilz Simon Forstw. Landshut
Hirsch Heinrich Phil. Kriegshaber
Hirschberg Karl Forstw. Oberndorf
Hirschmann Joseph Jur. Falkenfels
Hitzl Joseph Phil. Trauchgau
Höhenegger Franz Karl Pharm. Memmingen
Hörner Anton Phil. Schönberg
Höss Johann Baptist Jur. Dachau
Höss Joseph Phil. Ebersberg
Hofbeck Joseph Phil. Weidenwang
Hofmann Christoph Friedrich Math. Feuchtwangen
Hofmann Conrad Phil. Bamberg
Hofmann Max Phil. München
Hofmarksrichter Joh. Phil. Metten
Hoiss Andreas Jur. München
Horn Albrecht Pharm. Regensburg
Horner Joseph Phil. Eglfing
Huber Mathias Phil. Leitenbach
Huber Xaver Phil. Eching
Jacob Damian Phil. Rehling

Jacobi Robert Phil. Kempten
Jechtl Georg Phil. Pempfling
Jemiller Peter Phil. Augsburg
Jmhof Rupert Bar. v. Phil. Salzburg
Jnglen Ludwig Cam. Luxemburg
Jocham Wendelin Phil. Immenstadt
Jost Friedrich Theol. Hattersheim
Jungbauer Cajetan Phil. Straubing
Jungermann Karl Jur. Passau
Käser Emanuel Phil. Rossbach
Kahn Herrmann Phil. Burgpreppach
Kammmerer Simon Phil. Gammelsdorf
Kurlstätter Joseph Jur. Passau
Kaufinger Peter Phil. Wielenbach
Keckenberger Jakob Phil. Steeg
Kellermann Paul Jur. Heringnohe
Ketteler Wilh. Frhr. v. Theol. Münster
Kiendl Joseph Phil. Straubing
Kiermayer Karl Phil. München
Kiermayr Alois Forstw. Landau
Kilian Robert Jur. Mannheim
Kinn Heinrich Forstw. Reichenhall
Kirschner Heinr. Forstw. Seibelsdorf
Kitzing August Pharm. München
Klahold Eberhard Theol. Paderborn
Klee Georg Jakob Jur. Zweibrücken
Klemann Georg Albert Jur. Heldenheim
Klemm Franz Xaver Phil. München
Klenze Ludwig von Phil. München
Klinger Heinrich Phil. Rattelsdorf
Klöck Karl Phil. Thannhausen
Kuler Franz Phil. München
Knözinger Anton Phil. Ebersberg
Kobler Anton Phil. Grub
Kölbl Franz Sales Phil. Hechenwang
König Joseph Phil. Tattenberg
Körbling Georg Phil. Regensburg
Köstler Johann Bapt. Phil. Ereising
Kohler Joseph Phil. München
Kolmsperger Franz Xaver Phil. Berg
Konstamm Moses Phil. Niederwerrn
Knorr Karl Phil. München
Krabinger Theodor Theol. München
Krammetsvogel Frz. Phil. Sittenbach
Kraus Christian Phil. Rinzingen
Kraus Michael Forstw. Ziegenmühl
Krause Ernst Phil. München
Krausa Karl Forstw. Selb
Kremer Joseph Med. Limburg
Kress Peter Phil. München
Kretz Georg Phil. München
Krüll Friedrich von Phil. Straubing
Krumbach Franz Phil. Freising
Kugler Johann Jur. Cam. Kemnath
Kugler Joseph Jur. Dillingen
Lacher Xaver Forstw. Ziemetshausen
Lämmle Franz Xaver Phil. Kempten
Lullinger Ernst Jur. Burghausen

Lang Johann Conrad Med. Schaffhausen
Leuprand Joseph Phil. Landshut
Leydig Franz Phil. Rothenburg
Liegel Fried. Ferd. Math. Wernigerode
Lindenmayer Max Phil. Amberg
Lindner Wilhelm Pharm. Degglugen
Licius Peter Phil. München
Lippl Karl Phil. München
Löw Eugen Phil. Speyer
Löw Wilhelm Pharm. Redwitz
Lorinser Franz Theol. Oppeln
Macedo Joachim von Jur. Rio Janeiro
Maier Franz Phil. München
Maier Joseph Phil. Arnbach
Maier Joseph Phil. Monheim
Markl Friedrich Alexand. Jur. Ansbach
Marx Georg Pharm. Schongau
Mattenheimer Karl Phil. München
Maurer Johann Phil. Contwig
Mayer Andreas Theol. Landshut
Mayer Eduard Pharm. Fürth
Mayer Fidel Phil. Dunningen
Mayer Heinrich Gottfried Constantin Forstw. Mauren
Mayer Heinrich Jur. Tirschenreuth
Mayer Ludwig Phil. München
Mayer Philipp Phil. Augsburg
Mayerhofer Karl Med. München
Mayr Alois Phil. Blindheim
Mayr Leonhard Phil. Straubing
Mayr Martin Jur. München
Mehlem Eugen von Phil. München
Meirhofer Joseph Phil. Kaufbeuren
Meixner August Phil. München
Memminger Adalbert Jur. Ansbach
Mergott Karl Pharm. Giessen
Merian Emanuel Pharm. Basel
Mertens Lor. Fr. Theol. Schiefenbahn
Messerer Georg Phil. München
Metaxas Peter A. Jur. Athen
Mey Karl August Med. Zürich
Meyer Arnold Med. Sitterhof
Meyer Krl. Heinr. Pharm. Bremerwörde
Meyer Renward Jur. Luzern
Micheler Johann Phil. Nettershausen
Mitterhuber Julius Phil. Mühldorf
Modrach Friedrich Pharm. Bayreuth
Monn Anton Phil. München
Morett Anton Jur. Straubing
Moroff Johann Salom. Nik. Math. Hof
Mossmayr Gustav Phil. Kempten
Mühlbauer August Phil. München
Müller Anton Med. Wyl
Müller August Phil. München
Müller Jakob Indust. Wunsiedel
Müller Karl Jur. Neustadt
Müller Max Phil. Augsburg
Nees Franz Jur. Aschaffenburg
Nenning Joseph Jur. Lauingen

Netzsch Georg Pharm. Selb
Nero Otto Pharm. Bamberg
Neudecker Jakob Jur. Wörnstorf
Neumaier Ludwig Pharm. Straubing
Neumann Gustav Pharm. Fulda
Nickl Max Phil. Kempten
Niclas August Phil. Garmisch
Nolde Friedrich Phil. Passau
Nuber Georg Phil. Lindau
Obermüller Georg Phil. München
Ochs Franz Peter Joh. Theol. Bamberg
Occonomides Basilius Jur. Nauplia
Oertel August Phil. Ansbach
Oftinger Jakob Phil. Zurzach
Ortler Joseph Med. Vilshofen
Orygonis Eugen Phil. Athen
Palmano Anton Pharm. Freising
Pappenheim Clemens Graf von Phil. Augsburg
Peiffer Paul Joseph Theol. Cöln
Penzinger Johann Mich. Phil. Eglfing
Perfall Karl Frhr. von Phil. München
Pettenkofer Max Med. Lichtenheim
Petz Franz Ser. Theol. Arnstorf
Pfaffenzeller Karl Phil. München
Pfaffenzeller Rudolf Theol. München
Pfetten K. Theod. Bar. v. Phil. Arnbach
Pflieger Georg Phil. Plankstetten
Pirngruber Gabr. Phil. Berchtesgaden
Plendl Joseph Phil. Aufhausen
Plochmann Jul. Jur. Grosshabersdorf
Plöderl Joseph Theol. Freysing
Popp Johann Theol. Cronach
Popp Wolfgang Jur. Bayreuth
Potzler Johann Phil. Burgau
Prasser Hermann Phil. Burgau
Prévault Viktor Med. Abilly
Prugger Alexand. Jur. Schrobenhausen
Puschkin Alexander Phil. München
Quadt-Isny Friedr. Graf v. Jur. Isny
Rasshofer Joh. Bapt. Pharm. München
Rauch Mathias Theol. Marzellstetten
Rauh Conrad Landw. Offenbach
Redwitz Karl von Forstw. Bayreuth
Redwitz Oskar Frhr. v. Phil. Speyer
Rehm Blasius Forstw. Bergheim
Rehm Joseph Theol. Glottwang
Reicheneder Ludwig Phil. Eichstädt
Reisch Nikolaus Phil. München
Reiter Ernst Theol. Arnsberg
Reithmayr Johann Nep. Phil. München
Reithmeyer Mathias Phil. Altötting
Reitmair Franz Xav. Phil. Türkheim
Renner Alois Phil. Beilngries
Richter Edmund Phil. München
Richter Xaver Phil. Buchbach
Rieder Joseph Jur. Thurnau
Riesch Friedrich Jur. Kelheim
Rimpau Werner Jur. Braunschweig

Röbe Hubert Viktor v. Jur. Saarbrücken
Römer Theodor Phil. Zweibrücken
Rösle Mathias Phil. Hürben
Rösler Hieronymus Jur. Weiden
Rohrmüller Joseph Phil. Regensburg
Rommel Karl Ludw. Pharm. Merklingen
Roos Jakob Jur. Kaltbrunn
Roth Johann Jur. Regensburg
Rückel Matthäus Med. Bamberg
Rümelin Eberhard Pharm. Heilbronn
Rumpf Johann Bapt. Phil. Eichstätt
Sartorius Frz. Gust. Phil. Germersheim
Schäfer Ludw. Wilh. Pharm. Wallerstein
Schärl Rudolph Phil. München
Schanz Karl Phil. Melching
Scheidweiler Moriz Karl Joseph Theol. Engers
Schelhaas Adolph von Jur. Bamberg
Schellhorn Sigmund Jur. Augsburg
Scherer Heinrich von Phil. München
Scherer Johann Med. Hochdorf
Scheuermayer Alois Phil. Bittenbrunn
Schidermayr Gustav Jur. Geltolfing
Schiessl Max Forstw. Regensburg
Schlicht Karl Jur. Ansbach
Schlör Joseph Phil. Hellziehen
Schlössl Karl Phil. Amberg
Schlund Joseph Phil. Wallerstein
Schmalbein Bernh. Cam. Leichlingen
Schmauss Joh. Mich. Jur. Regensburg
Schmid Friedrich Phil. Oberndorf
Schmid Otto Pharm. München
Schmidbauer Johann Phil. München
Schmidbaur Mathias Phil. Feldkirchen
Schmidt Baptist Phil. Forchheim
Schmising-Kerssenbrock Graf Friedrich Leopold Jur. Cam. Münster
Schmitz Wilhelm Phil. Eichstädt
Schmuck Jakob Phil. Laufen
Schneider August Phil. Edenkoben
Schnell Max Phil. Sigmaringen
Schön Eugen Phil. München
Scholl Andreas Pharm. Brandenburg
Schreyer Joseph Jur. Ebnath
Schrön Friedrich Forstw. Hof
Schütz Johann Baptist Pharm. Pforzen
Schuhgraf Heinrich Jur. Abensberg
Schultheiss Joh. Bpt. Phil. Kaufbeuren
Schulz Franz Lorenz Jur. Bamberg
Schwab Bernhard Med. Grünstadt
Schwägerl Joh. Bapt. Theol. Freising
Schwarz Anton Phil. Berg
Schweiger Alois Phil. Manching
Schweinsteiger Franz Xaver Phil. Burgheim
Schwerdtfeger Eduard Pharm. Memmingen
Schweykart Joseph Phil. Neuburg
Schwingsack Joh. Theol. Augsburg

Seebauer Joseph Phil. Zeilldorf
Seitz Xaver Phil. Murnau
Sellmayr Theodor Jur. Passau
Setz Sebastian Phil. Straubing
Sighart Joachim Phil. Altötting
Sigmund Hugo Phil. München
Sobeck Max Pharm. Altötting
Späth Karl Phil. München
Spanaus Johann Phil. München
Spies Philipp Phil. Regensburg
Spiess Michael Jur. Daissmauer
Stabl Joseph Jur. Bodenwöhr
Stadler Michael Phil. Abstorf
Stauber Anton Peter Phil. Kolmstein
Steger Ludwig Jur. München
Steinle Adolph Phil. Edelstetten
Stelzer Roman Phil. Trillfingen
Stengel Heinrich Phil. Bamberg
Stenger Stephan Jur. Goldbach
Sterr Joseph Theol. Pilsting
Streng Joseph Pharm. Burglengenfeld
Strobl Joseph Jur. Ensdorf
Ströhl Ludwig Phil. Landshut
Ströll Simon Forstw. Pfaffenhofen
Sturm Johann Bapt. Theol. Metten
Suckart Xaver Phil. Lukahammer
Tessari Robert Phil. Augsburg
Thalhauser Georg Phil. Cham
Théato Johann Peter Phil. Luxemburg
Thiersch Ludwig Phil. München
Thomas Peter Theol. Neumagen
Thurn Ferdinand Jur. Lauf
Tretzel Georg Simon Jur. Sulzbach
Trombetta Nikolaus Theol. Trier
Tröltsch Christian Baron von Phil.
  Bamberg
Überreiter Eman. Jos. Jur. Moosburg
Uhlemayr Alois Phil. Leitenberg
Uhlmann Heinrich Med. Amberg
Ullersperger Ludwig Jur. München
Unsin Joseph Alois Phil. Kaufbeuren
Unterperger Eduard Phil. Laufen
Unold Sigm. Adam v. Phil. Memmingen
Valenthorn Joseph Theol. Grotewiese
Veicht Andreas Phil. Klingen
Veith Isaac Med. Steppach
Velasco Ant. Ludw. v. Phil. München

Wachter Aug. Wilh. v. Jur. Memmingen
Wacker Sebastian Alexand. Ant. Phil.
  Nekarbischofsheim
Wagner Anton Phil. München
Wagner Georg Jur. Laibling
Waidhaas Anton Phil. Mähring
Weber Bernhard Phil. Landshut
Weber Karl Friedr. Wilh. Jur. Leinburg
Weber Ludwig Phil. Hollenbach
Weber Ludwig Pharm. Amberg
Weber Max Phil. München
Weber Roman Pharm. Starnberg
Weckert Franz Joseph Jur. Wallerstein
Wegmayer Johann Baptist Forstw.
  Michelsbuch
Wehner Gottl. Klaus Archit. Meiningen
Wehnert Albert Med. Bukarest
Weichselbaumer Seb. Phil. Immelberg
Weigel Albert Pharm. München
Wein Joh. Baptist Phil. Burglengenfeld
Weinbach Max von Jur. Würzburg
Weinhart Benedikt Theol. Kempten
Weinmayer Johann Cam. Regensburg
Weiss Adam Phil. Schweinsham
Weiss Christian Phil. Pless
Weiss Julius Jur. Kaiserslautern
Weiss Moriz Pharm. Pappenheim
Wenning Xaver Phil. Erding
Wenzl Joseph Phil. Passau
Widmann Eduard v. Jur. Holzhammer
Wiebeking Friedrich Phil. München
Wiedemann Fidel Phil. Hopfenbach
Wild Joseph Forstw. Passau
Wilhelm Karl Pharm. Augsburg
Will Franz Phil. Dingolfing
Winhard Johann Phil. Eitesheim
Winkler Georg Phil. Traunstein
Wirth Ernst Jur. Waiblingen
Wolff Anton Pharm. Dillingen
Würth Hermann Pharm. Leipheim
Zahler Leopold Phil. Achenthal
Zeitlmayer Jos. Phil. Stephansposching
Ziegelwallner Joseph Phil. München
Zill Georg Jur. Meckenheim
Zink Stephan Phil. Neuses
Zirngibl Joseph Phil. Straubing
Zollikofer Johann Nep. Theol. Waal

1842—1843

Rector DXCIV Andreas BUCHNER

Adler Johann Phil. Pfaffenhofen
Ahrens Ad. Hug. Wilh. Phil. Augsburg
Aichmayr Vinzenz Phil. München
Aigner Joseph Phil. Landau

Albrecht Joseph Johann Phil. München
Alt Wilhelm Pharm. Oberndorf
Althamer Eduard Phil. Kastl
Altzenböck Joseph Jur. Geisenhausen

Freytag Andreas Jur. Schlesslitz
Fritz Franz Jur. Zellingen
Fröhlich Pascal Theol. Eupen
Frühling Joseph Phil. Untermeitlingen
Fuchs Anton von Forstw. München
Fuchs Johann Phil. Ingolstadt
Fugger-Blummenthal Graf Eberhard Phil. Blumenthal
Fugger-Glött Ernst Graf von Phil. Glött
Gadmer Gaudenz Jur. Graubündten
Gaibinger Andreas Phil. Au
Gattinger Constantin Phil. München
Gayer Hermann Fr. Phil. Sigmaringen
Geiger Karl Phil. Immenstadt
Gerber Georg Phil. München
Gerlinger Johann Bapt. Phil. Passau
Gian Alexander von Med. Bottoschan
Glaser Johann Forstw. Esslarn
Glatzau Christian Phil. Wiesbaden
Glöggler Anton Phil. Rettenbach
Gockel Ferdinand Theol. Büren
Göttner Joseph Phil. München
Götzl Wilhelm Phil. Schweinfurt
Gogg Pius Phil. Biberach
Graf. Wilhelm Phil. München
Grafenberger Philipp Phil. Abensberg
Gresbeck Vinzenz Nepomuk Phil. Hohenkammer
Griessmayer Joh. Bpt. Jur. Neuburg
Gruber Albert Phil. Tölz
Gruber J. Georg Theol. Kaltbrunn
Habbel Franz Anton Theol. Affeln
Habersbrunner Johan Nepom. Phil. Gainstorf
Hacker Karl Phil. Ebersberg
Häcker Philipp Jur. Rothenfels
Hässely Hermann Theol. Rheinfelden
Hager Franz Phil. Untertraubenbach
Haindl Eugen Phil. München
Haindl Ludwig Phil. München
Hammel Remiglus Theol. Metzerlen
Hartmann Christ. Theol. Aschaffenburg
Hartmann Joseph Phil. München
Hartwagner Michael Phil. Deggendorf
Hauber Thomas Phil. Lengfried
Hauser Joseph Jur. Rettenbach
Heck Friedrich Phil. Zweibrücken
Heil Hugo Phil. Bamberg
Hellmayer Joseph Phil. München
Heimbrod Karl Franz Xaver Theol. Heiligenstadt
Hein Johann Mich. Theol. Oberlauken
Heindl Ernst Fried. Forstw. Eichhofen
Heinle Andreas Jur. Schwäb. Gmünd
Heinsberg Kaspar von Jur. Linn
Heller Rudolph Phil. Amorbach
Helmberger Mich. Theol. Regenstauf
Henke Heinrich Theol. Paderborn

Herfeldt Joseph Jur. Neuburg
Herold Wilhelm Jur. Regensburg
Hetzel Anton Philol. Ottenbach
Herzog Joseph Jur. Mindelheim
Hieber Joseph Phil. Mindelheim
Hillebrand Edmund Phil. Trier
Hiller Alois Forstw. Bamberg
Hiltensberger Joh. Phil. Hopferbach
Hirschberg Christian Karl von Phil. Kaibitz
Hitz Augustin Phil. Schellingsfürst
Hitzler Georg Phil. Hernetsried
Höchstetter Johann Pharm. Cham
Hörl Andreas Phil. Schalldorf
Hörmann Max v. Bergw. München
Hoffmann Johann Phil. Freising
Hofinger Adam Phil. Eichstädt
Hofmann Joseph Phil. Donauwörth
Hofmarksrichter Joh. Phil. Metten
Horn Johann Baptist Jur. Neuhaus
Hornthal Ludwig v. Phil. Bamberg
Hotz Anton Phil. Mitten
Huber August Phil. Wellheim
Huber Bernhard Phil. Ergertshausen
Hultsch Ludwig Phil. Passau
Huwer Max Phil. München
Jäger Joseph Phil. Hengersberg
Jehlin Joseph Jur. München
Jocham Wendelin Phil. Rieden
Jung Kaspar Jur. Hirschaid
Junker Friedrich Phil. Albersweiler
Käufl Michael Phil. Hahnbach
Kalb Andreas Phil. Fürstenfeldbruck
Kallen Heinrich Anton Theol. Neuss
Kammerhuber Joseph Cam. München
Keiser Martin Anton Jur. Zug
Kempf Karl Phil. Grafertshofen
Kerling Joseph Theol. Meckenhausen
Kern Joseph Phil. Nymphenburg
Ketteler Richard Freiherr von Theol. Harkotten
Kiefer Andr. Phil. Grosskarolinenfeld
Kitt Heinrich Phil. München
Klein Julius Phil. Amorbach
Kliebenschedel Edm. Forstw. München
Knaps Karl Phil. Blieskastel
Kneip Wilhelm Theol. Elturf
Knorr Martin Phil. Eggolsheim
Koch Georg Friedrich Med. Ungstein
Kölbl Franz Phil. Landshut
Kölbl Jakob Phil. Neumarkt
Köpf Johann Nepomuk Phil. Anhausen
Körschen Johann Theol. Verberg
Kohlschreiber Ferd. Phil. Windischeschenbach
Koller Konrad Phil. München
Kollmann Ludwig Phil. Holzheim
Konstantinides Joh. Phil. Andros
Kopp Franz Jur. Aschaffenburg

Krafft Friedrich Phil. Ingolstadt
Kranzbühler Karl Jur. Speyer
Krapp Anton Phil. Bamberg
Kratzer Franz Xav. Phil. Gaimersheim
Kriege Hermann Phil. Lienen
Krieger Alois Jnr. Arnstorf
Kröber Emil Archit. Zweibrücken
Kühbacher Albert Jur. Passau
Kulssl Johann Bapt. Jur. Augsburg
Kurz Friedrich Bernh. Phil. Nürnberg
Landmann Pius Phil. München
Lang Friedr. Gottfried Phil. München
Lang Joseph Phil. München
Lang Karl Pharm. Ebersberg
Langenheim Friedrich Wilhelm Jur.
  Schleswig
Langsdorff Otto v. Cam. Hoffenheim
Lauth Joseph Philol. Arzheim
Lechner Johann Phil. Maluburg
Lehner Peter Phil. Recksperg
Leibinger Anton Phil. Straubing
Leiner Otto Phil. Passau
Leinfelder Franz Phil. München
Lengel Joseph Phil. Eichstätt
Leuch August Pharm. Bern
Lex Ludwig Phil. Englburg
Lidl Thomas Phil. Sauerlach
Lindig Otto Pharm. Amberg
Lingg Hermann Med. München
Linhard Cajetan Phil. Schrobenhausen
Lipf Franz Xaver Phil. Messing
Lipowsky Felix Phil. München
Lipps Karl Philipp Pharm. Mutterstadt
Lobenz Max Forstw. Schönberg
Lobenz Max Phil. Schönberg
Lodron Constantin Graf von Phil.
  Nürnberg
Lössl Johann Phil. Landau
Loiber Max Forstw. Krumbach
Lorenz Friedr. August Phil. Bamberg
Loritz Johann Baptist Jur. Nittenau
Luckner Joseph Phil. Cham
Lüttich Nikolaus Phil. München
Märkl Ignaz Phil. Amberg
Maierhofer Johann Nepomuk Phil.
  Rennertshofen
Maltz Karl Phil. Bayreuth
Mandl Ludwig Frhr. von Phil. Tüssling
Mantel Julius Forstw. Kronach
Martin Johann Theol. Faulbach
Mayer Ludwig Theol. Augsburg
Meyerle Johann Georg Phil. Neuburg
Mayr Franz Paul Phil. Ebenhofen
Mayr Georg Phil. Zorneding
Mayrrock Joseph Phil. Edelstetten
Mehling Joseph Jur. Hasenlohr
Meier Johann Michael Cam. Zielendorf
Menz Eduard von Phil. Bug
Merckel Gustav Phil. Frankenthal

Metzenauer Baptist Phil. Wailach
Meurer Theodor Cam. Lentenberg
Michel Johann Georg Phil. Westenried
Minges Joseph Phil. Flemlingen
Mösmang Johann Bapt. Phil. Schongau
Moosbauer Friedrich Phil. München
Moser Peter Phil. Leuterschach
Mossmayr Gustav Forstw. Kempten
Müller Johann Baptist Jur. Speyer
Müller Joseph Phil. Breitenberg
Müller Joseph Theol. Oberwaldbach
Müller Julius Phil. Welsenheim
Müller Michael Jur. Aschaffenburg
Müller Peter Jur. Schweinfurt
Müller Wilhelm Phil. Speyer
Mutschler Friedrich Pharm. Esslingen
Nauer Kaspar Med. Dürnten
Nebauer Wolfgang Phil. Zweibrücken
Nenning Joseph Jur. München
Neroutzos Georg Theol. Athen
Neuhauser Johann Phil. Landshut
Neumaier Frz. Jos. Pharm. Freising
Neumann Johann Baptist Forstw.
  Kammersreuth
Neumeyer Joseph Theol. Hailing
Ney Max Phil. München
Niederreiter Karl Phil. Vorstadt Au
Nienburg Wilhelm Phil. Oldenburg
Nies Adolph Phil. Burglengenfeld
Nissl Max Jur. Regensburg
Nothhaft Joseph Phil. Regensburg
Nusch Gustav Jur. Kirchfarrnbach
Nussrainer Cajetan Phil. Egglkofen
Oberdorfer Jakob Jur. Kriegshaber
Obermayer Michael Forstw. Voder-
  buchsberg
Obermayr Joseph Phil. Plattling
Obermüller Joseph Forstw. München
Obermüller Kaspar Phil. Sachareuth
Oischinger Joh. Nep. Theol. Offenburg
Oppermann Heinrich Phil. Regensburg
Ostler Franz Joseph Phil. Sulzberg
Ottensooser Abraham Phil. Baiersdorf
Pappenheim Clemens Graf zu Jur.
  Augsburg
Pasquay Ludwig Phil. Annweiler
Passauer Xaver Phil. Ingolstadt
Patzlsperger Johann Baptist Jur.
  Frauenbiburg
Paulansoff Spiridion Cam. Odessa
Peckert Gottfried Phil. München
Pelargus Karl Jur. Ulm
Peppler Johann Jur. Haimbuchenthal
Peter Hugo von Phil. München
Pfäffinger Anton Phil. Straubing
Pfaffinger Joseph Forstw. Altenmarkt
Pfenfer Sigmund Phil. Bamberg
Philippi Ludwig Cam. St. Johann
Plessen Hellmuth von Jur. Düsseldorf

Pobitzer Seraphin Med. Laatsch
Pongratz Joseph Phil. Stackerskofen
Popp Johann Georg Phil. Zweifelau
Popp Wolfgang Jur. Bayreuth
Preutner Max von Phil. München
Prinzinger Emil Pharm. Zell
Probst Joseph Phil. München
Püls Andreas Jur. Burgkundsteft
Putscher Simpert Phil. Fürstenfeld
Quanté August Phil. Augsburg
Raab Andreas Phil. Sulzbach
Raab August Phil. Rosenheim
Raab Karl Phil. Ellingen
Rahotsch Jakob Phil. München
Rauft Anton Phil. Besenlern
Rapp Georg Phil. Memmingen
Rapp Max Jur. Illertissen
Rechenauer Joh. Paul Phil. Neubeuern
Regauer Peter Phil. Sielenbach
Remm Wilhelm Phil. Straubing
Resenberger Joseph Phil. Natzing
Renner Joseph Paul Ering
Riedl Sebastian Jur. Morgenroth
Riesch August Phil. Kellheim
Ringler Alexander Med. Dillingen
Rist Joseph Anton Archit. Weitenau
Rixner Egid Theol. Augsburg
Räsler Hieronymus Theol. Amberg
Röhlen Joh. Bapt. Theol. Vallendar
Roger August Phil. Niederstoztingen
Rosbach Philipp Jur. Stadtprozelten
Rosenberg Karl Phil. Regensburg
Rosmann Karl Phil. München
Rott Joseph Phil. Loiting
Ruff Joseph Jur. Sulzbach
Saal Gerhard Phil. Speyer
Saalmüller Ferdinand Med. Feldburg
Savoye Joseph Jur. Passau
Schaller Anton Forstw. Gunzenheim
Schels Johann Baptist Chir. Bärnau
Schels Otto Phil. Passau
Schenk Ludwig Forstw. München
Scherer August Taxitwesen Edelsfeld
Scheurl Peter Phil. Bruck
Schieneis Joseph Jur. Amberg
Schiffer Leopold Theol. Düsseldorf
Schilling Baptist Jur. Weischenfeld
Schlecht Willibald Phil. Eichstädt
Schlederer Anton Phil. Helming
Schlosser Joseph Phil. Greifenberg
Schmelzle Simon Phil. Buch
Schmid Johann Nep. Phil. Ingolstadt
Schmidt Heinrich Phil. Neuburg
Schmidt Joh. Gg. Chir. Rückersdorf
Schmidtkonz Joseph Phil. Landau
Schmitt Johann Forstw. Bamberg
Schmitz Heinrich Jos. Theol. Cöln
Schmitz Mathias Theol. Neuss
Schmölz Peter Phil. Felben

Schnedermann Georg Bernhard Jur. Wittmund
Schnediz Joseph Pharm. München
Schneegans Karl Jur. Landshut
Schneider Eugen Phil. München
Schneider G. Eugen Phil. Bamberg
Schöller Anton Phil. Amberg
Schönfessl Karl Phil. München
Schredinger Anton Phil. Passau
Schreiner Conrad Phil. Bayerdilling
Schülein Xaver Med. Bechhofen
Schuh Georg Phil. Nürnberg
Schuhmacher Wilh. Forstw. Beilngries
Schulz Franz Ernst Pharm. Tautenburg
Schuster August Phil. Ansbach
Schwab Andreas Phil. Rögling
Schwanzer Franz Ser. Phil. Haselbach
Sedlmeir Johann Paul Phil. Schwifting
Seibold Ottmar Med. Göllkofen
Seidl Johann Phil. Straubing
Seiler Christoph Jur. Nürnberg
Seiler Wilhelm Phil. Regensburg
Seinsheim Karl Graf von Phil. Regensburg
Sendlbeck Franz Georg Phil. Amberg
Senger Richard Phil. Gansheim
Sigmund Joseph Hugo Jur. München
Sillehner Johann Bapt. Phil. Grafling
Simon Adolph Phil. St. Julian
Skrzynski Ladislaus Phil. Malawa
Sode Wilhelm von Jur. Lemgo
Sonnleitner Math. Forstw. Neukirchen
Soratroy Alexander Jur. Augsburg
Spaur Franz Seraph Graf von Phil. Roggenburg
Speidel Wilhelm Jur. Ulm
Sperger Johann Paul Jur. Rehling
Steffenelli Ludw. v. Phil. Regensburg
Steger Ludwig Rechtsw. München
Stein Julius Phil. Bayreuth
Steiner Wolfgang Jur. Hohenfels
Steinhauer Ludwig Theol. Hagen
Stengel Frdr. Bar. v. Phil. Augsburg
Stengel Leop. Bar. v. Forstw. Bamberg
Stöhr Emil Cam. Lindau
Stölzl Eduard Phil. München
Stolz Joseph Pharm. Bühl
Stotz Dominik Phil. Obergünzburg
Streng Joseph Pharm. Burglengenfeld
Ströver Conrad Theol. Köln
Stückl Joseph Phil. Weilheim
Stury Xaver Phil. Babenhausen
Tangermann Wilhelm Theol. Essen
Thalhauser Mich. Forstw. Aholming
Thoma Max von Forstw. Schongau
Thomä Reinh. Ant. Wilh. Archit Frücht
Thünefeld Phil. Frh. v. Phil. Augsburg
Tillmann Gerhard Theol. Neuss
Tilly August Theol. Paderborn

Trauner Joseph Theol. Kirchdorf
Trautner Pius Phil. München
Tretter Eduard Jur. Amberg
Trombetta Nikolaus Theol. Trier
Tschurtschenthaller Anton Phil. Landshut
Uhles Hermann Theol. Bergheim
Uhrmann Georg Phil. Breitenberg
Ullersperger Ludwig Jur. München
Ullmann Balthasar Jur. Vorchheim
Unold Sigmund von Jur. Memmingen
Vetter Christoph Jur. Rehau
Vetter Joseph Phil. Eschlkam
Vicari Ludwig Phil. Türkheim
Vischer Karl Indust. München
Vocke Wilhelm Jur. Neustadt
Vögler Karl Phil. Burghausen
Vogl Adolar Pharm. München
Vogl Karl Phil. München
Vogler Franz Joseph Phil. Oberstorf
Vogt Philipp Ferdinand Jur. Würzburg
Vollmar Heinrich von Phil. München
Vosfeldt Karl Jur. Löst
Wagner Alois Theol. Benken
Wagner Max Phil. München
Wagner Otto Jur. Bergzabern
Waldschütz Eugen Pharm. Bayreuth
Walther August Pharm. Bayreuth
Weber Andreas Theol. Raisting
Weber Johann Bapt. Phil. Eschenbach

Weber Joseph Phil. Babenhausen
Weber Karl Wilh. Friedr. Jur. Leinberg
Weckert Joseph Theol. Wallerstein
Wegele Franz Xav. Phil. Laudsberg
Wegmann Franz Phil. Hillergerst
Weidmann Florian Phil. München
Weierer Georg Phil. Nussdorf
Weizenbeck Heinr. von Phil. München
Welch Eduard Phil. Bosten
Wening Xaver von Phil. Eichstädt
Wernberger Egid Jur. Grafing
Wißbeking Frdr. von Jur. München
Wiedenmann Jos. Phil. Oberbüchingen
Wiederkehr Xaver Jur. Spritzenbach
Wiesend Franz Ant. Jur. Würzburg
Wiesnet Joseph Phil. Regensburg
Wille Xaver Forstw. Kaisheim
Wittmann Thomas Jur. Hellberg
Wohlmuth Leonhard Phil. Hohenzell
Wohnlich Georg Jur. Murnau
Wolf Heinrich Phil. Amberg
Würrer Martin Phil. Küssluar
Wüst Dominik Theol. Frauenfeld
Wydzga Camillus Jur. Raziechow
Zarn Blasius Med. Ems
Zeitler Johann Phil. Sulzbach
Ziegler Eduard von Phil. Pürgen
Zuber Joseph Phil. Wyl
Zureich Peter Theol. Altenburg

1843—1844

Rector DXCV Franz STREBER

Abmayr Eduard Friedr. Jur. Dillingen
Adler Joh. Bapt. Forstw. Pfaffenhofen
Adler Karl Jur. Speier
Advocat Anton Med. Sitten
Altinger Joseph Phil. Ebersberg
Amerer Anton Theol. Hengersberg
Amler Joseph Phil. Ebersberg
Angstwurm Karl Phil. Osterhofen
Aphentoulis Theodor Med. Zagora
Arnold Johann Jur. Bayreuth
Auer Johann Phil. Günching
Ausin August Jur. Kadolzburg
Bär Karl Jur. München
Bähr Christoph Phil. Schwabach
Baierl Johann Theol. Oberwinkling
Barth Emil Jur. Augsburg
Bartmann Max Joseph Phil. Ramsau
Bauer Joseph Max Forstw. Roggenburg
Bauer Karl Phil. Eichstädt
Bauer Anton Phil. Eichstädt
Baumgärtner Georg Phil. Pfalsau

Baumüller Anton Archit. Bayreuth
Baumüller Emil Med. Bayreuth
Baur Albert Phil. Lauingen
Baur Alois Phil. Lauingen
Baur Joseph Theol. Hechingen
Baur Isidor Phil. Füssen
Beck Heinrich Phil. München
Beck Philipp Jakob Phil. Artlkofen
Beck Simon Jur. Forchheim
Becker Joseph Forstw. Speier
Behrens Friedrich Pharm. Bern
Beiling Adolph Phil. München
Benedict Alois Phil. Hofstetten
Benedict Joseph Phil. Hofstetten
Berchtold Karl Phil. Weilheim
Berg Karl Bergw. Orb
Berger Heinrich Theol. Deidesheim
Bergmann Franz Paul Phil. Bergen
Berkmann Anton Phil. Stäblings
Bernklau Frz. Xav. Phil. Oberwelling
Besslein Andreas Jur. Weiden

Biber Max Phil. Krumbach
Bibra Franz Freiherr v. Jur. Bamberg
Bihler Andreas Phil. Burgau
Binswanger Elieser Med. Osterberg
Birkle Johann Theol. Rangendingen
Birkmayer Joh. N. Phil. Schwabhausen
Blüst Mathias Phil. Rennertshofen
Blatner Joseph Phil. Kraiburg
Bleistein Joseph Phil. Mitterteich
Bley Rieleff Jur. Aurich
Böck Martin Phil. München
Böhm Sigmund Phil. Schrobenhausen
Böldt Max Phil. Au
Brammel Joseph Phil. Allhartsmais
Brandl Konrad Phil. Passau
Brandl Sebastian Phil. Landshut
Brandt August von Forstw. München
Bräu Mathias Phil. Weismühl
Braun Johann Baptist Phil. Rieden
Braun Martin Phil. Haarbach
Braun Rudolph Jur. Karlsruhe
Brinz Alois Jur. Kempten
Bruckmayr Lorenz Phil. Jesenkofen
Bruckner Franz Phil. Burgkundstadt
Brückl Simon Phil. Waldmünchen
Brügel Johann Martin Jur. Berlingen
Brunner Michael Phil. München
Bucher Joseph Anton Phil. Hege
Buck Heinrich Forstw. Freising
Burkard Viktor Phil. Herkinden
Burkhard Anton Jur. Amberg
Burkhard Xaver Jur. Gundelfingen
Butzmann Andr. Phil. Grafenranbach
Caspar Karl Phil. Zweibrücken
Closmann Heinrich Phil. Zweibrücken
Clostermeyer Heinr. Jur. Regensburg
Cramer Eduard Phil. Wallerstein
Curtius Jakob Phil. Dillingen
Dallinger Wilhelm Phil. Tirschenreuth
Danzer Max Pharm. Ampfing
Datter Michael Phil. Abensberg
Deiler Joseph Phil. Altötting
Deisch-Rosenberg Joseph Phil. Regensburg
Dellinger Joh. Nep. Phil. Kaufring
Demont Ignaz Phil. Niederaltaich
Dettenhofer Ludwig Phil. München
Dick Valentin Phil. Oberfrauenau
Dietl Eduard Jur. Straubing
Dietrich Martin Phil. Rüdesheim
Dietz Oswald Archit. Wiesbaden
Digruber Karl Theol. Neukirchen
Dolf Johann Baptist Jur. Igls
Dollmann Ludwig Phil. Ansbach
Donle Friedrich Phil. Bayreuth
Donle Gustav Jur. Windsheim
Donsbach Friedrich Jur. Freiburg
Dormann Joh. Baptist Theol. Luzern
Dornacher Xaver Phil. Kempten

Dorsch Bernhard Jur. Herzogenaurach
Dost Rudolph Jur. Erbendorf
Dostler Wolfgang Phil. Weiden
Drey Gordian Phil. Stettwang
Dürig Michael Jur. Nürnberg
Dumas Oskar von Phil. Würzburg
Du Ponteil Karl Graf von Jur. Aschaffenburg
Eberl Alois Phil. Neukirchen
Eberle Joseph Wilhelm Phil. Legau
Ederer Joseph Phil. Straubing
Ederer Karl Phil. München
Eckhard Heinrich Phil. Waldfischbach
Egger Karl Phil. Denklingen
Eggers Friedrich Philol. Rostock
Einsele Joseph Theol. Freising
Eireiner Julius Phil. Vilshofen
Emmer Joseph Phil. Isen
Endres Anton Theol. Dillingen
Englmann Joh. Baptist Theol. Kirchendiemen
Enz Johann Baptist Pharm. Edelfingen
Erhard Theodor Phil. München
Erl Johann Phil. Oberaudorf
Erlenborn Georg Phil. Neuburg
Ernst Georg Phil. München
Euler Friedrich Anton Cam. Oldenburg
Fach Karl Archit. Hofheim
Faist Jakob Phil. Tölz
Falkner Eduard Phil. Lutzheim
Fichtl Heinrich Phil. München
Fink Dionys Phil. Laaber
Fischer Georg Phil. Oettingen
Fischer Johann Phil. Oettingen
Fischer Johann Nep. Phil. Augsburg
Fischer Theodor von Jur. Bamberg
Flad Heinrich Phil. Speyer
Flembach Theob. von Phil. Eichstädt
Flemmisch Georg Phil. Lauingen
Förg Joseph Theol. Deggendorf
Frankenstein Georg Freiherr von Phil. Würzburg
Freudlsperger Andreas Phil. Altötting
Frölich Karl Pharm. Hof
Frund Franz Joseph Theol. Courtetelle
Fürst Julius Jur. Naila
Fürstenwürther Otto Baron von Jur. Gern
Fugger Frdr. Graf v. Phil. München
Gastl Anton Phil. Oberammergau
Gegenbaner Michael Med. Neumühle
Geisenhof Georg Phil. Schongau
Gerbel Albert Theol. Zwisel
Gerlach Anton Jur. Aschaffenburg
Geyer Karl August Med. Lichtenfels
Giehrl Joseph Phil. Nürnberg
Gilli Ottmar Med. Münster
Glaser Joseph Phil. München
Gödecke Gustav Archit. Wiesbaden

Görner Wilhelm Phil. Donauwörth
Goldmayer Philipp Pharm. Kissingen
Goldschmitt Heinrich Pharm. Ebern
Gottfried Wilhelm Jur. Regensburg
Gratzmüller Eduard Phil. München
Grebenau Heinrich Phil. Speyer
Greunacher Joh. Jul. Phil. Augsburg
Greusing Anton Phil. Steinach
Grieser Max Phil. München
Grimm Albert Jur. Regensburg
Gröber Joseph Phil. München
Grün Karl Phil. München
Grunberger Max Phil. Dachau
Gümbel Karl Wilhelm Phil. Dannenfels
Günther Georg Jur. Amberg
Günther Max Phil. Welden
Guggemos Fr. Joseph Math. Görisried
Gumposch Johann Mich. Phil. Weichs
Gundermann Ign. Jur. Burgwindheim
Gunzenhäuser Wolfg. Phil. Bayreuth
Gutermann Xaver Phil. Landsberg
Haas Johann Paul Phil. Ziertheim
Haas Kaspar Phil. Höchstädt
Hack Johann Georg Theol. Höllberg
Hacker Adolph Phil. Cham
Hämmerl Max Phil. Straubing
Hafenmair Georg Phil. Kempten
Hagmaier Mathias Phil. Polling
Hagspiel Fr. Joseph Phil. Immenstadt
Hald Roman Phil. Immau
Hamm Joseph Phil. Köln
Hammerl August von Pharm. Altötting
Harold Edm. Baron v. Phil. Trostberg
Haslinger Jos. Mathias Theol. Passau
Hauser Johann Baptist Phil. Herzogau
Hausmann Karl Phil. Speier
Hayd Benno Forstw. Altötting
Haynes Johann Phil. Roulers
Heckelmiller Kaspar Phil. Hindelang
Heckelmiller Xaver Phil. Hindelang
Heiland Wilhelm Jur. Amberg
Heinrich Albert Phil. Augsburg
Heiss Johann Bapt. Phil. Waltenberg
Held Friedrich Phil. Frankenthal
Held Heinrich Pharm. Thüningen
Hellberg Christian Jur. Ansbach
Heusler Joseph Phil. Burgau
Heraclide Konstantin Jur. Athen
Herele Karl Theol. Augsburg
Hergott Adolph Jur. Würzburg
Hermann Ludwig Christian Pharm.
   Mistelbach
Herold Wilhelm Jur. Regensburg
Hertle Johann Forstw. Schwabmünchen
Hierl Franz Phil. Aschaffenburg
Hillgärtner Georg Jur. Frankenthal
Hilz Nepomuk Forstw. Passau
Hirschberger Georg Phil. Hart
Hirzinger Joseph Phil. Landshut

Hochenleithner Jos. Phil. München
Holzmann Rudolph Phil. Pfaffenhofen
Hompesch Ferdinand Graf von Phil.
   Düsseldorf
Höglmayr Alois Phil. München
Hölderich Karl Forstw. München
Höss Joseph Phil. Ebersberg
Hösslin Edmund v. Archit Augsburg
Hosemann Gottfr. Phil. Bertholdsheim
Hueb Karl von Jur. Eberhardreith
Hurt Joseph Jur. Kirchheim
Huttler Max Theol. München
Jeblin Joseph Jur. München
Jemiller Johann Wilh. Jur. Tettenried
Ilg Otto Phil. München
Ilgen Friedrich Phil. Grünstadt
Inngruber Dominik Phil. Regensburg
Johannes Friedrich Jur. München
Jung Sigmund Jur. Passau
Kaiss Ludwig Pharm. Irlbach
Keferlocher Joh. Bapt. Phil. München
Kellner Michael Phil. Hienheim
Kemna Heinrich Theol. Leithe
Kempter August Jur. Illertissen
Kennerknecht Joh.B. Phil. Hinterreute
Kern Joseph Forstw. Nymphenburg
Kessler Markus Phil. Sigmaringen
Kiblböck Franz Ser. Phil. Schönbrunn
Kiderle Ludwig Phil. Ebersbach
Kirschbaum Max Jos. Jur. Nürnberg
Kisslinger Joseph Theol. Freising
Kittenhofer Lor. Phil. Unterwachsen-
   berg
Klossowski Matthäus Phil. Culm
Knittl Joseph Phil. Passau
Knoll Paul Pharm. Ansbach
Knorr Julius Phil. München
Kober Joseph Phil. Bamberg
Koch Karl Phil. Neuburg
König Joseph Theol. Hausen
Köppl Benedikt Phil. Neukirchen
Kösl Karl August Phil. Remnatsried
Köstler Joh. Bapt. Theol. Freising
Kohldorfer Joseph Phil. Miesbach
Kolb Adam Jur. Neuburg
Kollmann Ludwig Forstw. Holzheim
Krafft Eduard Borstw. Speyer
Kraus Heinrich Med. Unterweilersbach
Krazer Karl Jur. Oettingen
Krekel Karl Cam. Hadamas
Kreuzeder Jos. Phil. Wurmannsquick
Kriener Pius Theol. Agawang
Kriener Theodor Phil. Dietkirch
Kronschnabl Franz Paul Phil. Metten
Kühner Anton Phil. München
Künsberg Ludw. Fhr. v. Phil. Bamberg
Kugler Marquard Phil. Eggenfelden
Kuissl Johann Bapt. Jur. Augsburg
Kunreuthe Phil. Wolf Phil. Gelnhausen

Kuchenbaur Lud. Theol. Augsburg
Kunz Peter Archit. Höchst
Kuttler Franz Jur. Burgau
Lacher Mathias Phil. Nymphenburg
Lacher Thomas Phil. Kempten
Lammerer Joh. Bapt. Phil. Pfaffenhofen
Landgraf Ludwig Pharm. Bayreuth
Lang Ludwig Jur. Karlsruhe
Langenmantel Anton Med. Wald-
  münchen
Langhans Joseph Phil. Lengenfeld
Laucher Karl Med. Tittmoning
Lautenbacher Joh. Phil. Hansen
Lautenbacher Ludwig Phil. Straubing
Lechleitner Heinrich Phil. Dillingen
Lenthe Ernst von Jur. Springe
Lettenbaur Andreas Phil. Wemding
Lettenmayer Ldw. Forstw. Augsburg
Liepold Max Jos. Theol. Gaimersheim
Lindner Conr. Frdr. Theol. Obertrubach
Lingg Joseph Anton Jur. Altburen
Löchle Anton Phil. Dietmannsried
Lofeyer August Phil. München
Lorber Karl Phil. Landshut
Lupin Friedrich Bar. v. Phil. Illerfeld
Lunglmayr Johann Paul Jur. München
Lusteck Alois Phil. Regensburg
Märkl Joseph Phil. Schweinfurt
Maier Peter Forstw. Straubing
Maier Ludwig Jur. Kemnat
Maier Joseph Jur. Bogen
Mais Michael Jur. Unterlainach
Mann Friedrich Cam. Schwabach
Mark Sebastian Jur. Gaukönigshofen
Maurer Conrad Jur. München
Mayer Adam Theol. München
Mayer Alois Phil. Landshut
Mayer Andreas Theol. Landshut
Mayer Florentin Phil. Bamberg
Mayer Heinrich Phil. Neuburg
Mayer Johann Bapt. Phil. Falkenstein
Mayer Xaver Jur. Eichstädt
Mayr Matthäus Phil. Landshut
Mayr Max Phil. Furth
Medicus Emil Phil. München
Meier Franz Jur. Allmendshofen
Memminger Adalbert Jur. Ansbach
Mettingh Friedr. Frhr. v. Phil. München
Meyer Georg Med. Oldenburg
Meyer Wilhelm Phil. Draubach
Micheler Johann Phil. Nettershausen
Millauer Georg Phil. München
Miller Xaver Phil. Langenenslingen
Mittl Karl Phil. Aschaffenburg
Model Friedrich Jur. Ansbach
Molendo Eugen Phil. München
Monz Joseph Jur. Ochsenfurt
Müller August Wilhelm Phil. München
Müller Johann Theol. Rheinbach

Müller Xaver Phil. Ingolstadt
Müllers Johann Frdr. Theol. Gladbach
Nardini Joseph Theol. Germersheim
Neroutzos Anastasius Phil. Athen
Neumüller Alois Pharm. Vilsbiburg
Neuner Ludwig Phil. München
Neustätter Max Phil. München
Niericker Karl Jur. Baden
Nordbek Gerhard Jur. Bentheim
Oberer Georg Archit. Eyb
Obermayr Corbinian Phil. Tegernsee
Obermüller Wilhelm Phil. München
Ostermayr Georg Phil. Mering
Ostler Karl Phil. München
Oswald Herkules Jur. Ilanz
Ott Franz Joseph Phil. Kempten
Ott Joseph Phil. Gamertingen
Parseval Joseph von Phil. München
Patronino August Phil. München
Pauer Joseph Pharm. Traunstein
Peissner Elias Phil. Vilseck
Permanne Leopold Phil. Augsburg
Pessl Heinrich von Phil. Mitterteich
Petri Karl Phil. Bernburg
Pettendorfer Joseph Phil. Mödingen
Pettendorfer Alois Phil. Mödingen
Pfeiler Johann Phil. Landshut
Pfettischer Engelbert Phil. München
Pfretschner Eduard Forstw. Straubing
Pölnitz Franz Baron von Phil. Bamberg
Popp Ferdinand Pharm. München
Popp Wolfgang Jur. Bayreuth
Pospischil Max Phil. München
Prasser Hermann Forstw. Burgau
Prestele Ernst Med. Augsburg
Preyssinger Caspar Phil. Neumarkt
Pringruber Raphael Pharm. Berch-
  tesgaden
Prummer Eugen Phil. Vornbach
Raab Ludwig Phil. Sulzbach
Rampf Michael Phil. München
Ranz Andreas Phil. Babenhausen
Rath Hermann Phil. Passau
Rattinger Hermann Phil. München
Rauch Lorenz Phil. Kaufring
Rauchenberger Karl Forstw. München
Ravizza Julius Phil. München
Reck Anton Theol. Untertheuringen
Reder Anton Jur. Mellrichstadt
Regauer Peter Phil. Sielenbach
Regele Jakob Phil. Weilheim
Reiner Leonhard Theol. Wertingen
Reinisch Heinrich Phil. Kempten
Reischle Johann Nep. Jur. Dillingen
Reisländer Jakob Theol. Sandern
Reitter Karl August Pharm. Augsburg
Reitzmann Wilh. Phil. Lindau
Remmele August Theol. Westendorf
Renner Johann Bapt. Jur. Gitting

18

Renftle Joseph Theol. Balzhausen
Reschauer Ludwig Phil. Moosburg
Reulbach Franz Jnr. Würzburg
Rhöm Joh. Bapt. Phil. Untermässing
Richstein Albrecht Phil. Kipfenberg
Riedel Valentin Phil. Lamerdingen
Riedner Karl Georg Jur. Weidelbach
Rinck Mich. Theol. Klingen
Riss Michael Jur. Obermedlingen
Rist Joseph Anton Phil. Hellengerst
Rittershausen Karl Jur. Düsseldorf
Rocher Georg Jnr. Göllheim
Rocher David Pharm. Göllheim
Rockinger Ludwig Phil. München
Röger Vitus Phil. Parkstein
Römer Karl Phil. Gunzenhausen
Rosa Wilhelm Pharm. Rosenheim
Rosbach Philipp Jur. Stadtprozelten
Rosner Alois Phil. Laufen
Roth Anton Alois Pharm. Augsburg
Rothbauer Max Jnr. Dingolfing
Rothgangel August Archit. Oettingen
Rubenbauer Joseph Phil. München
Rnetsch Joseph Jnr. Unterhohenried
RufGaud.Albert v. Theol. Waldmünchen
Saile Karl Jur. München
Sailer Franz Xaver Phil. Aindling
Sailer Joseph Theol. Dillingen
Sandrock Bernhard Pharm. Schwerin
Sartorius Eduard Phil. Germersheim
Schäffer Paul Jur. München
Schalk Andreas Phil. Taiting
Schamberger August Jur. München
Schamberger Otto Phil. München
Schanzenbach Phil. v. Arch. München
Schauer August Phil. Kempten
Schauer Johann Phil. Rohrdorf
Schayerer Joh. B. Pharm. Hilpoltstein
Scheffel Joseph Jur. Karlsruhe
Schels Max Phil. Moos
Schelling Hermann Dr. Jur. Berlin
Schermbrucker Gust. Phil. Amberg
Schenbel Adam Jur. Schlüsselfeld
Schleder Klement Phil. München
Schilter Dominik Med. Schwyz
Schiml Michael Phil. Türschnitz
Schlager Karl Phil. Zweibrücken
Schleich Jos. Heinr. v. Forstw. München
Schmalzreich Mich. Theol. Schönfricht
Schmauss Erhard v. Phil. Pullenried
Schmid Friedrich Phil. München
Schmid Otto Forstw. Donauwörth
Schmidhamer Christ.Pharm. Bayreuth
Schmidt Joh. Baptist Med. Forchheim
Schmidt Wilhelm Jur. Obernsees
Schmitter Wenzel Med. Oberalting
Schnabl Franz Seraph Phil. Albernhof
Schneider Ernst Jur. Schweinfurt
Schnitzler Joseph Phil. Kaufbeuren

Schnitzlein Wilhelm Phil. Ansbach
Schön Max Phil. Neuburg
Schönach Gallus Phil. Hausen
Schrag Philipp Archit. Nürnberg
Schrank Joseph Phil. Kötzting
Schrauth Friedrich Phil. Eichstädt
Schreiner Karl Phil. Grafenau
Schreyer Esaias And. Jnr. Regensburg
Schricker Joh. Bapt. Phil. Waltersdorf
Schuller Anton Phil. Rosenheim
Schuller Anton Pharm. Vilshofen
Schuster Heinrich Archit. Ansbach
Schuster Joseph Phil. Galmersheim
Schwaiger Karl Jur. München
Schwanzer Frz. Ser. Phil. Haselbach
Schwarz Michael Phil. München
Schwarzdorfner Jos. Phil. Schwaltsee
Schwindenhammer Johann Baptist
    Theol. Katzenthal
Schwicker Ferdin. Theol. Osnabrück
Seeberger David Archit. Redwitz
Seel Karl Phil. Zweibrücken
Seidel Ludwig Mathem. Hof
Seidenbusch Karl Phil. Freising
Seidl Chrysanth Phil. Altötting
Seidl Johann Theol. Gerzen
Seidl Johann Nepomuk Phil. Furth
Seifert Eduard Archit. Zeitlofs
Seiz Joseph Phil. Mitterteich
Senz Georg Phil. Buchdorf
Sepp Jakob Jur. München
Sieber Joseph Phil. Martinszell
Siegwart Anton Jur. Luzern
Sonnenburg August v. Phil. Amberg
Sonnleithner Math.Forstw. Neukirchen
Spee Leop. Graf v. Theol. Düsseldorf
Speidel Wilhelm Jur. Ulm
Speiser Alois Phil. Batzers
Staab Franz Xaver Jur. Eichstädt
Stapf Wilhelm Forstw. Oberschönegg
Stefenelli Erwin v. Phil. Regensburg
Stegherr Ferdinand Jnr. Angsburg
Steinberger Jos. Phil. Grafenraubach
Steinbök Peter Phil. Rosenheim
Steingass Franz Phil. Frankfurt
Steinle Karl Jur. Passau
Stelzner Friedrich Forstw. Rupboden
Stengel Gottfried Archit. Albersweiler
Stiller Joseph Phil. Oberbeuern
St. Jean Julius Albert Graf von Phil.
    St. Julien
Stöcklin Joseph Jur. Muri
Straubinger Thom. Jur. Rainhausen
Streibl Franz Xaver Phil. Eschet
Stucky Adam Med. Zweibrücken
Sturm Johann Baptist Theol. Metten
Styger Karl Jur. Schwyz
Tauffkirchen Karl Graf von Phil.
    München

Techter David Theol. Harth
Tessari Robert Forstw. Augsburg
Thanner Franz Xav. Phil. Standach
Thoma Franz Phil. Landsberg
Tilly Joseph Jur. Paderborn
Töndury Johann Phil. Seanfs
Trebes Heinrich Jur. Hirschfeld
Treu Joseph Phil. Obergünzburg
Tröltsch Walfried von Jur. Nürnberg
Vanino Joh. Gg. Phil. Burglengenfeld
Vogt Sebastian Phil. Beuerbach
Voigt Gg. Wilh. Heinr. Jur. Ochsenfurt
Völderndorff Otto Baron von Phil. München
Wachter Ferdin. v. Phil. Memmingen
Wachter Samuel v. Med. Memmingen
Wagner Otto Jur. Bergzabern
Weber Ludw. Phil. Jur. Schwegenheim
Weber Joseph Forstw. Babenhausen
Weinberger Joseph Theol. Vogtareuth
Weingärtner Chrys. Pharm. Altötting
Weiss Johann Baptist Phil. Ettenheim
Welthmann Xaver Phil. Günzburg
Werra Leo von Cam. Lenk
Westenhofer Anton Phil. Klingen
Wiedemann Joseph Jur. Augsburg
Wiedemann Theod. Phil. Mittelstetten

Wifling Anton Philol. Neunburg
Wille Wilhelm Jur. Preetz
Wimmer Gotth. Jur. Unterkreuzberg
Winklmair Gustav Forstw. München
Wittmann Georg Max Phil. Augsburg
Wittmann Paul Phil. Trainreuth
Wittmann Alfred Phil. Staufeneck
Wittwer Wilhelm Pharm. Oberdorf
Wöhrle Gottfried Theol. Pfreimdt
Wöhrnitz Ferdinand Jur. Erlangen
Wohnlich Gust. Bar. v. Jur. Augsburg
Wohnlich Jakob Jur. Murnau
Wolf Dominik Phil. München
Wolf Eduard Pharm. Waldsassen
Wolf Lorenz Phil. Kempten
Wolfring Karl Forstw. München
Wolfsteiner Joseph Med. Holzheim
Wyder Moritz Med. Hiltisrieden
Zeiler Karl Phil. Haselbach
Ziegler Jakob Phil. Dachau
Ziegler Mathias Phil. München
Zieglstorfer Martin Theol. Passau
Zimmerer Joseph Phil. Obergünzburg
Zimmermann Julius Phil. München
Zündt Ernst Baron v. Jur. Niederraunau
Zwisler Joseph Anton Phil. Engenberg

1844—1845

Rector DXCVI Ignaz DÖLLINGER

Abbt Johann Evang. Jur. Diedorf
Ab-Yberg Alois Jur. Schwyz
Ahsendorff Ludw. Archit. Scharnebeck
Aigner Georg Jur. Perlesreut
Allioli Leonhard Jur. Amberg
Ammon Rudolph von Jur. Erlangen
Anglhuber Joseph Phil. Schatzhofen
Arnold Hermann Phil. Edenkoben
Arnold Sebastian Jur. Dachau
Bader Joseph Phil. Sausenthal
Ball Gustav Phil. Kempten
Banzer Joseph Jur. Klenckheim
Barraga Franz Phil. München
Baumann Joseph Jur. Germersheim
Baumüller Karl Phil. Bayreuth
Baur Otto Phil. Dillingen
Bayer Ludwig Phil. München
Beck Ludwig Phil. Dinkelsbühl
Beck Max Phil. Stadtamhof
Beierlein Christoph Jur. Regensburg
Berchem Benedikt Theol. Steele
Berckmann Ludwig Phil. Zweibrücken
Berghammer Sebast. Phil. Traunstein
Berghofer Karl Phil. Passau

Berks Franz Jur. Landshut
Bernhold Julius Pharm. Flachslanden
Bernklau Joseph Phil. Oberweiling
Berther Placidus Phil. Disentis
Beuttner Johann Pharm. Bischofszell
Beyer Georg Med. Mantel
Bichlmayr Joseph Phil. Auhofen
Bierler Georg Jur. Döfering
Binswanger Max Phil. Hürben
Binzer Karl von Jur. Augsburg
Bion Paul Jur. St. Gallen
Bischoff Johann Nik. Phil. Ansbach
Blank Karl Phil. Dietmannsried
Blumberg Ed. Theol. Recklinghausen
Blumcke Georg Frdr. Arch. Birkenfeld
Bock Joseph Jur. Au
Boneberger Alois Pharm. Mindelheim
Bouvin Johann Baptist Med. Sitten
Boveri Albert Jur. Bamberg
Boxler Ferdinand Phil. Wilpoldsried
Bösch Joh. Jak. Jur. Oberhelfenschwil
Bramante Jakob Jur. München
Brandl Johann Phil. Waldmünchen
Bratsch Eduard Phil. München

18*

Brendle Joseph Phil. Wollbach
Breuning Friedr. v. Forstw. Augsburg
Bruhin Caspar Alois Jur. Schübelbach
Brunhuber Karl Forstw. Burghausen
Bürklein Adolph Phil. Dinkelsbühl
Burkhard Anton Jur. Amberg
Camerlohr Ludwig von Phil. Ruhmannsfelden
Campe Julius Pharm. Nürnberg
Castell Xaver Bar. v. Phil. München
Cramer Gustav Forstw. München
Cramer Heinrich Jur. Werlte
Christl Joseph Phil. Vilseck
Curtius Jakob Forstw. Dillingen
Dafinger Andreas Phil. Grainet
Dandl Georg Jur. Straubing
Danner Clemens Phil. Aletshausen
Degmair Friedrich Pharm. Augsburg
Dengler Georg Phil. Kalsing
Desberger Gustav Phil. München
Deuerling Aegid Jur. Stadtsteinach
Diehl Friedrich Pharm. Dalsheim
Dirle Mathias Theol. Donauwörth
Distler Johann Bapt. Jur. Pottenstein
Doll Anton Phil. München
Dorner Joseph Phil. Hopferau
Doss Joseph Phil. Grossbüchelbach
Dubois Karl Phil. Mäning
Dürholz Joseph Pharm. Solothurn
Dufresne Georg Jur. Neuburg
Dury Wilhelm Forstw. München
Eberl Franz Seraph. Phil. Furth
Echerer Cajetan Dr. Cam. München
Eckert Joseph Forstw. Delémont
Ehard Ferdinand Theol. Spalt
Ehrensberger Joh. Bapt. Jur. Amberg
Eichinger Johann Phil. Kröblitz
Eichthal Bernhard Bar. v. Jur. München
Eisele Wilhelm Phil. Kreuzthal
Eisenhart August Phil. München
Eisgruber Joh. Bapt. Forstw. Lolching
Ellmann Johann Phil. Cham
Enderer Max Theol. Plattling
Engelmann Joseph Phil. Floss
Englmann Lorenz Theol. Kirchendiemenreuth
Ettling Friedrich Karl Wilh. Pharm. Frankfurt
Feez Friedrich Pharm. Eschau
Fehlner Eduard Phil. Schwabmünchen
Feiler Georg Archit. Hollstadt
Feldmann Eduard Phil. Pfersee
Fermier Peter Phil. Kaiserslautern
Fink Gustav Phil. Passau
Fischer Georg Jur. Haizing
Fischer Wilhelm Jur. Regensburg
Flügel Joseph Med. Gebenbach
Förg Joseph Theol. Steppach
Frank Joseph Phil. Tirschenreuth

Frankenberger Peter Phil. Schmalhof
Frey Anton Phil. Freising
Frey Jakob Philol. Gontenschwyl
Frick Joseph Theol. Altdorf-Weingarten
Friederich Eduard Phil. München
Fritsch August Jur. Regensburg
Frommel Alfred Archit. Augsburg
Fuchs Friedrich von Forstw. Falkenberg
Fuchs Johann Theol. Ingolstadt
Fugger Otto Graf von Phil. Glött
Fugger Eberhard Graf von Forstw. Blumenthal
Gabelsberger Xav. Phil. Pfeffenhausen
Gattinger Augustin Phil. München
Gedler Franz Xav. Phil. Kaufbeuren
Geiger Theodor Phil. Schwabmünchen
Geith Eduard Pharm. Rotthalmünster
Gemündt Karl Jur. Speier
Gentil Franz Jur. Aschaffenburg
Gerbel Albert Jur. Zwiesel
Geret Victor Jur. Ansbach
Gerstäcker Leonhard Phil. Krottensee
Geyerstanger Johann Baptist Theol. Salzburg
Gigl Eugen Archit. Prien
Gimpl Joh. Evang. Theol. Taufkirchen
Glöggler Anton Theol. Rettenbach
Gmür Joseph Jur. Ammon
Godin Karl Frhr. v. Phil. Bamberg
Götz Alois Phil. Regensburg
Götz Johann Jur. Ansbach
Goll Hermann Jur. Karlsruhe
Gombart Rudolph Phil. München
Gossmann Anton Bergw. Bamberg
Grambihler Franz Anton Phil. Egg
Gramich Rudolph Phil. München
Grattenthaler Val. Forstw. Nordheim
Grennacher Joh. Jul. Phil. Augsburg
Grün Mathias Jur. München
Grünwald Andreas Phil. Lochhofen
Gschwend Mathias Phil. Altstädten
Guidi Peter Med. Freiburg
Guntren Franz Med. Münster
Gutherz Simson Phil. Speier
Gutla Alois Archit. Pest
Gutmayr Leopold Phil. Passau
Gyr Martin Theol. Einsiedel
Habersack Ferdinand Jur. Bamberg
Hainmann Friedrich Jur. Schnabelwaid
Harlander Hugo Phil. München
Harlander Moriz Phil. München
Hartl Andreas Phil. Grafendorf
Hartmann Alois Pharm. München
Hartmann Max Joseph Phil. Kempten
Haunold August Jur. Amberg
Hayd Johann Phil. Altötting
Hayler Gustav Phil. Rosenheim
Hayn Mathias Pharm. Krumbach
Hayes Karl Jur. Regensburg

Häberlein August Phil. Weissenburg
Häring Thomas Phil. Nittenau
Härteiss Jakob Phil. Ittelhofen
Härtlmair Mathias Phil. Binabiburg
Häutle Christian Phil. München
Hecht Ludwig Theol. Roding
Heckel Michael Theol. Marktzeuln
Heckenstaller Karl Phil. Falkenstein
Heeg Georg von Phil. Landshut
Heffels Otto von Jur. München
Hefner Otto von Phil. München
Heftl Johann Phil. Zusingen
Hegele Hermann Pharm. Augsburg
Hegglin Joseph Alois Theol. Menzingen
Heichlinger Jos. Theol. Thannhausen
Heimgreiter Xaver Phil. Tölz
Heinrich Joseph Rudolph Jur. Weiler
Heiss Julius Phil. Planegg
Helfetsrieder Bened. Phil. Niederham
Hellmuth Nikolaus Jur. München
Hemmert Ludwig Theol. Braidbach
Henle Jakob Phil. München
Henzler Karl Phil. Edenkoben
Herberg Johann Phil. Wang
Herrmann Ernst Raim. Jur. Bautzen
Hertle Daniel Jur. Bergzabern
Hettlingen Joseph von Med. Schwyz
Hetzinger Johann Bapt. Phil. Passau
Heydenreich Ludwig Jur. Speier
Hierl Otto Phil. München
Hillebrandt Heinr. Theol. Paderborn
Hingerl Joseph Phil. Neuhofen
Hintermayer Otto Phil. Aindling
Hirschberg Christian Otto Baron von
  Phil. Bayreuth
Hirschmann Paul Jur. Amberg
Hocheder Karl Jur. Aschaffenburg
Hochstein Max Phil. Augsburg
Hofer Karl Phil. Pfarrkirchen
Hofmann Georg Phil. Kirchehrenbach
Hofmarksrichter Joh. Ev. Jur. Metten
Hofreiter Franz Phil. Gangkofen
HOHENLOHE - SCHILLINGSFÜRST
  Gustav Prinz Phil. Kupferzell
Holland Joseph Phil. Wengen
Hollweck Martin Phil. Höck
Holtzbacher Karl Jur. Eisenberg
Holzschuher Emil Frhr. von Jur. Ulm
Hopfner Max Phil. Straubing
Horn Oscar von Jur. Speier
Horn Karl Phil. Frankenthal
Horn Alexander Phil. Augsburg
Höger Anton Pharm. Naabburg
Höhl Wilhelm Pharm. Selb
Huber Joseph Med. Wallenstadt
Huber Wolfgang Phil. Weiding
Hummel Karl Phil. München
Huonder Anton Phil. Dissentis
Hutter Friedrich Phil. München

Hyenlein Franz Archit. Mainz
Jakob Georg Phil. Straubing
Jäger Joseph Phil. Nantwein
Jmfeld Franz Xaver Med. St. Bleich
Jörg Constantin Pharm. Augsburg
Jörres Wilhelm Phil. Lindau
Jungbauer Cajetan Jur. Straubing
Jungkunz Joh. Bapt. Phil. Stadelhofen
Kämmerer Johann Theol. Augsburg
Kätzlmeyer Johann Jur. Oesterberg
Kaindl, Franz Phil. Wächtering
Kaler Karl Pharm. München
Kaler Ludwig Phil. München
Kandler Joseph Phil. Wühn
Karges Wilhelm Phil. Donauwörth
Kastner Heinrich Phil. München
Kastner Wilhelm Phil. Spalt
Keller Magnus Phil. Zwieselberg
Kellner Michael Phil. Straubing
Kempter August Jur. Illertissen
Henkel Bernhard Theol. Oldenburg
Kern Joh. Bapt. von Phil. Regensburg
Kessler Rupert Phil. Obergünzburg
Kettenbach Ferdinand Archit. Bibrich
Khuen Joh. Bapt. Graf v. Phil. München
Kienast Karl Pharm. Nürnberg
Kienhöfer Max Jur. Augsburg
Kirchner Heinrich Jur. Speier
Kitzing Martin Jur. Königshofen
Kleinschrod Emil Jur. München
Klostermeyer Franz Phil. Ernstweiler
Kneussl Johann Phil. Ottobeuren
Knoller Johann Georg Phil. Dösingen
Knorr Ludwig Phil. München
Knöferle Joseph Theol. Echsheim
Knözinger Joseph Phil. Ebersberg
Kock Melchior Theol. Münster
Köberlein Peter Phil. Bamberg
König Johann Evang. Theol. Augsburg
König Joseph Phil. Allach
König Joseph Phil. Landau
König Max Phil. München
Königer Ludwig Phil. Reichenhall
Kolb Joseph Phil. München
Kornmüller Emil Phil. Straubing
Kortler Joseph Phil. Thannhausen
Kosak Ernest Phil. Wasserburg
Krabinger August Pharm. München
Kraus Georg Phil. Unterdeschenried
Krauthahn Joh. Bapt. Phil. Bärnau
Kreussl Adam Pharm. Ottobeuren
Krimbacher Seb. Phil. Ettenbeuren
Kunig Ludwig Jur. München
Lachner Joseph Phil. Schrobenhausen
Lamprecht August Pharm. Lübeck
Landgraf Wilhelm Jur. Bayreuth
Landgraf Hermann Jur. Bayreuth
Lang Karl Phil. München
Lang Ludwig Phil. München

Lang Max Phil. Antenried
Lang Anton Theol. Helmertingen
Lang Karl Archit. Laugenschwalbach
Langenmantel Wolfgang von Phil. Augsburg
Langer Johann Nep. Theol. Salzburg
Laucher Eugen Phil. Dillingen
Ledermann Joseph Phil. Untergermaringen
Leeb Alois Jur. Memmingen
Leibl Karl Phil. München
Leimbach Joseph Phil. München
Lense Andreas Theol. Oettingen
Lenz Sebastian Phil. Landsberg
Lettenmayer Gustav Phil. Augsburg
Ley Theodor Forstw. Sulzheim
Lieber Gisbert Theol. Idstein
Liebner Fidel Phil. Haigersloch
Lindig Joseph Phil. Amberg
Lindner Conrad Friedrich Theol. Kirchehrenbach
Link Conrad Jur. Nürnberg
Lipp Ferdinand Phil. München
Lips Friedrich Cam. Seunfeld
Lobkowitz Anton v. Phil. Landshut
Lössl Chrysostomus Phil. München
Lotz Aquilin Jur. Kitzingen
Luthardt Angust Jur. Nürnberg
Mähler Nikolaus Aug. Theol. Coblenz
Maier Ludwig Phil. Furth
Mair Alois Phil. Augsburg
Malm Ernst Archit. Wiesbaden
Maltz Heinrich Phil. Bayreuth
Marckhart Jos. Ant. Phil. Fischen
Mauritii Daniel Archit. Ausbach
Mauron Xaver Med. Freiburg
May Andreas Jur. Herbolzheim
Mayer Georg Phil. Kralburg
Mayer Karl Phil. Dornstadt
Mayer Karl von Phil. München
Mayer Moses Phil. Dürkheim
Mayr Joseph Ant. Phil. Ermengart
Mayr Max Phil. Furth
Mehrlein Franz Jur. München
Mehlbart Franz Xav. Pharm. Grainet
Meitinger Georg Theol. Prettelshofen
Merck Heinrich Jur. Nürnberg
Merkel Anton Phil. Oberaudorf
Metschnabl Anton Pharm. Keinnat
Mettingh Moriz Bar. v. Phil. München
Metzenau Caspar Forstw. Weilach
Meyer Franz Xaver Jur. Eichstädt
Meyer Karl Jur. München
Mielach Karl Philol. Augsburg
Miller Joseph Emil Phil. München
Misslinger Mathias Phil. Oberhaid
Mittermayr Xaver Phil. München
Mock Hermann Phil. Sigmaringen
Moor Oskar von Phil. Nürnberg

Moser Friedrich Jur. Regensburg
Mutschlechner Julius Phil. Ehrenbreitstein
Mühlbaucr Jakob Phil. Au
Müller Andreas Phil. Donauwörth
Müller Franz Jur. Amberg
Müller Hermann Pharm. Grossmölsen
Müller Joseph Anton Phil. Steinach
Müller Ludwig Phil. München
Müller Matthäus Phil. Schleissheim
Neff Friedrich Phil. Rummingen
Neuhöfer Moriz Med. München
Neumeyer Ludwig Forstw. München
Niggl Ignaz Med. Biberg
Nissl August Jur. Pang
Nistlbeck Franz Theol. Unterbuchfeld
Nordhof Gustav Med. Damme
Nottebaum Hermann Theol. Steele
Nürbauer Andreas Phil. Mähring
Oberbuchner Joseph Phil. Altötting
Oberhofer Anton Phil. Samhof
Oberndorfer Ignaz Phil. München
Oberniedermayer Ludw. Phil. Passau
Omlin Joseph Med. Saxlen
Ottmann Ludwig Jur. Kusel
Pappenberger August Forstwart Schrobenhausen
Paulus Karl Phil. München
Paumgarten Ludwig Jur. München
Paur Max Phil. Bruck
Peintinger Leopold Pharm. Retz
Pergeat Christoph Arch. Schottersmühl
Peringer August Phil. München
Peritzhoff Karl v. Phil. Burglengenfeld
Peter Joseph Phil. Wallerstein
Peter Anton Jur. Passau
Pfatrisch Peter Phil. Beuerberg
Pfeiffer Ehrenfried Jur. Ipsheim
Pfister Michael Philol. Burladingen
Pfitzer Jakob Jur. Seestetten
Pichler Martin Phil. Landsberg
Pichlmayr Franz Phil. Karpfham
Poland Karl Adolph Jur. Bayreuth
POLIGNAC Alphons Prinz von Phil. Wildthurn
POLIGNAC Ludwig Prinz von Phil. Wildthurn
Porzer Martin Med. Landshut
Poschenrieder Kaspar Forstwart Königsdorf
Posselt Karl Phil. München
Primus Anselm Phil. Babenhausen
Probst Joseph Jur. Thannhausen
Probst Max Forstw. Dillingen
Pürkhauer Ludw. Pharm. Rottenburg
Rabel Burkhard Phil. München
Racle August Pharm. Neuenstadt
Rapp Johann Theol. Edenhausen
Rapp Georg Phil. Memmingen

Rau Wilhelm Jur. Lichtenhof
Rauh Adolph Phil. Wallerstein
Rechenmacher Joseph Jur. München
Reding Franz von Med. Schwyz
Regenauer Eugen Cam. Karlsruhe
Reindl Karl Phil. München
Reinfelder Joseph Pharm. München
Reithner Karl Pharm, Kempten
Remm Wilhelm Phil. Straubing
Remond Gustav Forstw. Bruck
Renner Joseph Jur. Münchshof
Reschreiter Stephan Phil. München
Ried Wilhelm Jur. Lahr
Rieder Franz Xav. Phil. Hohenwart
Riedl Anton Theol. Strasswalchen
Riedl Max Phil. Eichstädt
Riesch Franz Phil. Kelheim
Romig Joseph Jur. Cam. Isslng
Roth Franz Phil. Reichenbach
Rösl Georg Phil. Vilseck
Rössig Anton Phil. Bruck
Rühl Ernst Forstw. München
Ruffieux Ludwig Med. Rumont
Sartorius Franz Phil. Landshut
Sauter Franz Theol. Ravensburg
Schäffer Ignaz Phil. Neuburg
Schamberg Max Jur. Augsburg
Schanzenbach Oscar Med. München
Scharffenberger Karl Theol. Oppau
Scheiber Emanuel Pharm. München
Schenardi Franz Jur. Roveredo
Schenk Heinrich Phil. Tegernsee
Schenk Georg Phil. Rottenburg
Schertel Karl Phil. Pöttmes
Schiefer Georg Jur. Habeling
Schiener Norbert Phil. Spalt
Schilcher Wilhelm v. Phil. München
Schilt Franz Joseph Med. Grenchen
Schipper Benedikt Med. Brückenau
Schittenwein Joseph Phil. Oberbergeu
Schlagintweit Herm. Phil. München
Schleuniger Raimund Jur. Klingen
Schleuniger Johann Nep. Jur. Baden
Schliessmann Leonh. Cam. Oberroth
Schmid Alois Phil. Zaunberg
Schmid Jakob Phil. Landshut
Schmid Johann Evang. Phil. Heitbrunn
Schmid Ludwig Jur. Donauwörth
Schmid Robert Phil. Wörth
Schmidkonz Joh. Bapt. Phil. Landau
Schmitt Philipp von Phil. München
Schmitt Konrad Phil. Mörzheim
Schmöger Christoph Heinrich v. Jur.
  Regensburg
Schneider Alois Phil. München
Schneider Georg Jur. Stamsried
Schneider Jakob Forstw. Dillingen
Schneidt Ludwig Phil. München
Schönauer Joseph Phil. München

Schönchen Gottfried Pharm. München
Schönchen Karl Jur. München
Schöner Hermann Jur. Bamberg
Schönhueber Jos.Phil.Volkenschwand
Scholer Heinrich Archit. Füllingsdorf
Schrädler Joh. Bapt. Phil. Schliersee
Schreiner Johann Phil. Kirchberg
Schuchardt Victor Jur. Speyer
Schützinger Albr. Forstw.Krautendorf
Schupp Andreas Phil. Landsberg
Schwarz August Phil. Kaiserslautern
Schwarz Clemens Pharm. Schongau
Schwämmlein Gottfr. Pharm. Coburg
Schweiger Andreas Phil. Feldkirchen
Schwerdtfeger Rob.Phil. Memmingen
Sedlmair Stephan Phil. Aulzhausen
Seidel Ludwig Mathem. Hof
Seiferling Georg Jur. Aschaffenburg
Seiler Heinrich Jur. Cam. Neresheim
Seitz Adolph Phil. Ellingen
Semmelbauer Karl Phil. Babenhausen
Sichlern Heinrich v. Phil. Kaufbeuren
Sichlern Oskar von Phil. Kaufbeuren
Siry Otto Jur. Speyer
Soden Karl Graf von Jur. Zwing
Sommer Konrad Forstw. Winkel
Sonntag Woldemar Pilgramsreut
Spatny Joseph Phil. München
Spindler Karl Phil. Kaisheim
Spitzen Otto Anton Theol. Steenwyker-
  wuld
Stabel Ludwig Med. München
Stachelhausen Oscar von Bergw.
  Traidendorf
Stadtmüller Ludw. Bergw. Stempelberg
Stainsailer Michael Phil. Trostberg
Steeger Ludwig von Forstw. München
Steichele Ludwig Phil. Kempten
Steinach Joh. Bapt. Jur. Uznach
Steinbaur Peter Phil. München
Steinberger Ulrich Phil. Dingolfing
Stengel Nikol. Bar. v. Phil. Neuburg
Stengel Fried. Bar. v. Forstw. Neuburg
Stephinger Andreas Phil. Waidhaus
Steyrer Karl Theol. Salzburg
Stiefenhofer Alois Pharm. Neuötting
Stockar Franz von Archit. Würzburg
Stöger Max Phil. München
Stoiber Karl Phil. Tittling
Stolberg Gottfried Med. Weissenburg
Strasser Ignaz Phil. Leeder
Strehle Friedrich Phil. Kirchheim
Stroschneider Mich. Phil. Regensburg
Sturm Johann Baptist Theol. Metten
Sturm Karl Ludwig Phil. Landstuhl
Sündermann Karl Forstw. Würzburg
Tallo Johann Baptist Phil. München
Tautphöus Frz. Bar. v. Jur. München
Teubner Joseph Phil. München

Thalhauser Michael Jur. Abolming
Thoma Augustin Phil. Tutzing
Thoma Franz von Phil. Kirchberg
Thumann Joseph Jur. Au
Thumann Karl Theol. Bamberg
Thurneyssen Alex. Archit. Frankfurt
Trautner Pius Jur. München
Trummer Simon Jur. Mitterteich
Tschurtschenthaller Anton Jur. Landshut
Türckheim Karl von Jur. Freiburg
Türckheim Max von Cam. Freiburg
Uhlmann David Med. Pfersee
Vogel Karl Phil. Kelheim
Vogl Joseph Med. München
Wachter August von Jur. Memmingen
Wagner Joseph Phil. München
Wagner Eduard Jur. Amorbach
Waldburg-Wurzach Karl Graf von Phil. Wurzach
Waller Ferdinand Phil. Tirschenreuth
Wallner Andr. Phil. Oberschweinbach
Walter Hugo Theol. Oettingen
Walther Oscar Archit. München
Wankmüller Frdr. Med. Obergünzburg
Wehner August Phil. München
Wehrle Karl Theol. Constanz
Weigert Michael Jur. Regensburg
Weingartner Jos. Phil. Schatzhofen
Weinhart Georg Phil. Waltenhofen
Weiss Christian Theol. Pless
Weiss Rudolph Theol. Augsburg

Weixler Friedrich Phil. Arnschwang
Wenzel Richard Phil. Bamberg
Wess Wilhelm Theol. Vrees
Wetzel Ferdinand Jur. Zwingenberg
Widder Wilhelm Phil. München
Widder Johann Baptist Phil. München
Widnmann Otto Phil. Wallerstein
Wiesend Franz Jur. Stadtkemnath
Wiethaler Michael Phil. Unsbach
Wifling Max Michael Phil. Kempten
Wild Georg Jur. Waldau
Wild Johann Bapt. Jur. Degersheim
Wild Joseph Forstw. Passau
Wilhelm Otto Phil. München
Wille Xaver Forstw. Kaisheim
Wirschinger Edmund Phil. München
Wittenmeier Martin Phil. Blieskastel
Wohnlich Jakob Jur. Murnau
Wolf August Phil. Landshut
Wolff Peter Cam. Rastadt
Wossidlo Robert Theol. Stralsund
Würdinger Xaver Phil. Pottenstetten
Wundl Karl Friedrich Jur. Karlsruhe
Würsching Wilhelm Phil. München
Zaabel Robert Archit. Elbing
Zametzer Andreas Jur. Dobenreuth
Zenetti Wilhelm Theol. München
Zetl Joseph Pharm. Rosenheim
Zieglauer August v. Phil. Dillingen
Ziereis Joseph Jur. Lichtenfels
Zürcher Joseph Med. Menzingen

1845—1846

Rector DXCVII Georg PHILLIPPS

Acklin Peter Jur. Herznach
Adam Gottfried Phil. München
Adler Karl Jur. Speyer
Agatz Georg Med. Gerolzhofen
Aigner Georg Jur. Perlesreut
Albert Alois Phil. Landshut
Angerer Martin Jur. Karpfham
Anglhuber Johann Phil. Furth
Angstwurm Karl Phil. München
Anzenhofer Peter Jur. Dillingen
Arents Johann Med. Hamburg
Arnold Ferdinand Phil. München
Auer Anton Jur. Salem
Auer Donat Jur. München
Aulike Heinrich Jur. Münster
Aybler Eduard Phil. Göggingen
Babinger Franz Med. Güsbach
Bachmaier Anton Phil. Kirchbach
Bäurle Ignaz Phil. Edenhausen

Baierlacher Eduard Phil. Eichstädt
Ball Adolph Pharm. Kempten
Bauer Alois Phil. Lauingen
Bauer David Med. Buttenwiesen
Bauer Georg Philol. Tiefenstürmig
Bauer Johann Pharm. Bittenbrunn
Banhof Karl Phil. Dillingen
Baumgartner Alois Forstw. Landsberg
Baumüller Emil Med. Bayreuth
Baur Adolph Phil. Moosbach
Bausenwein Joseph Jur. Nürnberg
Bayer Franz Rudolph Archit. Dresden
Bayerlein Eduard Jur. Bayreuth
Beisler Hermann Phil. München
Berchtold Johann Nepomuk Phil. Untermühlhausen
Bergmüller Vitus Phil. Gempfing
Berliner Leopold Med. München
Bernhard Konrad Phil. Babenhausen

Bernklau Alois Phil. Achdorf
Bernklau Joseph Phil. Oberweiling
Berthold Joseph Jur. Grafenkirchen
Beurer Bernhard Med. Zusmarshausen
Bezzel Max Jur. Ansbach
Biermann Otto Phil. Augsburg
Biermer Anton Phil. Bamberg
Binder Johann Jur. Neumarkt
Bion Karl Theodor Med. St. Gallen
Blatner Joseph Phil. Kraiburg
Blees Karl Theol. Aachen
Blum Johann Bapt. Theol. St. Wendel
Bock Alois Phil. Winterrieden
Bock Joseph Jur. Au
Böckl Nikolaus Phil. Dietenhausen
Bramante Jakob Jur. München
Brandl Konrad Jur. Passau
Braunmühl Philipp von Jur. München
Braun Rudolph Jur. Frankfurt
Breithinger Frd. Theol. Oberkirchberg
Brenner Jakob Theol. Pirmasens
Breslau Bernhard Phil. München
Breymann Joseph Theol. Oberndorf
Brug Karl Med. Augsburg
Brügger Luzius Phil. Churwalden
Brühl Gustav Jur. Herdorf
Brunner Kaspar Phil. Luhe
Büller Eugen Phil. Passau
Bürklein Adolph Phil. Dinkelsbühl
Burger Joseph Phil. Schönach
Burkhard Karl Phil. Amberg
Buxbaum Eugen Med. Regensburg
Byschl Joseph Pharm. Garmisch
Camerloher Wilh. v. Jur. Hiltpoltstein
Cammerloher Lor. Jur. Grafenwöhr
Castell Joseph Baron v. Phil. München
Cavallo Philipp Theol. Bamberg
Closs Hugo Pharm. Murrhardt
Corsten Bernh. Hubert Theol. Erkelenz
Cucumus Franz Seraph Jur. München
Daisenberger Michael Phil. Weilheim
Dandler Johann Nep. Jur. Günzburg
De Ahna Karl Phil. München
Deisch-Rosenberg Joseph Jur.
   Regensburg
Deker Karl von Phil. Augsburg
Demel Johann Bapt. Phil. Finsterwahl
Denk Nepomuk Jur. Freising
Dorn Mathias Phil. Wolnzach
Dorsch Eduard Med. München
Droste-Hülshoff Heinrich Baron von
   Jur. Hülshoff
Dürckheim-Montmartin Karl Graf
   von Jur. München
Dürig Michael Jur. Nürnberg
Dürk Johann Theol. Gerolsheim
Dumas Oskar von Forstw. Würzburg
Ebenböck Alois Phil. München
Eberle Karl Ludwig Phil. Legau

Eberle Nikolaus Phil. Polling
Edelhart Paul Phil. München
Eder Friedrich Phil. München
Eder Georg Phil. Harburg
Eder Martin Phil. Tuntenhausen
Edlhard Franz Xaver Phil. Abensberg
Eggel Sylvester Phil. Emmerein
Egger Johann Med. Hausen
Eggert Michael Phil. Monheim
Eisenhofer Karl Phil. Schrobenhausen
Ekl Andreas Phil. Freising
Elsperger Wilhelm Jur. Ansbach
Emoan Franz Phil. München
Enzensperger Ant. Theol. Lechbruck
Ernst Friedrich Phil. München
Etti Karl Pharm. Wangen
Faber Eberhard Jur. Stein
Faber Robert Phil. Zweibrücken
Färber Ludwig Phil. München
Fässler Johann Nep. Phil. Sonthofen
Fäustle Johann Nep. Phil. Augsburg
Fahrnholz Johann Baptist Med. Stadl
Falk Jakob Phil. Ganghofen
Falkner Eduard Phil. Lutzmannstein
Fehr Kaspar Jur. Kissingen
Fellerer Johann Nep. Med. München
Fellner Ignaz Jur. München
Fick Emil Phil. Regensburg
Filchner Ludwig Phil. Eschenbach
Fink Georg Phil. Agawang
Fischl Johann Bapt. Phil. Stadtamhof
Förster Hermann Phil. München
Forschner Philipp Cam. Schriesheim
Fraunhofer Rupert Jur. Hintlaber
Freninger Franz Xaver Phil. München
Freund Ludwig Phil. Schnackenwerth
Frey Philipp Jakob Phil. München
Freylinger Frz. Xav. Phil. Oberlindhart
Freysing Heinrich Jur. Edenkoben
Friedrich Emil Med. München
Friedrich Alois Jur. Waldsassen
Friedrich Wilhelm Jur. München
Fritz Anton Phil. Ingolstadt
Fuchs Joseph Phil. München
Füller Andreas Phil. Grafling
Fürstenwärther Emil Baron von
   Forstw. Gern
Ganghofer Joseph Phil. Ottobeuern
Gassner Ludwig Phil. München
Gebhardt Karl Theol. Rennertshofen
Gegenbauer Michael Med. Neumühle
Geiger Hermann Phil. Schwabmünchen
Gemminger Max Med. München
Gerstbacher Alexander Phil. Linsen
Giehrl Rudolph Phil. München
Gimpl Johann Evang. Jur. Freising
Ginker Theobald Pharm. Neustadt
Gleissner Joseph Theol. Thannhausen
Glöggler Franz Ant. Med. Rettenbach

Glück Friedrich Phil. München
Gmeinwiser Joseph Phil. Straubing
Göbel Anton Philol. Boppard
Görtz Georg Phil. Reichmannsdorf
Götz Friedrich Med. Ansbach
Goppelt Johann Jur. Hersbruck
Gorhan Joseph Theol. Kaufbeuern
Grässmann Joseph Phil. Amberg
Graf Fidel Phil. Sigmaringen .
Graf Max Phil. Simbach
Graf Peter Phil. Englhof
Grahamer Korbinian Jur. Gerolsbach
Grambihler Franz Anton Phil. Egg
Grandaur Franz Med. München
Grasmüller Jakob Phil. Au
Greith Karl Phil. St. Gallen
Greunacher Moriz Phil. Augsburg
Greusing Anton Jur. Steinach
Grimm Joseph Phil. Freising
Grimm Karl Forstw. Regensburg
Gros Franz Phil. München
Gross Alois Phil. Donauwörth
Gross Ludwig Phil. Lambsheim
Gross Hermann von Forstw. Bern
Gruber Joh. Ev. Phil. Markt-Offingen
Grünsfelder Julius Phil. Ansbach
Grünwald Joseph Phil. Lochhofen
Gumbinger Otto Phil. München
Gutsmiedl Franz Phil. Gruinet
Haas Anton Phil. Berg
Hablitzel Adolph Phil. Schmalegg
Hacker Hermann Phil. Memmingen
Hüllmayer Anton Phil. Vilshofen
Hänlein August Phil. München
Haltenberger Jos. Theol. Ober-Igling
Handwerker August Med. München
Hanemann Heinrich Pharm. Lauben
Hardegger Joseph Philol. St. Johann
Harpe Wilhelm Theol. Steele
Harsdorff Alex. Bar. v. Jur. Nürnberg
Hartl Andreas Phil. Obergrafendorf
Haslauer Sebastian Theol. Fuschl
Hatry Julius Phil. Zweibrücken
Hauber Franz Joseph Phil. Opfenbach
Hauber Thomas Theol. Lenzfried
Hauptmann Franz Phil. Bamberg
Haushalter Ludwig Phil. München
Hayder Friedrich Phil. Altötting
Hedenus Ferdinand Forstw. Würzburg
Heigl Franz Seraph Phil. Hohenwart
Heiligenstein Konr. v. Jur. München
Heim Gustav Jur. Nürnberg
Heinrich Emanuel Med. München
Heiss Karl Phil. Stadtsteinach
Held Friedrich Jur. Frankenthal
Held Johann Baptist Med. Rosenheim
Heldmann Anton von Phil. Diessfurth
Hell Anton Phil. Pförring
Heller Rudolph Forstw. Amorbach

Hellingkrath Frdr. v. Phil. München
Henke Wilhelm Jur. Erlangen
Herfeld Franz Theol. Königsbach
Hermann Christ. Franz Phil. München
Hermann Heinrich Jur. München
Herzog Theodor Med. Münster
Hetznecker Adolph Phil. München
Heydte Otto Bar. v. der Jur. Ansbach
Hilz Joseph Phil. Straubing
Hintermayer Simon Phil. Abensberg
Hobmaier Matthäus Phil. Essenbach
Hochenegger Raim. Phil. Memmingen
Höchstetter Anton Pharm. Cham
Höchstetter Friedr. Jur. Windsheim
Höhl Wilhelm Pharm. Selb
Hofer Andreas Jur. Pfarrkirchen
Hoffmeister Nikolaus Jur. Nürnberg
Hoffmann Johann Bapt. Phil. Straubing
Hofmann Joseph Pharm. Augsburg
Hofmann Karl Phil. Neuburg
Hofmarksrichter Gg. Phil. Straubing
Hofmeister Joseph Phil. Sulzbach
Hofner Anton Phil. München
Holl Emil Phil. Eichstädt
Holzmann Ludwig Phil. Pfaffenhofen
Horner Ernst Phil. München
Huber Bonifaz Theol. Thann
Huber Peter Phil. Stölzlberg
Huber Wilhelm Theol. Weilheim *
Huberti Eugen Jur. Marktheidenfeld
Hurter Franz Phil. Schaffhausen
Hurter Heinrich Phil. Wien
Huth Franz Theol. Edesheim
Hatter Anton Theol. Beckstetten
Jablonowski Joseph von Phil. Dolha
Jäger Georg Phil. St. Nikola
Jaudebeur Simon Jur. Aschaffenburg
Ibher Frz. Xav. Phil. Unterpeissenberg
Jenni Heinrich Med. Hitzkirch
Jergius Heinr. Pharm. Wasserträdingen
Immler Joseph Anton Phil. Biesenberg
Jörg Cajetan Phil. Gundelfingen
Josty Kaspar Jur. Filisür
Itzstein Karl von Cam. Dillingen
Jungmayr Max Med. München
Kämmerle Joseph Phil. München
Kämmerle Karl Phil. München
Käs Joseph Phil. Sachsenried
Kainzberger Franz Phil. Alzgern
Kallhofert Johann Pharm. Passau
Karl Heinrich Phil. Schwabing
Keck Georg Forstw. Bamberg
Kellner Joseph Phil. Straubing
Keyser Friedrich Phil. Albersweiler
Kiderle Michael Med. Ebersbach
Kilian Kilian Phil. Bamberg
Kinn Joseph Phil. Rosenheim
Kläger Magnus Theol. Kultbrunnen
Kleinfeller Adolph Cam. Kitzingen

Kleinschrod Florentin Phil. München
Kleudgen Max von Cam. Karlsruhe
Kloidt Wilhelm Jur. Rüthen
Klotz Johann Baptist Phil. Gorisried
Knappich Franz Phil. Aichach
Knussert Gustav Phil. Ottobeuren
Koch Johann Phil. Höchstädt
Koch Karl Phil. Dürkheim
Köhne Johann Baptist Phil. München
Kölbl Franz Sales Theol. Hechenwang
Kölmann Christian Jnr. Bocholt
Kömpel Anton Aug. Theol. Frankfurt
König Friedrich Med. München
König Joseph Jur. Tattenberg
Körber Johann Phil. Gösweinstein
Köstler Georg Phil. Altersberg
Kohl Adam Phil. Sigmaringen
Kohlschmid Joseph Phil. Stetten
Kolb Friedrich Phil. Waldsaassen
Koller Alois Phil. Waldmünchen
Kollmann Emil Jur. Holzheim
Kopleter Alois Phil. Wasserburg
Koplstätter Heinr. Phil. Baumgärten
Kräh Adolph Phil. Dillingen
Krafft-Dellmeusingen Konrad v. Jur. Kaufbeuren
Krebs Alois Theol. Düsseldorf
Kreisler Wilhelm Theol. Sandberg
Kreuzeder Jos. Theol. Wurmannsquik
Kreuzmair Joh. B. Phil. Heinrichsdorf
Kroiss Johann Ev. Jur. Kollmering
Krumbach Franz Jur. Freising
Kübel Lothar Theol. Linzheim
Kurz Emil Phil. München
Kuttler Johann Baptist Jur. Augsburg
Kutzer Joseph Theol. Schwarzenbach
Laber Ulrich Theol. Steinheim
Lachamer Alois Phil. Metten
Lacher Theodor Phil. Hohenwart
Landes Johann Nep. Phil. München
Langenmantel Anton Med. Passau
Langlois Konrad Phil. München
Laubmann Heinrich Bergw. Hof
Laucher Eugen Jur. Dillingen
Laucher Karl Med. Tittmoning
Lazeczko Jakob von Med. Schipenetz
Leher Franz Phil. Kriesdorf
Lehmann Friedrich Phil. Frankenthal
Leithardt Ludwig Med. Basel
Lengerke Joh. Heinr. v. Jur. Bremen
Leibig Joseph Phil. Bamberg
Leiendecker Michael Phil. Landshut
Leipold Leopold Phil. Pfronten
Lengmüller Johann Phil. Landshut
Liebl Martin Phil. Taufkirchen
Lindig Joseph Phil. Amberg
Lindinger Callist Phil. Dürrwangen
Lippe-Bisterfeld Graf zur Jur. Ober-Kassel

Litzl Joseph Theol. Sterzing
Löb Gottlieb Jur. Ungstein
Löhr Adolph Med. Passau
Lösch Franz Xaver Phil. München
Lössl Richard von Phil. München
Lugscheider Matthäus Theol. Wolfratshausen
Lurz Raimund Baron v. Phil. Würzburg
Machwirth Emil Phil. Dielkirchen
Mackenzie James Med. Edinburg
Mader Karl August Jur. Kulmbach
Märkl Joseph Jur. Schweinfurt
Maier Hermann Jur. Freising
Maier Mathias Phil. Bernhardsberg
Maisel Johann Phil. Bayreuth
Markmiller Frz. Xaver Phil. Neuhaus
Marx Joseph Theol. Prien
Marx Ludwig Phil. München
Mastaller Michael Theol. Mering
Mayberger Karl Phil. Thierhaupten
Mayer Frz. Xav. Philol. Wörlenschwang
Mayr Johann Jur. Speyer
Mayr Lorenz Theol. Schlingen
Mayr Ludwig Phil. Bleiche
Mayr Max Phil. Furth
Mayrhofer Anton Phil. Wimpersing
Mehn Ludwig Phil. München
Meilbeck Ludwig Phil. München
Meinzweig Karl Jur. Aschaffenburg
Meister Johann Nep. Forstw. Frauenzell
Menauer Joseph Phil. Ratiszell
Menig Peter Forstw. Neubrunn
Merkl Joseph Phil. Welden
Meyer Joseph Martin Jur. Bünzen
Meyr Franz Seraph Jur. Waldkirch
Mieg Gustav Pharm. Basel
Minartz Theodor Theol. Aachen
Minges Heinrich Phil. Flemlingen
Mittermaier Franz Jur. Heidelberg
Mittermaier Karl Med. Heidelberg
Möller Gottfried Jur. München
Mörs Emrich von Jur. Speier
Moos Karl von Jur. Luzern
Moser Alois Phil. Reichenhall
Moser Friedrich Jur. Regensburg
Moy Karl von Phil. München
Mühlhölzl Ludwig Phil. München
Müller Eugen Cam. Speyer
Müller Georg Phil. Deggendorf
Müller Peter Phil. Hainfeld
Müller Rupert Theol. Füssen
Muncker Theodor Jur. Bayreuth
Neeser August Pharm. Augsburg
Negrioli Albrecht Phil. München
Neidhart Xaver Phil. Dillingen
Neser Michael Jur. Burgebrach
Neuburger Jakob Med. Fischbach
Neumaier Wilhelm Phil. Pfaffenhausen
Neumayer Andreas Phil. Landshut

Nicklaus Jakob Theol. Blickweiler
Nickl Alois Jur. Kempten
Nissl Theodor Phil. Regensburg
Nuth Georg Phil. Disentis
Oberniedermayer Ant. Phil. Passau
Ostner Benedikt Phil. Balswell
Ott Joseph Jur. Gammertlngen
Pauer Johann Phil. Traunstein
Pelkhoven Max Bar. v. Phil. München
Pessl Heinrich von Phil. Mitterteich
Petuelli Otto Phil. Abensberg
Pfaff Michael Theol. Wertheim
Pfaffenberger Mlch. Med. Altenmarkt
Pfelffer Friedrich Jur. Nürnberg
Pfell Sylvester Phil. Hof
Pfister Johann Georg Phil. Oberroth
Pfyffer Bernhard Med. München
Pfyffer Ludwig Jur. München
Piller Martin Phil. Eichstädt
Pleysteiner Joseph Theol. Neunburg
Pölcher Franz Ludw. Phil. Immenstadt
Poplschil Georg Phil. München
Posselt Karl Phil. München
Pramböck Karl Phil. Tettenwels
Prechtl Andreas Phil. Guteneck
Primbs Karl Phil. München
Prinz Joh. Jak. Phil. Mayerhöfen
Puchta Karl Pharm. Wassertrüdingen
Puchta Wolfgang Jur. Berlin
Pummer Max Phil. Passau
Putz Joseph Phil. München
Rädler Wendelin Med. Scheffen
Räsfeld Hermann von Jur. Bochold
Rainer Stephan Phil. Stephanskirchen
Raith Ferdinand Pharm. Fürth
Raith Georg Phil. Fahrnbach
Raith Max Phil. München
Ramp Johann Nepom. Phil. Mindelheim
Rampp Christian Phil. Nürnberg
Rapp Peter Phil. Rieden
Redwitz Oscar Baron v. Jur. Speyer
Regensburger Jakob Phil. Westheim
Reger Stephan Phil. Saulorn
Reichelt Karl Pharm. München
Reichert Karl von Jur. München
Reindl Karl Phil. Rosenheim
Reindl Heinrich Phil. München
Reiner Karl Jur. Dillingen
Reisberger Anton Phil. Durham
Reisenegger Jakob Phil. Neuburg
Reiss Michael Phil. Amberg
Reitzmann Wilhelm Jur. Lindau
Reizenstein Ludw. Baron von Phil.
Renggll Franz Med. Schamrlkan
Riederer Max Pharm. München
Risch Meinrad Med. Hngstetten
Robert Karl Jur. Berlin
Robl Karl Phil. Amberg
Rocher Georg Jur. Göllheim

Röckel Ludwig Phil. Regensburg
Röckl Ludwig Phil. Lauingen
Römer Theodor Jur. Zweibrücken
Rösling Frdr. Wilh. Jur. Buttenheim
Rosner Max Phil. München
Rost Karl Phil. Münnerstadt
Rothenfelder Otto Phil. Regensburg
Rues Karl Phil. München
Rühl Friedrich Phil. München
Ruppert Kaspar Phil. Kirchenlaibach
Sachs Xaver Theol. Altenkundstadt
Sacken Fedor Bar. v. Phil. Liffland
Sättelin Hermann v. Phil. Sigmaringen
Sailer Johann Bapt. Phil. Regensburg
St. Ives Ignaz Theol. Newyork
Salmou Viktor Jur. Frankenthal
Samberger Ludwig Theol. Dachau
Sander August Archit. Zellerfeld
Sandner Joh. Bapt. Jur. Stadtamhof
Sartorius Eduard Jur. Germersheim
Sauerbier Wilhelm Chir. Nürnberg
Sauter Alois Phil. Rieden
Sauter Joh. Evang. Pharm. Uttenweiler
Schäffer Georg Jur. München
Schäffler Joh. Baptist Phil. Kempten
Schäzler Const. Bar. v. Jur. Augsburg
Schauer Karl Phil. München
Schech Michael Phil. Bamberg
Scheckenhofer Jos. Jur. Altfalterbach
Scheichl Paul Phil. Deggendorf
Schellmann Nikolaus Phil. Ellwangen
Schells Alois Phil. Passau
Scheppach Frz. Jos. Phil. Burgau
Schermer Franz Phil. Morlautern
Schieder Albin Phil. München
Schieneis Joseph Jur. Amberg
Schlägel Ludwig von Phil. Amberg
Schlager Joseph Pharm. Amberg
Schlager Karl Jur. Zweibrücken
Schleicher Max Jur. Augsburg
Schlösser Anton Theol. Katlngen
Schmauss Karl Eduard Jur. Ansbach
Schmauss Leo von Pharm. Amberg
Schmelzeis Johann Philipp Theol.
  Rüdesheim
Schmelzing Franz Ser. Phil. Kronach
Schmerber Johann Bapt. Jur. Luhe
Schmid Anton Jur. Passau
Schmid Johann Bapt. Phil. Gablkofen
Schmid Joh. Nep. Theol. Ingolstadt
Schmid Ludwig Med. Günzburg
Schmid Otto Phil. Donauwörth
Schmid Wolfgang Theol. Hengersberg
Schmidbauer Jos. Phil. Burghausen
Schmidbaur Andreas Phil. Landshut
Schmidsfeld Eduard von Forstw.
  Schmidsfelden
Schmidt Franz Xav. Theol. Augsburg
Schmidt Joseph Phil. Eichstädt

Schmidtkonz Joh. Nep. Philol. Landau
Schmitt August Phil. Münnerstadt
Schmitz Joh. Jakob Theol. Nolthausen
Schneider Anton Phil. Königshofen
Schneider Franz Paul Med. Eschlkam
Schneider Max Phil. München
Schneider Wilhelm Phil. Donauwörth
Schneidt Ludwig Phil. München
Schnorr Robert Archit. Waldsassen
Schöberl Johann Mich. Jur. Nürnberg
Schöller Ferdinand Phil. Passau
Schönbeck Joseph Phil. München
Schönhueb Karl Bar. v. Med. München
Schönninger Oscar Phil. Landsberg
Scholer Heinrich Archit. Zunzgen
Schrader Anton Theol. Steinheim
Schrepfer Ignaz Phil. Bamberg
Schreyer Johann Bapt. Jur. Waltershof
Schrott Johann Evang. Phil. Seestall
Schrottenberg Franz Baron von Phil. Bamberg
Schubert August Theol. Gross-Glogau
Schuchardt Victor Jur. Speyer
Schnderer Georg Phil. Holzheim
Schübeck Gustav Phil. Ansbach
Schütz Franz Joseph Phil. Obenhausen
Schuh Eduard Pharm. Ansbach
Schuh Georg Pharm. München
Schuster August Jur. Ansbach
Schwarzenberger Ant. Theol. Passau
Schwingsack Anton Phil. Augsburg
Seehofer Michael Phil. München
Selmayr Karl Phil. Landshut
Semmelbauer A. Pharm. Babenhansen
Sensburg Frz. Ludw. Phil. Burg-Ebrach
Sepp Alois Phil. Tölz
Seuffert August Phil. München
Seul Hermann Jur. Badburg
Sigmund Anton Phil. München
Sing Karl Phil. Augsburg
Six Leonhard Phil. Lauingen
Sölch Johann Nep. Phil. Mitterteich
Solleder Jakob Phil. Hemhausen
Spach Gustav Pharm. Zweibrücken
Speckner Johann Jur. Kemnath
Sperschneider Josias Med. Tanjore
Spitz Georg Phil. Eisenhofen
Spitzlbachmayr Johann Phil. Ilz
Spöckner Martin Jur. Altötting
Spöhrer Gregor Jur. Speyer
Spörl Johann Baptist Phil. München
Sponfeldner Ludwig Phil. Sonthofen
Stampfl Joseph Theol. Attenkirchen
Stang August Jur. Cam. Wegscheid
Staub Alois Theol. Menzingen
Steinbacher Joseph Med. München
Steiner Peter Phil. Beratzhausen
Steingass Franz Jos. Phil. Frankfurt
Sterzl Eduard Phil. Hohenau

Stickl Johann Nep. Phil. Seyboltsdorf
Stock Ludwig Theol. Culm
Stocker Karl Pharm. Kaufbeuren
Stöckl Simon Phil. Tödtenberg
Stöger Ludwig Phil. Eichstädt
Stösser Gustav Jur. Karlsruhe
Streitberg Friedr. Jur. Elfertshausen
Stritzl Max Phil. München
Stritzl Wilhelm Jur. München
Strobel Johann Michael Jur. Belzheim
Strubel Franz Med. Fürth
Stubenrauch Ldw. v. Phil. Straubing
Stünkel Ludwig Phil. München
Sues Karl Pharm. Speyer
Suminski Ignaz von Theol. Zengwirth
Sundheimer Heinrich Jur. Meisenheim
Sutner Ludwig von Phil. München
Sutro Adolph Med. Leutershausen
Szukalski Franz Theol. Okollo
Tappenhorn Theodor Med. Vechta
Tauffkirchen Krl. Graf v. Jur. München
Thalhofer Valentin Theol. Unterroth
Thewalt-Gürtler Eduard von Jur. Wiesbaden
Thünefeld Phil. Bar. v. Jur. Augsburg
Törring-Seefeld Max Graf von Phil. München
Tretter Eduard Jur. Amberg
Tröltsch Walfr. Bar. v. Jur. Nürnberg
Tross Ludwig Cam. Mannheim
Truchsess Hermann Baron von Jur. Ansbach
Tucher Georg von Jur. Nürnberg
Tucholka Michael von Philol. Boban
Uhr Johann Jur. Menzingen
Ulrich Joseph Theol. Riedenburg
Ulrich Valentin Phil. Bebenhausen
Unold Sigmund von Jur. Memmingen
Valta Max von Phil. Augsburg
Victorini Vincenz Pharm. Passau
Völk Joseph Phil. Egenburg
Völkl August Jur. Eichstädt
Vogl Georg Phil. Neunburg
Vohmann Georg Phil. Zweibrücken
Vollmar-Veltheim Heinrich von Jur. München
Voltolini-Valtellina Ludwig Graf von Phil. Kempten
Wachter Konrad Phil. Füssen
Wachter Samuel von Med. Memmingen
Wagner Eduard Pharm. Amorbach
Wagner Johann Theol. Pottenstein
Waiblinger Georg Phil. Nadling
Wallner Sebastian Phil. Straubing
Walser Franz Paul Phil. Pless
Wandesleben Philipp Pharm. Worms
Wandinger Corbinian Phil. Elbach
Washington Ludwig Baron von Phil. München

Weber Bernhard Phil. Rieden
Weber Jakob Phil. Weilheim
Weber Jost Jur. Ebersol
Weckerle Andreas Phil. München
Weilmeyr Otto Phil. Regensburg
Weinfurtner Lorenz Phil. Grasslfing
Weinhöppel Michael Phil. Wallerstein
Weinreich Eduard Phil. Landshut
Weishäupel Wilhelm Phil. München
Weiss Theodor Phil. Regenstauf
Wening-Ingenheim Karl von Phil. München
Wesemann Klemens Jur. Oelde
Widmann Mathias Theol. Wemding
Wiedemann Frz. Xv. Phil. Niederdorf
Wild Adam Phil. Phil. Stadtamhof
Wilhelm Georg Phil. Holzen
Wilhelm Joseph Phil. Kirchehrenbach
Wimmer Ludwig Phil. München
Winkler Ferdinand Jur. Stamsried
Winter Michael Phil. Amberg
Wöger Karl Phil. Riedhausen

Wöhr Kaspar Phil. Altheim
Wohnlich Georg Jur. Murnau
Wolf Friedrich Phil. München
Wolfram Rudolph Jur. Bayreuth
Wolfschmitt Xaver Phil. München
Wolz Kaspar Jur. Oesfeld
Wüst Michael Jur. Männerstadt
Wulffen Emil Bar. v. Phil. Landshut
Wunder Bernhard Jur. Wilhermsdorf
Wuppinger Joseph Phil. Au
Wurzer Karl Pharm. Günzburg
Yelin Karl Jur. München
Zech Friedrich Graf v. Phil. Perlach
Zech Max Graf von Phil. Perlach
Ziegler Franz Xav. Phil. Neuburg
Ziegler Wilhelm von Pharm. Pürgen
Zierl Joseph Med. Furth
Zierl Joseph Phil. Burglengenfeld
Zill Leonhard Phil. Donauwörth
Zink Joh. Baptist Phil. Marienroth
Zöpfl Christoph Phil. Bamberg

1846—1847

Rector DXCVIII Johann Baptist WEISSBROD

Abend Karl Cam. Wolfstein
Allioli Wilhelm Phil. Amberg
Altmanu Frz. Xav. Phil. Hinterbuchberg
Altmannsperger Ludwig Phil. Rosenheim
Aman Anton Phil. Förnbach
Amrhein Franz Phil. Weibersbrunn
Angstwurm Theodor Phil. München
Auer Ludwig Phil. Landshut
Aurbach Max Phil. München
Babinger Franz Med. Güsbach
Bachl Anton Phil. Straubing
Bahmanu Xav. Frdr. Phil. Nordendorf
Barg Franz Hermann Jur. Danzig
Barth Johann Bapt. Phil. Blieskastel
Barth Wilhelm von Phil. München
Bartl Joseph Phil. Unterpeissenberg
Bassler Andreas Theol. Metten
Bauer Benno Phil. Helmatshofen
Bauer Gottlieb Jur. München
Bauer Johann Theol. Reichenhall
Bauer Sigmund Theol. München
Bauer Wolfgang Phil. München
Baumann Johann Phil. Kastl
Baur Johann Baptist Phil. Westendorf
Baur Martin Phil. Bürgle
Bayer Peter Phil. Kastl
Beck Heinrich Jur. München
Beck Ignaz Jur. Göggingen

Beck Joseph Jur. Stadtamhof
Beckers Max Med. München
Bedall Karl Pharm. München
Beil Georg Phil. Endelhausen
Berliner Leopold Med. München
Bernhard Michael Theol. Herrieden
Bertele Friedrich Pharm. Kempten
Bertele Karl Phil. Kaufbeuren
Berthold Joseph Jur. Grafenkirchen
Bertl Jakob Phil. Burkshartsberg
Betz Michael Jur. Tiefenbach
Bezold Gustav von Phil. Ausbach
Bibra Alfred Baron v. Jur. Wellburg
Bierdimpfl Norbert Jur. München
Billing Ehrenfried Med. Thurnau
Birett Wilhelm Pharm. München
Bise Basil Jur. Murist
Blab Johann Georg Phil. Weislitz
Blainer Caspar Theol. Arnsdorf
Blatner Joseph Philol. Passau
Blöst Anton Phil. Zaiertshofen
Bock Joseph Jur. Au
Böck Martin Med. Lauingen
Böld Johann Phil. München
Bogenberger Andr. Theol. Haufenöd
Bolder Franz Jur. Aschaffenburg
Boineburg-Lengsfeld Sigmund Baron von Jur. Darmstadt

Boppart Hermann Med. Rorschach
Boveri Albert Jur. Bamberg
Boxler Andreas Med. Wildpoldsried
Brammel Joseph Jur. Alhartsmais
Brandstätter Joh. Gg. Phil. Stöffel
Braun Joh. Evang. Phil. Deggendorf
Braunmüller Anton Phil. Rötz
Brauns David Med. Braunschweig
Breul Wilhelm Forstw. München
Brigelius Jakob Pharm. Kempten
Brinz Johann Bapt. Phil. Kempten
Brunner Kaspar Phil. Luhe
Brunner Ludwig Phil. Passau
Brunner Michael Jur. Kirmsees
Bulling Karl Frdr. Jur. Falkenburg
Burckhard Karl Frdr. Jur. Augsburg
Burckhardt Jul. Aug. Jur. Ebenried
Burger Caspar Jur. Bamberg
Burggraf Sebastian Phil. Starfling
Buxbaum Eugen Med. Regensburg
Charmoukis Spiridion Med. Zacynth
Cichowski Vincenz Theol. Baszkon
Claudius Christ. Ldw.Jur. Eckernförde
Clausz Ludwig Phil. Landau
Closmann Eugen Forstw. Kalsheim
Closner Adolph Phil. Trostberg
Conrad Anton Theol. Würzburg
Conrad Franz Adam Phil. Hainert
Conrad Johann Jur. Kärlich
Danscher Johann Andr. Theol. Kirch-
    heimbolanden
Dax Joachim Phil. Dorfen
Dax Valentin Phil. Dorfen
De Crignis Max Phil. Neuburg
Detl Wilhelm Simon Phil. Schwabach
Desch Adolph Phil. Vilshofen
Deyerl Christian Phil. Wertingen
Dialler Peter Phil. Grossholzhausen
Diefenbach Joseph Theol. Ahlbach
Diemmer Joseph Phil. Oberammergau
Dietl Johann Bapt. Theol. Viechtach
Dischinger Joseph Phil. Augsburg
Donle Eduard Jur. Windsheim
Dormaier Max von Phil. Obergünzburg
Dreher Felix Jur. Daugendorf
Dresch Eduard Casimir Phil. Miltenberg
Drexler Joseph Pharm. Kaufbeuren
Dupont Nikolaus Pharm. Freiburg
Dürig Michael Jur. Nürnberg
Dursy Emil Phil. Grünstadt
Eblin Johann Paul Pharm. Chur
Ebner Hermann von Jur. Nürnberg
Eckhard Heinrich Jur. Waldfischbach
Eder Ludwig Phil. Eichstädt
Egger Johann Baptist Med. Hausen
Ehrhard Anton Phil. Kaufbeuren
Eichberger Joseph Phil. Augsburg
Eichthal Bernhard Baron von Jur.
    München

Einsele August Phil. Berchtesgaden
Ellenrieder Karl von Phil. Kissingen
Ellenrieder Karl Phil. Mindelheim
Emmer Michael Theol. Illmünster
Endl Matthäus Jur. Emertsham
Engl Erhard Phil. Taufkirchen
Englhard Anton Jur. Reunertshofen
Englhard Jakon Jur. Ingolstadt
Erhard Wilhelm Jur. Nördlingen
Erolzheim Johann Paul von Forstw.
    Kaiserstuhl
Eschenlohr Andr. Forstw. Mindelheim
Evequoz Moriz Phil. Conthey
Eyerschmalz Georg Phil. Uffing
Faber Rudolph Phil. München
Fahrmbacher Anton Phil. Neuburg
Federer Heinrich Phil. Rohrschach
Feldmann Eduard Phil. Augsburg
Fellerer Eduard Phil. München
Fellermeyer August Phil. Plankstetten
Fent Augustin Phil. Amendingen
Ferstl Joseph Phil. Seebach
Fesenmair Johann Phil. Bischertshofen
Fleischmann Frdr. Phil. Regensburg
Fleissner Otto Phil. Aichach
Flurl Michael Phil. Straubing
Fodermair Franz Seraph Phil. Erding
Förster Andreas Jur. Cam. Johannisthal
Forsthofer Frz. Xav. Phil. Burghausen
Frank Georg Joseph Theol. Obbach
Franta Joseph Jur. München
Frei Heinrich Cam. Neustadt
Freninger Franz Xav. Phil. München
Freyberg Karl Bar. v. Phil. München
Freyschlag Ignaz v. Phil. Landshut
Friedlein Gottfried Phil. Regensburg
Fröhlich Joseph Med. Landshut
Frühwein Ludwig Phil. München
Fuchs Emil Max Phil. Bayreuth
Fürstenwärther Otto Baron von
    Jur. Gern
Füssl Lorenz Phil. Landshut
Gärtner Karl Theol. Augsburg
Gantner Franz Joseph Phil. Pfronten
Ganzmann Julius Jur. Bayreuth
Gapp Andreas Phil. Geitau
Gebhard Wilhelm Jur. Bamberg
Geel Johann Jur. Sargans
Geigel Alois Phil. München
Geiger Georg Phil. Laufen
Geiger Johann Baptist Phil. München
Gerheuser Lud. Phil. Muthmannshofen
Gerstmair Andreas Phil. Frauenstetten
Gerzner Joseph Phil. München
Gessele Ludwig Phil. München
Gimmi Otto von Phil. Regen
Gleissl Florian Jur. Brunn
Glockshuber Mich. Phil. Pfaffenberg
Gloning Johann Bapt. Jur. Hausen

Gmelin Ludwig Jur. Hügelheim
Gockel Karl Jur. Büren
Göhl Karl Phil. Landshut
Götz Michael Theol. Hötzelsdorf
Gossinger Franz Phil. München
Gotthelf Jakob Phil. Kleinerdlingen
Gottofrey August Med. Echallens
Gottschalk Joseph Phil. Puch
Grabinger Joseph Phil. Krondorf
Grässmann Max Jur. Vilseck
Grahamer Korbinian Jur. Gerolsbach
Grasmück Konrad Jur. Klingenberg
Griessenbeck Anton Phil. Rosenheim
Grimm Johann Baptist Phil. Lachen
Gröne Valentin Theol. Paderborn
Grolle Friedemannn Wilhelm Pharm.
    Bischofsheim
Gruber Heinrich Phil. Teisendorf
Grueber Christian Med. München
Grünwald Andreas Phil. Lochhofen
Güssregen Karl Phil. Bamberg
Guggenberger Alois Phil. Eiting
Guggenheimer Jos. Phil. Kriegshaber
Gutmann Ignaz Phil. Redwitz
Haas Lorenz Phil. Kinnberg
Hafner Joseph Phil. Oberigling
Hager Lorenz Phil. Untertraubenbach
Hall Johann Nep. Theol. St. Pankratz
Handschuh Alfred Med. München
Hansen Friedrich Jur. Ploen
Harl Christian Phil. Reichenhall
Harlander Otto Phil. München
Harrer Ludwig Phil. Ansbach
Hartig Michael Theol. Ichenhofen
Hartmann Joseph Phil. Berg
Hartmann Joseph Jur. München
Hartung Mathias Phil. Wellach
Hartwagner Michael Jur. Deggendorf
Hasslinger Conrad Phil. München
Hauenstein Friedrich Jur. Näsels
Hauser Franz Phil. Reisbach
Hauser Caspar Jur. Näsels
Hausmann Franz Theol. Bochem
Hayd Heinrich Phil. München
Hayder Friedrich Phil. Altötting
Hayn Johann Nepom. Phil. Augsburg
Haynes Johann Phil. Chattam
Heggelsmüller Johann Phil. Legau
Heid Anton Phil. Gundelfingen
Heim Anton Phil. Scheidenweiler
Hein Johann Bapt. Jur. Oberleugken
Heindl Joseph Jur. Lachau
Heindl Xaver Jur. Passau
Heiny Leonhard Theol. Mussbach
Heinzelmann Georg Jur. Augsburg
Heiss Johann Baptist Phil. Tölz
Heldwein Wilhelm Theol. Steinach
Heller Christian Phil. München
Hengeler Franz Anton Phil. Oitrang

Henke Wilhelm. Forstw. Erlangen
Henkel Johann Bapt. Pharm. Würzburg
Henneberger Lud. Phil. Delsberg
Hennet Martin Ludwig Phil. Delsberg
Hepp Heinrich Otto Jur. Kirchheim-
    bolanden
Herfeldt Joseph Jur. Berg
Hermann Joh. Bapt. Phil. Wolfrats-
    hausen
Hiermeyer Joh. Gg. Forstw. Mörnsheim
Hiessmanseder Michael Phil. München
Hillebrand Vincenz Phil. Neuburg
Hillenmaier Benedikt Phil. Utzwingen
Hilpl Friedrich Phil. Neuburg
Himbsel Frans Phil. München
Hinsberg Heinrich von Med. München
Hintermaier Dominik Phil. Arnbach
Hintermayr Wilh. Pharm. Dillingen
Hirschberg Ed. Grf. v. Phil. Oberbruck
Hocheder Karl Jur. Aschaffenburg
Hoffacker Paul Emil Pharm. Stuttgart
Hoffnaass Lud. von Phil. München
Hofmann Joseph Phil. Iresingen
Hofmann Karl Theol. Laaber
Hofmarksrichter Joh. Evang. Jur.
    Melten
Hohenadl Nikolaus Phil. Penzing
Holl Julius Phil. Eichstädt
Holland Hyacinth Phil. München
Holzfurtner Alois Phil. Burghausen
Hompesch Ferdinand Graf von Jur.
    Düsseldorf
Hornfeck Friedrich Jur. Fulda
Hornthal Ludwig von Jur. Bamberg
Hornthal Adalbert von Phil. Bamberg
Huber Georg Phil. Arnbach
Huber Johann Phil. Palling
Huber Wolfgang Phil. Weiding
Hungerkhausen Friedrich von Jur.
    Bamberg
Hunkele Joseph Phil. Plattling
Husel Joseph Phil. Deiningen
Jacker Eduard Philol. Ellwangen
Jechtl Georg Jur. Pempfling
Jemiller Peter Med. Augsburg
Ilgen Friedrich Jur. Grünstadt
Immler Franz Phil. Kaufbeuren
In-Albon Peter Jur. Brig
Ineichen Joseph Jur. Kleinwangen
Jocham Nikolaus Phil. Rieder
Jörg Leonhard Phil. Gundelfingen
Jung Peter Pharm. Dürkheim
Kässbauer Joh. Evang. Phil. München
Kahr Adolph Jur. Ebermergen
Kaiser Bernhard Phil. Tittmoning
Kanike Franz Phil. Addelum
Kanzler Sebald Phil. Beruried
Kappelmaier Christ. Phil. Regensburg
Kapperer Sigmund Phil. München

Kast Cajetan Jur. Landau
Kastner Jakob Jur. Thannhausen
Kaufmann Johann Phil. Grub
Knus Martin Theol. Wemding
Keller Franz Theol. Untergünzburg
Keller Georg Phil. Günzburg
Kellermann Paul Jur. Heringnohe
Kempter August Jur. Illertissen
Kerler Ludwig Theol. Ettingen
Kieffer Max von Med. München
Kiermayer Karl Jur. München
Kiessling Moriz Phil. Nürnberg
Kimmerle Otto Phil. Immenstadt
Klabl Mathias Phil. St. Wolfgang
Klein Franz Sales Phil. Betzigau
Klocker Cajetan Phil. Hurlach
Knaps Karl Med. Blieskastel
Knaup Joseph Med. Langenenslingen
Knirlberger Georg Phil. Amberg
Knorr Julius Jur. München
Knorr Karl Cam. München
Koch Eduard Phil. Frankenthal
Köglmayer Joseph Phil. Passau
Könneritz Richard Baron v. Jur. Cam. Paris
Köpf Johann Evangelist Phil. Hanfeld
Körbling Georg Jur. Regensburg
Körner Ewald Jur. Elsfleth
Koller Eugen Phil. Hechingen
Kolvenbach Joseph Theol. Enshischen
Korntheuer Joseph Phil. Murnau
Kratzer Lorenz Phil. Indersdorf
Kraus Anton Phil. Aislingen
Kraus Heinrich Med. Unterweilersbach
Krautbauer Frz. Xav. Phil. Mappach
Kreutzer Joseph Phil. München
Kronast Joseph Phil. Söllhuben
Krumm Joseph Pharm. Augsburg
Kühlmann Emil Phil. Landsberg
Kuustmann Karl Phil. München
Kuntzmann Franz Pharm. Hassloch
Lachenmeir Ludwig Theol. Asch
Lacher Franz Xaver Phil. Günzburg
Lacher Johann Georg Phil. Kempten
Lachuer Johann Georg Phil. Kempten
Lammerer Joseph Phil. Forchheim
Lampel August Phil. Grünau
Landsberger Johann Pharm. Kempten
Lang Elias Phil. Burgkundstadt
Lang Michael Phil. Esslarn
Langwieser Joseph Phil. Reithersberg
Lankes Joseph Phil. Cham
Lauer Heinrich Theol. Camberg
Lechner Joh. Georg Theol. Jettingen
Lechner Julius Pharm. Neuburg
Lehner Jakob Theol. Sulzbach
Leibinger Ludwig Phil. Straubing
Leiter Joseph Anton Jur. Uznach
Leland Karl Gottfr. Phil. Philadelphia

Leuprand Johann Ev. Phil. Landshut
Lichtenberger Theodor Phil. Zweibrücken
Lidschreiber Joseph Phil. Greisbach
Lienhardt Franz Med. Einsiedel
Lindenmayr Max Med. Amberg
Lindhamer Karl Phil. München
Lingg Alois Phil. München
Linsenmann Wilhelm Theol. Rottweil
Linsmayer Anton Phil. Deggendorf
Lipp Matthäus Phil. Vilsbiburg
Loder Johann Mich. Forstw. Traunstein
Lodron Theod. Graf von Phil. München
Löcherer Florian Phil. Oberigling
Lohr Jakob Phil. Echlishausen
Lombardus Constantin Med. Zante
Lonz Karl Theol. Urmitz
Lueginger Joh. Gg. Phil. Wasserburg
Lünz Ferdinand Theol. Paderborn
Lupin Friedr. Baron von Jur. Illerfeld
Männer Max Phil. Ortenburg
Maier Franz Xaver Theol. Passau
Mair Johann Nepomuk Phil. Kienberg
Malsen Theobald Baron von Forstw. München
Mandl Ludwig Baron v. Jur. Tüssling
Mangold Anton Phil. Oberammergau
Mannhardt Franz Phil. Echlishausen
Mantz August Theol. Ehingen
Martin Arnold Forstw. Speier
Martin Heinrich Phil. München
Martini Alphons Med. Saulgau
Mascher Anton Pharm. Neustadt
May Ludwig Phil. Ansbach
Mayer Karl Phil. München
Mayer Karl Friedrich Jur. Angsburg
Mayer Sebastian Theol. Dunningen
Mayr Anton Phil. Traunstein
Mayr Eugen Phil. München
Mayr Franz Paul Philol. Ebenhofen
Mayr Johann Nepom. Phil. Kaufbeuren
Mayr Franz Joseph Phil. Pfaffenhofen
Mehn Otto Forstw. München
Mehr Konrad Phil. Weiler
Meile Johann Evang. Theol. Offingen
Meinel Karl Jur. Schwabach
Meinel Karl August Med. Schwebach
Merck Wolfgang Med. Schweinfurt
Merckel Gustav Jur. Zweibrücken
Messmer Georg Phil. München
Meurin Leo Theol. Köln
Michelen Johann Jur. Nettershausen
Michell Joseph Phil. Speyer
Miehler Sebastian Phil. Biberbach
Millauer Emil Georg Cam. München
Miller Xaver Phil. Hohenwarth
Minges Joseph Jur. Flemlingen
Mittermair Michael Phil. Münster
Mittl Ludwig Theol. Möckenlohe

19

Model Ernst Pharm. Ansbach
Molter Hilmar Pharm. Lübek
Monn Anton Jur. München
Moser Friedrich Jur. Regensburg
Mühlmann Wilhelm Theol. Berlin
Müllbaur August Med. München
Müller Andreas Phil. Wallenfels
Müller Gustav Phil. Höchstädt　　-
Müller Heinrich Theol. Koblenz　　-
Müller Joseph Jur. Oberwaldbach
Münster Erhard Baron von Forstw.
　Kulmain
Näf Jonas Jur. Oberruzwyl
Neuber Joseph Theol. Brunn
Neumayr Balthasar Phil. Stetten
Niedermayer Joseph Phil. Walting
Nies Adolph Jur. Burglengenfeld
Niethamer Friedrich v. Phil. München
Niethamer Ludwig von Phil. München
Niessler Joseph Jur. Hienheim
Nolde Friedrich Med. Passau
Obermayer Johann Phil. Rohr
Obermayr Korbinian Phil. Tegernsee
Ochs Johann Theol. Bamberg
Oettl Karl Phil. Landau
Oettl Michael Phil. Scheyern
Ott Johann Georg Phil. Grub
Pasquay Ludwig Jur. Anweiler
Paul Lorenz Phil. Passau
Paur Ludwig Phil. München
Peppler Johann Jur. Aschaffenburg
Pessl Heinrich von Phil. Mitterteich
Peters Johann Jur. Sengwarden
Pettenkofer Mich. Pharm. Lichtenheim
Petz Mathias Phil. Dinzelbach
Pfaller Franz Phil. Irfersdorf
Pfeufer Sigmund Jur. Bamberg
Pfirmann Joseph Jur. Germersheim
Phiräos Dimitrios Med. Kalamä
Pickl Joseph Theol. Augsburg
Pleysteiner Anton Phil. Neunburg
Popp Richard Phil. Zweibrücken
Pröbstle Friedrich Phil. Füssen
Prosinger Alois Phil. Reichenhall
Pündter Emil Phil. Ingolstadt
Quaglio Max Phil. München
Querfurt Curt von Jur. Schönheyde
Raab Johann Georg Phil. Schachendorf
Radlkofer Gottlieb Phil. München
Rahm Joseph Phil. Langenkreith
Raith Kastulus Phil. Winden
Rapp Ludwig Jnr. Zweibrücken
Rasskofer Georg Pharm. München
Rattinger Emil Phil. München
Rauch Engelb. Phil. Unter-Rammingen
Rauch Franz Xaver Phil. München
Reder Johann Bapt. Phil. Mellrichstadt
Regauer Peter Phil. Sielenbach
Reher Johann Georg Jur. Segeburg

Reichert Karl von Jur. München
Reil Johann Baptist Phil. Thanning
Reinhart Franz Phil. Graben
Reiser Johann Evang. Phil. München
Reitmayr Gustav Phil. Regensburg
Reitschuster Max Phil. München
Reizenstein Ludwig Baron von Phil.
　München
Renner Alois Jur. Beilngries
Renner Gregor Jur. Bamberg
Respondek Johann Theol. Jezowa
Ressle Johann Bapt. Phil. Rettenbach
Reusch Franz Heinr. Theol. Brilon
Rhein Ignaz Phil. Wellheim
Rheinwald Frdr. Wilh. Med. Lachen
Riederer Joseph Phil. München
Rieghammer Jos. Phil. Regensburg
Ries Franz Phil. Regensburg
Ritter Johann Phil. München
Rittmayer Friedr. Phil. Willersdorf
Römy Ludwig Jur. Freiburg
Roscher Gabriel Jur. Cam. Welden
Roten Anton Jur. Naron
Roten Leo Jur. Naron
Roth Joseph Phil. Ampermoching
Roth Joseph Med. München
Rüdel Julius Dr. Theol. Leipzig
Rüegg Franz Joseph Phil. Wangen
Rupp Cajetan Phil. Oberschwainbach
Rupprecht Joseph Ant. Jur. Thurndorf
Saal Gerhard Med. Speyer
Saam Georg Phil. Würzburg
Sailer Franz Phil. München
Sattler Max Phil. Mähring
Sauerborn. Nikolaus Theol. Montabaur
Schäffler Michael Phil. Amberg
Schatz Johann Jur. Bamberg
Schauer Johann Theol. Rohrdorf
Schaupp Georg Jur. Dillingen
Schechner Joseph Phil. München
Schefthaler Jakob Phil. Pörnbach
Scheibenbogen Christ. Phil. Scherneck
Scheibenbogen Wilh. Phil. Scherneck
Scheidl Anton Phil. Neuburg
Schelhorn Emil Phil. Landsberg
Scheller Rud. Pharm. Hildburghausen
Schenk-Stauffenberg Clem. Baron
　von Jur. Würzburg
Scherer Georg Phil. München
Schermbrucker Fz. Xv. Phil. Amberg
Scheurer Joseph Phil. Kemnath
Schicker Georg Phil. Au
Schiml Michael Jur. Tirschnitz
Schleich Joh. Bapt. Phil. Stammsried
Schleich Martin von Phil. München
Schleitheim Wilhelm Bar. v. Phil.
　München
Schlicht Christian Cam. Ansbach
Schlittmayr Jos. Phil. Oberviehbach

Schlotter Valentin Phil. Dettensee
Schlund Joseph Jur. Wallerstein
Schmelzle Simon Jur. Cam. Buch
Schmid Dionys Phil. München
Schmid Frz. Andr. Phil. Weiherhammer
Schmid Friedr. Christ. Med. Augsburg
Schmid Johann Bapt. Phil. Gabelkofen
Schmid Karl Phil. Neuburg
Schmid Ludwig Jur. Donauwörth
Schmidt Johann Bapt. Med. Forchheim
Schneider August von Phil. München
Schneider Eugen Jur. München
Schneider Friedrich Mich. Pharm.
Schneider Johann Paul Phil. Straubing
Schneider Johann Nep. Phil. Hünfeld
Schneider Mart. Phil. Waldmüsslingen
Schneidt Ludwig Forstw. München
Schnizlein Ernst Forstw. Ansbach
Schnizlein Wilhelm Jur. Ansbach
Schöllhammer Frz. Jur. Kugelstadt
Schönebeck Aug. v. Phil. Neuburg
Schorner Jakob Phil. Straubing
Schorner Joseph Phil. Straubing
Schredinger Anton Jur. Passau
Schreiber Eduard Pharm. Wallerstein
Schreiber Joseph Phil. Straubing
Schreyer Andreas Jur. Regensburg
Schroder Franz Phil. München
Schuhbeck Matthäus Phil. Teisendorf
Schuhgraf Dominik Theol. Abensberg
Schuhmann Paul Hnr. Phil. Windsheim
Schuller August Jur. Deidesheim
Schuller Joseph Phil. Vilshofen
Schwab Anton Theol. Gaimersheim
Schweickart Leonhard Phil. Fronschwenden
Schweinberger Johann Nepom. Phil. München
Schwemmer Max Phil. Regensburg
Seelig Karl Phil. Waldsassen
Seidenbusch Jakob Phil. Freising
Seiferling Georg Jur. Aschaffenburg
Selbmann Joh. Wilh. Theol. Chemnitz
Sensburg Melchior Phil. Berneck
Sigritz Engelbert Phil. Wursgfell
Singer Karl Theol. Passau
Soden Hermann Graf v. Phil. Neustadt
Söhlke Theodor Jur. Ovelgönne
Sommer Eduard Jur. München
Sommer Sebastian Phil. Tödtenwies
Sonntag Wilhelm Pharm. Eichstetten
Späth Joseph Phil. München
Spagl Michael Phil. Freundlersdorf
Spann Johann Baptist Phil. Biesenkam
Spaur Franz Graf von Jur. Roggenburg
Spitzl Rupert Jur. Schwandorf
Sponfeldner Max Phil. Sonthofen
Stahl Wilhelm Phil. Oberdorf
Stapf Franz Paul Jur. Ratzenried

Stark Friedrich Phil. Nürnberg
Staudigl Jakob Phil. Cham
Staudt Wilhelm von Jur. Feuchtwangen
Steber Joseph Phil. Bruck
Steigerwald Franz Phil. Habichtsthal
Steimer Constantin Archit. Hansen|
Steinbrüchel Gustav Forstw. Ansbach
Steinle Friedrich Phil. Passau
Steinle Joh. Gg. Phil. Frechenrieden
Stelzle Joseph Phil. Wallerstein
Stephanos Staurinakis Med. Athen
Stich Franz Phil. Wolnzach
Stigler Joh. Nep. Phil. Niedermurach
Stockbauer Paul Phil. Antesberg
Stöckel Franz Theol. Pottenstein
Stöger Anton Phil. Greding
Stöger Hermann Phil. Eichstädt
Stöger Max Phil. München
Stollmeyer Anton Theol. Paderborn
Strohmayer Joh. Bapt. Theol. Lembuch
Stucky Adam Med. Zweibrücken
Stückl Wilhelm Phil. Ettal
Stulberger Joh. Nep. Phil. München
Sturzenegger Joh. Jak. Jur. Alstetten
Süss Joseph Phil. Wolfstein
Süssmaier Nikomedes Phil. U.-Igling
Syller Wilhelm Phil. Landshut
Taglio Willbald Phil. München
Tatter Michael Theol. Sielenbach
Tautphöus Albr. Bar. v. Phil. München
Telser Johann Pharm. Passau
Thalhauser Georg Jur. Cham
Thünefeld Philipp Baron von Jur. Augsburg
Thüringer Johann Phil. Altstetten
Thürmayer Ludwig Phil. Neuburg
Tönniessen Aug. Pharm. Iwischenahn
Trenner Joh. Evang. Phil. Auerbach
Trossner Sebastian Phil. Trossten
Truchsess Friedrich Baron von Phil. Wetzhausen
Türk Georg Phil. Teuerting
Urban Ignaz Phil. München
Utz Joseph Phil. München
Vauino Joh. Gg. Jur. Burglengenfeld
Veith Christoph Phil. München
Vögel Joseph Phil. Staufen
Vogel Alfred Phil. München
Vogl Karl Jur. München
Wagner August Jur. Speier
Walderdorff Hugo Wilderich Graf von Phil. Regensburg
Waldvogel Johann Adam Theol. Missen
Weber Philipp Jur. Aschaffenburg
Weber Theodor Phil. Sulzbach
Weber Wilh. Friedr. Pharm. Pessenheim
Weinreich Max Jos. Pharm. Nördlingen
Weltz Daniel Phil. Speyer
Werle Jakob Forstw. Schauernheim

19*

Wertheimer Sigmund Phil. München
Werykius Anastasius Med. Zacynth
Widmann Michael Philol. Stadtamhof
Wieser Franz Xaver Phil. Wiesmühl
Wild Joseph Phil. Etting
Wild Peter Jur. Passau
Wilhelm Georg Phil. Holzen
Will Karl Peter Theol. Dresden
Wimmer Gotth. Jur. Unterkreuzberg
Wintter Dietrich Archit. Nürnberg
Wittwer Wilhelm Phil. Oberdorf
Woisky Otto von Jur. Basien
Wolf Heinrich Jur. Amberg
Wolf Johann Baptist Phil. Dillingen
Wolff Julius Jur. Zweibrücken

Wrede Jos. Bar. v. Cam. Melschede
Wülfert Karl Jur. Bamberg
Würrer Martin Theol. Kösslarn
Wätscher Andreas Jur. Domersdorf
Wurm Michael Phil. Tirschenreuth
Wurzer August Phil. Günzburg
Züngerle Oskar Phil. Kempten
Zeisaner Georg Jur. Burghausen
Zieglwalner Joseph Jur. München
Zierl Joseph Med. Furth
Zierngibl Joseph Ant. Med. Straubing
Zölch Alois Jur. Vilseck
Zölch Ludwig Jur. Vilseck
Züller Friedrich Phil. Blienweiler
Zuccarini Friedrich Phil. München

1847—1848

Rector DXCIX Friedrich THIERSCH

Aderbauer Georg Phil. Neukirchen
Adlhoch Sebastian Phil. Biburg
Aichele Pelagius Phil. Wolfsried
Aiglstorfer August Phil. Gars
Allescher Georg Phil. Freundlersdorf
Aman Joseph Phil. Rosenheim
Anselm August Jur. Würzburg
Anwander Franz Xaver Jur. Speyer
Arnold Hermann Phil. München
Arnold Joseph Phil. Grafenwöhr
Arnold Karl Cam. Rosenheim
Aub Max Phil. München
Auer Karl Phil. Aschaffenburg
Auvera Kaspar Phil. Würzburg
Bach Franz Phil. Regensburg
Bacher Georg Phil. Luhe
Bachmaier Anton Jur. Kirchbach
Bachmaier Michael Phil. Vilshofen
Bader Valentin Jur. Weissenhorn
Bähr Gottfried Jur. Nürnberg
Bäuerlein Anton Jur. Wallerstein
Bail Ludwig Forstw. Kempten
Bals Joseph Phil. Inning
Bauer Franz Xaver Phil. Niederding
Bauer Johann Bapt. Theol. Reichenhall
Baumann Johann Bapt. Jur. München
Baur Anton Phil. Augsburg
Bayer Joseph Phil. Aislingen
Bayr Kaspar Phil. Kirchberg
Becher Xaver Phil. Neukirchen
Beck Franz Phil. Bamberg
Beck Gustav Jur. Höllrich
Beck Joseph Phil. Poppenricht
Behringer Edmund Phil. Babenhausen
Beitelrock Max Joseph Phil. Dillingen
Berg Eduard Phil. Bodenwöhr

Berger Eugen Jur. München
Bernhard Alois Pharm. München
Bernhuber Karl Phil. Passau
Berninger Kaspar Phil. Rannungen
Berr Joseph Phil. München
Berthold Joseph Jur. Grafenkirchen
Besler Thomas Phil. Oberdorf
Bessler Konrad Phil. Vohenstrauss
Beuthäuser Cajetan Phil. München
Bezold Georg Phil. Zorchenreuth
Biehler Michael Phil. Afüng
Biersack Anton Phil. Ernstfeld
Binder Michael Phil. Asberg
Bischoff Franz Jos. Phil. St. Gallen
Blank Jakob Phil. Angsburg
Blümelhuber Mich. Theol. Unterhaslach
Bob Nikolaus Philol. Kaiserslautern
Boch Gebhard Phil. Scheidegg
Bockhart Anton Bergw. Kempten
Bodenhausen Ferd. Pharm. Ebersdorf
Böck Karl von Phil. Kempten
Böck Karl Jur. Augsburg
Böhaimb Alois Theol. Neuburg
Böhme Max Pharm. Weissenhorn
Böny Jakob Theol. Amden
Börsch Karl Jur. Speyer
Bonz Adolph Jur. Stuttgart
Boveri Theodor Med. Bamberg
Bradl Franz Xaver Theol. Oettingen
Braun Alois Pharm. Furth
Braun Christoph Phil. Bading
Braun Johann Baptist Med. Baierdiessen
Braunmühl Hermann von Bergw.
  Augsburg
Breitenstein Karl Phil. Eichstädt
Breitsameter Thom. Hilgertshausen

Brinz Eduard Jur. Kempten
Bruckmaier Jakob Phil. Schwatz
Brunner Thaddä Phil. Wörgl
Bucher Hugo Jur. Ellwangen
Buchner Franz Jur. Roding
Buchner Joh. Bapt. Phil. Johannesbrunn
Bürchner Ludwig Phil. Landshut
Burkhard Johann Karl Jur. Amberg
Chormann Valentin Phil. München
Cordemeyer Justus Pharm. Damme
Croissant Friedrich Jur. Edenkoben
Dachauer Anton Phil. Neunburg
Dachauer Gustav Pharm. Mönchs-
   Deggingen
Dandler Franz Jur. Günzburg
Dauer Lothar Phil. Passau
Dehler Adalbert Phil. Schwarzbach
Dessauer Heinr. von Phil. München
Diener August Bergw. Weiden
Dietl Anton Mart. Phil. Rudertshofen
Dietrich Johann Theol. Westheim
Dietz Sigmund Phil. Erbendorf
Digruber Karl Philol. Neukirchen
Dirnberger Anton Philol. Kösching
Dischner Georg Phil. Stöckelsberg
Dodell Johann Phil. Pflugdorf
Dollas Constantin Med. Tripolis
Doisl Joseph Phil. Thanning
Donauer Friedrich Phil. Augsburg
Dorer Edmund Phil. Baden
Drescher Sebastian Jur. Kirschbraun
Drexel Johann Phil. Zimmetshausen
Dursy Emil Med. Dürkheim
Ebner Ferdinand v. Jur. Unterferrieden
Ebner Ludwig Daniel Theol. Landau
Egger Xaver Phil. Dillingen
Ehrenhuber Mich. Phil. Unterauerbach
Ehrnthaller Joh. Bapt. Jur. Regensburg
Einsele Johann Nep. Jur. Moosburg
Eisele Xaver Phil. Streitheim
Eisenbarth Franz Xaver Phil. Waal
Eisenhart August Jur. München
Eisenlauer Marcell Theol. Augsburg
Eisenreich Anton Phil. Mienbach
Eisgruber Anton Phil. Frontenhausen
Ellenrieder Karl Phil. Augsburg
Ellmann Michael Phil. Cham
Elsperger Wilhelm Jur. Ansbach
Emele Sebastian Cam. Melchingen
Enders Franz Jur. Pfreind
Englert Georg Philol. Aschaffenburg
Entmooser Franz Xav. Phil. Laufen
Enzler Ignaz Phil. Streitheim
Erthal Johann Philol. Uraspringen
Escheu Joseph Phil. Riblingen
Euthymiades Spiridion Med. Servia
Falcke Theodor Jur. Zehden
Falckner Friedrich Jur. Lutzmannstein
Feiner Johann Bapt. Phil. Donaustauf

Fellerer Ludwig Phil. Irlbach
Felser Wilhelm Jur. Ering
Fermier Peter Med. Kaiserslautern
Fichtl Heinrich Jur. München
Fischbacher Christoph Phil. München
Fischer Andreas Phil. München
Fischer Edmund Phil. Augsburg
Fischer Franz Phil. Königsbach
Fischer Friedrich von Jur. Bern
Fischer Johann Adam Med. Weyher
Fischer Michael Phil. Augsburg
Fleissner Max Phil. Aichach
Floss Franz Phil. Hochaltingen
Frank Wilhelm von Jur. Hechlugen
Franz Johann Phil. Neukirchen
Freisslich Adolph Phil. München
Freudensprung Felix Phil. Bamberg
Frick August Phil. Weingarten
Friederich Otto Jur. Ansbach
Fritz Frans Xaver Phil. Unterviechtach
Fuchs Johann Theol. Ingolstadt
Fuchssteiner Peter Phil. Windberg
Fugger-Kirchberg Hartmann Graf
   von Phil. München
Fürstenwärther Otto Baron von
   Forstw. Gern
Galen Friedrich Graf von Jur. Assen
Gantner Johann Baptist Phil. Leubas
Gardill Max Phil. Regensburg
Gassner Bernhard Phil. Krumbach
Gattermann Jakob Phil. Grindlmühle
Gebert Vincenz Phil. Floss
Gebhardt Heinrich Phil. Au
Geel Johann Jur. Sargans
Gehr Konrad Jur. Höchstadt
Geith Karl Phil. Rotthalmünster
Gerau Peter Jur. Speyer
Germann Joseph Phil. Wyl
Girl Celsus Bergw. Augsburg
Gleissmann Wilhelm Phil. Bamberg
Glutz-Blotzheim Rudolph Cam.
   Solothurn
Gmeiner Max Pharm. München
Gnad Johann Mich. Jur. Alteglofsheim
Gnandt Karl Phil. Wertingen
Gössmann Kaspar Jur. Ebenhausen
Göttner Joseph Jur. München
Graf Ferdinand Phil. Straubing
Graf Fidel Jur. Sigmaringen
Graf Martin Phil. Mindelheim
Gramm Joseph Phil. Laufen
Greiner Emil von Phil. Münchsdorf
Greissl Robert Phil. Landshut
Gröber Joseph Jur. München
Grötzsch Friedrich Phil. Erlangen
Grom Johann Nep. Phil. München
Gross Jakob Phil. Emmering
Gross Ludwig Med. Lambsheim
Gummi Christian Pharm. Kulmbach

Gut Johann Evang. Phil. Stockheim
Gut Kanut Theol. Ruderatshofen
Gutschneider Bernh. Jur. Wegscheid
Haarlander Georg Phil. Engerthal
Haasy Franz von Phil. Passau
Habersbrunner Johann Nepom. Jur. Gainsdorf
Häckel Joseph Theol. München
Hänchen August Phil. Langenkandel
Härteis Jakob Jur. Ittelhofen
Haggenmüller Ignaz Jur. Veningen
Hagspiel Nikolaus Phil. Immenstadt
Haindl Edmund Phil. München
Haller Christian Phil. München
Halm Kaspar Theol. Camberg
Hammelbacher Mich. Phil. Bamberg
Hanauer Eduard Phil. Bamberg
Hannappel Heinrich Theol. Montabaur
Hannecker Georg Phil. Vilsbiburg
Harlander Julius Phil. München
Hartmann Karl Phil. Dahn
Hartmann Karl Phil. Aschaffenburg
Haslsteiner Frz. Jos. Phil. Weissenregen
Hatzler Hugo Phil. Lauingen
Hatzler Otto Med. Lauingen
Haupt Andreas von Phil. Bamberg
Hauptmann Adam Phil. Bamberg
Hauptmann Franz Jur. Bamberg
Hayd Karl Phil. Altötting
Hecher Johann Nep. Theol. München
Heck Jakob Jur. Kindenheim
Heerwagen Wilhelm Phil. Kempten
Hefner Ferdinand Phil. Friedberg
Heimbucher Max Phil. Neuburg
Heinrich Franz Phil. Bamberg
Heldwein Wilhelm Theol. Oberwarmensteinach
Helstern Ferdinand Theol. Buchloe
Hermann Albrecht Phil. München
Herzog Max Phil. München
Hezner Adolph Phil. München
Hierl Alois Phil. München
Hierl Franz Xaver Phil. München
Hihler Anton Theol. Wittislingen
Hintermair Martin Phil. Treitscham
Hirschberger Ant. Phil. Oesterberg
Hochenleitter Ferdinand Phil. Oberammergau
Höchstetter Frdr. Pharm. Pappenheim
Höchstetter Jul. Bergw. Kaufbeuren
Höninger Anton Phil. Dorfen
Hörburger Karl Jur. Waltenhofen
Höss Karl Phil. Füssen
Hogger Ferdinand Phil. Aschau
Holl Ludwig Phil. Otterfing
Holl Michael Phil. Babenhausen
Holnstein Albert Graf von Phil. Regensburg
Holzhey Max Karl Pharm. Dinkelsbühl

Hompesch Ferdinand Graf von Jur. Datteldorf
Hornfeck Friedrich Jur. Fulda
Hosp Ignaz Phil. Untermeitingen
Huber Joseph Phil. Siegesbach
Hühne August Friedrich Jur. Rossstall
Hülder Joseph Phil. Nürnberg
Hummel Michael Med. Oppau
Hundhammer Joseph Phil. Hasam
Hundsdorfer Nikolaus Phil. Au
Hurt Friedrich Phil. Augsburg
Hutter Otto Phil. München
Jahn Kaspar Phil. Oberaichbach
Jahrsdörfer Edm. Phil. Oberelsbach
Jand Paul Phil. München
Jehl Johann Baptist Phil. Petzkofen
Jehle Moriz Phil. Gannertshofen
Imhof Franz Baron von Phil. Augsburg
Jochner Guido Phil. Neuulm
Jörres Franz Karl Phil. Kempten
Johannsen Christian Jur. Hadersleben
Jung Joseph Phil. Passau
Jungermann Wilhelm Phil. Passau
Kager Johann Nepom. Phil. München
Kaiser Max Phil. München
Kaiser Pankraz Jur. St. Margarethen
Kammerbauer Joseph Phil. Kalldorf
Kammleiter Joh. Phil. Schillingsfürst
Kampanis Johann Theol. Griechenland
Karl Alois Phil. Geisenfeld
Karmann Lorenz Phil. Hollenbach
Karsch Alfred Jur. Speyer
Kasbaitzer Georg Phil. Alkofen
Kausler Krl. Theod. Pharm. Heidenheim
Keck Rudolph Bergw. München
Kefer Rudolph Jur. Lindau
Keim Joseph Theol. Welitsch
Kellermann Gustav Jur. Erlangen
Kellner Rupert Phil. Amberg
Kempter Joseph Phil. Kinseg
Kessler Markus Jur. Peult
Kiefer Andreas Jur. Grosskarolinenfeld
Kiessling Julius Phil. Hollfeld
Kinzelmann Jakob Phil. Grünenbach
Kirchner Emil Phil. Speyer
Klein Anton Jur. Miltenberg
Kleinheinz Xaver Phil. Mindelheim
Kleinkopf Friedrich Phil. Pirmasens
Klingl Simon Phil. Hilgartsberg
Klosse Burkhard Jur. Staffelstein
Knochel Michael Theol. Offenbach
Koch Johann Baptist Med. Nuklar
Koch Joseph Phil. Wittibreut
Koch Karl Jur. Neuburg
Koch Simon Phil. Burghausen
Köchel Karl Phil. Freising
Köglmayr Joseph Phil. Passau
Kohlmüller Franz Med. Hemmersheim
Kohn Joseph Phil. Kittensee

Kollmann Alexander Phil. Würzburg
Kollros Jakob Jur. Ravensburg
Konle Anton Theol. Augsburg
Kopleter Alois Phil. Wasserburg
Kottmair Lorenz Phil. Sollern
Krafft·Dellmensingen Konrad von Jur. München
Kraus Christian Med. Kinzingen
Kraus Johann Bapt. Theol. Regensburg
Kraus Paul Phil. Zeiern
Krauthahn Ludwig Pharm. Simbach
Kreitner Ludwig Phil. Viechtach
Kreitmayr Clemens Phil. München
Krieger Joseph Phil. Weichs
Krieger Leonhard Phil. Siegertsbrunn
Krieglsteiner Johann Bapt. Forstw. Straubing
Kriss Eduard Phil. Füssen
Krumbach Gottfried Phil. Freising
Küffner Johann Jur. Rossstadt
Küffner Bernhard Jur. Nürnberg
Kühlwein Ernst Phil. Schwaigbausen
Künsberg Wilhelm von Phil. Hildburghausen
Kuisl Johann Nepomuk Theol. Passau
Kummer Karl Jur. Harburg
Kunkel Matthäus Jur. Damm
Kunzmann Ulrich Phil. Buchloe
Kurländer Philipp Phil. München
La Cense Joseph Phil. München
Landgraf Karl Friedrich Wilhelm von Phil. München
Lang Johann Nepomuk Pharm. Burgau
Lang Max Philol. München
Lanz Ludwig August Phil. Memmingen
Lanz Michael Phil. Esseratsweiler
Laubersheimer Ant. Phil. Offenbach
Laux Philipp Theol. Vilmar
Lechleitner Adolph Phil. Heigerloch
Lechner Anton Cam. Augsburg
Lehner Matthäus Phil. Hockenmühle
Leibinger Anton Jur. Straubing
Lemberger Eduard Phil. Landshut
Lengger Friedrich Phil. Dillingen
Leo August Cam. Könitz
Leonhard Friedrich Theol. Pirmasens
Leonrod Leop. Baron v. Phil. Ansbach
Lerch Karl Pharm. Mühldorf
Lesmüller Max Pharm. München
Leyden-Schönburg Alfred Graf von Phil. Schönburg
Lidl Peter Phil. Obermeitingen
Liepert Joseph Phil. Ebingen
Lindl Joseph Phil. Ingolstadt
Lindner Michael Pharm. Hofheim
Linsenmann Hermann Phil. Heigerloch
Litzl Joseph Theol. Sterzingen
Lochmann Peter Med. Jassy
Löcherer Florian Phil. Ober-Igling

Löhr Georg Jur. Forchheim
Lössl Richard Jur. München
Lottner August Forstw. Augsburg
Lüttich Nikolaus Jur. München
Lupin Richard Baron v. Phil. Illerfeld
Lutz Stephan Phil. Wolfsried
Luxburg Friedrich Graf von Phil. Wien
Madlehner Bened. Theol. Schlegelsberg
Märkl Jakob Phil. Eisenhofen
Mäusl Joseph Phil. Griesbach
Magin Kaspar Theol. Hasslach
Maier Joseph Ant. Jur. Cam. Monheim
Maier Martin Phil. Ellbach
Maier Mathias Phil. Eckertshof
Maier Michael Phil. Windberg
Maillinger Anton Phil. München
Maillinger Ludwig Phil. Passau
Maisch Xaver Phil. Oettingen
Maldeghem Ottmar Graf von Jur. Niederstozingen
Maldeghem Karl Graf von Phil. Niederstozingen
Mallebrein Franz Jur. Karlsruhe
Mannseicher Joseph Phil. Kattenbach
Martin Arnold Forstw. Speyer
Mauerer Georg Phil. Ried
Maunz Michael Jur. Saltendorf
Mayer Johann Evang. Phil. Landshut
Mayerhofer Oskar Jur. München
Mayr Georg Jur. Augsburg
Mayr Joseph Phil. Augsburg
Mayr Joseph Phil. München
Mayr Karl Phil. München
Mecheln Theodor van Phil. Au
Mehltretter Joseph Jur. Neunburg
Mehringer Andreas Phil. Zell
Meilinger Joseph Phil. Rittsteig
Meindl Joseph Phil. Waldkirchen
Melder Xaver Theol. Obergünzburg
Merk Karl Phil. München
Merkl Leopold Theol. Passau
Merz Gustav Med. Wildhaus
Mettingh Frdr. Bar. v. Jur. München
Metz Friedrich Phil. Grünstadt
Metz Philipp Jur. Grünstadt
Metzenauer Johann Bapt. Jur. Weilach
Metzler Theodor Phil. Amberg
Michael August von Forstw. Weilheim
Michaleskul Karl Pharm. Zaleskuscko
Militzer Hermann Phil. Hof
Millian Joh. Theol. Weichenwasserlos
Mittermayer Bernh. Phil. Wertingen
Mock Hermann Jur. Sigmaringen
Moralt Otto Phil. München
Moreth Ludwig Phil. Straubing
Moser Peter Med. Leuterschach
Mühlbauer Jakob Phil. Maibrunn
Mühlbauer Wolfgang Phil. München
Mühlhofer Christian Phil. München

Müllbauer Max Phil. München
Müller Alois Phil. Schierling
Müller Andreas Theol. Donauwörth
Müller Augustin Phil. Ebersberg
Müller Franz Jur. Amberg
Müller Johann Nep. Cam. Regensburg
Müller Ludwig Phil. Ruderatshofen
Münster Joseph von Phil. Regensburg
Neff Joseph Phil. Landshut
Neff Mathias Phil. Au
Negele Franz Phil. München
Negrioli Albrecht Phil. München
Neuhoff Karl Pharm. Dillenburg
Neumaier Johann Bapt. Phil. Haibühl
Neumayr Thomas Phil. Petersberg
Nibler Franz Xaver Phil. München
Niedermayr Johann Evangelist Phil.
  Oberviehbach
Niklaus Jakob Theol. Blickweiler
Nordhof Gustav Med. Damme
Nothhaas Johann Baptist Med. Berg
Nothhaft Michael Med. Isarhofen
Nürbauer Alois Phil. Mähring
Nürmberger Friedrich Jur. Bayreuth
Nüscheler Konrad Jur. Zürich
Nussrainer Cajetan Jur. Egglkofen
Oberthanner Ferd. Theol. Staufen
Oettl Michael Phil. Scheyern
Ortenau Ignaz Phil. Fürth
Osterauer Kaspar Theol. Gerlhausen
Ott Joseph Andreas Jur. Gammertingen
Ott Julius Baron von Phil. München
Ott Karl Phil. Mertingen
Ott Ludwig Phil. Wertingen
Otter Martin Phil. Gars
Ow Friedrich Bar. von Cam. München
Payr Joseph Med. Augsburg
Perchtold Anton Phil. Neukirchen
Perchtold Xaver Phil. Türkenfeld
Peringer Simpert Phil. München
Permanne Leopold Phil. Augsburg
Permanne Theodor Phil. Augsburg
Pessl Heinrich von Phil. Mitterteich
Peter Alphons von Phil. München
Peter Anton Jur. Passau
Peter Robert von Phil. Regensburg
Pfandler Joseph Phil. Sonthofen
Pfeffer Johann Bpt. Phil. Ottmannszell
Pfeiffer Johann Theol. Steckweiler
Pfeiffer Johann Evang. Phil. Neuburg
Pfeiler Johann Baptist Jur Landshut
Pfister Johann Georg Jur. Oberroth
Pfitzer Jakob Jur. München
Pielmair Joseph Phil. Frauenzell
Pierre Ludwig Phil. München
Platzer Lorenz Theol. Neuburg
Plöderl Johann Phil. Partenkirchen
Pölnitz Franz Bar. v. Jur. Bamberg
Pösl Mathias Jur. Kulz

Poll Anton Phil. München
Pollinger Franz Phil. Eggenfelden
Portscheller Konrad Phil. Ixtheim
Pritzl Joseph Theol. Vorderbuchberg
Pröbst Franz Xaver Phil. Neuburg
Pronadl Joh. Bapt. Phil. Obertraubling
Pronnath Jakob Phil. Altfrauenhofen
Pürner Franz Xaver Pharm. München
Pürstlinger Joseph Phil. Pürstling
Rabel Anton Phil. München
Raffler Konrad Jur. Weissenhorn
Ramer Johann Bapt. Jur. Forchheim
Rampl Johann Phil. Heilham
Ramstetter Kaspar Phil. Wagenrod
Rappel Joseph Theol. Ingolstadt
Raster Anton Phil. Passau
Rau Friedr. Wilhelm Med. Lichtenhof
Rauch Joseph Phil. Friesenried
Rauscher Joseph Phil. Neuhausen
Rebay Adalbert v. Phil. Untergünzburg
Reder Heinrich Cam. Mellrichstadt
Redwitz Alexander Baron von Phil.
  Unterlangenstadt
Rehm Heinrich Med. Nürnberg
Rein Johann Phil. Fulda
Reinhard Alois Phil. Tegernsee
Reischl Stephan Phil. Messnerseblag
Reisenegger Xaver Pharm. Neuburg
Reiser Georg Phil. Germersheim
Reitter Joseph Phil. Landshut
Renner Joseph Jur. Münchshof
Richstein Albrecht Jur. Regensburg
Riedl Franz Phil. Eichstätt
Riedl Joseph Phil. Oberschondorf
Riedl Martin Forstw. Eichstädt
Riegger Anton Jur. Dillingen
Rigele Jakob Jur. Weilheim
Rist Joseph Anton Theol. Hellengerst
Ritter Adolph Bar. v. Phil. München
Robl Karl Jur. München
Roder Ernst Jur. Lichtenberg
Röckl Ludwig Phil. Bischofsheim
Rödle Andreas Phil. Augsburg
Röger Vitus Theol. Parkstein
Röhring Georg Phil. Bamberg
Röhrle Karl Phil. Augsburg
Rösch Sebastian Phil. Denzingen
Rösen Karl Phil. München
Rösl Georg Jur. Vilseck
Rötzer Anton Phil. Neukirchen
Rogl Mathias Phil. Niederlindhart
Romig Joseph Jur. Istling
Rost Andreas Phil. Mettenheim
Roth Joseph Phil. München
Rothballer Peter Phil. Weierhammer
Rothmund August Phil. München
Rudhart August Phil. München
Rudhart Michael Phil. München
Rudl Karl Phil. Landsberg

Stolberg Gottfried Med. Weissenburg
Strauss Anton Bergw. Eichstädt
Stromer Eduard von Cam. Nürnberg
Sturm Karl Jur. Landstuhl
Summerer Michael Phil. Falkenberg
Sutner August von Phil. München
Tauchnitz Karl Christian Constantin Jur. Leipzig
Tausch Joh. Bapt. von Phil. München
Thurneyssen Alexand. Archit. Wallut
Titus Johann Philol. Marktleugast
Törring-Minucci Max Graf v. Phil. München
Troll Georg Phil. Kaufbeuren
Truckmüller Joh. Nep. Phil. München
Tyroff Phillpp Jur. Nürnberg
Ulrich Joh. Baptist Phil. Halfing
Vielsmaier Kasp. Phil. Niederlindhart
Völker Georg Phil. Bamberg
Vöst Anton Phil. Odelzhausen
Vogel Hermann Phil. München
Vogel Johann Phil. Bamberg
Vogel von Vogelstein Johann Jur. Dresden
Voglbeer Georg Philol. Sünching
Vogt Jakob Phil. Königsbach
Vogt Wilhelm Phil. Bamberg
Wachter Ferdin. v. Med. Memmingen
Wagenheuser Ang. Theol. Ottobeuern
Wahl Gustav Adolph Jur. Dresden
Waldherr Joh. Bapt. Phil. Heilbronn
Wallner Georg Phil. Landshut
Walter Adolph Jur. Wangen
Walter Wilhelm Jur. Wangen
Waltl Johann Nep. Phil. Niederaschau
Wappmannsberger Leop. Phil. Erding
Warmuth Franz Jur. Euerdorf
Weber Christian Phil. Ottmarshausen
Weber Markus Phil. Johannesbrunn
Weeber Friedr. Phil. Schwäb. Gmünd
Wehner August Jur. Amberg
Weidmann Joseph Phil. München
Weigert Joseph Phil. Hemau
Weigl Eduard Phil. München
Weingärtner Herm. Phil. Neustadt
Weinreich Eduard Phil. Landshut
Weinreich Karl Phil. Landshut
Weis Gustav Phil. Schönenberg

Weiss August Phil. München
Weiss Friedrich Jur. Grünstadt
Weiss Konrad Bergw. München
Weiss Theodor Jur. Regenstauf
Weixler Franz Xav. Phil. Wigensbach
Weixlgartner Georg Phil. Tiefenbach
Welle Karl Phil. Regensburg
Wenninger Anton Phil. Zweibrücken
Westermayer Johann Michael Phil. Offenstetten
Westermayer Joseph Phil. München
Widder Cäsar Pkll. Burghausen
Widmann Emmeran Phil. Wemding
Widmann Jakob Phil. Reichertshofen
Widmann Johann Phil. Freising
Wiedenhofer Michael Phil. Neustadt
Wiener Ignaz Phil. Ansbach
Wiethaler Joseph Phil. Unsbach
Wilhelm Ludwig Phil. Augsburg
Willi Joseph von Phil. Augsburg
Wilm Johann Nepomuk Phil. Dorfen
Winkler Lorenz Phil. München
Winter Joseph Phil. Lam
Wisberger Joseph Theol. Passau
Wisnet Joseph Jur. Regensburg
Wittenmeyer Mart. Med. Blieskastel
Wittmann Johann Phil. Vohenstrauss
Wöhr Kaspar Med. Altheim
Wolff Hermann Pharm. Augsburg
Wuggetzer Anton Phil. Daxberg
Wulffen Emil Bar. von Jur. Passau
Wunderer Gustav Pharm. Pleinfeld
Wunderl Martin Phil. ?
Wurmer Cölestin Phil. Garmisch
Zach Joseph Phil. Alterhofen
Zaubzer Ludwig Pharm. München
Zeis Anton Phil. München
Zellner Joseph Phil. Kleinbärnbach
Zengerle Karl Phil. Kempten
Zetl Adolph Phil. Rosenheim
Ziegler Franz Phil. Neuburg
Zimmerer Heinrich Phil. Furth
Zimmerer Hr. Mar. Theol. Donauwörth
Zimmerer Sigmund Phil. Donauwörth
Zimmermann Mth. Jur. Cam. Allmannshofen
Zollikofer Theobald Phil. St. Gallen
Zottmayr Ludwig Phil. München

1848—1849

Rector DC Max STADLBAUR

Abel Karl Phil. Stargart
Adler Johann Phil. Pfaffenhofen
Aichele Nikolaus Phil. Wolfsried

Albertini Thomas von Jur. Chur
Albrecht Jakob Phil. Sargans
Alschner Anton Phil. Augsburg

Althaus Emil Baron von Jur. Rastatt
Altheimer Dominik Phil. Beckstetten
Altmann Franz Xaver Jur. Hinterbuchberg
Amann Georg Phil. Mintraching
Amberger Karl Phil. Pfaffenhofen
Amman Jakob Med. Rankweil
Anns Wilhelm von Phil. Regensburg
Anwander Franz Xaver Jur. Speyer
Arnold Sebastian Jur. Dachau
Aschl Franz Xaver Theol. Mörmoosen
Atzinger Ferdinand Jur. Oberkappel
Auernhammer Karl Phil. Augsburg
Aufschnaiter Anton Jur. Gries
Bach Clemens Phil. Landsberg
Bacher Georg Phil. Luhe
Bacher Wolfgang Phil. Schwandorf
Bachschneider Joseph Phil. Karpfham
Bär Alois Phil. Adelsbuch
Bäuerlein Alois Phil. Wallerstein
Ball Gustav Jur. Kempten
Bangratz Karl Cam. München
Bauruck Silverius Phil. Sünching
Bartels Ernst Jur. Halle
Bauer Franz Phil. München
Bauer Georg Phil. Wollentshofen
Bauer Georg Philipp Phil. Friedelsheim
Bauer Jakob Phil. Landshut
Bauer Ludwig Ernst Phil. Augsburg
Baumann Andreas Phil. Bamberg
Baumer Adam Phil. Zeinried
Baumer Martin Phil. Langenfeld
Baur Adolph Med. Moosbach
Bauernfeind Ferdinand Med. Bozen
Bayerl Stephan Phil. Durchschlacht
Beck Ignaz Med. Göggingen
Beck Gebhard Med. Feldkirch
Beer Julius Jur. Bayreuth
Beisler Hermann Jur. München
Bensen Ludwig Med. Rothenburg
Benz Ernst Baron von Jur. Innsbruck
Benziger Nikolaus Phil. Einsiedeln
Berber Anton Phil. Eichstädt
Berberich Ludwig Phil. Biburg
Berghammer Michael Phil. Traunstein
Bergmaier Anton Phil. Reissbach
Bernardi Franz Pharm. Lena
Bernhard Bernhard Phil. München
Bernhard Konrad Phil. Füssen
Bernhart Karl Phil. München
Berndt Bruno Gustav Cam. Kameuz
Bernrieder Peter Phil. Freising
Beron Basil Med. Krajowa
Bertram Wilhelm Phil. Bluckede
Bettinger Julius Phil. Speier
Beutlhauser Johann Nepomuk Phil. Grafentraubach
Biehl Wilhelm Philol. Weidenhahn
Biehl Thomson von Cam. Zierow

Bichler Karl Phil. Amberg
Bilz Albert Theol. Obermedlingen
Bockshorn Johann Phil. Amberg
Bockhart Ludwig Phil. Kempten
Böhm Anton Pharm. Schrobenhausen
Böhmer Eduard Jur. Teltge
Bösch Joseph Guntram Med. Lustenau
Bolcart Anton Theol. Freising
Brandegger Karl Andr. Phil. Ellwangen
Brandmaier Mathias Phil. Parsdorf
Braun Christian Jur. Dillingen
Braun Max Phil. München
Brauns David Med. Braunschweig
Brehmer Wilhelm Jur. Lübek
Breiteneicher Michael Phil. Welxerau
Brenner Barthelmä Phil. Wagenhofen
Britzelmayr Wunibald Phil. Jettingen
Bruckschlegl Jakob Phil. Brennsdorf
Brugger Johann Phil. Greding
Brugger Gottfried Phil. Greding
Bruhin Kaspar Med. Schübelbach
Brunner Anton Phil. Simbach
Brunner Peter Theol. Passau
Brunnhuber Joseph Phil. Rosshaupten
Brunnhuber Kaspar Philol. Kirchbach
Buchner Michael Phil. Alburg
Büechl Joseph Phil. Steinweg
Buff Hermann Jur. Burgfahrnbach
Bunk Xaver Phil. Fristingen
Burckhardt Adolph Jur. Schwarzenberg
Burger Joseph Jur. Schönach
Burkard Philipp Phil. Bamberg
Burkert Mathias Theol. Niedertraubling
Burkhardt Christian Ludwig Bergw. Wunsiedel
Butenschöen Jos. Friedr. Jur. Speier
Callenbach Heinrich Med. Würzburg
Cammerloher Wilhelm von Jur. Hiltpoltstein
Carmine Thomas Pharm. Augsburg
Castell Max Baron von Phil. München
Cavallo Bernhard Phil. Bamberg
Chapuis Fr. Anton Pharm. Bonfol
Chllingensperg Anton von Phil. Regensburg
Collasowitz Burkh. Phil. Schwarzach
Colling Anton Theol. Blieskastel
Conrad Anton Theol. Würzburg
Constantini Max Med. Pontectiesa
Correns Franz Med. Bonn
Cremer Bernhard Jur. Dorsten
Dalbon Joseph Jur. Deurlngen
Dannegger Xaver Phil. Sigmaringen
Dapping Heinrich Jur. Speier
Datter Michael Jur. Abensberg
David Cornel Phil. Speier
Daxenberger Joh. Ev. Phil. Staudach
Deigl Joh. Bapt. Forstw. Nymphenburg

Deisenberger Joseph Phil. Wolfrats-
hausen
Dellinger Joseph Phil. Merching
Delss Adam Jur. Schesslitz
Demmel Joh. Bapt. Theol. Finsterwahl
Denk Johann Phil. Kötzting
Deuringer Mathias Phil. Eresing
Deybeck Franz Xaver Phil. München
Deyerl Wilhelm Phil. Wertingen
Diehl Karl Jur. Saarbrücken
Dietz August Philol. Pforzheim
Diezfelbinger Adam Jur. Thurnau
Dingnus Jakob Phil. Nordendorf
Dippel Heinrich Jur. Limburg
Ditfurt Karl von Forstw. Theres
Ditmannsberger Mathias Phil. Ober-
eschlbach
Dresch Eduard Jur. Kitzingen
Drexler Joseph Phil. Obergriesbach
Dumpert Sebastian Jur. Forchheim
Durnwalder Johann Med. Toblach
Eberl Franz Seraph Jur. Fürth
Ecker Fortunat Phil. Aichach
Eckl Barthelmä Philol. Unholzing
Eggelkraut Bald. v. Phil. Regensburg
Egger Cajetan Phil. München
Egger Joseph Med. Passau
Egger Paul Pharm. Passau
Eggis Stephan Phil. Freiburg
Eichrodt Karl Jur. Karlsruhe
Eisenberger Max Phil. Burghausen
Eissl Joseph Med. Völkermarkt
Eller Johann Phil. Diemannskirchen
Ellmann Johann Jur. Cham
Elsensohn Joseph Phil. Bezau
Ender Otto Med. Hall
Engel Karl Phil. Taufkirchen
Engelberger Joseph Phil. Augsburg
Engelbreit Fritz Forstw. München
Englberger Ludwig Phil. Straubing
Englert Joseph Phil. Aschaffenburg
Enzensberger Ferd. Phil. Sonthofen
Enzensberger Ign. Phil. Kaufbeuren
Enzler Joseph Phil. Augsburg
Erdle Joseph Phil. Memmenhausen
Erdmannsdorfer Thdr. Jur. Nürnberg
Erhard Alexander Phil. Passau
Erhardt Max Phil. Speinshart
Erndl Sebastian Phil. Atting
Erne Mathias Phil. Oberankenreuthe
Eser Georg Phil. Zusamaltheim
Eser Theobald Pharm. München
Eugler Venust Phil. Grönenbach
Faber Robert Jur. Zweibrücken
Falkner Gottlieb Phil. Regensburg
Fassmann Adolph v. Pharm. Amberg
Fauner Wolfgang Phil. Riedenburg
Feichtinger Georg Pharm. Landsberg
Fellerer Richard Phil. München

Ferrari Eugen von Jur. Branzoll
Findel Gabriel Phil. Markt Leugast
Fischer Alois Phil. Steinweg
Fischer Jakob Phil. Prüfening
Fischer Richard von Med. Innsbruck
Fleck Hugo Pharm. Döbeln
Fleischmann Joseph Phil. Leonberg
Fleischmann Raim. Pharm. Vohen-
strauss
Fliehrl Joseph Phil. Neuburg
Fodermaier Max Phil. München
Förch Julius Phil. Nürnberg
Foltz Heinrich Jur. Speier
Foringer Anton Phil. Parsberg
Foringer Ferdinand Phil. München
Franckenstein Karl Baron von Phil.
München
Franz Anton Phil. Neukirchen
Frech Friedrich Jur. Uffenheim
Frenzel Karl Phil. München
Freudling Friedrich Phil. Rohr
Fries Karl Phil. München
Frischholz Johann Phil. Hahnbach
Fritsch Ludwig Jur. Nürnberg
Fritsch Wilhelm Philol. Neustadt
Fritsch Wilhelm Jur. Ried
Fritz Friedrich Jur. Stübach
Fruth Joseph Pharm. München
Fuchs Balthasar Phil. Eschlipp
Fugger Frdr. Graf von Jur. München
Führer Michael Phil. Schwabbruck
Gärber Joseph Jur. Linz
Gall Johann Baptist Phil. München
Ganghofer August Forstw. Ottobeuern
Ganner Johann Med. Brixen
Ganser Karl Phil. Hohenaltheim
Gasser Johann Med. Toblach
Gattinger Benno Phil. Ebersbach
Gebhardt Remigius Theol. Friesenried
Gebhart Karl Phil. Monheim
Geenen Joseph Jur. Rodalben
Geiger Heinrich Phil. Landstuhl
Geiger Hermann Theol. Bruck
Geiger Hugo Jur. Forchheim
Geiger Karl Phil. Landstuhl
Geissendörfer Heinrich Cam. München
Georganta Georg Med. Athen
Gessele Emil Phil. München
Gessner Johann Jur. Sonderhausen
Gessner Philipp Jur. Eltmann
Geyer Xaver Phil. Greding
Gill Stephan Phil. Oed-
Glas Erhard Phil. Diedesfeld
Glaser Joseph Jur. München
Gleich Joseph Jur. Wels
Gleifenstein Michael Phil.
Glötze Anton Phil. Viechtach
Godin Karl Baron von Jur. Bamberg
Göbel Peter Joseph Theol. Limburg

Görs Georg Phil. Passau
Götz Wilhelm Phil. Entscherreut
Gös Karl Phil. Augsburg
Gombart Hermann Phil. München
Gombart Otto Phil. Augsburg
Gotter Michael Bergw. Salzburg
Graf Wilhelm Bergw. München
Grafenstein Adolph von Phil. Gänlas
Gravius August Phil. Kaiserslautern
Greber Gallus Phil. Bezau
Grebner Ferdinand Jur. Dietenheim
Grebmer Wilhelm von Phil .Nürnberg
Greiffeld Eduard Jur. Bayreuth
Gresbeck Eduard Phil. München
Griesenbeck Ant. Theol. Rosenheim
Grimm Adalbert Phil. Kaufbeuren
Grissmann Joseph Med. Gries
Groh Joseph Phil. Ebing
Groh Joseph Phil. Schesslitz
Grohe Ludwig Pharm. Edenkoben
Groll Joseph Phil. Augsburg
Gross Friedrich Phil. Neustadt
Gruber Joseph Phil. Englschalling
Grupp Joh. Nep. Theol. Böhmenkirchen
Günther Frdr. Wilh. Phil. St. Ingbert
Gumppenberg Rich. v. Phil.Augsburg
Habel Michael Phil. Breitenbronn
Habenicht Hermann Pharm. Hannover
Haberkorn Ludwig Phil. Landau
Häckel Joseph Theol. München
Hähle Salomon Phil. Oberreute
Häusler Georg Phil. Englmar
Hagen Kaspar Med. Bregenz
Hagenauer Alois Phil. Immenstadt
Hager Joseph Theol. Forchheim
Hager Lorenz Jur. Regensburg
Haller Benedikt Pharm. Meran
Hammelbacher Joseph Phil. Bamberg
Hammelsdorf Philipp Jur. Dürkheim
Handl Max Phil. Straubing
Hannes Ludwig Phil. München
Harhammer Ludwig Phil. Landshut
Harold Adalb. Bar. v. Phil. Trostberg
Harslem Franz Phil. Algen
Hartl Franz Xaver Theol. Unterreith
Harttle Karl Phil. Regensburg
Hartlmüller Xaver Phil. München
Hartmann Eugen Phil. Nürnberg
Hauff Albert Phil. Augsburg
Hauptmann Joseph Phil. Schwolgau
Hauser Ludwig Phil. Regensburg
Hauser Peter Phil. Plattling
Hausmann Jakob Phil. Harburg
Havard Karl Theol. Mailand
Heckl Jakob Phil. Raitenbuch
Hefner Otto Phil. München
Heibel Joseph Theol. Augsburg
Heigl Friedrich Phil. Passau
Heinlein Joseph Phil. Kronach

Heinz Alois Med. Ulten
Heiss Ludwig Forstw. Stadtsteinach
Heisterer Johann Bapt. Phil. Palling
Held Johann Bapt. Phil. Winterrieden
Hell Heinrich Phil. München
Heller Wilhelm Phil. München
Hendel Michael Theol. Friedelsheim
Henkl Karl Theol. Kreuznach
Herrling Joh. Bapt.Theol.Uzmäningen
Herrmann Georg Phil. Eibelstadt
Hetzinger Johann Bapt. Jur. Passau
Heye Hermann Jur. Quackenbrück
Hilgard Julius Cam. Bolanden
Hilger Ludwig von Phil. Landau
Hillmaier Paul Pharm. Altheim
Hiltner August Phil. Amberg
Hitz Anton Phil. Riedlhütte
Hilz Max Joseph Jur. Straubing
Höber Joseph Phil. Haag
Höfelschweiger Johann Baptist Phil.
  Unterlenghart
Höflmayr Johann Phil. München
Höger Clemens Phil. Niederdorf
Höher Joseph Phil. Pfatter
Höppl Christian Philol. Ebermergen
Hörmann Andreas Phil. Fischen
Höttinger Frz. Xav. Phil. Rosenheim
Hofer Andreas Jur. Pfarrkirchen
Hofmiller Johann Michael Phil.
  Münsterhausen
Hofstetter Jakob Phil. Atting
Hohe Friedrich Phil. München
Hohenegger Theophil Phil.Uttigkofen
Holnstein Albert Graf von Phil.
  Regensburg
Holzapfel Wolfg. Phil. Liebmannsberg
Holzknecht Alois Med. Bozen
Honnikel Rudolph Theol. Dittmar
Hopfgartner Anton Cam. Wien
Horber Joseph Anton Phil. Eisenburg
Hormayr Sulpiz Phil. Passau
Hornthal Adalbert von Jur. Bamberg
Hornsteiner Joseph Phil. Mittenwald
Hosemann Gottfr. Theol. Bertoldsheim
Hossemann Wolfg. Med. Rennertshofen
Huber Franz Melchior Med. Wallenstadt
Huber Johann Michael Med. Ried
Huber Joseph Phil. Obertraubling
Huber Karl Jur. Oberstrass
Huber Leonhard Med. Ergertshausen
Huber Xaver Bergw. Königshütte
Huberti Karl Emil Jur. Marktheidenfeld
Hucklenbroick Ferd. Theol. Erkelenz
Hübner Karl Med. Gressen
Hunglinger Frz. Ser. Phil. Osterhofen
Hunziker Jakob Phil. Kirchlenrau
Huppenberger Franz Phil. Pressath
Huth Franz Jur. Edesheim
Jakob Ignaz Phil. Straubing

Jacob Joseph Phil. Laudenbach
Jänisch Wilhelm Phil. Bevern
Jblher Xaver Theol. Unterpeissenberg
Jodlbauer Matthäus Phil. Unterschwarzenbach
Jones Eduard Heinrich Phil. London
Jorl Karl Med. St. Lorenzen
Kälin Konrad Phil. Einsiedeln
Kämmerle Joseph Jur. München
Küstle Ludwig Blasius Theol. Lörrach
Kager Joseph Jur. Margreid
Kaiser Franz Xaver Phil. Ingolstadt
Kammerer Anton Phil. Neuburg
Kammleiter Joh. Phil. Schillingsfürst
Kandler Johann Bapt. Phil. Einkind
Kandler Joseph Jur. Wühn
Kary Anton Phil. Hetzenhausen
Kastner Johann Phil. Neuburg
Kastner Wilhelm Jur. Spalt
Kaufmann Wilhelm Jur. Gutach
Kelle Johann Nep. Phil. Regensburg
Keller Franz Phil. Unter-Günzburg
Kellner Eduard Pharm. Berchtesgaden
Kellner Joseph Jur. Straubing
Kern Franz Theol. Koblenz
Kern Joseph Jur. Eggenfelden
Kern Otto Jur. Mannheim
Ketterle Max Phil. Dillingen
Keyser Friedrich Med. Altersweiler
Kiener Michael Phil. Oberkind
Kiliani Hermann Phil. München
Kilp Franz Theod. Jur. Wiesentheid
Kinsele Richard Jur. Bozen
Kinz Franz Xaver Phil. Doren
Kirchberger Albert Med. Brixen
Kirchmayr Mich. Phil. Berchtesgaden
Klaftner August Phil. München
Klarwein Simon Phil. Garmisch
Klausner Konrad Phil. München
Klauss Karl Phil. Mindelheim
Kleinhans Anton Phil. Weilheim
Kleinhans Ludwig Med. Meran
Klieber Anton Pharm. Weilheim
Klotz Andreas Phil. Buchdorf
Kneipp Sebastian Phil. Stephansried
Knoll Simon Phil. Giesing
Koch Johann Nep. Theol. Höchstädt
Köck Mathias Phil. Wersik
Köhler Franz Xaver Phil. München
König Franz Theol. Gars
Körber Heinrich Phil. Leutershausen
Kössler Felix Karl Jur. Edenkoben
Kohl Karl Phil. Schlicht
Kohn Friedrich Ludwig Phil. Ulm
Kolb Georg Joseph Phil. Neunburg
Kolb Titus Phil. München
Kolbe Adolph Jur. Linz
Kopp Wilhelm Theol. Niederkirchen
Krümmel Joseph Phil. Lauingen

Krämmer Johann Phil. Landshut
Kreis Anton Phil. Holnstein
Kreitner Karl Bergw. Ellingen
Kressinger Johann Theol. Augsburg
Kreutz Joseph Phil. Cham
Kriegl Karl Phil. Aidenbach
Kroiss Franz Seraph Phil. Eichberg
Kronacher Heinrich Phil. Bamberg
Küng Joseph Phil. Bludenz
Künstler Max Jur. Plössberg
Kuhn Georg Phil. Riedern
Kuhn Johann Jur. Billigheim
Kunst Emil Phil. Winnweiler
Kunstmann Edmund Phil. München
Küsswieder Anton Jur. Karlsruhe
Lachner Joseph Jur. Schrobenhausen
Lade August Jur. Wiesbaden
Lagai Heinrich Phil. Augsburg
La Hausse Karl von Phil. München
Laiminger Alois Phil. Oberaurdorf
Landauer Dr. Ignaz Med. Hürben
Landgraf Ferdinand Jur. Weldenberg
Lang Eduard Phil. Oberammergau
Lang Ludwig Phil. München
Lange Anton Phil. Kolkmarsen
Langenwalter Andr. Phil. Baiershofen
Lankes Joseph Phil. Selnig
La Roche Paul Philol. München
Lasser Ottmar von Phil. Salzburg
Lautenschlager Mathias Theol. Birkenzant
Lecher Zacharias Med. Andolsbuch
Lechner Anton Phil. Rosenheim
Lecker Georg Phil. Untertraubenbach
Lehmair Eugen Phil. Parsberg
Lender Xaver Theol. Konstanz
Leonrod Leop. Bar. v. Jur. Ansbach
Leutz Friedrich Jur. Eberbach
Lewerer Wilhelm Theol. Neustadt
Leybold Friedrich Pharm. München
Lickleder Max Anton Phil. Lupburg
Liedl Emmeran Phil. Welkering
Limbach Edmund Phil. München
Linck Paul Jur. Rostock
Linner Anton Phil. München
Linner Johann Baptist Phil. Grünthal
Lobkowitz Ludw. Bar. v. Phil. Landshut
Löcker Andreas Phil. Abensberg
Löhr Georg Joseph Jur. Bamberg
Loichinger Georg Phil. Alburg
Luber Ernst Jur. Amberg
Luger Isidor Phil. Schmelling
Lülbs Hugo Jur. Oldenburg
Lukinger Eugen Phil. Bamberg
Lurz Albert Bar. von Phil. Würzburg
Lustek Alois Jur. Abensberg
Luthardt Christoph Jur. Nürnberg
Luxburg Friedr. Graf von Jur. Wien
Mähler Heinrich Pharm. München

Maier Franz Xaver Jur. Ilystadt
Maier Ludwig Phil. Dillingen
Maier Ulrich Phil. Balmertshofen
Mainzer August Jur. Weikersheim
Mairhofer Karl Med. Innsbruck
Malsen Konrad Bar. v. Phil. München
Manstorfer Heinrich Jur. Abensberg
Marberger Karl Phil. Hofstetten
Marchesani Joseph Med. Bozen
Marchesani Adalbert Jur. Bozen
Marchner|Michael Bergw. Burghausen
Marfels Leopold Ferd. Phil. Koblenz
Martin Franz Xaver Jur. Bamberg
Marzol Joseph Jur. Krines
Massinger Andreas Phil. Fuchsberg
May Joseph Michael Theol. Waldthurn
Mayer Franz Forstw. Oettingen
Mayer Frz. Xav. Philol. Wörtenschwang
Mayer Joh. Gottlieb Phil. Muthmanns-
   hofen
Mayer Ludwig Pharm. München
Mayr Daniel Med. Kaufbeuren
Mayr Georg Bergw. Zorneding
Mayr Hermann Cam. Obermögelsheim
Mayr Michael Phil. Mering
Mayr Sebastian Phil. Raubling
Mayrhofer Johann Phil. Innsbruck
Mayrhofer Joseph Med. Salzburg
Megele Anton Phil. Waldkirch
Meier Johann Bapt. Phil. Laffenau
Merkel Georg Phil. Passau
Merz Karl Theol. Mögelsdorf
Messmer Joseph Phil. Röhrenbach ·
Meyer Philipp Jür. Mainbernheim
Michahelles Karl Phil. Nürnberg
Miller Joseph Phil. Bayershofen
Minniglich Martin Phil. Bamberg
Mitter Joseph Phil. Haag
Mitterer Karl Phil. Waldmünchen
Mois Ernst Phil. Holnstein
Mollenbec Pirmin von Jur. Karlsruhe
Mollenbec August von Jur. Karlsruhe
Moser Anton Jur. Dietfurt
Moses Ludwig Phil. Dürkheim
Muggenthall Ignaz Phil. Rain
Mügel Ferdinand Jur. Saarbrücken
Müleisen Julius Jur. Schwäb. Gmünd
Müller Alois Phil. Neukirchen
Müller Andreas Med. Wallenfels
Müller Georg Phil. Wallerstein
Müller Heinrich Phil. Amberg
Müller Hermann Med. Essingen
Müller Ludwig Med. Augsburg
Müller Max Joseph Jur. Eichstädt
Mussinano Peter Phil. Aibling
Mutschlechner Aug. Phil. Innsbruck
Mutzhart Christian Phil. München
Nadler Max Phil. Fronberg
Nes Theodor von Phil. Bovenden

Neyber Oskar Med. Stockholm
Niedermaier Mich. Med. Dürnzhausen
Niedermair Johann Bapt. Phil. Hein-
   riching
Niedermayer Joseph Phil. Nieder-
   viechtach
Niller Andreas Phil. Hahnbach
Nissler Ludwig Phil. Scheyern
Nussbaumer Gottl. Bergw. Niedern-
   dorf
Oberdörfer Karl Theol. Homburg
Obermair Joh. Ev. Theol. Hainsbach
Ochs Thaddä Med. Pfaffenhofen
Öhrlein Franz Pharm. Obernburg
Öhrlein Peter Jur. Würzburg
Ölling Johann Georg Phil. München
Offner Franz Xaver Phil. Kellmünz
Osbild Michael Phil. Regensburg
Osterrieder Frz. X. Phil. Attenhausen
Ostler Karl Jur. München
Ott Johann Jur. Augsburg
Ott Joseph Phil. Augsburg
Ottinger Max Phil. Eichstädt
Parth Bartelmä Med. Burgeis
Paulus Peter Phil. München
Pavid Albert Phil. Yverdun
Petersamer Joseph Phil. Viechtach
Petzel Christian Phil. Hof
Pfäffinger Eustach Phil. Neunburg
Pfaff Georg Phil. Au
Pfaff Michael Theol. Bamberg
Pfaller Georg Phil. Böhmfeld
Pfeiffer Philipp Theol. Rheinzabern
Pflüger Eduard Jur. Hanau
Pichlbauer Johann Bapt. Phil. Bruck
Pircher Joseph Med. Obermais
Pischinger August Phil. Edelstetten
Plaichinger Gust. Jur. Kremsmünster
Plank Andreas Phil. Bubach
Pölstl Joseph Phil. Brandstetten
Polster Johann Phil. Frickenhofen
Popp Johann Baptist Jur. Kronach
Posner Ignaz Phil. München
Pott Ludwig Jur. Gmunden
Prestele Joseph Phil. Türkheim
Preu Johann Baptist Philol. Zenching
Preu Joseph von Med. Innsbruck
Prinz Johann Jakob Theol. Mayerhöfer
Progel August Phil. München
Promberger Ludw. Pharm. Schongau
Pruckner Ludwig Jur. Beilngries
Puchner Joseph Jur. Sallingberg
Pürchner Sebastian Phil. Arnsdorf
Pühn Hermann Cam. Burgkundstadt
Pusch Karl Phil. Innsbruck
Quanté Franz Forstw. Ullstadt
Racknitz Karl Baron von Cam.
   Karlsruhe
Rad Wilhelm von Phil. Augsburg

Radlkofer Ludwig Phil. München
Ramsberger Thom. Med. Krauchenwies
Ranft Albert Phil. Donauwörth
Rangger Joseph Med. Götzens
Rapp Peter Jur. Rieden
Rauch Lorenz Jur. Kaufring
Regemann Max von Phil. Bayreuth
Reger Thomas Jur. Pondorf
Reichart Georg Phil. Scheidegg
Reichling Max Joseph Phil. München
Reiffel Georg Phil. Neustadt
Reinhard Blasius Phil. Marxheim
Reinlein Joseph Theol. Bamberg
Reisberger Anton Phil. Ellbach
Reisenegger Alois Phil. Neuburg
Renner Joseph Phil. Schillerswiesen
Renner Joseph Jur. Münchshof
Resch Joseph Phil. Landau
Reschauer Franz Paul Jur. Freising
Reuter Christian Jur. Nürnberg
Revertera Theophil von Jur. Linz
Richter Eduard Phil. Pullenried
Rieder Franz Phil. Untermeitingen
Riedhammer Karl Phil. Sulzbach
Rieger Johann Baptist Phil. Amberg
Rieken Hermann Pharm. Wittmund
Riesenecker Anton Theol. Freystadt
Rigger Franz Med. Hall
Röhrer Franz Pharm. Cham
Rosbach Jakob Theol. Arfurt
Rothlauf Peter Phil. Schesslitz
Rothammer Max Phil. München
Sachsalber Johann Med. Tarsch
Sagmeister Xav. Phil. Deggendorf
Salvotti Scipio Jur. Innsbruck
Sandner Johann Baptist Stadtamhof
Sattl Joseph Theol. Oettingen
Sattler Ernst Phil. Schweinfurt
Sauter Jakob Phil. München
Schaaf Max Phil. Landshut
Schabl Joh. Nep. Phil. Maierklopfen
Schähle Frz. Jos. Phil. Wolfgangsberg
Schaich Joseph Jur. Illerberg
Schaller Frz. Ant. Phil. Gunzenheim
Schaller Hermann Phil. München
Schandeme Peter Phil. Füssen
Schaupp Franz Phil. Schneidheim
Schech Michael Phil. Bamberg
Schedlbauer Andreas Phil. Dumpf
Scheglmann Karl Phil. Geiselhöring
Scheiber Emanuel Pharm. München
Scheiber Johann Peter Med. Landeck
Scheingraber Jos. Phil. Mapferding
Schellhorn Jos. Pharm. Zusmarshausen
Schenk Franz Phil. Innsbruck
Scherbauer Joseph Phil. Cham
Scherer Georg Phil. München
Schieder Emmeran Phil. Schnackenhof
Schierlinger Wilhelm Phil. München

Schiessle Adolph Pharm. Sigmaringen
Schillinger Sebastian Phil. Irgertsheim
Schlechleitner Franz v. Jur. Wilten
Schlegl Simon Theol. Kohlberg
Schlenk Heinrich Jur. Bayreuth
Schlintmann Heinrich Phil. München
Schlüsselbrunner Johann Baptist Phil. Oberbiebing
Schmaderer Wilh. Phil. Falkenstein
Schmetzer Gustav Jur. Gratz
Schmid Alexander Phil. Donauwörth
Schmid Alois Phil. Meitingen
Schmid Benno Phil. Lochhausen
Schmid Johann Phil. Weihenstephan
Schmid Joseph Phil. Burgheim
Schmid Xaver Phil. Ingolstadt
Schmidmayr Gottl. Phil. Wintraching
Schmidmayr Joseph Phil. Tegernbach
Schmidt Krl. Frdr. Pharm. Nürnberg
Schmidt Ludwig Jur. Augsburg
Schmidtkonz Johann Jur. Landau
Schnappinger Joseph Phil. Eichstädt
Schneider Joseph Jur. Eichstädt
Schneider Math. Phil. Niedersonthofen
Schneller Albert Phil. Wallerstein
Schnepf Christ. Aug. Phil. Winklarn
Schönebeck August von Jur. Neuburg
Schönmezler Albert Phil. Simbach
Schönstätt Karl Baron v. Phil. Amberg
Schramme Julius Phil. Alfeld
Schreiber Joseph Phil. Wolferszell
Schreiner Joseph Phil. Rittsteig
Schreiner Julius Phil. München
Schropp Anton Phil. Weilheim
Schropp Gabriel Phil. Fechsen
Schubart Friedr. Phil. Frankenthal
Schüttinger Adam Phil. Bamberg
Schütz-Holzhausen Karl von Jur. Limburg
Schütz Johann Philipp Jur. Kamberg
Schütz Frz. Jos. Jur. Cam. Obenhausen
Schuler August Jur. Dürkheim
Schultz Heinrich Phil. Bergzabern
Schuster Jakob Phil. Donauwörth
Schuster Peter Med. Meran
Schwaiger Michael Phil. Sallach
Schwemmer Johann Phil. Kirchenthumbach
Seeger Rudolph Med. Hall
Seelos Gottfried Jur. Bozen
Seelos Ignaz Phil. Bozen
Schlmeyer Gg. Christ. Phil. Hammeln
Seibert Augustin Phil. München
Seif Sebastian Phil. Rottach
Seitz August Pharm. Buch
Seitz Wilhelm Phil. München
Semler Karl Phil. Augsburg
Sennefelder Joh. Bapt. Phil. Bamberg
Seyfried Bartelmä Phil. Oberbeuern

Sick Friedrich Med. Speier
Siebert Friedrich Jur. Speier
Silber Gustav Pharm. Stuttgart
Singer Joseph Phil. Gaishof
Singldinger Georg Phil. Haidhausen
Sittle Anton Phil. Augsburg
Skutsch Pinkas Phil. Treuchtlingen
Soden Julius Graf v. Cam. Neustädtles
Sonvico Jakob Med. Innsbruck
Spanfehlner Joseph Phil. München
Spangler Anton Jur. Hohenfels
Spiess Philipp Phil. Lauterhofen
Spring Joh. Evang. Phil. Westernach
Stadler Joseph Phil. Töging
Stajger Nikolaus Ichenhausen
Staufer Joseph Phil. Kemnat
Stauffer Ludwig Phil. Straubing
Stegmann Augustin Philol. Adelsried
Stegmiller Alois Jur. Donaualtheim
Stegmiller Emil Phil. Kempten
Stein Jakob Phil. Höhr
Steinberger Mathias Phil. Rieden
Steinbrüchel Gustav Jur. Ansbach
Steindl Nikolaus Phil. Plattling
Steinhart Joseph Cam. Feldhausen
Steinlechner Karl Phil. Jur. Wattens
Steinling Wilh. Bar. v. Phil. München
Stichelmair Rupert Phil. Augsburg
Stöckl Alois von Med. Innsbruck
Stöckl Ignaz von Cam. Innsbruck
Stöckl Joseph Phil. Deggendorf
Stöcklin Johann Phil. Menznau
Stöger Anton Phil. Greding
Strassberger Franz Phil. Ebersberg
Strasser Joseph Phil. Wegscheid
Strigel Johann Phil. Aletshausen
Stromer Karl Emil v. Phil. Nürnberg
Stroschneider Friedr. Phil. München
Stubenrauch Martin Phil. Neukirchen
Stumm Joseph Phil. Regensburg
Sturm Gottfried Phil. Landshut
Sturm Karl Rudolph Jur. Speyer
Suter August Jur. St. Gallen
Syrgenstein Ludwig Baron von Jur. Laningen
Szentkiralyi Moriz Med. Pest
Telser Friedrich Pharm. Passau
Theiler Joseph Pharm. Richensee
Thoma Anton Phil. München
Thoma Eduard Phil. Neuburg
Thüngen Reinhard Baron von Phil. Weissenbach
Thurnbauer Johann Ev. Phil. Frath
Tobler Karl Phil. München
Toussaint Karl Jur. Nürnberg
Trassl Johann Phil. Lenau
Trey Johann Phil. Grosskötz
Tröger Rudolph Pharm. Kulmbach
Trültsch Anton Med. Nürnberg

Truchsess Frdr. Bar. v. Jur. Birnfeld
Troxler Otto Jur. Bern
Türk Jakob Phil. Schwenen
Trummer Simon Jur. Mitterteich
Tschöll Alois Jur. Girlan
Uebersezig Karl Phil. München
Ulbrich Nikolaus Med. Kufstein
Ulrich Franz Xaver Phil. Eichstädt
Unsin Joseph Anton Phil. Oberthingen
Vaillant Ludwig Jur. Frankenthal
Vanoni Pius Theol. Augsburg
Vecchioni Aug. Napol. Phil. München
Vilas Ottilio Med. Neumarkt
Vögel Johann Peter Med. Sulzberg
Völderndorff Heinrich v. Jur. Köln
Voit Karl Phil. München
Vonbun Franz Joseph Med. Nütziders
Verdereisinger Franz Seraph Phil. Altötting
Wachter Ferdin. von Med. Memmingen
Wafler Johann Phil. Strasskirchen
Wagenheimer Xav. Phil. Wören
Wagner Korbinian Phil. Gerolsbach
Waibl Johann Georg Phil. Dornbirn
Waibl Joseph Med. Feldkirch
Walch Ignaz Philol. Berchtesgaden
Walk Franz Xaver Phil. Oxenbronn
Wallner Florian Phil. Forstinning
Wallner Georg Med. Kremsmünster
Waltenberger Jos. Phil. Kettershausen
Walter Emil Pharm. Öhringen
Wandner Georg Phil. Wernberg
Wanisch Joseph Phil. Michelsbuch
Weimer Wilhelm Theol. Limburg
Weinhart Eduard von Phil. Meran
Weinhart Ignaz Phil. Kempten
Weinhuber Alois Phil. Rechtmering
Weinkauff Georg August Forstw. Katzweiler
Weiss Johann Phil. Tirschenreut
Weissmann Karl Phil. Windsheim
Wenkmann Johann Med. Hahnbach
Wenning Adolph von Phil. Passau
Wenninger Vincenz Phil. Ilzstadt
Werndl Leopold Jur. Steyr
Werne Hugo Jur. Recklinghausen
Werner Friedrich Phil. Bayreuth
Wessinger Anton Jur. Passau
Westermayer Joh. B. Phil. Achoheim
Widmann Joseph Phil. Wemding
Wieser Johann Med. Lichtenberg
Wild Joseph Theol. Innsbruck
Wildegger Michael Theol. Augsburg
Wiesthaler Franz Jur. Marburg
Winter Alban Phil. Obenhausen
Winterhalter Jakob Phil. München
Wiss Karl Bergw. Speier
Wittmann Johann Mich. Phil. Schlammersdorf

20

Wittmann Mich. Phil. Thonmühl
Wörlein Karl Phil. München
Wolf Andreas Jur. Bamberg
Wolf Joseph Theol. Schardenberg
Wolf Karl Phil. München
Wolf Ludwig Phil. Landshut
Wolff Sebastian Phil. München
Wolfring Karl Jur. München
Wündisch Georg Frdr. Jur. Pegnitz
Würsching Wilhelm Phil. München
Würz Johann Bapt. Phil. Regensburg
Würzer Eduard Med. Ried
Wurmb Franz Jur. Riedau
Zächerl Heinrich Phil. Straubing
Zehnder Anton Phil. Einsiedeln
Zeitlmann Georg Phil. Nördlingen
Zeller Karl Phil. München

Zenetti Albert Phil. Dillingen
Zenger Max Joseph Phil. München
Ziebland Adolph Phil. München
Ziegler Alois Phil. Michelfeld
Ziehl Ernst Phil. Nürnberg
Zillikens Theodor Jur. Güsten
Zimmermann Eugen Jur. Münchberg
Zimmermann Ferd. Jur. Münchberg
Zimmermann Karl Phil. Regensburg
Zink Johann Baptist Jur. Marienroth
Zirngiebl Anton Phil. Rottenbuch
Zöbele Leopold Med. Rietzlern
Zott Emil Phil. Dürkheim
Zottmann Ludwig Phil. Weingarten
Zürn Max Phil. München
Zwerger Ludwig Phil. Neuburg

1849—1850

Rector DCI Hieronymus von BAYER

Abrell Christian Phil. Kempten
Abröll Mathias Phil. Altötting
Ackeren Joseph von Theol. Nütterden
Adam Georg Phil. Buch
Adam Ludwig Phil. Eichstädt
Aecker Ludwig Phil. München
Affolder Kaspar Jur. Niedergelasingen
Aigner Franz Xaver Phil. St. Veit
Albert Alois Jur. Landshut
Albertini Ulrich Med. Utz
Albrecht Franz Med. Oberwiesenacker
Alfken Eduard Jur. Delmenhorst
Alteneder Franz Paul Phil. Röhrenbach
Arnold Ferdinand Jur. Ansbach
Arnold Frdr. Gg. Pharm. Possenheim
Arnold Karl Pharm. München
Aschberger Joseph Theol. Augsburg
Attenberger Heinrich Phil. St. Nikola
Attenhofer Hermann Phil. Zurzach
Attenkofer Max Phil. Neumarkt
Auer Adolph von Phil. München
Auersperg Felix Graf v. Phil. Prag
Bacher Theodor Emil Philol. Landau
Bachmayr Georg Phil. Otterskirchen
Baldinger Karl Jur. Baden
Ballomir Georg Jur. Falticzan
Bandel Christian Jur. Burgfarnbach
Barth Johann Jur. Wölpe
Barthold Ferdinand Ludwig Bergw. Zweibrücken
Bartl Anian Phil. Irschenberg
Bauer Adalbert Phil. Weissenhorn
Bauer Karl Phil. Weissenhorn
Bauer Michael Phil. Neuburg

Bauer Joseph Phil. Windorf
Bauer Hermann Phil. Regensburg
Bauer Ferdinand Phil. Weichenried
Bauer Gg. Philipp Theol. Friedelsheim
Baumann Andreas Jur. Bamberg
Baumer Georg Jur. Lengenfeld
Baumer Wold. von Jur. Goldkronach
Baumgärtel Wilh. Bergw. Wunsiedel
Bauriedl Joseph Phil. Schwandorf
Bayer Jakob Phil. Straubing
Bayer Johann Math. Hochstall
Beck Anton Phil. Stadtamhof
Beckler Hermann Phil. Höchstädt
Beez Eduard Georg Theol. Ulm
Benoni Jakob Med. Branzoll
Berg Franz Phil. Eschweilerhof
Bergmann Franz Jur. Bergen
Bernauer Andreas Theol. Leuten
Bernet Friedrich Jur. St. Gallen
Beron Peter Cam. Krajowa
Besold Paul Phil. Masch
Bessler Johann Baptist Phil. Oy
Bettschard Leonhard Med. Schwyz
Beyer Georg Med. Augsburg
Bezold Gustav von Jur. Rothenburg
Bihler Franz Ant. Theol. Heimhofen
Birkenbach Gg. Mart. Phil. Bayreuth
Bischoff Joseph Theol. Niedergailbach
Blank Joseph Phil. Straubing
Blaufuss Wilhelm Phil. Roth
Bless Fridolin Jur. Flums
Blum Eduard Jur. Winterthur
Bögler Karl Phil. Neuburg
Boldinger Kaspar Phil. Buch

Boos Franz Xaver Phil. Riedenburg
Botzenhard Karl Phil. Dinkelsbühl
Boxhammer Anton Phil. Pauluszell
Braml Johann Baptist Phil. Bärnried
Brandl Kaspar Jur. Hals
Bratsch Friedrich Phil. Riedenburg
Brattler Wilhelm Phil. Augsburg
Braun Christian Theol. Dillingen
Braun Johann Bapt. Med. Bayerdiessen
Breit Ferdinand Med. Minders
Brenkmann Ludwig Philol. Bayreuth
Breslau Bernhard Med. München
Bridgeman Friedrich Cam. Blymhill
Bruckner Karl Phil. Böbingen
Brückner Franz Theol. Burkundstadt
Brunold Georg Med. Obersaken
Bucher Leopold Phil. Unteregg
Buchetmann Anton Phil. Leimersheim
Buckel Anton Cam. Würzburg
Bürchner Ludwig Med. Aidenbach
Bürgermeister Joseph Philol. Passau
Burger Adam Theol. Bamberg
Buzer Hermann Phil. Bonnland
Buzorini Eduard Pharm. Ehingen
Carstens Karl Dietrich Phil. Varel
Challi Ibrahim Med. Kairo
Charalampus Alexis Med. Patras
Chillot Robert Jur. Dürkheim
Christ Wilhelm Phil. Geisenheim
Clarenz Ernst Forstw. Vilsbiburg
Coppenrath Joseph Jur. Münster
Cortolezis Ludwig Pharm. Plattling
Cramer Jakob Heinrich Pharm. Zürich
Cramer Friedr. Wilh. Jur. Nürnberg
Cucumus Gottfried Phil. Würzburg
Cybickowski Jos. Theol. Obiezierze
Dachs Heinrich Theol. Unterdietfurt
Dänzl Karl Phil. Eggenfelden
Dammer Friedrich Jur. Nürnberg
Danzl Joseph Phil. Untermoosen
Dauser Joseph Phil. Maichingen
David Lorenz Jur. Speier
Daxberger Frz. Paul Phil. Petershausen
De Ahna Karl Jur. München
Degele Ludwig Phil. München
Degenhart Athanasius Philol. Oberkirchberg
Deggeller Julius Pharm. Schaffhausen
Deil Joseph Anton Theol. Göllheim
Delling Ferdinand von Phil. München
Dellinger Joseph Phil. Kaufring
Dembschick Franz Phil. Passau
Denzel Theobald Phil. Anhofen
Dewald Frdr. Christian Theol. Potzbach
Dhom Philipp Theol. Ruppertsecken
Dillmann Johann Phil. Niederbrechen
Dincklage Bernhard Phil. Meppen
Dobeneck Const. Bar. v. Jnr. Bayreuth
Doll Georg Phil. Kaufbeuren

Drexler Ludwig Phil. Cham
Drollmann Joseph Phil. Nittingen
Drossbach Joseph Phil. Deggendorf
Dürner August Phil. Ansbach
Ebel Friedrich Jur. Giessen
Ebenhöch Max Jur. Aschaffenburg
Eberhard Otto Karl Phil. Speier
Eberl Georg Phil. Unterdietfurth
Eberl Joseph Phil. Pfaffenhofen
Eberle Karl Ludwig Jur. Legau
Eberle Johann Baptist Phil. Wertach
Eberle Xaver Phil. Mindelheim
Eberlein Mich. Jos. Phil. Gemünden
Ebersperger Joh. Bapt. Phil. Vilshofen
Ebner Anton Theol. Oberhausen
Eckl Johann Bapt. Phil. Pfaffenberg
Edelmann Albert Jur. München
Eder Georg Theol. Kroisendorf
Egenhofer Joh. Bapt. Jur. Straubing
Ehrharter Gottfried Med. Reutte
Ehrl Wilhelm Phil. München
Eilles Joseph Phil. Amberg
Einsele Friedrich Forstw. Freising
Eisele Mathias Theol. Thannhausen
Eisen Eduard Philol. Karlsruhe
Eisendorf Franz Ser. Phil. Miesbach
Eisenmenger Ludw. Bergw. Dillingen
El Elfi Hassan Med. Kairo
Emer Joseph Phil. Leiblfing
Emlinger Michael Phil. Altenufer
End Lorenz Techn. Fürth
Endres Alois Theol. Wiesau
Engelhard Clem. Med. Aschaffenburg
Enzensperger Ferd. Phil. Sonthofen
Erhard Erhard Theol. Otting
Ertinger Max Philol. Dillingen
Eser Georg Jur. Zusamaltheim
Essl Anton Bergw. Bamberg
Eyerschmalz Georg Jur. Uffing
Fabris Gustav von Phil. Geisenfeld
Fackler Joseph Phil. Bebenhausen
Faist Eduard Phil. Neuburg
Faist Anton Joseph Phil. Kempten
Falk Johann Phil. Winricht
Faller Wilhelm Jur. Speier
Federle Sebast. Jur. Cam. Augsburg
Fehr Cassian Jur. Sargans
Feldbausch Philipp Phil. Landau
Fellerer Karl Phil. Irlbach
Felser Wilhelm Jur. Erin
Feuerstein Andreas Phil. Bezun
Filchner Ludwig Jur. Bayreuth
Fing Franz Theol. Brigels
Fischer Anton Phil. Strasshof
Fischer Edmund Jur. München
Fischer Friedrich Math. Bamberg
Fischer Heinrich Bergw. Geroldsgrün
Fischer Joh. Bapt. Phil. Dietramszell
Fischer Wilhelm Phil. Amberg

20*

Fitz Hermann Techn. Alzey
Flaschl Mathias Phil. Schwimbach
Flügel Joseph Jur. Montabaur
Flury Joseph Jur. Solothurn
Förster Andr. Jur. Cam. Burkersdorf
Förtsch Joseph Cam. Teuschnitz
Forster Chrysost. Phil. Thannhausen
Forsthofer Franz Xav. Philol. Burg-
    hausen
Forstner Leonhard Pharm. Sonthelm
Franki Joseph Pharm. München
Franz Vincenz Med. Murnau
Frauendorfer Thomas Phil. Cham
Freudenberger Ignaz Phil. Asbach
Freudensprung Felix Jur. Cam.
    Mitwitz
Friedrich Anton Jur. München
Fries Karl Phil. Wienweiler
Fuchs Anton Phil. München
Fuchs Franz Phil. München
Fuchs Michael Jur. Gützingen
Fürst Friedrich Jur. Heidenheim
Füssel Ludwig Phil. Landshut
Galen Friedrich Graf von Jur. Assen
Gallhauser Jos. Phil. Obernaukirchen
Gantner Johann Bapt. Theol. Leubas
Gassen Heinrich Theol. Deesen
Gasser Rudolph von Jur. Petersburg
Gassmann Jakob Pharm. Augsburg
Gegler Joseph Phil. Legau
Geib Eduard Phil. Leinsweiler
Geissler Georg Phil. Huglfing
Geitner Joseph Jur. Neumarkt
Gengel Cyprian Georg Phil. Chur
Gergens Ernst Phil. Regensburg
Geul Hermann Phil. Walsheim
Geyer Johann Phil. Abensberg
Geyer Karl Pharm. Oberdorf
Giger Johann Jur. Niedergösgen
Gindorfer Eugen Phil. Augsburg
Gistl Peter Phil. Pähl
Glaser Joh. Bapt. Forstw. Waldsassen
Glass Wolfgang Jur. Welsan
Gleissl Florian Jur. Heilinghausen
Glogger Nepomuk Phil. Augsburg
Glonner Stephan Phil. Tölz
Glück Friedrich Jur. Ansbach
Göb Franz Phil. Amberg
Göser Johann Theol. Unterbaichingen
Grabichler Andreas Phil. Rosenheim
Graf David Phil. Rodalben
Grimm Andreas Math. Hausen
Gröning Albert Jur. Arnsberg
Groll Oskar Phil. Straubing
Grom Johann Nepom. Theol. München
Gronen Georg Phil. München
Grosschedel Christian Baron von
    Phil. München
Grünewald Karl Jur. München

Gsänger Jakob Phil. Nürnberg
Güterbock Karl Jur. Königsberg
Gugel Eugen Phil. München
Guisolan Stephan Jur. Noriaz
Gumposch Stephan Phil. Uffing
Gumppenberg Lothar von Phil.
    Augsburg
Habarl Joseph Theol. Passau
Haberl Max Phil. Riedenburg
Hackspiel Joh. Konr. Phil. Riefensberg
Häringer Gabriel Phil. Weilheim
Hafner Xaver Theol. Neuburg
Haldenwang Rud. Jur. Buttenhausen
Hall Johann Nepom. Jur. St. Pankratz
Haller Christian Theol. München
Happach Joseph Phil. Moorenweis
Harl Nikolaus Theol. Reichenhall
Harlander Hugo Jur. Straubing
Hartig Thomas Phil. Inchenhausen
Hartmann Andreas Phil. Kempten
Hartmann Ant. Forstw. Aschaffenburg
Hartmann August Phil. Sonthofen
Hartmann Joseph Phil. Krettham
Hartmann Theodor Phil. Lohr
Hartmannsgruber Sebastian Phil.
    Straubing
Hasslöcher Jakob Philol. Passau
Hatry Julius Jur. Zweibrücken
Hauck Adam Friedrich Math. Fürth
Hauck Karl Jur. Münnerstadt
Hauenschild Wilhelm Phil. Hausen
Haupt Andreas von Jur. Schweinfurt
Haupt Theodor von Phil. Schweinfurt
Hausmann Ernst Jur. Niederlandsbach
Hefner Max Phil. Neugattendorf
Heindl Joh. Ant. Alb. Pharm. Görisried
Heinle Anton Theol. Kriegshaber
Heinrich Georg Phil. Weiden
Heinrichs Hubert Theol. Immerath
Heintz Alois Phil. München
Heintz Otto Phil. Zweibrücken
Heiss August Med. Roggenburg
Heissler Alois Phil. Augsburg
Heldberg Karl Eduard Phil. Hannover
Helfer Georg Frdr. Phil. Bayreuth
Helfer Joseph Bergw. Warching
Hermann Rudolph Forstw. München
Hermann Theodor Jur. Esting
Hertel August Med. Augsburg
Herwig Gottlieb Phil. Wörth
Herzog Max Med. München
Hess Alois Phil. Mindelheim
Heuck Hermann Jur. Billigheim
Hiermeyer Georg Philol. Mörnsheim
Hillenmayr Bened. Theol. Utzwingen
Hoebel Wendel Phil. Mauerstetten
Höchst Johann Phil. Obertiefenbach
Höfler Franz Phil. Aufkirch
Hölzlmair Karl Bergw. Ingolstadt

Hönninger Karl Phil. Nürnberg
Hörmann Fr. Anton Theol. Buch
Höwel Wilhelm Phil. Hildesheim
Hofer Joseph Phil. Landsberg
Hoffmann Krl. Heinr. Math. Hannover
Hoffmann Karl Phil. Würzburg
Hoffnaas Franz von Phil. Günzburg
Hoh Christoph Math. Bamberg
Hoh Georg Theodor Math. Nürnberg
Hohnerlein Joseph Theol. Berlichingen
Holl Michael Jur. Bubenhausen
Hollmaier Karl Phil. Regensburg
Holz Franz Seraph Jur. Rötz
Holzenthal Andr. Theol. Montabaur
Horwitz Isaak Phil. Treuchtlingen
Hotz Jakob Pharm. Altomünster
Huber Anton Theol. Burghausen
Huber Leonhard Jur. Ergertshausen
Huber Sebastian Phil. Waldenham
Hütt Joseph Phil. Gunzenhausen
Hummel Joseph Phil. Missen
Hundshammer Albr. Phil. Kraiburg
Hundt Nikolaus Theol. Venningen
Jägerhuber Max Forstw. Maxhof
Jahn Julius Phil. Zellerfeld
Jansen Tilman Phil. Richrath
Jenny Emil Phil. Füllingsdorf
Jglhaut Wolfgang Phil. Atzlern
Jmhof Eduard Affallerthal
Josephthal Gustav Phil. Ansbach
Jouvin Eugen Phil. Bayreuth
Jung Peter Joseph Theol. Werschau
Jungkunz Adolph Jur. Lichtenberg
Jussuf Murad Med. Kairo
Käfl Johann Nepom. Theol. Litzldorf
Küss Michael Phil. Au
Kästner Ludwig Jur. Lauf
Kaifer Simon Jur. Biberist
Kalb Leonhard Phil. Fürstenfeldbruck
Karmann Johann Jur. Litzendorf
Karmann Mathias Phil. Dinkelshausen
Karsch Alfred Jur. Frankenthal
Keller Johann Nep. Phil. Augsburg
Keller Martin Theol. Breitenbrunn
Keller Wilhelm Jur. Dillenburg
Kemmetzer Johann Phil. Neunkirchen
Kern Joseph Med. Regensburg
Kern Philipp von Phil. Regensburg
Kerschensteiner Jos. Phil. München
Kessler Rupert Jur. Obergünzburg
Ketterer Leopold Phil. Spaichingen
Ketterle Johann Phil. Ichenhausen
Kienle Joachim Phil. Westernach
Kimmerle Lud. Phil. Schwabmünchen
Kirchner Emanuel Med. Zweibrücken
Kirschenhofer Johann Phil. Anhofen
Kirschner Kasp. Phil. Weihmörting
Kistler Nikolaus Phil. Dünzlbach
Kleidorfer Andreas Theol. Moosburg

Klein Johann Baptist Theol. Bamberg
Klein Basilius Jur. Kempten
Kleinkopf Friedrich Jur. Pirmasens
Klinger Lorenz Phil. Niederarnbach
Klosse Burkhard Jur. Staffelstein
Knapitsch Hugo von Jur. Silberegg
Köberle Johann Bapt. Phil. Sonthofen
Köhler Anton Theol. Bargau
König Max Jur. München
Kohlmaier Heinr. Theol. Lauterecken
Kolb Joseph Jur. München
Kolb Karl Jur. Kaisheim
Kollmann Friedrich Phil. Neu-Ulm
Kopf Michael Jur. Pittersberg
Kornmüller Frz. Xav. Phil. Straubing
Kosse Rudolph Cur. Cam. Neu-Stettin
Kränzle Martin Phil. Reischenau
Krauss Hans Med. Aufsess
Kretzer Rudolph Jur. Tann
Krieg Joseph Phil. Altendorf
Kulssl Cölestin Theol. Wettenhausen
Küster Friedrich Jur. Puschendorf
Kurländer Philipp Phil. München
Lachenmair Erh. Phil. Münsterhausen
Lack Joseph Phil. Rickenbach
Landgraf Karl von Jur. Nordhalben
Landgraf Karl Jur. Wunsiedel
Langenfelder Mich. Phil. Süssweiss
Langenmayr Thom. Theol. Gablingen
Lantschner Ludwig Med. Steinach
Lasko Georg Simon Cam. Perschling
Lechleitner Adolph Jur. Heigerloch
Lechner Otto Phil. Landshut
Lechner Paul Phil. Hohenegglkofen
Lechner Sigmund Phil. Karlshof
Lederle Anton Phil. Landsberg
Lederle Wilhelm Med. Hambach
Ledermann Thomas Phil. Landshut
Legrum Johann Peter Phil. Blieskastel
Lehmann Joseph Jur. Mering
Lehmann Gust. Wilh. Jur. Hainchen
Lehner Gustav Phil. Neuburg
Leib Johann Phil. Megisheim
Leibl Ludwig Phil. München
Leiss Xaver Phil. München
Lenz Franz von Philol. Wetzlar
Leu Hannibal Med. Braz
Levi August Jur. Grossbockenheim
Lill Anton Theol. Rüdesheim
Lillbopp Constantin Phil. Bamberg
Lindermayer Ludwig Phil. München
Lindstätter Ed. Theol. Regensburg
Lingg Julius Phil. Lindau
Link Franz Jur. Kronach
Logothetes Dem. Theol. Paros
Loher Markus Phil. Weiermayr
Lolpolder Florenz Phil. Reigersbeuern
Lonz Johann Adolph Theol. Urmitz
Lossow Oskar Jur. Hof

Lotz Karl Pharm. Homburg
Lndsteck Otto Jur. Straubing
Ludwig Ludwig Theol. Augsburg
Lüst Karl Pharm. Straubing
Lüthardt Friedrich Jur. Ins
Lütolf Alois Theol. Nubikon
Lupin Agath. Baron v. Phil. Illerfeld
Lutz Joseph Jur. Untergünzburg
Lutz Xaver Phil. Staufen
Lutz Eduard Jur. Bern
Lutz Johann Phil. Weyher
Männer Lorenz Phil. Weil
Märkl Joseph Phil. Rain
März Friedr. Phil. Kirchheimbolauden
Mätzner Joseph Jur. Tagmanns
Maeusl Ludwig Phil. Burghausen
Mair Joseph Phil. Münsterhausen
Malor Franz Jur. Kirchheim
Malterer Georg Phil. Grafenkirchen
Mangold Dismas Phil. Kühbach
Markmiller Ludwig Phil. Höchstädt
Martini Hermann Jur. Prichsenstadt
Marx Johann Jur. Cam. Nürnberg
Marx Ludwig Jur. München
Maesl Franz Joseph Phil. Straubing
Mastaller Michael Theol. Mering
Matulka Joseph Phil. München
Maurer Karl Phil. Lichtenfels
Mayer Alois Phil. Landshut
Mayer Ambros Phil. Bergen
Mayer Franz Ser. Phil. Scheyern
Mayer Georg Phil. Bamberg
Mayer Georg Phil. Lorenzenberg
Mayer Hieronymus Phil. Falkenberg
Mayer Karl Phil. München
Mayer Matthäus Phil. Miudelzell
Mayr Ludwig Phil. Kempten
Mecheln Theodor Jur. Heman
Mehltretter Jos. Jur. Schwarzhofen
Meier Ferdinand Phil. München
Meisinger Jakob Phil. Storfling
Meister Jakob Phil. Eiblingen
Meister Phil. Anton Jur. Elbingen
Meitinger August Pharm. Türkheim
Meixner Heinrich Phil. München
Merck Christian Med. Friedberg
Metschnabl Frz. X. Jur. Stadtkemnath
Meyer Johann Phil. Aichkirchen
Meyer Rupert Phil. Nymphenburg
Meyerholzner Mich. Theol. Mühlen
Metzger Moriz Philol. Augsburg
Michaleskul Jos. Pharm. Hernowik
Micheler Johann Jur. Nettershausen
Miller Anton Phil. Reichertshofen
Minderer Xaver Jur. Helmberg
Mirlach Marcus Phil. Gebendorf
Mitterhuber Frz X. Phil. Mühldorf
Mittermair Joseph Phil. Landshut
Mösch Casimir Pharm. Frick

Montbach Moritz v. Theol. Breslau
Moor Oskar von Jur. Bamberg
Moreth Ludwig Jur. Straubing
Moritz Johann Med. Feldkirch
Moser Adalbert Phil. Augsburg
Moser Alois Med. Reichenhall
Motzenbäcker Wilh. Theol. Gimmel-
   dingen
Muffat Peter Phil. München
Mühlbauer Wolfg. Theol. München
Müller Franz Phil. Dachau
Müller Gustav Jur. Weissenburg
Müller Johann Med. Hammelburg
Müller Joseph Phil. Au
Müller Paul Phil. Lipbach
Müller Wilhelm Joh. Phil. Nürnberg
Müllern Rudolph Cam. Würzburg
Münz Georg Phil. Landshut
Munzinger Ludw. Jur. Bruckmühlbach
Mürbeth Bernhard Phil. Geiging
Mussinan Georg Phil. Bärnau
Mustapha El Negdi Med. Kairo
Mutzl Eduard Philol. Landshut
Nagel-Itlingen Bar. v. Jur. Münster
Nagel Lor. Ernst Theod. Jur. Schwabach
Nagl Anton Phil. Röckenhofen
Nagl Anton Theol. Aign
Nagler Karl Theol. München
Nefzger Matthäus Phil. Offendorf
Neher Leonhard Jur. Immenthal
Neumaier Wilh. Theol. Pfaffenhausen
Neumeyer Anton Phil. Neukirchen
Neumüller Joh. Ev. Phil. Vilsbiburg
Niethammer Ludw. v. Jur. München
Niggl Joseph Phil. Rückenbach
Nobis Joseph Phil. Mindelheim
Nussbaum Joh. Nep. Med. München
Obermillacher Joh. Nep. Phil. Baar
Oberndorfer Joh. B. Phil. Speinshart
Oberndorff Alfr. Grf. v. Jur. Regensb.
Oberwegner Max Jos. Pharm. München
Ochsenkühn Fz. X. Jur. Burggriesbach
Oertly Josua Med. Glarus
Oppermann Andr. Jur. Regensburg
Ott Anton Phil. Günzburg
Pammer Frz. Xav. Pharm. Straubing
Panzer Maximilian Jur. Speier
Pape Joseph Jur. Eslohe
Pappenberger Gust. Pharm. München
Pauli Ed. Med. Landau
Peez Alexander Jur. Wiesbaden
Peringer August Jur. München
Peter Ludwig Phil. Augsburg
Petersen Friedrich Phil. Göllheim
Petry Joseph Theol. Anlhauserhof
Petzi Anton Phil. Köfering
Pfirmann Joseph Jur. Germersheim
Pindl Gustav Phil. Edlhausen
Pittner Bernhard Phil. München

Pixis Theodor Jur. Kaiserslautern
Pletsch August Phil. Landshut
Pletzer Adalbert Jur. Nürnberg
Pöhlmann Christian Jur. Münchberg
Pötzelberger Joh. Pharm. Steyer
Popp Richard Jur. Landau
Posch Anton Phil. Innichen
Posch Lorenz Phil. Reichenhall
Posselt Karl Jur. München
Prandl Wolfgang Phil. Niederachdorf
Praun Michael Phil. Cham
Praxmarer Franz Jur. Reith
Prechtl Gustav Phil. Langenbruck
Prestel Xaver Phil. Immenstadt
Probst Michael Jur. Neukirchen
Pröbst Franz Xav. Jur. Neuburg
Pronadl Joh. B. Theol. Obertraubling
Pündter Em. Jur. Beilngries
Raab Johann Jur. Rossdorf
Rabel Albert Phil. München
Ramers Kaspar Presb. Theol. Uexheim
Rampp Christian Jur. Nürnberg
Ranchner Ferd. Phil. Dinkelscherben
Rapp Johann Phil. Mindelzell
Rau Julius Phil. Gunzenhausen
Rauch Franz Xaver Cam. Ilmmünster
Reber Karl Phil. Cham
Regenfuss Joh. Jur. Langensendelbach
Rehm Heinrich Med. Edesheim
Reible Jakob Theol. Bornheim
Reichelmeyer Leo Phil. Eresing
Reichert Franz Jur. Oettingen
Reindl Heinrich Jur. München
Reisch Georg Phil. Fellheim
Reisinger Joh. Steph. Jur. Regensburg
Reisinger Karl Jur. Bern
Rem Theodor Jur. Laufen
Renner Alois Jur. Abensberg
Renner Joseph Jur. Münchshof
Renner Joseph Jur. Schillertswiesen
Reschreiter Stephan Jur. München
Rethbauer Adolph Theol. Graben
Reuder Ignaz Phil. Bamberg
Reutti Joseph Pharm. Wyl
Reverdys Karl Phil. München
Riedel Albert Theol. Lamerdingen
Riedel C. Theodor Phil. Augsburg
Riedinger Friedrich Theol. Kandl
Riedl Innoc. Phil. Leitershofen
Riepolt Anton Phil. München
Riesch Ludwig Phil. Eggmühl
Ritter Ferdinand Jur. Cronach
Ritter Joseph Bened. Phil. Mauerstetten
Röhrer Max Phil. München
Roesch Bernard Pharm. Pottenstein
Roggenhofer Michael Jur. Cam. Haslmühle
Roos Christian Theol. Camp
Rücker Karl Jur. Schnabelwaid

Rüth Wilhelm Phil. Mitterteich
Ruez Em. Theol. Amöneburg
Ruff Jakob Theol. Laumersheim
Rumpf August Phil. Wemding
Rupp Anton Phil. Au
Rupp Georg Phil. Unterhamberg
Sageder Joseph Theol. Thalham
Saller Joseph Cam. Dillingen
Salem Salem Med. Kairo
Sander Hermann Phil. Kleinherröth
Sandner Felix Theol. Naternberg
Sandner Johann Bapt. Jur. Stadtamhof
Sandt van de Wilhelm Theol. Brienen
Sardagna Anton Graf Jur. Trient
Sauter Franz Phil. Nürnberg
Schärringer Thom. Phil. Strasshausen
Schäzler Adolph Jur. Sennfeld
Schaffer Johann Med. Aoronzo
Schafroth Karl Theol. Willofs
Schaller Anton Med. Gunzenheim
Schattenhofer Karl Theol. München
Schaumberg Johann Phil. Bayreuth
Schauss Emil Phil. München
Schauss Friedrich Phil. München
Scheitlin Kaspar L. Phil. St. Gallen
Schelle Bened. Med. Wolfrathshausen
Scherf Heinrich Phil. Hessenthal
Schermer Joseph Jur. Titting
Scherrer Wilhelm Jur. St. Gallen
Schiffmann Joseph Jur. Furth
Schindler Ludw. Phil. Monheim
Schleidt Jakob Jur. Flörsheim
Schleifer Wendel Phil. Unterbleichen
Schleitheim Wilh. von Jur. Augsburg
Schlichting Ludwig Phil. Kohlwald
Schlickenrieder Frz. Sal. Theol. Glon
Schlosser Anton Jur. Anhofen
Schlosser Jakob Jur. München
Schmerber Joh. Baptist Jur. Luhe
Schmid Alois Med. Meitingen
Schmid Joseph Phil. Unterstadion
Schmid Romuald Phil. Landshut
Schmidmayr Joseph Phil. Siegenburg
Schmidt Georg Phil. Wunsiedel
Schmidt Nikolaus Phil. Hilpoltstein
Schmidtkonz Johann Jur. Landau
Schmitt David Phil. Marktheidenfeld
Schmitt Johann Theol. Obertiefenbach
Schmuck Sebastian von Pharm. Kiefer
Schmuke Joseph Phil. Wensee
Schmutzer Adolph Phil. Aidenbach
Schnee Hermann Jur. Schartau
Schnell Ludwig Jur. Innsbruck
Schneller Albert Jur. Wallerstein
Schnurrer Gg. Mich. Phil. Falkenberg
Schönbeck Joseph Jur. München
Schönberg Aug. v. Cam. Niederreisslling
Schönbrod Frz. Xav. Theol. Ellwangen
Schöner Alois Phil. Mühldorf

Walz Michael Arm. Philol. Schlott
Wasser Adolph Jur. Burtenbach
Weber Johann Cam. Walachern
Weber Ludwig Phil. Freistadt
Wegmann Anton Phil. Augsburg
Weidner Franz Phil. Regensburg
Weingärtner Johann Nepomuk Jur. Cam. Altötting
Weingart Michael Phil. Gerzen
Weinreich Eduard Jur. Landshut
Weisenstein Joh. Theol. Lachen
Weiss Gustav Adolph Jur. Schönenberg
Weiss Johann Ev. Phil. Ried
Weiss Joseph Phil. Guteneck
Weiss Karl Phil. Erbendorf
Weiss Ludwig Phil. Lindau
Weiss Martin Theol. Killingen
Weisser Heinrich Med. Braunau
Weller Paul Jur. Mannheim
Weng Julius Pharm. Nördlingen
Wenzel Albert Jur. Volkach
Wenzel Joseph Phil. Obernburg
Wertheimber Adolph Phil. München
Wesselak Fz. X. Jur. Sattelpeilnstein
Westner Franz Phil. Hausen
Widmann Adolph Pharm. München
Widmann Jakob Theol. Reichersdorf
Wiedmann Franz Xav. Jur. Neuburg
Wiedemann Georg Phil. Gimmeldingen
Wiegand Joseph Philol. Passau
Wiehn Heinrich Phil. Contwig
Wieland Adolph Jur. Rheinfeld
Wilhelm Georg Med. Holzen

Willebrandt Jos. Jur. Ennigerloh
Willy Rudolph Med. Mels
Wimmer Paulus Phil. Erding
Winkelmann Joh. Pharm. Vohenstrauss
Winklmair Ignaz Phil. Lam
Winreiter Franz Jur. Fridorfing
Winter Albert Theol. Obenhausen
Wirth Joseph Phil. München
Wirth Gustav Pharm. Saulgau
Wissing Karl Theol. Höhr
Wittmann Joh. Graf v. Phil. Mamendorf
Wittmann Joseph Phil. Buchberg
Wocher Max Pharm. Rettenbach
Wodak Anton Pharm. Altötting
Wölfle Michael Theol. Augsburg
Wolf Max Phil. Rennertshofen
Wünnenberg Aug. Jur. Cam. Stadtberge
Würth Werner Jur. Lichtenstein
Wurm Eduard Phil. Nürnberg
Wurzer Otto Phil. Lauingen
Zahn Hermann Pharm. Aschaffenburg
Zenger Gustav Phil. München
Zettel Karl Philol. München
Zickermann Friedr. Jur. Schwerin
Zimmerle Ludwig Jur. Ellwangen
Zimmermann Hermann Jur. Aarau
Zimmermann Jakob Phil. Laim
Zingg Karl Med. St. Georgen
Zistl Joseph Phil. Schöllnach
Zölch Alois Jur. Vilseck
Zölch Ludwig Jur. Vilseck
Zöller Ludwig Jur. Zweibrücken
Zott Emil Jur. Homburg

1850—1851

Rector DCII Hieronymus von BAYER

Aichberger Anton Phil. Aigen
Aigner Ludwig Phil. Söllhuben
Aigner Heinrich Phil. Giesing
Aigner Max Phil. Landau
Alberti Graf von Han. Jur. Verona
Albertini Thomas Jur. Punte
Albrecht Albert Phil. Nürnberg
Aman Joseph Theol. Rosenheim
Aman Ulrich Phil. Pörnbach
Andra Ludwig Theol. Phil. Günzburg
Anzenberger Mich. Phil. Wannersdorf
Arndts Hermann Jur. Arnsberg
Arnold Hermann Jur. Ansbach
Arnold Joseph Theol. Erbendorf
Attlmayr Anton Jur. Innsbruck
Atzenböck Joseph Phil. Frontenhausen
Auer Julius von Phil. München
Auer Anton Phil. Eussenhausen

Baader Georg Phil. Ottobeuern
Baader Heinrich Phil. München
Bablitschki Lorenz Phil. Hagsbrunn
Bach Franz Jur. Regensburg
Bachmair Joseph Phil. Buchberg
Bachschneider Joseph Jur. Karpfham
Bader Joseph Philol. Wittesheim
Bärensprung Friedr. Phil. Schwerin
Baierlacher Eduard Med. Eichstädt
Baldinger Friedrich Jur. Baden
Bamberger Mich. Phil. Niederstotzingen
Barth Karl Jur. München
Barth Wilhelm von Jur. München
Bauer Franz Jur. Landau
Bauer Johann Baptist Phil. München
Bauhof Xaver Philol. Dillingen
Baur Kaspar Jur. Hechingen
Beck Joseph Philol. Regenstauf

Beck Karl Wilhelm Jur. Gunzenhausen
Becker Joseph Phil. Clausen
Becker Heinrich Philol. Weiblach
Behringer August Phil. Babenhausen
Beigl Heinrich Jur. Cam. Amberg
Beisler Hermann Jur. Augsburg
Berghamer Michael Jur. Traunstein
Bering Wilhelm Jur. Beringhof
Berler Anton Jur. Möhren
Bernard Anton Phil. Weyarn
Bernhard August Pharm. München
Bernklau Joseph Jur. Oberwelling
Berreiter Georg Phil. Margarethenberg
Berthold Johann Jur. Bamberg
Berthold Johann Theol. Donauwörth
Besendorfer August Phil. München
Bettinger Julius Jur. Zweibrücken
Biberger Matthäus Phil. Högldorf
Bibra Karl Baron von Jur. Adelsdorf
Biel Thomson von Jur. Zierow
Bielmayr Julius Alois Phil. München
Bieringer Alois Theol. Passau
Bierling Johann Baptist Phil. Ober-
  ammergau
Bihler Karl Phil. Nürnberg
Birle Augustin Theol. Unterbleichen
Bissegger Jos. Ant. Theol. Bischofzell
Björnsen Johann Med. Sonderburg
Blocken Leopold von Phil. Buchau
Blomenhofer Franz J. Jur. Moosham
Bodenhausen Ferd. Pharm. Ebersdorf
Boek Karl Jur. Augsburg
Bösch Joseph Jur. Luzern
Bomhard Ernst von Phil. Weischenfeld
Bormiolli Joseph Jur. Trient
Borst Joh. Georg Theol. Wasseralfingen
Bosch Karl Pharm. H.-Hechingen
Brach Valentin Phil. Gossmannsdorf
Brand Karl Phil. Kipfenberg
Brandes Hermann Jur. Sternberg
Braun Nikolaus Phil. Illdorf
Breitinger Heinrich Med. Elliken
Brich Joseph Phil. Botzen
Brinz Oskar Phil. Kempten
Britzelmayr Joseph Phil. Augsburg
Brug Karl Med. Hof
Brück Emil Jur. Wiesbaden
Brunnbauer Ant. Jur. Cam. Klosterberg
Brunner Eugen Phil. Landshut
Brunner Gustav Phil. Abensberg
Brunner Michael Jur. Neukirchen
Bucher Joseph Phil. Finningen
Bucherscheit Leonh. Theol. Althelm
Buchner Johann Phil. Ottering
Bürchner Otto Theol. Aidenbach
Bürstinger Jakob Phil. München
Bulacher K. Emanuel Med. Basel
Bumiller Silvester Med. Jungingen
Busch Johann Theol. Burrweiler

Buysch Joh. Jakob Theol. Düsseldorf
Carben Wilhelm Jur. Altenbuch
Cella Gustav Phil. Landau
Christ Ernst Ferdinand Philol. Bamberg
Christl Anton Phil. Sandizell
Christl Joseph Jur. Pfarrkirchen
Christmann Franz Theol. Maikammer
Clement Joseph Jur. Sackenried
Cleve Klemeus Jur. Harst
Convert Aug. Pharm. Dornholzhausen
Costa Joseph Phil. Erding
Cramer Heinrich Med. Montabaur
Custer Julius Med. Altstädten
Czech Wenzel Math. Sion
Dahn Felix Phil. Hamburg
Debonnaire Ludwig Jur. St. Mauriz
Deckert Adam Phil. Bamberg
De Crignis Bad. Phil. Schwabmünchen
Degenhart Alban Theol. Oberkirchberg
Deindl Cajetan Theol. Nussdorf
Deisenhofer Mathias Phil. Höllingen
Dengler Joh. Mich. Jur. Kleinattersdorf
Dieminger Mathias Phil. Grossaitingen
Dietl Joseph Theol. Walkenstätten
Digruber Wilh. Jur. Cam. Neukirchen
Digruber Karl Philol. Neukirchen
Dodt Gustav Ludw. Techn. Dannenberg
Döderlein Otto Forstw. Erlangen
Dörle Mathias Phil. Adelsried
Dormaier Max von Jur. Gröneubach
Dormann Anton Med. Rapperswil
Dresch Eduard Jur. Miltenberg
Drexel Fritz Phil. Wernburg
Dürsch Otto Baron von Phil. München
Duschl Johann Gg. Phil. Wappersdorf
Eberhard Joh. Bpt. Theol. Masoltrangen
Eberhardt Max Phil. Mauchenheim
Eberl Joseph Med. Pfaffenhofen
Eberle Georg Theol. Grosskissendorf
Ebner Ignaz Phil. Haag
Eckl Johann Baptist Pharm. Kaimling
Eden Heinrich Med. Wremen
Egger Friedrich Phil. Ragaz
Ehlers Georg Techn. Harsefeld
Ehrnthaller Franz Phil. Regensburg
Eibler Valerian Phil. Wehringen
Einsele Hermann Jur. Jsareck
Eisenlohr Christian Jur. Singen
Elbel Georg Phil. Bamberg
Emminger Crispin. Theol. Ichenhausen
Endres Johann Theol. Trier
Engelhard Joseph Phil. Burgoberbach
Engert Heinrich Phil. München
Engstler Ludwig Med. Sillian
Erdinger Adolph Phil. Nürnberg
Erhard Ludwig Phil. München
Erhardt Alois Phil. Speinshart
Ettenhofer Alexand. Pharm. Biberach
Evers Benno Theol. Warburg

Fäustle Alois Med. Waldkirch
Paist Johann Nepom. Phil. Martinszell
Fauner Johann Baptist Phil. Neustadt
Fehr Johann Heinrich Jur. Berg
Feller Joseph Phil. Affing
Fellermeyer August Jur. Plankstetten
Fernbacher Franz Paul Jur. Au
Ferstl Joseph Jur. Seebach
Feurstein Christ. Med. Bezau
Fichtner Michael Phil. Altötting
Filchner Ludwig Jur. Bayreuth
Filian Franz Theol. Wachenheim
Fink Georg Theol. Lindenberg
Fink Hermann Phil. Untergünzburg
Fischer Andreas Jur. München
Fischer Ludwig Phil. Sulzbach
Fischer Rudolph Phil. Pfronten
Fleissner Otto Jur. Aichach
Föckerer Ludwig Pharm. Schärding
Foringer Anton Jur. Parsberg
Formberger Frz. v. Phil. Regensburg
Forster Xaver Phil. Osterhofen
Frank Adolph von Jur. Hechingen
Frech August Jur. Würzburg
Frech Ludwig Phil. Moosinning
Freyberg Julius von Phil. München
Freylinger Joseph Phil. Oberlindbach
Fritsch Paul Phil. München
Frossard Thomas Med. Freiburg
Fruehth Viktor Oskar Phil. Oberndorf
Fuchs Max Phil. Augsburg
Fugger Hart. Graf von Jur. Kirchberg
Füchtbauer Gg. Sim. Techn. Erlangen
Fürst Friedrich Jur. Heidenheim
Fürthmaier Ant. Phil. Burgleugenfeld
Fux Franz Ignaz Jur. Cam. Würzburg
Gallhuber Joseph Phil. Burghausen
Ganahl Rudolph Phil. Feldkirch
Gapp Georg Theol. Werschau
Gasteiger Benno Phil. Gottschälling
Gebrath Edmund Phil. Regen
Geigel Rupert Phil. Würzburg
Geiger Heinrich Jur. Landstuhl
Gelzhauser Joseph Phil. Weilheim
Genghammer Jos. Phil. Hohenaschau
Gerald Joseph Theol. Schwenningen
Gerau Heinrich Phil. Hambach
Gerbl Fried. Lorenz Phil. Wasserburg
Gerblinger Joseph Phil. Wertingen
Gerstl Karl Phil. Kötzting
Giovanelli J. N. Bar. v. Jur. Innsbruck
Gise Joseph Presbyt. Theol. Münster
Glaser Hermann Philol. Beringersdorf
Glatzmaier Wilh. Theol. Wattenweiler
Glutz Blozheim L. v. Jur. Solothurn
Godin Franz Baron von Phil. Bamberg
Görz Ludwig Phil. Mindelheim
Goller Ferdinand Pharm. Münchberg
Gottschalk Balth. Phil. Bamberg

Gradel Wilhelm Phil. Landsberg
Graf Jakob Theol. Schwanheim
Grasberger Lor. Phil. Grossharptening
Graz Joseph Phil. Weilheim
Greiner Oskar Phil. Ansbach
Greunacher Moriz Theol. Augsburg
Grimm Adalbert Theol. Kaufbeuren
Grob Jakob Med. Rull
Grom Johann Nepom. Theol. München
Grotz Alois Pharm. Mindelheim
Gruber Benedikt Phil. Neumarkt
Gruber Matthäus Phil. Taufkirchen
Grüter Sebastian Med. Ruswil
Gunzelmann J. Ev. Phil. Donauwörth
Gutbier Albin Phil. Dresden
Gutschneider Bernh. Jur. Cronach
Haas Richard Jur. Oepfingen
Haberl Ignaz Phil. Au
Haberstroh Xaver Phil. Siegenburg
Hablitzel Adolph Theol. Ravensburg
Hacker Gottfried Phil. Nymphenburg
Hacker Hermann Jur. Au
Häfliger Lorenz Jur. Triengen
Häusler Franz Joseph Jur. Lützingen
Hagemann Hermann Theol. Linden
Hager Alois Theol. Altbrunn
Hahn Fr. Xaver Phil. Opfenbach
Hahnengräf Peter Theol. Frankfurt
Hake Wilhelm Phil. Bayreuth
Hallein Alexander Forstw. Würzburg
Hanrieder Georg Phil. Affing
Hartmann Jakob Phil. Rubi
Hartz Johann Bapt. Med. Harthausen
Hauber Karl Phil. Untergünzburg
Hauck Hieronymus Phil. Fürth
Hauck Wilhelm Phil. Rain
Hauser Lorenz Jur. Grundremingen
Hausmann Jakob Jur. Harburg
Hauttmann Hippolit Phil. München
Hayn Nepomuk Jur. Krumbach
Heel Johann Nepomuk Phil. Oberdorf
Heerwagen Achat. Jur. Hof
Heidenthaler Jakob Phil. Beibarting
Heigl Erhard Phil. Naabburg
Heim Johann Jur. Gräfenberg
Heimann Jos. Theol. Niedertiefenbach
Heinrich Franz Jur. Eauingen
Heiss Ludwig Phil. Geiselhöring
Held Georg Phil. Bamberg
Heldmann Rupert v. Phil. Pechhof
Hell Benedikt Phil. Innerwald
Heller Michael Jur. Cam. Bamberg
Henneberger August Phil. Parsberg
Hennemann Rudolph Jur. Bamberg
Hensler Konrad Jur. Cam. Kappeln
Hentsch Melchior Jur. Roth
Herrligkofer Friedr. Phil. Augsburg
Herrmann Franz Med. München
Herrschmann Ludw. Phil. München

Herzog Adam Jur. Münster
Herzog Ludwig Jur. München
Hess Ludwig Phil. München
Hetsch Richard Jur. Nürlingen
Heuck Hermann Jur. Billigheim
Heugl Xaver Phil. Rottenburg
Hiermer Franz Xaver Phil. Straubing
Hilpl Friedrich Jur. Neuburg
Hilz Joseph Jur. Straubing
Hirschberg Karl Bar. v. Phil. Kalbitz
Höger Clemens Jur. Niederdorf
Höglauer Georg Med. Roding
Höglauer Hermann Phil. Roding
Hölldorfer Anton Phil. Regenstauff
Hölzl Joseph Jur. St. Pauls
Hörtrich Franz Xav. Phil. Dirlewang
Hofalcher Joh. Ev. Theol. Frauenöd
Hoffmann Joh. B. Jur. Phil. Straubing
Hofherr Anton Phil. Sarching
Holger Alois Jur. Untergünzburg
Hollmaier Karl Philol. Regensburg
Holtermannn Karl Pharm. Lamstadt
Holzner Franz Seraph Phil. Straubing
Honstetter August Jur. Feldkirch
Huber Heinr. Joseph Philol. Dürkheim
Huber Johann Georg Theol. Lukka
Huber Johann Nepom. Phil. München
Huber Lorenz Philol. Anhausen
Huber Ludwig Phil. Eichstädt
Huggenberger Jos. Jur. Belzheim
Huppenberger Frz. Theol. Langenau
Hurt Friedrich Jur. Kirchheim
Jacker Eduard Theol. Ellwangen
Jaquet Joseph Jur. Estavannens
Jahreiss Gustav Jur. Berneck
Ichl Johannn Bapt. Jur. Petzkofen
Iglhaut Wolfgang Jur. Atzlern
Julius Lorenz Theol. Bernbach
Julius Xaver Med. Stötten
Jungermann Wilhelm Jur. Osterhofen
Kaiser Kajetan Phil. Landshut
Kammermayer Ldw. Phil. Neukircheu
Karpf Lorenz Phil. Ried
Kastner Jakob Phil. Lindenhof
Kastner Lorenz Phil. Burgau
Kayser Karl Med. Langenscheid
Keesbacher Friedrich Med. Schwatz
Kehrer Anton Theol. Cochem
Keller Anton Med. Lindenberg
Keller Georg Med. Günzburg
Keller Max Pharm. Freiburg
Kellner Eduard Pharm. Bergen
Kempfle Anton Phil. Ellzee
Ketterer Joseph Phil. München
Ketterl Joh. Nepomuk Phil. Aiterhofen
Kiechle Anton Marqu. Phil. Kempten
Kiene Melchior Phil. Schönberg
Kircher Georg Phil. Weissenhorn
Kirchhoffer Jul. Fried. Med. Grünstadt

Kiessling Karl Friedrich Jur. Ulm
Kleemann Heinrich Pharm. Nürnberg
Klein Eduard Techn. Heinrichsthal
Klein Georg Philol. Frankfurt
Klein Joseph Jur. Freising
Kleiter Leonhard Theol. Augsburg
Klenze Eugen Bergw. Köln
Kling Franz Paul Jur. Türkheim
Klinger Ernst Phil. Wunsiedel
Klingseisen Ant. Phil. Unterviechtach
Klötzl Joseph Phil. Landshut
Klotz Sebastian Phil. Seng
Kluge Friedrich Med. Pirna
Knab Christian Jur. Lauf
Knapp Jak. Hermann Med. Dauborn
Knarr Michael Jur. St. Johannes
Kneipp Sebastian Theol. Stephansried
Knilling Eugen Phil. München
Kniss Leopold Pharm. Ellwangen
Knorr Max Phil. Berchtesgaden
Kober Johann Nepom. Phil. Göggingen
Koch Georg Phil. Altusried
Koch Joseph Phil. Kempten
Koch Ludwig Phil. Kaufbeuren
Köberle Jos. Alois Phil. Altstädten
Köckeis Joh. Nep. Phil. Grossenvieht
König Karl Gustav Jur. Radelfingen
Königbauer Lor. Phil. Niederhalzkofen
Königer Ludwig Jur. Reichenhall
Königsheim Julius Jur. Kaufbeuren
König-Warthausen Karl Bar. von
   Jur. Stuttgart
Köstli Joseph Theol. Debrunnen
Kohn Adolph Phil. Markt Erlbach
Kolb Joseph von Phil. Obergünsburg
Kottenstette Hans Theol. Münster
Krämmer Georg Pharm. Ochsenfurt
Krafft Christian von Jur. Zwiesel
Kreller Christian Jur. Ziegenbach
Krembs Leonhard Phil. Nymphenburg
Kreppel Franz Jur. Bamberg
Kreuz Joseph Jur. Cham
Kruse Heinrich Jur. Achim
Kucharski Michael Pharm. Jassy
Kuenzlen Karl Pharm. Richlensmühle
Kuhn Joseph Theol. Rohrbach
Kuhn Konrad Theol. Götschhäusl
Kühnen Johann Theol. Xanten
Künssberg Gustav v. Jur. Meiningen
Küppers Alois Theol. Huverath
Küllmer Jakob Phil. Grossbockenheim
Kummer Joseph Jur. Höchstädt
Kunnreuther Jakob Jur. Gelnhausen
Kunstmann Adolph Phil. München
Lacher Gust. Adolph Phil. Straubing
Lambacher Joseph Phil. Oberaudorf
Landgraeber Heinr. Theol. Münster
Lang Heinrich Jur. Achim
Langenbrunner Karl Pharm. Simbach

Lanz Ludwig August Jur. Memmingen
La Roche Jakob Philol. Hattenheim
Lautenhammer Joh. Phil. München
Lechner Anton Phil. Hofberg
Lehmaier Peter Phil. München
Lehner Joseph Phil. Recksberg
Lehrnbecher Nepom. Phil. Rötz
Leib Johann Theol. Nittingen
Leicht Valentin Jur. Hagenbach
Leiendecker Michael Jur. Starnberg
Leigh Anton Phil. Neuburg
Leinauer Joseph Jur. Lutzingen
Leiner Friedrich Jur. Erlangen
Leiner Ludwig Pharm. Konstanz
Leipold Edmund Jur. Passau
Leipoldt Georg Pharm. Regensburg
Lesmüller August Phil. München
Leuzinger Johann Melch. Jur. Altnach
Leveling Karl von Phil. Dillingen
Lidschreiber Joseph Jur. Griesbach
Liebel Georg Theol. Germersheim
Lilgenau Clem.Bar.v. Phil. Regensburg
Linden Arnold Med. St. Gallen
Linden Wilhelm Theol. St. Gallen
Lindenfels Karl von Jur. Bamberg
Lindenmayer Franz Phil. Augsburg
Linhard Sebastian Phil. Rötz
Link Ludwig Jur. Mudan
Linsmayer Joseph Phil. Deggendorf
Lintner Karl Pharm. München
Lochmann Anton Pharm. Jassy
Lösch Franz Xaver Jur. München
Lorenz Michael Phil. Straubing
Lossow Hans Med. Hof
Lossow Oskar Jur. Hof
Lurz Albert Baron v. Jur. Würzburg
Luxburg Franz Graf v. Jur. Dresden
Mader Gebhard Phil. Grönenbach
Mühler Heinrich Pharm. Amberg
Magg Gebhard Theol. Bregenz
Maier Adalbert Phil. Landshut
Maier Georg Jur. Au
Maier Kornel Philol. Eispel
Maier Quirin Theol. Tegernsee
Mallinger Anton Jur. München
Maldeghem K. Graf v. Jur. Stotzingen
Malsen Albert Baron v. Phil. Klebing
Mang Joseph Phil. Neuburg
Marcuard Alexander Jur. Bern
Martin Johann Jur. Cam. Höchstädt
Mathaus Gustav Phil. Landau
May Heinrich Phil. Würzburg
Mayer Alois Phil. Mindelzell
Mayer Fried. Leop. Phil. Pfaffenhausen
Mayer Ignaz Phil. Regensburg
Mayer Joseph Phil. Vilsbiburg
Mayer Karl Jur. München
Mayer Konstantin Phil. Bamberg
Mayr August Phil. Beyharting

Mayr Otto Bas. Phil. Straubing
Mayr Otto Phil. Ainsried
Meidinger Anton Phil. Hilpoltstein
Meilbeck Ludwig Jur. München
Menzer Joseph Theol. Netershausen
Merkel Johann Jur. Hemhofen
Mirlach Markus Jur. Gebendorf
Mittereder Georg Phil. Ampfing
Möhl Ludwig Phil. München
Molendo Ludwig Phil. Bayreuth
Monten August Phil. München
Moralt Julius Phil. München
Moser Anton Jur. Dietfurt
Mühlbauer Georg Phil. Windberg
Mühlberger Mich.Philol.Chammünster
Müller Paul Phil. Lipbach
Müller Peter Med. Baierfeld
Münch Karl Jur. Sansparleil
Münz Martin Phil. Landshut
Munzinger Albert Phil. Olten
Nadler Karl Phil. München
Nagel Paul Jur. Engishofen
Nagelschmidt G. Phil. Neuburg
Nagengast Johann Jur. Drügendorf
Naue Karl Techn. Grossheere
Neetix Johann Heinr. Jur. Viersen
Neuer Ignaz Phil. Oberfahlheim
Neuhaus Ernst Phil. Tecklenburg
Neumaier Karl Phil. Straubing
Niedermayer Joh. Theol.N.-Vichbach
Nigg Anton Jur. Pollegio
Nigst Michael Phil. Unterburg
Nömaier Joseph Phil. Halsbach
Noser Fridolin Theol. Oberurnen
Obée Karl Jur. Kriegsfeld
Oberkamp Rlf. Bar. v. Theol. Karlsruhe
Obermayer Franz Phil. Stallwang
Obermeier Jakob Phil. München
Obermüller Joh. Bapt. Phil. Perlesreuth
Olgiati Jakob Pharm. Poschiavo
Ottillinger Leonh. Phil. Gempfing
Otto August Phil. Hainsfurt
Panrucker Friedrich Phil. Landshut
Pauly Joseph Phil. Oberhaching
Pausch Wilhelm Forstw. Neustadt
Pechl Martin Theol. Merlenhofen
Pellkofer Joseph Phil. Offenberg
Perchtold Karl Phil. Neukirchen
Perkmann Rochus Phil. Marzell
Permanne Leop. Med. Niederstorzingen
Pertonievics Mil. Jur. Jagodina
Petter Alexander Pharm. Agram
Pfeifer Xaver Theol. Deiseuhofen
Pfeiffer Joseph Theol. Hochfröschen
Pfeil Georg Phil. Karlsruhe
Pielmaier Jakob Phil. Langquaid
Piloty Klemens Phil. München
Pini Gottfried Pharm. Auerbach
Pissas Panos Med. Athen

Plank Georg Jur. Kulmbach
Plötz Johann Phil. Herzogau
Pöhlmann Magnus Phil. München
Pollert Leonhard Forstw. Baldersheim
Ponholzer Barth. Theol. Ostersee
Popp Karl Phil. Regensburg
Port Martin Phil. Graben
Posselt Karl Jur. München
Prambök Herrmann Phil. Tettenweis
Prechtlein Gustav Jur. Würzburg
Predl Max von Jur. Augsburg
Probst Ulrich Phil. Thannhausen
Proff Ludwig Baron v. Phil. München
Prugger Ludwig Pharm. Passau
Prückner Albert Phil. Nürnberg
Prunner Michael Philol. Fürth
Puff Johann Phil. Hof
Pückler L. Graf v. Jur. Burgfahrnbach
Pürner Franz Xaver Pharm. Passau
Quaglio Otto Phil. München
Raab Friedrich Phil. Rosenheim
Rabus Justus Med. Weiltingen
Rapp Georg Phil. Beningen
Rausch Karl Phil. St. Ingbert
Reber Eugen Phil. Cham
Reber Oscar Phil. Cham
Reck Karl von Jur. Karlsruhe
Recknagl Johann Baptist Phil. Thann
Reder Johann Bapt. Med. Mellrichstadt
Reger Thomas Jur. Pondorf
Regl Georg Phil. Dorfen
Reindl Andreas Phil. Rötz
Reindl Georg Karl Phil. Bamberg
Reindl Leonhard Med. Salleröd
Reisenegger Max Phil. Neuburg
Reiter Stephan Phil. Reigersbeuern
Reithmayr Joseph Phil. Tandern
Resch Ludwig Theol. Passau
Ressl Johann Baptist Phil. Landshut
Richard Joseph Forstw. Bonsol
Riedel E. H. Jur. Kurzenaltheim
Riedl Joseph Philol. Oberschondorf
Ries Franz Jur. Passau
Rieser Sebastian Theol. Trüttlikron
Rietschi Nikolaus Jur. Luzern
Ring Alois Phil. Heuderdorf
Rippler Joseph Heinr. Phil. Kempten
Ripplinger Ernst Phil. Kaiserslautern
Risch Karl Phil. Rockenhausen
Riss Andreas Theol. Schepbach
Ritter Ad. Baron von Jur. München
Ritz J. Balthasar Jur. Balgach
Robadey Klemens Jur. Romont
Rötzer Melchior Phil. Cham
Rohr Johann Jur. Hungenschwil
Rohrer Martin Jur. Cam. Amberg
Rohrmüller Ludw. A. Phil. Dorfen
Roith Johann Baptist Jur. Höll
Romberg Bernhard Jur. Meiningen

Rosenhauer Gg. Ad. Pharm. Wunsiedel
Rosmann Karl Theol. Ansbach
Rotermund Gustav Jur. Schulenburg
Roth Johann Jakob Jur. Oberbrechen
Roth Karl Philol. Ladenburg
Rothensteiner J. N. Phil. Obernenfnach
Rothlauf Peter Jur. Schesslitz
Rothpletz Heinrich Jur. Aarau
Rudhart Hermann Phil. Regensburg
Rudhart Ludwig Phil. Regensburg
Runnenberg Wilhelm Jur. Detmold
Rupp Acquilin Phil. Hofheim
Rutsch Anton Phil. Grossweingarten
Sämer Anton Phil. Fürstenfeldbruck
Salzgeber Franz Jur. Buch
Samhaber Franz Jur. Aschaffenburg
Sand Wilhelm Jur. Regensburg
Sandweger Andr. Phil. Kresbach
Sauer Franz Jur. Diedesfeld
Sauerwein Theod. Theol. Augsburg
Sautter Anton Leop. Jur. Rohrbach
Savoye Ludwig von Phil. Passau
Scanzoni Eugen Jur. Fondo
Schaduz Anton Phil. Regensburg
Schallenberger J. Phil. Gintlhausen
Scharner Georg Phil. Hilpoltstein
Scharschmid M. v. Jur. Weilburg
Scheben M. K. Bar. v. Jur. Augsburg
Schelle Kaspar Phil. Wolfratshausen
Schels Johann Alois Jur. Passau
Schels Theodor Jur. Tirschenreuth
Schemp Georg Jur. Stadtamhof
Scherbauer Joseph Jur. Cham
Scherer Felix Jur. Hitzkirch
Scherer Wilhelm Phil. Altkirch
Scherrer Johann Jur. Speyerdorf
Schierlinger Franz Jur. Dettelbach
Schiestl Emil Phil. Amberg
Schinkinger Jos. Med. Schauerbach
Schirmböck Albert Phil. Rain
Schittler Gustav Phil. Paffenhausen
Schlegler Karl And. v. Phil. Bamberg
Schlemmer Konrad Phil. Montabaur
Schlinzger Georg Phil. Gars
Schmaderer Joseph Phil. Balbersdorf
Schmid Anton Phil. Pöttmes
Schmid Dionys Jur. München
Schmid Franz Xaver Phil. München
Schmid Georg Jur. Ackstall
Schmid Georg Phil. Mengersberg
Schmid Joh. Theol. Weihenstephan
Schmid Isidor Jur. Jettingen
Schmid Karl Jur. München
Schmid Michael Phil. Lochhausen
Schmidhuber Georg Phil. München
Schmidt Adalbert Med. Eschlkam
Schmidt Anselm Phil. Grönenbach
Schmitt Wilhelm Pharm· München
Schmitt Gustav Phil. Deidesheim

Schmitt Franz Phil. Eltmann
Schnall Joseph Phil. Johanneskirchen
Schneeberger Jak. Jur. Vockendorf
Schneeweiss Rud. v. Jur. Landshut
Schneider August von Jur. München
Schneider Franz Xav. Phil. Freising
Schneider Joh. Nep. Phil. Maihingen
Schneider Gebh. Theol. Widansweier
Schneider Joh. Gottl. Jur. Frutingen
Schnyder Julius Jur. Sursen
Schönberg Karl W. Phil. Lauf
Schönberger Georg Phil. Neunburg
Schönbrod Gustav Phil. Ellwangen
Schönebeck August v. Jur. Neuburg
Scholz Anton Theol. Schmachtenberg
Schorner Joseph Jur. Straubing
Schreiber Paul Phil. Thusis
Schremmel Joh. Paul Jur. München
Schretzenmayr Xav. Theol. Lauingen
Schroder Franz Jur. München
Schuch Maximilian Phil. Augsburg
Schuck-Franz Pharm. Bamberg
Schuder Joh. Paul Phil. Büscheldorf
Schultes Franz von Phil. München
Schulz Adam Jur. Landau
Schurr Georg Jur. Winterbach
Schuster Eberhard Jur. Stadtkronach
Schwarz Georg Phil. Waldmünchen
Schwarzmann Conrad Med. Speyer
Schweinberger J. N. Jur. München
Schwemmer Johann B. Phil. Kirchen-
thumbach
Sedelmaier Friedrich Phil. Solln
Seeber Heinrich Med. Trient
Seibel Michael Theol. Grossbockenheim
Seidl Bernhard Cam. Hof
Seidl Joseph Phil. Niederalteich
Seiler Julius Phil. Wallerstein
Seiler Karl Cam. Baden
Seitz Anselm Phil. Leitershofen
Seitz Adam Phil. Regenstauf
Seitz Joseph Phil. Stätzling
Seligsberg Arnold Phil. Fellheim
Semmelbauer K. Pharm. Babenhausen
Senninger Joseph Jur. Ilzstadt
Seyfried Sebastian Phil. Gerkweis
Siegel Franz Cam. Bruchsal
Soldini Dominik Jur. Mendvislo
Sollacher Stephan Theol. Kreuth
Sontheimer Andreas Theol. Augsburg
Spåth Georg Phil. München
Spatny Joseph Jur. München
Speidel Joseph Theol. Waldsee
Speiser Nikolaus Phil. Immenstadt
Spengler Anton Phil. Augsburg
Sperl Georg Phil. München
Speth August Phil. Günzburg
Spinhirn Richard Pharm. Meersburg
Spöttl Ulrich Phil. Kaufring

Sporer Franz Joseph Phil. Baindlkirch
Stadler Erhard Phil. Pfaffenberg
Stadler Johann Phil. Walpertskirchen
Stang August Jur. Wegscheid
Statzner Ldw. Techn. Oberschleissheim
Stauffer Wilhelm Jur. Straubing
Steidle Joseph Bas. Jur. Baierdiessen
Steigenberger Nikolaus Phil. Tölz
Steigenberger Jakob Phil. Bichel
Stief Julius Pharm. Grönenbach
Stiegele Rudolph Phil. Illereichen
Stör Paul Med. Regensburg
Stopfer Franz Xaver Phil. Irlbach
Storck Wilhelm Phil. Letmathe
Storck Johann Phil. Hermersberg
Strassberger Franz Theol. Ebersberg
Strasser Joh. Nepom. Jur. Mietraching
Streb Georg Theol. Allersberg
Striegel Johann Med. Aletshausen
Strixner Johann Phil. Frauenberg
Strohmayr Joseph Phil. Schwalbruck
Stubenhofer Frz. Th. Theol. Bodenstein
Stumpf Joseph Cam. Regensburg
Stupp Max Phil. München
Sturdza Demetrius von Jur. Jassy
Suter Severin Jur. Frick
Sutor Joseph von Phil. Regensburg
Taglio Wilibald Jur. Irsee
Taubenberger Joh. Phil. Nordhofen
Teubner Konrad Phil. München
Tholman Philibert Jur. Traunstein
Thome Johann Theol. Heillerscheid
Throner Ludwig Phil. Mindelheim
Thüngen Rhd. B. v. Jur. Würzburg
Tölle Andreas Philol. Anderbeck
Trimpl Michael Phil. Oedt
Tüshaus Joseph Theol. Wotho
Udrycki Vincenz Med. Kindeschty
Ullmann Cäsar Forstw. Kreussen
Vetter Christ. Arw. Phil. Selbelsdorf
Vetter Gustav Jur. Seibelsdorf
Vincenti Ferdinand v. Phil. Straubing
Vocke Heinrich Jur. München
Vögelin Heinrich Phil. Reigoldswil
Völker Georg Jur. Bamberg
Voggenauer Wolfg. Phil. Niederaschau
Wäninger Johann Phil. Tressendorf
Wagenheimer Frz. Xav. Jur. Möhren
Wagner Alwin Philol. Dresden
Walberer Joh. Phil. Gmünd
Waldenfels Adolph August Baron v.
Forstw. Ansbach
Walter Johann Phil. Leuchtenberg
Wandeler Heinrich Jur. Münster
Wandt Julius Jur. Braunschweig
Waser Karl Theol. Phil. Lottstetten
Wassermann Gg. M. Phil. Frauenfeld
Weber Joseph Phil. Thal
Weber Cosmas Philol. Griesheim

Weh Georg Phil. Gundelfingen
Weigl Andreas Theol. Welburg
Weigl Franz Joseph Theol. Welburg
Weigert Joseph Jur. Pfaffenstein
Wellmeyr Otto Jur. Regensburg
Weinmann Georg Phil. Edesheim
Weiss Sebastian Theol. Duttweiler
Welz Johann Philol. Neudorf
Welzenmiller Johann von Gott Phil.
  Schmiechen
Wenz Ernst Pharm. Schillingsfürst
Wenzel Joseph Jur. Obernburg
Westhoff Julius Pharm. Vörde
Wetzstein Joseph Phil. München
Widmann Johann Med. Freising
Wiedemann Frdr. Phil. Niederstaufen
Wiedemann Joseph Phil. Günzburg
Wikl Eduard Jur. Luzern
Wilhelm Joseph Jur. Kirchehrenbach
Winkler Johann Phil. Schlicht
Winter Franz Joseph Phil. Amberg
Winter Franz Xaver Theol. Jungingen
Winter Joseph Jur. Lam
Wintersperger Jos. Phil. Hienkofen
Wisnet Joseph Jur. Sulzbach
Wölfl Kaspar Phil. Triftern

Wörlein Karl Phil. Syburg
Wörrle Bartholmä Phil. Obereirach
Wolf Benedikt Jur. Cam. Frauenzell
Wolff Johann Theol. Werden
Wotsch Albert Pharm. Wurkau
Wright Ulrich Phil. Augsburg
Wünsch Ludwig Phil. Ansbach
Wutz Joseph Jur. Asbach
Zaggl Franz Phil. Mühldorf
Zeidler Joh. Erh. Phil. Goldkronach
Zeitler Sigmund Phil. München
Zencker Friedr. M. Phil. Med. Ansbach
Zerzog Karl von Jur. Etterzhausen
Ziegler Joseph Phil. Wallerstein
Ziegler Otto Jur. Bamberg
Zimmermann Johann Valentin Med.
  Frankenthal
Zintgraf Heinrich Med. Landau
Zintel Anton Phil. München
Zirnglebl Eberhard Phil. Rothenbuch
Zistl Franz Xaver Phil. Untersendling
Zollikofer Emil Jur. St. Gallen
Zottmann Franz Xav. Philol. Ornbau
Zuber Johann Ferdinand Theol. Au
Zwierlein Karl Cam. Kaiserslautern

1851—1852

Rector DCIII Hieronymus von BAYER

Abbt Georg Theol. Augsburg
Aderbauer Georg Theol. Neukirchen
Ables Franz Pharm. München
Aicher Alois Phil. Rosenheim
Aigner Johann Baptist Phil. Aich
Albrecht Hermann Phil. Mittenwald
Alteneder Frz. Paul Jur. Röhrnbach
Anwander Joh. Nep. Phil. Mindelheim
Arndts Theodor Jur. Arnsberg
Arnold Wilhelm Jur. Vilseck
Asam Stephan Phil. Metzenried
Asprojerakas Spiridion Med. Corfu
Aumüller Christ. Theol. Dankerfeld
Bach Franz Jur. Regensburg
Bachl Anton Jur. Straubing
Bachmayr Gustav Jur. Forchheim
Bader Ignaz Phil. Igenhausen
Bärlocher Bartholom. Friedr. Albert
  Jur. St. Gallen
Baldauf Franz Xav. Phil. Trauterfing
Bandasch Johann Philol. Fürth
Bandle Johann Phil. Frohnstetten
Bauer Franz Xaver Phil. Landau
Bauer Joh. Bapt. Phil. Grossberghausen
Bauer Joh. Nepomuk Phil. Bernau

Bauer Martin Phil. Schesslitz
Bauer Michael Jur. Neuburg
Bauhof Otto Phil. Dillingen
Baum Joseph Theol. Schretzheim
Baumann Johann Michael Phil. Rain
Baumann Joseph Phil. Schwabmünchen
Baumgartner Gottfr. Pharm. Dieburg
Baur Anton Jur. Augsburg
Baur Karl Theol. Lauingen
Bayerl Joseph Phil. Kallmünz
Beck Franz Jur. Bamberg
Beck Ignaz Jur. Augsburg
Beck Phil. Ludwig Jur. Gleisweiler
Becker Dietrich Phil. Niedergeilbach
Becker Eduard Phil. Berlichingen
Behr Joseph Jur. Eichstädt
Belli de Pino Karl Phil. München
Benz Joseph Phil. Mindelheim
Berber Alois Theol. Augsburg
Berg Joseph Jur. Rottenwehr
Berger Michael Med. Freising
Bergler Joh. Bapt. Jur. Cam. Amberg
Berkmann Hieronym. Philol. Sichberg
Berr Georg Joseph Jur. Pottenstein
Beuschel August Phil. Pappenheim

Beutlhauser Frz. Xaver Jur. Grafen-
tranbach
Beyerlein Friedrich Phil. Hersbruck
Bezzel Theodor Phil. Dinkelsbühl
Biehringer Joh.Gg. Aug. Phil. Ansbach
Biendl Georg Phil. Straubing
Biermann Gustav Phil. Arnsberg
Birkmann Joh. Thom. Math. Nürnberg
Bischoff Friedrich Theol. Hambach
Blank Karl Pharm. Augsburg
Blank Jakob Jur. Augsburg
Blum Joseph Phil. Füssen
Blumenthal Ludwig Phil. Passau
Bodenmüller Theod. Pharm. Gmünd
Böck Hugo von Phil. Augsburg
Böhm Augustin Phil. München
Bogner Anton Phil. Neuburg
Bold Johann Bapt. Phil. Hermesberg
Bolhalter Jos. Ant. Med. Alt-St. Johann
Bräu Georg Theol. Freising
Brandl Anton Phil. Straubing
Braun Joh. Evang. Jur. Deggendorf
Braun Johann Georg Phil. Lolching
Braun Karl Phil. Schwabmünchen
Brann Karl Ludwig August Jur. Cam.
Aschaffenburg
Braungart Rudolph Jur. Obbach
Bredenbrücker Heinr. Med. Hopalen
Breslau Bernhard Med. München
Brenndl August Phil. Waldmünchen
Brinninger Martin Phil. Ebing
Bruch August Pharm. Pirmasens
Bruckmayr Felix Phil. Erkstädt
Brügger Christian Med. Churwalden
Brünner Joseph Theol. Garham
Brugger Franz Xaver Phil. München
Brunnhuber Joh. Nep. Jur. Küßingen
Bubenheim Konrad Theol. Speyer
Buchfelder Mart. Phil. Unterleitenbach
Buchheit Johann Phil. Zweibrücken
Buchner Johann Jur. Ottering
Buck Franz Xav. Phil. Schwabhausen
Büchele Gg. Ad. Pharm. Kaufbeuren
Bürklein Adolph Med. Dinkelsbühl
Burkhard Theodor v. Jur. Würzburg
Burzer Karl Phil. Erlangen
Buttenwieser Jakob Phil. Hürben
Cajacob Georg Jur. Somwix
Callisen Leonhard Techn. Flensburg
Cammerer Bruno Pharm. Königshofen
Cammerlohr Lud. v. Jur. Kenzingen
Campbell Johann Pharm. Rom
Castell Joseph von Phil. Baumgärtl
Castell Graf Kuno v. Phil. Rödenhausen
Caudinns Karl Phil. Durach
Ceuzereann Johann Med. Kronstadt
Chillot Robert Jur. Dürkheim
Chormann Sebastian Phil. Eichstädt
Christl Joseph Jur. Pfarrkirchen

Convert Aug. Pharm. Dorchholzhausen
Courten Longinus v. Med. Geschinen
Crämer Heinrich Phil. Nürnberg
Dalsenberger Michael Phil. Oberau
Daunegger Alban Jur. Freising
Danzer Georg Phil. München
Dapping Heinrich Jur. Frankenthal
Dauer Lothar Jur. Passau
David Cornelius Jur. Speyer
D'Avis August Jur. Montabaur
D'Avis Eberhard Jur. Montabaur
Day Adam Jur. Ruppertsberg
Degen Ernst Phil. Bayreuth
Demeler Joh. Nep. Phil. Dietershofen
Dengler Joh. Mich. Jur. Kleinotterdorf
Derckmann Karl Phil. Arnsberg
Deroy Erasm. Graf v. Phil. München
Dielmann Christian Phil. Zweibrücken
Dietzsch Emil Pharm. Kaiserslautern
Dietz Martin Jur. Bamberg
Diez Ludwig Phil. Lindau
Dillenius Hugo Phil. Augsburg
Dobler Dionysius Phil. Grönenbach
Dollinger Peter Paul Phil. Abensberg
Dollmann Alexander Phil. Ganghofen
Dük Nikolaus Jur. Weiden
Dürr Andreas Theol. Gams
Dumpert Sebastian Jur. Vorchheim
Dyrmeier Michael Phil. Eichstädt
Ebenhöch Georg Jur. Aschaffenburg
Eberhardt Michael Phil. Khodt
Eberle Othmar Med. Engelburg
Ebermayer Ernst Pharm. Rehlingen
Ebner Joseph Phil. Kissing
Echinger Maximilian Phil. Winkling
Eckart Joseph Anton Phil. Zwiesele
Eckart Joh. Emil Med. Hildburghausen
Edelmann Albert Jur. München
Eggensberger Jos. Jur. Meringerau
Egger Joseph Phil. Rosenheim
Egger Xaver Jur. Dillingen
Ehrne Rupert von Phil. Spielberg
Eiber Joseph Jur. Waltershausen
Eilles Johann Baptist Phil. Dillingen
Eisele Michael Phil. Kaufbeuren
Eisenhofer Daniel Bergw. Bamberg
Ekeugren Wilhelm Phil. Wahrson
Ellenrieder Karl Med. Bissingen
Ellgass Jakob Phil. Lindenberg
Emmerling Julius Phil. Nürnberg
Enders Alois Theol. Wiesau
Endrass Peter Phil. Albisried
Engelbrecht Otto Phil. Holzkirchen
Engelbrecht Sebast. Phil. Attenberg
Epfelbacher Wolfgang Phil. Pressach
Eppelsheim Fritz Jur. Dürkheim
Epple Benedikt Phil. Zwiesele
Ertl Otto Phil. Hochstädt
Ertl Matthäus Theol. Isseldorf

21

Eschenfelder Ant. Theol. Göllheim
Esterhammer August. Phil. München
Färber Georg Phil. München
Falk Mathias Phil. Neuuburg
Faller Hermann Math. Hildesheim
Fallot-Gemeiner Friedrich von Phil. Regensburg
Fasco Ludwig Phil. Waldfischbach
Fauler Johann Phil. Harthausen
Feiss Joachim Jur. Alt-St. Johann
Fellerer Florian Phil. Flintsbach
Fichtl Anton Jur. Floss
Fildberich Heinrich Jur. Schmeltzdorf
Fischer Adalbert Forstw. München
Fischer Andreas Jur. München
Fischer Georg Phil. Mindelheim
Fischer Gustav Jur. Neuhaus
Fischer Karl Phil. München
Fleissner Max Med. Aichach
Fliedner Karl Phil. Dillenburg
Förckerer Franz Pharm. Passau
Förtsch Joseph Jur. Teuschnitz
Formberger Franz v. Jur. Regensburg
Forsthofer Franz Jur. Philol. Burghausen
Frank Balthasar Phil. München
Frank Lothar Christian Phil. Weyhern
Fraukenstein Freiherr Karl v. Jur. Frankfurt
Franziss Johann Nepom. Phil. Zifling
Frei Paul Pharm. Constanz
Friedberger Adalb. Phil. Eggenfelden
Friedinger Korbinian Jur. Mering
Fries Anton Phil. Oberschönegg
Frischmann Adolph Pharm. Zaleszíryk
Fröhlich Ludwig Phil. Augsburg
Frühholz Joseph Phil. Winkl
Fuchs Willibald Max Phil. Bayreuth
Fürth Adolph Phil. Rüdenhausen
Funk Leonhard Phil. Stätzling
Furtner Ernst Phil. Teisenheim
Galler Andreas Phil. Guntersdorf
Galler Karl Phil. München
Galluba Louis Pharm. Möhrenbach
Gautner Franz Joseph Jur. Kimmerathshofen
Gasser Rudolph von Jur. Petersburg
Gassner Johann Phil. Gundelshausen
Gautschi Gottlieb Pharm. Steinach
Gebhard Karl Jur. Thurnau
Geiger Joseph Egid Jur. München
Gelb Franz Seraph Pharm. Augsburg
Gerber Friedrich Phil. Hof
Germann Joseph Maria Med. Wyl
Gessele Emil Med. München
Gessner Phillipp Jur. Ochsenfurt
Girl Armin Phil. Lindau
Glass Wolfgang Jur. Welsau
Glonner Stephan Theol. Tölz

Glück Ludwig Phil. München
Guckel Fritz Jur. Cam. Büren
Göb Franz Jur. Amberg
Görzenski Sigmund Graf von Jur. Smielowo
Göz Karl Jur. Augsburg
Gombart Otto Jur. Augsburg
Graeklauer Louis Jur. Füssen
Graf Peter Jur. Engelhof
Gresbeck Ludwig Phil. Hohenkammer
Gresser Wilhelm Theol. Waldernbach
Grimm Arno Phil. Breslau
Grimm Joseph Theol. Freising
Gross Jakob Jur. Emering
Gross Wolfgang Philol. Preissach
Grünwald Frz. Xaver Phil. Affaltern
Gugger Victor Jur. Solothurn
Gumppenberg-Wallenburg von Phil. Wallenburg
Gumppenberg Richard Bar. v. Jur. Angsburg
Gunzenhauser Sams. Phil. Binswangen
Gutenaecker Anton Phil. Münnerstadt
Guterl Balthasar Theol. Lemberg
Haas Hermann Jur. Elberfeld
Haasy Franz Joseph von Jur. Regen
Habereder Michael Phil. Fradlberg
Haberstroh Jakob Phil. Siegenburg
Häfele Anton Phil. Neuburg
Häringer Gabriel Theol. Wellheim
Häusler Joseph Jur. Cam. Eschenbach
Hafner Ulrich Jur. Tapfheim
Hahn Georg Phil. Nürnberg
Hamacher Wilhelm Theol. Aachen
Hammel Remig. Theol. Phil. Mitzelren
Hanseria Demetrios Phil. Janina
Harl Franz Phil. Reichenhall
Harlander Hippolyt Phil. Amberg
Harthmüller Xaver Jur. Landshut
Hascher Heinrich Phil. Bamberg
Hauff Albert Jur. Augsburg
Hauser Ludwig Jur. Eggenfelden
Haushalter Karl Phil. München
Hecht Joseph Karl v. Theol. Bayreuth
Heckenstaller Adam Jur. Falkenstein
Heelesmüller Valentin Phil. Oberhausen
Heerwagen Achatius Jur. Hof
Heerwagen Ludwig Jur. Wörth
Hefner Ferdinand Jur. Zusmarshausen
Heidegger Theodor Techn. Fürth
Heidester Anton Theol. Rottenburg
Heigl Alois Phil. Llnsing
Heinrich Ludwig Alois Phil. Eichstädt
Heinstus Enno Eduard Anton Bodo Jur. Bremen
Heintz Otto Jur. Zweibrücken
Heiss Leonhard Phil. Sonderried
Helmannsperger Jos. Phil. München

Hering Franz Phil. Gunzenhelm
Hering Friedrich Med. Nürnberg
Hernsdorf Otto Phil. Amberg
Hermann Heinrich Math. Sulzkirchen
Herzmann Johann Theol. Phil. Heiligenroth
Herzog Karl Ludwig Jur. München
Herzog Max Med. München
Hess August Phil. München
Hess Ludwig Phil. München
Hettersdorf Friedr. Phil. Kitzingen
Hieber Mathias v. Pharm. Würzburg
Hierl Alois Jur. München
Hillebrand Joseph Theol. Limburg
Hilz Joseph Jur. Straubing
Himmer Joh. Baptist. Phil. Stötting
Hirsch Joseph Phil. Schwabweis
Hirschberg Bernhard Baron v. Jur. Regensburg
Hittenkofer Friedrich Phil. München
Hoe Franz Krl. Herm. Jur. Hohenwestedt
Höcherl Alois Philol. Lutzenmühl
Hönes Karl Casimir Phil. Lauterecken
Höttinger Franz Xav. Jur. Rosenheim
Hofer Max Pharm. Taufkirchen
Hoffmann Eduard Phil. Passau
Hoffmann Georg Phil. München
Hoffmann Otto Jur. St. Gallen
Hoffmann Franz Theol. München
Hofmann Bernhard Phil. Ansbach
Hofmann Mathias Theol. Gannheim
Hohl Ignaz Phil. Herbenren
Holg Friedrich Phil. Freising
Holland Joseph Jur. Ulm
Holzleithner Karl Phil. Passau
Holzner Xaver Phil. München
Holzschuh Georg Phil. Litzendorf
Horn Johann Phil. Oberzenzheim
Horner Otto Phil. München
Hotter Joh. Phil. Schwabniederhofen
Huber Ignaz Phil. Landshut
Hubmann Anton Phil. Blaueneisach
Hübler Franz Xaver Phil. Haag
Hülder Joseph Jur. Rosenheim
Hundsdorfer Michael Phil. Eichstädt
Hunkele Joseph Phil. Deggendorf
Hussell Otto Phil. München
Hutmacher Karl Phil. München
Hutter Michael Joh. Phil. Beckstetten
Jäger Jakob Theol. Augsburg
Jäger Julius Jur. Kaiserslautern
Jakobi Joseph Phil. Memmingen
Jessler Hugo Math. Fulda
Jllinger Alois Jur. Freising
Ilges Walther Jur. Ahrweiler
Joannidis Themistokles Jur. Korinth
Jocham Fritz Phil. Zellers
Jörger Georg Jur. Altomünster
Julius Lorenz Theol. Bernbach

Jung Eduard Jur. Landau
Jung Thomas Jur. Kögling
Jungbluth Wilhelm Jur. Jülich
Kapfhammer Mathias Phil. Aichach
Kapperer Sigmund Jur. Lauterhofen
Kastner Lorenz Philol. Burgau
Kauschinger Otto Forstw. Kropfbrunn
Keck Eduard Phil. Schwabmünchen
Keil Johann Baptist Math. Naturw. Siegritz
Keller Franz Adam Eduard Phil. Herzogenaurach
Keller Johann Phil. Herbenren
Kellermann Mathias Phil. Rohr
Kempfle Anton Phil. Eltzen
Kerker Franz Xaver Phil. Mindelheim
Kerler Alois Theol. Ettringen
Kerler Karl Jur. Ortisheim
Kern Ferdinand Wilhelm Philol. Ulm
Kiener Joseph Phil. Grosslellenfeld
Kimmel Karl Jur. Weissenkirchen
Kinn Joseph Jur. Rosenheim
Kistenfeger Joh. Nep. Phil. Straubing
Klaiber Johann Phil. Southeim
Klaussner August Phil. München
Klein Friedrich Phil. Nürnberg
Kleinhenne Wilhelm Phil. Türkheim
Klingenberg Ernst Phil. Osnabrück
Knoll Simon Theol. Giesing
Knoller Joseph Phil. München
Knorz Friedrich Jur. Bamberg
Kobras Konrad Theol. Neumarkt
Koch Ludwig Dr. Med. Regensburg
Koch Simon Jur. Burghausen
Köberlein Peter Jur. Bamberg
Köhler Frz. Jos. Theol. Neunheerse
Königer Ludwig Jur. Reichenhall
Körber Friedrich Phil. Ansbach
Kolb Friedrich Phil. Krögelstein
Kolb Joseph Phil. Seebarn
Kopackl Ludwig Med. Lemberg
Koppen Bernhard Pharm. Diespick
Kopplstätter Jos. Phil. Baumgarten
Krack Johann Phil. Deidesheim
Kränzl Joseph Theodor Jur. Waldsee
Krammer Joseph Phil. Schennödt
Kranz Eduard Pharm. Heidenheim
Krapf Ludw, Erhard Jur. Mitnnerstadt
Krauss Wilh. Georg Pharm. Ebersdorf
Kreb Johann Baptist Phil. Rettenberg
Kreitmayer Clement Jur. München
Kreutl Joseph Phil. Altötting
Kreutzer Joseph Jur. München
Kriegl Karl Jur. Aidenbach
Krinner Joseph Phil. Riedling
Kronast Joseph Theol. Göllhuben
Kronschnabl Friedr.Jos.Phil. Kirchberg
Krumm Joseph Pharm. Innsbruck

21*

Kugler Robert Theol. Gmünd
Küffner Johann Jur. Rossstadt
Kühlbacher Karl Phil. Passau
Kühlmann Karl Phil. München
Kunz Christian Phil. Augsburg
La Cense Joseph Jur. München
Landgraf Adolph v. Phil. Bamberg
Landgraf Wilh. v. Jur. Zweibrücken
Landgraf Wilhelm Phil. Wunsiedel
Lang Ludwig Phil. Lindau
Lange Anton Med. Volkmarsen
Laun Karl Phil. Augsburg
Lechner Anton Jur. Landshut
Lechner Christoph Phil. Niederaschau
Lechner Ludwig Pharm. Wasserburg
Leffler Karl Jur. Neustadt
Lehmann Gottfried Phil. Würzburg
Lehner Joh. Lorenz Jur. Abspann
Lehner Joseph Phil. Huhnbach
Lehner Joseph Phil. Tönnesberg
Leibig Joseph Jur. Bamberg
Leidescher Alois Phil. Mindelheim
Leimer Franz Theol. Kriegshaber
Leimgruber Kaspar Theol. Herznach
Leitner Johann Bapt. Phil. Eichstädt
Lengfehlner Franz Phil. Wegscheid
Lenz Ignaz Jur. Kleinnecking
Lenz Heinrich Med. Coblenz
Leubing Fridolin Theol. Schupfart
Levinger Adolph Phil. Hürben
Liemke Heinrich Theol. Kannitz
Linner Baptist Jur. Grünthal
Löffler Martin Phil. Dillingen
Löhlein Friedrich Pharm. Mühlberg
Lölius Ludwig Phil. Münchberg
Lohmüller Mathias Phil. Türkenfeld
Loibl Mathias Jur. Rabenstein
Lombardino Lorenz Jur. Weingarten
Lotzbeck Karl Phil. Bayreuth
Lukas Anton Phil. Ruhmannsfelden
Lübbers Moritz Theol. Farmsen
Lützelburg Wilhelm Baron v. Phil.
    Ingolstadt
Lupin Agathon Frhr. v. Jur. Illerfeld
Luterbacher Eusebius Jur. Bolken
Madejewski Theph. Med. Nizankowitce
Mäckler Hermann Med. Wiesbaden
Märchy Joseph Ant. Jur. Küssnacht
Mager Joseph Phil. Titting
Mahla Friedrich Pharm. Edenkoben
Mahler Thaddäus Theol. Weissenborn
Maier Johann Georg Phil. Staufen
Maier Michael Jur. Zankendorf
Mailllinger Anton v. Jur. München
Maillinger Joseph Phil. Fürth
Mannhardt Franz Jur. Pöttmes
Mantel Friedrich Christian Forstw.
    Langenprozelten
Mantel Eduard Forstw. Hochspeire

Mardner Franz Jur. Mainz
Martin Pancratius Phil. Lechhausen
Martin Theodor Phil. Monheim
Marx Johann Jur. Nürnberg
Mattenheimer Emil Phil. Bamberg
Matzke Ernst Jur. Cam. Sapratschine
Maurer Georg Theol. Garmisch
May Michael Phil. Althausen
Mayer Karl Theol. München
Mayer Adam Med. Landshut
Mayer Friedrich Phil. Pfaffenhausen
Mayer Georg Joseph Phil. München
Mayer Heinrich Pharm. Neuburg
Mayer Hyacinth Phil. Betra
Mayer Johann Phil. Regensburg
Mayer Joh. Nepom. Theol. Illertissen
Mayer Otto von Phil. Regensburg
Mayer Kaspar Herm. Jur. St. Gallen
Mayer Lorenz Phil. Pfaffenhausen
Mayr Joh. Evang. Phil. Sandizell
Mayr Wilhelm Phil. Nabburg
Mayrhofer Dr. Phil. Jos. Med. Salzburg
Mehltretter Adam Theol. Kamm
Meilinger Joseph Jur. Rittsteig
Mengert Emil Jur. Fischbach
Merz Karl Theodor Jur. Tauberzell
Messert Johann Nepom. Phil. Inkam
Messmer Friedrich Phil. München
Metz Joseph Phil. Weidach
Metzger Philipp Phil. Regensburg
Metzger Phil. Friedr. Phil. Regensburg
Meyer Friedrich Phil. Weissenburg
Michalnelles Karl Jur. Nürnberg
Mild Wilhelm Phil. Schaaburg
Möller Franz Xav. Jur. Schrobenhausen
Miller Franz Xaver Phil. Tegernsee
Miller Joseph Theol. Bayershafen
Miller Julius Phil. München
Miller Simon Theol. Rennertshofen
Mittermayer Johann Georg Phil.
    Thürntenning
Möser Theodor Phil. Rott
Molzberger Joh. Heinr. Phil. Tölz
Mone Friedegar Phil. Löwen
Moser Franz Sales Phil. Linden
Moser Friedrich Phil. Beilngries
Moser Karl Friedr. Pharm. Koeditz
Mühlhofer Christoph Jur. Dachau
Müller Alois Jur. Neukirchen
Müller Aug. Karl Albr. Phil. Nürnberg
Müller Augustin Jur. Ebersberg
Müller David Phil. Rogling
Müller Eberhard Phil. Hof
Müller Eduard Pharm. Kaufbeuren
Müller Joseph Jur. Au
Müller Joseph Jur. Oberasbach
Müller Jos. Ferdinand Theol. Verl
Müller Max Joseph Jur. Hannstetten
Müller Moritz Frhr. v. Phil. Nürnberg

Musslnan Georg Jur. Bärnau
Neidhart Franz Xav. Med. Dillingen
Neuburger Joseph Phil. Straubing
Neuhäusler Augustin Forstw. Klais
Neumeyer Jos. Sebast. Phil. Eichstädt
Neumüller Jos. Jur. Cam. Mitterteich
Neundorfer Konrad, Phil. Freusdorf
Neuper Gust. Heinr. Forstw. Oberuzenn
Niederhofer Anton Cam. Burgau
Nies Oskar Jur. Rothenburg
Niggl Joseph Jur. Rückenbach
Obermaier Joseph Phil. Kleinmecking
Obermayer Joseph Techn. Kötzting
Oberreder Friedr. Med. Regensburg
Oberwegner Karl Pharm. München
Ochs Thaddäus Med. Pfaffenhofen
Oetinger Gustav Phil. Lindau
Oettl Karl Jur. Regensburg
Ortenau Ignaz Jur. Fürth
Orth Wilhelm Theol. Beselich
Ost Franz Joseph Phil. Arnsberg
Oswald Franz Xaver Jur. Velden
Ott Johann Georg Jur. Grub
Pattberg Edmund Jur. Behringersdorf
Pauer Johann Med. Traunstein
Paul Joseph Phil. Nussdorf
Pauli Theodor Pharm. Landau
Peissl Joseph Phil. München
Pervanoglú Johann Phil. Triest
Pervanoglú Peter Phil. Triest
Peter Alphons von Jur. München
Petuel Franz Philol. Freising
Petz Christoph von Phil. Nürnberg
Pfäffinger Ulrich Phil. Neunburg
Pfaff Paul Phil. Au
Pfeiffer Joseph Phil. Rheinzabern
Pfeiffer Jakob Math. Fürth
Pfister Philipp Phil. Volkach
Pfistermeister Mich. Phil. Welding
Pflüger Matthäus Theol. Tafertshofen
Pillmayer Benjamin Phil. München
Pirngruber Frdr. Phil. Berchtesgaden
Pischetsrieder Mich. Phil. Bernried
Pittermann Joseph Phil. Straubing
Pixis Emil Phil. Vorderweidenthal
Planta Peter Konradin von Cam. Zutz
Plath Karl Heinr. Med. Phil. Hamburg
Plenninger Johann Evangelist Jur. Regensburg
Pletl Johann Nep. Phil. Deggendorf
Pockh Joseph Phil. Cham
Pöhlmann Christian Jur. München
Pöllmann Joh. Jur. Cam. Hohenhardt
Pöllmann Karl Phil. Pechhofen
Probst Ulrich Jur. Thannhausen
Prnckner Ludwig Jur. Bellngries
Prüssen Gustav Aug. Phil. Sulzkotten
Puchner Karl Theol. Schwandorf
Pürchner Anton Phil. Arnstorf

Pürckhauer Karl Phil. Haundorf
Püttner Hermann v. Phil. Reizenstein
Quante Franz Xaver Phil. Augsburg
Rad Wilhelm von Jur. Augsburg
Rahn Jakob Phil. Vöhringen
Rakowitz Alex. Pharm. Bukowina
Rakowitz Const. Pharm. Bukowina
Ramelmeyer Frz. Xav. Phil. Neustadt
Rappolt Georg Phil. Röttenbach
Rattinger Emil Jur. Bayreuth
Rauchbart Joseph Phil. Bronnbach
Redenbacher Gottfried Hugo Phil. Pappenheim
Reiche Georg Karl Ludwig Wilhelm Phil. Lüneburg
Reichensperger Anton Theol. Dillingen
Reichling Max Joseph Jur. München
Reindl Magn. Ant. Phil. Lauterschach
Reischl Stephan Jur. Messnerschlag
Reissert Ferdinand Jur. Schönbusch
Reiter Joseph Phil. Au
Reiter Johann Phil. Au
Reither Johann Evang. Phil. München
Reithmayr Karl Phil. Tandern
Renther Otto Phil. München
Richter Karl Phil. Erlangen
Rieder Georg Phil. Rosenheim
Riederer Sebastian Phil. Neukirchen
Rieger Joseph Theol. Eschlbach
Rindle Mathias Phil. Ried
Rintelen Theodor Phil. Arnsberg
Ritter Johann Baptist Jur. Amberg
Ritter Sebastian Phil. Rieden
Robel Karl Jur. München
Roder Friedrich Phil. Regensburg
Röck Joseph Phil. Ried
Röder Friedrich Jur. Sulzheim
Röckl Peter Phil. Augsburg
Röttscher Adolph Theol. Wiedenbrück
Romer Karl Otto Pharm. St. Blasien
Roscher Alois Phil. Falkenstein
Roth Joseph Jur. Waldmünchen
Bothland Georg Phil. Weissmann
Rothmund August Med. Volkach
Rudhart Gideon Phil. Passau
Ryhner Joseph Philol. Schwyz
Sägert Karl Philol. Greifswalde
Sailer Leonhard Med. Vorderried
Saint-Germain Otto Phil. München
Salb Johann Jur. Jeslach
Salzmann Franz Xav. Phil. Straubing
Samweber Frz. Xav. Theol. Mettenheim
Sand Max Phil. Wunsiedel
Saudweger Andreas Math. Kressbach
Sänktjohanuser Jos. Phil. München
Sattler Cornel Phil. Niedersonthofen
Santer Ludwig Phil. München
Schaaf Heinrich Phil. Landshut

Schaaf August Phil. Hannover
Schadt Albert Jur. Birkenfeld
Schäfer Lorenz Jur. Stübach
Schäffler Michael Jur. Amberg
Schandeln Ludwig Jur. Philol. Kaiserslautern
Schatz Joseph Theol. Haßlau
Schech Georg Jur. Bamberg
Schedlbauer Georg Phil. Rubendorf
Schedler Albert Theol. Southofen
Schelle Alois Philol. Landsberg
Schenk Guido Ernst Pharm. Buttenheim
Scheppach Joseph Med. Burgan
Scheppler Karl Forstw. Waldschaff
Scherber Georg Phil. Fürth
Schiessl Georg Phil. Regensburg
Schlicher Karl Phil. München
Schilgen Hermann v. Phil. Arnsberg
Schilling August Jur. Bamberg
Schillings Christian Jos. Phil. Wehr
Schlager Joseph Pharm. Amberg
Schlude Gabriel Phil. Ruchlingen
Schmahl Mathias Joseph Theol. Trier
Schmalix Otto Phil. München
Schmelcher Max Phil. Beilngries
Schmid Johann Phil. Grosswalding
Schmid Joseph Jur. Burgheim
Schmid Karl Phil.-Ingolstadt
Schmidbaur Johann Nepomuk Phil. Landshut
Schmidt Heinrich Techn. Winkel
Schmidt Philipp Jur. Würzburg
Schmit Nikolaus Philol. Hernborn
Schmitt Anton Phil. Litzendorf
Schmitz Arnold Theol. Venn
Schmucker Sylvester Phil. Ettenbenern
Schneider Adolph Techn. Würzburg
Schneider Anton Jur. Dietfurt
Schneider Max Med. München
Schneider Michael Phil. Pilsting
Schueider Xaver Theol. Neuburg
Schuleders Hermann Theol. Geeste
Schober Alois Theol. An
Schöbel Emanuel Theol. Radowenz
Schöller Joseph Jur. Amberg
Schön Thomas Phil. Sigmaringen
Schreiner Julius Jur. München
Schreitmüller Franz Xaver Phil. Landsberg
Schuberth Johann Michael Phil. Karolinenhöhe
Schubiger Moriz Med. Utznach
Schuler Theodor Med. Schwyz
Schuller Mathias Math. Haslbach
Schultz Heinrich Jur. Oppen
Schurienz Seb. Theol. Wiederwalluf
Schwab Johann Bapt. Phil. Raigering
Schwaighofer Johann Nepomuk Phil. Benediktbeuren

Schwärtzlin Ign. Lud. Jur. Pruntrut
Schwarzmann Moriz Berg & Hüttenw. Speyer
Schwegler Thaddäus Phil. Illertissen
Schweiger Matthäus Phil. Reisbach
Schweller Anton Phil. Schweinfurt
Schwerdt Ignaz Phil. Kirchworbis
Schwerzmann Eduard Jur. Zug
Seeholzer Michael Jur. Freising
Seldenbusch Joseph Jur. München
Seitz Karl Phil. Regensbach
Sell Anton Pharm. Haidenburg
Seufft Leonhard Jur. Wirsberg
Seybold Georg v. Phil. Schrobenhausen
Siebenrock Dismas Phil. Sigmaringendorf
Siegwart Alfred Med. Altdorf
Sigl Ignaz Phil. München
Simon Karl Jur. Obernburg
Simon Joseph Phil. Wegscheid
Singer Leopold Jur. Freising
Sitzberger Peter Phil. Meyhof
Six Georg Jur. Bamberg
Sizzo Xaver Phil. München
Sodl Georg Philol. Würzburg
Sölch Johann Bapt. Phil. Waldsassen
Söttl Otto Phil. München
Sommer Heinrich Med. Coblenz
Specht Joseph Matthäus Phil. Wigratz
Speidel Konr. Ad. Pharm. Schorndorf
Sperl Heinrich Techn. Unteresbach
Spies Kaspar Jur. Bamberg
Spitzlberger Math. Phil. St. Corona
Stadelmann Heinr Philol. Barthelmesaurach
Stadler Michael Theol. Gern
Stampfl Joseph Theol. Attenkirchen
Standt Jakob Phil. Mannheim
Stefanelli Rudolph Phil. Landsberg
Steiger Georg Phil. Indersdorf
Steinach Adelrich Med. Uznach
Steiner Karl Jur. Winterthur
Stempfl Joseph Phil. Benediktbenern
Stengel Anton von Jur. Bamberg
Stenglein Melchior Phil. Bayreuth
Stettner Jul. Rich. Jur. Heldenlingen
Stener Michael Phil. Erkhelm
Stipp Eduard Pharm. Augsburg
Stix Joseph Phil. Altenbeuern
Stobaeus Oskar Jur. Cam. Nördlingen
Stobaeus Johann Friedr. Phil. Roth
Stocker Franz Xav. Phil. Inchenhofen
Stuckhammer Georg Jur. Tittmoning
Stöber Otto Jur. München
Stöber Wolfgang Phil. Ebersberg
Stöberl Joseph Phil. Memming
Stösser Valentin Philol. Gaggenau
Streber Joseph von Phil. Bodenwöhr
Streber Ignaz von Phil. Kipfenberg

Streibl Franz Xaver Jur. Eichet
Streng Joseph Phil. Ottobeuren
Strobl Michael Jnr. Baumgarten
Stromer Emil von Jnr. Grünsdorf
Stürzenbaum Karl Jur. Cam. Schwabach
Stuhlmiller Isidor Theol. Augsburg
Stuhlberger Joh. Nep. Jur. München
Sturm Johann Nepom. Jnr. Stamsried
Snero Otto Pharm. Castell
Sutor Ludwig von Phil. Regensburg
Syrgenstein Ludwig Gotth. German von Med. Lauingen
Thanner Joseph Jnr. Nottersdorf
Thanner Leonh. Theol. Johannesbrunn
Thau Karl Jnr. Wörth
Theller Johann Jur. Richensee
Thespieus Constantin Med. Theben
Thenrillot Franz Phil. St. Ursanne
Thiel Johann Pharm. Cassel
Thoma Augustin Jur. Tutzing
Tiefenböck Ernestin Phil. Grafenau
Tretter Franz Jnr. Neunburg
Troxler Xaver Jos. Jnr. Schlierbach
Tagginer Beda Cam. Solothurn
Turnau Wilhelm Franz August Phil. Paderborn
Valta Ludwig von Phil. Mindelheim
Vogel Alfred Med. München
Vogel Reinhold Phil. Tendlingen
Vogg Martin Phil. Oberwaldbach
Vogl Emil Karl Phil. Immenstadt
Vogl Karl Jur. Cam. Wolferstadt
Voit Georg Phil. Pfreutsch
Volk Karl Jur. Bamberg
Volk Max Anton Med. München
Voltz Franz Georg Jur. Trippstadt
Vonderwelt Phil. Louis Hubert Jnr. Freiburg
Wachter Johann Jnr. Unterleinleiter
Wagner Karl Phil. Wullenstetten
Waibel Adolph Phil. Eggen
Waitz Eschen Friedrich Freiherr von Forstw. Hanau
Wallner Anton Phil. Fränking
Wallner Gottfried Phil. Neuburg
Walter Fritz Jur. Lindberg
Weber Johann Phil. Landsberg
Weber Alois Phil. Au

Weigel Wilhelm Jnr. Nürnberg
Weigert Michael Jnr. Amberg
Weiler Friedrich Pharm. Rothenberg
Weinreich Adolph Jnr. Landshut
Weinreich Karl Jnr. Landshut
Weitmann Franz Xav. Math. Günzburg
Welenzas Georgios Med. Almgros
Wengi Gottfried Theol. Klingnau
Werle Anton Phil. München
Wern Peter Phil. Harthausen
Werner Joseph Phil. Eichstädt
Wey Martin Theol. Mühlau
Wezler Wilhelm Phil. Nonnenhorn
Widder Eduard Forstw. Dillingen
Wiedemann Ludwig Jur. Haardt
Wieser Johann Phil. Znsmarshausen
Wild Joseph Phil. Welden
Wilhelm Ludwig Jnr. Augsburg
Winnefeld Herwin Philol. Rastatt
Wirth Franz Leopold Oskar Jur. Misslareuth
Wissel Anton Phil. Regensburg
Wittenzeller Jos. Theol. Haberbüchel
Wittmann Joseph Theol. Schwandorf
Wittmann Ludwig Phil. Staufeneck
Wolferseder Johann Evangelist Phil. Hailing
Wünzer Theod. Phil. Schwabmünchen
Wurm Michael Jur. Tirschenreuth
Wuth Friedrich Jnr. Cam. Motten
Yrsch Karl Theodor v. Phil. München
Zambelli Ernestin von Jnr. Trient
Zaska Graf Joseph Phil. Straubing
Zehnder Joseph Philol. Binausdorf
Zeininger Georg Phil. Neumarkt
Zellberger Mathias Math. Eschberg
Zenetti Arnold Phil. Dillingen
Ziegler Franz Jnr. Lindau
Zimmermann Engelb. Theol. Thannhausen
Zimmermann Mart. Phil. Frankenthal
Zipfehll Gustav Med. Chir. Rottweil
Zöschinger Ludwig Phil. Regensburg
Zott Emil Jur. Homburg
Zollmayr Ludwig Jur. Amberg
Zugseis Louis Pharm. Schwaningen
Zupplinger Jos. Alois Med. St. Gallen
Zweifel Johannes Jnr. Glarus

1852—1853

Rector DCIV Franz STREBER

Adler Wilhelm Pharm. Ansbach
Aichele Pelagius Theol. Stiefenhofen
Aichinger Anton Phil. Aislingen

Albrecht Franz Med. Oberwiesenacker
Aldinger Julius Jur. Fürth
Alloth Friedrich Jur. Biel

Althamer Robert Phil. Kastl
Altnöder Joseph Phil. Neualbenreuth
Aman Johann Bapt. Phil. Abensberg
Amberger Karl Jur. Schwlnntegg
Ament Friedrich Jnr. Cam. Bamberg
Ammer Franz Phil. Manchen
Anderl Max Phil. Hohenlinden
Anns Wilhelm von Jur. Amberg
Appel Otto Phil. Neuburg
Antesberger Johann Phil. Passau
Appel Joseph Phil. Nürnberg
Arehaner Anton Med. Lambrecht
Armannsperg Max Gf. v. Jur. Regensb.
Arnold August Phil. München
Arnold Joh. Gg. Phil. Heretshausen
Aronstein Adolph Phil. Ansbach
Asimont Eduard Phil. München
Attenberger Heinrich Jnr. Passau
Atzger Franz Joseph Philol. Weiler
Aner Anton Jur. Cam. Eussenhausen
Ankofer Joseph Jur. Thalkirf
Azesdorfer Michael Phil. Passau
Bach Joseph Jur. Aislingen
Buch Franz Xaver Med. Oberstorf
Bacher Christian Phil. Bissing
Bachl Andreas Phil. Jtlling
Bachl Anton Jnr. Straubing
Bachschneider Jos. Jur. Karpfham
Bader Joh. Nepom. Phil. Landsberg
Bangert Franz Med. Hausen
Barnickel Christoph Math. Fürth
Bauer Johann Phil. Passau
Baumer Martin Jur. Lengenfeld
Bausch Karl Med. Schwäb. Hall
Bayr Johann Phil. Karlshuld
Becherer Xaver Phil. Osterried
Bechtolsheim Frd. B. v. Jur. Würzburg
Bechmann August Phil. Nürnberg
Beck Ludwig Med. Kohlgrund
Becker Lambert Jur. Kaiserslautern
Becker Ludwig Pharm. Wolfstein
Becker Adolph Phil. Ratzeburg
Behringer Georg Phil. Gundelfingen
Belchhold Oskar Jur. Dinkelsbühl
Beiling Ferdinand Phil. München
Bennighof David Med. Mölsheim
Berchtold Joseph Phil. Murnau
Berger Leopold Techn. Mannheim
Bergmiller Ludw. Phil. Gempfing
Bernhard Bernhard Theol. München
Bernhuber Karl Med. Passau
Berr Alois Phil. München
Berr Joseph Med. München
Berr Max Phil. Ingolstadt
Bibra Ernst Bar. v. Jur. Bamberg
Bimmermann Jakob Jnr. Aachen
Bischof Theodor Phil. Augsburg
Blersch Albert Jnr. Uigendorf
Bodenhausen Ferd. Pharm. Ebersdorf

Böheim Eduard Phil. Kempten
Bonnet Otto Bar. v. Phil. Kreuth
Borel Eugen Jnr. Scheunburg
Borgmann Karl Phil. Sandfort
Bräuntl Friedrich Jur. Auerbach
Brammerz Wilh. Theol. Phil. Breinig
Brandl Kaspar Jur. Hals
Braun Hieronymus Phil. München
Braun Jakob Phil. Kelheim
Brehm Johann Georg Jnr. Hollfeld
Breitenauer Mich. Phil. Pfaffenhofen
Breitenstein Karl Med. Eichstädt
Bremen Hugo v. Med. Freiburg
Brenkmann Wilhelm Phil. Bayreuth
Breundl Eduard Phil. Waidhaus
Breyer Johann Baptist Phil. Grub
Brinz Johann Phil. Kempten
Britzelmayr Jos. Philol. Augsburg
Broxner Otto Phil. Augsburg
Bruckschlegel Jak. Jur. Brennsdorf
Brülbeck Franz Phil. Straubing
Buchard Benno Phil. Westerbach
Buff Georg Cam. Burgfahrnbach
Bühler Ulrich Philol. Ems
Bullinger Anton Philol. Riemlingen
Bunk Hieronymus Theol. Bergheim
Burwinkel Jos. Fr. Med. Dinklage
Busche-Ippenburg v. d. Cam. Mannsbach
Callwurtzy Peter Med. Naxos
Cammerer August Med. Oettingen
Cammerloh'r Ldwd. v. Med. Kenzingen
Carles Otto Phil. München
Casanova Melch. Ant. Theol. Obersax
Chandon Karl Med. Waldmohr
Christ Friedrich Phil. Schwabach
Christ Pet. Ant. Jur. Cam. Kleinostheim
Christoph Joseph Phil. Walting
Clausen Felix Jur. St. Mauritz
Clauss Robert Phil. Memmingen
Cornaz Adrian Jur. Bex
Coulin August Philol. Konvert
Dax Anton Phil. Tegernsee
Daisenberger Michael Med. Oberau
Dammann Heinrich Med. Lütten
Dandl Franz Xaver Phil. Straubing
Dapping Heinrich Jur. Frankenthal
Danmer Karl Pharm. Günzburg
Debonnaire Ludwig Jur. St. Moriz
Decken Leonhard Jur. Vechta
Decken Mathias Jur. Vechta
Degenhart Ath. Philol. Oberkirchberg
Dell Ludwig Jur. Nürnberg
Delliny Andreas Pharm. Belgrad
Dengler Adolph Phil. Mallersdorf
Denk Ludwig Phil. Bayreuth
Denuerl Egid. Pharm. Passau
Dessauer Heinrich v. Med. Neuburg
Diamantopulos Alex. Med. Tekutsch
Diemer Joseph Philol. Unterammergau

Diethelm Benedikt Med. Galgenen
Dietrich Matthäus Phil. Augsburg
Dirnberger Joseph Phil. Au
Dirr Joseph Phil. Pfaffenhofen
Döderlein Ed. Phil. Gunzenhausen
Dörner Wilhelm Pharm. Pflugstadt
Dollfus Arm. Viel. Pharm. Mühlhausen
Dreier Albert Theol. Freiburg
Dreves Gustav Otto Pharm. Zeven
Du Prel Friedr. Bar. v. Phil. Freising
Dürig Friedrich Jur. Krauchthal
Dullinger Joseph Pharm. Passau
Eberlein Franz Jur. Gmünden
Eberth Frdr. Wilh. Phil. Kloster-Ebrach
Ebner August Phil. München
Ecker Oskar von Cam. Bobingen
Eckl Ignaz Theol. Obermarbach
Eckl Joh. Bapt. Math. Pfaffenberg
Einögg Michael Phil. Gutenberg
Ekengren Wilhelm Phil. Wahrson
Elas Philipp Phil. Eschelbach
Elven Ludwig Med. Köln
Enderlein Ernst Jur. Ansbach
Engelhard Herm. Med. Meneringhausen
Engleder Georg Phil. München
Englmaier Joh. Nep. Theol. Thalham
Eppelsheim Friedr. Jur. Dürkheim
Eppert Friedr. Jur. Kaisersesch
Erhard Ignaz Philol. Oberbernbach
Fahr Daniel Jur. Speyer
Faist Karl Pharm. Schramberg
Fauser Joseph Jur. Waigenwang
Feilitzsch Max von Phil. Trogen
Fensterer Anton Phil. Hausen
Fensterer Jakob Med. Billigheim
Fetz Andreas Jur. Betzan
Fey Sigmund Phil. Buxheim
Eeyrlein Xaver Phil. Bergheim
Filehner Ludwig Jur. Bayreuth
Fischbacher Christ. Jur. Rosenheim
Fischer Joh. Gg. Pharm. Ebenweiler
Fleischmann Gottfr. Med. Erlangen
Folletéte Kasimir Jur. Pruntrut
Forstmaier Georg Phil. Zweibrücken
Frank Samuel Pharm. Solka
Frankl Joseph Pharm. München
Freericks Hermann Jur. Papenburg
Freyberg Ludwig v. Phil. München
Friedberger Adalb. Jur. Eggenfelden
Friederich Friedrich Jur. Nürnberg
Friedinger Korbinian Jur. Mering
Friedinger Max Phil. Mering
Frisch Eugen Phil. Passau
Frisch Nikodemus Jur. Augsburg
Fuchs Ludwig Bar. v. Jur. Bimbach
Fuchs Wilhelm Phil. Nürnberg
Führer Michael Jur. Schwabbruck
Füner Johann Med. Friesenheim
Fürst Friedrich Jur. Heidenheim

Gahler Ferdinand Phil. Spalt
Gäussler Joseph Phil. Krumbach
Gässler Theodor Phil. Burghausen
Gafafer Jakob Phil. Wartau
Galucr Oskar Jur. Biel
Gallati Kaspar Med. Glarus
Galler Ludwig Phil. Burgau
Gangkofer Joseph Phil. Landshut
Gangkofer Ludwig Phil. Landshut
Gebhardt Friedrich Phil. Hof
Gehr Georg Phil. Höchstädt
Geibel Joh. Jos. Bergw. Niederhöchstadt
Geiger Joh. Evang. Phil. Görisried
Geiger Johann Nep. Phil. München
Geiger Ludwig Phil. Eppishausen
Geisberger Franz Phil. Dorfen
Geissler Georg Jur. Neumarkt
Gemetner Heinrich Phil. Lauffach
Genadius Anastasios Philol. Athen
Gessele Karl Med. München
Gilardone Friedrich Jur. Speyer
Gimpl Simon Jur. Holzgarten
Glaser Joseph Jur. München
Glaser Michael Aug. Phil. Waldsassen
Gnad Joseph Jur. Auerbach
Göbel Lorenz Jur. Cam. Frammersbach
Göschel Nikolaus Phil. München
Gombart Gustav Bergw. Augsburg
Gombart Hermann Med. Ansbach
Gosling Georg Technik Osnabrück
Grädlinger Andreas Phil. Dentenhausen
Gräf Friedrich Phil. Bayreuth
Grättinger Alois Phil. Oberbrauadobl
Grashey Otto Phil. Günzburg
Grassl Georg Phil. Weilhausen
Greiner Oscar Jur. Ansbach
Greunacher Moriz Philol. Augsburg
Griesbauer Jakob Jur. Abenberg
Grillenberger Alois Jur. Tiefenbach
Grimbacher Leonh. Theol. Bergheim
Groh Joseph Phil. Ebing
Groll Joseph Jur. Augsburg
Groll Oskar Med. Straubing
Gross Heinrich Hugo Med. Bracke
Gross Jakob Jur. Emmering
Gruber Peter Phil. Neumarkt
Grüner Andreas Phil. Bayreuth
Guggemoos Mathias Phil. Denklingen
Guggenberger Xaver Phil. Höchstädt
Günther Emil Phil. Dreikönigszug
Gunkel Joseph Phil. Pfronten
Hans Friedrich Philol. Uffenheim
Hans Peter Phil. Geisenheim
Haberl Max Jur. Cam. Mittwitz ?
Häusler Georg Jur. Englmar
Hafenbrädl Franz Xav. Phil. Plattling
Hagenauer Alois Jur. Immenstadt
Hager Johann Baptist Jur. Wittenbach
Hagspihl Xaver Phil. Krebs

Hahn Franz Xaver Theol. Offenbach
Hafndl Alois Phil. Thonbach
Hammelbacher Joseph Jur. Bamberg
Hammerl Johann Baptist Phil. Bicht
Hammerstein Ludwig Jur. Gesmold
Hanker Heinrich Theol. Hankenführ
Hansen Heinrich Jur. Hildesheim
Harscher Heinrich Jur. Mannheim
Hartl Anselm Theol. Inchenhofen
Hartmann Gustav Jur. Mutterstadt
Hartmann Karl Theodor Med. Lohr
Hast Andreas Phil. München
Hauck Joseph Phil. Rain
Hauff Albert Jur. Angsburg
Haug Albert Med. Leitershofen
Haug Anton Jur. Wald
Haugg Pius Philol. Nattenhausen
Haus v. Hausen Julius Med. Salzburg
Haussner Karl Phil. Weissenburg
Hebel Wilhelm Jur. Worms
Hegele Kasimir Jur. Ellighofen
Heidegger Christian Philol. Passau
Heidemann Karl Phil. München
Heim Otto Jur. Erlangen
Heinl Johann Baptist Phil. Mehlmeisel
Heiss Johann Baptist Phil. Tölz
Heisterer Baptist Jur. Palling
Heller Johann Evang. Theol. Obernzell
Hemensperger Hr. Theol. Obergriesb.
Henneh Joseph Phil. Reistenhausen
Henoch Gustav Bergw. Gleissen
Hermann Johann Phil. Mittwitz
Hermann Theodor Jur. Cam. Esting
Hermannseder Michael Phil. Schön-
   erding
Herquet Karl Philol. Fulda
Herrmann Anton Pharm. Spalt
Herrmann Anton Jur. Bamberg
Hertel August Med. Angsburg
Herz Michael Phil. Humbach
Hess Wolfgang Jur. Donaustauf
Heuber Wilhelm Phil. Eichstädt
Heumann Adalbert Phil. Mittwitz
Heydenreich Heinrich Jur. Hannsheim
Hicken Wilhelm Theol. Dahlen
Hiebeler Jos. Karl Phil. Waltenhofen
Hierl Franz Med. Aschaffenburg
Hildenbrand Otto Phil. München
Hilgard Heinrich Phil. Speyer
Hilkenkamp Lud. Techn. Osnabrück
Hiller Joseph Jur. Cam. Reistingen
Hilmer Gottfried Phil. Straubing
Hiltner August Jur. Amberg
Hindringer Georg Phil. Jesultenhof
Hinker Alois Phil. München
Hitzelberger Jos. Ant. Phil. Pfronten
Hoch Xaver Phil. Gablingen
Hodenburg K. Wilhelm v. Jur. Cam.
   Lilienthal

Höfling Heinrich Jur. St. Jobst
Hölzl Ernst Phil. Stadtkemnath
Hösl Mathias Phil. Kaltenbrunn
Höss Karl Jur. Filssen
Hoffmann Joseph Phil. München
Hoffmann Karl Richard Jur. Kulmbach
Hofherr Joseph Phil. Sarching
Hofmeister Mich. Pharm. Deggendorf
Hofstetter Beatus Jur. Uznach
Hogger Ferdinand Jur. Teisendorf
Hoh Christoph Franz Jur. Bamberg
Hohn Konstantin Med. Stetten
Holnstein Graf v. Otto Phil. Landshut
Holzbauer Joseph Phil. Maxhofen
Horn Georg Jur. Bayreuth
Hotzen Otto Theodor Med. Grohnde
Hoyng Clemens August Jur. Vechta
Huber Johann Nep. Math. Landsberg
Huber Joseph Jur. Altdorf
Huber Martin Jur. Kelheim
Hülskamp Franz Theol. Philol. Essen
Hüttner Leopold Phil. Erlangen
Humbert Theodor Phil. Lacher
Hummel Karl Phil. Wassertrüdingen
Hunger Sebastian Jur. Mutten
Huth Franz Joseph Theol. Edesheim
Jakobi Arnold Phil. Kempten
Jäggy J. Friedrich Med. Madiwyl
Janner Franz Jur. Hirschau
Jansen Johann Hubert Theol. Ganzelt
Iblher August Phil. Steindorf
Ibrahim Mustafa Phil. Damaskus
Ihmels Jakob Wilh. Pharm. Posthausen
Jochum Christian Theol. Göggingen
Isenkrahe Konr. Hubert Theol. Müntz
Jüngst Wilhelm Jur. Werenberg
Jutz Karl v. Jur. Schwyz
Jungwirth Wolfg. Phil. Taubenbach
Kahn David Phil. Kriegshaber
Kaiser Max Theol. Landshut
Kammerer Anton Jur. Freising
Karpeles Bernhard Phil. Bayreuth
Kastner Johann Jur. Nenburg
Katzenberger Johann Phil. München
Kaufmann Joh. Mich. Phil. Hindelang
Kaufmann Franz Ant. Phil. Hindelang
Keiser Karl August Med. Zug
Keiss Michael Jur. Cam. Vittislingen
Keller Joseph Anton Phil. Zweiselberg
Keller Jakob Phil. Göcklingen
Keller Karl Med. Meinfelden
Kempter Friedrich Theol. Unterroth
Keppel Bernhard Jur. Aufenau
Keppner Johann Mich. Phil. Kitzingen
Kern Joseph Med. Regensburg
Kern Joseph Phil. Theol. Fulda
Khuen-Belasi Graf v. Eduard Phil.
   München
Killermann Georg Phil. Rötz

Kimmerl Karl Jur. Limbach
Kinkelin Hermann Math. Lindau
Kinn Joseph Jur. Rosenheim
Kirchmayer Mich. Jur. Berchtesgaden
Kistenfeger Georg Phil. Ansbach
Kistenfeger Jos. Phil. Aschaffenburg
Klarwein Simon Jur. Garmisch
Kleidorfer Franz Phil. Moosburg
Knan Sebastian Jur. Cam. Amberg
Knauss Karl Jur. Geisslingen
Knörzer Karl Jur. Bellheim
Kober Johann Jur. Dillingen
Köhler Wilhelm Med. Elbogen
König Joseph Phil. Grafenau
Körber Johann Baptist Theol. Stetten
Kolb Karl Jur. Kaisheim
Kollei Friedrich Jur. Kaiserslautern
Kollmann Adalbert Pharm. Neu-Ulm
Kollmann Julius Phil. Holzheim
Kotzonopolos Epamin. Med. Nauplia
Kopf Anton Bergw. Aschaffenburg
Kornburger Xaver Phil. Neuburg
Krämer Johann Bapt. Jur. Landshut
Krais Wilhelm Phil. Nenstadt
Kramer Karl Phil. Kempten
Kranzfelder Johann Phil. Augsburg
Kraus Johann Phil. Nennburg
Kraus Leonhard Phil. Irlmühl
Kreibig Vincenz v. Phil. Waldmünchen
Kreichgauer Nikol. Med. Edigheim
Kriener Max Joseph Phil. Agawang
Kriss Eduard Med. Füssen
Kritzer Johann Med. Donaueschingen
Kruger Jos. Aug. Pharm. Berchtesgaden
Kuby Ferdinand Jur. Zweibrücken
Kugler Emil Phil. Eichstädt
Küffner Joseph Phil. Regensburg
Kühbacher Edmund Pharm. Passau
Kühlmann Otto Phil. Landsberg
Künsberg Baron v. Karl Phil. München
Kummerer Joh. Bapt. Phil. Bruck
Lacher Friedrich Phil. Babenhausen
Latturner Simon Jur. Cam. Velburg
Laudenbach Friedr. Med. Schweinfurt
Lautenbacher Engelb. Phil. Oberrohr
Lautner Joseph Phil. Rohrenfels
Lechner Max Phil. Fischach
Legrand Peter Ant. Phil. München
Lehmaier Peter Jur. München
Lehner Eustachius Pharm. Amberg
Leidner Karl Phil. Nürnberg
Leitl Jakob Philol. Schwanenkirchen
Leix Joseph Phil. Velden
Lenk Philipp Jur. Würzburg
Leonhardi Adol. Med. Mengeringhausen
Leupold Albin Phil. Dohlau
Leuther Adam Phil. Ittelsburg
Levsen Karl Christ. Pharm. Bredstedt
Lindenfels Karl v. Jur. Bamberg

Lindenmayer Franz Theol. Augsburg
Linder Florian Phil. Denklingen
Liniger Jakob Friedr. Jur. Wohlen
Link Georg Jur. Pfaffenhofen
Lintel Bernard Theol. Haaren
Lipp Michael Phil. Asch
Löscher Gottlieb Phil. Nürnberg
Lohrmann Adolph Med. Boschingen
Loibl Franz Xaver Theol. Waltershofen
Lomer Johann Georg Phil. Freinberg
Lorenz Michael Theol. Straubing
Luber Leonhard Philol. Donaualtheim
Luckinger Karl Med. Bogen
Lux Georg Phil. Nussdorf
Maier Johann Nep. Phil. Weilheim
Malsburg Hans Baron von der Jur.
    Escheberg
Maugl Melchior Phil. Ellingen
Marcus Johann Theol. Münster
Martini Hermann Med. Bauschlot
Marx Johann Jur. Nürnberg
Maurer Karl Phil. Lichtenfels
Mauron Alexand. Philol. Bradoman
Mayer Adolph Phil. Bamberg
Mayer Ernst Wilhelm Med. Beilstein
Mayer Franz Sales Theol. Traunstein
Mayer Georg Jur. Bamberg
Mayr Hermann Jur. Dinkelsbühl
Mayr Johann Theol. Sandizell
Mayr Sigmund Pharm. Straubing
Mehler Felix Jur. Tirschenreuth
Melberger Bonifaz Phil. Ahl
Meier Johann Baptist Med. Laffenau
Merk Otto Phil. Amberg
Merkl Georg Jur. Cam. Bamberg
Metschnabl Franz Xaver Jur. Stadt
    Kemnath
Meyer Georg Friedr. Med. Bayreuth
Meyer Gustav Jur. Ansbach
Meyer Hugo Jur. Hundsbach
Meyer Joh. Adam Jur. Weisslenreuth
Michael Friedrich Jur. Schweinfurt
Miller Franz Xaver Phil. Tegernsee
Miller Johann Phil. Amberg
Mitter Joseph Jur. Haag
Mittermayer Sim. Theol. Engelbert
Mittermüller Joh. Jur. Tuniching
Model August Med. Windsheim
Mössbaur Johann Baptist Theol.
    Harlachhammer
Mösslinger Otto Phil. Oettingen
Mohamed Ali Reda Phil. Kairo
Mohr Johann Andreas Med. Asbach
Moll Julius Theol. Saarlouis
Monten August Jur. München
Morel Karl Rudolph Pharm. Wyl
Morett von Friedrich Jur. Ebnath
Moschates Anton Theol. Athen
Müller Anton Pharm. Arbon

Müller Eberhard Jur. Hof
Müller Franz Jur. Dachau
Müller Friedrich Phil. Kulsheim
Müller Heinrich Jur. Phil. Rottenstein
Müller Heinrich Jos. Theol. Elvecum
Müller Johann Jur. Schmerikon
Müller Johann Med. Neunkirch
Müller Wilhelm Med. Nürnberg
Müller Ludwig Jur. Greding
Münch Johann Phil. Mainleus
Müsmann Joseph Phil. Augsburg
Mulzer Johann Nep. Phil. Neuuburg
Muspratt Edmund Med. Liverpool
Näf Heinrich Jur. Winterthur
Näser Joseph Phil. Speyer
Namberger Philipp Phil. Biburg
Neugirg Joh. Wolfg. Jur. Parkstein
Neuner Johann Phil. Mittenwald
Ney Ludwig Med. Schiersfeld
Nibler Franz Xav. Jur. München
Niedergünzl Johann Nepomuk Phil.
   Tscherting
Niemeyer Hans Jur. Magdeburg
Nirschl Joseph Theol. Durchfurth
Nöttling Heinrich Phil. Ansbach
—Notz Johann Bapt. Phil. Petersthal
Obermayer Edwin Phil. Augsburg
Oberndorff Alfr. Graf v. Jur. Regensb.
Oberwegner Friedr. Phil. München
Oelling Johann Gg. Jur. Deggendorf
Oitner Wilhelm Phil. Bodenwöhr
Ollweiler Friedrich Jur. Frankfurt
Onken Heinrich Med. Grossenmeer
Orelli Donatus Jur. Vilsbiburg
Orschler Philipp Jur. Aschaffenburg
Oschwald Ambros. Med. Mundelfingen
Ostermaier Franz X. Phil. Ingolstadt
Osterrieder Franz Jur. Attenhausen
Ott Johann Georg Jur. Gruber
Ottinger Max Jur. Eichstädt
Ottmann Johann Nep. Phil. Ellingen
Otto August Eugen Jur. München
Papazaphiropulos Jh. Jur. Tripoliza
.appenberger Lothar Phil. München
Paschwitz Rud. Phil. Klost. Heilsbronn
Paul Karl Jur. Passau
Pauli Theodor Phil. Landau
Paulus Peter Jur. Neuburg
Pelkoven Helnr. Bar. v. Phil. Srauhing
Peter Alphous von Jur. München
Petersen Julius Phil. Landau
Petris Nikolaus Philol. Cea
Petzel Christian Jur. Hof
Pfäffinger Ulrich Jur. Neuuburg
Pfaff Georg Jur. Au
Pfeil Georg Jur. Karlsruhe
Pfister Michael Philol. Schirneidel
Pfistermeister Mich. Jur. Welding
Piloty Clemens Jur. München

Pischinger August Jur. Edelstetten
Plank Andreas Philol. Bubach
Polster Friedrich Phil. München
Popp Philipp Phil. Würzburg
Port Julius Phil. Nürnberg
Posner Ignaz Philol. München
Pracher Karl Phil. Speyer
Pramberger Ad. Phil. Tirschenreuth
Prinz Johann Jakob Med. Mayerhofen
Prixner Balthasar Theol. Rötz
Pronath Jak. Med. Allfrauenhofen
Pruss Ludwig Phil. Bischofsheim
Quanté Franz Xaver Jur. Augsburg
Radermacher Helnr. Jur. Altenhorn
Räsfeldt Ferd. Bar. v. Phil. Gunzen-
   hausen
Rauch Andreas Phil. Weilhelm
Rauch Franz Xaver Cam. Illmünster
Ravesko Karl Med. Berlad
Rebay Adalbert v. Jur. Untergünzburg
Rebay Georg Phil. Günzburg
Reder Joh. Bapt. Med. Mellrichstadt
Regler Johann Philol. Gänl
Regner Christian Phil. Frauenricht
Reichert Franz Jur. Oettingen
Reinauer Johann Nep. Jur. Staufen
Reinhold Otto Med. Lörrach
Reindel Franz Techn. Fürth
Reindel Joseph Phil. München
Reinhard Blasius Jur. Marxheim
Reinthaler Joh. Friedr. Phil. Erfurt
Reischauer Karl Gg. Phil. Hannover
Reischle Georg Phil. Kempten
Reisenegger Alois Med. Neuburg
Reiser Ignaz Theol. Steinberg
Reissl Joseph Phil. Fräuking
Reither Friedrich Med. Hassloch
Rieder Johann Bapt. Phil. München
Riegler Georg Phil. Höchstadt
Riggauer Georg Phil. München
Rindfleisch Max Phil. Neuburg
Rithinger Anton Phil. Gergwies
Roder Joseph Phil. Seitenthal
Rösen Karl Theol. Xanten
Rosmann Max Bergw. Aschaffenburg
Roth Robert Phil. Weissenburg
Roth Friedrich Phil. Bamberg
Rothlauf Leonhard Phil. Weissmain
Rothmiller Eduard Phil. München
Rothmund Thomas Phil. Volkach
Rottmanner Joseph Pharm. München
Ruff Friedrich Med. Augsburg
Rückerl Joseph Phil. Stammsried
Rühl Friedrich Cam. München
Rühl Arthur Jur. Nürnberg
Rummel Theodor Phil. Schougau
Rumpf Ernst Jur. Würzburg
Runzler Hermann Phil. Mallersdorf
Rupp Heinrich Med. Alteglofsheim

Ruppert Michael Phil. Kirchenlaibach
Rutz Ernst Phil. Ansbach
Sachs Korbinian Phil. Erding
Sailer Joseph Med. Dillingen
Sailer Leonhard Med. Vorderried
Sammereyer Paul Phil. Kynothen
Sartory Johann Bapt. v. Cam. Thusis
Sauter Jakob Jur. München
Schaab Friedrich Philol. Limburg
Schäfer Friedrich Jur. Katzweiler
Schähle Franz Jur. Riedholz
Schaich Joseph Jur. Illerberg
Schall Joseph Phil. München
Schuller Johann Jur. Diessba h
Schandeme Peter Jur. Rain
Scharrer Joseph Ant. Phil. Straubing
Schaufert Hippolyt Jur. Winnweiler
Schaumbert Albrecht Jur. Bayreuth
Schauss Friedrich Jur. München
Schaupert Georg Phil. Mengersdorf
Scherer Joseph Theol. Pfaffenhofen
Schermelly Rud. Pharm. Bukarest
Schiber Franz Phil. München
Schierer Johann Jur. Chammünster
Schiffmann Anton Med. Luzern
Schiffmann Michael Jur. Fürth
Schilling Alois Theol. Ichenhausen
Schillinger Sebast. Jur. Irgertsheim
Schinabeck Jakob Phil. Zelz
Schindlbeck Jakob Phil. Mettenbach
Schintling Aug. v. Phil. Regensburg
Schlaginweit Robert Phil. München
Schleich Joh. Heinrich Jur. München
Schleifer Joseph Phil. Mindelheim
Schmid Georg Phil. Rosenheim
Schmid Johann Jur. München
Schmid Ludwig Phil. München
Schmidmayr Gottl. Jur. Mintraching
Schmidmayr Joseph Jur. Tegernbach
Schmidt Ernst Med. Ebern
Schmitt Karl Med. Bimbach
Schmitt Karl Pharm. Germersheim
Schmolze Eduard Jur. Homburg
Schmolze Julius Phil. Zweibrücken
Schmucker Simon Phil. Schlicht
Schnaderer Joseph Phil. Holzkirchen
Schneeweiss Albert v. Jur. Landshut
Schneider Alois Phil. Straubing
Schneider Joseph Theol. Donauwörth
Schneller Albert Jur. Wallerstein
Schöberl Joseph Maria Phil. Tonhof
Schöller Joseph Jur. Amberg
Schönmetzler Alb. Jur. Grönenbach
Schönstätt Karl Bar. v. Jur. Wolfring
Schöpf Ludwig Phil. Jechenhofen
Scholz Wilhelm Phil. Wiesbaden
Schoppe Karl Georg Phil. Hof
Schott Eduard Phil. Sachsengrün
Schrott Johann Phil. München

Schuch Max Med. Augsburg
Schürer Otto Jur. Gunzenhausen
Schultheiss Friedr. Pharm. Spardorf
Schultz Otto Phil. Math. Schleswig
Schupfner Frz. Sal. Phil. Tittmoning
Schwabacher Joseph Phil. Bayreuth
Schwager Heinr. Phil. Kaiserslautern
Schwaiger Jak. Phil. Dornhaselbach
Schwarzmann Moriz Bergw. Speyer
Schweighofer Innoc. Phil. Straubing
Schweigl Karl Pharm. München
Schwendler Peter Jur. Abensberg
Schwerd Adolph Jur. Speyer
Sedelmaier Frz. Mich. Pharm. München
Seefried Joh. Nep. Theol. München
Seidenbusch Karl Ldw. Jur. Pottenstein
Seidenschwarz Mich. Phil. Burgrain
Seif Joseph Phil. Ichenhausen
Seitz Johann Nep. Theol. Ellighofen
Seitz Leonhard Pharm. Amberg
Selling Emil Jur. Augsburg
Selling Eduard Gottfr. Phil. Ansbach
Semler Karl Jur. Augsburg
Senn Franz Phil. Längenfeld
Senuefelder Joh. Bapt. Jur. Bamberg
Seysenberger Mich. Phil. Eberspoint
Sicherer Theodor von Jur. Neuburg
Sick Friedrich Med. Speyer
Siebzehnrichel Anton Jur. Neukirchen
Silberhorn Wilhelm Jur. Beilngries
Soier Joseph Phil. Maralt
Solger Ernst Med. Tann
Specht Samuel Phil. München
Spörl Otto Pharm. Kronach
Stadler Xaver Phil. Aiterhofen
Staudt Karl Friedrich von Pharm. Ungelstetten
Steck Xaver Phil. Günzburg
Stegmiller Emil Jur. Kempten
Steinberger Steph. Phil. Ruhpolding
Steindl Clemens Jur. Regensburg
Steiner Joseph Jur. Machtelsberg
Steinheil Adolph Phil. München
Stengel Otto Barón von Phil. Speyer
Stenglein Albert Phil. Bayreuth
Stepf Wilhelm Med. Schweinfurt
Sternbauer Wilh. Jur. Cam. Passau
Steudel Wilhelm Med. Ober-Urbach
Steyrer Clemens Phil. Wolfratshausen
Stieg Lukas Phil. Möckenhausen
Stieren Hermann Pharm. Salzgitter
Stiessberger Jakob Phil. München
Stöber Hugo Phil. München
Stöber Karl Jur. Pappenheim
Stöckel Johann Paul Phil. Winden
Stöckl Julius Theol. Möhrn
Stöss Heinrich Pharm. Speyer
Stoll Joseph Phil. Regenstauf
Stransky Hugo v. Med. Regensburg

Strauss Samuel Phil. Obermoschel
Strauss Johann Bapt. Phil. Oberalting
Streiter Wilhelm Jur. Bozen
Strobl Heinrich Phil. München
Strobl Johann Phil. Perlach
Strobl Max Theol. Wittislingen
Ströbel Wilhelm Math. Bayreuth
Stromer Otto v. Jur. Cam. Grünsberg
Stübel Ludwig Phil. Bergzabern
Stuhlreiter Karl Phil. Mitterfels
Stuhr Friedrich Jur. Hadersleben
Suiter Otto Pharm. Luzern
Sund Anton Philol. Ellwangen
Taglio Willibald Jur. Irrsee
Tenner Eduard Jur. Zweibrücken
Teubern Joh. v. Phil. Waltershausen
Thoma Augustin Jur. Tutzing
Thon-Dittmer Gustav Baron v. Phil. Regensburg
Trauth Adolph Jur. Landau
Travers Heinrich Jur. Höchstadt
Tremmel Joseph Phil. Haibach
Tretter Kaspar Phil. Würzburg
Tröger Heinrich Jur. Cam. Münchberg
Trümmer Karl Phil. Sulzbach
Uebl Johann Bapt. Jur. Woltharn
Uhl Daniel Jur. Schwabach
Uhlenberg Leonh. Leo Med. Lengerich
Uhlmann Johann Jur. Augsburg
Ulrich Johann Baptist Cam. Halting
Unterlechner Martin Phil. Wernberg
Velth Stephan Phil. Kinzlbach
Verstl Joseph Phil. Rötz
Vervier Hubert Andr. Theol. Aachen
Vilsmayr Franz Phil. Wassulg
Vogel Hermann Med. Bogen
Vogg Martin Philol. Oberwaldbach
Vogl Anton Phil. Reichenhall
Vogt Johann Mart. Phil. Hoppachshof
Voigt Ludwig Archit. Herrenhausen
Voit Karl Med. Amberg
Volk Julius Phil. Bamberg
Wagenbauer August Jur. Stadtamhof
Wagner Johann Bapt. Phil. Landshut
Wagner Norb. Ldw. Theol. München
Waldenfels Ant. Bar. v. Jur. Bamberg
Walder Lorenz Phil. Landsberg
Waldmann Joseph Phil. Pressath
Wallbillich Heinrich von Jur. Forst
Wallichs Christ. Ad. Philol. Gauding
Walser Paul Theol. Pless
Waltenberger Joseph Jur. Kettershausen
Waltl Ludwig Phil. Schwarzach
Wand Theodor Phil. Neustadt
Waudner Georg Med. Wernberg
Wasmuth Wilhelm Jur. Höchst
Wassermann August Med. Eupen
Weber Friedrich Pharm. Kaiserslautern

Weber Georg Phil. München
Weber Hartmann Theol. Staad
Weber Karl Maria Theol. Euskirchen
Weickert Joh. Gg. Pharm. Königsberg
Weigand August Pharm. St. Jngbert
Weingärtner Johann Nepomuk Jur. Cam. Altötting
Weinhuber Alois Theol. Thonbach
Weinkauf Georg August Forstw. Hilgartswiesen
Weiss Georg Phil. Tannenberg
Weiss Johann Bapt. Theol. Aitrang
Weiss Johann Nepom. Phil. Kohlberg
Weiss Ludwig Philol. Lindau
Weissenbach Const. Med. Breungarten
Welzel Christoph Phil. Weissenstadt
Wendlinger August Jur. Freising
Wenninger Karl Phil. Straubing
Werner Jakob Med. Löhningen
Werner Theodor Phil. Bamberg
Westermayer Joseph Jur. München
Widder Cäsar Jur. München
Widmann August Phil. Hof
Wiedemann Hermann Jur. Trittau
Wiedemann Georg Jur. Gimmeldingen
Wiedenbauer Mich. Phil. Allerhofen
Wiedenmann Johann Phil. Mörslingen
Wiedenmann Joseph Phil. Landsberg
Wiereisch Karl Jur. Bischofsburg
Wiesinger Andreas Phil. Straubing
Wiesnet Joseph Phil. Amberg
Wiesnet Karl Jur. Amberg
Wild Georg Phil. Bamberg
Wilholz Alexander Pharm. Bern
Wilhelm Max Med. Wangen
Wimmer Joseph Phil. Reichenhall
Wimmer Frz. Phil. Kirchheimbolanden
Wimmer Emil Phil. Ursberg
Wimmer Johann Nep. Phil. Klebing
Winkelmann Joh. Chem. Volkenstrauss
Winter Friedrich Phil. Nürnberg
Winterhalter Leopold Phil. München
Wisbeck Max Jur. Cam. Regensburg
Wisberger Joseph Philol. Triftern
Wishen Andreas Phil. Oberambach
Wispaner Otto Phil. Traunstein
Witte Karl Phil. Astweiler
Wittmann Georg Phil. Neukirchen
Wolf Benedikt Phil. Pronfelden
Wolfring Friedrich Jur. Kaibitz
Zach Michael Bergw. München
Zängerle Max Pharm. Kempten
Zahler Alois Phil. Thannhausen
Zahnleiter Theobald Jur. Burgebrach
Zechmeister Joseph Phil. München
Zellner Joseph Jur. Kleinbärnbach
Zenger Joseph Max Theol. München
Ziechnaus Joseph Pharm. Woluzach
Zierl Max Phil. Schleissheim

Zink Franz Sales Phil. Unterigling
Zobel Karl Baron von Jur. Nürnberg
Zorn Karl Jur. Würzburg
Zott Emil Jur. Homburg

Zürl Johann Phil. Regensburg
Zunder Alois Phil. Pöttmes
Zweifel Dominik Med. Schönis

1853—1854

Rector DCV Maximilian STADLBAUR

Adam Georg Philol. Buch
Aecker Ludwig Jur. München
Ager Joseph Med. Hopfgarten
Ahles Rudolph Phil. München
Albert Theodor Med. Amorbach
Alwens Ludwig Phil. Schaidt
Amann Joseph Phil. Helmprächting
Ammon Luitpold v. Phil. Nördlingen
Andraens Konr. Phil. Berchtesgaden
Andrian Frdr. Frhr. v. Phil. Varnbach
Apoiger Joseph Phil. Frauenbrünnl
Arndts Friedrich Jur. Arnsberg
Arx Gustav von Theol. Schusslingen
Aschenbrenner Ldw. Phil. München
Aschl Anton Theol. Mörmoosen
Attenhofer Joseph Karl Jur. Zurzach
Attenkofer Max Phil. Neumarkt
Bachmaier Andreas Pharm. Straubing
Bachmann Adolph Theol. Bamberg
Baldauff Ferdinand Med. Echternach
Balk Andreas Phil. Vilsbiburg
Ball v. Roman Med. St. Pauls
Bar August Phil. München
Barth Benedikt Phil. St. Georgen
Barth August Phil. Tirschenreuth
Bauer Franz Xaver Jur. Landau
Bauer Ludwig Philol. Ingolstadt
Bauer Michael Jur. Kronach
Baum Wilhelm Karl Phil. Gerolsheim
Baumann August Pharm. Augsburg
Bauridl Leopold Pharm. Esslarn
Baumann Gustav Phil. Monheim
Bauriedl Joseph Jur. Schwandorf
Banschinger Joh. G. Math. Nürnberg
Beck Franz Jur. Ursala Poppenricht
Beckh August Pharm. Schwabach
Beichhold Oscar Med. Dinkelsbühl
Beinhofer Engelbert Phil. Eresing
Bellinger Joh. Bergw. Niederzenaheim
Bergemester H. A. J. M. Jur. Scharrel
Bernauer Andreas Phil. Ansbach
Berr Moriz Jur. München
Beulwitz Const. Bar.v. Phil. Regensburg
Beyer Georg Med. Angsburg
Beyerlein Ernst Phil. Kastl
Bezold Albert v. Phil. Ansbach
Bezzel Theodor Jur. Dinkelsbühl
Birkenbach Georg Jur. Lichtenfels

Blank Joseph Jur. Straubing
Bodensteiner Seb. Phil. Hirschau
Bädl Joseph Phil. Zweibrücken
Bohn Simon Phil. München
Bold Johann Phil. Herbersberg
Boll Georg Phil. Heideck
Bonn Karl Phil. Traunstein
Borner Joseph Phil. Hohenschefflarn
Boscher Michael Theol. Mietingen
Botez Alexander Phil. Foltischäny
Bozenhard Karl Jur. Dinkelsbühl
Brandecker Fr. Xav. Theol. Oberndorf
Brandl Kaspar Jur. Hals
Brandtner Georg Phil. München
Braun Ferdinand Phil. München
Bregeard Franz Eng. Phil. Landstuhl
Bregler Adolph Phil. München
Brendel Karl Med. Ansbach
Brownson Heinrich Phil. Boston
Brügel Karl Jur. Sommersdorf
Brunner Karl Phil. Grossköllnbach
Brunner Joseph Phil. Wemding
Brush George Jarvis Phil. Brooklyn
Buchfelder Martin Theol. Unter-
          leiterbach
Buchheldt Jh. Karl W. Jur. Cam. Windsh.
Buchner Max Phil. Salzburg
Bürkel Heinrich Phil. München
Büttner Erhard Theol. Stadt-Steinach
Bulling Ludw. Frdr. Phil. Oldenburg
Burger Liborius Phil. Kleinperz
Burggisser Anton Med. Wohlen
Burkart Math. Philol. Niedertraubling
Capeder Mathias Jur. Solnx
Capeller Georg Wilh. Pharm. Chur
Capitaine Joseph Jur. Valendar
Caramitzas Georg Med. Mityliui
Caudinus Max Phil. Durach
Christ Hermann Theol. Oberkirch
Cetto Anton Frh. v. Phil. Wien
Chun August Philol. Hachenburg
Clos Eduard Maria Phil. Oettingen
Constant Aml de Jur. Lausanne
Corragioni Emanuel Pharm. Luzern
Crämer Heinrich Jur. Nürnberg
Czaker Gregor Pharm. Jassy
Dähn Felix Jur. Hamburg
Daisenberger Med. Oberau

Dellinger Joseph Med. Merchbig
Denzinger Jos. Philol. Kleinhellenfeld
Denber Joseph Jur. Bayreuth
Dhom Philipp Theol. Ruppertsecken
Dieth Gust. Adolph Med. Romanshorn
Dietl Georg Jur. Hittesried
Dilg Eugen Phil. Cosel
Ditterich W. v. Pharm. Ebermannstadt
Dittmann Joseph Jur. Plön
Döhlemann Friedrich Jur. Schwabach
Dorfmüller Theodor Bergw. Weiden
Dotterbeck Karl Med. Stadtamhof
Doll Georg Jur. Kaufbeuren
Dombart Bernard Phil. Arzberg
Dorner Konrad Med. Hulleshau
Dotterweich Friedrich Phil. Amberg
Drexler Ludwig Jur. Cham
Dürr Karl Phil. Harburg
Durrer Franz Jur. Buochs
Ebenhöch Philipp Med. Aschaffenburg
Eckert Jakob Theol. Edesheim
Eckhard August Jur. Waldtischbach
Edelmann Burkhard Phil. München
Egelhofer Martin Phil. Batzenhofen
Eglauer Johann Gg. Phil. Feldheim
Egger Kajetan Theol. München
Ehrlebehner Baptist Phil. München
Eisenstecken Fidelis Med. Bozen
Enderlein Fritz Jur. Ansbach
Endner Eduard Phil. Neufahrn
Engelhardt Gustav Med. Erlangen
Engl Alois Phil. Heman
Engelberger Konr. Phil. Leiterkofen
Engstler Kaspar Forstw. Schmalholz
Erhard Alexander Med. Passau
Erras Martin Jur. Neurieth
Ernst Thomas Theol. Deining
Ertl Karl Jur. Höchstädt
Ettinger Franz Jos. Med. Nürnberg
Engler Vennst Med. Grönenbach
Fahr Daniel Jur. Speyer
Falk Franz Phil. München
Fahrner Ludwig Phil. Lutzmannstein
Fasel Nikolaus Wilh. Jur. Miltenberg
Faupel Heinrich Med. Warburg
Feldbausch Phil. Med. Landau
Fensterer Jakob Med. Billigheim
Ferling Anton Phil. Wildenau
Fernbacher Joseph Phil. Au
Fiedler Sebastian Jur. Weismain
Fischer Andreas Jur. Stamsried
Fischer Ludwig Jur. Sulzbach
Fischer Jakob Phil. Steppach
Fischer Johann Phil. Weildorf
Fischer Davenport Naturw. Boston
Fitting Theodor Techn. Kettenheim
Fleschütz Heinrich Phil. Kempten
Fodermaier Max Jur. München
Föringer Heinrich Phil. München

Folletête Casimir Jur. Pruntrut
Forsten eichner Xav. Pharm. Freising
Forster Franz Jur. Walleneck
Forstmair Andreas Phil. Aschau
Förtsch Joseph Jur. Teuschnitz
Fraas Karl Friedrich Wilhelm Pharm.
　　(Oberredwitz
Franz Anton Jur. Neukirchen
Friedreich Nikolaus Med. Würzburg
Frink Johann Theol. Montabaur
Fritz Michael Pharm. Gramschaltz
Fuchs Karl Phil. Cam. Augsburg
Fuhrmann Eugen Phil. Landau
Fürg Franz Xaver Phil. München
Fürst Gustav Jur. Cam. Altenschwolbach
Galler Friedrich Pharm. Rain
Gasaner Ludwig Phil. Lindau
Gebhard August Jur. Cam. Thurnau
Gebhardt Johann Jur. Steilling
Geib Eduard Philol. Leinsweiler
Geiger Johann Bapt. Jur. München
Gengel Florian Jur. Chur
Georgiades Nicoleny Med. Bolos
Gerber Philipp Theol. Konstanz
Gerlach Herm. Theol. Jur. Stadtberg
Gerlach Johann Med. Montabaur
Ginxis S. Crios Med. Thatos
Gietl Wolfgang Theol. Stamsried
Glas Alois Pharm. Freising
Glock Friedrich Bergw. Dürkheim
Glockeisen Heinrich Theol. Schuey
Glonner Anton Phil. Tölz
Göldlin v. Tieffenau Alfred Philol.
　　Luzern
Gös Eugen Jur. Nördlingen
Göser Gordian Phil. Strass
Götze Otto Phil. Otterndorf
Grabmayr Anton v. Jur. Bozen
Grabmayr Ernst v. Jur. Bozen
Gradl Jakob Jur. Cam. Dillingen
Grätz Sebastian Theol. Friedberg
Graf Ludwig Phil. München
Grassmann Andr. Phil. Rainhausen
Greve Adolph Jur. Arnsberg
Greppmair Aegid Phil. Sulzbach
Groll August Phil. Straubing
Groll Joseph Jur. Augsburg
Gronen Ferdinand Phil. München
Grüttering Bernh. Jur. Cam. Münster
Gschwändler Anton Phil. Aibling
Günther Eduard Pharm. Landshut
Gwinner Heinrich Jur. Triest
Hacker Gregor Phil. Nymphenburg
Hader Andreas Jur. Nürnberg
Hagen Gottlieb Phil. Math. Mittelsheim
Hamel Peter Wilhelm Techn. Altona
Häucher K. Eugen Pharm. Hadersheim
Haidlauf Johann Phil. Liggersdorf
Hake Wilhelm Jur. Bayreuth

Hanauer Julius Med. Zweibrücken
Handel Norbert v. Phil. München
Harl Nikolaus Theol. Reichenhall
Hartmann Andreas Jur. Kempten
Hartung Leopold Technik Wechmer
Hatzler Hugo Med. Dillingen
Hauff Albus Jur. Augsburg
Haupt Theodor v. Med. Schweinfurt
Hayler Karl Phil. Rosenheim
Hebel Wilhelm Jur. Nürnberg
Heerwagen Ludwig Jur. Würth
Hefner Adolph Jur. Neugallendorf
Hegelmeier Christoph Med. Sülzbach
Heigl Karl Jur. Regensburg
Heimler Johann Phil. Schneidmühlen
Heinrich Karl Pharm. Augsburg
Hektor Enno Wilh. Philol. Dornen
Heldmann Jakob Theol. Schönsee
Henny Georg Anton Jur. Oberaxen
Herlein Anton Jur. Cam. Kröblitz
Herold Gustav Jur. Hof
Herrmann Karl Anton Theol. Baar
Herrmann Joseph Phil. Weiden
Hess Ernst Phil. München
Hess Joseph Philol. Aschaffenburg
Hessert Heinrich Jur. Landau
Hester Joseph Theol. Philol. Paderborn
Hauck Otto Med. Landau
Heuser Heinrich v. Pharm. Augsburg
Hezner Hermann Techn. Monheim
Hieber Joh. Adam Theol. Neresheim
Hierander Frz. Sal. Jur. Tüntenhausen
Hierander Jos. Theol. Tüntenhausen
Hilz Martin Phil. Landshut
Hintermayr Joseph Jur. Donaualtheim
Hirschberg Graf Christian von Phil. München
Hirschnagl Michael Phil. München
Hissgen Franz Karl Theol. Montabaur
Höber Emil Med. Karlsruhe
Hochenleitner Jos. Theol. München
Höger Christian Phil. Straubing
Hönes Casimir Jur. Lapiterecken
Hörger Simon Jur. Cam. Freising
Hörmüller Joseph Phil. Tittmoning
Hofmann Bernhard Jur. Ansbach
Hollmer Johann Phil. Hunderdorf
Hommerich Peter Med. Ransbach
Hörmann Wilhelm Phil. München
Hörmann Ludwig v. Jur. Würzburg
Höss Paul Philol. Oberimpfenbach
Holler August Phil. Kastl
Holler Karl Ludw. Techn. Holtenau
Holzbauer Frz. Xav. Phil. Maxhofen
Holzner Georg Phil. Taufkirchen
Hopfen Demetrius Phil. München
Hopfenspirger Franz Phil. Pilsting
Hosemann Karl Phil. Göllheim
Huber Franz Philol. Frontenhausen

Huber Simon Phil. Schwabing
Huber Michael Phil. Stepharskirchen
Huber Joseph Jur. Unterliezheim
Huber Anton Phil. Bamberg
Hudler Gustav Adolph Phil. Freising
Hümpfer Johann Bapt. Theol. Weyer
Hutter Max Phil. München
Jahreiss Gustav Jur. Berneck
Jamin Georg Jur. Kronberg
Jentsch Joh. Leonh. Jur. Kleinhüningen
Ihmsen Friedrich Jur. Pittsburg
Ilg Wilhelm Jur. München
Jobst Dionysius Jur. Oder
Johnson Sam. Witt. Phil. Kingsforo
Junghanns Ludwig Med. Oppenau
Jütz Karl v. Med. Schwyz
Jung Joh. Adam Jur. Cam. Werschau
Junghanns Ludwig Med. Oppenau
Kälin Arnold Wilh. Med. Einsiedeln
Käss Joseph Theol. Haldenwal
Kaiser Johann Math. Jur. Kronach
Kappeller Anton Jur. Bozen
Kappeller Karl Jur. Bozen
Karpfseer Dom. Phil. Wolfrathshausen
Kalschador Jussuf Med. Kairo
Kausler Ed. Friedr. Pharm. Rottweil
Keck Philipp Pharm. Schwabmünchen
Kellermann Georg Math. Amberg
Keller Johann Bapt. Jur. Zweibrücken
Keller Phil. Jur. Seligenstadt
Kellerbauer Karl Theol. Ering
Kemitzer Johann Jur. Nenokirchen
Kempfl Anton Jur. Elzee
Keyl Othmar Phil. Brückenau
Kiefl Michael Phil. Michaelsbach
Kieffer Karl Jur. Pirmasens
Kiessler Franz Pharm. Passau
Kilp Martin Jur. Hessen aen
Kintschy Georg Jur. Leipzig
Kirchmayr Jos. Ant. Phil. Berabach
Kirstein Paul Alex. Jur. Swinemünde
Kirschenhofer Johann Nepomuk Jur. Anhofen
Kisslinger Franz Xav. Jur. Freising
Kistler Ferdinand Med. Reichenburg
Klaussner Conrad Forsw. München
Kleindienst Anton Jur. Selbershofen
Kleinheinz Wilh. Jur. Cam. Türkheim
Kleinknecht Ferd. Jak. Phil. Kempten
Klöck Edmund Pharm. Tannhausen
Knaff Thom. Jos. Med. Grevenmachen
Koch Karl Jur. Altenkirchen
Koch Simon Jur. Burghausen
Koch August Phil. Wolzach
Koch Ursin Theol. Deubach
Koch Johann Bapt. Theol. Deubach
Kochems Paul Med. Elbingenalb
Köberle Johann Nep. Jur. Sonthofen
Köhler Karl Eduard Phil. Landau

22

König Johann Med. Fussach
Küppl Eduard Pharm. Passau
Kohn Adolph Jur. Markt-Erlbach
Koller Emil Phil. Günzburg
Koppold Michael Phil. Walchshofen
Korntheur Konrad Phil. Unterstein
Korrn Franz Phil. Riedenburg
Kötschenreuther Jos.Jur.Nankendorf
Krafft Philipp v. Phil. Augsburg
Kranz Johann Baptist Phil. München
Kranzfelder Theodor Phil. Lindau
Krauss Heinr. Frhr. v. Phil. Landsberg
Kraus Johann Jur. Augsburg
Kreb Joh.Bapt.Theol.Steph-Rettenberg
Kreileder Martin Phil. Schambach
Kreitmair Ludwig Med. Nürnberg
Krenzer Gustav Phil. Orb
Krieger Joseph Med. Winnweiler
Krippner Joseph Phil. Regensburg
Krois Georg Jur. Cam. Diepoltstetten
Krauinkel Julius Jur. Münster
Krumm Joseph Pharm. Innsbruck
Krummel Hermann Cam. Obereggenen
Kufner Ludwig Phil. Osterhofen
Kuhn Dismas Med. Meran
Kuhn Adolph Med. Waldhäusern
Kuhn Gustav Jur. Morzheim
Kuhn Joseph Jur. Speyer
Kuhn Simon Theol. Harthausen
Kullmer Jakob Jur. Grossbockenheim
Kurz August Phil. München
Kurz Franz Joseph Jur. Zilling
Kurz Georg Jur. Aschaffenburg
Kuster Georg Theol. Rehberg
Landgraf Adolph v. Jur. Bamberg
Lang Georg Forstw. Lichtenfels
Lang Joh. Mich. Techn. Schönbrunn
Langenbrunner Joseph Phil. Ober-
　　griesbach
Lauer Georg Pharm. Grossgerau
Lechner Joseph Phil. Altenbach
Lehmann Gottfried Jur. Würzburg
Lehner Anton Phil. Dünzling
Lehner Joseph Theol. Pilchau
Leicht Johann Bapt. Phil. Burgeilern
Leicht Valentin Jur. Hagenbach
Leidner Karl Jur. Nürnberg
Leipold Eduard Jur. Passau
Leitner Johann Philol. Clausen
Lemberger Eduard Philol. Freising
Lenhard Eduard Phil. Waldmünchen
Leonhard Friedrich Phil. Lauterburg
Leppla Karl Phil. Siebenbauernmühle
Lerzer Joseph Lorenz Mathias Phys.
　　Thannhausen
Leusser Philipp Jur. Anstein
Leveling Karl v. Jur. Dillingen
Liebhardt Alois Phil. Tölz
Lienhardt Karl Heinr. Med. Bayreuth

Lillbopp Const. Jur. Cam. Bamberg
Lindner Joh. Bapt. Bergw. Fichtelberg
Linsenmayer Jos. Karl Phil.Oettingen
Linsmayer Wenzesl. Phil. Deggendorf
Liver Balthasar Jur. Sarn
Lochner Friedrich Med. Nürnberg
Löddige Wilhelm Theol. Steinheim
Loé Otto von Jur. Abner
Loretan Alois Med. Sitten
Löw Johann Med. Würges
Louisoder Gregor Jur. Waldstetten
Luggin Joseph Jur. Eppan
Luginbühl Joh. Rud. Jur. Münsing
Lützendorf-Leinburg Otto Gottfr.
　　Baron von Phil. Pressburg
Lupin Agath. Bar. v. Jur. Illerfeld
Luttner Joh. Nepomuk Phil. Kagers
Lützow Karl v. Philol. Göttingen
Maindl Xaver Phil. Straubing
Mair Georg Jur. München
Malkmus Joseph Jur. Hünfeld
Markhauser Wolfg. Phil. Schliersee
Marogna Lud. Graf v. Phil. Frankfurt
Martin Eugen Phil. Dirlewang
Mathaus Gustav Jur. Landau
Maurer Georg Phil. Wegscheid
Maurer Karl Philol. Lichtenfels
Mayer Hyacinth Med. Belca
Mayer Otto Phil. Straubing
Mayr Eduard Phil. Aislingen
Mayr Lorenz Theol. Pfaffenhofen
Mehrwald Joseph Phil. Altmannstein
Meier Friedr. Ferd. Ed. Phil. Fürth
Meier Ferdinand Jur. München
Meister Dominik Theol. Augsburg
Meister Georg Jur. Bommersheim
Merck Karl Phil. Bamberg
Merker Johann Phil. Gersheim
Merkle Mathias Med. Unterfahlheim
Metzger Georg Theol. Rinnenthal
Meyer Eduard Jur. Hohenhausen
Meyer Heinrich Med. Himmelcron
Meyer Julius Phil. Ansbach
Meyer Franz Xav. Phil. Untergrassl-
　　fingen
Miller Max Phil. Edensberg
Miller Joh. Baptist Phil. Adelshausen
Miller Konrad Jur. Zusamaltheim
Mittermiller Joh. Jur. Tuniching
Modlmair Joseph Phil. Westerndorf
Molo Defendente Jur. Bellinzona
Moreth Joseph Phil. Neukirchen
Morett Friedrich von Jur. Ebnath
Moser Heinrich Eugen Philol. Ulm
Muck Friedrich Techn. Dentlein
Müller Karl Phil. Walburgskirchen
Müller Karl Borom. Phil. Osterzhausen
Müller Wilhelm Jur. Augsburg
Müller Wilhelm Phil. Essmühl

Müller Heinrich Philol. Rottenstein
Mündel Alexander Jur. Heidelberg
Mürbeth Bernhard Jur. Gaiging
Muss Andreas Phil. Würgau
Mussinano Peter Jur. Aibling
Nagengast Johann Jur. Drügendorf
Näher Georg Phil. Aeschach
Nässl Xaver Phil. Pframmers
Necker Georg Phil. München
Neiheisser Erhard Phil. Mörsch
Neumüller Joseph Pharm. Vilsbiburg
Nickel Julius Phil. Cnsel
Niemeyer Heinrich Techn. Stellichte
Niggl Joseph Jur. Rückenbach
Nirschl Stephan Jur. Durchfurth
Nobbe Moriz August Jur. Magdeburg
Nothaass Sebastian Phil. Rötz
Obermayer Edwin Phil. Augsburg
Oechsner Karl Phil. Aschaffenburg
Oldiges Bernhard Theol. Basen
Ott Joseph Cam. München
Panzer Georg Jur. Burgwindheim
Pappenberger Joh. B. Jur. Friedenfels
Parkinson Robert Phil. Bradford
Parzeval Michael Jur. Mintraching
Pessl Johann Jur. Mitterteich
Petersen Julius Jur. Landau
Petz Karl Pharm. Ebersberg
Pfarr Friedrich Phil. Wachenheim
Pfefferkorn Franz Chir. Schrocken
Pfetten Frdr. Frhr v. Phil. Augsburg
Pfister Alois Jur. Luzern
Pickel Nikolaus Theol. Cottenheim
Pirkmaier Georg Phil. Kalchofen
Plank Georg Jur. Kulmbach
Platz Jakob Jur. Alsterweiler
Plötz Georg Phil. Herzogenau
Pollinger Franz Med. Eggenfelden
Popp Andreas Phil. Kronach
Port Martin Theol. Graben
Prambök Hermann Med. Tettenwels
Prann Michael Jur. Cham
Priester Ludwig Phil. Ellingen
Probst Karl Theol. Hasle
Prückner Albert Jur. Nürnberg
Prunhuber Joseph Phil. Eschenbach
Przihoda Adolph Jur. Johannisberg
Psaros Demetrius Med. Gortynia
Pühn Julius Bergw. Burgkunstadt
Radlkofer Otto Phil. München
Rainer Peter Phil. Stephanskirchen
Rang Ignaz Jur. Fulda
Rapp Johann Nepom. Phil. Kempten
Rau Julius Jur. Gunzenhausen
Rauh Eugen Jur. Bergzabern
Reber Franz Xaver Phil. Cham
Redelberger Johann Jur. Birkenfeld
Regnat Michael Phil. Biberbach
Reindl Joseph Theol. München

Reindl Theodor Phil. München
Reinert Joseph Maria Med. Kerns
Reinhard Alois Med. Tegernsee
Reiss Johann Nepom. Phil. Schnaittach
Reitberger Anton Phil. Geisenhausen
Reiter Johann Gg. Med. Steinkirchen
Reitzenstein August v. Phil. Hötzing
Remm Paul Phil. Straubing
Renner Frdr. Jur. Cam. Mechtersheim
Renz Karl Ludwig Chem. Basel
Riedheim Eglof Freiherr von Phil.
   Harthausen
Rigauer Valentin Phil. München
Rödel Heinrich Phil. Hof
Roder Friedrich Jur. Regensburg
Rodler Theodor Phil. Sondernheim
Röhrer Max Jur. München
Rödelheimer Joseph Med. Laupheim
Rogler Johann Jur. Wildenau
Rohe August Techn. Rüdesbronn
Rosen Jonas von Jur. Segeberg
Rösler Hermann Jur. Lauf
Rossmann Joseph Jur. Wasserburg
Roth Eugen Med. Monheim
Rothenbücher Eugen Phil. Erlenfurt
Rothmayr Joh. Bapt. Phil. Wallmering
Rothe Karl Chem. Hanau
Rühl Arthur Jur. Nürnberg
Ruckes Johann Theol. Lahr
Rudhart Gideon von Jur. Passau
Sachsenhauser Franz Jur. München
Sailer Karl Phil. München
Sallinger Karl Phil. Donauwörth
Sattler Ernst Med. Schweinfurt
Sauer Christoph Bergw. Frohnhofen
Sauer Franz Jur. Diedesfeld
Schüzler Alfred Ferdinand v. Jur. Phil.
   Augsburg
Scharrer Franz Philol. Grafenau
Scheben Karl Frhr. v. Jur. Augsburg
Schech Georg Jur. Bamberg
Scheeren Hubert Theol. Gelkirchen
Scheglmann Karl Med. Geiselhöring
Schenkelberg Max Phil. Grassau
Scherer Georg Philol. Donnenlohr
Scheyerl Georg Forstw. Laberweinting
Schiff Johann Philol. Euren
Schirmböck Johann Mich. Phil. Rain
Schlagenhauser Emer. Jur. München
Schlagintweit Emil Phil. München
Schmalholz Joseph Theol. Kaufbeuren
Schmalix August Phil. Amberg
Schmid Georg Jur. Rosenheim
Schmid Edmund von Phil. Rosenheim
Schmid Sigmund von Med. Cöttstein
Schmid Georg Phil. Kronwieden
Schmid Isidor Jur. Jettingen
Schmid Fridolin Theol. Mickhausen
Schmid Heinrich Phil. Wasserburg
22*

Schmid Alexander Jur. Biel
Schmidmayr Joseph Jur. Siegenburg
Schmidmayr Gottlieb Jur. Phil. Mintraching
Schmidt Georg Bergw. Eichstädt
Schmidt Nikolaus Jur. Hilpoltstein
Schmidt Joseph Cam. Bruchsal
Schmidtkonz Ludwig Phil. Landau
Schmitt Gustav Jur. Deidesheim
Schmnderer Jakob Phil. Hol. kirchen
Schmuckermair Gustav M. Phil. Freising
Schappinger Joseph Med. Eichstädt
Schneider Joseph Med. Aulert
Schneider Xaver Theol. Neuburg
Schnyder Jos. v. Wartensee Cam. Surzee
Schöntag Ferdinand Phil. Holl eld
Schöppler Joseph Phil. Oettingen
Schöppner Ferdin. Jur. Bischofsheim
Scholtus Johann Peter Med. Bicklrch.
Schrauder Clemens Phil. Nellenbrück
Schreiner Georg Phil. Hinterbuchberg
Schreyer Gustav Jur. Wattershof
Schubert Oskar Phil. Würzburg
Schuh Joseph Phil. Grafenau
Schüler Johann Bapt. Phil. Waldhaus
Schulthels Rudolph Jur. Cam. Kislau
Schultz Otto Friedr. Med. Schleswig
Schupbaum Fr. Paul Phil. Reisbach
Schuster Johann Bapt. Phil. München
Schwab Karl Joh. Bapt. Jur. Ralgering
Schwalber Joseph Phil. Wemding
Schwarz Georg Jur. Waldmünchen
Schwarzenberger Alb. Jur. Landau
Schweller Eugen Phil. Schweinfurt
Schwerd Julius Phil. Speyer
Sekell Eduard Phil. Bayersried
Seberich Frz. Xav. Phil. Partenkirchen
Seefried Heinrich Pharm. Dettingen
Seelos Ignaz Phil. Hinnang
Seemüller Ludwig Med. Indersdorf
Seidlmeyer Florian Jur. Obervlechtach
Seiler Franz Phil. Nürnberg
Selbach Karl Bergw. Weyer
Semmer Johann Med. Amberg
Sentis Franz Jak. Theol. Nachbarheid
Seuffert Hermann Phil. Ansbach
Seybold Simon Theol. Mintraching
Sichart Ernst Jur. Kadolzburg
Sieber Friedrich Jur. Wiesloch
Sittenauer Isidor Phil. Sachsberg
Sittl Karl Phil. Passan
Solbrich Karl Jur. Weimar
Sommer Joseph Jur. Welden
Sommer Franz Phil. Schmalerberg
Sonnenburg Hermann v. Jur. Hammerschrott
Sonnenburg-Falkner Karl von. Pharm. Auerbach

Sontheimer Otto Theol. Wald
Sopp Andreas Philol. Lohr
Spänner Johann Bapt. Jur. Rimbach
Spanlang Karl Phil. Au
Späth Karl Theodor Jur. Neidenfels
Spaur Maximilian Graf von Phil. Rom
Sperl Gustav Phil. München
Speth Rudolph Baron v. Phil. Zwiefaltendorf
Stalger Nikolaus Med. Ichenhausen
Stainer Johann Mich. Phil. Upfkofen
Stanner Kaspar Phil. Schraupping
Stegherr Ferdinand Jur. Augsburg
Stegherr Anton Theol. Augsburg
Steichele Adalbert Phil. Ursberg
Steidl Karl Phil. Cham
Steinberger Johann Georg Jur. Cam. Schwarzhofen
Steinhuber Andr. Dr. Theol. Uttlau
Steininger Anton Phil. Ottobeuren
Steisslinger Johann Cam. Gosbach
Stenger Joseph Phil. Kleinkohl
Stenglein Melchior Jur. Bayreuth
Stephan Johann Bapt. Pharm. Malching
Stettner Max Phil. Vohenstrauss
Stettner Wilhelm Jur. Ederheim
Stichel Anton Theol. Augsburg
Stifft Karl Jur. Wiesbaden
Stippler Georg Joseph Phil. Niedertiefenbach
Stöber Wolfgang Theol. Ebersberg
Stöckler Jakob Phil. Abensberg
Stör Paul Med. Regensburg
Stöttner Johann Phil. Friedberg
Strasser Michael Theol. Natternberg
Strasser Joseph Phil. Adlkofen
Strelter Oswald Cam. Bozen
Strobl Franz Xaver Phil. München
Strobl Christoph Phil. Ober-Igling
Strombeck Friedrich Eggeling Karl v. Phil. Wolfenbüttel
Sutor Karl Joseph Jur. Zug
Sutor Otto Phil. Unterthingau
Syroth Martin Phil. Stadtamhof
Täffuer Johann Mich. Jur. Kulmbach
Taglio Willbald Jur. Irrsee
Tautphöus Theodor Freiherr von Jur. Grosswallstadt
Teng Lultp. Ritter v. Phil. Eggenfelden
Terrier Franz Jur. Montignez
Thaller Joseph Bergw. Kaisheim
Theodori Julius Med. Roman
Theodori Octavius Phil. Roman
Tillmetz Edmund Phil. München
Torricelli Georg Jur. Lugano
Trösch Johann Jur. Hahnbach
Trogg Nepomuk Phil. Neuburg
Udryskj de Udryce Vincenz. Med. Czernowitz

Unzner Anton Jur. Dillingen
Usener Hermann Phil. Philol. Weilburg
Valette de la St. George Adolf Med. Köln
Valta Anton von Pharm. Mindelheim
Vaucher Alfred Henri Med. Newyork
Veicht Peter Phil. Pfreimd
Vierling Albert Phil. Welden
Voglmayer August Phil. Straubing
Vogt Martin Phil. Höppachshof
Volmer Alexander Med. Oelde
Voltz Wilhelm Phil. Wiesentheid
Wafler Johann Med. Schönach
. Wagner Leopold Phil. Hof
Waldedorff Adolph Wilderich Frei-
herr v. Phil. Hautzenstein
Wallenstätter Karl Phil. Würzburg
Wand Herm. Jur. Kirchheimbolanden
Wandner Gottfr. Med. Regensburg
Weber Fr. Theod. Theol. Friebertshofen
• Weber Friedrich Pharm. Kaiserslautern
Wechs Max Phil. Hindelang
Weegscheider Alois Phil. Neuburg
Weikard Friedrich Jur. Ochsenfurt
Weikerth Joh. Theol. Niederhadamar
Weinmann Georg Jur. Odesheim
Weiss Joseph Theol. Amberg
Weiss Karl Jur. Erbendorf
, Weiss Frz. Paul v. Philol. Schönferchen
Welle Urban Jur. Regensburg
Weninger Joh. Ev. Phil. Altenhofen
Weld Mason Cogswell Chem. Hartford
Werle Wilhelm Pharm. Heppenheim •
Wern Peter Med. Harthausen
Werner Ernst Phil. München
Wessenschneid Max Med. Wolfstein
Westermayr Joseph Jur. München
• Weyman George W. Phil. Pittsburgh
Widman Joseph Phil. Halmhausen

Wiedemann Georg Jur. Gimmeldingen
Wiedenbauer Mich. Jur. Alterhofen
Wieland Emil Med. Rheinfelden
Wilhelm Joseph Philol. Lichtenfels
Wille Ludwig Med. Buchdorf
Wimmer Theodor Phil. Weilheim
Wimmer Johann Phil. Ergoldsbach
Winkler Georg Math. Reisach
Winter Ludwig Phil. München
Wintzingerode Wilks Levin Graf v.
Jur. Cam. Göttingen
Witt Ludwig Phil. Erbendorf
Wittmayr Wend. Pharm. Oberbach
Wocheslander Adolph Phil. München
Wohlwend Albert Pharm. Immenstadt
Wolf Max Jur. Rennertshofen
Wolkenstein Wilhelm Graf Jur.
Brunnersdorf
Wolkenstein Leopold Graf Jur. Prag
Würgler Ferdinand Phil. Münsing
Wurm Eduard Philol. Nürnberg
Wynistorf Johann Jur. Seeberg
Zacher Joseph Med. Richersdorf
Zallinger Alois von Jur. Bozen
Zallinger Joseph von Med. Bozen
Zapf Johann Ludw. Forstw. Börrstadt
Zaubzer Otto Phil. München
Zann Anton Phil. München
Zeitlmann Karl Jur. Nördlingen
Ziegler Alois Phil. St. Georgen
Ziegler Michael Med. Kreuth
Zierl Anton Phil. Rosenheim
Zobel Christian Theol. Freising
Zöller Philipp Pharm. Winnweiler
Zollmann Wilhelm Phil. Weilmünster
Zotz Joseph Phil. Weilmünster
Zweifel Dominik Med. Schänis

1854—1855

Rector DCVI Ludwig ARNDTS

Abrell Christian Jur. Kempten
Adlhoch Sebastian Philol. Bilmerg
Aertinger Wolfgang Phil. München
Ahlefeldt August v. Jur. Schestedt
Aigner Max Jur. Landau
Aigner Joh. Bapt. Theol. Haingersdorf
Aigner Michael Phil. Rohrbach
Amann Georg Jur. Hammermühle
Amberg Johann Jur. Bütron
Andresen Andreas Phil. Boit
Armagos Georg Phil. Syra
Arn Benedikt Jur. Buetingen
Arquint Nikolaus Jur. Schuls

Asmus Karl Pharm. Giesen
Aumer Joseph Phil. Haidhausen
Bach Franz Xaver Phil. Oberstorf
Banauer Georg Phil. Amberg
Barth August Phil. Tirschenreuth
Bauernschmidt Joh. Theol. Brünberg
Bauer Georg Phil. Philol. Friedelsheim
Baumann Ludwig Theol. Kastl
Baumann Michael Phil. Oberdörfl
Baumer Albr. v. Bergw. Goldkronach
Baur Otto Pharm. Obenhausen
Baur-Breitenfeld Wilh. Phil. Landsh.
Bayer Jakob Jur. Straubing

Beaufort Philipp Phil. Dürkheim
Beck Philipp Ludwig Jnr. Gleisweiler
Beck Friedrich Theol. Höchen
Beck Oskar Med. Weissenhorn
Behr Joseph Jur. Eichstädt
Beilhack Max Eduard Phil. Landshut
Beiling Adolph Theol. München
Beitelrock Heinrich Phil. Dillingen
Benz Franz Xaver Theol. Heideck
Berger Franz Phil. Vorstadt Au
Berger Joseph Philol. Eggendobl
Bernhard Joseph Math. Seebarn
Berr Alois Med. München
Bersch Karl Phil. Zweibrücken
Betz Georg Phil. Ingolstadt
Bichler Christian Jur. Amberg
Bieland'Leonhard Jur. Donaustauf
Billing Ludwig Bergw. Thurnau
Birkhofer Konrad Jur. Dillingen
Birkner Gottlieb Med. Nürnberg
Bissinger Karl Philol. Schottenstein
Blab Johann Phil. Rötz
Blöst Karl Phil. Regensburg
Blöst Theod. Ludw. Phil. Memmingen
Böhm Mathias Phil. Freising
Böttícher Emil Theol. Eltorf
Bourier Adolph Theol. Augsburg
Bohler Joseph Bergw. Niederwalluf
Bothe Eugen Jur. Wildesheim
Brähm Friedrich Jur. Elau
Braun Alois Pharm. Klingenburg
Braun Karl Pharm. München
Briech Joseph Jur. Botzen
Briegleb Johann Phil. Schwabach
Brunhauer Anton Jnr. Klosterberg
Brunner Eugen Jnr. Solothurn
Brunner Georg Phil. Attenhausen
Bürkel Heinrich Jur. München
Büttner Georg Jnr. Osterhofen
Buchheister Eduard Jur. Hamburg
Chaudon Karl Med. Waldmohr
Clark Eduard Chem. Monterey
Collasowitz Albrecht Jur. Erbendorf
Czuker Gregor Med. Jassy
Dachs Joh. Mich. Phil. Unterdietfurt
Damm Jakob Phil. Blieskastel
Daner Hugo Phil. Passau
Day Adam Jur. Ruppertsberg
Deibl Jakob Phil. München
Dembschick Karl Math. Passau
Demmel Michael Theol. Pott
Denk Johann Bapt. Phil. Kötzting
Dempf Georg Phil. Altomünster
Dennerl Anton Phil. Freyung
Dessauer Karl Jnr. Aschaffenburg
Dietherr Mathias Phil. Altötting
Deuringer Mathias Math. Eresing
Dietl Joseph Phil. Neuburg
Dirheimer Johann Phil. Thannhausen

Dirmair Joseph Bergw. Imstetten
Dolhopf Heinrich Jur. Schnabelwaid
Dobmeyer Anton Phil. Esslarn
Dobner Joseph Phil. Neuötting
Doll Georg Phil. Dettenschwang
Doll Julius Jur. Edenkoben
Dora Ludwig Phil. Kehl
Dotterweich Friedr. Med. Amberg
Dreis Ludwig Frdr. Pharm. Calu
Dürsch Otto Bar. von Jur. München
Ebenböch Georg Jur. Aschaffenburg
Eberhardt Max Jur. Mauchenheim
Egger German Jur. Bissingen
Elber Joseph Jur. Waltershof
Elber Anton Jnr. Waltershof
Elles Edmund Phil. Dillingen
Elchinger Alexander Phil. München
Ellmann Michael Philol. Cham
Ellwert Gottl. Christ. Med. Bretbach
Emlinger Michael Jur. Altenufer
Emerson Lincoln Phil. Nordamerika . .
Endrass Magnus Anton Phil. Büchel
Engel Ludwig Pharm. München
Engelhard Christian Phil. München
Engelke Wigand Med. Hildesheim
Erb Friedrich Phil. Laningen
Erhard Alexander Med. Passau
Fässler Joseph Phil. Sonthofen
Falke Julius Phil. Nürnberg
Federle Joseph Theol. Augsburg
Feldbausch Max Pharm. Burghausen
Fensterer Joseph Theol. Dürrwangen
Fichtl Anton Jnr. Stadt-Eschenbach
Fichtner Michael Jur. Altötting
Fichter Martin Jur. Altötting
Fink Christian Bergw. Weyer
Fisch Peter Jur. Euren
Fischer Johann Friedrich Jnr. Hof
Fischer Joseph Phil. Erisweiler
Fischer Joseph Phil. Triengen
Fitting Theodor Bergw. Mauchenheim
Flasser Heinrich Phil. Naila
Fleischmann Gottfr. Med. Erlangen
Frech Ludwig Jur. Mosinning
Freylinger Joseph Jnr. Oberlindhart
Frick Kilian Chem. Katzis
Friedl Friedrich Phil. München
Fuchs Max Phil. München
Fuss Konrad Phil. Tann
Garcia Peter Elias Phil. Caracas
Garhammer Friedrich Phil. Aumühl
Gassner Ulrich Phil. Beblingen
Geberl Michael Jur. Neustadt
Gebhart Otto Jnr. Monheim
Geib Adalbert Jur. Anweiler
Geigenberger Michael Jnr. Hinzing
Geiger Franz Xaver Phil. München
Gelzhauser Joseph Philol. Weilheim
Georg Philipp Phil. Kirchenlamitz

Maffat Peter Jur. München
Naager Joseph Phil. Landshut ,
Nefzger Michael Theol. Vierkirchen
Neubauer Adolph Phil. Bitts
Neumann Karl Phil. München
Ney Ludwig Med. Schlersfeld
Nies Oscar Jur. Rothenburg
Niessen Adolph Jur. Kiel
Nissen Gustav Jur. Krempe
Noder Joseph Phil. München
Noë Heinrich Med. München
Nögel Lorenz Phil. Poxdorf
Nölting Friedrich Med. Lübeck
Nussbaum Joh. Nep. Med. München
Obermaier Johann Theol. Rohr
Oberpriller Joh. Ev. Phil. Gabisreuth
Ochs Julius Phil. Nürnberg
Oetle Michael Phil. Schopfloha
Ofensberger Georg Phil. Ruhpolding
Osthelder Karl Jur. Speier
Ostler Jakob Phil. Ried
Pacher Sigmund Pharm. München
Pachmayr Otto Phil. München
Panrucker Friedrich Jur. Landshut
Paschoud Eugen Philol. Lausanne
Pasel Eduard Chem. Hannover
Pauli Theodor Phil. Landau
Paulus Joh. Ev. Jur. Phil. Haselbach
Peter Ludwig Jur. Augsburg
Petri Hermann Phil. Zweibrücken
Petz Christoph v. Jur. Nürnberg
Petzl Anton Jur. Köfering
Pfister Philipp Philol. Volkach
Pielmaier Jak. Theod. Jur. Langquaid
Planck Georg Jur. Culmbach
Platl Adolph Theol. Schwarzhofen
Pleninger Joh. Ev. Jur. Regensburg
Popp Heinrich Phil. Mainburg
Popischil Sigmund Phil. München
Prätorius Joseph Phil. München
Proxmaier Sebast. Pharm. Vilsbiburg
Pühn Julius Bergw. Burgkunstadt
Pürchner Anton Jur. Arnstorf
Punkes Joseph Phil. Eck
Pürner Simon Theol. Jännesberg
Pusl Johann Bapt. Phil. Gstötten
Puttner Hermann v. Med. Reizenstein
Rabel Albert Med. München
Radlkofer Max Phil. München
Rambauer Aug. Pharm. Deggendorf
Ramge Friedrich Jur. Hof
Rauch Andreas Med. Weilheim
Rausch Franz Ser. Phil. Rosenheim
Rausch Joh. Albrecht Med. Gefrees
Rausch Willibald Phil. Rosenheim
Redelberger Joh. Jur. Birkenfeld
Redwitz Karl Sigmund Baron von
   Phil. Kronach
Reil Joseph Jur. Lückenreuth

Reinbold Otto Friedr. Med. Lörrach
Reischle Theodor Philol. Kempten
Remm Jakob Phil. Straubing
Ressl Georg Phil. Landshut
Rhien Ferdinand Pharm. Elbingerode
Richter Joh. Kilian Jur. Wiesenthaid
Ried Anton Jur. Pfaffenhausen
Riederer Theodor Jur. Cam. Freising
Riedl Franz Xaver Phil. München
Rieger Georg Phil. Ascholding
Riehl Karl Phil. Schönfeld
Rieker Johann Philol. Warschau
Rinker Hermann Med. Bischofsheim
Rochaz Eugen Jur. Romainmotier
Röhrle Otto Jur. Mickhausen
Rötzer Wilhelm Chir. Waldmünchen
Rosa Karl Theol. Bissingen
Roth Ernst Med. Hermannstadt
Rothhammer Aug. Phil. Kirchdorf
Rudhart Ludwig Jur. Regensburg
Rudolph Karl Jur. Forchheim
Ruf Franz Amand v. Phil. Wernberg
Ruhwandel Joseph Phil. Neumarkt
Ruth Otto Jur. Rastadt
Sackerer Georg Theol. Au
Särve Johann Phil. Herzogau
St. Germain Otto Philol. München
Sandweger Andreas Math. Krebach
Satzger Mathias Phil. Westendorf
Sauer Franz Jur. Diedesfeld
Schaber Max Phil. Balderschwang
Schäfer Jakob Theol. Asselheim
Schäfer Johann Med. Nantershausen
Schäffer Johann Bapt. Phil. München
Schedlbauer Andreas Philol. Dampf
Scheel Franz Med. Greiffenhagen
Scheifl Franz Cam. Bagal
Schellhaass Karl August Phil. Kai-
   serlautern
Schenk Arnulf Phil. Tegernsee
Schenkelberg Max Cam. Grassau
Scherer Franz Phil. Bamberg
Schierenberg Gustav Naturw. Ham-
   burg
Schiessl Wilhelm Phil. Sulzbach
Schilcher Franz Phil. Altötting
Schilt Xaver Phil. Babenhausen
Schiltberg Karl v. Phil. Regensburg
Schirmer August Jur. Windsheim
Schlampp Quart. Med. Reichertshofen
Schleininger Jos. Theol. Klingenau
Schlickenrieder Franz Theol. Glon
Schluzger Georg Theol. Gars
Schmaderer Joseph Jur. Balbersdorf
Schmelcher Wilhelm Phil. Beilngries
Schmid Simon Phil. Pahl
Schmidbauer Max Phil. Pörnbach
Schmidt Georg Math. Eichstädt
Schmidt Gust. Phil. Wassertrüdingen

Wolf Mathias Phil. Attmannsstein
Wolf Max Jur. Rennertshofen
Woll Karl Jur. St. Ingbert
Wüllner Adolph Naturw. Düsseldorf
Wünsch Ludwig Jur. Neustadt
Wunderlich Johann Phil. Neustadt
Zaminer Eduard Forstw. Kronstadt

Zeitlhöfler Michael Jur. Zierbach
Zeller Ernest Phil. München
Zeyher Franz Pharm. Landshut
Zollinger Balthasar Jur. Maur
Zündt August Jur. Goldach
Zurawiecki Leonh. Med. Uchnow

1855—1856

Rector DCVII Johann Nepomuk von RINGSEIS

Abraham Franz Burg. Phil. Tölz
Abrell Christian Jur. Kempten
Achatz Augustin Jur. Staudenschidl
Adam Andreas Jur. Berg
Adler Wilhelm Pharm. Ansbach
Aigner Johann Baptist Jur. Aich
Albert Heinrich Pharm. Amorbach
Albert Andreas Philol. Würzburg
Albrecht Simpert Phil. Krugzell
Allioli Joseph Jur. Amberg
Altmann Ludwig Phil. München
Altmüller Karl Jur. Hersfeld
Alwens Ludwig Jur. Schaidt
Alwens Max Jur. Speier
Amann Mathias Phil. Abensberg
Ammon Sigmund Phil. München
Anhäuser Reichard Jur. Saarbrücken
Archauer Anton Med. Laimbrechten
Arnold Bernhard Philol. Würzburg
Arnold Dionyis Phil. Zaisertshofen
Artzt August Phil. Rhoden
Artzt Clemens Bergw. Rhoden
Arzberger Leonh. Phil. Schrettenlohe
Aschenauer Stephan Kour. Jur. Alteglofsheim
Attenhofer Joseph Karl Jur. Zurzach
Aumüller Georg Theol. Laningen
Azesdorfer Michael Phil. Passau
Buch Karl Otto Theol. Zweibrücken
Bacharach Isidor Phil. Fellheim
Baechtiger Karl Theol. Waldkirch
Bamberger Michael Theol. Bellheim
Barkhausen Gg. Heinr. Phil. Schlage
Bastian Bernhard Jur. Omersheim
Bauer Anton Jur. Reichenbach
Bauer Johann Phil. Augsburg
Baumgartner Jos. Phil. Altenbach
Baur-Breitenfeld Joseph von Phil. Landshut
Beaulieu-Bonveil Börries Jur. Göttingen
Becher Ludwig Jur. Neukirchen
Bechmann August v. Jur. Nürnberg
Bechstein Reinhold Phil. München

Beck Georg Med. Angsburg
Beiling Adolph Theol. München
Beilstein Friedrich Chem. Petersburg
Berghe Frdr. Eug. v. d. Phil. Petersb.
Bertele Isfried Theol. Sibnach
Besold Otto Jur. Ansbach
Beyerlein Friedrich Jur. München
Biehler Alois Theol. Tüssling
Binhack Franz X. Phil. Waldsassen
Birtsch Joh. Simon Jur. Haldenstein
Bischoff Theodor Med. Augsburg
Bischoff Johann Christ. Theol. Grub
Bitzl Georg Phil. Friedberg
Blankenhorn Herm. Cam. Müllheim
Bogner Anton Jur. Neunburg
Böhm Mathias Phil. Freising
Bonard Constantin Jur. Romainmotier
Bonn Edmund Phil. St. Wolfgang
Bonnet de Meautry Baron von Jur. Schloss Kreuth
Bothmer Adolph Theol. Kirchdorf
Bourier Adolph Theol. Augsburg
Boysen Christian Techn. Itzehoe
Braun Georg Phil. Dimpfl
Bregeard Franz Eugen Jur. Landstuhl
Breuner Franz Phil. Amorbach
Breny Franz Phil. Rapperswyl
Brimmeyr Rudolph Phil. Echternach
Brügel Theodor Jur. Ansbach
Brüning Heinrich Jur. Selsingen
Brunner Gustav Jur. Abensberg
Brutscher Leonhard Phil. Oberdorf
Buchner Johann Theol. Otterfng
Buchta Albrecht Phil. Ingolstadt
Burger Liborius Theol. Kleinsterz
Burger Max Phil. Balmertshofen
Bürklein Adolph Med. Dinkelsbühl
Casparis Adolph Jur. Thusi
Castell Joseph von Jur. Baumgarten
Christ Philipp Med. Lorch
Claudius Adolph Techn. Bleckendorf
Clauss Robert Jur. Memmingen
Costa Dominikus Phil. Erding
Costa Johann Bapt. Philol. Roveredo

Costl Alexander Phil. Athen
Courcel de Alph. Chodron Jur. Paris
Crawford Thomas Chem. Grimstadt
Curtl Ferdinand Med. Rapperschwyl
Daller Balthasar Phil. Niklasreuth
Dausses Georg Phil. Nürnberg
Damm Jakob Jur. Blieskastel
Degen Ernst Chem. Bayreuth
Deller Aloys Phil. Augsburg
Denk Eduard Phil. Regensburg
Denzinger Jos. (Presb.) Philol. Theol. Kleinleilenfeld
Dering Anton Phil. Kettershausen
Deuerling Egid Philol. Seelig
Dickhart Franz Xav. Pharm. München
Diepold Franz Jur. Leutzenhof
Dilg Engen Jur. Kusel
Döhla Philpp Phil. Ansbach
Dönz Eduard Jur. Luzern
Dollmann Marcell. Theol. Ganghofen
Dorn Ludwig Phil. Kehl
Dressel Heinrich Phil. Alteiselfing
Dufernex Bernhard Philol. Carouge
Dünnwald Franz Phil. Köln
Durrer Robert Phil. Stanz
Eckhard August Jur. Waldfischbach
Edelmann Georg Jur. Berching
Eder Johann Phil. Roding
Eder Peter Pharm. Abensberg
Ehrenzeller Karl Aug. Pharm. St. Gallen
Eichheim Karl Phil. München
Eidenschink Joseph Theol. Viechtach
Eisenrichter Frz. Xav. Phil. Prien
Eiterer Benedict Phil. Stalgberg
Ellersdorfer Heinr. Phil. Augsburg
Ellmann Michael Philol. Cham
Elsener Clemens Jur. Menzingen
Engelbert Ad. Mart. Theol. Uttweiler
Engelhardt Johann Jur. Pottenstein
Engelbrecht Sebast. Jur. Attenberg
Englhard Joseph Phil. Rennertshofen
Erat Bernhard Phil. Roggden
Erich Karl Phil. München
Ertl Johann Baptist Phil. Regen
Eschenlohr Domin. Phil. Kirchheim
Eschenlohr Hugo Bergw. Kirchheim
Essl Wilhelm Jur. Landshut
Eymann Ludwig Med. Alfhausen
Faber August Jur. Wiesbaden
Fabricius Friedrich Med. Mörs
Fässler Valentin Jur. Bröschhofen
Fahrmbacher Ludwig Phil. München
Falker Friedrich Jur. Castel
Faltermeier Frz. X. Phil. Köfering
Feichtinger Georg Chem. Landsberg
Feilitzsch Ernst Bar. v. P. M. Trogen
Feiner Georg Jur. Cum. Dornastauf
Fensterer Xaver Theol. Dürrwangen
Ferner Georg Jur. Edenkoben
Fetz Anton Jur. Bezau
Feuerstein Michael Med. Bitzau
Flyne Wilhelm Phil. Dublin
Förster Brix Phil. München
Fohr Karl Phil. Mannheim
Forstner Mathias Med. Mainburg
Frank Ernst Phil. Scheyern
Franque Arnold v. Med. Wiesbaden
Franque Otto Dr. v. Med. Wiesbaden
Franz Wilhelm Phil. Illertissen
Fraunberg Theod. B. v. Phil. Fraunberg
Frech August Med. Augsburg
Fremmer August Phil. Regensburg
Frommknecht Joseph Phil. Harlach
Frömbling Georg Phil. Markt Zeulen
Fürst Karl Phil. München
Fürst Michael Phil. Alteglofsheim
Fumetti Edm. Jur. Burg Kne'phausen
Galler Andreas Jur. Guntendorf
Gehrig Johann Bapt. Theol. Türkheim
Geissler Georg Jur. Neumarkt
Gemeiner Heinrich Jur. Lauffach
Gerson Jakob Pharm. Böhl
Gierlinger Otto Pharm. Arnolfing
Gmeinwieser Friedrich Jur. Cam. Regensburg
Göbbels Mathias Theol. Bösweiler
Göstl Johann Bapt. Phil. Auerbach
Götz Ferdinand Phil. Landshut
Good Eduard Med. Wels
Grabichler Andr. Math. Rosenheim
Graf Eduard Phil. München
Graf Friedrich Jur. Halberstadt
Graf Friedrich Jur. Nürnberg
Griener Joseph Otto Med. Trausnitz
Griesinger Julius Jur. Stuttgart
Grillenberger Alois Jur. Tiefenbach
Grimm Franz Philol. Lohr
Gröber Anton Phil. Schwabing
Gröning Karl Jur. Lengenfeld
Gronen Raimund Theol. München
Gründinger Jh. Theol. Hinterwollaberg
Grundler Karl Pharm. Ulm
Gschwend Julius Med. Altstädten
Gullelmo Joseph Phil. Sesslach
Günther Eduard Pharm. Landshut
Haack Otto Techn. Tönning
Haag Heinrich Phil. München
Haagner Karl Phil. Neuburg
Hacker Albert Phil. Traunstein
Hacker Franz Phil. Nymphenburg
Hafner Ulrich Jur. Tapfheim
Hänlein Karl August Phil. Augsburg
Hagen Engen Jur. Grafenwöhr
Hagn Michael Phil. Pfeffenhausen
Hagspihl Ferdinand Math. Pfronten
Haid Joseph Phil. Landsberg
Heinz Philipp Jakob Pharm. Bensheim
Hammer Karl Med. Ohrdruf

Handel Mainhard von Phil. München
Hasselwander Wilh. Jur. Regensburg
Hauer Joseph Jur. Augsburg
Hauer, Ludwig Phil. Augsburg
Heckenstaller Adam Jur. Falkenstein
Hefner-Alteneck Franz von Phil. Aschaffenburg
Heilmann Eugen Phil. Speyer
Heim Otto Jur. Erlangen
Heimburg Joh. Ernst v. Jur. Frisoythe
Heindl Eduard Phil. Vilsbiburg
Heindl Joh. Joseph Philol. Unterlind
Hefnrich Konrad Phil. Kempten
Heinrizi Pius Phil. Raisting
Heintz Karl Eduard Phil. Zweibrücken
Heizer Karl Phil. Ascha
Held Joh. Bened. Jur. Winterrieden
Heldmann Joseph Jur. Vilseck
Hellborn Heinrich Jur. Regensburg
Heller Joseph Phil. Frankenthal
Hector Enno Wilh. Philol. Dornum
Hemmerlein Mathias Phil. Hollfeld
Henkel Aug. Herm. Med. Meuselbach
Hepperger Joseph von Med. Bozen
Herb Michael Theol. Neresheim
Helmes Albert Phil. Gastenfelden
Herz Franz Xaver Theol. Augsburg
Herzog Wilhelm Phil. Dahlheim
Hess Ludwig Jur. München
Hetzer Georg Jur. Cam. Verden
Hieber Adam Phil. Neresheim
Hierholzer Andreas Phil. Friedling
Hiermayer Joh. Bapt. Phil. Neuburg
Hirsch Marianus Med. Berg
Hirschberg Christ. Grf. v. Jur. München
Hochstrasser Xaver Phil. Straubing
Hölderle Ludwig Phil. Kempten
Höllinger Karl Pharm. Passau
Hölzl Otto Phil. Kempten
Höring Franz Med. Mergentheim
Hörmann Karl Phil. München
Hörner Phil. Theod. Pharm. Polsingen
Hoffmann Theodor Phil. Ansbach
Hofmann Friedrich Phil. Ansbach
Hofmann Wilhelm Phil. Steinburg
Hohenbleicher Leonh. Philol. Theol. Silheim
Holzmanstetter Otto Jur. München
Holzner Ignaz Jur. Neuötting
Hormayr Anton Pharm. Passau
Huber Emil Jur. Cusel
Huber Franz Xaver Jur. Hinkhof
Huber Franz Xav. Phil. Unterbingwang
Huber Johann Phil. Au
Huber Joseph Phil. Mapprechts
Huber Michael Jur. Zielheim
Hubmann Anton Jur. Blaueneisach
Hummel Friedrich Phil. Wallerstein
Hundsmann Aug. Phil. Pfaffenhofen

Huser Martin Med. Hegglach
Jäger August Phil. Rain
Jäger Philipp Philol. Fribourg
Jägl Anton Phil. Windischeschenbach
Janowiez Lucian Pharm. Czernowitz
Julius Xaver Med. Stötten
Kaan Raimund von Med. Wien
Kahn Hermann Phil. Hürben
Kain Joseph Jur. Kallmüntz
Kaiserswerth Franz Joseph Phil. Miltenberg
Kalchschmidt Norb. Theol. Ursberg
Knnatsulis Athanas. Med. Kosani
Kammermayer Ldw. Med. Neukirchen
Kamper Karl Theod. Jur. Rheinfelden
Kappeller Karl Jur. Bozen
Kastl Franz Xaver Phil. Thurnsberg
Kauffmann Karl Eberh. Pharm. Korb
Kaufried Friedrich Chem. Neuhaus
Kaul Otto Phil. Kaiserslautern
Kaussler Vincenz Philol. Eichstädt
Keel Johann Joseph Phil. St. Fiden
Keinz Friedrich Jur. Passau
Keller Joseph Phil. Landau
Kellerbauer Karl Bergw. Ering
Kellner Joseph Philol. Neudorf
Kerlé Ludwig Med. Schledehausen
Kerler Xaver Phil. Enringen
Kern Joseph Med. Fulda
Kesseler Otto Jur. Düsseldorf
Kirchgessner Gottfr. Phil. Würzburg
Kirchlechner Heinrich Med. Meran
Kirmaier Joseph Phil. Mühldorf
Kittel Georg Phil. Aschaffenburg
Klemann Theod. Chem. Heidenheim
Klein Franz Xaver Phil. Schönberg
Knibbe Curtius Jur. Torgau
Koch Alfred Bergw. Lindau
Köchel Karl Med. Hellbronn
Köck Clemens Pharm. Schönberg
Koller Adolph Theol. Freystadt
Koppold Ignaz Phil. Aichach
Kostis Simon Jur. Athen
Köller Bernard Theol. Bottrob
Köve Ferdinaud Jur. Ribuitz
Kotschenreuther Jos. Theol. Naukendorf
Kraft Arnold Phil. Sargans
Kraft Karl Phil. München
Kranzfelder Alfred Phil. Augsburg
Kraus Adam Jur. Frohnlohe
Kraus Georg Phil. Nassenbeuern
Kremer Cölestin Phil. Donauwörth
Krieger Jakob Jur. Grünstadt
Krieger Peter Phil. Donauwörth
Krombach Heinr. Pharm. Dietkirch
Kühn Joseph Philol. Rennerod
Kugler Anton Pharm. Jassy
Kuhn Leonhard Theol. Diedesfeld

Kurrer Wilhelm Med. Jsny
Kurz Hermann Jur. Bern
Kutzer Franz Joseph Phil. Mitterteich
Lammfromm Andr. Phil. Augsburg
Landgraf Adolph v. Jur. Bamberg
Lange Ferdinand Techn. Altona
Langenwalter Xaver Philol. Rechbergreuten
La Rosée Emanuel Graf v. Phil. Schloss Isareck
Latris Pelogidos Med. Smyrna
Lauer Karl Phil. Kirchheimbolanden
Laumbacher Karl Phil. Stadtamhof
Lechner Lorenz Theol. Mühlhausen
Lecollier Heinrich Med. Neueilly
Lederer Georg Phil. Diernaich
Lederer Joseph Phil. Amberg
Lederer Max Phil. Simbach
Lederle Karl Jur. München
Ledermann Gustav Phil. Landshut
Lehner Joseph Jur. Hahnbach
Lehrmann Joseph Med. Würzburg
Lemberger Eduard Phil. Freising
Lenheim Raphael Phil. Fulda
Lermer Friedrich Jur. Memmingen
Le Sage Franz Phil. München
Lex Joseph Theol. Sattelpeilnstein
Lichtenegger Jos. Theol. Reischach
Lichtensteiger Jos. Theol. Kempten
Liebhart Alois Theol. Tölz
Liebl Georg Phil. Deggendorf
Liedl Johann Phil. Pressath
Lifer Oskar Phil. München
Linder Clemens Phil. Leinau
Link Georg Jur. Pfaffenhofen
Linprun Alfred v. Phil. Obergriesbach
Linsmayer August Phil. München
Lipp Philipp Pharm. Baierdiessen
Lochmann Johann Med. Jassy
Loh Alexander Med. Frankfurt
Lorenz Joseph Phil. München
Lützelburg Wilhelm Baron von Jur. Ingolstadt
Luther Michael Jur. Amberg
Lutz Gebhard Phil. Thal
Märkel Joseph Jur. Burghausen
Märklsetter Julius Phil. Rothenburg
Mätz Karl Phil. Schässburg
Maffei Hugo von Phil. Bamberg
Mair Joseph Phil. Miesbach
Marr Ludwig Med. Schwarzach
Martin Franz Anton Phil. Aitrang
Mayer Alois Philol. Landshut
Mayer Andreas Jur. Vilseck
Mayer Georg Chir. Mattsies
Mayer Johann Jur. Speinshart
Mayer Remigius Aug. Phil. Kempten
Meier Johann Baptist Med. Laffenau
Menzel Karl Phil. Speyer

Messert Johann Nep. Jur. Inkam
Metz Georg Phil. Rennertshofen
Metz Nikolaus Jur. Püssensheim
Meyer Eduard Phil. Treuchtlingen
Meyer Franz Xaver Phil. Scheyern
Meyer Julius Jur. Ansbach
Misdni Wilhelm Phil. Achdorf
Mohr Ernst Med. Oberweisbach
Müller Heinrich Jur. Darmstadt
Mösslinger Otto Jur. Oettingen
Müller Andreas Phil. Altdorf
Müller August Jur. Rorschach
Müller Felix Jur. Amberg
Müller Friedrich Phil. Naila
Müller Kaspar Phil. Näfels
Müller Leonhard Phil. Alling
Müller Ludwig Jur. Cam. Bonn
Müller Theobald Phil. Rorschach
Müller Wilhelm Phil. Niedernhausen
Münch Johann Jur. Flachslanden
Neuberger Jakob Phil. Strähberg
Neumeyer Jos. Seb. Med. Eichstädt
Nickel Julius Jur. Speyer
Niehans Theodor Med. Rheine
Noë Heinrich Phil. München
Oberholzer Fidel Theol. Goldingen
Obermaier Karl Math. Buchloe
Oechslin Emil Phil. Stuttgart
Oeffner Karl Pharm. Augsburg
Oetinger Gustav Ad. Bergw. Lindau
Oettinger Sigmund Phil. München
Oettl Joh. v. Gott Pharm. Wolfratshausen
Osswald Christoph Med. Augsburg
Oyen Joseph Phil. Theol. Hildesheim
Pachmayr Eugen Phil. München
Pappenberger Gustav Phil. München
Pappenberger Lor. Philol. Voitentau
Paule Wendelin Phil. Konnberg
Petzl Anton Theol. Köfering
Pfetten Oscar Baron v. Phil. Amberg
Pfistermeister Mich. Jur. Welden
Pfnürr Franz Phil. Berchtesgaden
Pigenot Karl v. Phil. Vohenstrauss
Pittermann Joseph Jur. Straubing
Plattner Placidus Philol. Unterwaz
Platz Jakob Jur. Maikammer
Pöll Franz Med. Mals
Pötzl Wenzeslaus Phil. Neualbenreuth
Pollack Markus Med. Brody
Popp Jakob Phil. Landshut
Poschenrieder Franz Seraph Jur. Neuenkehrsdorf
Posselt Karl Phil. Gunzenhausen
Praun Eberh. v. Jur. Herzogenaurach
Prieser Hermann v. Jur. Thurnau
Probst Ulrich Jur. Thannhausen
Pröls Nikolaus Med. Kohlberg
Rabs Viktor Phil. Kalbitz
Räsfeldt Ludw. Bar. v. Phil. Ansbach

Ranke Johann Phil. Thurnau
Raap Johann Math. Wunsiedel
Rathgeber Joseph Phil. Erding
Rauh Eugen Jur. Bergzabern
Rausch Eduard Phil. Schaffhausen
Reber Ferdinand Phil. Cham
Redelberger Joh. Jur. Birkenfeld
Reichel Julius Phil. Naila
Reindl Wolfgang Phil. München
Reindl Theodor Phil. Bamberg
Reischauer Karl Phil. Hanover
Remy Theodor Phil. Reichenbach
Renner Joh. Seb. Jur. Regensburg
Retter Karl Phil. Thalmasing
Richard Ludwig Jur. Lage
Rieger Michael Phil. Percha
Rietsch Hubert Phil. Wallerstein
Rindle Mathias Jur. Ried
Robl Karl Med. Kehlheim
Rogg Karl Phil. Frauenfeld
Rotermundt Max Phil. Regensburg
Rothmund Thomas Jur. Volkach
Rott Joseph Theol. Paunzhausen
Rottach Karl Jur. Adelharz
Ruidisch Ludwig Phil. Stadtamhof
Rupp Aquilin Jur. Hofheim
Rupp Heinrich Math. Alteglofsheim
Ruppelius Franz Math. Imsbach
Rupprecht Ludwig Phil. München
Sanctjohanser Joseph Jur. München
Sartori Karl Phil. Dillingen
Sauerwein Beda Theol. Augsburg
Schäzler Alfred von Jur. Augsburg
Schandein Karl Med. Kaiserslautern
Schechner Anton Phil. Markt,Bibart
Schedler Albert Theol. Sonthofen
Scheler Alfred Phil. Augsburg
Schickendantz Friedrich Phil.Landau
Schieder Quirin Jur. Wörth
Schiedermair Joh. Ev.Phil.Straubing
Schierer Joh. Ev. Jur. Chammünster
Schiff Johann Philol. Euren
Schiffmann Joseph Jur. Furth
Schilling Xaver Theol. Kühnhausen
Schirmböck Albert Jur. Rain
Schlechter Karl Phil. Elsenärzt
Schlönner Wilhelm Phil. Nürnberg
Schmetzer Wilhelm Phil. Rothenburg
Schmid Johann Jur. Neuhof
Schmid Johann Theol. Diessenhofen
Schmid Joseph Phil. Straubing
Schmid Max Phil. München
Schmideder Georg Phil. Bubing
Schmidt Heinrich Math. Grün
Schmidt Heinrich Jur. Wörth
Schmitz Theodor Theol. Elfgen
Schneider Joseph Jur. Donauwörth
Schneider Johann Phil. Mussbach
Schneider Karl Phil. Neuburg

Schraudolph Frz. X. Phil. München
Schreiner Max Phil. Ruhmannsdorf
Schrenk Leop. Bar. v. Phil. Straubing
Schreyer Karl Phil. München
Schröder Nikolaus Med. Dürkheim
Schubert Oscar Jur. Würzburg
Schubiger Moriz Med. Uznach
Schütz Franz Ludwig Phil. Schloss
  Schwarzenberg
Schütz Wilhelm Chem. Gold-Jenikon
Schulz Friedrich Ernst Phil. Kötzting
Schulz Karl Phil. Kötzting
Schwab Ignaz Jur. Winklarn
Schwaiger Ant. Ad. Phil. Schwandorf
Schwaiger Michael Med. Sallach
Schwartzenberger Alb. Jur. Landau
Schwerd Julius Math. Speyer
See Anton Jur. Amberg
Seemüller Ludwig Med. Indersdorf
Seidensticker Karl Forstw.Rohrbrunn
Seidl Joseph Phil. Furth
Seitz Karl Jur. Straubing
Sellmair Johann Phil. Walpertskirchen
Semmer Johann Med. Amberg
Sennebogen Gg. Bergw. Obergrasslfing
Serger Leopold Jur. Gerlachsheim
Serr Hermann Theol. Pirmasenz
Seuffert Hermann Jur. Ansbach
Siegel Karl Jur. Bruchsal
Söldner Andreas Philol. Haus
Spünner Johann Bapt. Jur. Rimbach
Spengel Andreas Phil. München
Spengel Otto Phil. München
Spiehl Konrad Phil. Schnaitach
Sporrer Ludwig Phil. München
Sprenger Edw. Alb. Cam. Hüfingen
Stamatiadis Georg Med. Kastravale
Staub Leonhard Pharm. Bamberg
Staudinger Leopold Phil. Deggendorf
Steindl Clemens Jur. Regensburg
Steiner Joseph Phil. Benken
Steiner Max Med. Illppach
Steingässer August Jur. Miltenberg
Stemler Joseph Jur. Dinkelsbühl
Stigler Joh. Nep. Theol. Niederaurach
Stoll Friedrich Phil. Regenstauf
Straub Oscar Chir. München
Strehle Ignaz Theol. Glött
Streng Adolph Jur. Amorbach
Strober Karl Pharm. München
Stübel Ludwig Jur. Bergzabern
Stubenrauch Sigm. von Phil. Passau
Tachmintai Emanuel Med. Bukarest
Tannheimer Eustach. Phil. Oberstdorf
Tauscheck Ferdinand Phil. Passau
Thomma Leonhard Phil. Muttershofen
Thorwarth Joh. Bapt. Theol. Ehingen
Thulesius Konr. Hr. Jur. Bremerhafen
Thurner Joseph Phil. München

Trügler Anton Jur. Woldmünchen
Trapp August Med. Landau
Tripmacker Gustav Jur. Krautsand
Tschirgi Friedr. Med. Weisstannen
Uebert Theod. Th. Phil. Coppenberg
Uhlmann Johann Jur. Amberg
Uschold Friedrich Jur. Sarmstorf
Vaillant Jakob Jur. Franke.thal
Vogel Karl Theol. Grünstadt
Vogel Ludwig Phil. Kasel
Vogl Karl Med. Lanenstadt
Voit Xaver von Phil. Regensburg
Volckamer Christoph v.Senwaig Jur.
Völkert Robert Phil. Gaisa
Vorwerk Wilh. Georg Jur. Königslutter
Voss Johann Theol. Gesecke
Waas Johann Bapt. Phil. Höhenrain
Walbrun Joh.Nep. Jur. Cam. Pleinstein
Wall, Johann Bergw. Günzburg
Wallenreiter Karl Phil. Obergriesbach
Wallishauser Xav. Phil. Angsburg
Waltershausen Adalbert Baron von
    Phil. Waltershausen
Warsberg Aug. Bar. v. Jur. Saarburg
Weber Franz Phil. Straubing
Weber Johann Phil. Habach
Weber Joseph Jur. Thal
Weber Theodor Forstw. Aschaffenburg
Wegner August Jur. Zottlowo
Wehle Paul Chem. Prag
Weingärtner Wilhelm Phil. Breslau
Weiss Joseph Phil. Pfronten
Wendel August Jur. Rieden
Wenz Wilhelm Phil. Wallerstein
Werner Johann Phil. Wirsberg
Wertensohn Karl Jur. Lauterlecken
Westermayer Georg Phil. Rosenheim
Westhoven Karl von Jur. Ahaus

Westmeyer Jos. Jur. Cam. Marienfeld
Wex Friedrich Herm. Philol. Hamburg
Wex Johann Chir. München
Wibel Oskar Jur. Windsheim
Wich Max Math. Rothenburg
Widenmayer Johann Phil. Lindau
Widmer Joseph Lorenz Jur. Baar
Wieser Eugen Jur. Gunzenhausen
Wilking Friedrich Phil. Schafmühle
Will Karl Jur. Miltenberg
Wimmer Joseph Theol. Reichenhall
Winchenbach Heinr. Jur. Cam. Xanten
Winterl Georg Jur. Post Au
Wirz Theodor Med. Tablat
Wissel Anton Jur. Regensburg
Wölfle Xaver Med. Waldkirch
Wohlschläger Anton Phil. München
Wolf Martin Phil. München
Wolff Friedrich Phil. Landau
Wolff Philipp M. Phil. Augsburg
Wolff Udalrich Theol. Augsburg
Yberle Friedrich Phil. Rain
Zach Franz Michael Bergw. München
Zarzycki Titus Pharm. Lemberg
Zechmeister Ludwig Phil. München
Zeiller Joseph Phil. München
Zeilner Joseph Phil. Bärnau
Zeitler Alban Phil. Untergünzburg
Zenger Ludwig Phil. Eroldheim
Zenger Max Phil. München
Zfas Bernhard Pharm. Jassy
Ziegler Ludw. Sever. Phil. Königsbach
Zierer Wolfgang Phil. Oberzell
Zimmer Jakob Theol. Medard
Zierl Anton Theol. Rosenheim
Zittel Eugen Cam. Bahlingen
Zöller Phil. Hugo Pharm. Winweiler
Zwierlein Hans von Jur. Wiesbaden

1856—1857

Rector DCVIII Ernst von LASSAULX

Aertinger Wolfgang Philol. München
Aichinger Anton Jur. Aislingen
Aigner Michael Theol. Eggenfelden
Albrecht Engelbert Phil. Landshut
Albrecht Hermann Med. Mittenwald
Alt Lothar Jur. Hamburg
Antesberger Joh. Bapt. Jur. Passau
Appel Wilhelm Jur. Freising
Aronstein Adolph Med. Ansbach
Asimont Eduard Jur. München
Auer Karl Phil. München
Augustin Ludwig Jur. Cam. Köln
Axthalb Anton v. Phil. Pfaffenhofen

Bachrich Joseph Naturw. Zsambekreth
Bürlocher. Jos. Litan Phil. Thal
Batl Ludwig Jur. Kempten
Baltheiser Julius Phil. Thürnhofen
Bartel Engelbert Jur. Cloppenburg
Bauer Joh. Fr. Aug. Chem. Nürnberg
Baum Wilhelm Karl Jur. Bischheim
Baumeister Paulus Theol. Denbach
Baumgartner Adolf Landw. Rölz
Bayer Ludw. Andreas Cam. Bamberg
Beaufort Philipp Jur. Dürkheim
Becherer Ambros. Theol. Höchstädt
Bechmann August Jur. Nürnberg

Beer Friedrich Jur. Regensburg
Behringer Georg Jur. Gundelfingen
Beilhack Max Philol. Landshut
Benzinger Otto Jur. Esslingen
Bergmüller Ludwig Jur. Gempfing
Bernadaky Demetrius Philol. Syra
Bersch Karl Bergw. Zweibrücken
Bertram Jakob Theol. Gollheim
Bezold Wilhelm von Phil. München
Biedermann Albrecht Phil. Uslar
Binhack Joh. Gottfr.Pharm.Waldsaassen
Birkner Gottlieb Med. Nürnberg
Bläsi Joseph Jur. Solothurn
Blöst Theod. Ludw. Jur. Memmingen
Böhm Karl Phil. Bayreuth
Böhm Xaver Jur. Neunburg
Bourdy Johann Phil. Burrweiler
Bourqui Alexis Jur. Freiburg
Brandl Anton Jur. Straubing
Brandl Johann Nep. Phil. Viechtach
Brandl Simon Med. Rumplmühle
Braun Jakob Jur. Kelheim
Brehm Johann Georg Jur. Hollfeld
Brentano-La Roche Franz v. Phil. Marienberg
Brewer William Henry Chem. Ithaca
Briel Adalbert Phil. Freising
Broch Johann Phil. Nürnberg
Broder Anton Phil. Sargans
Brück Karl Freiherr v. Phil. München
Brückl-Parcefall Michael Freiherr v. Jur. Mintraching
Brückmann Franz Theol. Hadamar
Brunner Stephan Theol. Terwil
Bschörer Konrad Phil. Amberg
Buchberger Joh. Bapt. Phil. Margling
Buck Michael Richard Med. Ertingen
Bürgisser Jost Jur. Jonen
Büttner Georg Jur. Deggendorf
Burkhard Karl Jur. Amberg
Camerlohr Ludwig v. Med. Herzingen
Carl Philipp Fr. Heinr. Math. Neustadt
Castell Jakob Jur. Schwyz
Castner Sigmund Jur. Eichstädt
Casura Johann Phil. Fellers
Chellus Wilh. Bergw. Emmrichenhain
Coppenrath Ferdinand Jur. Münster
Curt-Restorff Herm. v. Jur. Ribnitz
Dalsenberger Anton Jur. Phil. Weilheim
Damm Peter Adam Phil. Alsterweiler
Decker Max Joseph v. Phil. Augsburg
Demmler Friedrich Phil. Regensburg
Detmer Adolph Archit. Hamburg
Diezfelwinger W. J. C. Philol. Langensdorf
Dirnberger Joseph Jur. Ast
Ditterich Julius Phil. Bayreuth
Dobler Jakob Phil. Moos
Dötsch Georg Math. Plärmühle

Doppelhammer Ed. Pharm. Tölz
Doppler Joseph Phil. Pfarrkirchen
Dulliger Joseph Pharm. Passau
Dupraz August Jur. St. Livres
Eberhard Balthasar Theol. Trier
Eberhardt Michael Med. Roth
Eberle Xaver Phil. Nesselwang
Eberth Friedr. Wilh.Jur. Klosterebrach
Eckhard Julius Phil. Waldfischbach
Eckstein Johann Phil. Fuchsmühl
Eggers Nicolai Phil. Reval
Eichinger Mathias Jur. Oed
Eigenschink Andreas Jur. Strasskirchen
Eign Joseph Phil. Straubing
Elblein Karl Theol. Neuburg
Endres Georg Phil. Lauf
Engbrux Franz Phil. Oed
Engel Bernhard Phil. Babenhausen
Engel Georg Jur. Schwarzenfeld
Engelbach Adolf Phil. München
Engelhardt August Jur. Windsheim
Enzensberger Joh. Bapt. Jur. Füssen
Esenbeck Franz Jur. Neuburg
Eser Friedrich Phil. Buchloe
Eugler Venust. Jur. Grünenbach
Färber Nicolaus Phil. Warching
Falk Louis Rud. Fr. P. Phil. St. Gallen
Fell Johann Phil. Kempten
Feldmaier Johann Phil. Ramesberg
Fellermeyer Karl Phil. Grossmehring
Felser Franz Jur. Biberbach
Felshof Eduard Phil. München
Fenkner Arthur Med. Goslar
Ferrein Andreas Phil. Moskau
Ferrein Waldemar Pharm. Moskau
Fetz Jakob Georg Phil. Ems
Filchner Eduard Phil. Speinshart
Fischer Alois Theol. Geisenfeld
Fischer Friedrich Philol. Bamberg
Fischer Joseph Theol. Kaufbeuren
Foringer Max Anton Jur. Parsberg
Forster Franz Jur. Kalteneck
Frank Joseph Jur. Amsham
Freitag Johann Georg Math. Nürnberg
Freudenberg Otto Phil. Neuwied
Frey Peter Theol. Linnich
Freyberg Ludw. v. Bergw. München
Freylinger Joseph Jur. Oberlindhart
Friederich Sigmund Phil. Nürnberg
Friedrich Ferd. G. A. Jur. Weilburg
Frisch Eugen Jur. Passau
Fritz Peter Phil. Prutting
Frühholz Joseph Theol. Winkl
Furger Franz Joseph L. Jur. Schwyz
Gack Gustav Cam. Ludwigstadt
Gässler Theodor v. Jur. Burghausen
Gallenmüller Jos. Math. Dillingen
Gauch Julius Med. Jettenbach

23

Geiger Eduard Phil. Neuburg
Geis Emil Phil. Oberstorf
Geith Anton Math. Landshut
Gerstner Ludwig Phil. Neuburg
Geyer Xaver Jur. Greding
Ghillany Friedrich Med. München
Ginkel Franz Jur. Mandach
Gleissner Max Jur. Stralfeld
Götel Karl Phil. Gräustadt
Götz Friedrich Chir. München
Grabinger Martin Jur. Hardenricht
Grabmaier Franz Paul Pharm. Rotthalmünster
Grand-Ry Jak. Julius v. Phil. Eupen
Grienbeck Mathias Jur. Offenstetten
Griessmayer Victor Phil. Neuburg
Grimmel Franz Bergw. Dillenburg
Grivet Cyprian Jur. Semsales
Gros Peter Phil. Schrammenmühle
Gruber Joseph Phil. Passau
Grüner Andreas Jur. Bayreuth
Grünewald Ed. Heinr. Jur. Nürnberg
Grütering Heinrich Jur. Münster
Gundlfinger Bernh. Pharm. Aichach
Gwinner Heinrich Jur. Augsburg
Haag Felix Theol. Schwaben
Haas Friedrich Philol. Uffenheim
Häring Tobias Phil. Frickenhausen
Haffner Ulrich Jur. Topfheim
Haggenmüler Joseph Phil. Isen
Hahn Franz Xav. Philol. Niederstaufen
Haindl Alois Phil. Wondhofen
Hamann Joh. Bapt. Theol. Waldsassen
Hammon Christoph Phil. Erlangen
Hammerschmidt Christ. Jur. Neustadt
Hamp Anton Phil. Allmannshofen
Hampfer Math. Philol. Oberlauterbach
Hartwig Georg Phil. Ansbach
Hasler Joh. Baptist Phil. Regensburg
Haslenger Joh. Mich. Phil. Heretsried
Hausmann Georg Math. Nördlingen
Hauswirth Jos. Theol. Unterneukirch
Hecklesmiller Val. Jur. Oberhausen
Heilmaier Franz Phil. Neuburg
Heiss Heinrich Phil. Starnberg
Heiss Leonhard Med. Sonderried
Helbling Karl Am. Phil. Raperswyl
Held Wilhelm Jur. Wallmerod
Heller Hermann Med. Erlangen
Henner Otto Phil. Wyl
Herold Christian Math. Bayreuth
Herzog Karl Ernst Dr. Philol. Esslingen
Heuser Heinrich v. Pharm. Augsburg
Heymann Karl Phil. München
Hieber Adam Philol. Neresheim
Hierander Franz Jur. Tüntenhausen
Hilgendorf August Rudolph Med. Maulbeerwalde
Höpfel Eduard Phil. Regensburg

Hörner Phil. Theod. Pharm. Polsingen
Hoffmann Georg Jur. München
Hoffmann Karl Wilh. Jur. Srtaubing
Hofherr Anton Bergw. Sarching
Hofmann Gg. Gottfr. Jur. Schweinfurt
Hollner Ludwig Theol. Angsburg
Hollweck Joh. Gg. Pharm. Friedberg
Holzheier Seraphin Theol. Eschbach
Horlacher Philipp Med. Oettingen
Huber Joseph Philol. Schlossberg
Huber Julius Phil. Maximilianshütte
Hubmann Ant. Jur. Blauennenschacht
Hubrich Max Phil. München
Hundshammer Alois Philol. Krailburg
Huppenberger Franz Jur. Langenau
Juana de Vigillo Philol. Saliano
Jobstralbizer Christian Med. Levico
Joplin Ralph. John Med. Bishop-Auckland
Käppel Gustav Med. Alfershausen
Kagerer Paul Theol. Nittenau
Kaiser Johann Mathias Jur. Kronach
Kammerecker Wilh. Jur. Kulzheim
Karpeles Bernhard Med. Bayreuth
Karpfseer Dom. Theol. Wolfratshausen
Kauth Frz. Peter Mar. Bergw. Lorch
Keel Joh. Baptist Ed. Phil. St. Fiden
Keller August Phil. München
Kern Theodor von Phil. Innsbruck
Khittel Joseph Chem. Prag
Kimmerl Karl Jur. Limbach
Kirchner Christ. Pharm. Postmünster
Kirschbanm Hubert Jur. Dillingen
Kisslinger Franz Jur. Freising
Klütsch Arnold Joseph Chem. Köln
Klebelsberg Joh. v. Philol. Welsburg
Klein Adolph Jur. Wiesbaden
Klieber Otto Phil. München
Klug Ludwig Phil. Amberg
Knauer Heinr. E. O. Pharm. Schweinfurt
Kneissl Joseph Phil. Hilgertshausen
Knorr Ferdinand Phil. München
Koch Gottlieb von Phil. Saalbach
Koch Ludwig Bergw. Rudolstadt
Köhler Franz Phil. Webelsburg
Köhler Heinrich Phil. Webelsburg
König Joseph Jur. Grafenau
König Otto Jur. Passau
Kohlhaupt Hermann Theol. Steinweg
Kolb Adolph Phil. Grönenbach
Koneberg Georg Phil. Bedernau
Konrad Joseph Philol. Krumbach
Konya Karl Pharm.
Kopp Johann Friedrich Phil. Neustadt
Köppen Ferd. Emil K. Pharm. Rudolstadt
Kotz Johann Baptist Jur. Hahnbach
Kränzler Joseph Phil. Obendorf
Krandauer Joseph Theol. Velden
Kranz Karl Phil. München
Kranzfelder Jak. Phil. Gessertshausen

Krantfelder Siegfried Theol. München
Kraus Erhard Jur. Naabburg
Kraues Joseph Pharm. Straubing
Krauth Hermann Phil. Canstadt
Kreithmayr Benedikt Phil. Lechhausen
Krembs Max Jos. Otto Phil. Unterleinach
Krick Bruno Theol. Hilders
Krieg Hermann Phil. Regensburg
Krieger Joseph Med. Winnweiler
Krieger Julius Jur. Winnweiler
Kroyer Anton Phil. Berg
Kühbacher Karl Med. Passau
Künzl Andreas Phil. Straubenzell
Kugler Bernhard Jur. Berlin
Kummerer Ignaz Philol. Bruck
Kummerer Joh. Bapt. Philol. Bruck
Kuntz Valentin Phil. Herxheim
Kunz Christian Med. Augsburg
Lachner Eugen Phil. München
Lambrecht Karl Phil. München
Lang Adolph Phil. Landshut
Lang August Phil. Honsolgen
La-Roche Luitp. Frhr. v. Phil. München
Lautenschlager Jos. Jur. Birkenzant
Leeb Leo Phil. Straubing
Lehmann Julius Phil. Nürnberg
Leopolder August Med. München
Lerchenfeld Ludwig Graf von Jur.
  Petersburg
Linder Gottlieb Jur. Mussbach
Linder Johann Nep. Phil. Kirchheim
Litzlkirchner Ed. Phil. Regensburg
Lockemann Franz Math. Lohr
Loritz Otto Jur. Neumarkt
Lossen Friedr. Ludwig Theol. Kirn
Loy Eusebius Phil. Eresing
Ludwig Wilhelm Pharm. Schönau
Luggin Anton Med. Eppan
Lutz Sebastian Phil. Oberkammlach
Märkl Ernst Phil. Ansbach
Magnin Alphons Jur. Vuippens
Maier Dominikus Theol. Ottmarshart
Maisen Theob. Frhr. v. Jur. Bayreuth
Manger Rudolph Bergw. Weilburg
Mangl Melchior Jur. Ellingen
Manzinoja Otto Jur. Pontresina
Mark Karl Phil. Ansbach
Marquis Gustav Karl Jur. Chatelard
Martin Johann Bapt. Jur. Lechhausen
Martius Karl Alex. Chem. München
Marty J. Jakob Med. Glarus
Mayenberg Joseph Philol. Passau
Mayer Max Pharm. Vilsbiburg
Mayer Wilhelm Phil. München
Mayerhöfer Hugo Jur. Bamberg
Mayr Karl Pharm. Burghausen
Meindl Albert Bergw. Ruhmannsfelden
Mencke Karl Bergw. Wellburg
Merk Hubert Philol. Amberg

Merker Johann Philol. Gersheim
Melchenmoser Philipp Phil. Augsburg
Metz Johann Georg Jur. Rennertshofen
Mirwald Joseph Phil. Niedervichbach
Modoux Jean Louis Med. Promasens
Möller Alexander Cam. Neuhershausen
Mord Friedhold Techn. Niederngrün
Moreth Friedrich v. Jur. Ebnath
Morgenroth Julius Phil. Augsburg
Mossmayr Joh. Bapt. Phil. Höchstädt
Mühl Eduard Pharm. Freising
Müller Aloys Phil. München
Müller Andreas Phil. Altdorf
Müller August Hermann Phil. Lindau
Müller Friedrich Wilh. Jur. Augsburg
Müller Michael Phil. Neuburg
Müller Theobald Med. Rorschach
Müller Wilhelm Pharm. Rheinfelden
Müller Wilhelm Theol. Kriegshaber
Müller Wolfg. Theol. Stadelschwarzbach
Münzenthaler Georg Jur. Kemnath
Mussmann Joseph Med. Augsburg
Munk Joseph Phil. Hirnheim
Naager Franz Phil. Landshut
Neeser Adam Med. Baldersheim
Nepefny Benedikt Theol. Ruhstorf
Nerz Bonifaz Theol. Dinkelsbühl
Neth Joseph Phil. Schongau
Neumayr Max Phil. München
Ney Ludwig Med. Speyer
Niggl Alois Phil. Kirchdorf
Nöthig Jakob Jur. Grossostheim
Notthof Franz Phil. Ueberruhe
Obermüller Joh. B. Med. Perlesreuth
Oeffner Karl Pharm. Augsburg
Oelschläger Herm. Phil. Schweinfurt
Oertl Joseph Phil. Dillingen
Oettingen-Wallerstein Mor. Fürst
  von Phil. München
Olgiati Gaudenz Andr. Jur. Poschrawo
Opwis Joseph Theol. Kevelair
Ostermayr Lorenz Phil. Pfaffenhofen
Oswald Martin Jur. Oberau
Ott Gustav Jur. Rothenburg
Ott Johann Jur. Pilmersreuth
Pachmayr Otto Pharm. Griesbach
Pachmayr Oscar Phil. München
Panizza August von Jur. Trient
Pape Eduard Karl Gg. Med. Buxtehude
Pappenberger Lothar Jur. München
Parzefall Jos. Theol. Obertraubling
Passauer Georg Phil. Böbrach
Patsch Ludwig Philol. Waidhaus
Paul Joseph Theol. Nussdorf
Peltzer Hermann Chem. Köln
Petri Hermann Jur. Zweibrücken
Petuel Franz Seraph Jur. Freising
Petuelli Otto Pharm. Abensberg
Pfender Theodor Jur. Speyer

23*

Pfetten Oscar Freih. v. Jur. Neuburg
Pföderl Georg Phil. Fischbach
Pichlmaier Karl Phil. Arnstorf
Pick Joseph Phil. Zbudowic
Piller Joseph Jur. Augsburg
Pisani Albert Phil. Rosenheim
Platz Jakob Jur. Malkammer
Plithos Constantin Phil. Jassy
Polaczek Emil·Pharm. Juczawa
Pollin Alois Friedrich Phil. Landshut
Pollinger Dr. Franz Med. Eggenfelden
Ponickau Frdr. Frhr. v. Phil. Osterberg
Popp Alois Phil. Haag
Popp Eugen Phil. München
Popp Michael Phil. Höll und Haid
Port Martin Philol. Graben
Poten William Jur. Göttingen
Potzel Friedrich Phil. Rehau
Pracher Karl Jur. Speyer
Premauer Karl Phil. Niederurnau
Probst Ulrich Jur. Thannhausen
Raab Albert Pharm. Passau
Rampa Franz Const. Theol. Poschiawo
Rast Maxim. Baron von Jur. München
Ratz Heinrich Pharm. Burgbernheim
Rauch Leonhard Phil. Weilheim
Rauh Andreas Math. Stammbach
Regnat Michael Theol. Biberach
Reiber Otto Phil. Göggingen
Reichert Emil Philol. Durbach
Reitler Nathan Chem. Kletzau
Reitlinger Salom. Phil. Ichenhausen
Renewey Jak. Philipp Jur. Montagny
Rid Martin Phil. Weicht
Riegg Franz Xav. Theol. Oberliezeim
Riemerschmid Heinr. Phil. München
Rieth Franz Phil. St. Martin
Rinkes Peter Theol. Frankenthal
Rintelen Otto Jur. Arnsberg
Ritter Christian Jur. Hochspeyer
Röder Ludwig Phil. Ansbach
Römisch Georg Phil. Erding
Rösl Albert Phil. Angsburg
Rohrer Sebastian Philol. Amberg
Rohrmüller Joseph Phil. Roding
Rossmann Joseph Jur. Wasserburg
Roth Ludwig Phil. Zeiden
Rothlauf Kaspar Math. Weissmain
Rothlauf Leonhard Math. Weissmain
Rubner Heinrich Philol. Harsdorf
Rückerl Joseph Jur. Stammsried
Rupp Heinrich Math. Alteglofsheim
Rupprecht Johann Nepomuk Jur. Kirchenthumbach
Rutz Joseph Jur. Oberammergau
Saalfrank Wilh. Karl Phil. Regensburg
Salich Friedrich Med. Bukarest
Salos Robert von Med. Neuchâtel
Sartory Karl von Jur. Canters

Sauber Wilhelm Phil. Würzburg
Sauter Jakob Jur. München
Schaaf Wilhelm Phil. Eschenbrunn
Schachner Joh. Ev. Phil. Straubing
Schädler Max Phil. Ulitz
Schäzler Const. v. Theol. Augsburg
Schafroth Karl Theol. Willohs
Scharl Joseph Phil. Amberg
Schaub Georg Phil. München
Scheininger Egidius Pharm. Unter-
   traubenbach
Schellhaas August Karl Jur. Kaisers-
   lautern
Schenck Julius Med. Nassig
Schenk Jakob Phil. Mittelneufnach
Scherer Kaspar Phil. Tölz
Scheuer Adolph Phil. München
Schick Johann Jur. Stadtamhof
Schilcher Franz Jur. München
Schilcher Frz. Sal. Pharm. Deisenhofen
Schindele Steph. Phil. Kleinkemnath
Schlag Paul Jur. Weidfeld
Schlagintweit Emil Jur. München
Schlüsselbrunner Johann Baptist
   Theol. Oberbiebing
Schmailzl Joh. Bapt. Phil. Tettenwang
Schmid Frz. Jos. Karl Jur. Hitzkirch
Schmid Georg Phil. Rennertshofen
Schmidbaur Joh. Nep. Med. Landshut
Schmidtbauer Frdr. Pharm. Simbach
Schmidtler Georg Joseph Jur. Rötz
Schmitt Johann Phil. Brücken
Schmoll David P. K. Phil. München
Schneider Joseph Jur. Donauwörth
Schönich Magnus Phil. Füssen
Schöppler Andreas Med. Oettingen
Schreiber Wilhelm Phil. Wiesent
Schröppel Friedrich Phil. Deutenheim
Schuster Mich. Jur. Langenpettenbach
Schwaiger Fritz Phil. Türkheim
Schwaiger Ldw. Phil. Benediktbeuern
Schwalber Joseph Jur. Wemding
Schwarz Joseph Phil. Unteralting
Schwendler Georg Phil. Abensberg
Sedlmaier Joseph Theol. Steinsdorf
Seefelder Johann Phil. Landshut
Seiboltsdorf Karl Grf. v. Phil. München
Seiler Johann Med. Fischbach
Seitz Ludwig Phil. München
Sickenberger Edmund Jur. Lohr
Siegert Georg Phil. Weissenohr
Siess Martin Phil. Zielheim
Simar Hubert Theoph. Theol. Eupen
Singer Jakob Phil. Regensburg
Soratroy Constantin Phil. Augsburg
Spies Wilhelm Jur. Setters
Spreti - Weilbach Karl Graf von
   Phil. Weilbach
Spreti Theodor Grf. v. Phil. München

Stadler Franz Med. Eltershofen
Stähr Adam Jur. Bamberg
Stanner Kaspar Math. Schnaupping
Stauber Max Pharm. Riedenburg
Steger Karl Phil. München
Steigenberger Joh. M. Phil. München
Steinbrecher Oskar Phil. Nürnberg
Steinheimer Michael Jur. Hallstadt
Stemmler Joseph Jur. Dinkelsbühl
Stengel Herm. Frhr. v. Phil. München
Stephan Valentin Jur. Gerolzhofen
Steppes Edmund Phil. Werthelm
Stewens Albert Theol. Elten
Stieve Richard Jur. Rechlinghausen
Stiller Adolph Phil. Nürnberg
Stöger Otto Pharm. München
Stowitzer Franz Pharm. Passau
Stransky Hugo von Med. München
Strauss Samuel Phil. Obermoschel
Streber Karl Phil. Neunburg
Streng Johann Nepomuk Med. Passau
Strobl Max Phil. Nürnberg
Strohmayr Joh. B. Phil. Arnsdorf
Stubenrauch Christoph Phil. Bogen-
    hausen
Stubenvoll Joh. B. Phil. Neukirchen
Stuhlreiter Karl Jur. Mitterfels
Taglio Willibald Jur. München
Tambosi Alois Phil. München
Tautphöus Rich. v. Phil. Aschaffenburg
Tempel Lothar Pharm. Winnweiler
Terstesse Karl Phil. Rüthen
Thaller Leonhard Pharm. Altötting
Thäter Herm. Julius Pharm. München
Thoma Leonhard Jur. Muttershofen
Thou-Dittmer Gustav Freiherr von
    Jur. Regensburg
Thumm Albert Pharm. Gondelsheim
Thurmayr Joseph Phil. Kumpfmühl
Treitz Wilhelm Jur. Köln
Trentini Karl von Phil. München
Trösch Joh. Baptist Jur. Hahnbach
Troidl Karl Philol. Cham
Trunzer Alois Theol. Petersthal
Tscheppe Karl Med. Thengen
Tschech Florian Math. Giebau
Uhl Ulrich Theol. Tupfheim
Ullerich Adolph Phil. Windhof
Ulrich Joseph Phil. Küssnacht
Vendel Jod. Joseph Theol. Ucherath
Viehhauser Adalb. Theol. Hüttschlag

Völckel Phil. Phil. Kirchheimbolanden
Völcker Valentin Philol. Speyer
Vogl Albert Techn. Kempten
Vorbrugg Conr. Aug. Phil. Grönenbach
Wagner Johann Philol. Strullendorf
Wagner Joh. Gg. Theol. Wallenhausen
Wulderdorff Adolph Graf von Jur.
    Hautzenstein
Walter Albert Techn. Augsburg
Walter Eduard Karl Phil. Dorpat
Walter Franz Sal. Jur. Kreuth
Walter Joseph Phil. Leuchtenberg
Wand Theodor Jur. Neustadt
Wandner Gottfried Med. Regensburg
Wappenschmitt Georg Otto Phil.
    Oberleinbach
Weber Franz Xaver Phil. Mering
Weber Heinrich Chem. St. Petersburg
Weech Friedrich von Phil. München
Weichert Karl Phil. Frauenberg
Weigand Karl Phil. Weilburg
Weigl Joseph Phil. Burghausen
Weinberg Max Ephr. Med. Lemberg
Weiss Anton Phil. Hohenwald
Weiss Christian Math. Culmbach
Weiss Karl Jur. Erbendorf
Welden Max Frhr. v. Jur. Tüssling
Weller Otto Chem. Mannheim
Wellnhofer Frz. Xav. Jur. Winklarn
Wenauer Joseph Phil. Eichstädt
Wenzel Heinrich Pharm. Arnstein
Werner Ernst Jur. München
Werner Joseph Theol. Hilpoltstein
Wiedemann Franz Jos. Theol. Traun-
    ried
Wild Eduard Phil. München
Wildmoser Andr. Med. Niederthann
Wimmer Anton Phil. Landshut
Witt Joseph Phil. Amberg
Woll Karl August Jur. St. Ingbert
Wreesmann Karl Heinr. Phil. Barssel
Wulzinger Emil Phil. Arnstorf
Wuth Alfred Phil. Kirberg
Zell Johann Baptist Phil. Augsburg
Zellhuber Franz Phil. Eggenfelden
Zenefels Georg Jur. Schwarzach
Ziegler Joseph Phil. Dachau
Zierl Max Jur. Schleissheim
Zimmerlin Rud. Friedr. Jur. Zofingen
Zöschinger Ludw. Jur. Regensburg
Zwierziua Leopold v. Jur. München

1857—1858

Rector DCIX Dr. Franz Xaver REITHMAYR

Abel Friedrich Phil. München
Adam Joseph Phil. Monheim

Albert Andreas Phil. Würzburg
Amann Jakob Phil. Duttweiler

Ammer Johann Nep. Jur. Mamming
Ammer Michael Jur. Schierling
Apolger Joseph Med. Frauenbrünnl
Arco-Valley Karl Grf. v. Jur. München
Arneth Philipp Phil. Augsburg
Arnold Karl Friedr. Phil. Eichstädt
Arzberger Joh. Philol. Schrettenlohe
Aschenauer Conr. St. Jur. Eglofsheim
Attenhofer Heinrich Med. Sursee
Attenhofer Karl Jur. Sursee
Aufsess Hug. Frhr. v. Forstw. Oberaufsess
Backhaus Reinhard Pharm. Selbach
Backmund Joh. Philol. Unterdürrbach
Bader Julius Theol. Dillingen
Ball Ludwig Jur. Kempten
Balleys Caspar Med. Bourg St. Pierre
Bandel Otto Cam. Ulm
Bannwarth Fidel Phil. Tüssling
Bargum Julius Pharm. Crempe
Bartel Engelbert Jur. Cloppenburg
Bauer Johann Baptist Med. Passau
Bauer Max Jur. Rothenburg
Bauernschmidt Joh. Jur. Brünberg
Baumann Gustav Med. Monheim
Baumgartner Adolph Landw. Wien
Beck Conrad Med. Nürnberg
Beer Anton Phil. Kempten
Benning August Phil. München
Beraz Johann Phil. Bamberg
Berchtold Michael Phil. Bergheim
Berleb Johann Pharm. Perndorf
Bernardaky Demetr. Philol. Losbos
Bever Otto Phil. Berlin
Bichler Christian Jur. Amberg
Bierl Johann Pharm. Herzogauerhütte
Bierling Johann Phil. Oberammergau
Biersack Andr. Jur. Schlammersdorf
Birkner Gottlieb Med. Nürnberg
Bischof Herm. Dr. Phil. Jur. Kirchen
Bittl Gustav Phil. Neuötting
Bley Ludw. Leonh. Fr. Chem. Bernburg
Bockes Matthäus Jur. Regensburg
Bösl Johann Jur. Winklarn
Bogner K. Aug. Phil. Kirchheimbolanden
Bold Johann Jur. Hermersberg
Bosch Theodor Theol. Freiburg
Boscowitz Nathan Phil. Floss
Brändle Franz Jak. Theol. St. Johann
Brandl Michael Phil. Straubing
Braun Johann Baptist Med. Rieden
Braun Karl Jur. München
Brennhofer Karl Phil. Langquaid
Brück Karl von Jur. München
Brückl Michael Jur. Mintraching
Brillbeck Franz Jur. Straubing
Bruner Karl Jur. Grossköllnbach
Bucher Joh. Jos. Phil. Waldkirchen
Burger Fritz Jur. Bolzenburg
Bürstinger Jakob Philol. München

Carl Theodor Jur. Göllheim
Casparis Adolph Jur. Thusis
Clos Karl Theol. Oettingen
Cnefelius Ludwig Pharm. Karlsruhe
Compes Heinr. Ernst Phil. Neuwerk
Contzen Leopold Philol. Münster
Dahl Joseph Phil. Frankenthal
Debonis Franz Phil. Intra
Dednal Johann Joseph Jur. Trimmis
Delf Heinrich Phil. Husum
Dellinger Joseph Chir. Merching
Derleth Johann Phil. Pfaffendorf
Denerling Andr. Philol. Altenkunstadt
Diemer Theodor Phil. Oberammergau
Diethelm Jos. Domin. Jur. Altendorf
Dietl Joseph Philol. Walkenstätten
Direnberger Wilh. Phil. Kaiserslautern
Disch Joachim Anton Phil. Disentis
Dördelmann Bernh. Philol. Grumm
Dötschmann Julius Pharm. Hall
Donderer Joh. Gg. Theol. Balzhausen
Drechsler Gustav Cam. Clausthal
Dreher Theodor Theol. Krauchenwies
Dullinger Joseph Pharm. Passau
Dumm Friedrich Phil. Eschenbach
Du Prel Karl Phil. Landshut
Ebenhöch Philipp Med. Aschaffenburg
Ehrensberger Michael Chir. Amberg
Ehrlich Eugen Phil. Rottenburg
Eiber Anton Jur. Waltershof
Eichheim Rudolph Phil. Burghausen
Eichinger Michael Phil. Eggmühl
Eilles Julius Philol. München
Einsle Joseph Phil. Zwiesel
Eisenlohr Gg. Theol. Unterknöringen
Elchinger Alexander Jur. München
Endner Eduard Jur. Neufahrn
Engel Bernhard Jur. Babenhausen
Engelmann Karl Philol. Hallgarten
Erbelding Otto Bergw. Zweibrücken
Erich Friedr. Gottfried Phil. Brotleben
Ernst Heinrich Philol. Seigendorf
Ernst Joseph Jur. Reisbach
Ernst Kaspar Phil. Hochaltingen
Ernstberger Ant. Pharm. Waldsassen
Ertl Anton Phil. Wörth
Escherich Herm. Nikol. Phil. Miltenberg
Euler Ludwig Chem. Otterberg
Eylerts Karl Phil. Esens
Falcke Julius Jur. Nürnberg
Faltermayer Otto Phil. Burghausen
Fastenrath Johann Jur. Köln
Feder Karl Phil. Athen
Feldbauer Joseph Phil. Amerlingshof
Feldbausch August Pharm. Landau
Fernbacher Joseph Jur. Au
Fernsebner Petrus Phil. Berchtesgaden
Fenri Gustav Frhr. von Phil. Landshut
Feyrlein Franz Xaver Jur. Bergheim

Fichtner Martin Jnr. Altötting
Fischer Friedrich Jur. Hof
Fischer Hugo Jur. Sulzbach
Fleischmann Ignaz Chem. Dolein
Foltz Karl Phil. Speier
Forndran August Phil. Augsburg
Fraunberg Ad.Frhr. v. Phil. Fraunberg
Fraundorfer Bapt. Phil. Augsburg
Freytag Georg Jur. Markt Stefs
Friedmann Karl Med. Innsbruck
Friedrich Nikolaus Med. Würzburg
Frisch Alois Pharm. Waldeck
Fromherz Gustav Jur. Freiburg
Fromknecht Joseph Theol. Haslach
Fugger Franz Joseph Jur. Schwyz
Fugger-Glött Alb. Grf. v. Phil. Glött
Fugger-Glött Rud. Graf v. Phil. Glött
Fumian Joseph Phil. Buchbach
Fürg Adolph Phil. München
Fürst Joseph Phil. München
Gärtner Ignaz Phil. Tandern
Gamba Joseph Phil. Flossing
Gard Adam Theol. Mechtersheim
Geberl Michael Med. Neustadt
Geigenberger Mich. Jur. Hinzing
Geiger Friedrich Pharm. Heidelberg
Geiger Otto Pharm. Pfarrkirchen
Geisweiler Frz.S.Phil.Fhr.v.Neustadt
Geyer Philipp Math. Eltmann
Giezendanner Joh. Jak. Jur. Ebnath
Glockner Joseph Emil Cam. Karlsruhe
Glotz Alexander Med. Neresheim
Göller Matthäus Phil. Strullendorf
Good Rudolph Wilhelm Jur. Mels
Goss Johann Georg Jur. Neukelheim
Grädinger Andreas Jur. Deutenhausen
Graf Friedrich Jur. Halberstadt
Graf Johann Baptist Phil. Landshut
Graf Leopold Med. Tegernsee
Greiner Otto Jur. Ansbach
Gresser Ludwig Phil. Krumbad
Griesbeck Andreas Phil. Bamberg
Grindinger Frz. Ser. Philol. Obernzell
Groll Ludwig Phil. Straubing
Gross Georg Phil. Traisching
Gros Peter Jur. Schrammenmühle
Grüner Andreas Jur. Bayreuth
Gschwändler Anton Med. Aibling
Guggemos Mathias Phil. Denklingen
Gutbier Albin Med. München
Haag Julius Med. Gmünd
Haar Heinrich Theol. Höhn
Habrnner Max Phil. Straubing
Hänlein Karl Jur. München
Hammerle Wilhelm Theol. Beckum
Härdl Franz Xav. Phil. Eggenfelden
Häringer Gabriel Theol. Wellheim
Hafensteiner Johann Jur. Thaustein
Hafner Ulrich Jur. Tampfheim

Hager Alois Jur. Untertraubenbach
Haimerl Joseph Phil. Hötzing
Halenke Adolph Phil. Regensburg
Hammer Johann Bapt. Jur. Vilseck
Haushalter K. Dr.Phil.Bergw.München
Haushofer Karl Phil. München
Hartmann Wilhelm Chem. Neuenstadt
Hayd Heinrich Theol. München
Hayler Karl Med. Rosenheim
Heklesmiller Val. Jnr. Oberhausen
Hedeus Jakob Phil. Vilseck
Hefele Michael Phil. Dachau
Hefner-Alteneck Frz.v.Jur.München
Heim Adam Pharm. Ochsenfurt
Hellingbrunnen Ant.Phil.Wasserburg
Heintz Eduard Jur. Zweibrücken
Heintzemann Ferd. Jur. Bleidenstädt
Hellermann Max Med. Mainz
Hennemann Gustav Phil. München
Herrmann Christian Jur. Zwiesel
Herrschel August Chem. Mannheim
Hetzel Wilhelm Med. Sommerdorf
Heumann Wilhelm Phil. Neuburg
Herrich-Schaeffer Gustav Med. Regensburg
Heusler Max von Phil. München
Heusner Leop. J. Chr. Cam. Kaiserslautern
Heyder Heinrich Phil. Landsberg
Hiller Ludwig Phil. Obergriesbach
Hillmayer Franz Phil. Neuburg
Hinker Alois Med. München
Hipper Johann Phil. Weilheim
Hirschaner Alois Phil. Amberg
Hittenkofer Clemens Phil. Beilngries
Hitzler Math. Anton Phil. Augsburg
Hofherr Karl Phil. Frankenthal
Hörmann Wilhelm Jur. München
Hörmüller Joseph Phil. Tittmoning
Hörtrich Franz Xaver Phil. Dirlewang
Hoffmann August Phil. Luxemburg
Hoffmann Emil Theol. Dresden
Hoffmann Georg Jur. München
Hoffmann Theodor Jur. Ansbach
Hofmann Friedrich Jur. Ansbach
Hofmann Joh. Bapt. Theol. Bruckberg
Hofmann Karl Philol. Ansbach
Hofmann Karl von Phil. München
Hohenberger Georg Jur. Hof
Hold Christian Theol. Erolzheim
Holland Calv. Bernhard Med. Sheffield
Holler August Med. Kastl
Hollweck Georg Joh. Pharm. Friedberg
Holzleithner Karl Jur. Passau
Hopfen Demetrius Jur. München
Hoyaciaslavki Longin Pharm. Wola Michowa
Hoya Adalbert Phil. Ankum
Huber Johann Nep. Math. Landsberg

Huber Joseph Theol. Schlossberg
Hudler Gustav Adolph Jur. Freising
Hübner Julius Phil. Landau
Hugel Theodor Math. Memmingen
Humps Max Phil. Regen
Huth Eugen Phil. Landau
Hutter Max Jnr. München
Jäcklein Anton Phil. Volkach
Jägerhuber Ludwig Phil. München
Ilgmeyer Ludw. Pharm. Bischofsreuth
Jörg Leonhard Math. Gundelfingen
Johann Jakob Phil. Rülzheim
John Wilhelm Cam. Nürnberg
Joos Christian Jur. Vallendas
Jungwirth Ferdinand Jnr. Seebach
Jungwirth Joseph Jnr. Seebach
Jung Karl Phil. Neustadt
Kühn Friedrich Med. Triesdorf
Kalb Georg Techn. Frankfurt
Kappel Salomon Chem. Mediesch
Kellenberger Joseph Jnr. Dillingen
Kellenberger Karl Med. Chur
Keller Karl Phil. München
Kerler Karl Cam. Karlsruhe
Kettenburg Kuno v. Jur. Matgendorf
Kirchner Philipp Jnr. Bamberg
Klee Hermann Phil. Werneck
Klemann Alfred Jur. Ebeleben
Klein Gustav Adolph Phil. Tittmoning
Klöne Ludwig Phil. Rehme
Klotz Michael Phil. Neuburg
Koch Ervin Phil. Lindau
Koch Franz Pharm. Grafenau
Koch Peter Med. Chur.
Köglmayr Franz Xav. Phil. Upfkofen
Köhler Karl Jur. Landau
Könen Friedrich v. Jur. Frankfurt
König Joseph Jur. Grafenau
König Vincens Jur. Hohenhardt
Körber Valentin Philol. Stetten
Kollmann Julius Med. Laugna
Kraus Gustav Cam. Waldorf
Kraus Johann Evangelist Phil. Regen
Kraus Karl Med. Bamberg
Krieg Friedrich Pharm. Regensburg
Kranth Hermann Phil. Cannstadt
Kreithmayer Mathias Phil. Lindach
Krieger Ludwig Jur. Zweibrücken
Krinner Ludwig Theol. Tölz
Krupp Franz Xav. Philol. Imsbach
Kuch Franz Med. Sursee
Kübler Christian Pharm. Dettwang
Küffner Jos. Ludw. Med. Regensburg
Kuepach Otto von Phil. Lindau
Kufner Ludwig Med. Osterhofen
Kugler Emil Med. Eichstädt
Kammer Karl Jur. Harburg
Kunz Georg Math. Bruchmühlbach
Kunzmann Ulrich Theol. Buchloe

Kurz Joseph Phil. Warth
Lambert Leonhard Phil. Dahn
Landtwing Franz Forstw. Zug
Lau Georg Phil. Sternfeld
Lauer Joseph Phil. Bliesbolchen
Lautenhammer Joh. Philol. München
Lauth Johann Joseph Phil. Dinkelsbühl
Leeb Alfred Phil. Aschaffenburg
Lehmann Georg Jnr. Nürnberg
Lehner Karl Med. Dinkelsbühl
Lehner Matthäus Math. Heiligenstadt
Leibhammer Ant. Phil. Wallerstein
Lengger Georg Phil. Utting
Leonhard Hermann Phil. Müllheim
Lenz Johann Bapt. Phil. Warth
Lermer Joseph Jnr. Regensburg
Lewington Thomas Phil. Lambourne
Liebl Andreas Phil. Petershausen
Liebl Ignaz Phil. Dachau
Liebl Wolfgang Philol. Arberhütte
Lifer Oscar Jur. München
Liliencron Christian Karl Friedrich ·
    v. Pharm. Glückstadt
Linder Florian Jur. Denklingen
Lindmaler Ildefons Theol. Ascholding
Lindner August Jur. Straubing
Lippmann Karl Phil. Nordendorf
Lorenzi de August Theol. Kreuznach
Luber Leonhard Philol. Donaualtheim
Luckner Edmund Theol. Breitenberg
Lüst August Pharm. Vilseck
Luttner Johann Nepom. Med. Kagers
Mader Hermann Chem. Heiligenberg
Mahir Gustav Phil. München
Maier Franz Paul Phil. Grossgunderts-
    hausen
Mannes Konrad Math. Aschaffenburg
Massenez Joseph Phil. Grünstadt
Mass Jakob Anton Phil. Neuötting
Matter Otto Arnold Chem. Zofingen
Mauermayr Martin Phil. Jebertshausen
Mayer Alois Philol. Landshut
Mayer Joseph Phil. München
Mayer Joseph Thomas Phil. Plössberg
Mayer Ludwig Phil. Regensburg
Mayerhofer Jakob Phil. Eichendorf
Mayr Georg Phil. Würzburg
Mayr Max Joseph Pharm. Reuten
Marzegger Bernard Med. Innsbruck
Meiberger Bonifaz Med. Ahl
Meichelbeck Joh. Paul Phil. Kohlgrub
Meier Bonaventura Theol. Wohlen
Meier Friedr. Ferd. Eduard Jur. Fürth
Melchior Anton Phil. Kaiserslautern
Menner Ernst Bergw. Landau
Merkel Georg Theol. Klingen
Merkl Joseph Phil. München
Merkle Xaver Phil. Neuburg
Meyer Joseph Med. Willisau

Meyer Michael Theol. Falkenstein
Misselbacher Johann Baptist Phil. Schässburg
Mock Otto Jur. Sigmaringen
Mörtl Friedrich Phil. München
Mohr Ottmar Phil. Siglistorf
Mois Ferdinand Jur. Holnstein
Moll Anton Pharm. Icbenhausen
Montgelas Max Graf v. Jur. München
Mühlbaur Franz Jnr. Lam
Müller Andreas Phil. Schwabmünchen
Müller Frz. Heinr. Jur. Aschaffenburg
Müller Johann Nepomuk Phil. Regen
Müller Joseph Med. Pfahldorf
Müller Nikolaus Philol. Monnerich
Müller Otto Phil. Dachau
Neuner Johann Ev. Jur. Mittenwald
Niedermayer Andreas Phil. Niederviechtach
Niethammer Max v. Forstw. München
Nombride Emil Phil. Mannheim
Nusch August Philol. Speyer
Obermaier Eduard Theol. Elberg
Oberwegner Friedrich Med. München
Oeconomides Philipp Phil. Athen
Oelhafen Karl von Jur. Feuchtwangen
Oeschey Mart. Pharm. Schwabmünchen
Ollvier August Math. München
Ott Jakob von Jur. Chur
Panagiotis Joh. Bapt. Phil. Dimitzana
Paur Gustav Jur. Straubing
Paur Max Phil. Ebersberg
Pechmann Wilhelm Freiherr v. Phil. Günzburg
Pfarr Friedrich Jur. Wachenheim
Pfeifer Xaver Theol. Deisenhofen
Pfistermeister Mich. Jur. Weiding
Pflanzzelter Matthäus Phil. Erling
Pflaum Emil Phil. Augsburg
Pflaumer Theodor Bergw. München
Photinos Anton Med. Nauplia
Pickl Adalbert Phil. Sendling
Pirkmaier Georg Phil. Kalchofen
Planta Franz Albert Jur. Dusch
Pocci Friedrich Grf. v. Phil. München
Pöhn Ludwig Phil. Gaugerweiler
Pracher Lorenz Phil. Angsburg
Prandtl Karl Bergw. Giesing
Pucher Joseph Phil. Oberronning
Radeke Karl Konr. Philol. Geilenkirchen
Ramge Friedrich Jur. Hof
Rauch Andreas Phil. Weilheim
Rauch Anton Pharm. Geisenfeld
Rauch Prosper Jur. Romont
Ranner Johann Georg Theol. Wollbach
Reber Joseph Phil. Landau
Recknagel Georg Math. Würzburg
Reil Joseph Jur. Lückenried
Reindl August Phil. Schnaittenbach

Reinhard Karl Phil. Tegernsce
Reinhardt Phil. Jak. Phil. Mannheim
Reinsch Paul Phil. Kirchenlamitz
Reischer Joseph Phil. Riedenburg
Reithmayr Karl Jur. Tandern
Reitzenstein Hermann Phil. München
Render Bruno Theol. Epfig
Renner Georg Theol. Etling
Resch Balthasar Theol. Furth
Resser Otto Phil. Pirmasens
Reuthner Eugen Cam. Homburg
Richter Kilian Jur. Aschaffenburg
Riedheim Eglof Frhr. v. Jur. Harthausen
Riedel Ferdinand Jur. Wiesbaden
Riganer Valentin Med. München
Ringler Gottlieb Jur. Zofingen
Rötzer Melchior Jur. Cham
Rohrmiller Fr. Sim. R. Theol. Augsburg
Komotski Joseph von Med. Sadlowo
Rossi Hyacinth Greg. Theol. Sorwich
Rothermel Johann M. Fr. Pharm. Luxemburg
Rump Karl Jur. Löningen
Rump Victor Theol. Coesfeld
Samberger Anton Norbert Pharm. Innstadt
Sartory Johann Bapt. v. Jur. Conters
Sauer Wilhelm Philol. Waiblingen
Schäffler August Phil. München
Schäzler Ferdinand Alfred Freiherr von Jur. Augsburg
Schamberger Karl Phil. Würzburg
Schandein Karl Med. Kaiserslautern
Schatte Joseph Bar. v. Jur. Kötzting
Schatte Karl Baron v. Phil. Wegscheid
Schauber Karl Phil. Buxheim
Scheler Alfred Jur. Augsburg
Scherer Joh. Mich. Pharm. Lutzingen
Schickendantz Friedr. Chem. Landau
Schiela Jakob Phil. Dachau
Schillinger Alois Phil. München
Schimper Adolph Phil. Dürkheim
Schirmböck Joh. Michael Jur. Rain
Schlagintweit Theod. Phil. Passau
Schlüter Christ. Fr. W. Techn. Kopenhagen
Schmaltz August Med. Amberg
Schmid Edmund v. Jur. Rosenheim
Schmid Franz Phil. München
Schmid Heinrich Jur. Wasserburg
Schmid Martin Phil. Unterhörstetten
Schmidmayer Sim. Phil. Sulmaring
Schmidt Conrad Bergw. Mantel
Schmidt Wilhelm Theol. Münster
Schmidtkonz Ludwig Jur. Landau
Schmitz Karl Theol. Waldorf
Schreiner Lorenz Theol. Wickerstorf
Schreiner Ludwig Med. Kirchberg
Schmucker Simon Math. Schlicht

Schneider Anton Pharm. Lubaczon
Schneider Joh. Bapt. Phil. Ansbach
Schneider Karl Phil. Fischbachau
Schober Joseph Phil. München
Schöfer Joseph Theol. Neustadt
Schramm Georg Philol. Büg
Schrenk Leopold von Jur. Straubing
Schreyer Otto Phil. Köfering
Schubert Oscar Jnr. Würzburg
Schulze Emil Alex. H. Phil. München
Schütz Frz. Ldw. Philol.Schwarzenberg
Schulte Anton Theol. Altenhof
Schwartz Ernst Med. Nürnberg
Schwarz Anton Phil. München
Schwendtner Theob. Phil. Garmisch
Schwindl Peregrin Phil. Thürndorf
Seelinger Max Phil. München
Seemann Lorenz Math. Regensburg
Seidl Joseph Jur. Landshut
Seiler Johann Med. Fischbach
Sicherer Hermann v. Phil. Eichstädt
Sick Wilhelm Pharm. Speyer
Silbernagel Isidor Theol. Landshut
Singer Ludwig Jur. Passau
Smith Sidny Chem. Stockholm
Söllner Johann Philol. Dittigheim
Sohn Dominikus Theol. Germersheim
Sonner Karl Phil. Edelstetten
Sprickmann-Kerkerinch Bernhard Jur. Siegen
Sprosß August Jur. Kaiserslautern
Stadler Eduard Jur. St. Gallen
Stähler Alfred Phil. Lambaborn
Stamatiadis Georg Med. Kastravale
Stammel Franz Ser. Theol. Lechhausen
Stanger Joseph Phil. Au
Stecher Friedrich Phil. München
Steinecker Franz X. Phil. Freising
Steinhauer Karl L. H. Phil. Hagen
Stengel Stephan Philol. Prusseustadt
Sterroz Martin Joseph Phil. Bulle
Stetten Eduard von Phil. Augsburg
Stettner Joseph Phil. Burglengenfeld
Stockhammern Karl v. Phil. Kirchdorf
Stoll Friedrich Jnr. Regenstauf
Stötzer Ferdinand Phil. Coswig
Streber Franz von Pharm. Bodenwöhr
Strempel Friedrich Phil. Rostock
Strobel Xaver Theol. Unterkamlach
Ströll Ludwig Pharm. Mitterteich
Stubenrauch Ant. Phil. Neunkirchen
Stubenhofer Joseph Jur. Atzlricht
Stutz Ulrich Phil. Pfäffikon
Suckau Alexander von Jur. Gotha
Suero August Philol. Castel
Sutor Otto Jnr. Unterthingau
Sutter Ludwig Chem. Wolfstein
Tchorzewsky Jos. Pharm. Borsczow
Teubern Joh. v. Jur. Waltershausen
Teubner Joseph Med. München
Theodori Alexander v. Phil. Roman
Thoma Joseph Phil. Kempten
Thomas Wilhelm Jur. Kranichfeld
Thorin Julius Med. Gruyeres
Thovez Julius Jur. Martigny
Tulli Ignaz Otto Phil. Vilters
Timmermann Theod. Rhenie
Tillmetz Edmund Jur. München
Togni Rochus Jur. Greno
Trägler Anton Jur. Waldmünchen
Trost Ludwig Phil. München
Truberg Christian Pharm. Preetz
Uhl Johann Phil. Mörlheim,
Unverdorben Frz. X. Theol. Perzling
Vendel Johann Jur. New-York
Vocke Wilhelm Jur. München
Vögele Friedrich Med. Imst
Vogl Theodor Phil. München
Volckamer Christoph v. Jur. Schwaig
Wagner Johann Jur. Landshut
Wagner Johann Philol. Strullendorf
Wagner Karl Rudolf Med. Luzern
Wagner Leonhard Phil. Holzheim
Wagner Xaver Theol. Mindelheim
Waldburg-Zeil Constantin Graf von Jur. Trauchberg
Waldherr Joh. Bapt. Theol. Oberaurach
Waldmann August Phil. Ingolstadt
Wanke Karl Jur. Weseritz
Warmuth Edmund Pharm. Neustadt
Weber Alois Jur. Giesing
Weber Frz. Xav. Adalb. Phil. Neuburg
Weber Karl Phil. Kalsheim
Weber Theodor Hub. Theol. Zülpich
Wedekind Erich Jur. Esens
Weiler Wilhelm Med. Rothenburg
Weinmann Max Jos. Phil. Aichach
Weinzierl Xaver Jur. Dingolfing
Weismann von Weisenstein Freiherr Heinrich München
Wengleiu Adam Phil. München
Weiss Georg Phil. Goldricht
Wenz Joseph Phil. Oggersheim
Widmann Joh. Michael Jur. Angerbach
Widenmayr Johaunes Jnr. Lindau
Wiederkehr Bernard Theol. Dietikon
Wiesend Anton Phil. Kulmain
Wieser Alexander Phil. München
Wifliug Jakob Phil. Neunburg
Wilbrandt Adolph Phil. Neunburg
Wildersinn Moriz Pharm. Pforzheim
Willenberg Franz Theol. Lohne
Willert Otto Theol. Lohne
Winkler Andreas Jur. Trichenricht
Winkler Robert Jur. Luzern
Winneberger Ludw. Phil. Regensburg
Winterhalter Wilh. Phil. St. Gallen
Wirthmüller Joh. Bpt. Theol. Harpeint

Witt Ludwig Med. Erbendorf
Wittmann Adolph Phil. München
Wölfle Franz Jur. Dillingen
Wolff August Jur. Linnich
Wolff Friedrich Phil. Speyer
Wurm Konrad Phil. Tirschenreuth
Yberle Friedrich Theol. Rain
Zambelli Franz Phil. Pottenstein
Zaphirides Eustrat. Med. Adrianopel
Zaunberger Joh. Gg. Phil. Apfeltrach
Zauner Mathias Phil. Lauterbach

Zehenter Peter Phil. Wasserburg
Zelger Anton Med. Karmid
Zemp Joseph Jur. Entlebach
Zenger Anton Phil. Neumarkt
Ziegelmeyer Karl Theol. Reimlingen
Ziegler Alois Jur. St. Georgen
Zinckgraf Philipp Jur. Haardt
Zollmann Wilh. Dr. Philol. Holzheim
Zuccarini Karl Phil. München
Zuschlag Karl Phil. Fulda

1858—1859

Rector DCX Dr. Joseph POEZL I.

Adam Anton Jur. Plössberg
Albrecht Ludwig Phil. Krugzell
Andres Joh. Rud. Phil. Gensenheim
Angstwurm August Phil. Landshut
Anschütz Max Phil. München
Antoni Karl Phil. Heimhausen
Arco-Zinneberg Ludwig Graf von Phil. München
Aner Ludwig Phil. München
Auerbach Sigmund Phil. Frankfurt
Bachmann Karl Theodor Theol. Wortelstetten
Baier Johann Baptist Jur. Kronach
Banzer Philipp Math. Bamberg
Barth Anton Phil. München
Bassus Ludwig Eugen Maximilian Freiherr v. Phil. Augsburg
Baumann Franz Wilhelm Phil. Germersheim
Behrendt Ludwig Phil. Schönebeck
Beisler Karl Rudolph Jur. Seligenstadt
Bekam Martin Phil. Dorfen
Berger Franz Jur. München
Berlage Bernhard Theol. Borsum
Bernatz Jakob Theol. Schifferstadt
Bernhard Hnr. Frh. v. Techn. München
Berta Balthasar Med. Tettau
Bettinger Karl Phil. Frankenthal
Beyer Wilh. Ludwig Fr. Med. Pommersfelden
Beyer Georg Jur. Ansbach
Bez Georg Adam Theol. Ingolstadt
Bibikow Nicolay v. Cam. Moskau
Bienenfeld Friedrich Phil. München
Birck Max Theol. Köln
Birkner Ferdinand Jur. Nürnberg
Birkner Gottlieb Med. Nürnberg
Bischoff Heinr. Pharm. Ludwigsburg
Blab Karl Phil. Allersberg
Bleyer Martin Phil. Landshut

Böckh Hermann Cam. Karlsruhe
Bombard Ernst Phil. Landau
Borzewski Gustav Theol. Brescia
Branca Wilhelm v. Phil. Aibling
Brandl Ignaz Phil. Ergolding
Brandmayer Georg Phil. Schwarzed
Braun Christian Phil. Erlangen
Braun Joseph Otto Phil. München
Braun Xaver Phil. Unterthürheim
Braunstein Conrad Jur. Ansbach
Brecht Karl Phil. Waldfischbach
Brennemann Max Phil. München
Brenner Michael Theol. Eslarn
Brennhofer Eduard Pharm. München
Briechle Anton Phil. Krugzell
Brigl Alois Theol. Girlan
Brunner Victor Pharm. Solothurn
Bub Eugen Pharm. Pflaumfeld
Buchheister Gustav A. Chem. Wolfenbüttel
Bürgisser Jost Jur. Jonen
Bullinger Anton Phil. Remlingen
Butters Karl Philol. Zweibrücken
Cameniech Richard Jur. Purtein
Camerer Friedrich Phil. Oettingen
Campi Joseph v. Med. Nals
Carl Heinrich Theol. Langensendelbach
Castorph Hermann Cam. Karlsruhe
Chaziscos Johann Jur. Lamin
Choraszewski Joseph Theol. München
Crailsheim Th. Bar. v. Phil. Lindau
Cuony Hippolyt Pharm. Freiburg
Curti Franz Alphons Phil. Rapperswyl
Dalla Bona Cajetan Med. Ala
Danzer Max Phil. Zwiesel
Dax Joh. Michael Med. Unterdietfurt
Dehio Nicolai Naturw. Reval
Dering Ant. Ang. Med. Kettershausen
Dernngs Joseph Phil. Obercastels
Deuringer Georg Pharm. Dillingen

Diebel Heinrich Jur. Bayreuth
Diepold Franz Jur. Lenzenhof
Wimitrijewisch Ant.Techn. Belgrad
Diethelm Joseph Anton Jur. Lachen
Disch Friedrich Phil. Kusel
Döbner Rudolph Med. Aschaffenburg
Dolch Philipp Phil. Angelberg
Dorn Benno Phil. Kaufbeuren
Dorner Joh. Bapt. Phil. Kollnburg
Dütsch Joseph Phil. Parsberg
Dütsch Michael Phil. Bamberg
Du Prel Max Frhr. v. Phil. Landshut
Eberhard Franz Xaver Phil. Mertingen
Eberle Julius Jur. Einsiedeln
Eckert Karl Phil. Neuburg
Eckhard Julius Jur. Waldfischbach
Edelmann Burkhard Med. München
Egger Joseph Phil. Lengmoos
Egloffstein Hermann Freih. v. Jur.
    Oldenburg
Ehrlich Philipp Phil. Eggenfelden
Ehrnthaler Sebastian Phil. Kelheim
Endl Joseph Phil. München
Engel Friedrich Pharm. Neustadt
Engelhardt Johann Jur. Pottenstein
Ettinger Joseph Med. Nürnberg
Fabini Theoph. Pharm. Turnu Severin
Fässler Joseph Anton Jur. Sonthofen
Federhaff Wilhelm Pharm. Calw
Fechtig Friedrich Jnr. Stichlingen
Fellerer Gustav Pharm. München
Felser Wilhelm Cam. Biberbach
Felshof Eduard Jur. München
Fensterer Anton Jur. Hausen
Feser Anton Phil. Würzburg
Fick Wilhelm Archit. Dahme
Findl Bartholomäus Phil. Eggenfelden
Fischer Hermann Phil. Waldsassen
Fischer Joseph Phil. Hirschfelden
Fischer Philipp Theol. Kirchworbis
Fitting Theodor Bergw. Mauchenheim
Fleischmann Phil. Phllol. Wiesendhaid
Fleischmann Anton Jur. Naabburg
Fleischmann Martin Jur. Nürnberg
Fleischmann Wilh. Math. Erlangen
Flierl Theodor Jur. Bamberg
Flint Homer Jur. Novi
Fohmann Friedrich Pharm. München
Förster Friedrich Cam. Homburg
Forster Joseph Phil. Amberg
Franck Hermann Phil. Schopp
Frauendorfer Joseph Phil. Burg-
    lengenfeld
Fröschl Wilhelm Pharm. Schroben-
    hausen
Fürst Joseph Med. München
Fumian Xaver Phil. Buchbach
Gebele Ernst Theol. Osterbuch

Gebhardt Felix Pharm. Mühldorf
Gengel Florian Jur. Churwalden
Gérard Georg Philol. Speyer
Geret Friedrich Julius Pharm. Friedberg
Gerhauser Eduard Phil. Hohenwart
Gindhard Georg Phil. Kohlgrub
Gintersberger Alois Phil. Weikerts-
    heim
Glaser Wilhelm Cam. Mannheim
Gmeinwieser Friedr. Jur. Regensburg
Godin Bernhard v. Phil. Sigmaringen
Göbels Karl Technik Biebermühle
Gönner Albert Rudolph Jur. Neufra
Göttfried Johann Phil. München
Götz Joseph Phil. Schwarzenfeld
Golsen August Jur. Zweibrücken
Goss Joh. Georg Jur. Kelheim
Grädinger Andreas Jur. Deutenhausen
Gran Gottfried Adolph Bergw. Hof
Greis Ludwig Jur. Lindau
Greis Max Joseph Phil. Würzburg
Greither Adolph Phil. Oberlauben
Griesbeck Joseph Phil. Moosham
Grivel Louis Phil. St. Denis
Groll Ludwig Jur. Straubing
Gross Joseph Jur. Walpershof
Grübler Karl Felix Med. Dietfurt
Grüner Karl Jur. Weilerbach
Grünewald Eduard II. Jur. Nürnberg
Gschaider Anton Jur. Neunburg
Gumbinger Christian Theol. Dacken-
    heim
Gut Anton Jur. Kaltbach
Habel Friedrich Phil. München
Haberl Karl Phil. Schönsee
Hämmerle Max Phil. Holzgüns
Halenka Anton Phil. Passau
Häring Michael Phil. Moosburg
Häring Tobias Med. Ottobeuern
Hartlieb Sigmund v. Jur. Schwabach
Haggenmiller Benedict Phil. Lein-
    schwenden
Halm Ludwig Jur. Alteglofsheim
Haurieder Max Phil. Weissenhorn
Harlander Franz Xav. Phil. Mamming
Hartmann August Phil. Trippstadt
Hartter Ferdinand Phil. Aschaffenburg
Hauer Christian Med. Arnstorf
Hauser Paul Chem. Villnach
Haushofer Maximilian Jur. München
Hausmann Mathias Theol. Abensberg
Hechtlfischer Georg W. K. Phil.
    Bayreuth
Heigl Fr. Stephan Med. Andechs
Heim Adolph Phil. Göggingen
Helmburg Karl v. Techn. Birkenfeld
Heinlein Johann Jur. Nürnberg
Held Joseph Phil. Burgberg
Heldmann Joseph Jur. Vilseck

Helff Adolph Jur. Ehrenbreitstein
Helfreich Karl L. Friedr. Jur. Aschaffenburg
Heller Friedrich Pharm. Luzern
Henne Adolph Phil. Kempten
Herberger Adolph Med. Würzburg
Herz Joseph Heinrich Chem. Coblenz
Hiedl Anton Phil. Landau
Hilber Ludwig Jur. Schönberg
Hilz Joseph Phil. Abensberg
Hirschmann Joh. Andr. Phil. Amberg
Höchlen Heinr. Christ. Jur. Ansbach
Hock Philipp Philol. Aschaffenburg
Hörmüller Joseph Philol. Tittmoning
Holzendorff Ludwig v. Cam. Kaltenbrunn
Hoffmann August Med. Luxemburg
Hoffmann Otto Phil. Augsburg
Hohe Gustav Jur. Landshut
Holland Calv. Bernh. Med. Sheffield
Hollerith Albert Phil. Zweibrücken
Holzner Ignaz Jur. Neuötting
Hornung Heinrich Chem. Liedelbach
Hoster Franz Phys. Dietkirchen
Hotter Johann Evang. Jur. Schwabniederhofen
Huber Jakob Jur. Regensburg
Huber Karl Phil. Waldmünchen
Huber Michael Jur. Zielheim
Hunc Bernh. Heinrich Theol. Borgloh
Hundt Alphons Grf. v. Phil. Offenberg
Hutter Max Jur. München
Hutter Heinrich Phil. München
Jägerbuber Friedrich Phil. Wemding
Jaudt Friedrich Phil. Marktheidenfeld
Jakubowicz Ignaz Chem. Kamena
Illing Christ. Felix Phil. Hersbruck
Im Thurm Albert Med. Schaffhausen
Jost Alfred Jur. Willisau
Jungbluth Ernst Pharm. St. Ingbert
Kain Joseph Jur. Kallmünz
Kaiserswerth Joseph Jur. Miltenberg
Kaufmann Xaver Phil. Landshut
Keil Friedrich Phil. Bamberg
Keller Friedrich Phil. Dinkelsbühl
Keller Theodor Phil. Dillingen
Kellerbauer Albert Phil. Erling
Kessler Franz Phil. Rodalben
Keyl Julius Phil. Eichstädt
Kimmel Karl Jur. Jochenstein
Kinkelin Georg Friedr. Math. Lindau
Kirndorfer Max Jur. Schwandorf
Klee Friedrich Phil. Höchstädt
Kleiner Valentin Phil. Hürben
Kobell Ludwig v. Phil. München
Koch Jakob Adolph Chem. Kusel
Koch Richard Pharm. Sonneberg
Kocher August Pharm. Thun
Köbel Friedrich Phil. München

König Anton Phil. München
Kösel Wilhelm Phil. Kreuzthal
Kohn Joseph Med. Goltsch-Jenikau
Kollmann Xaver Jur. Irlenhausen
Kollmayr Ferd. Phil. Vohenstrauss
Konrad Ferdinand Phil. Krumbach
Kopp Maximilian Jur. Bogenberg
Kraft Emil v. Phil. München
Krampert Karl Jur. Bamberg
Kramer Max Frhr. v. Phil. Weng
Kramer Sigm. Frhr. v. Phil. Landshut
Kraus Joh. Bapt. Theol. Dillingen
Kraus Mathias Theol. Neunburg
Kremer Emanuel Phil. Augsburg
Kremkau Adolph Cam. Arneburg
Krempl Franz Xav. Phil. Salmannskirchen
Krieger Joseph Med. Winnweiler
Krieger Julius Jur. Winnweiler
Kriedener Moriz v. Chem. Klingenberg
Kückinger Michael Phil. Schwaben
Kugler Emil Med. Eichstädt
Kummer Karl Jur. Donauwörth
Laar Friedrich Phil. Schongau
Lachner Caspar Phil. Burghausen
Ladurner Alois Med. Meran
Lamperstorfer Andr. Jur. Wegscheid
Langenmantel Karl v. Phil. Lindau
Lanzl Xaver Philol. Regensburg
Larchen Franz Jur. Trento
La Roche Luitpold Freiherr v. Jur. München
Lauber Julius Thom. Med. Schönberg
Leibenger Georg Phil. Riem
Lengfehlner Franz Dr. Philol. Wegscheid
Lenz Franz Phil. München
Leonhard Franz Xav. Theol. Regensburg
Leonpacher Joseph Phil. Traunstein
Leopolder August Med. München
Lerch Joseph Pharm. Kralburg
Lieber Philipp Ernst Jur. Idstein
Lehmann Julius Philol. Nürnberg
Leimer Maximilian Theol. Zwiesel
Leitschuh Friedr. Philol. Münnerstadt
Leonhard Friedrich Cam. Heidelberg
Liedl Johann Jur. Pressath
Linck Arnold v. Phil. Würzburg
Lindl Peter Phil. München
Lindner Alexander Phil. Coburg
Lipp Ernst Phil. Irsee
Lochbrunner Karl Theol. Laufenburg
Lochmann Alois Jur. Saxeln
Löbe Max Bernhard Chem. Altenburg
Löchner Rudolph Med. Dürkheim
Lötz Joseph Phil. Regensburg
Lodter August Med. Augsburg
Logiotati des Cleakos Jur. Aegina

Logiotatides Syridon Phil. Aegina
Lohe Friedrich Jur. Straubing
Lontch Bernhard Pharm. Airhach
Lorenz Ferdinand Phil. Moosbach
Lorétan Kaspar Forstw. Sitten
Lutz Alban Phil. Valley
Mack Oscar Phil. Burgau
Mack Udalricus Theol. Unterbechingen
März Jakob Jur. Dillingen
Maffei Hugo v. Jur. Bamberg
Maffei Guido v. Chem. München
Malaisé Ernst Phil. München
Malsen Theob. Frhr. v. Jur. Bayreuth
Marc Wilhelm Phil. Landshut
Marah Edward Phil. New-York
Mayer Hermann Forstw. Bamberg
Mayer Karl Jur. Augsburg
Mayr Rasso Phil. Kaufbeuren
Mayrhofer Johann Cam. Innsbruck
Meckel Clement Theol. Harhotten
Meggendorfer Max Phil. München
Mérat Louis Jur. Courtouse
Meyer Eugen Phil. Lichtenau
Meyer Heinrich Emil Phil. Worms
Meyer Karl August Med. Neuburg
Michle Joseph Phil. Landau
Michle Theodor Phil. Eichendorf
Miehr Wilhelm Med. Fischach
Mohr Othmar Phil. Siglistorf
Mois Ferdinand Jur. Holnstein
Mühlbauer Franz Jur. Lam
Müller Joseph Phil. Wolowle
Müller Julius Phil. Rotterburg
Müller Ludwig Phil. München
Müller Ludwig Phil. Tirschenreuth
Muesmann Joseph Med. Augsburg
Mulzer Wilh. Frhr. v. Phil. Nürnberg
Mutzhas Franz Philol. Jur. Günzburg
Nässl Franz Xaver Med. München
Nässl Ludwig Forstw. Pframmern
Netscher Julius Med. Bischofszell
Neumann Karl Bergw. München
Neumann Karl v. Chem. Mitau
Neumayr Franz Phil. Freising
Neuner Johann Ev. Jur. Mittenwald
Nicklas Adalbert Chem. Nördlingen
Nicollier Alexander Math. Aigle
Niess Matthäus Phil. Weissenhorn
Nusch August Philol. Speyer
Oberle Georg Jur. Hösbach
Oettl Rudolph Phil. München
Ohmer Georg Phil. Herxheim
Oppel Adolph Med. Stuttgart
Ossenbrunner Joseph Phil. München
Pachmayr Otto Med. München
Pagel Lorenz Bernh. Phil. Paderborn
Papius Heinrich Jur. Aschaffenburg
Paschen Jul. Heinr. W. Jur. Schwerin
Pauer Caspar Pharm. Traunstein

Pausch Joseph Theol. Stammsried
Peitzner Hermann Jur. Schwerin
Pfeiffer Max Phil. Nymphenburg
Pfeiffer Wilhelm Pharm. Lohnsfeld
Pfeufer Karl Phil. Bayreuth
Philipp Jacob Theol. Fehrbach
Plattner Robert Jur. Ried
Plattner Samuel Jur. Unterwar
Plötz Heinrich Jur. Herzogau
Piper Wilhelm Jur. Schwerin
Plutz Joseph Phil. Kirchdorf
Pocci Friedrich Graf v. Jur. München
Popp Heinrich Med. Mainburg
Popp Nikolaus Phil. Neumarkt
Poppel Johann Med. München
Praetorius Otto v. Techn. München
Prenitzer Theodor Jur. Waldau
Pröls Nikolaus Med. Kohlberg
Pruner Franz Phil. Neuburg
Pulstinger Friedr. Jur. Wegscheid
Putz Eduard Jur. Regenstauf
Rachberger Xaver Phil. Felchten
Raichle August Med. Meringen
Ranke Johann Med. Thurnau
Rassiga Karl Pharm. Neustadt
Rassler Heinrich von Phil. Gammer-
  schwang
Rathmayer Phil. Jak. Phil. Velburg
Reh Ulrich Phil. Augsburg
Reich Nikolaus Phil. München
Reinhold Karl Forstw. Weiden
Reinicke Emil v. Phil. Irglaiken
Rezer Ludwig Phil. Amberg
Reinländer Gottfr. Theol. Birkenfeld
Ricker Johann Baptist Phil. Werschau
Rindfleisch Max Med. Neuburg
Riss Franz Xaver Phil. Thierhaupten
Römisch Georg Theol. Erding
Rieth Franz Jur. Bellheim
Rötzer Johann Adam Jur. Grub
Rogenhofer Alois Phil. Neuburg
Rogl Mathias Phil. Niederlindhart
Rosenkranz Karl Jur. Ansbach
Roth Kuno von Naturw. Emden
Rott Wilhelm Med. Athen
Rottach Karl Jur. Adelharz
Rubner Heinrich Philol. Harsdorf
Rüber Sigmund Phil. Augsburg
Ruedorffer Robert v. Bergw. München
Ruf Franz Amand v. Jur. Wernberg
Rupfle Felix Phil. Oberreitnau
Sailer Friedrich Jur. Regensburg
Salvadori Emil Jur. Novi
Sandreczky Theodor Max Med. Her-
  moupolis
Sauer Joseph Phil. Kössingen
Sauter Fr. Joseph Phil. Oberschönegg
Saylern Fr. Alex. v. Jur. St. Gallen
Schaufert Ldw. Rud. Theol. Winnweiler

Scheibenpflng Friedr. Phil. Landshut
Scheiding Christian Philol. Culmbach
Scheidler Joseph Math. Amberg
Schelbert Joseph Phil. Sigishofen
Scherrer August Jur. Dannenfels
Schertel Arnulph Phil. München
Schiessl Wilhelm Jur. Sulzbach
Schiltberg Jakob Edler von Med. Regensburg
Schimper Adolph Med. Dürkheim
Schleicher A. Joseph Med. Heideck
Schmeitzl Franz Philol. Straubing
Schmelz Joseph Pharm. Jassy
Schmid Max von Phil. München
Schmidbauer Andr. Phil. München
Schmidt Gustav Jur. Wassertrüdingen
Schmidt Heinrich Phil. Bayreuth
Schmidtkonz Ludwig Jur. Landau
Schmitt Andreas Philol. Königshofen
Schmitz Karl Phil. München
Schmoll Karl Theol. München
Schmotz Franz Paul Phil. Fürstenstein
Schneider Adolph Chem. Diez
Schneider Heinrich Adam Bergw. Geinsheim
Schneider Mathias Philol. Niedersonthofen
Schneider Otto Phil. Landshut
Schnell Karl Jur. Pasing
Schnitzer Franz Pharm. Rosenfeld
Schnizlein Eduard Med. München
Schönauer Luitp. Phil. Berchtesgaden
Schönfelder Jos. M. Theol. Forchheim
Scholten Robert Theol. Rees
Schott Heinrich Bergw. Leupoldsgrün
Schramm Georg Jur. Büg
Schreyer Joachim Phil. München
Schricker Friedr. Jur. Cam. Ansbach
Schröder Curt Pharm. Gera
Schröder Nikolaus Med. Dürkheim
Schubiger Ferdinand Med. Uznach
Schuh Joseph Jur. Grafenau
Schumann Phllipp Med. Königshofen
Schuster August Phil. Dillingen
Schwarz Anton Phil. Wallerstein
Schwarz Joseph Theol. Unteralting
Seckendorf Karl Bernhard Graf von Jur. Cam. Berlin
Seefelder Ludwig Naturw. Pera
Seiler Constantin Med. Mägenwil
Selling Eduard Math. Ansbach
Seuss Hermann Phil. Geroldsgrün
Seybold Alois Theol. Freising
Seyfried Wilhelm Jur. Augsburg
Sick Wilhelm Chem. Speyer
Sigl Joh. Bapt. Phil. Ascholtshausen
Silberhorn Joseph Phil. Berngau
Smith H. Kirke Med. Cincinnati
Spälter Friedrich Philol. Schwabach

Spengel Otto Jur. München
Sperr Joh. Bapt. Philol. Falkenberg
Stadlbaur Joh. Bapt. Phil. Oberbibrach
Stark Louis Chem. Metz
Starringer August Phil. Weichering
Staudacher Joh. Bapt. Math. Passau
Stehlin Friedr. Arnold Jur. Parchem
Steigenberger Franz Theol. München
Steiger Emil Med. Egelshofen
Steiger Johann Phil. Langquaid
Steiger Wilhelm Med. Chir. Genf
Steigerwald Wilh. Chem. Theresienthal
Stein Hermann Med. München
Steiner J. Anton Med. Pfeffikon
Steinhäuser Wilh. Phil. Pappenheim
Steinheil Alfred Phil. München
Steinheil Johann Med. München
Stemler Joseph Jur. Dinkelsbühl
Stenglein Ottmar Phil. Bayreuth
Stiessberger Jakob Philol. München
Stöckler Jakob Philol. Abensberg
Streber Hermann Phil. München
Streber Simon Phil. Neunburg
Strehuber Joh. Nep. Phil. München
Strobl Johann Evang. Jur. Perlach
Taylor John Penn Jur. Horn-Quarter
Tenner Karl Chem. Speyer
Thaller Johann Med. Permering
Theodori Alex. v. Naturw. Roman
Thoma Heinrich Pharm. Regensburg
Thompsohn John L. Jur. Novi
Tüche Chr. Siegfried Phil. Berlin
Trapp August Chem. Friedberg
Trieb Karl Phil. Mindelheim
Tretter Max Jur. Amberg
Trümmer Karl Jur. Sulzbach
Urban Hermann Med. München
Urban Joh. Theol. Michelbacherhütte
Uschold Friedrich Jur. Straubing
Uzuber Christian Philol. Miltenberg
Vetter Severin Med. Bleichheim
Vitat Ulrich Med. Remüs
Vocke Wilhelm Jur. München
Völker Emil Forstw. Danseeberg
Vogg Mathias Phil. Untergünzburg
Vogl August Jur. Schleissheim
Vogl Joseph Pharm. Landau
Vogl Max Chem. Burghausen
Volmer Clemens Naturw. Qelde
Wacker Friedrich Med. Lenggries
Wacker Karl Pharm. Ulm
Wagner Karl Chem. München
Waldburg-Zeil Constantin Graf v. Jur. Trauchberg
Waldenfels Ernst Emil Freiherr von Phil. Dillingen
Walter August Theol. Neuburg
Wankerl Joh. Chrys. Phil. Brunshof

Warmuth Edmund Pharm. Neustadt
Weber Joseph Theol. Neunburg
Weeber Ernst Jur. München
Weech Friedrich v. Philol. München
Weibel Adolph Phil. Marl
Weigel Ernst Med. Pappenheim
Weingartner Lothar Jur. Stadtamhof
Weiss Ludwig Phil. Hochaltingen
Weiss Wilhelm Phil. Burglengenfeld
Weissenbach Franz Jur. Bremgarten
Weizel Friedrich Jur. Bruchsal
Welsch Adolph Phil. Finkenbach
Welte Karl Theodor Med. Böttingen
Werner Ernst Theol. München
Wernscher Joseph Phil. Gebenhofen
Wich Arthur v. d. Reuth Chem. Stuttgart
Widmann Lorenz Phil. München
Widmer Theodor Cam. Luzern
Wieland Friedrich Theol. Türkheim
Wilhelm Karl Jur. Naabburg
Winzheimer Ant. Jur. Schillingfürst

Wirthle Wilhelm Cam. Thiengen
Wirz Joseph August Jur. Sarnen
Wissmann Salom. Philol. Wiesenbronn
Witt Ludwig Med. Erbendorf
Wohlwend Wilhelm Jur. Immenstadt
Worlitschek Karl Phil. Tengling
Wuilleret Leon Jur. Romont
Wunder Anton Chem. Graz
Zaubzer Johann Bapt. Philol. Zeitlarn
Zechmeister Ludw. Bergw. München
Zeitlmayr Frz. X. Phil. Ainertshofen
Zell Anton Med. Augsburg
Zenk Fritz Philol. Kronach
Zerond Franz Jur. Mannheim
Zick Friedrich Phil. Immenstadt
Ziegler Friedrich von Phil. München
Zimmern Joseph Theol. Mannheim
Zink Ferdinand Phil. Pöttmes
Zumpf Karl Pharm. München
Zwing Georg Phil. Pressath

1859—1860

Rector DCXI Joseph POEZL

Achtinger Jacob Phil. Straubing
Alsen Gustav Ludwig Ingen. Itzehoe
Amsler Othmar Phil. Lenzburg
Andrene August Chem. Biel
Antz Joh. Ludwig Med. Callstädt
Arnold Bernhard Philol. München
Arnold Karl Phil. Straubing
Auckenthaler Franz Med. Bozen
Auer Ignaz Phil. Deggendorf
Auer Karl Theol. Schwandorf
Azzi Francisco Jur. Ponte-Tresa
Bachmair Michael Phil. Freising
Bäurle Jacob Theol. Edenhausen
Bahlmann Wilhelm Friedrich Phil.
  New-York
Baldauf Xaver Philol. Trauterfing
Baronsfeld Franz Phil. Regensburg
Barth Ludwig Naturw. Innsbruck
Bauer Karl Forstw. Kandel
Baumann Adalbert Theol. Pfaffen-
  hausen
Baumgartner Andreas Phil. Thal
Baur Raimund Pharm. Worishofen
Bavier Emil Phil. Kur
Beer Stephan Phil. Waldmünchen
Beilhack Max Philol. München
Beck Max Pharm. Eichstädt
Berchem Max Graf v. Phil. München
Berger Franz Jur. Seehaus
Bergmann Karl Phil. Roth

Berr Alois Med. München
Benthauser Heinrich Phil. Passau
Beyer Otto Jur. München
Bibra Hugo Freihr. v. Phil. Augsburg
Biffar Heinrich Bergw. Deidesheim
Binhack Johann Gottfried Pharm.
  Waldsassen
Birck Ernst Jur. Köln
Bischoff Ernst Phil. München
Bleuler Paul Pharm. Zollikon
Boeck Max Phil. München
Boeckmann Otto Phil. Darmstadt
Bolger Max Jur. Künzing
Bolla Karl Julius Philol. Freiburg
Bopp Karl Ludwig Phil. Landau
Borner Joseph Jur. Hoheuscheftlarn
Bossong Gustav Phil. Schweisweller
Bothmer Adolph Jur. München
Brand Eduard Phil. Pförring
Brandl Anton Jur. Gossersdorf
Braun Mathias Phil. Bernstorf
Braun Nicolaus Philol. Illdorf
Breitung Max Phil. Garstadt
Brenner Franz Bergw. Amorbach
Brietze August Otto Pharm. Dresden
Bronner Julius Pharm. Wiesloch
Brun Franz Med. Schüpfheim
Buchheit Gottlieb Jur. Bayreuth
Büller Ludwig Pharm. München
Bürkel Ludwig Phil. München

Bumiller Daniel Jur. Offenbach
Camenisch Richard Jur. Parteln
Cetto Karl Th. Freih. v. Phil. München
Christmann Adam Theol. Alsterweiler
Clarmann Karl v. Phil. Neuburg
Collot Charles Joseph Philol. Nancy
Coray Robert Med. Marienwerder
Dallmayr Joseph Phil. Wolnzach
Danenhauer Jakob Phil. Dahn
Danser Bernhard Phil. Malhingen
Decker Johann Andr. Phil. Achdorf
Deiglmayr Gustav Th. Phil. München
Deininger Heinr. Phil. Burghaslach
Demeter Lorenz Phil. Techn. Hig-
   stätterhof
Denzler K. Wilh. Math. Techn. Zürich
Derichsweiler Herm. Phil. Widdes-
   hofen
Derschau Jeannot Bar. Jur. Semen
Deubler Xaver Phil. Ehingen
Deuringer Georg Pharm. Dillingen
Dexel Xaver Phil. Herbertshofen
Dibell Angelo Jur. Stadtamhof
Diepold Franz Jur. Ernstfeld
Diethelm Joseph Anton Jur. Lachen
Döhla Philipp Jur. Bamberg
Dompierre Friedrich Phil. Landau
Donati Pietro Med. Male
Donle Friedrich Jur. Windsheim
Dorfner Joh. Heinr. Philol. Hirschau
Dorth Ludwig Freiherr von Forstw.
   Neckarsteinach
Drinkwelder Adolph Jur. Krems
Du Bois Paul Pharm. Hirschberg
Ebert August Jur. Klingenberg
Edelmann Georg Theol. Berching
Eckardt Ludw. Vet.-Med. Sonnefeld
Eder Joseph Phil. Bruck
Egger Adolph v. Phil. Naabburg
Egger Paul Phil. Wyl
Ehrensberger Anton Zahnheilk.
   Amberg
Einhauser Johann Evangelist Phil.
   Eggendobl
Eisenlohr Joh. Georg Phil. Wetten-
   hausen
Endras Felix Theol. Augsburg
Endrass Magnus Philol. Büchel
Emmert Friedrich Jur. Würzburg
Engel Georg Jur. Schwandorf
Engel Joseph Eberh. Phil. Cham
Engelberger Johann Georg Theol.
   Oberharthausen
Engelhard Karl Phil. Pharm. Frankfurt
Englhard Joseph Jur. Rennertshofen
Ertl Johann Baptist Philol. Regen
Esenbeck Franz Jur. Amberg
Eschborn Hugo Jur. Erbach
Esser Franz Theol. Phil. Röhe

Eylerts Karl Chem. Esens
Faber Heinrich Math. Würzburg
Fabint Theoph. Pharm. Turnu-Severin
Federkiel Ludwig Theol. Wildthurm
Feltgen Mathias Math. Lintgen
Feneberg Max Theol. Angsburg
Fessler Eduard Phil. Neuburg
Fing Johann Jacob Phil. Paris
Fischer Otto Theol. Hechingen
Fischer Joseph Med. Triengen
Fischer Leonhard Theodor Phil.
   Windsheim
Fixxl Joseph Phil. München
Fleischmann Leopold Phil. Naabburg
Fleischmann Joh. Bapt. Jur. Murnau
Fohmann Friedrich Pharm. München
Forster Wilhelm Phil. Salzburghofen
Frank Joseph Jur. Schalding
Franz Joseph Phil. Illertissen
Frentz Heinrich Med. Peeselin
Freytag Georg Jur. Marktsteft
Friedrich Johann Theol. Dormitz
Froelich Anton Med. Innstadt
Fuchsberger Otto Phil. Rothenburg
Fürst Ernst Friedr. Pharm. Ansbach
Fürst Michael Jur. Alteglofsheim
Galette Johann Adam Chem. Mainz
Gallenmüller Joseph Math. Illingen
Gammerl Joh. Georg Phil. Deusmauer
Gässler Bernhard v. Phil. Dachau
Ganz Johann Phil. München
Gassner Ulrich Med. Behlingen
Gerber Adolph Phil. Markt-Steft
Gerstorfer August Phil. München
Gilli Gaetano Phil. Tiera di Primier
Ginkel Franz Jur. Maudach
Girisch Johann Phil. München
Glasl Anton Jur. Rechtmehring
Gnatz Wilhelm Phil. München
Goehl August v. Pharm. Landau
Götz Hermann Phil. Landshut
Götzfried Joseph Theol. Zeitlarn
Good Karl Friedrich Jur. Mels
Gosen Julius v. Phil. Ried
Gosner Joseph Phil. Eichstädt
Graf Otto Med. Appenzell
Gravius Ludwig Bergw. Kaiserslautern
Groos Ignaz Phil. Dingolfing
Gruber Franz Phil. Teisendorf
Gschwind Paulin Theol. Terwil
Gulielmo Philipp Pharm. Landshut
Gut Anton Jur. Kaltbach
Haag Felix Philol. Schwaben
Haas Friedrich Philol. Uffenheim
Haase Paul Georg Jur. Stettin
Haller Theodor Jur. Voltheim
Härlin Julius Pharm. Ellwangen
Hampfen Math. Philol. Oberlauterbach
Hanhart Eduard Med. Aarau

24

Hauck Alois Phil. Dinkelscherben
Hauer Christian Med. Arnstorf
Hautmann Anton Phil. München
Havemann August Med. Dargua
Hedinger Jos. Leonh. Med. Murtathal
Hegerl Johann Ev. Phil. Tiefenbach
Heinrich Georg Theol. Schierling
Heinrichs Mathias Wilhelm Theol. Immerath
Heiter Adam Phil. Rülsheim
Held Georg Phil. Alternerding
Hellmuth Joseph Phil. München
Helmberger Jacob Phil. Kay
Henfling Jos. Jur. Kirchenthumbach
Henkel Franz Philol. Allendorf
Henner Otto Raimund Naturw. Wyl
Henselt Adolph Forstw. Kreuzing
Herrmann Ambros Med. Weiden
Herrmann Gottlieb Phil. Regensburg
Herzog Friedrich Phil. München
Hessert Gustav Phil. Speyer
Hesslöhl Karl Phil. Constanz
Hesslöhl Eugen Phil. Constanz
Hetzel Johann Jur. Kappel
Heumann Otto Phil. Neuburg
Hieber Joh. Georg Phil. Wallerstein
Hiemer Friedrich Med. Erding
Hierl Franz Med. Mittersendling
Hildebrand Herm. Pharm. Lengsfeld
Hildenbrand Georg Phil. Dietenhofen
Hinterwimmer Mart. Jur. Eggenfelden
Hipler Franz Alex. Theol. Allenstein
Höffler Friedrich Phil. Schönau
Hölzl Otto Jur. Straubing
Hörmüller Joseph Philol. Tittmoning
Hoffmann Karl Wilh. Jur. Straubing
Hohenleitner Anton Math. München
Hollandt Heinrich Pharm. u. Chem. Güstrow
Hollang Michael Phil. Freising
Hopf Joseph Phil. München
Horn Gustav Phil. Isen
Horn Oskar Phil. München
Horn Wilhelm Math. Hof
Hort Max Philol. Neustadt
Hornstein Xaver Theol. Villars sur-Font
Huber Felix Phil. Mapprechts
Huber Joseph Jur. Bremgarten
Huber Joseph Jur. Frontenhausen
Hüdel Joseph Math. Würzburg
Hummel Georg Jur. Zeitlarn
Jacobi Hugo Phil. Eichstädt
Jazdzewski Ludwig Theol. Klein-Sokolniki
Junge Heinrich Techn. Esch
Käfferlein Richard Jur. Bayreuth
Kaiser Jos. Adolph Phil. Solothurn
Kaiser Karl Phil. München

Kalt Karl Jur. Frick
Kapfinger Ludwig Phil. Passau
Kapp Wilh. Theod. Jur. Schillingsfürst
Karrer Leopold Phil. Ottobeuren
Kastner Michael Phil. Burgau
Kaup Ferdinand Phil. Eichhoff
Keller Kasimir Phil. München
Kempf Jacob Phil. Passau
Kessler Michael Phil. Traunstein
Kettner Martin Phil. Uttenhofen
Kinateder Jos. Philol. Niederschärding
Kirchner Franz Philol. Würzburg
Kirmayer Franz Xaver Phil. Unterhörlbach
Kirmayer Joseph Jur. Mühldorf
Kirn Ludwig Med. Mannheim
Kirschbaum Hubert Jur. Dillingen
Kissler Joh. Phil. Kirchenthumbach
Kittel August Theol. Pirna
Kleeberger Anton Phil. Landshut
Klein Victor Forstw. Landshut
Koch Alwin Phil. Lindau
Koch Alfred Bergw. Lindau
Koch Aug. Laurent Med. Neuchatel
Koch Joh. Bapt. Philol. Ichenhausen
Kolb Peter Jur. Bergham
Körber Friedr. Forstw. Langenkandel
Kohl Alois Philol. Schlicht
Koller Heinrich Phil. München
Korzendorfer Lorenz Jur. Weismain
Koschella Adolph Jur. Habelschwerd
Kraft Karl Jur. München
Kranz C. Anton Phil. München
Kranzfelder Joh. Philol. Holzkirchen
Kraus Eduard Phil. München
Kraus Ludwig Phil. Straubing
Kraus Rudolph Bergw. Wiesbaden
Krausser Otto Chem. Wasseralfingen
Krauth Hermann Math. München
Krieg Johann Emil Med. Hamburg
Krieger Joseph Theol. Laugenstätt
Kruger Ludwig Med. München
Künzel Heinrich Staatsw. Bayreuth
Kufner Joseph Pharm. Osterhofen
Kuntze Fritz Ingenieurw. Ratzeburg
Kuonz Gustav Phil. Stadtamhof
Kupfer Michael Theol. Hausen
Kutzer Franz Joseph Philol. Mitterteich
Landmesser Christian Pharm. Mundenheim
Lang Johann Philipp Pharm. Heilbronn
Lange Friedrich Wilh. Phil. Haltern
Langenorgger Anton Phil. Kübbach
Langenwalter Xaver Philol. Rechbergreuthen
Lappe Joseph Phil. Gesecke
Laubmann Andreas Phil. Hof
Lauterbach Georg Phil. Kronach
Leisch Mathias Phil. Deggendorf

Leitschuh Friedr. Philol. Münnerstadt
Lengger Georg Theol. Utting
Leonhard Friedr. Cam. Neckarhausen
Lerch Eduard Phil. Kraiburg
Lermer Joseph Jur. Regensburg
Leube Gustav Naturw. Ulm
Liebl Wolfgang Phil. Alberhütte
Lilienfeld Otto v. Jur. Gut Saage
Lindemann Max Med. Augsburg
Lindner Augustin Jur. Plössberg
Lippl Anton Phil. München
Litzl Alois Theol. Steinkirch
Loeweneck Theod. v. Phil. München
Lohr Peter Jur. Schefthal
Lorenz Joseph Jur. München
Lotz August Med. Mupperg
Löwis of Menar Mor. v. Phil. Kalpen
Luchsinger Friedrich Phil. Glarus
Loy Johann Nepomuk Phil. Griesbach
Mack Ernst Pharm. Reichenhall
Märklstätter Julius Jur. München
Maffei Guido v. Jur. München
Maffei Hugo v. Jur. München
Maessenhausen Gg. v. Phil. München
Mahr Fr. Michael Phil. München
Majer Ludwig Philol. Geislingen
Maier Xaver Phil. Regensburg
Mais Joseph Med. Würzburg
Mantel Julius Forstw. München
Mantel Wilhelm Forstw. Breitenbrunn
Marbe Ludwig Jur. Freiburg
Mark Karl Jur. Ansbach
Marckwald Otto Phil. Berlin
Marc Bernhard Math. München
Markhausen Wolfg. Philol. Schliersee
Martin Anton v. Med. Botzen
Martin Otto Med. Speyer
Mathi Heinrich Jur. Hadamar
Mathaes Johannes Theol. Arzheim
Maurenbrocher Karl P. Phil. Düsseldorf
Mayer Friedr. Ludw. Ferd. Phil. Kempten
Mayr Johann Phil. Thal
Mehler Joseph Philol. Tirschenreuth
Mehr Ferdinand Phil. München
Meisinger Anton Theol. Saxing
Merk Hubert Philol. Amberg
Mertens Joh. Jos. Bern. Theol. Coblenz
Messert Franz Phil. Passau
Mettenleiter Engelb. Jur. Regensburg
Metzler Wilhelm Forstw. Weilburg
Metz Georg Jur. Rennertshofen
Meyer Rupert Med. Nymphenburg
Meysenbug K. Frhr. v. Jur. Detmold
Micheler Joseph Phil. Regensburg
Mikolasch Karl Heinr. Chem. Lemberg
Möhl Franz Xav. Karl Phil. München
Mösinger Georg Theol. Langkampfen
Mois Theodor Phil. Neumarkt

Mühe Anton Phil. Regensburg
Müller Anton Naturw. Cernek
Müller August Cam. Gräfenthal
Müller J. Gallus Phil. Wyl
Müller Jacob Philol. Frankenthal
Munk Joseph Med. Hienheim
Nadig Johann Josua Jur. Chur
Nar Karl Phil. Ansbach
Neubauer Joseph Phil. Donauwörth
Neuhierl Rupert Phil. Walderbach
Nieberl Xaver Phil. Stockau
Niedhammer Georg Phil. Wachenheim
Nietzel Wilhelm Bergw. Falkenbach
Noder Peter Phil. München
Nothafft Albr. Bar. v. Phil. Friedenfels
Oberly Robert Jur. Mels
Oberst Andreas Jur. Ampferbach
Oeckl Peter Phil. Oexing
Oefele Adolph Frhr. v. Phil. Neuburg
Olejniuk Balisie Pharm. Cebron
Olwald Martin Jur. Oberau
Ott Alfred Phil. Lauingen
Papst Johann Theol. Lenggern
Pachmayr Otto Pharm. München
Papadopulos Nikol. Theol. Peristera
Papuis Heinrich Jur. Aschaffenburg
Paschwitz Karl Bergw. Erlangen
Patsch Ludwig Philol. Regensburg
Paur Karl Phil. Erding
Peither Karl Phil. Cham
Perreither Joseph Phil. Kienberg
Peter Heinr. Gust. Gesch. Schulpforta
Peterelly Anton v. Phil. Savognino
Petzel Hermann Phil. Hoh
Pezzalis Alexander Jur. Athen
Pfannenstiel Max Eng. Phil. Ziegetsdorf
Pfister Eduard Phil. München
Pfisterer Friedrich Phil. Eichstädt
Pfisterer Karl Phil. Augsburg
Pfreundtner Albert Phil. Unterau
Pflüggéra Heinrich Phil. Pfeffenhausen
Planta Franz Albert v. Jur. Dusch
Plochmann Jos. Adolph Jur. Grosshabersdorf
Pohn Ludwig Jur. Waldfischbach
Ponickau Friedrich v. Jur. München
Popp Heinrich Med. Mainburg
Pornschaft Wilhelm Phil. Augsburg
Poschinger Wilhelm v. Phil. Oberfrauenau
Praun Alexander v. Phil. Jur. Feuchtwangen
Braun Sigmund v. Phil. Jur. Nürnberg
Prell Eduard Theol. Bamberg
Premauer Karl Chem. Niederraunau
Propst Ulrich Jur. Thannhausen
Raab Alois Jur. Schachendorf
Radlkofer Max Philol. München

24*

Sucro August Philol. Riedenhausen
Sudeck Halvor Jur. Lulzenburg
Suhm Gustav Julius Med. Constanz
Tanner Erwin Jur. Aarau
Tein Friedrich v. Phil. München
Thalhauser Max Pharm. Southofen
Thiel Heinrich Eduard Pharm. Cassel
Thomas Karl Friedr. Naturw. Coblenz
Thomma Leonhard Jur. Muttershofen
Thürmayer Ludwig Jur. Neuburg
Trägler Anton Jur. Waldmünchen
Traitteur Emil v. Phil. Wolfstein
Traub Leopold München
Uhland Adolph Phil. München
Ulmer Hans Jur. Steckborn
Uschold Friedrich Jur. Amberg
Valenti Pietro Jur. Monteclassico
Valta Ludwig v. Med. Mindelheim
Vayhingen Ed. Jos. Philol. Stuttgart
Vering Gerhard Heinrich Math. Ahlen
Verstl Georg Phil. Rötz
Viernstein Lorenz Staatsw. Altmugl
Vogel Karl Theol. Grünstadt
Vogl Nikolaus Pharm. Hammer
Vogl Sebald Jur. Landau
Vogler Joh. Bapt. Phil. Tussenhausen
Vorderwülbcke Jos. Phil. Olsberg
Waagen Wilhelm Phil. München
Waeker Karl Pharm. Ulm
Wagner August Phil. München
Wagner Joseph Phil. Straubing
Wallney Hugo Theol. Elberfeld
Walser Andreas Jur. Seewis
Walter Johann Baptist Jur. München
Wein Hermann Phil. Landshut
Weiss Vitus Alois Jur. Burglengenfeld
Weissenbach Plac. Jur. Bremgarten
Weissenborn Karl Gust. Phil. Gera

Wellering Gerhard Theol. Bökel
Welden Max August Freiherr v. Jur.
München
Welsch Oscar Cam. Kissingen
Welter Otto Gottfried Jur. Zell
Wenckenbach Friedr. Philol. Hadamar
Wendel Wilhelm Jur. München
Widemann Gustav Phil. Neuburg
Widmann Wilhelm Phil. Abensberg
Wiedemann Friedrich Pharm. Wald-
sassen
Wilhelm Joseph Karl Phil. Tiefenbach
Wipfle Bartholomäus Phil. Erstfeld
Wittich Karl Friedrich Phil. Berlin
Wittmann Joseph Phil. Neumarkt
Wittmann Ludwig Phil. Ellingen
Wöhrl Joh. Bapt. Theol. Vilsbiburg
Wölfle Franz Theol. Phil. Dillingen
Wolf Emil Phil. Wachenheim
Wolff Adolph Jur. Zweibrücken
Wolferstetter Joh. Phil. Hl. Kreuz
Woll Karl August Theol. St. Ingbert
Wollowicz K. Gf. v. Med. Rzeczyca
Wothe Martin Theol. Hessheim
Wucher Cajetan Phil. Dürrnhausen
Wulff Heinrich Jur. Laboe
Wulzinger Ferd. Karl Phil. Schönberg
Wunder Karl Phil. Jur. Nürnberg
Yblagger Joseph Theol. München
Yrsch - Pienzenau Ludwig Graf v.
Phil. München
Zallinger Friedrich v. Jur. Botzen
Zauser Ludwig Phil. München
Zeller Michael Phil. Neuburg
Zeyer Wenzel Naturw. Prag
Zierl Karl Pharm. Reichenhall
Zinckgraf Philipp J. Jur. Haardt
Zürcher Alfred Med. Zug

1860—1861

Rector DCXII Dr. Franz SEITZ

Abel Ludwig v. Phil. München
Aclin Jos. Robert Med. Gossau
Aichel Og. Aug. W. O. Med. Neuenfeld
Aichel Karl Ludw. Osw. Med. Neuenfeld
Aigner Anton Phil. Söllhuben
Albers Julius Theol. Godelheim
Altemburger Enrico Jur. Trient
Althaus August Philol. Detmold
Altmann Ludw. Med. Sonderdilching
Amon Mathias Med. Abensberg
Aurep Oskar v. Phil. Lauenhof
Anwander Franz Xaver Jur. Speyer
Aragâo Ant. Moniz de Phil. Bahia

Aragâo Franc. Moniz de Jur. Bahia
Aragâo Salv. Moniz de Phil. Bahia
Argôlo José Terras de Phil. Bahia
Arnold Joseph Phil. Heretshausen
Asch Franz de Paula Freiherr v. Phil.
Bodenmais
Bachmair Michael Jur. Freising
Babel Ludwig Philol. Pfaffenberg
Babson Robert Edw. Philol. Gloucester
Bachhammer Johann Phil. Vilsheim
Bächtold Theodor Jur. Merishausen
Bäurlen Friedrich Techn. Nördlingen
Bannwart Jos. Seb. Phys. Gähwil

Barchewitz Wilhelm E. Cam. Dresden
Bauer Friedrich Jur. Amberg
Bauer Joseph Phil. München
Baumann Ludwig Phil. München
Baumeister Pankraz Phil. Cham
Baumgartner Franz Xaver Phil. Schorndorf
Baumgartuer Georg Phil. Petershausen
Baur Xaver Phil. Ottobeuren
Baur Georg Theol. Ottobeuren
Bayerlein Wilhelm Phil. Nürnberg
Bayersdorfer Karl Phil. München
Beck Gregor Phil. Eichstädt
Beck Joseph Phil. Friedberg
Beck Oskar Ludw. Aug. Med. Helden
Beeg Ernst Phil. Ansbach
Behaghel Peter Cam. Mannheim
Behncke Philipp Jur. Parchim
Bellinger Friedrich Chem. Aarau
Bergmann Camillo Jur. Linz
Bergmann Ferdinand Med. Wiesbaden
Bernhard Heinr. Frhr. v. Phil. München
Bettinger Karl Jur. Frankenthal
Bierl Joh. Pharm. Herzogauer Glasbütte
Bill Adolph Phil. Dillenburg
Bisle Alois Jur. Grossaitingen
Biersch Franz Phil. Augsburg
Blöst Karl Bergw. Regensburg
Bogisic Balthasar Anton Jur. Ragusa
Brach Georg Philol. Gossmannsdorf
Brack August Phil. Wachenheim
Borges Wilhelm Med. Rheda
Borrasch Alois V. H. Theol. Danzig
Bossy Konstantin v. Phil. Teckusch
Bothmer Adolph v. Jur. Lauenbrück
Brandl Johann Nepomuk Jur. Straubing
Brandmayer Georg Jur. Schwarzöd
Braun Friedrich Med. Wendelstein
Braun Ludwig Pharm. Oettingen
Braunstein Conrad Jur. Ansbach
Bréchet Joseph Jur. Sophières
Brenner Otto Pharm. Mitterfels
Brennhofer Eduard Pharm. Straubing
Brewerton Henry Feltus Phil. Baltimore
Brier Wilhelm Philol. Gutentag
Brücklmeier Ignaz Phil. Stadtamhof
Brückner Eduard Pharm. München
Brunner Cäsar Theol. Neuburg
Brunner Sigmund Phil. Rainhausen
Brzozowski Anton Bol. v. Phil. Posuchowka
Bucher Joseph Jur. Waldkirchen
Buchta Albrecht Med. München
Bülow Joh. Gottfr. v. Chem. Ratzeburg
Buhl Eugen Phil. Deidesheim
Bund Benedikt Phil. München
Busch Johann Theol. Putzig

Bussinger Ferdinand Med. Stans
Butry Fr. Wilhelm Theol. Landstuhl
Camerer Otto Phil. Oettlngen
Camerlohr Ludwig v. Med. Viechtach
Carrat Ludwig Med. Porrentruy
Caumo Antonio Chem. Roveredo
Claus Friedrich Med. Badersleben
Clarus Eduard Jur. Wassertrüdingen
Clemente Adolph Clem. Phil. Plattling
Cramer Egidius Karl Jur. Montabaur
Cramer Emil Phil. Hamburg
Crescini Ludwig Jur. Fiera di Primiero
Dachs Emil Phil. Tegernsee
Dauch Franz Phil. Lohr
Decken-Offen Karl Georg B. v. der Cam. Werden
Deggeller Johannes Med. Schaffhausen
Deininger Heinrich Jur. München
Dellus Karl Jur. Coblenz
Deuerling Andr. Philol. Altenkunstadt
Didier Jacques Theol. Deppach
Diemer Theodor Philol. Oberammergau
Dickmann Johann Phil. Aschersdorf
Dietl Friedrich Phil. Oberviechtach
Dietrich Eugen Phil. München
Dillmann Ernst Phil. Hilpoltstein
Dilthey Max Jur. Hadamar
Döring Joseph Jur. Bamberg
Doppler Joseph Jur. Pfarrkirchen
Dorffmeister Adolph Phil. Hohenaschau
Dorn Anton Phil. Rottenburg
Drechsel Karl Graf Phil. München
Dresing Johann Ferd. Med. Alfhausen
Du Plessis Louis Fr. G. Med. Mont-Choisi
Dyrmeier Michael Philol. Eichstädt
Ebermayer Gustav Phil. Nenzenheim
Eckel Michael Phil. Königsbach
Eckstein Johann Jur. Fuchsmühl
Edelmann Joseph Phil. München
Eder Peter Phil. Orthofen
Elber Johann Baptist Phil. München
Eidenschiuk Joseph Philol. Viechtach
Eign Joseph Jur. Neuburg
Eisenmann Anton Med. Bärnau
Eisenreich Karl Zahnheilk. Schwabing
Endrass Magnus Philol. Büchel
Engel Bernhard Jur. Babenhausen
Engelbach Adolph Phil. München
Engelhardt Anton Theol. Bilshausen
Englmann Joh. B. Jur. Kirchendiemen
Epstein Adolph Phil. München
Erb Wilhelm Med. Winnweiler
Ertl Friedrich Med. Hauzenberg
Eser Ludwig Phil. Stadtamhof
Esper Friedrich Jur. München
Ettmayr Corbinian Theol. Dorfen
Fässler Xaver Phil. Arth
Fahrmbacher Julius Phil. München

Faltermeier August Phil. Regensburg
Feichter Christian Phil. Nürnberg
Feicht Xaver Phil. Fischbach
Feigel August Jur. Ausbach
Feigel Heinrich Jur. Ansbach
Feil Johann Philol. Kempten
Felshof Eduard Jur. München
Fenzl Joseph Phil. Exenbach
Ferber Joseph Phil. Sulzdorf
Ferber Max Anton Phil. Eichstädt
Ferchl Johann Phil. Mühldorf
Filchner Karl Phil. München
Fing Johann Evangelist Theol. Brigels
Finsterwald Karl August Phil. Neumarkt
Fischer Eduard Chem. Neustrelitz
Fischer Heinrich Phil. München
Fischer Max Phil. München
Flasser Andr. Christ. Phil. Sulzbach
Foregger Richard Jur. Cilli
Forstmühler Adolph Pharm. Küsslarn
Fragnière Jean Paul Phil. Freiburg
Francke Karl Th. A. Pharm. Schwerin
Frank Eduard Pharm. Solka
Frank Joseph Jur. Schalding
Freuler Hermann Jur. Schaffhausen
Freytag Georg Jur. Marktstefft
Frölich Adolph Beda Theol. Arbon
Fuchs Joseph Pharm. Ferchenhaid
Fuerg Franz Xaver Med. München
Fürst Ludwig Phil. Regensburg
Fürst Michael Jur. Alteglofsheim
Gallasch Joseph Jur. Hilpoltstein
Gardthaus Ed. Aug. Theol. Osnabrück
Garcis Wilhelm Phil. Deggendorf
Gauch Julius Med. Heimkirchen
Geiger Alban Pharm. Augsburg
Geith Franz Xaver Med. Freising
Gendre Alexandre Jur. Freiburg
Georgiades Nikolaus Philol. Astros
Gérard Georg Philol. Speyer
Gessner Martin Phil. Sonderhofen
Geys Georg Phil. München
Ghillany Friedrich Med. München
Gick Adam Jur. Redwitz
Gierl Johann Baptist Phil. Michelfeld
Glameyer Arnold Otto Cam. Otterndorf
Glasl Anton Jur. Rechtmehring
Gnatz Johann Phil. München
Göllner Ernst Archit. Wiesbaden
Götze Friedrich Med. Wismar
Götel Karl Med. Grünstadt
Götz Leonhard Philol. Auerbach
Gottwald Jos. Alt. Ludw. Cam. Offenburg
Grahl Ernst Theol. Borna
Grangier Ludwig Jur. Freiburg
Grebert Ferdinand Med. Schwalbach
Greiner Theodor Philol. Heidelberg
Griesmayer Victor Jur. München

Grimm Georg Phil. Kempten
Gröber Anton Med. München
Gröschl Georg Theol. Rott
Gruber Max Phil. Teisendorf
Gugler Karl Phil. Stuttgart
Günter Franz Jur. Lohr
Guggemos Mathias Jur. Denklingen
Guilielmo Phil. Ludw. Pharm. Landshut
Gyger Joseph Jur. Luzern
Haan Eugen Frhr. v. Jur. Linz
Hacker Albert Med. München
Hacker Alois Theol. Buchloe
Hacks Hermann Theol. Capellen
Hafensteiner Johann Jur. Thanstein
Hager Ferdinand Jur. Kaltbrunn
Halm Georg Richard Bergw. München
Halm Johann Jur. Coblenz
Halm Karl Jur. Passau
Haltenberger Ludw. Theol. Mündling
Halter Albert Techn. Coburg
Hammerbacher Friedr. Jur. Nürnberg
Harres Eduard Techn. Darmstadt
Hartmann Franz Pharm. Kempten
Hartmann Max Pharm. Augsburg
Hartter Markus Phil. München
Hasler Johann Baptist Jur. München
Haslbeck Franz Paul Pharm. Vilsbiburg
Hauer Ludwig Titus Med. Augsburg
Hauser Anton Phil. Gundremmingen
Hauth Anton Phil. München
Heerwagen Friedrich Jur. Bayreuth
Hegglin Jac. Alois Theol. Menzingen
Heilmaier Paul Friedr. Pharm. Bamberg
Heimburg Emil v. Bergw. Bockenheim
Heindl Joseph Philol. Eberswitz
Heiss Johann Baptist Phil. Grassau
Helfenstein Steph. Theol. Horlachen
Helfreich Friedr. Chr. Phil. Aschaffenburg
Helfreich Karl Fr. Ludwig Jur. Aschaffenburg
Hell Joseph Phil. Traunstein
Hellermann Leo Chem. München
Herborn Wilhelm Techn. Wiesbaden
Herrmann Christian Jur. Schönsee
Hertling Ignaz Joh. Frhr. v. Phil. Aschaffenburg
Henner Christian Jur. Ansbach
Hierl Georg Phil. Lupburg
Hildebrandt Max Cam. Bruchsal
Hindelang Johann Phil. Pfaffenburg
Hirschberger Max Phil. Ast
Hirth Wilhelm Phil. Clausen
Hittenkofer Julius Jur. München
Hölzle Bernhard Phil. Ottobeuren
Hörhammer Paul Med. Haag
Hörmann Karl Phil. Wildberg
Hoffmann Georg Jur. München
Hohenbleicher Leonh. Phil. Silheim

Hollang Michael Jur. Jmmünster
Holzschnher Hugo v. Phil. Nürnberg
Homburger Adolph Med. Carlsruhe
Hopf Gust. Wilh. Friedr. Jur. München
Hopfner Otto Phil. Höhenstadt
Howell Francis Phil. Philadelphia
Huber Fritz Jur. Zürich
Huber Jakob Phil. Wasserburg
Hubrich Karl Pharm. Ellingen
Hudler Karl Phil. Landshut
Hummel Friedrich Med. Augsburg
Hundsmann Augustin Philol. Pfaffen-
    hofen
Jackermeier Lorenz Phil. München
Jäger August Med. München
Jäger Hermann Jur. St. Gallen
Jäger Johann Baptist Phil. Landshut
Jägerhuber Ludwig Jur. München
James Frank Chem. Mobile
Jatzow Hermann Jur. Hagenow
Jebe Thomas Heinr. Pharm. Bretstedt
Jehle Michael Phil. Augsburg
Imhof Max Pharm. Landshut
Imhof Wilhelm Pharm. München
Ineichen Joseph Karl Jur. Luzern
Jost Alfred Jur. Willisau
Irlinger Franz Xaver Phil. Plattling
Irlwick Joseph Phil. Gotteszell
Inama-Sternegg Th. v. Phil. München
Kähler Ernst Aug. Philol. Schönberg
Käufel Bernard Theol. Königsbrunn
Kahle Rudolph Jur. Kreien
Kahn Hermann Med. Hürben
Kaiser Hermann Med. Pfullendorf
Kammel Ferdinand Phil. München
Kammerer Franz Xav. Phil. Prutting
Kannreuther Ludw. Phil. Haidhausen
Kapraun Gg. Bened. Jur. Grossostheim
Karg Peter Phil. Ellhofen
Karl Johann Phil. Regensburg
Kehler Friedrich Med. Luzern
Kellenberger Joseph Jur. Dillingen
Kellersberger Armin Jur. Baden
Kellner Heinrich Theol. Trier
Kellner Karl Phil. München
Kerler Konr. Dietrich Gesch. Ulm
Kenth Leopold Theol. Gesecke
Kiefer Johann Baptist Phil. Dahn
Kiesling Kajetan Pharm. Kirchberg
Kinkelin Georg Friedr. Phil. Lindau
Kirpach Heinrich Jur. Mamen
Kirschbaum Hubert Jur. Dillingen
Kistler Georg Pharm. Friedberg
Klausa Karl Phil. Tarnowitz
Klein Christian Theol. Contwing
Kleinschrod Heinrich Frhr. v. Jur.
    Bamberg
Klinkhardt Richard Med. Zwickau
Klingsohr Robert Jur. Gunzenhausen

Klotz Joseph Jur. Berching
Klug Karl Techn. Hildburghausen
Klug Ludwig Jur. Amberg
Knäffl Ludwig Chem. Graz
Knitel Otto Marcell. Pharm. Riedenburg
Kny Leopold Phil. Breslau
König Johann Nepomuk Phil. Allach
König Johann Phil. Grafenau
Königshöfer Mos. Jon. Phil. Welb-
    hausen
Körber Fritz Forstw. Kandel
Köster Gustav Phil. Heidelberg
Kolb Joseph Phil. München
Kolb Ludwig Phil. Bogenhausen
Koller Joseph Anton Theol. Büttschwil
Kollmann Anton Phil. Ichenhausen
Komprecht Eduard Theol. Burgberg
Köneberg Karl Phil. Oberdorf
Kopp Johann Friedr. Jur. Neustadt
Kraft Georg Phil. Hindelang
Krannwitter Franz Med. Nassereuth
Kranzfelder Johann Philol. Prien
Kraus Georg Math. Nassenburg
Krembs Max Forstw. Laufen
Krumm Ludwig Pharm. Kaufbeuren
Krupp Franz Philol. Insbach
Künsberg-Langenstädt Ottokar
    August Freiherr v. Phil. Regensburg
Kugler Bernhard Jur. München
Kugler Jakob Philol. Holnbach
Kurz Leopold Theol. Weiden
Lachner Eugen Med. München
Lagondakis Constantin Med. Smyrna
Lahtef Karl Emil. Val. Med. Pforzheim
Lambert Leonhard Theol. Dahu
Landmann Anton Phil. München
Lang Eduard Phil. München
Lang Mathias Phil. Donauwörth
Laubl Franz Xaver Theol. Vogelsang
Lehner Karl Med. Schopfloch
Lehner Michael Phil. Pruun
Leibl Ferdinand Philol. Köln
Lendl Emil Phil. Wallenstadt
Lengfehlner Franz Philol. Wegscheid
Lerchenfeld Max Freiherr v. Phil.
    Rockenhausen
Lermer Joseph Jur. Regensburg
Lesmüller Otto Med. München
Lichtenstein Karl Freiherr v. Phil.
    Regenstauf
Liebl Johann Baptist Theol. Amberg
Lindan Wilhelm Chem. Heidelberg
Lingg Max Phil. Weissensee
Lippmann Franz Phil. Landshut
List Otto Phil. Mindelheim
Lommel Ludw. Jul. Bernhard Pharm.
    Hornbach
Lorenz Joseph Jur. München
Lunckenbein Hans Phil. Hof

Remmel Karl Phil. Landshut
Renz Adolph Jur. Stuttgart
Rettich Karl Jur. Rosenhagen
Rettich Meno Friedr. Jur. Rosenhagen
Reuchlin Hermann Phil. Stuttgart ·.
Reuter Norbert Phil. Luxemburg
Rey Michael Med. Jens
Rid Johann Martin Jur. Weicht
Riedisser Johann Michael Pharm.
  Pfaffenberg
Rielünder Franz Theol. Gesecke
Rieth Franz Jur. Bellheim
Riss Franz Xaver Phil. Rain
Ritter Karl Gottfr. Phil. St. Petersburg
Ritter Moriz Phil. Bonn
Ritzenthaler Wilh. Med. Hersbruck
Robl Karl Med. Kelheim
Rodler Karl Pharm. Nürnberg
Röhm Johann Baptist Phil. Lauingen
Röthenbücher Eduard Forstw. Fram-
  mersbach
Röttinger Eduard Phil. München
Rogenhofer Ludw. v. Phil. München
Ronse Alfred Jur. Brugge
Roos August Phil. Speyer
Rosenkranz Karl Jur. Ansbach
Rosner Adolph Phil. Straubing
Rossbach Joseph Med. Würzburg
Roth Benedikt Phil. Breitenbrunn
Roth Ernst Math. Erlangen
Roth Otto Phil. Mosbach
Rottmanner Max Phil. Aichach
Rubarth Ludwig Phil. Fürstenberg
Rücker Hermann v. Med. Hof
Ruidisch Ludwig Med. Stadtamhof
Rukstuhl Johann Baptist Jur. Sirnach
Rummel Ludwig Jur. München
Rungg Karl Jur. Trient
Rupp Heinrich Math. Alteglofsheim
Rupprecht Johann Nep. Jur. Kirchen-
  thumbach
Rupprecht Ludwig Med. München
Russli Joseph Med. Luzern
Saglfrank Wilhelm Med. Regensburg
Saunier Paul Phil. Stettin
Saur Hugo Phil. Coblenz
Schärtl Joh. Georg Pharm. Kriegshaber
Schefstoss Jakob Phil. Regensburg
Schellenberg Wilhelm Jur. Hadamar
Schemm Gustav Phil. Nürnberg
Scheuer Ludwig Phil. München
Schickendantz Emil Med. Landau
Schieffer Eduard Jur. Lobberich
Schiessl Wilhelm Jur. Sulzbach
Schilling Fr. Xav. Philol. Kühnhausen
Schillinger Alois Phil. München
Schimper Adolph Med. Dürkheim
Schlag Ignaz Theol. Osterhofen
Schleicher Karl Phil. Kitzingen

Schlönbach Urban Phil. Salzgitter
Schlüter Albert Theol. Paderborn
Schlüter Joseph Jur. Paderborn
Schmeitzl Fr. Ser. Phil. Straubing
Schmetzer Wilhelm Med. Rothenburg
Schmid Andreas Theol. Zaumberg
Schmid Michael Theol. Biberberg
Schmid Paul Jur. Augsburg
Schmidt Karl Heinrich Med. Mahlberg
Schmidtborn Wilh. Bergw. Dillenburg
Schmidtlein Adolph Med. Erlangen
Schmidtler Otto Phil. Vohenstrauss
Schmidtmüller Joseph Phil. Passau
Schmitt Adolph Wilhelm Bergw.
  Oranienstein
Schmitt Andreas Philol. Königshofen
Schmitz Clemens Theol. Regensburg
Schmutterer Joseph Med. Eichstädt
Schnare August Theol. Hildesheim
Schneider August Phil. Ansbach
Schnell Georg Theol. Rentenen
Schnitzler Anton Phil. Stoffenried
Schnizlein Eduard Med. München
Schönprunn Gustav Freiherr v. Phil.
  Schwabmünchen
Schormaier Jos. Jur. Unterbleichen
Schott Arthur Theol. Staufenberg
Schramm Georg Philol. Altenbang
Schreyer Karl Med. München
Schröder Karl Gust. Philol. Schwerin
Schrön Otto Med. Hof
Schulte Anton Theol. Dersum ·
Schultes Jos. Johann Phil. München
Schultz Ferdinand Jur. Münster
Schultze Franz Phil. München
Schwager Conrad Chem. Grossliezen
Schwarz Edmund Phil. München
Schweiger Joseph Phil. Neuburg
Schweikert Ernst Philol. Dingolstädt
Schweyer Joseph Phil. Friedberg
Sekell Adolph Phil. München
Sekell Eugen Forstw. München
Sedelmair Eduard v. Phil. München
Seeberger Antonin Math. Forchheim
Sepp Johann Theol. Augsburg
Simens Friedrich August Jur. Celle
Simons Johann Karl Jur. Luxemburg
Singer Christian Pharm. Eslarn
Sitzler Oskar Jur. Kitzingen
Sölch Johann Baptist Phil. Falkenberg
Spannagel Theod. Bergw. Dürkheim
Sporrer Ludwig Philol. Laber
Sprecher Beatus Georg Philol. Bamberg
Staal Karl Rudolph v. Jur. Reval
Stadler Kajetan Phil. München
Stahl Max Phil. München
Stahl Oskar Ritter v. Phil. Trient
Staller Anton Phil. Landshut
Steiner Anton Med. Pfeffikon

Steiner Leon v. Med. Bukarest
Steiner Sigmund v. Med. Bukarest
Steinhauser Anton v. Phil. Sagens
Steinhauser Georg Phil. Marienberg
Stemler Joseph Jur. München
Stern Joseph Pharm. Obernzell
Stock Alois Phil. Cham
Straller Johann Phil. Schwandorf
Strauss Friedr. Frhr. v. Phil. Neustadt
Streber Karl Jur. Neunburg
Streng Anton Pharm. Burglengenfeld
Ströll Ludw. Pharm. Mitterteich
Strohmayr Joh. Bapt. Math. Arnsdorf
Stubenvoll Johann Baptist Jur. Gross-
kölnbach
Stumpf Karl Phil. München
Süss Clement Pharm. Wolfstein
Suter Adolph Eugen Med. Reinach
Thiel Eduard Pharm. Cassel
Thiele Theodor Jur. Ratzeburg
Thier Adolph Theol. Ras
Thilenius Moriz Med. Wellan
Thomma Leonhard Jur. Muttershofen
Thomsen Theodor Jur. Lübeck
Thurmann Renaud Phil. Porrentruy
Tillmann Rudolph Phil. Edesheim
Tiecher Antonio Med. Centa
Tschudy Jos. A. Bar. v. Med. Glarus
Tucher August Frhr. v. Phil. München
Tucher Theodor Freiherr v. Phil. Nürn-
berg
Ugricie Zacharias de Jur. Belgrad
Ulsamer Anton Phil. Ansbach
Urban Ferdinand Phil. München
Uth Karl Phil. Fulda
Veith Albert Phil. Hohenschambach
Vielweck Anton Theol. Postmünster
Vierling Heinrich Pharm. Welden
Viernstein Lorenz Jur. Altmugl
Vincenti Aug. Ritter v. Phil. München
Virnich Karl Hub. W. W. Phil. Düren
Vogl Friedrich Phil. München
Vogl Georg Phil. Kempten
Vogt Heinrich Philol. Limbach
Voigtherr Alexander Phil. München
Vonwerden Karl Pharm. Rosenheim
Wagner August Math. München
Wagner Max Philol. Passau
Wagner Wilhelm Med. Rothenburg
Waldmann Christoph Theol. Streitholz
Walk Franz Joh. Bapt. Phil. Eichstädt
Weber Arnold Philol. Lachen

Weber Joh. Conrad Jur. Zofingen
Weber Sigmund Phil. Immenstadt
Weeber Adolph Pharm. München
Weglehner Johann Med. Merkendorf
Weigl Martin Theol. Haardorf
Weinberger Ludwig Cam. Eichstädt
Weiskopf Seligmann Philol. Waller-
stein
Weiss August Jur. Wien
Weiss Georg Phil. Landshut
Weiss Robert Jur. Salzburg
Weissenbach Franz Jur. Bremgarten
Welden Ludwig Freiherr von Gross-
lauphelm Phil. Hürbel
Welser Karl v. Cam. Nürnberg
Wendel Karl Phil. München
Wenders Karl Jur. Flingern
Wenner Ludwig Jur. Dürkheim
Werner Albert Pharm. Kirchen
Werner Ernst Jur. München
Wiehn Karl Theol. Pirmasens
Wiesel August Ingen. Bronberg
Wilcken Karl Friedrich Cam. Riga
Willimann Isidor Med. München
Winterhoff Pet. Kasp. Jur. Hamburg
Wirschinger Ludwig Phil. Neuburg
Witry August Jur. Lintgen
Wittich Ernst Emil Chem. München
Wittmer Gustav Phil. Altmorschen
Wohlfahrt Joh. Nep. Jur. Reichenhall
Wolff Gustav Ad. Jos. Phil. Usingen
Wolff Ludwig Phil. Kaufbeuren
Wollenweber Karl Philol. Pommers-
felden
Woltmann Alfred Jur. Berlin
Wunder August Phil. Nürnberg
Wunderlich Bernard Phil. Kloster-
Mettly
Wurm Wilhelm Albert Med. München
Würminghausen Jos. Phil. Bigge
Wurmsee Konrad Philol. Augsburg
Zechmeister Ludwig Bergw. München
Zellhuber Franz Jur. Eggenfelden
Zenetti Ferdinand Pharm. Lauingen
Zerzog Ludwig v. Bergw. Regensburg
Zetl Ludwig Pharm. Rosenheim
Ziegler Arfest Med. Diessenhofen
Ziegler Matthäus Theol. Herbertshofen
Zimmermann Jakob Jur. Köln
Zoller Ludwig Frhr. v. Phil. München
Zorn Emil August Med. Ansbach

1861—1862

Rector DCXIII Hubert BECKERS

Abel Karl Jur. Hadamar
Ackermann Karl Chr. Math. Fulda
Adam Joh. Friedr. Ludw. Phil. Hadamar
Adam Joseph Jur. Ansbach
Albrecht Engelbert Med. Landshut
Albert Valentin Jur. Euerdorf
Alexander Hermann Jur. Thalmessing
Alexandrides Photius Phil. Mitylene
Amberger Michael Philol. Ingolstadt
André Adolph Med. Zweibrücken
Anschütz Friedrich Phil. München
Autz Johann Ludwig Med. Callstadt
Appel Erhard Theol. Ludwigstadt
Athanasiewicz Eugen Pharm. Czernowitz
Auleke Arnold Jur. München
Ausserbauer Ludwig Phil. Endorf
Balve Theodor Jur. Werl
Bartholomä Karl Phil. Bayreuth
Bauer Bernard Phil. Laer
Bauer Emil Albert Jur. Kehl
Bauer Johann Bapt. Phil. Roggenburg
Bauer Johann Ev. Theol. Pfatter
Bauer Ludwig Jur. Speyer
Bauer Ludwig Med. Sulzbach
Baumann Michael Phil. Kemnath
Baumgärtner Joseph Phil. Illertissen
Bausch Ludwig Phil. Herborn
Bayerl Jakob Forstw. Kaltenbrunn
Bechtolsheim Gustav Baron v. Phil. München
Behr Theodor Jur. Hamburg
Beutlage Karl Theol. Wettringen
Benz Jakob Theol. Entishausen
Bergmaier Franz Med. Kössen
Berkmüller Joh. Bapt. Phil. Heggen
Bernhart Eugen Phil. Massenhausen
Bertram Friedrich Theol. Schifferstadt
Besold Ludwig Med. Rothenburg
Besse Eduard Pharm. Landshut
Bezold Friedr. Ernst Phil. Rothenburg
Bichlmaier Georg Phil. Haidhausen
Bill Wilhelm Philol. Dillenburg
Birzer Clement Pharm. Regensburg
Bloch Heinrich Phil. Diersburg
Blonner Joh. Bapt. Phil. Niederaschau
Bluemel Karl Theol. Stawsk
Bodenheimer C. M. Jos. Med. Pruntrut
Bodenheimer Emanuel Phil. Landau
Bodenheimer Karl Med. Pruntrut
Böhm Joseph Theol. Mainburg
Böhm Karl Jur. München
Bollinger Hermann Phil. Altenkirchen
Bombard Ernst Jur. Amberg

Boxberger Hermann v. Jur. Neuhof
Boxberger Richard v. Jur. Neuhof
Braud Adalbert Phil. Arnsdorf
Brauer Ernst Med. Bösching
Breinig Friedr. Gustav Med. Neustadt
Breny Walter Phil. Rapperswyl
Brenndl Eduard Med. Hengersberg
Broder Anton Jur. Sargans
Brodmann Karl Phil. Oernrode
Brücken Ludw. Phil. Pharm. München
Brunner Phil. Jos. Heinr. Phil. Volkach
Buchenberger Nikolaus Theol. Alsterweiler
Bühler Friedrich Med. Luzern
Büttner Ans. O. S. B. Philol. Deggendorf
Buol-Berenberg Rudolph von Jur. Zizenhausen
Buxmayer Jakob Philol. Hatterstein
Bystram Nikolaus Baron v. Phil. Stawsk
Callenberg Ludwig Jur. München
Caumo Antonio Phil. Roveredo
Cetto Karl Th. Frhr. v. Jur. Lauterbach
Chapman Coleman Naturw. Louisville
Classen Karl Med. Düren
Clundt Friedr. Karl Julius Phil. Kusel
Conrado Franz Jur. Sils
Cornils Peter Med. Olderswort
Correvon Ernst H. L. R. Jur. Yverdon
Costa Georg Phil. Erding
Crämer Karl Jur. Montabaur
Cron Franz Phil. Speyer
Cnster Gottlieb Pharm. Rheineck
Cuttal Alfred Math. Delsberg
Denk Hermann Forstw. Regensburg
Dessauer Georg Cam. Aschaffenburg
Destouches Ernst v. Phil. München
Diamantides Demetrius Jur. Brulla
Diem Max Phil. Lauingen
Diethelm Adolph Basil Med. Lachen
Dietl Karl Pharm. Oberviechtach
Dietsch Eduard Phil. Wieseth
Dietz Hermann Phil. München
Dischinger Karl Phil. Oettingen
Dietz Heinrich Phil. Olsberg
Dohmen Wilh. Adolph Med. Düren
Dolder Joseph Med. Münster
Dollmann Friedrich Phil. München
Dollmann Paul Phil. München
Dorth Karl Frhr. v. Jur. Nekarsteinach
Dosenbach Karl Joseph Theol. Baar
Dotterweich Johann Baptist Philol. Pettstadt
Drittenpreis Joh. Chr. Theol. Tandern
Dümlein Franz Pharm. München

Dürrstein Ludwig Math. Frankfurt
Dusch Michael Phil. München
Eckert Friedrich Phil. München
Egli Karl Jur. Hohenrain
Ehrlich Jakob Phil. Schopfloch
Etchele Karl Med. Eschenbach
Eisele Joh. Eberh. Pharm. Kaufbeuren
Eisenlohr Gg. Joh. Med. Wettenhausen
Embacher Johann Med. Kössen
Endres Joseph Theol. Ichenhausen
Engel Bernhard Jur. Babenhausen
Engelbrecht Max Pharm. Augsburg
Erat Bernhard Jur. Roggden
Erb Joseph Phil. Winklarn
Erbelding Otto Jur. Zweibrücken
Erlenmeyer Ludw. Phil. Weissenhorn
Fabini Leopold Pharm. Kalarasch
Falciola Franz Med. Speyer
Falk Andreas Pharm. Ebersröth
Faltermayer Otto Med. Altötting
Fanger Johann Phil. Schrobenhausen
Fell Johann Theol. Kempten
Fellermeyer Karl Med. Ingolstadt
Felshof Eduard Jur. München
Fenxl Johann Baptist Jur. Stadtamhof
Ferber Gustav Phil. München
Fichtl Simon Phil. Untermühlhausen
Fiedler Albert Med. München
Finzel Anton Jur. Staffelstein
Fischer Franz Seraph. Jur. Passau
Fitting Heinrich Med. Tiefenthal
Fitz Albert Naturw. Dürkheim
Fleckenstein Emil Pharm. München
Fleurkens Wilhelm Phil. Ueden
Foltz Karl Jur. Ansbach
Forster Wilhelm Jur. Anger
Forsthofer Simon Theol. Mitterhausen
Fragniere Louis Phil. Freiburg
Franck Hermann Jur. Schopp
Frank Joseph Phil. Wonrebhammer
Franzowitz Eduard Phil. München
Freudenberg Georg Chem. Neuwied
Freyberger Max Heinrich Pharm. Wemding
Freytag Alexander Bergw. Wiesbaden
Friederich Conrad Jur. Würzburg
Frobenius Richard Gottlieb Techn. Kitzingen
Fuchs Jost Med. Malters
Fürst Theodor Otto Theol. Dillingen
Fugger-Glött Rudolph Graf v. Phil. München
Fuisting Wilhelm Phil. Münster
Gademann Eugen Pharm. Berneck
Gamringer Anton Med. Rötz
Ganch Julius Med. Heimkirchen
Gaullieur Heinrich Jur. Genf
Gehm Friedrich Pharm. München
Geis Oskar Phil. Fischhaus

Geisendorfer Georg Phil. Speyer
Geldern Hermann Graf v. Phil. München
Gewinner Gottfr. Th. Philol. Bayreuth
Gietl Max Phil. München
Glas Mathias Phil. Neufahrn
Glas Erhard Phil. Germersheim
Glas Richard Forstw. Grünstadt
Glass Rud. v. Phil. Wölsauerhammer
Glanning Friedrich Philol. Nördlingen
Godin Bernhard v. Jur. Sigmaringen
Götel Karl Med. Grünstadt
Götz Ignaz Jur. Alling
Götzel Otto Phil. Schaffhausen
Golljewsky Rudolph v. Cam. Korkilll
Graaf Hermann Jur. Sigmaringen
Graf Johann Baptist Jur. Landshut
Graf Wolfgang Jur. Willmannsdorf
Graf Albert Phil. Wallenstein
Greif Friedrich Pharm. Straubing
Gross Friedrich Jur. Ellwangen
Gross Georg Med. Kronstadt
Gruber Franz Phil. Hernau
Gulielmo August Phil. Landshut
Haas Richard Techn. Kaiserslautern
Hackl Lorenz Phil. Schweinbach
Hafensteiner Johann Jur. Thanstein
Hagn Rudolph v. Forstw. München
Haimer Johann Jur. Grabenhof
Haindl Alois Philol. Waidhofen
Haltenberger Franz Phil. Balzhausen
Hamm Johann Bapt. Phil. Neunburg
Hammer Karl Jur. Pfeffenhausen
Hamp Petrus O.S.P. Philol. Almannshofen
Hanamann Joseph Chem. Leitmeritz
Haunappel Joseph Med. Montabaur
Harpprecht Theodor Jur. Stuttgart
Hart Amos W. Phil. Guilford
Haslauer Fr. Xav. Pharm. Schellenberg
Haslbeck Franz Pharm. Vilsbiburg
Hasler Ferdinand Phil. München
Hause Max Phil. Kusel
Hausladen Friedr. Phil. Vohenstrauss
Heigel Theodor Phil. München
Heigl Heinrich Pharm. Alternerding
Heilingbrunner Ant. Jur. Wasserburg
Heilmayr Max Jur. Hals
Heim Franz Joseph Phil. Immenstadt
Heindl Albin Phil. München
Heindl Johann Jos. Philol. Unterlind
Heiss Heinrich Med. Starnberg
Held Adolph Phil. Würzburg
Helfrich Karl Phil. Neustadt
Heller Hermann Med. Klein-Heubach
Hemmer Karl Emil Med. Rorschach
Hemmer Moriz Phil. München
Henning Elmar Chem. Dorpat
Herber Eberhard Phil. Eltville
Herlein August Cam. Freudenheim
Herlein Franz Xav. Phil. Freudenheim

Lossen Max Phil. Kreuznach
Lottenburger Cg. Phil. Vohenstrauss
Ludwig Ferdinand Pharm. Sünching
Lutz Heinrich Pharm. Wegscheid
Mader Franz Med. Constanz
Mahler Luitpold Phil. Weisenhorn
Maillot Georg Frhr. v. Phil. Speyer
Mannheimer Mich. Phil. Feuchtwang
Markmiller Fr. X. Th. Philol. Monheim
Martin Leo Jos. Nik. Phil. Saarburg
Martini Adolph Jur. Schwerin
Marty Martin Jur. Altendorf
Maurommaty Spiridion Jur. Athen
May Max Phil. Waldthurn
Mayer Andreas Phil. Egg
Mayer Joseph Alois Phil. Mattsies
Mayr Alois Phil. Kempten
Meinhold Otto Theol. Znaim
Meiser Karl Philol. Nürnberg
Meisl Johann Jur. Wegscheid
Meixner Ludwig Phil. München
Melchior Anton Jur. Kaiserslautern
Menz Reinhold Jur. Baumgarten
Menzel Wilhelm Chem. Weingarten
Merz Viktor Phil. Odessa
Mezger Karl Med. Heidelberg
Micheler Joseph Bergw. Regensburg
Mieczkowski Leon v. Theol. Borki
Militzer Rudolph Med. Hof
Miller Andreas Math. Landshut
Miller August Phil. Schmiechen
Miller Johann Phil. Aleben
Miller Joh. Nep. Theol. Augsburg
Mittermüller Wilh. Phil. Waldmünchen
Mönich Georg Phil. Edenhausen
Mönig Clemens Theol. Schmallenberg
Mohr Ulrich Jur. Süss
Montgelas Rud. Graf v. Phil. München
Moor Franz Oskar Phil. München
Moreth Joseph Jur. Neukirchen
Moritz Anton Phil. Straubing
Müller Adalbert Med. Engelberg
Müller Anton Theol. Greding
Müller Michael Phil. Hemau
Müller Wilhelm Theol. Essmühl
Münster August Bergw. Limburg
Munk Friedrich Phil. Augsburg
Musset Ferdinand Jur. Wiesbaden
Mutzhas Franz Jur. Günzburg
Nacke Johann Jur. Wevelsburg
Neumayer Eduard Theol. Strasskirchen
Ney Karl Eduard Forstw. Mutterstadt
Nieberlein Fr. Xav. Philol. Regensburg
Nocker Alois Med. Auer
Nuoffer Fr. Ant. Philol. Wagroriec
Oeconomides Philipp Phil. Athen
Oefele Edmund Frhr. v. Phil. München
Ohl Friedrich Pharm. Jassy
Olds Nelson Phil. New-York

Oppermann Ferd. Pharm. Wiesbaden
Oeynhausen Jul. Graf v. Jur. Hameln
Orth Johann Baptist Phil. Burweiler
Ortner Alexander Phil. Grafenau
Osthoff-Hartmuth Alfr. Phil. Steinweiler
Pankowsky Joh. Chrys. Theol. Pakox
Papajohannu Pan. Theol. Dimitzana
Patsch Ludwig Jur. Regensburg
Pauer Ludwig Pharm. Traunstein
Pechmann Heinrich Freiherr von Phil. Straubing
Pelz Anton Chem. Donaueschingen
Peters Karl Phil. Warstein
Petter Karl Chem. Agram
Pfeifer Karl H. Pharm. Meiningen
Pfister Anton Pharm. Eichstädt
Pförringer Ernst Med. Regensburg
Piastkiewicz Kasimir Chem. Personkowka
Pierling Andr. Mich. Jur. Innsbruck
Piper Otto Jur. Roeckwitz
Plank Joseph Phil. München
Platl Adam Phil. Neuburg
Platz Heinrich Phil. Neustadt
Poccio Friedr. Graf von Jur. München
Podewils Friedr. Frhr. v. Phil. Bayreuth
Pollak Adolph Chem. Prag
Popp Eugen Phil. Bamberg
Popp Friedrich Phil. Bamberg
Puppel Johann Med. München
Posch Hermann Phil. München
Poschinger Bened. v. Cam. Oberfraunau
Poschinger Ed. v. Phil. Oberfraunau
Poschinger Wilh. v. Jur. Oberfraunau
Pracher Franz Phil. München
Preitner Friedrich Phil. Mühldorf
Prestele Anton Chem. Dösingen
Prielmayer Max Frhr. v. Phil. München
Provéleglos Georg Jur. Athen
Rackowiecki Viktor Phil. Kowno
Ramsperger Edwin Phil. Frauenfeld
Rauch Max Chir. Ingolstadt
Raum Georg Pharm. Nürnberg
Rauner Ludw. Techn. Berchtesgaden
Raymann Jakob Jur. Rapperswyl
Rebay Christian Phil. Günzburg
Reber Joseph Phil. Landau
Rebmann Karl Frdr. Forstw. Annweiler
Reichlin Karl Med. Schwyz
Reibel Ludwig Pharm. Eschelkam
Reichenwallner Stephan Pharm. München
Reichlin-Meldegg Friedrich Frhr. v. Phil. Regensburg
Reigersberg Ludwig Karl Graf von Phil. Tegernsee
Reischer Joseph Jur. Riedenburg
Reiter Ferdinand Pharm. Mühldorf

Stünkel Adolph Jur. Fürstenberg
Tatuscheski Anton Phacn. Jassy
Tauffkirchen Max Graf von Chem. München
Tauscheck Ferdinand Philol. Straubing
Thenn Paul August Phil. Burtenbach
Theopold Rudolph Naturw. Blomberg
Thomé Ldw. Wilh. Phil. Oberdollendorf
Treffer Alois Jur. Gelbelsee
Tretter Max Jur. Amberg
Trog Karl Gabriel Pharm. Thun
Uhl Karl Phil. Kirchenthumbach
Ullerich Adolph Philol. München
Ullmann Johannes Chem. Tiefenthal
Ulmenstein Ed. Frhr. v. Jur. Bückeburg
Unger Karl Phil. Waldthurn
Ustrich Friedrich Techn. München
Utting Edmund Jur. Ottenhofen
Valta Max v. Math. München
Vicentini Ignaz Phil. Augsburg
Vierling Heinrich Chem. Weiden
Vincenti August v. Jur. München
Vögler Raimund Jur. Schwuz
Vogel Joseph Phil. Unterbleichen
Vogl Nikolaus Pharm. Hammer-Tiefenbr.
Volz Julius Jur. Rippersfeld
Wagner Leonard Jur. Holzhelm
Wahrheit Johann Paulus Phil. Kirchheimbolanden
Waldbott - Bassenheim Friedrich Graf v. Jur. München
Walter Peter Med. Weismain
Wand Jakob Med. Lautersheim
Warminski Theodor Phil. München
Wanner Joseph Theol. Wreschen
Warth Ludwig Staatsw. Regensburg
Wawrowski Joseph Theol. Ktodzisko
Weber Franz Xaver Jur. Neuburg
Weber Friedrich Jur. Hornbach

Weber Georg Phil. Ittling
Weidenmüller Karl Math. Kassel
Weidner Andreas Philol. Hirschberg
Weidner Christian Phil. Gattenhof
Weigand Anton Pharm. Gossmannsdorf
Wein Franz Xaver Phil. Landshut
Weinmann Max Jur. München
Weiss Adalbert Phil. München
Weiss Anton Phil. Landshut
Weiss Karl Theol. Dillingen
Weltrich Richard Phil. Ansbach
Werr Karl Phil. Wetzlar
Westhoff Heinrich Phil. Bremen
Wieland Anton Staatsw. Regensburg
Wiesel Hermann Bergw. Cronberg
Wiesend Reinhard Phil. Burghausen
Wifling Jakob Jur. Neunburg
Wild August Phil. Wuppenau
Wimmer Otto Jur. Gottsdorf
Winkel Emil Theol. Brilsen
Winstel Theodor Theol. Pforz
Wirsing Paul Med. Frankfurt
Wohlfahrt Joh. Nep. Phil. Gundelfingen
Wohlwend Wilhelm Jur. Augsburg
Wolf Adolph Phil. Landshut
Worworanos Georg Jur. Krajowa
Wulzinger Emil Med. Eggenfelden
Wurm Konrad Johann Philol. München
Yelin Karl Georg Pharm. Hausen
Zaluski Casimir v. Theol. Culm
Zambra Angelo Math. Trient
Zantl Joseph Phil. Unterammergau
Zenger Anton Jur. Nürnberg
Zenger Ludwig Forstw. Nürnberg
Zerrar Karl Phil. München
Zimmermann Karl Jur. Darmstadt
Zöschinger Ludwig Theol. Burgau
Zwack Rudolph Phil. Landau

1862—1863

Rector DCXIV Max von STADLBAUR

PRINZ LUDWIG von Bayern
PRINZ LEOPOLD von Bayern
Abel Eduard Landw. Stuttgart
Abel Ludwig v. Jur. München
Adam Anton Jur. Plössberg
Albl Max Phil. München
Albert Maximilian Phil. Euerdorf
Albrecht Oswein Jur. Hildburghausen
Aliprandi Joseph Jur. Lawis
Ammann Joh. Bapt. Med. Wittenbach
Andreis Karl Jur. Roveredo
Angstwurm August Jur. München

Annaberger Joseph Theol. Riegsee
Arco-Valley Ant. Graf Jur. München
Aretin Ludw. Frhr. v. Phil. Haidenburg
Aschenbroich Martin Jur. Nideggen
Auer Ferdinand Staatsw. Oettingen
Baader Victor Phil. Krumbach
Bachl Mathias Phil. Pfarrkirchen
Back Karl Pharm. Pöttmes
Backhaus Hermann Jur. Paderborn
Bagnato Franz Phil. Wangen
Balve Theodor Jur. Werl
Baranowski Anton Theol. Onikszty

25

Barbezat Jean Cäsar Pharm. Payerne
Barbezat Rud. Vikt. Pharm. Payerne
Barensfeld Franz Jur. Regensburg
Barth Anton Jur. München
Barth Kaspar Phil. Passau
Bauer Johann Bapt. Philol. Augsburg
Bauer Jul. Theod. Bergw. Langenkandel
Bauer Karl Ludw. Math. Montabaur
Bauer Wolfgang Jur. Amberg
Baumeister Theodor Jur. Köln
Baumer Andreas Theol. Thmersberg
Baumgärtl August Phil. Erling
Baumüller Hermann Jur. Rastatt
Bayer Wilhelm Pharm. Bartenstein
Bayersdorfer Adolph Phil. München
Beck Julius Pharm. Ottobeuren
Beckerle Peter Med. Stetten
Beckers Joseph Theol. Erwille
Beeg Ernst Jur. Ansbach
Behncke Friedrich Jur. Parchin
Beckam Martin Jur. Dorfen
Bellinger Heinr. Ludw. Jur. Hadamar
di Bello Joseph Phil. Dietfurt
Benl Joseph Phil. Wiefelsdorf
Bensen Rudolph Med. Bückeburg
Beraz Heinrich Phil. München
Beraz Johann Med. München
Berchem Max Graf Jur. München
Bergmann Franz Phil. Dinkelsbühl
Berndorff Franz Jakob Jur. Köln
Bernhardt Wilhelm Pharm. Meiningen
Bertram Friedrich Theol. Schifferstadt
Biber Anton Phil. Wallerstein
Bibra Hugo Frhr. v. Jur. Augsburg
Biehler Franz Xav. Phil. München
Bindereder Georg Pharm. Landshut
Bischof Anton Phil. Kaufbeuren
Blacht Paul Jur. Heinrichenburg
Bleicher Adolph Pharm. Borndorf
Bleyer Martin Theol. München
Blümel Karl Theol. Stawsk
Bodenheimer Karl Med. Pruntrut
Bögl Franz Staatsw. München
Böhm Gustav Phil. Bächingen
Böhm Ludwig Phil. Schrobenhausen
Böhm Rudolph Phil. Nördlingen
Böllinger Otto Phil. Mörzheim
Boulanger Karl Aug. Jur. Augsburg
Botka Victor v. Phil. Nabrad
Brack August Jur. Wachenheim
Brandl Michael Chem. Landshut
Brandl Michael Med. Gossersdorf
Braumann Gustav Phil. Wittstoch
Braun Adolph Phil. Kempten
Braun Ludwig Pharm. Oettingen
Brennemann Max Jur. München
Brentano Ludwig Jur. Aschaffenburg
Brentano Franz Theol. Aschaffenburg
Breny Walter Jur. Rapperswyl

Broder Robert Med. Sargans
Brückl Joh. Ev. Jur. Münderaching
Brügel Eugen Pharm. Ansbach
Buchert Karl Jur. Bamberg
Buck Hyacinth Theol. Landsberg
Burger Luitpold Pharm. Bogen
Burckart Ferdinand Med. München
Bürzle Ignaz Phil. Pless
Bunz Nathanael Staatsw. Esslingen
Burger Michael Phil. München
Buttmann Fr. L. Jul. Jur. Meiningen
Camerer Karl Phil. Oettingen
Caspari Otto Heinrich Phil. Berlin
Castell Joseph Phil. München
Chatziscos Constantin Med. Athen
Chlingensperg Max v. Phil. Landshut
Ciani Robert Ritter v. Jur. Trient
Classen Franz Jos. Theol. Merzenhausen
Corleis August Phil. Achim
Crailsheim Th. Baron v. Jur. Lindau
Crusilla Eugen Phil. Obergriesbach
Custer Gottlieb Pharm. Rheineck
Dachs Joh. Nep. Pharm. Michaelsbuch
Daffner Franz Phil. Welssingen
Danzer Ignaz Phil. Freising
Dassberger Georg Phil. Regensburg
Davis Hubert Philol. Coblenz
De Crignis Martin Phil. Pfaffendorf
Deininger Karl Phil. München
Demleuthner Otto Phil. Höchstädt
Deilmann Wilhelm Med. Nottuln
Diamantides Demetrius Jur. Braila
Diechter Andreas Theol. Griesbach
Dimpfl Jos. Maria Phil. Langererling
Dittmar Alphons v. Naturw. Mitau
Dobeneck HansJoh. v. Landw. Bayreuth
Dobeneck Ludw. Frhr. v. Phil. Bayreuth
Doblinger Karl Phil. Rosenheim
Döderlein Ferdinand Pharm. Steinhard
Dorn Benno Jur. Kaufbeuren
Drechsel Karl Graf Jur. München
Dressler Eugen Forstw. Kaiserslautern
Drzewiecki Jos. v. Theol. Myslatkowo
Dumas Alexander Jur. Athen
Duvernoy Julius Chem. Stuttgart
Edenhofer Anton Phil. Zwiesel
Eggstein Karl Pharm. Burgau
Ehrensberger August Phil. Amberg
Eidenschink Joseph Philol. Viechtach
Eilles Jakob Phil. München
Eilles Julius Philol. München
Eisele Michael Phil. Kaufbeuren
Engel Albert Pharm. Freising
Engel P. Aphraim Techn. Judenbach
Engel Friedrich Pharm. Regensburg
Engelke Theodor Phil. Einam
Engerer Ludwig Friedr. Phil. München
Enzensperger Jos. Phil. Bayerdiessen
Erat Bernhard Jur. Roggden

Ertl Ludwig Pharm. Bogen
Eschmann Adolph Forstw. Zürich
Esper Hermann Jnr. Nürnberg
Esch Engelbert Med. Minkelfeld
Esser Hubert Joseph Theol. Neuss
Faber Christian Phil. Bayreuth
Falk Franz Phil. München
Ferber Ferdinand Pharm. Eichstädt
Ferber Max Anton Jur. Eichstädt
Fermaemer Joseph Phil. Günzburg
Fick Wilhelm Samuel Jur. Luisenhof
Fiedler Joseph Phil. Weiden
Flebbe Theodor Theol. Hüddesum
Fleissner Benno Phil. München
Flöck Andreas Joseph Theol. Coblenz
Flora Alois Med. Mals
Forckenbeck Anton Jur. Ahaus
Fortenbach Lysander Phil. München
Fraas Heinrich Pharm. München
Frank Arnold Phil. Hof
Franken C. P. H. Friedr. Med. Stuttgart
Frankenfeld Oskar Phil. Wiesbaden
Frey Joseph Theol. Wörth
Friederich Conrad Chem. Würzburg
Fuchsberger Jul. Pharm. Hohenburg
Fuchsberger Otto Jnr. Hohenburg
Fugger-GlöttWilh.Grf.v.Jur.Dillingen
Fuss Mathias Philol. Dürren
Gabler Hubert Phil. Dietmannsried
Gänssler Albert Phil. Oettingen
Gallati Albert Med. Näfels
Galvagni Guiseppe Jnr. Roveredo
Gareis Wilhelm Jur. Deggendorf
Geier Anton Math. Thalheim
Geigel Ferdinand Jur. Eichstädt
Geiger Jos. Ant. Theol. Oberneufnach
Genth Wilhelm Techn. Holzhausen
Gerding Ernst Jur. Belle
Glas Cölestin Jnr. Wertingen
Germann Gall. Joseph Phil. Langgass
Giehrl Ludwig Phil. München
Glöckler Joseph Phil. Eschelkam
Göttl Karl Jur. Untersailberg
Götz August Phil. Griesbach
Göken Karl Med. Cörbecke
Gooss Johann Wilh. Naturw. Hamburg
Gorgias Peter Pharm. Badauiz
Grünzer Ludwig Staatsw. Selb
Graf Joseph Theol. Waid
Graf Leopold Med. München
Graf Otto Pharm. Rothenbruck
Grafenstein Anton Phil. München
Grasser Joseph Theol. Pressath
Grebel Alexander Gg. Philol. St. Goar
Gresser Eduard Pharm. Krumbad
Gribius Heinrich Phil. Kandel
Griessenbeck Karl v. Phil. München
Griessmayer Hugo Forstw. München
Gröber Joseph Phil. München

Grosse Hermann Philol. Breitenworbis
Gruber Franz Math. Staatsw. Landshut
Gruber Friedrich Med. Nördlingen
Gscheidlen Richard Phil. Augsburg
Guerig August Jur. Freiburg
Günther Arnold v. Jur. Speyer
Güth Karl Phil. Niederseelbach
Gundermann Anton Theol. Tölz
Gutbrod Fr. Xav. Theol. Gundelfingen
Haas Joseph Phil. München
Härtl Karl Phil. Waldsassen
Habermehl Joseph Med. Hainfeld
Halbey Friedrich Naturw. Höchst
Halbig Ad. Theol. Tauberbischofsheim
Harrer Edmund Max Cam. Karlsruhe
Hartlieb Otto v. Phil. Memmingen
Hassell Leopold v. Jur. Celle
Hasselwander Alb. Phil. Regensburg
Hauser Anton Theol. Untergünzburg
Haushofer Karl Cam. Prag
Hausmann Mathias Theol. Abensberg
Hedler Johann Jur. Wasserburg
Hehl Johann August Phil. Rosshaupten
Heim Adolph Jur. München
Heimerich Johann Phil. Würzburg
Heintz Albert Phil. Frankenthal
Heiss Ferdinand Phil. Starnberg
Hellermann Max Med. München
Henfling Joseph Jur. Kirchenthumbach
Henricl Julius Naturw. Eberbach
Herold Georg Phil. Amberg
Hertter Karl Phil. Landshut
Herz Ferdinand Phil. St. Ingbert
Hiltmann Justus Philol. Zürich
Hitzler Lorenz Theol. Zusmarshausen
Hinterwimmer Mart. Jur. Eggenfelden
Hörhammer Karl Jur. Landau
Holzapfel Nikol. Phil. Loitzenkirchen
Honsell Jakob Phil. Reichenau
HOHENLOHE-JAGSTBERG Albert
    Fürst von
Houselmann Hermann Jur. Paderborn
Hopf Franz Ludwig Math. Zweibrücken
Horn Wilhelm Phys. Hof
Huber Balthasar Phil. Westach
Huber Karl Phil. Speyer
Huber Michael Theol. Amberg
Hübner Adeodat Pharm. Landau
Hüttner Franz Xav. Theol. Wasserburg
Hübsch Friedrich Jur. Rentweinsdorf
Humperdink Ludwig Jur. Dorsten
Jacoby Karl Jur. Neubrandenburg
Jägerhuber Georg Phil. München
Jäger Karl Jur. St. Fiden
Jakubowski Stanisl. Naturw. Catkow
Jenke Hermann Med. Rotterdam
Jetzelsberger Willb. Phil. Jetzelsberg
Jolly Friedrich Phil. München
Jrlweck Joseph Jur. Gotteszell

25*

Kälin Ferdinand Med. St. Gallen
Kaljewits Ljubomer Cam. Aziza
Kaljewits Luka Cam. Aziza
Kaltdorff Valentin Phil. München
Kammerer Franz Xav. Theol. Prutting
Kappelmeier Gg. Naturw. Regensburg
Karl Johann Phil. Mötzing
Kayser Hermann Phil. München
Keller August Naturw. München
Keller Casimir Jur. München
Kennel Moritz Pharm. Art
Keyser Peter Med. Philadelphia
Kiip Adalbert Jur. Eichstädt
Kirchner Franz Gesch. München
Kirschbaum Hubert Jnr. Dillingen
Kissler Johann Jur. Kirchenthumbach
Kissler Joseph Phil. Kirchenthumbach
Kistler Georg Pharm. Friedberg
Klebe Ludwig Med. Rastatt
Klein Georg Techn. Neustadt
Klein Gustav Adolph Med. Altötting
Klein Jakob Phil. München
König Georg Math. Jever
Köppel Ferdinand Karl Jur. Passau
Körner Karl Philol. Hadamar
Kösis Joseph Pharm. Herlau
Kösler Karl Phil. Bellheim
Kohlhund Theodor Jur. Waldsee
Kohstamm Jakob Phil. Gehaus
Koller Theodor Pharm. Augsburg
Koller Franz Phil. Laufen
Kopp Johann Baptist Theol. Schwabing
Kollmayr Joseph Phil. Regensburg
Kratz Friedrich Pharm. Hadamar
Kraus Karl Jur. Regensburg
Kreis Heinrich Philol. Wiesbaden
Kreitmayr Benedikt Med. Lechhausen
Kreittmayr Ignaz Baron von Philol. München
Kreutzer Benedikt Phil. Wiggensbach
Krüger A. Ferdinand Philol. Ahlen
Krug Friedrich Phil. Regensburg
Kufuar Alois Phil. München
Kunckell Adolph Jur. Dingelstädt
Kunz Ferdinand Math. Fischbach
Kurtovich Marino Pharm. Braila
Landgraf Joseph Philol. Bamberg
Landmann Rob. Aug. Phil. Triesdorf
Lang Adam Pharm. Lichtenfels
Langesee Joseph Phil. Au
Laubmann Andreas Philol. Hof
Lechner Ludwig Jur. Steinweg
Legrande Maximilian Phil. München
Leitmeier Dominikus Phil. Feldheim
Lemberger Max Phil. Landshut
Lettenbaur Johann Phil. Donauwörth
Ley Conrad Albrecht Gesch. Köln
Lichtenberger Theodor Phil. Ludwigshafen

Lippert Georg Chem. Sonnenberg
Löweneck Theodor v. Jur. München
Lorenz Gustav Math. Wiesenfeld
Lossen Paul Techn. Wiesbaden
Loschge Karl August Pharm. Gunzenhausen
Lotz Heinrich Jur. München
Lüst Adolph Phil. Vilseck
Madlener Joseph Phil. Kriegshaber
Mahler August Pharm. Pfaffenhofen
Maisch Johann Baptist Phil. Burgau
Malanotti Ernst Phil. Bukarest
Mantell Hermann Jos. Jur. Paderborn
Marchion Johann Peter Jur. Andeer
Mardner Wilh. Phil. Dornassenheim
Marschalk v. Ostheim Peter Emil Naturw. Trabelsdorf
Martin Otto Med. Speyer
Marx Johann Phil. Geisleden
Marx Sigfried Phil. München
Mass Jakob Med. Neuötting
Massow Oskar Jur. Bromberg
Matheiss Jakob Theol. Henschberg
Matulka Joseph Theol. Eichstädt
Mausser Max Jur. Grafenau
May Otto Staatsw. München
Mayer Anton Phil. Dachau
Mayer Friedrich Jur. Regensburg
Mayer Ludwig Med. Regensburg
Mayr Franz Jur. Triftern
Mayr Michael Phil. München
Megele Ludwig Phil. Germersheim
Merk Hubert Philol. Amberg
Merl Max Phil. Buchsheim
Merz Johann Med. Freiburg
Metzinger Gottfried Phil. München
Miatowits Tschedomil Cam. Belgrad
Michel Johann Med. Grüsch
Moralt Peter Pharm. München
Mösler Hermann Theol. Koblenz
Müller Fritz Phil. Regensburg
Müller Karl Pharm. Hermannstadt
Müller Franz Xaver Theol. Degerfelden
Mulzer Wilhelm Frhr. v. Jur. München
Nadler Max Pharm. Aichach
Nagelschmidt Wilh. Phil. Augsburg
Nenninger Wilhelm Fr. Jur. Eisfeld
Nentwig Heinrich Phil. Hochdorf
Neumaier Eginhard Chem. München
Neumayr Ludwig Phil. München
Neumayr Ludwig Phil. Neustift
Ney Emil Phil. Mutterstadt
Nickel Johann Gesch. München
Nieberl Johann Chem. München
Niessen Alois Jur. Köln
Nockher Max Phil. Speyer
Nöthig Hermann Forst. Miltenberg
dalle Nogare Joh. Bapt. Med. Grumis
Nolfi Nikolaus Med. St. Maria

Nussbaumer Franz Xav. Phil. München
Oelreich Leonard Phil. Eggeringhausen
Offenberg Karl Jur. Münster
Ohlsen Gustav Med. Neapel
Oncken August Phil. Heidelberg
Ossenbrunnen Joseph Jur. München
Ostheimer Xaver Pharm. Füssen
Osthelder Georg Philol. Speyer
Ott Johann Nepomuk Philol. Oepfingen
Ott Joseph Phil. München
Ott Karl Phil. Bayreuth
Otter Emil Philol. Oberimsingen
Otting Ludwig Graf v. Jur. München
Pahl Alois Philol. Mönchberg
Palmowski Gustav v. Phil. Kallen
Paur Nikolaus Phil. München
Payr Joseph Phil. München
Perfall Erb. Frhr. v. Phil. Greifenberg
Peyerl Joseph Jur. Pezenbach
Pfeffel Hubert Frbr. v. Phil. München
Pfettischer Fr. Ser. Phil. Blutenburg
Pleitner Karl Jur. Dillingen
Pöhlmann Max Phil. München
Popovic Stephan Cam. Cacak
Pospischil Sigmund Med. München
Pramberger Karl Forst. Tirschenreuth
Prantl Eduard Phil. Landshut
Praun Alexander v. Jur. Feuchtwangen
Praun Sigmund v. Jur. Nürnberg
Premauer Adolph Phil. Oettingen
Prenitzer Theodor Jur. Passau
Punkes Joseph Theol. Eck
Rauffer Ludwig Phil. Landshut
Ransch Franz Jos. Pharm. Ichenhausen
Reichenberg Anton Theol. Gorlin
Reidhaar Franz Joseph Med. Baar
Reil Martin Phil. Langenmosen
Reinhard Karl Med. Tegernsee
Reis Julius Phil. München
Reischer Joseph Jur. Riedenburg
Reisner Otto Phil. Landshut
Reithner Ludwig Staatsw. Simbach
Renggli Mathias Jur. Entlebuch
Reuchlin Gottl. Herm. Philol. Stuttgart
Reuter Friedrich Philol. Erlangen
Rezer Ludwig Jur. München
Rhein Joseph Theol. Winnweiler
Rhomberg Dominikus Math. Götzis
Riedesel Joh. Frhr. v. Phil. Augsburg
Riehl Alois Gesch. Botzen
Rinecker Karl Med. Hammelburg
Ritter Georg Jur. Hausen
Rohling Eugen Gesch. Neukirchen
Roman Otto Eduard Cam. Karlsruhe
Rosenthal Julius Med. Schlochau
Rott Wilhelm Med. Athen
Rubach Heimard Jur. Siebenburg
Rümelin Adolph Gesch. Nürtingen
Rusch Joh. Bapt. Emil Phil. Appenzell

Sänger Simon Phil. Ambach
Sandreczki M. Th. Med. Hermopolis
Sallinger Ludwig Pharm. München
Sarreiter Joseph Gesch. Ebersberg
Schaff Wilhelm Forstw. Lauingen
Schalch Anton Phil. Kirchberg
Schambeck Joseph Phil. Straubing
Schaper Friedrich Pharm. Soltau
Schapper Friedrich Phil. Wiesbaden
Schauber Karl Med. München
Schauer Ludwig Phil. München
Schaule Franz Xaver Phil. Köngetried
Schedl Franz Sales Theol. Neustift
Schenk zu Schweinsberg Moriz
    Landw. Schweinsberg
Schenker Eduard Med. Gretzenbach
Scheuermann Wilhelm Jur. Langen-
    schwalbach
Schinner Joseph Phil. Seitenthal
Schlagintweit Theod. Med. Vilshofen
Schlegel Christian Jur. Feuchtwangen
Schlosser August Phil. München
Schmid Anton Theol. Augsburg
Schmid Johann Baptist Phil. Bernstein
Schmid Joh. Mich. Theol. Neuötting
Schmidt Ferdinand Theol. Idstein
Schmidt Johann Bapt. Jur. Allersberg
Schmidt Johann Baptist Phil. Floss
Schmidt Wilhelm Karl Jur. Waren
Schmidt Wolfgang Phil. Eschenbach
Schmidt-Phiseldeck Justus v. Jur.
    Medingen
Schneeweiss Christian Phil. München
Schneider Alex. Phil. Weissenburg
Schneider Frz.Sal. Pharm. Wasserburg
Schneider Ferdinand Phil. München
Schneider Karl Med. München
Schnizlein Eugen Phil. München
Schöffmann Joh. Gesch. Lenggries
Schreier Elias Pharm. Toniana mare
Shreiner Ludwig Med. Kirchberg
Schreyer Isidor Jur. Waltershof
Schreyer Otto Med. Straubing
Schulten Johann Theol. Mintard
Schulze Emil Med. München
Schuster Eduard Jur. Dillingen
Schuster Johann Theol. Grossanhausen
Schuster Ludwig Phil. Donzdorf
Schwabl Joseph Philol. Regensburg
Schwanitz Casimir Theol. Damerau
Schwartz Karl Eduard Pharm. Gera
Schwarz Johann Phil. Reichenhall
Schwarzmaier Ernst Pharm. Garmisch
Schweder Gg. Philipp Techn. Berlin
Schweygkart Athanas Gesch. München
Sczurof Johann Pharm. Suczawa
Selig Hermann Phil. München
Sellmayr Simon Phil. Mauern
Seyboth Joh. Leonh. Pharm. Neustadt

Sickinger Adolph Phil. München
Sigmund Benjamin Chem. Basel
Sivers Gerhard Oekon. Rappin
Söder Joseph Phil. München
Soffel Ludwig Philol. München
Soratroy Constantin Med. München
Span Adam Pharm. Autenried
Specht Joseph Jur. Grafenwöhr
Spiess Patriz Philol. Absberg
Spinhirn Hermann Pharm. Constanz
Spitzl Alois Phil. Tirschenreuth
Sporrer Ludwig Theol. Laber
Springer Alois Phil. Dillingen
Stachelhausen Ldw.v.Staatsw. Murnau
Stadler Adolph Phil. München
Stadlin Silvan Jur. Zug
Stanger Joseph Philol. München
Staudt Friedrich Med. Metzingen
Stebel Franz Jur. Offenburg
Stecher Friedrich Aug. Med. München
Stedile Johann Baptist Jur. Roveredo
Steiner Martin Jur. Pfeffikon
Stengle Ignaz Jur. Miltenberg
Sterneberg Franz Jur. Cösfeld
Stettner Friedrich Staatsw. München
Stevens Wilh. Heinrich Theol. Dahlen
Stieve Friedrich Jur. Breslau
Stöber Emmeran Phil. Geisenfeld
Stöckl Johann Baptist Phil. Högling
Stollreiter Leonhard Phil. Neuburg
Stolz Max Phil. Pirmasens
Straub Lorenz Wilhelm Philol. Ulm
Straub Philipp Phil. Hof
Straubinger Wilhelm Pharm. Luzern
Strauven Karl Friedr. Jur. Düsseldorf
Streinhäusser Wilhelm Jur. München
Stumpf Friedrich Phil. München
Symon Franz Theol. Zitomir
Tattenbach-Rheinstein Eugen
   Graf von Phil. München
Taussig Leopold Phil. Prag
Tambosi Max Chem. München
Teltschik Richard Jur. Grieskirchen
Teng Edmund v. Phil. München
Thätter Constantin Phil. München
Thanner Ludw. Philol. Niedermurach
Thum Ludwig Theol. Speyer
Tinnefeld Franz Med. Rhede
Tischner Fz. Ser. Theol. Altmannstein
Treiber Ferdinand Phil. Zweibrücken
Trümmer Karl Phil. Amberg
Trutzer Emil Phil. Kaiserslautern
Tuchmann Max Med. Fürth
Usener Albert Forstw. Wiesbaden
Usener Franz Math. Wiesbaden
Vasall Anton Phil. Tirschenreuth
Vierling Karl Phil. Weiden
Völker Albert Jur. Obermoschel
Vogel Franz von Paula Phil. Moosburg

Vogel Jakob Theol. St. Ingbert
Vogt Franz Jur. Würzburg
Voitenberg Ludw. v. Pharm. Passau
Volz Friedrich Jur. Hattenheim
Vormann Heinrich Jur. Münster
Wack Peter Phil. Medelsheim
Wacker Karl Pharm. Ulm
Wagenknecht Adolph Arch. Hahn-
   stätten
Wagner Martin Phil. Straubing
Wagner Paul Jur. Taun
Wagner Theodor Med. Nürnberg
Waibel Karl Phil. Nesselwang
Wallenfels August Philol. Miehlen
Walther Alfred Philol. Sondershausen
Wagenheim Max v. Jur. Lyke
Wanner Anton Theol. Hittisstetten
Weber Adolph Pharm. Kötzting
Weber Max Jur. Heidelberg
Weidenmüller Karl Math. Mackenzell
Weigand Ant. Pharm. Grossmannsdorf
Weil August Theol. Hadamar
Weil Franz Joseph Jur. Hadamar
Weis Otto Med. München
Weiss Johann Baptist Techn. Landshut
Weisenstein Heinrich Frhr. v. Jur.
   München
de Weldige-Cremer Urban Philol.
   Dorsten
Wenger Franz Xav. Phil. Zaisertshofen
Wensauer Heinrich Phys. Indersdorf
Werder Oskar v. Jur. Köln
Wermuth Max Phil. München
Wernze Joseph Gesch. Geseke
Werr Karl Jur. Uffenheim
Werther Ferdinand v. Med. Petersburg
Widder Anton Phil. München
Wieland Rudolph Forstw. Kloster Sulz
Willener Wilhelm Med. Zofingen
Windstosser Joseph Phil. Straubing
Wirsching Franz Med. Germersheim
Wippern Wilhelm Jur. Stadthagen
Wirth Friedrich Math. Hadamar
Wirth Jakob Phil. Landshut
Wölfle Franz Jur. Dillingen
Wolf Otto Phys. Straubing
Wolfgruber Andreas Phil. Freising
Wulzinger Ferd. Jur. Dürrnhausen
Wuth Berthold Franz Phil. Wiesbaden
Wygocki Johann Theol. Mewa
Yrsch-Plenzenau Ludwig Graf von
   Jur. München
Yrsch Christ. Aug. Graf v. Phil. München
Zach Joseph Anton Phil. Winklarn
Zech Ottmar Phil. Landsberg
Zehmen Dietrich v. Naturw. München
Zenetti Ferdinand Pharm. Lauingen
Zetl Ludwig Pharm. Rosenheim
Zeulmann Rudolph Jur. Boden

Zick Friedrich Med. Immenstadt
Ziegler Arfest Med. Winterthur
Zillenbibler Wilh. Phil. Wittislingen

Zimmern Joseph Theol. Mannheim
Zinn Richard Jur. Dettenbach

1863—1864

Rector DCXV Joseph POEZL

LUDWIG KRONPRINZ von Bayern

Achert Emil Cam. Müllheim
Aichberger Franz v. Phil. München
Appert Joseph Med. Wangen
Arbeiter Adolph Max Phil. Luhe
Arco-Valley Ludw.Gf.v.Phil.München
Armansperg Leo Graf von Phil. Neuburg
Ast Ludwig Phil. Wartenberg
Aub Friedrich Ernst Med. Fürth
Auerbacher Karl Med. Zweibrücken
Babl Andreas Phil. Albenhof
Bachhammer Johann Med. Vilsheim
Bachmann Bernhard Jur. Neubrandenburg
Baldinger Oskar von Forstw. Oberelchingen
Balleta Alexander Jur. Brigels
Bally Ludw. von Phil. Augsburg
Barth Hermann Baron v. Phil. München
Bary Arthur von Phil. München
Baur Robert Phil. Lauingen
Bayerl Michael Phil. Boxmühl
Berchtolsheim Gustav Baron von Jur. München
Beck Karl Jur. Poppenlauer
Benker Georg Phil. Landshut
Bernatz Franz Georg München
Besse Ferdinand Phil. Landshut
Beyll Joseph Theol. Dillmergen
Biechele Max Techn. Eichstädt
Bierling Johann Med. Oberammergau
Birk Franz Xaver Phil. Regensburg
Bodenmüller Karl Phil. München
Böck Hermann von Phil. München
Böck Leopold Phil. Weinrid
Börlin Jakob Phil. Bubendorf
Bolgiano Karl Phil. München
Borell Leonhard Phil. Niederkirchen
Bosch Karl Phil. Weisingen
Bransch Michael Pharm. Bukarest
Braun Adolph Jur. Kempten
Braun Ludwig Friedrich Phil. München
Braunstein Hermann Ludwig Pharm. Offenburg
Brecht August Jur. Waldfischbach
Brockhoff Karl Jur. Essen
Bröck C. Th. von Phil. Blieswangen

Bruckner Emil Pharm. Berlad
Brückel Jakob Phil. Neuburg
Brückmann Karl Chem. Mühlheim
Brüggen Alexander von der Jur. Falsen
Brunner Philipp Jur. Augsburg
Bucher Heinrich Phil. Bayreuth
Buchert Adalbert Theol. München
Büttner Anselm Philol. Osterhofen
Buderus Albert Phil. Christianshütte
Buhl Otto Cam. Stuttgart
Burchard Joseph Jur. Limburg
Burkhard Wilhelm Phil. Mallersdorf
Butters Herold Jur. Zweibrücken
Caspari Alfred Phil. München
Christen Adolph Jur. Hof
Ciani Robert Ritter von Jur. Trient
Cousin Peter Joseph Jur. London
Cramer Karl Jur. Montabaur
Crönert Friedrich Jur. Cleve
Dandörfer Johann Jur. Thonhausen
Dantone Johann Med. Pozza
Debler Moriz Phil. München
Deiglmayr Gustav Jur. München
Demler Gottlieb Jur. Nürnberg
Demuth Johann Phil. Bliescastel
Determann Hermann Philol. Lingen
Dichtl Jakob Phil. Mühlhausen
Diehl Friedrich Pharm. München
Diehl Julius Phil. München
Diepold Xaver Forstw. Ernstfeld
Dieterich Eugen Pharm. Waltershausen
Dietrich Eugen Jur. München
Dietsch Eduard Philol. Hof
Distl Franz Xaver Phil. Freising
Ditz Heinrich Jur. Olsberg
Dobiecki Dr. B. Graf Jur. Lopuszno
Döbner Oskar Jur. Aschaffenburg
Dörfler Ludwig Phil. Türkheim
Domann Joseph Theol. Rothenburg
Dorn Otto Phil. Regensburg
Dorner August Phil. München
Drechsel Karl Graf von Jur. Karlstein
Drechsler Joseph Phil. Steinach
Dreer Martin von Phil. Mindelheim
Düll Richard Jur. Eichstädt
Dünker Jakob Theol. Wilich
Du Prel Walter Baron von Phil. München

Düsterwald Franz Theol. Willch
Dunzelt August Emil Med. Torgau
Eckerfeld Theodor Theol. Essen
Eder Johann Baptist Theol. St. Vincent
Eggert Karl Philol. Paderborn
Eichthal Karl Baron v. Phil. München
Eidenschink Joseph Phil. Vlechtach
Eisenlohr Bernhard Pharm. Lörrach
Endras Felix Jur. Augsburg
Ertl Pius Phil. München
Escherich Otto Phil. Vilshofen
Eschle Eduard Pharm. Gütenbach
Fabini Theophil Med. Giurgevo
Falk Mathias Jur. Neunburg
Feigenwinter Nikolaus Jur. Reinach
Feldt Michael Theol. Forsthart
Felshof Julius Phil. München
Ferwer Richard Philol. Kaiserswerth
Fiedler Albert Med. München
Fiedler Joseph Med. Weiden
Finzel Thomas Jur. Staffelstein
Fischler-Treuberg Ferdinand Graf von Phil. Holzen
Fläxl Joseph Jur. München
Föckler Albert Theol. Koblenz
Fontana Girolamo Jur. Levico
Forsmann Alex. Pharm. Petersburg
Forsteneicher Georg Pharm. Freising
Forster Ernst Naturw. Augsburg
Forster Joseph Phil. Nonnenhorn
Frank Albert Phil. München
Frese Wolrad Cam. Arolsen
Fressl Johann Phil. Schwabing
Frey Franz Xaver Naturw. Eichstädt
Friederich Conrad Chem. Würzburg
Fridl Max Phil. Mengkofen
Friedrich Wilhelm Phil. Dormitz
Fries Johann Baptist Phil. München
Fries Max Phil. Speyer
Fröhlich August Phil. Waldsassen
Fromm Gustav Mech. Hildburghausen
Fürholzer Franz Phil. Altötting
Gademann Eugen Pharm. Berneck
Gässler Hermann von Phil. München
Galanni Emanuel Phil. Kymi
Gambs Joseph Med. Flossing
Gammer Joseph Jur. Liebenau
Gareis Karl Jur. Amberg
Gebser Karl Emil Jur. Hildesheim
Gehwolf Joseph Jur. Regensburg
Georganta Emanuel Nikolaus Phil. Athen
Gerlinger Heinrich Pharm. Passau
Gerstorfer August Jur. München
Gerstorfer Joseph Phil. München
Gescher Alfred Jur. München
Geyer Hans Phil. Augsburg
Gierl Johann Jur. Freising
Giesen Anton Theol. Viersen

Giesse Hermann Bauw. Wiesbaden
Gietl Max Jur. München
Glink Leonhard Phil. München
Glogger Emil Pharm. Meersburg
Göbel Wilh. Theol. Gr.-Algermissen
Göcke Karl Jur. Paderborn
Götz Joseph Med. Schwarzenfeld
Gossmann Joseph Phil. München
Graf Hugo Friedrich Jur. Nürnberg
Grafenstein Anton v. Jur. München
Gresbeck Friedrich Phil. München
Griessmayer Viktor Naturw. München
Gross Ignaz Jur. Dingolfing
Gründl Alois Phil. Straubing
Güth Anton Jur. Hadamar
Guggemos Mathias Jur. Denklingen
Gulielmo Joseph Pharm. Nymphenburg
Gummi Theodor Med. Bayreuth
Gutbrod Joh. Bapt. Jur. Dollenstein
Haas Adolph Phil. Neuburg
Haass Adolph Pharm. Regensburg
Haass Hermann Forstw. Gunzenhausen
Habersang Franz Chem. Meiningen
Hack Karl Jur. Donauwörth
Hacker Christian Phil. Bayreuth
Hacker Johann Nepomuk Jur. Augsburg
Hänlein Wilhelm Phil. Waldsassen
Haggenmüller Alex. Phil. Jettingen
Hahn Friedrich Chem. Cöslin
Hahn Joseph Jur. Geisa
Hane August Phil. Wasseralfingen
Haldenwang Karl Alb. Jur. Göppingen
Halm Alfred Phil. München
Handl August Phil. Regensburg
Hannappel Heinrich Phil. Montabaur
Hasler Philipp Albert Med. Feldkirch
Hasselbach Adolph Pharm. Dornm
Hastreiter Joseph Phil. München
Hauch Franz Phil. Straubing
Hauck Alois Jur. Zusmarshausen
Haug Otto Friedr. Pharm. Freudenstadt
Hauner Ludwig Phil. Schnaitsee
Haupt Karl Friedrich v. Cam. Bamberg
Haushofer Max Cam. Prag
Hecklesmüller Val. Jur. Unterroth
Heindl Franz Phil. Waldkirchen
Heindl Friedrich Pharm. Immenstadt
Heinzelmann Rud. Jur. Bleidenstadt
Heisler Hermann Philol. Freiburg
Heitzer Joseph Phil. Zirnberg
Helle Friedrich Wilhelm Philol. Witten
Hermann Theodor Phil. Hanau
Herrmann Eduard Jur. Eichstädt
Herrmann Gottlieb Jur. Regensburg
Herwig Hermann Naturw. Münster
Heurung Anton Phil. Hohenwart
Heut Gottlieb Pharm. Hof
Hiedl Anton Jur. Landau
Hiemer Friedrich Med. Pfaffenhofen

Löhle Friedrich Pharm. München
Lötscher Johann Med. Romoos
Lonyay Bela von Phil. Ofen
Lorenz Adam Philol. Dürnsteinbach
Lorenz Ferdinand Jur. Moosbach
Lorenz Karl Otto Jur. Klingnau
Lotter Georg Konrad Chem. Nürnberg
Lucas Franz Phil. Passau
Lüke Heinrich Med. Steinfeld
Lunckenstein Hans Med. Hof
Luthe Werner Phil. Waltern
Lurz Markus Cam. Oberwittighausen
Mandel Ernst Theol. Neuwelstritz
Mantel Karl Forstw. München
Marc Bernhard Jur. München
Martin Fabian Philol. Gissigheim
Martin Georg Phil. Passau
Martzeller Franz Jakob Theol. Winnekendonk
Mathes Joseph Phil. Vohburg
Mathes Philipp Theol. Anweiler
May Max Jur. Waldthurn
Mayer Jakob Theol. Attenkirchen
Mayer Johann Phil. Bellenberg
Mayer Joseph Med. Mattsies
Mayer Joseph Phil. Wollenschwil
Mayer Max Phil. München
Mayer Michael Chem. Arnstorf
Mayer Peter Jur. Hollfeld
Mayr Franz Xaver Phil. Bobingen
Mayr Hermann Phil. München
Mayr Martin Theol. Rettenberg
Meggendorfer Ludw. Phil. München
Meindl Ernst Phil. Wolnzach
Meindl Franz Philol. Waldkirchen
Menhorn Georg Med. Schwabach
Menz Gottfried Cam. Wasserloos
Merkl Hermann Pharm. Dillingen
Metz Wilhelm Philol. Hildesheim
Meuraut Jakob Phil. Zweibrücken
Meyenn Karl von Jur. Neubrandenburg
Meyer Christian Phil. Wassertrüdingen
Mezger Georg Leonhard Jur. Erlangen
Micheler Georg Phil. Amberg
Miehle Joseph Philol. Eichendorf
Miller Joseph Phil. Gelselhöring
Milonas Kyriakos Phil. Zante
Mitropulos Johann Jnr. Piropos
Möller Hermann Med. Hamburg
Mürke Leo Theol. Lobsens
Mohr Gustav Math. Königsee
Moreau Adolph Baron v. Phil. München
Morgenroth Leopold Jur. München
Moser Franz Xaver Phil. Regensburg
Moser Karl Phil. Passau
Moser Leopold Jur. Hitzkirch
Mottes Karl Gottl. Chem. Regensburg
Mouravieff Michael Phil. Jekutsk
Müller Franz Xaver Phil. München

Müller Joseph Phil. Freising
Münchmeier Gottlob Phil. Wunsiedel
Nar Karl Jur. München
Nebinger Karl Pharm. Gunzenhausen
Nebh Johann Jur. Asselheim
Neissendorfer Christ. Phil. München
Nenadovich Simon Phil. Belgrad
Neuffer Adolph Phil. Regensburg
Neumayer Franz Med. Freising
Neumayer Melchior Phil. München
Nieberl Xaver Jur. Reichertshofen
Niemann Heinrich Philol. Carum
Niess Matthäus Med. Weissenhorn
Nobeling Alfred Phil. München
Nüssler Karl Phil. München
Obermayr Ludwig Pharm. Buchloe
OBOLENSKY W. Fürst v. Jur. Moskau
Oechsner Edmund Phil. München
Oettl Karl Med. Tölz
Oleyniuk Basillus Med. Cebrow
Orth Johann Baptist Jnr. Burrweiler
Osten-Sacken Ernst Baron von der Jur. Golchingen
Ostheimer Xaver Pharm. Füssen
Ostrop Heinrich Naturw. Buer
Padel Theodor Pharm. Christiansfeld
Peterelli Wilhelm Phil. Savognin
Pfeffel Hubert Baron v. Jur. München
Pfister Max Anton Jur. Eichstädt
Pfordten Max von der Phil. Frankfurt
Pfreundtner Albert Jur. Unterau
Phileppen Karl Jur. Randerath
Philipp August Pharm. Kempten
Platl Adam Philol. Regensburg
Plattmeier Mich. Philol. Friedersried
Platzmann Arnold Phil. Leipzig
Popp Adolph Phil. Regensburg
Popp Ludwig Phil. Bamberg
Popp Nikolaus Philol. Kining
Prager Joseph Phil. Alteglofsheim
Prandtl Alexander Techn. München
Prantner Albert Phil. Regensburg
Praun Sigmund von Jur. Nürnberg
Prenitzer Theodor Jur. Passau
Primus Andreas Jnr. Neu-Ulm
Prucker Georg Jur. Regensburg
Pruner Joseph Chem. Eichstädt
Pudenz Ludwig Anton Naturw. Ershausen
Pürckhauer Theod. Pharm. Nürnberg
Rabl Hermann Phil. Münchshöfen
Ratisbonne Leon Chem. Nancy
Rausch Franz Joseph Phil. Rosenheim
Reder Emil Jur. Mellrichstadt
Reeb Jakob Theol. Schifferstadt
Reger Anton Phil. Eichstädt
Reibel Ludw. Pharm. Kleinphilippsreut
Reiche Julius Theol. Falkenwalde

Reichel Adolph Theol. Dornstadt
Reichmann Emmerich Cam. Biebrich
Reiger Balthasar Phil. Nördlingen
Reindl Karl Phil. Amberg
Reischach Julius Bar. v. Jur. Stuttgart
Reiserer Andreas Phil. Rading
Rethbauer Franz Phil. Deggendorf
Revenstorf Johann Jur. Itzehoe
Richter Paul Chem. München
Riederer Emil Phil. Freising
Riedesel Gottfr. Bar. v. Jur. Augsburg
Riedl Adolph Med. Leute
Riedmüller Norbert Phil. Lauterach
Riehl Alois Phil. Botzen
Riezler Ludwig Phil. München
Rigler Georg Phil. Straubing
Ringer Lorenz Phil. Bamberg
Rissom Bernhard Wilhelm Jur. Holm
Ritzke Franz Leopold Theol. Königsberg
Rödl Ferdinand Theol. Augsburg
Röllinger Gebhard Math. Hammelburg
Romer Joseph Phil. Bemken
Rosa Karl Phil. Bissingen
Roscher Theodor Alexander Naturw. Hamburg
Rosenberger Johann Nepomuk Theol. Wegscheid
Roth Ludwig Jur. Weissenburg
Rother Oswald Phil. Schlegel
Rothlauf Thomas Jur. Weissmain
Rott Wilhelm Med. Bamberg
Rüth Ludwig Chem. München
Ruhwandl Gottfried Phil. Neumarkt
Rump Karl Jur. Löningen
Rumpler Friedrich Jur. Eichstädt
Rutenberg Georg Eduard Baron von Jur. Wiesbaden
Sacher Emanuel Med. Salzburg
Sänger Simon Jur. Ambach
Sailer. Karl Bergw. München
Salvermoser Bernh. Pharm. Kempten
Sartori Konrad Phil. Viechtach
Saur Hugo Phil. Koblenz
Saurborn Jakob Phil. Koblenz
Sauter Franz Jos. Jur. Oberschönegg
Schabel Karl Forstw. München
Schaan Felix Med. Luxemburg
Schäfler Joseph Theol. Zetlitz
Schalch Jakob Phil. Weinfelden
Schaller Johann Nepomuk Theol. Donaualtheim
Scharl Joseph Phil. Ebermannsdorf
Schaub Jakob Phil. Albersweiler
Schauberger Joh. Bapt. Phil. Triftern
Schelhorn Adolph v. Jur. Memmingen
Schenker Bernhard Jur. Luzern
Schepp Albert Jur. Wiesbaden
Schierlitz Joseph Jur. Plankstetten
Schillinger Alphons Phil. Rosenheim

Schleicher Joseph Med. Heideck
Schleiss v. Löwenfeld Phil. Amberg
Schleuniger Johann Friedrich Theol. Bremgarten
Schlink Richard Phil. Regenstauf
Schmid Adolph von Phil. München
Schmid Ludwig Jur. Ettiswil
Schmid Max Phil. Regensburg
Schmidbauer Heinrich Phil. Pörnbach
Schmidt Alfred Pharm. Freiburg
Schmutterer Joseph Philol. Eichstädt
Schneider Alfred Med. Gleisweiler
Schneider August Jur. Ansbach
Schneider Eduard Phil. Gleisweiler
Schneider Ferdinand Jur. München
Schneider Thomas Jur. Geinsheim
Schnell Julius Phil. München
Schnell Karl Forstw. Kothen
Schnizlein Eduard Med. München
Schober Michael Phil. München
Schöndorf Gustav Forstw. Nunhausen
Schöpp Dominik Phil. Haldenwang
Schoyerer Jos. Thom. Phil. Berching
Schraudt Johann Med. Lastrup
Schröer Heinrich Philol. Warmen
Schücking Lothar Theol. Münster
Schuhmann Otto Forstw. Kelheim
Schultes Franz Xaver Jur. Stadtdorf
Schulz Max Phil. Berlin
Schulze Ernst Jur. München
Schumann Franz Jur. Schesslitz
Schuster Adolph Phil. München
Schuster Andreas Theol. Niedernnau
Schwaab Rudolph Phil. Bürgstadt
Schwaiger Ernst Med. Ebersberg
Schwaiger Julius Phil. Ebersberg
Schwartz Heinrich Phil. Landau
Schweiger Adolph Phil. Sulzbach
Schwella Anton Med. Holzenplatz
Schweninger Franz Phil. Neumarkt
Schweyer Joseph Jur. Friedberg
Sedlmayr Joseph Phil. München
Seefeld Oskar von Jur. Mitau
Seefeld Wilhelm von Jur. Mitau
Seidl Franz Xaver Phil. Stadtamhof
Seinsheim Max Graf v. Phil. München
Seitz Karl Oecon. Aresing
Selzer Joseph Phil. München
Seuffert Heinrich Forstw. Nürnberg
Sevecke Karl August Chem. Riga
Sieber Philipp Philol. Rothmühle
Simon Georg Franz Pharm. Eltville
Späth Mathias Phil. München
Spanroft Karl Techn. Regensburg
Stablewski Florian von Theol. Posen
Stadelmayr Friedrich Phil. Landau
Staimmer Joseph Pharm. Geiselhöring
Stamm Andreas Pharm. Oppenheim
Stedile Johann Jur. Roveredo

Steiner J. Martin Phil. Pfeffikon
Steinhauser Johann Georg Theol. Marienberg
Stelzer Franz Joseph Phil. Rieden
Steyrer Johann Nepomuk Chir. Passau
Stieler Friedrich Techn. Botzen
Stieler Guido Phil. München
Stockheim Albert Jur. Würzburg
Stockkebye Alex. Chem. Petersburg
Stöcklhuber Julius Phil. München
Stöckli Stephan Theol. Muri-Egg
Stöger Mathias Jur. Oberrötzing
Stolber Joseph Phil. Augsburg
Stoll Eugen Phil. Tussenhausen
Strang Franz Jur. Aschbach
Strauss Haymann Phil. Schwabach
Strauss Ludwig Pharm. Westheim
Streber Joseph Phil. Neunburg
Strobel Gregor Phil. Dinkelsbühl
Stümpfle Karl Joseph Phil. Wallerstein
Stutz Joseph Theol. Luzern
Svoboda Wolfgang Phil. Simbach
Tanner Alexander Jur. Andorf
Teicher Georg Med. Lahm
Thalhofer Joseph Phil. Krumbach
Thiermann Heinrich Jur. Göttingen
Thomä Hugo Jur. Bacharach
Tillmann Rudolph Jur. Edesheim
Tomschitz Moriz Phil. Cilli
Trautmaier Sebastian Theol. Laaber
Trinks Julius Chem. Salzungen
Tropper Julius Pharm. Stadt-Liebau
Tucher Karl Baron v. Phil. Nürnberg
Ullersberger Achilles Med. Ueberlingen
Unverdorben Franz Xaver Math. Penzling
Vicentini Ignaz Theol. Augsburg
Vincenti Max von Jur. München
Vogel Joseph Theol. Unterblaichen
Vogl Franz Phil. München
Vogl Georg Jur. Kempten
Vogl Max Med. München
Vogler Adolph Jur. Augsburg
Vogt Heinrich Med. Limbach
Volhardt Oskar Jur. Heroldingen
Voss Hermann Jur. Ueden
Voss Joh. Wilh. Naturw. Ostermühlen
Wagner Max Philol. Passau
Wagner Treumund Phil. Stuttgart
Walch Johann Baptist Phil. Mittelberg
Waldkirch Franz Graf von Phil. München
Walter Wilhelm Theol. St. Vincents
Walther Leonhard Alfred Phil. Chur
Weber Franz Thomas Phil. München
Weber Johann Eugen Jur. Oberelsbach

Weber Johann Georg Jur. Urseesollen
Weber Rudolph Forstw. Memmingen
Weber Sigmund Theol. Immenstadt
Weidner Christian Jur. Holzhausen
Weigand Peter Jur. Allstadt
Wein Hermann Jur. Landshut
Weinkauff Karl Jur. Pirmasens
Weiser Karl Med. Salurn
Weller Otto Jur. Schweizerhalle
Wermuth Max Jur. München
Werner Georg Wilhelm Phil. Haiger
Werren Hermann Phil. Wiesbaden
Widemann Ad. Pharm. Untermaxfeld
Wieck Bernhard Math. Schleswig
Wiedemann Heinrich Pharm. Waldsassen
Wiedemann Max Joseph Pharm. Waldmünchen
Wieland Friedrich Pharm. Regensburg
Wiesel August Techn. Wiesbaden
Willimann Isidor Med. Münster
Winstel Theodor Jur. Pfortz
Wirtz Karl Jur. Recklinghausen
Wittenburg Johann Chem. Dorpat
Witzel Joseph Med. Dingelstädt
Wodak Ferdinand Pharm. Altötting
Wodsack Georg Julius Theol. Langenau
Wohlfahrt Joh. Nep. Jur. Gundelfingen
Wohlgensinger Emil Med. St. Josephen
Wohlmuth Emil Phil. München
Wolf Kaspar Theol. Rothenburg
Wolf Xaver Phil. Willburgstetten
Wollmann Paul Jur. Marienburg
Worlitschek Karl Med. Tengling
Wotzka Joseph Theol. Zlattnik
Wühr Wilhelm Pharm. München
Wunder August Jur. Nürnberg
Wurm Franz Joseph Techn. Türken
Wurzer Edmund Pharm. München
Wyler Elias Med. Lenzburg
Wyneken Karl Ludw. Math. Visselhörede
Wyrsch Jakob Joseph Med. Buochs
Wyss Friedrich Pharm. Zug
Zabuesnig Anton von Phil. München
Zacher Hermann Phil. München
Zetl Ludwig Chem. Rosenheim
Ziegler Franz Techn. Randersacker
Ziegler Joseph Phil. München
Ziegler Otto von Phil. München
Ziselberger Ludwig Theol. Oed
Zöller August Phil. Speyer
Zollitsch Max Med. Regensburg
Zollner Joseph Phil. Regensburg
Zwack Alois Phil. Cham
Zwehl Hans Karl von Phil. München

1864—1865

Rector DCXVI Max PETTENKOFER

A dickes Franz Jur. Lesum
Adlmannseder Karl Phil. Viechtach
Aichbichler Joseph Phil. Wolnzach
Aichinger Johann Phil. Weiden
Aigner Peter Jur. Bayerbach
Albrecht Engelbert Med. Landshut
Albrecht Fz.Xav.Med.Oberwiesenacker
Ammann Joh. Bapt. Med. Wittenbach
Andrée Franz Eugen Phil.Lackenhäuser
Andrée Julius Oecon. Montpellier
Ansbacher Salomon Phil. Münchsroth
Appel Bernhard Med. Vilsen
Arendts Wilhelm Chem. München
Arnstein Karl Med. Moskau
Aschenauer Peter Phil. Kempten
Auer Ignaz Med. Hengersberg
Babl Andreas Jur. Albernhof
Bach Xaver Phil. Immenthal
Baldauf Gustav Phil. München
Baldauf Otto Pharm. München
Basiliades Paphentius Phil. Kalabryta
Bassler Georg Heinr. Pharm. Landau
Bauer Joseph Phil. Regensburg
Bauer Wilhelm Phil. Vilsbiburg
Baumer Andreas Jur. Tännesberg
Baumgarten Franz Chem. Milwaukee
Baumgartner Fz.X. Chem. Milwaukee
Baur Robert Jur. Lauingen
Beer Jakob Jur. Pirmasens
Begundelli Franz Jur. Cles
Benckendorff Paul v. Jur. Löwenwald
Berger Georg Friedr. Landw. Nürnberg
Berliner Waldemar Jur. Leobschütz
Bernoulli Daniel Med. Basel
Bertsch Ferdinand Phil. Wallenstadt
Besse Eduard Pharm. München
Bessinger Georg Theol. Amberg
Betke Johann Dietrich Med. Bremen
Betz Franz Xaver Phil. Freistadt
Bever Hermann Phil. München
Bibra Otto von Jur. Windsheim
Bichert Jakob Phil. Frankenthal
Bielski Joseph Med. Bodiacwo
Biersack Joh.Bpt. Phil.Altmühlmünster
Billek Franz Med. Unikow
Birdner Georg Philol. Regensburg
Bindereder Georg Pharm. Landshut
Bischoff Ernst Med. München
Bischoff Johann Christian Med. Grub
Bischoffshausen Alex. v. Jur. Fulda
Bittl Johann Baptist Phil. Eichstätt
Bleul Heinrich v. Jur. Sagn
Bode Ludwig Jur. Montabaur

Böck Max Med. München
Böckl Michael Phil. Arget
Böhm Gottfried Phil. Nördlingen
Böller Joseph Theol. Augsburg
Bolau Karl Heinrich Phil. Hamburg
Bosch Moriz Pharm. Konstanz
Boscheidt Albert Med. Hamburg
Botz Ernst Pharm. Jassy
Brack Vincenz Phil. Ermengeost
Brand Eduard Med. Rothenbuch
Braun Franz Jur. Dürkheim
Braun Karl Jur. Dürkheim
Braun Karl Phil. Wolfstein
Bray-Steinburg Hyppolyt Graf von Jur. Athen
Brehm Philipp Franz Med. Bamberg
Briel Otto Pharm. München
Brüschweiler J.Jak.Naturw. Schliers
Brunner August Phil. München
Bürkel Heinrich Jur. München
Buchner Max Phil. München
Bürker Johann Georg Pharm. Fürth
Bulling Christian Jur. Schlüte
Burkart Adolph Med. München
Burkheiser Lorenz Phil. Stetten
Busch Friedrich Phil. Offenbach
Camerer Wilhelm Phil. Oettingen
Caspari Walter Phil. München
Chervau Hippolyt Edm. Phil. Contenon
Cetto Wilhelm Phil. Lauterbach
Cenner Ernst Med. Pest
Cofles Anton Phil. Roveredo
Clemente Clemens Jur. Plattling
Conradin Nikolaus Med. St. Maria
Cosmitza Johann von Phil. Jassy
Cramer Wilhelm Phil. Gesecke
Cron Franz Med. Speier
Curtius Ferdinand Phil. München
Dahinden Isidor Med. Weggis
Dassberger Georg Jur. Regensburg
Degen Franz Jur. Mergentheim
Demetriades Constantin Jur. Korinth
Desch Xaver Phil. Geisenfeld
Deym Joseph Graf von
Diemayr Max Phil. München
Dietl Joseph Phil. München
Dillmann Ernst Jur. Hilpoltstein
Dinglreiter Johann Joseph Jur. Obergriesbach
Dinslage Joseph Theol. Gesecke
Dippold Wilhelm Phil. Bamberg
Dittrich Franz Theol. Thegsten
Dobeneck Ldw. Frhr. v. Jur. Bayreuth

Döring Joseph Jur. Bamberg
Dollmann Friedrich Jur. München
Dollmann Paul Jur. München
Douqué Adolph Phil. Niederlahnstein
Dreisch Fr. Emil Landw. Würzburg
Ducati Gustav Jur. Trient
Dückers Heinrich Cam. Oedt
Düll Friedrich Wilh. Techn. Eichstädt
Düll Otto Jur. Eichstädt
Dürck Karl Phil. München
Dütsch Nikolaus Phil. Landshut
Dumm Friedr. Ferd. Philol. Eschenbach
Eberhard Oskar Jur. Lachen
Eberle Franz Joseph Techn. Tengen
Eder Gottlieb Phil. München
Eder Karl Med. Bischofszell
Eder Leopold Jur. Ribenbach
Eichheim Ldw. Forstw. Wolfratshausen
Eigenmann Karl N. Phil. St. Gallen
Englbrecht Max Pharm. Augsburg
Enhuber Karl von Phil. München
Erb Karl Staatsw. Winnweiler
Erdt August Phil. Augsburg
Erlenmeyer Ludw. Med. Gundelfingen
Erlwein Karl Ludwig Chem. Bamberg
Eschenlohr Ludwig Theol. Kirchheim
Eschle Eduard Pharm. Gutenbach
Eschstruth Adolph von Jur. Fulda
Eschwaltrup Bernh. Med. Altenberg
Eser Ludwig Med. Stadtamhof
Essendorfer Korbinian Phil. München
Faber Christ. Jur. Bayreuth
Falco Karl Eduard Pharm. Staffelstein
Feichter Christian Jur. München
Feichter Jakob Phil. München
Feinaigle Karl Phil. München
Felshof Adolph München
Fertsch Heinrich Philol. Amorbach
Filchner Karl Jur. München
Fili Heinrich Philol. Zweibrücken
Finzel Anton Jur. Staffelstein
Fischer Franz Ser. Jur. Passau
Fischer Johann Bapt. Theol. Hausen
Fischer Joseph Chem. Prag
Fischer Wilhelm Med. München
Flüxl Joseph Jur. München
Flebbe Theodor Theol. Hildesheim
Fleissner Joseph Phil. München
Flindt Wilhelm Phil. Wiesbaden
Flühler Adalbert Chem. Stans
Först Konrad Ottmar Theol. Drügendorf
Forster Wilhelm Jur. Weil
Franzke Ernst Phil. Schönau
Frank Franz Jos. Jur. Wondreblammer
Frank Ludwig Jur. Wagenfeld
Frankenbach Friedrich Phil. Idstein
Frauenholz Hugo Friedrich Chem. Möttingen
Freismuth Joseph Phil. Passau

Fröhlich Anton Med. Passau
Fröhlich Joseph Jur. Tirschenreuth
Fröhlich Wilhelm Pharm. Stuttgart
Fruth Johann Baptist Phil. Kehlheim
Frommann Emil Jur. Beningheim
Fuchs Karl Pharm. Kempten
Gareis Karl Jur. Amberg
Gareis Karl Phil. Deggendorf
Gehm Karl Phil. Ingolstadt
Geith Adolph Phil. Freising
Geller Wolfgang Med. Zelosée
Gengler Joseph Jur. Kronach
Georgii Karl Heinrich Dr. Philol. Freudenstadt
Geret Benjamin Pharm. Mering
Gerard Georg Philol. Speyer
Germann Gallus Jos. Med. St. Gallen
Gernet Ernst Adolph Med. Hamburg
Gierer Johann Nep. Phil. Buchloe
Giessen Heinrich Phil. Kirchheimbolanden
Gleich Joseph Phil. Oberschöneberg
Gleitsmann Joseph Med. Bamberg
Gmür Karl Jur. St. Gallen
Gombart Oskar Phil. Ansbach
Grass Karl Phil. Kusel
Grathwohl Wilhelm Jur. Reutlingen
Grauvogl Joseph Wilh. Jur. Vilshofen
Gregory Joachim Phil. Altomünster
Grimm Ludwig Staatsw. Kempten
Grob Jakob Eduard Med. Lichtensteig
Grobhoffer Heinr. Phil. Kaiserslautern
Gross Eduard Philol. Nürnberg
Gruber Franz Med. Hemau
Gruber Friedrich Med. Nördlingen
Guggemos Joseph Theol. Görisried
Guggenberger Jos. Phil. Höchstädt
Hacb Michael Phil. Herblingen
Höcker Franz Pharm. Reichenhall
Härtl Ludwig Phil. Vilsbiburg
Häuslmayr Sigmund Phil. Regensburg
Hafner Joseph Phil. München
Hagena Eduard Med. Oldenburg
Halder Anton Phil. Ingolstadt
Halenke Franz Phil. Passau
Halenke Joseph Phil. Regensburg
Haller August Phil. Schrobenhausen
Haller Joseph Phil. Ludwigstadt
Harth Karl Forstw. Oberndorf
Hartmann August Phil. München
Hartung Gottlob Pharm. Hollfeld
Haslmayer Joh. Ev. Phil. Dürrwangen
Hasse August Jur. Wiedenbrück
Hauber Joseph Phil. Arnstorf
Haug Otto Friedr. Chem. Freudenstadt
Heck Jakob Phil. München
Heiden Harduin Phil. München
Heilmayr Max Jur. Hals
Heindl Georg Phil. Ezenricht

Heitz Wilhelm Med. Minfeld
Held Adolph Jur. Würzburg
Helmstat Raban Graf v. Jur. Neckar-
bischofsheim
Held Georg Med. Alternerding
Hemmer Karl Phil. Otterberg
Henkel Joseph Jur. Herlheim
Henzler Ant. Karl v. Pharm. München
Hermansdorfer Rudolph Theol. Tölz
Herold Georg Jur. Amberg
Herrmann Ambros Med. Weiden
Herrmann Martin Phil. Rottenburg
Hertling Karl Frhr. v. Forstw. Landshut
Hertzberg Otto Phil. Hirschberg
Herzog Joseph Phil. Wolkertshofen
Hilpert Otto Jur. Erlangen
Hilz Joseph Med. München
Höfl Karl Phil. München
Hönlein Ludwig Med. Obernburg
Hoffmann Franz Xav. Jur. Straubing
Hofstetten Eugen v. Phil. München
Hollang Michael Jur. Freising
Holler Joseph Med. Koblenz
Hollerith Joh. O. Aug. Jur. Zweibrücken
Hollnbacher Nikolaus Phil. Birnbach
Hollweck Joseph Phil. Schwarzenbach
Hopfner Otto Jur. Passau
Hoppe Franz Julius Theol. Christfelde
Horn Franz Paul Jur. Isen
Hueber Eugen Phil. München
Hug Ludwig Anton Phil. Freising
Jäger Franz Naturw. Speyer
Jägerhuber Ludwig Jur. München
Janik Franz Theol. Hinterdorf
Ihlefeld Joh. Aug. Chem. Gelnhausen
Ilg Karl Phil. Friedberg
Imfeld Julius Med. Sarnen
Inama-Sternegg Karl Theodor von
Staatsw. Amberg
Jolly Friedrich Med. München
Jolly Georg Phil. München
Irlinger Karl Phil. München
Kämmerer Julius Med. Ebersheim
Kaiser Georg Theol. Zella
Käss Engelbert Theol. Gumpsen
Kaltdorf Valentin Jur. München
Kammerer Alfred Phil. München
Karl Johann Med. Mötzing
Karner Karl Theodor Phil. Ampfing
Kast Lorenz Theol. Schlessen
Kaufmann Ignaz Alb. Jur. Immenstadt
Keller August Naturw. München
Kellnberger Rupert Phil. Wallersdorf
Kellner Franz Xav. Med. Burghausen
Kelternborn Rudolph Naturw. Basel
Kellermann Johann Ant. Phil. Amberg
Kempf Jakob Med. Passau
Ker Eduard Phil. München
Keyser Karl Phil. München

Kirchhof August Jur. Detmold
Kissel Max Jur. Speyer
Klaus Anton Phil. Burghagel
Kleiner Valentin Philol. Hürben
Klingsohr Robert Jur. Gunzenhausen
Klöckler Tiberius Phil. Sommers
Klöckmann Franz Philol. Fritzlar
Knepper Friedrich Wilh. Phil. Köln
Kneutinger Gg. Ant. Med. Würzburg
Kobell Friedrich v. Phil. München
Kögerl Joseph Phil. München
Köhler Adolph Chem. Gmünd
König Franz Joseph Naturw. Haltern
Kolb Joseph Philol. München
Koller Heinrich Jur. München
Koller Johann Jakob Med. Herisau
Kon Felix Phil. Kasselan
Konrad Joh. Gg. Christ. Chem. Nürnberg
Kopp Karl Theol. Münster
Kortüm Hugo Jur. Doberan
Krätz Heinrich Med. München
Krafft Friedrich Karl Pharm. Miltenberg
Krafft-Delmensingen Franz von
Phil. München
Kranz Anton Med. München
Kranz Johann Baptist Med. München
Kratzer Johann Baptist Theol. Freising
Krawutsky Adam Theol. Neustadt
Krembs Oskar Jur. München
Kreuzeder Rudolph Phil. Erding
Kreymberg Anton Clemens Jur. Lohne
Kristodulo Theodor Phil. Jassy
Kroiss Michael Phil. Straubing
Krug Friedrich Med. Regensburg
Künkele Friedrich Phil. Annweiler
Kuschel Heinrich Theol. Elsendorf
Lachner Michael Phil. Steinweg
Längenfelder Gustav Phil. Burg-
farrnbach
Lang Friedrich Phil. Wegscheid
Langenögger Anton Jur. Kühbach
Langmantel Val. Philol. Aschaffenburg
Laubmann Georg Philol. Hof
Lechner Joseph Phil. Jettingen
Lechner Martin Phil. Zell
Lederer Joseph Jur. Oberviechtach
Lehner Michael Jur. Prunn
Leibenger Georg Philol. München
Leiber Hermann Jur. Möhringen
Leichtenstern Otto Phil. Ingolstadt
Leopolder Eugen Phil. Landshut
Lerch Eduard Med. Kraiburg
Lermann Wilhelm Phil. Kronach
Lett Johann Pharm. Bamberg
Lichtenstern Karl Freiherr von
Jur. Neumarkt
Liederer von Liederskron Adolph
Theodor Muth. Jur. München
Lindmaier Georg Phil. München

Lindwurm Arnold Med. Bevern
Lipp Anton Theol. Schiessen
Lipp Ludw. Joh. Nep. Pharm. Freising
Lippl Oskar Med. München
Lippmann Adolph Phil. Augsburg
Lochner Joseph Theol. Lohen
Londopulos Agathopulos Phil. Patras
Lorch Gustav Phil. Ernstweiler
Lotzbeck Eugen Frhr. v. Phil. München
Luber Heinrich Phil. München
Lüde Karl von Phil. München
Lüst Ludwig Jur. Vilseck
Lütjen Philipp Theol. Farmsen
Lunglmayer Adalb. Pharm. München
Machens Joseph Theol. Borsam
März Anton Phil. Regensburg
Magg Rudolph Phil. München
Maier Joseph Med. Wattenheim
Mair Mathias Phil. Wehrled
Martin Eugen Jur. Eichstätt
Martin Ludwig Jur. Passau
Massalsky Ladislaus Med. Krakau
Martini Karl Jur. Rostock
Mayer Friedrich Jur. Regensburg
Mayer Heinrich Phil. Regensburg
Mayer Joseph Med. Mattsies
Mayer Theodor Phil. Landshut
Mecker Franz Chem. Havinbeck
Mehrens Johann Med. Baltimore
Mehrl Johann Nepomuk Jur. Passau
Meindl Albert Med. Ruhmannsfelden
Melzl Ludwig von Phil. München
Mencke Otto Jur. Oldenburg
Menhorn Georg Med. Schwabach
Metsch Johann Med. Dorfen
Mettenleiter Joh. Evang. Phil. München
Metzler Raimund Phil. Zweibrücken
Meyer Friedrich Oecon. München
Meyer Karl Phil. Ansbach
Meyer Ludwig Wilhelm Philol. Speyer
Michalopulos Nikolaus Philol. Patras
Michel Friedrich Jur. Orbis
Miehr Anton Med. Regensburg
Mijatowics Csedorwille Cam. Belgrad
Molitor von Mühlfeld G. · Jur. München
Monich Wilhelm Jur. Schwerin
Moser Heinrich Jur. München
Mottes Georg Phil. Regensburg
Muck Adolph Phil. Etterzhausen
Mühleisen Karl Pharm. Pfaffenhofen
Müller Anton Theol. Muri
Müller Edmund Jur. Nürnberg
Müller Ferdinand Phil. München
Müller Friedrich Phil. Vohenstrauss
Müller Georg Phil. Eschlkam
Müller Julius Med. Rottenburg
Müller Ludwig Med. Altleiningen
Müller Max Phil. Kaufering

Müller Philipp Jur. Rorschach
Münch Gustav Phil. Hof-Traisfurth
Muggenthaler Ludwig Phil. Hebertsfelden
Muschaweckh Karl Jur. Pavelsbach
Musterle Johann Baptist Chem. Altmannsweiler
Naimski Michael von Phil. Warschau
Neuwerdt Karl Jur. Neuhornbach
Ney Max Pharm. Marktl
Ney Wilhelm Phil. Speyer
Nieberding Robert Philol. Gleiwitz
Nieberlein Franz Jur. Regensburg
Niedermaier Johann Phil. Landshut
Niedermaier Georg Philol. Bergham
Niesslbeck Michael Phil. Brunn
Noder Peter Med. München
Notthaft von Weissenstein Max Freiherr von Phil. München
Nuoffer Franz Philol. Wongroviec
Oberhauser Joseph Phil. Schwabing
Oefele Adolph Frhr. v. Chem. Neuburg
Oettl Rudolph Med. München
Oster Nikolaus Phil. Obernheim
Oswald Eduard Phil. Wolfstein
Ott Albert Phil. Thannhausen
Ott Hermann Phil. Wunsiedel
Ott Karl Jur. Wunsiedel
Ottmer Julius Geol. Braunschweig
Oyen Johann Philol. Hildesheim
Pachmayr Ferdinand Phil. Pfaffenhofen
Pailler Karl Phil. Regensburg
Panzer Alois Phil. München
Papajohanna Plutarch. Phil. Dimitsana
Papius Heinrich Jur. Aschaffenburg
Paur Karl Med. Erding
Pechmann Heinrich Freiherr v. Jur. Reichenhall
Perchtold Adalbert Phil. Arnbruck
Pestalozza Hugo Graf von Phil. Bayerdiessen
Peters Karl Friedrich Wilhelm Astron. Pulkowa
Petri Friedrich Phil. München
Peyer Ludwig Chem. Schaffhausen
Pfaffenzeller Thaddä Phil. Langenmosen
Pfeiffer Frz. Sales Cl. Pharm. Nürnberg
Picha Franz Pharm. Raslui
Pip Wilhelm Adolph Jur. Coblenz
Poschinger Eduard v. Jur. Frauenau
Poschinger Heinrich v. Phil. München
Prandl Max Pharm. Regensburg
Prell Georg Jur. Waizendorf
Prell Johann Phil. Weissenstadt
Premer Franz Ser. Jur. Röttenbach
Prinz Eugen Phil. Landau
Prinz Robert Phil. Landau
Pruner Joseph Pharm. Eichstädt

Pürckhauer Theod. Pharm. Nürnberg
Paille Ludwig Phil. Landshut
Putz Anton Phil. Vohenstrauss
Rabl Hermann Phil. Münchshöfen
Radeke Gustav Med. Hamburg
Rächl Felix Phil. Neumarkt
Raith Vincenz Jur. Pfreimdt
Rapp Hermann Med. Mühlacker
Raspe Emanuel Jur. Cammin
Ratzinger Joseph Johann Gg. Theol. Rückering
Rau Albrecht Pharm. Ansbach
Rauber August Med. Neustadt
Rauch Gottfried Jur. Unterköblitz
Rauch Tobias Phil. Amberg
Redwitz Melchior Freiherr von Phil. München
Regler Joseph Phil. Unterviechtach
Reiber Magnus Phil. Mattsies
Reichert August von Phil. München
Reindl Gustav Phil. Amberg
Reinhard Jakob Jur. Heddesheim
Reisenegger Anton Phil. Regensburg
Reiss Johann Baptist Jur. Schnaittach
Reitmair Johann Nepomuk Phil. Schrobenhausen
Reitzenstein Philipp Freiherr von Phil. München
Rembold Victor Phil. Lentkirch
Remmel Karl Jur. Landshut
Riblinger Jos. Ant. Theol. Altenbuch
Richard Ludwig Pharm. Frankenthal
Riedel Friedrich Philol. Erlangen
Riedesel Karl von Chem. Augsburg
Riezler Karl Phil. München
Ritter Georg Jur. Hausen
Ritter Joseph Jur. Hörmannsdorf
Ritter Karl Phil. Hardenburg
Rittinger Ferdinand Chir. München
Römer Adolph Philol. Dirmstein
Roquette Eduard Med. Lübeck
Röttinger Wolfgang Phil. Teuschnitz
Roth Karl Wilhelm Phil. Regensburg
Rothenfelder Alois Phil. Mindelheim
Rothenhäusler Karl Pharm. Rorschach
Rottmann Ferdinand Med. Münster
Rudolf Friedrich Phil. München
Rübel Albert Phil. Schesslitz
Rüdi Paul Med. Zitzers
Ruedl Ignaz Phil. Neuenkehrsdorf
Runez Heinrich Phil. Lindau
Sailer Theodor Phil. Telsendorf
Salzberger Franz Pharm. Forchheim
Samson Heinrich Jur. Beckum
Saur Edwin Phil. Villingen
Sauter Max Phil. Ansbach
Schaden Heinrich von Phil. Erlangen
Schäffer Heinrich Med. Speyer

Schamberger Johann Baptist Phil. München
Scharinger Franz Seraph Jur. Assberg
Scharl Michael Phil. Ebermannsdorf
Schauberg Rudolf Jur. Zürich
Schauer Ludwig Jur. München
Schenkel Julius Naturw. Pforzheim
Schenz Wilhelm Theol. Niederriefen
Scherer Karl Eugen Med. St. Gallen
Schiferl Joh. Bapt. Theol. Hinterthan
Schilcher Eugen Phil. München
Schilplin Gustav Staatsw. Brugg
Schimper Adolph Med. Dürkheim
Schindler Joh. Evang. Phil. Regenstauf
Schilgen Wilhelm Jur. Cloppenburg
Schlecht Jakob Theol. Weldesheim
Schleicher Johann Phil. Waldhaus
Schlelein Friedrich Jur. Bamberg
Schlie Friedrich Philol. Brüel
Schlosser Joh. Bapt. Jur. Freudenberg
Schlosstein Adolph Med. Allisheim
Schmelzer Joseph Alois Jur. Burgoberbach
Schmid Georg Jur. Rennertshofen
Schmid Heinrich Med. Regensburg
Schmid Otto Jur. Eichstädt
Schmidel Robert Jur. München
Schmidt Friedrich Philol. Hof
Schmidt Friedrich Alexander Robert
Schmidt Georg Jur. Celle
Schmidt Karl Wilhelm Peter
Schmidtmüller Friedr. Phil. Passau
Schmitz Clemens Jur. Regensburg
Schneidberger Georg Phil. Steingaden
Schneidhuber Johann Baptist Phil. Landshut
Schnitzlein Friedr. Techn. München
Schöllhorn Leonh. Phil. Amendlingen
Schöner Johann Evangelist Phil. Jengen
Schönleber Joseph Math. Winkel
Schöntag Eduard Techn. Mühlfeld
Schöpp Max Med. München
Scholz Joseph Phil. Füssen
Schott August Theol. Staufeneck
Schott Hermann Jur. Knittelsheim
Schreiner Eduard Phil. Regen
Schreyer Isidor Jur. Waltershof
Schröder Heinrich Math. Seelbach
Schubert Joh. Theodor Chem. Nürnberg
Schücking Lothar Jur. Münster
Schuhmann Joseph Techn. Fürth
Schultes Jos. Johann Jur. München
Schulz Ludwig Jur. München
Schurl Eduard Philol. Strassburg
Sekell Adolph Jur. München
Seitz Michael Jur. Aresing
Semper Johann Philol. Zürich

26

Senart Emil Philol. Reims
Severin Julius Naturw. Cannes
Seydel Max Phil. München
Sieber Eduard Jur. Germersheim
Simmerl Julius Phil. München
Skutsch Ludw. Sellgm. Phil. München
Smaczninzki Alexander v. Phil. Sacln
Soden Max Freiherr von Jur. Stuttgart
Söllner Christoph Phil. Pechhof
Sohm Rudolph Jur. Rostock
Speckner Karl Phil. Bayreuth
Spicker Gideon
Spitzner Georg Jur. Cottbus
Splitgerber Eugen Friedrich Adolph Jur. Pappenheim
Sprater Thomas Phil. Blossenau
Stahl de Beur Bernhard Johann Philol. Oldersum
Staller Anton Jur. Landshut
Stecher Anton
Steiger August Karl
Steinberger Joseph Phil. München
Steinhauser Joh. Anton Jur. Sagans
Stengel Friedrich Phil. Landshut
Stengle Karl Ignaz Jur. Miltenberg
Sterr Ignaz Theol. Regen
Stieler Eugen Phil. München
Stierli Gaar Leonz
Stieve Felix Phil. Münster
Stifler Franz Xaver Pharm. Passau
Stock Johann Jur. Cham
Stöber Philipp Phil. Birkungen
Straller Johann Jur. Schwandorf
Stratmann Ferdinand Math. Münster
Streber Jakob Pharm. Muri
Strehle Ignaz Jur. Glött
Strehler Eugen Pharm. Pfarrkirchen
Stubenvoll Franz Jur. Vilseck
Stübel Ernst B. Phil. Leipzig
Stumpf Karl Jur. München
Sutor Joseph Pharm. Mindelheim
Tautphöus Karl Freiherr von Phil. München
Tempel Richard Phil. München
Thäter Franz Karl Phil. München
Thenn Paul August Theodor Philol. Burtenbach
Tischler Alphons Phil. Landshut
Topphoff Hermann Jur. Paderborn
Treibel Edmund Theol. Lindenau
Treiber Ferdinand Jur. Zweibrücken
Tröger Georg Phil. Velden
Trümmer Karl Jur. Amberg
Tuczakowitcs Demeter Pharm. Belgrad
Uibel Eduard Jur. Villingen
Ulrich Georg Theol. Vohenstrauss
Unverdorben Joseph Phil. Passau
Valentini Guido Jur. Trient
Viernstein Lorenz Staatsw. Sparneck

Voggenreiter Ludw. Phil. München
Vogl Friedrich Jur. München
Vogl Georg Jur. Kempten
Wäninger Ludwig Phil. Thürnau
Waldvogel Karl Naturw. Löhningen
Walter Julius Phil. Kirchheimbolanden
Waibel Benedikt Phil. Neuried
Waldenfels Alfred v. Jur. Hof
Wattenwyl Eugen Med. Bern
Weber Adolph Pharm. Kötzting
Weber Christian Phil. München
Weber Franz Jur. München
Weber Friedrich Jur. Hornbach
Weber Adolph Pharm. Vilsbiburg
Weber Fd. Wilhelm Edmund Ritter v. Phil. München
Weber Johann Baptist Phil. München
Weckbecker-Sternefeld Heinrich von Phil. München
Weddige Bernhard Jur. Rheine
Wegener Ernst Phil. Wittstock
Weglehner Johann Med. Merkendorf
Wehrmann Oskar Phil. Wildenholz
Weigl Max Phil. Passau
Wein Hermann Jur. Landshut
Weiss Hermann Jur. Fulda
Weiss Edmund Med. Kaiserslautern
Weiss Karl Zahnheilk. Landshut
Weiss Leonhard Med. Strigno
Weiss Lothar Phil. München
Wenglein Joseph Phil. München
Wenk Wilhelm Jur. Rothenburg
Werden-Bayntun Heinrich Oecon. Wales
Werner Anton Jur. Augsburg
Werner August Phil. Zweibrücken
Wernhard Karl Phil. Schorndorf
Werr Karl Jur. Uffenheim
Werren Friedrich Jur. Wiesbaden
Wetzstein Friedrich Jur. Schweinfurt
Weyh Philipp Pharm. Bayreuth
Widenmann Friedrich Phil. Augsburg
Wiedemann Max Joseph Theol. Gundelfingen
Wieser Alexander Jur. München
Wild Johann Med. Hitzhofen
Willmann Isidor Med. Münster
Wimmer Sebastian Theol. Rottenburg
Winkel Joseph Med. Briesen
Wirth Johann Christian Philol. Arzberg
Wittmann Wilhelm Phil. Schweinfurt
Wölfle Johann Baptist Theol. Dillingen
Wölfle Joseph Phil. München
Wolf Martin Philol. München
Wolferstetter Johann Med. Hl. Kreuz
Wolff Georg Phil. Schwarzenfels
Wolff Philipp Phil. Anweiler
Wucher Cajetan Med. Dürrnhausen
Würth Wilhelm Pharm. München

Wüstner Eduard Med. Bezau
Yblagger Ernst Phil. München
Yssel Schepper de Th. Techn. Deventer
Zeitler Adolf Phil. Bayreuth
Zerreiss Max Phil. München

Zetl Wilhelm Pharm. Rosenheim
Zimmermann Frz. Pharm. Ueberlingen
Zink Franz Xaver Phil. Ebersberg
Zürcher Adolph Phil. Basel
Zweifel Johann Jur. München

1865—1866

Rector DCXVII Johann Philipp Gustav JOLLY

PRINZ LUDWIG von Bayern
Abt Friedrich Wilhelm Phil. Kempten
Achhammer Martin Phil. Rieden
Adamovits Demeter Pharm. Abrudbanga
Albers Johann Theol. Büdefeld
Albrecht Edmund Pharm. Sonneberg
Ammann Hugo Phil. München
Andreis Karl Phil. Roveredo
Angstl Simon Phil. Postau
Appert Laurenz Med. Wangen
Aretin Anton Baron Phil. Haidenburg
Arnold Bernhard Philol. München
Arnold Joseph Med. Heretshausen
Bachmann Heinrich Med. Diesenhofen
Bachmann Otto Phil. Bamberg
Bardelmes Joh. Bapt. Jur. Bamberg
Bassler Georg Heinr. Pharm. Essingen
Bauer Guido Phil. München
Bauer Wolfgang Jur. Amberg
Baumgartner Fz. X. Med. Breitenberg
Bauschinger Christ. Math. Nürnberg
Bayer Joseph Phil. Galgweis
Beck Oskar Ludwig Med. Heiden
Beck Rainer Phil. Wallerstein
Becker Ludwig Med. München
Bédat Franz Phil. München
Bernlochner Joseph Phil. München
Besold Florian Phil. Weiden
Beyer Joseph Phil. Haideck
Birk Robert Jur. Köln
Birkmeyer Karl Jur. Nürnberg
Blaul Erwin Phil. Speyer
Bulschwing H. Baron v. Jur. Mitau
Bonin Ewald v. Jur. Cusserow
Bonschab Ludwig Phil. Ingolstadt
Bossong Gustav Jur. Schweisweiler
Bowman Amos Phil. Kent-County
Brand Friedrich Pharm. Rothenbuch
Brand Joseph Friedr. Med. Würzburg
Brandl Bernhard Phil. Straubing
Braun Adolf Jur. Kempten
Braun Joh. Nep. Philol. Dinkelsbühl
Brenner Johann Nep. Jur. Günzburg
Brentano Ludw. Jos. Jur. Aschaffenburg
Brünning Adolph Clem. Theol. Vasbach

Brugnara Giulio Med. Fondo
Brunner Maximilian Phil. Bayerdiessen
Bucher Heinrich Jur. Bayreuth
Buchwald Adolph v. Jur. Schwerin
Büdeler Johann Christian Med. Vechta
Bürge Xaver Theol. Hornussen
Bunkhofer Wilhelm Naturw. Bruchsal
Burger Hugo Phil. Regensburg
Burger Oskar Pharm. Regensburg
Casparl Alfred Philol. München
Catturich Michael Phil. Zara
Caumo Joseph Phil. Roveredo
Clavel Roderich Naturw. Haigerloch
Clemente Clemens Jur. Plattling
Cornet Dominicus Phil. München
Cornet Joseph Phil. München
Costa Albert Phil. Kötzting
Cox Richard Chem. Braunschweig
Dambski Stephan Graf von Cam. Kotavskowo
Danzer Maximilian Phil. Ampfing
Daxenberger Emil Phil. München
Dexel Ernst Theol. Bertoldsheim
Deyhle Johann Math. Obernzenn
Diederichs Heinrich Phil. Dorbat
Dietherr Mathias Jur. Altötting
Dischler Georg Jos. Theol. Schwandorf
Dobner Joseph Joh. Gg. Jur. Furth
Dochow Adolph Jur. Berlin
Döbner Oscar Jur. Aschaffenburg
Dörner Gustav Phil. Ilbesheim
Döllenbacher Joseph Theol. Unterbleichen
Donaldson Thomas Naturw. Baltimore
Dorn Anton Med. Rotenburg
Dorner August Phil. Rosenheim
Düll Luitpold Jur. Eichstädt
Durach Conrad Phil. Ratzenried
Dziedzinski Alexander Theol. Posen
Eberle Adelrich Jur. Einsiedeln
Eckert Karl Jur. Kitzingen
Ehrhardt Karl Med. St. Ingbert
Eichthal Karl Frbr. v. Jur. München
Eicke Karl August Phil. Weissenborn
Eilender Roland Jur. Düren
Eisenlohr Joh. Gg. Med. Wettenhausen

26*

Eisenrieth Ludwig Pharm. Rosenheim
Ellenhorst Fz. Ant. Med. Twistringen
Engerer Ludwig Jur. München
Ertl Friedrich Med. Hauzenberg
Eser Ludwig Med. Stadtamhof
Estorff Otto v. Naturw. Celle
Etzdorf Rudolph Walt. Jur. Neumark
Fabin! Theophil Med. Grossschenk
Fackler Karl Jur. Wemding
Falco Karl Eduard Chem. Staffelstein
Faltermeier August Med. Regensburg
Falciola Franz Jur. Speyer
Fedroeffsky Constant. Med. Voronesch
Ferber Joh. Bapt. Philol. Wittesheim
Fernekess Wilh. Philol. Wattenheim
Fiedler Albert Med. München
Fischer Benno Phil. Bayerdiessen
Fischer Joseph Jur. Kipfenberg
Fischer Max v. Med. München
Flamm Otto Med. Pfullingen
Flasch Adam Philol. Helmstadt
Flasser Andreas Med. Sulzbach
Fleckenstein Franz Joh. Jur. Schwalwasser
Flessa Karl Ferdinand Jur. Landshut
Flick Julius Med. Bergen
Forster Otto Phil. München
Frank Ernst Phil. München
Fraunberg Ludwig Frhr. von Phil. München
Friedl Alphons Phil. Deggendorf
Gabos Ermanno Med. Dres
Gässler Moriz Hugo v. Phil. Fürstenfeldbruck
Galler Adolph Pharm. Straubing
Gambs Joseph Med. Flossing
Gebhart Anton Phil. Dillingen
Geiger Eduard Theol. Grossmehring
Geiger Max Jur. Grossmehring
Geis Robert Phil. Fischhaus
Geissel Hr. Wilh. Naturw. Bockenheim
Geisser Robert Med. Chaux de fonds
Gemeinhardt Paul Ernst Jur. Neudrossenfeld
Gewinner Gottfr. Th. Jur. Bayreuth
Gichrl Johann Baptist Med. Michelfeld
Gladisch Gasp. Ritter v. Phil. Radom
Glas Mathias Jur. Neufahrn
Glockner Johann Ev. Phil. Altenmarkt
Göb Conrad Phil. Ilbesheim
Görres Franz Joseph Phil. Wittlich
Gosen Julius v. Jur. Rechendorf
Gösswein Rudolph Naturw. München
Götz Thomas Phil. Wertingen
Götz Karl Med. Petersaurach
Goetzmann Joseph Phil. Reichenhall
Gottlieb Franz Adolph Jur. Niederwörresbach
Graf Albert Jur. Neu-Ulm

Graf August Phil. München
Graf Christian Phil. Seeheim
Graf Franz Xaver Theol. Pösing
Grasmann Karl Phil. Dinzlbach
Grau Johann Phil. Regensburg
Grill Leo Phil. Pest
Gröpper Heinrich Med. Münster
Gross Joh. Gg. Wilh. Phil. Nürnberg
Gruber Julius Phil. Teisendorf.
Gruber Max Med. Teisendorf
Gnhl Eduard Med. Heckborn
Gullelmo August Jur. Landshut
Gundlfinger Joseph Pharm. Aichach
Haase Max Jur. Cusel
Hacker Johann Jur. Augsburg
Häuser Philipp Jur. Orby
Hagen August Oekon. Ettenstadt
Haindl Joh. Karl Aug. Phil. München
Halter Ernst Albert Techn. Coburg
Hartlieb Eduard v. Forstw. München
Hartlieb Otto v. Jur. Memmingen
Hauck Robert Phil. Ansbach
Hauer Eugen Jur. Augsburg
Hauerwaas Franz Med. Marktstest
Hebberling Max Phil. Augsburg
Hedler Johann Jur. Dillingen
Heichlinger Martin Jur. Nördlingen
Helmpel Ernst Conrad Phil. Lindau
Heindl Alwin Jur. Lauingen
Heintz Albert Jur. Frankenthal
Heintze Buchold Med. Breslau
Heldmann Franz Phil. Obervlechtach
Helfrich Friedrich Med. Aschaffenburg
Hell Joseph Med. München
Heller Alois Forstw. Forstenried
Hellmuth Wilhelm Phil. München
Herbst Philipp Phil. Assenheim
Heringlake Heinrich Med. Blomberg
Herlin Karl Andreas Phil. Nadenthal
Hermann Theodor Pharm. Hanau
Heuss Eduard Jur. Mainz
Heuss Ferdinand Med. München
Heyeck Johannes Phil. Kaiserslautern
Hiedl Heinrich Pharm. Landau
Hilburger Friedrich Phil. Straubing
Himmelstoss Franz Phil. München
Hinterburger Joseph Jur. Eichstädt
Hipp Johann Baptist Phil. Leuterschach
Hirzel Julius Anton Pharm. Rorschach
Hochholzner Casimir Phil. München
Höchstetter Karl Phil. München
Höck Kaspar Phil. München
Höfler Karl Phil. Tölz
Höger Joseph Phil. Humbach
Hölzl Johann Med. München
Hörmann Otto von Phil. München
Hörrmann Joseph Pharm. Regensburg
Hofmann Franz Joseph Jur. Nürnberg
Hofmann Philipp Jur. München

Hohenastenberg - Wigant Heinrich Baron von Jur. Milan
Hohmann Eduard Phil. Schwabach
Holl Joseph Theol. Aretsried
Hopf Julius Med. Bayreuth
Hopfenbeck Franz Phil. Stadtamhof
Huebner Joh. Michael Math. Dinkelsbühl
Häsler Anton Med. Steinhausen
Hundt Ferdinand Graf Phil. Offenberg
Huschke Otto Chem. Zürich
Hutter Franz Jur. München
Jacob Eugen Phil. Kaiserslautern
Jacob Karl Jur. Kaiserslautern
Jäger Emil Pharm. Breisach
Jäger Franz Med. Speyer
Jahn Louis Albert Pharm. Kulmbach
Jancke Karl Jur. Neustadt
Ibel Anton Chem. Kelheim
Jessler Leopold Pharm. Freising
Jocham Joh. Baptist Phil. Mindelheim
Jowanowitsch Miloje Jur. Maidan
Irlinger Franz Xaver Med. Plattling
Kaatzer Theodor Jur. Aachen
Kärlinger Kajetan Phil. Bayerbach
Kalb Karl August Jur. Engelthal
Kastner Johann Nepomuk Phil. Amberg
Kaufmann Anton Pharm. München
Kellermann Karl Jur. Landshut
Kellnberger Rupert Jur. Wallerdorf
Kellner Franz Xaver Med. Burghausen
Kellner Hermann Phil. Burghausen
Kempf Jakob Med. Passau
Kickinger Otto Forstw. Pfronten
Kieffer Christian Jur. Nürnberg
Kinzel Alois Phil. Kempten
Kirchbaur Joseph Phil. Kennertshofen
Kirchberger Sebastian Phil. Tegernsee
Kirchner Heinrich Bauw. Lindenhof
Klauser Adolph Jur. Krummenau
Klebolte Johannes Jur. Steinhausen
Klein Max Pharm. Altötting
Knab Heinrich Pharm. Biala
Knab Johann Phil. Heidenheim
Knaup Wilhelm Phil. Wormeln
Knebler Wilhelm Theol. Coblenz
Knesewitsch Urosch Jur. Knranowaz
Knies Karl Peter Phil. Schweinfurt
Knorz Wilhelm Pharm. Fulda
Koch Ludwig Phil. München
Kögel Joseph Theol. Weissenborn
Kölsch Hermann Naturw. Neustadt
Königs Franz Joseph Philol. Düren
Königsberger Franz Philol. Ebersbach
Köppel Anton Jur. Widnau
Köppler Eduard Med. Wiesbaden
Kolb Karl Philol. Eichstädt
Kolb Ludwig Jur. Bogenhausen
Koller Heinrich Jur. München
Kollmann Franz Phil. Rosenheim

Kollmayr B. Samuel Jur. Cham
Krapp Friedrich Jur. München
Kraussold Heinrich Jur. Bayreuth
Kraussold Karl Med. Bayreuth
Kreuzer Franz Paula Theol. Dillingen
Kreymer Laurenz Franz Philol. Schapen
Krick Georg Jur. Albenbanz
Krieglsteiner Karl Phil. Kempten
Krippner Karl Phil. Selb
Kürzinger Johann Jur. Straubing
Kummer Moriz Pharm. Mindelheim
Kuttig Victor Jur. Meseritz
Lachenmayer Jos. Theol. Mindelzell
Lacher Johann Phil. Kempten
Lachner Martin Chem. München
Lackmann Wilhelm Med. Wolbeck
Lammel Ludwig Phil. Wallerstein
Lang Johann Phil. München
Lang Lothar Pharm. Neumarkt
Lang Oscar Phil. Neuburg
Laszewski Heliodor v. Theol. Chwar-
   szczenko
Leeb Ferdinand Pharm. Passau
Lederer Johann Jur. Arnbach
Lehrnbecher Ignaz Phil. Schwarzhofen
Leib Friedrich Phil. Bayreuth
Leitenberger Oscar Chem. Niemes
Le Maire Karl Theol. Speyer
Lendl Raget Med. Sins
Lengfelder Andreas Phil. München
Lenz Heinrich Phil. München
Leo Ottomar Victor Forstw. Greiz
Letter Albert Theol. Oberägeri
Liudemann Karl Wilh. Phil. Hildesheim
Link Alexander v. Med. Odessa
Lipp Albert Jur. Freising
Lipp Paul Jur. Horb
Litzlkirchner Eduard Med.Regensburg
Loeper Ulrich von Jur. Stettin
Löw Florentin Jur. Redwitz
Löwenfeld Leopold Phil. München
Lohagen Wilhelm Theol. Werl
Lohrmann Emil Jur. Nürnberg
Lotz Louis Pharm. Kaiserslautern
Lüderitz Rudolph Techn. München
Lüke Heinrich Med. Steinfeld
Lunckenbein Hans Med. Hof
Lurz Friedrich Med. Kirchschönbach
Lutostanski Boleslaus Med. Warschau
Maier Philipp Pharm. Pollmannsdorf
Manatschal Friedrich Jur. St. Maria
Manzinoja Elias Phil. Pontresina
Margraf Joseph Theol. Neuhausen
Martin Oscar Med. Schwabmünchen
Martinoff Constantin Staatsw. Mar-
   tinowka
Massa David Phil. München
Matthäus Heinrich Jur. Remlingen
Mauerer Johann Baptist Med. Bruck

May Max Jur. Waldthurn
Mayer Franz Xaver Phil., Roding
Mayer Friedrich Phil. Regensburg
Mayer Karl Forstw. München
Mayr Georg Staatsw. Würzburg
Mayr Joseph Realw. Westheim
Mayr Karl Phil. Pfarrkirchen
Mayr Michael Phil. Forst
Mehr Ferdinand Phil. München
Meier Wessel Naturw. Bentheim
Meiller Karl Phil. Amberg
Meiser Adolph Phil. Nürnberg
Meiser Karl Philol. Nürnberg
Menzinger Alois Theol. Haunswies
Merscheim Franz Theol. Vettweiss
Metcalfe Charles Ed. Phil. London
Metzger Karl Philol. Bayreuth
Meyer Alfred Phil. München
Meyer Christian Jur. Wassertrüdingen
Micheler Joseph Phil. Amberg
Micheler Peter Phil. Billenhausen
Miller Andreas Phys. Landshut
Miller Max Philol. Passau
Milowanowits Milisaw Cam. Warwarin
Moerke Leo Theol. Lobsens
Moltke Wilhelm von Jur. Rantzau
Moser Christian Med. Taufkirchen
Mottes Friedrich M. Med. Regensburg
Mückl Franz Ser. Jur. Kammern
Mühlbauer Joseph Phil. Kummersdorf
Müller Jakob Phil. München
Müller Joseph Jur. Freising
Müller Julius Phil. München
Müller Ludwig Phil. München
Müller Wilhelm Med München
Nägele Emil Med. Speyer
Nägele Otto Med. Straubing
Natzmer Ernst W. von Cam. Potsdam
Nefzger Johann Nepomuk Jur. Eichstädt
Nehb Johannes Jur. Asselheim
Nennadovits Alexander Phil. Belgrad
Neuburger Max Phil. München
Neumaier Alois Pharm. Biburg
Neumayr Ludwig Med. München
Neumayr Ludwig Med. Neustift
Niederlechner Max Phil. Aindling
Niederleithner Anton Phil. Passau
Nierhoff Julius Jur. Waltrop
Nischwitz August Theol. Moosburg
Nix Franz Theol. Reusrath
Noever Gottfried Theol. Gladbach
Nüssler Ludwig Phil. Eichstädt
Oberhausen Joseph Jur. München
Oberle Anton Staatsw. München
Obermaier Johann Jur. Mindelstetten
OETTINGEN - OETTINGEN und OETTINGEN-SPIELBERG Albrecht Fürst von

Offenberg Heinrich Jur. Münster
Olofs Joseph Phil. Schrobenhausen
Orth Karl Felix Adolph Med. Freiburg
Ottilie Charles Med. Amerika
Oyex Eugen Chem. München
Pachmayr Emil Pharm. München
Papadakis Nikiforos Phil. Galaxidion
Paravicini Emil Med. Glarus
Parker William Med. Uford
Partheimüller Jos. Jur. Tirschenreuth
Paul August Phil. Havelberg
Paur Georg Phil. München
Pavlovic Johann Staatsw. Carlovic
Peither Karl Med. Cham
Pesch Nikolaus Theol. Schlausenbach
Petri Jakob Phil. Grünstadt
Petrovits Nastas Phil. Macze
Pettenkofer Franz Xaver Naturw. München
Pfetten-Arnbach S. Freiherr von Phil. Niederarnbach
Pfirstinger August Phil. Flintsbach
Pfissner Joseph Phil. Regensburg
Pfordten Max von der Jur. München
Photinos Anton Med. Athen
Piotrowski Ladislaus Jur. Warschau
Ples Johann Heinrich Med. Billerbeck
Plotho Ludwig von Jur. Genthin
Podewils Franz Frhr. v. Phil. Landshut
Podewils Friedr. Frbr. v. Jur. Bayreuth
Pohl Christoph Karl Phil. Hof
Poninski Alfred v. Theol. Gnesen
Popp August Phil. Regensburg
Popp Ludwig Forstw. Regensburg
Poschinger Eduard v. Jur. Frauenau
Poschinger H. Ritter v. Jur. München
Pray Orestes M. Med. Brooklyn
Precht Johann Phil. Schrobenhausen
Pribram Richard Chem. Prag
Prischel Friedrich Jur. Engelhartszell
Pröller Georg Jur. Germersheim
Protits Lasar Jur. Pocharewatz
Protic Milan Med. Belgrad
Rabenhofer Joseph Jur. Abbach
Rabl Georg Phil. Haimbuch
Rad Albrecht v. Naturw. Augsburg
Rauch Andreas Med. Weilheim
Reder Emil Jur. Melbrichstadt
Redwitz Melch. Frhr. v. Jur. München
Reess Max Phil. Walldürn
Rehlingen Franz Freiherr von Phil. Hainhofen
Rehlingen Marquard v. Phil. München
Reibel Ludw. Pharm. Kleinphilippsreuth
Reigersberg Hugo Graf von Phil. München
Reinhardstötten K. v. Phil. München
Reisner Otto Jur. München
Reiss Johann Jur. Schnaittach

Reitinger Franz Phil. Waldmünchen
Remy Leo Jur. Boll
Renggli Bernhard Med. Emmen
Reubel Karl Theodor Med. Pullach
Reubel Ludwig Phil. Kronach
Reverdys August Forstw. Augsburg
Rid Nikomedes Phil. München
Rieder Joseph Theol. Cham
Riedl Emil Pharm. Bischofsreuth
Rietzler Joseph Anton Phil. Sonthofen
Ring Georg Pharm. Roding
Röhm Johann B. Philol. Lauingen
Römer Petrus Pharm. Weidenbach
Rössler Ernst Jur. Wiesbaden
Rössner Johann Pharm. Hollfeld
Rogler Adam Phil. Brand
Roseneder Sebastian Phil. Ottering
Rosenlehner Johann Baptist Theol. Mitterhausen
Rosenlöhner Max Phil. Oberhausen
Ross Conrad Phil. München
Roth Karl Theodor Philol. Mosbach
Rothballer Karl Jur. Augsburg
Ruess Thaddäus Philol. Augsburg
Rüttlmann Jakob Jur. Reinhausen
Ruff Theodor Phil. Speyer
Samourcassy Alexander Jur. Bukarest
Sauer Friedrich Jur. Regensburg
Schaden Heinrich v. Jur. München
Schäfer Karl Theol. Klosterwald
Schäffer Heinrich Med. Speyer
Schäuffelen Alfred Naturw. Heilbronn
Schamberg Wilhelm Phil. München
Schanzer Johann Pharm. München
Schauberg Emil Jur. Zürich
Scheidemandel Theod. Med. Feuchtwangen
Scherbauer Christoph Jur. Tirschenreuth
Scherer Georg Phil. Buch
Scheuer Ludwig Philol. München
Schiber Adolph Phil. München
Schider Anton Jur. Landshut
Schimpfle Alcibiades Med. Tripolizza
Schippel Johann Bapt. Phil. München
Schleicher Karl Med. Kitzingen
Schlössl Georg Pharm. München
Schlund Alois Theol. Wallerstein
Schmaderer Joseph Phil. Trefling
Schmederer Ludwig Phil. München
Schmid Anton Phil. Kirchdorf
Schmid Karl Jur. Regensburg
Schmid Michael Med. Biberberg
Schmidt Paul Jur. Frankfurt
Schmidt Theodor Jur. Ixheim
Schmidtmüller Joseph Med. Passau
Schmidtmüller Wilh. Pharm. Passau
Schneider Alfred Jur. Gleisweiler
Schön Michael Phil. Unnering

Schönberger Wilh. Jur. Wiesbaden
Schopp Dominikus Theol. Haldenwang
Schott Hermann Jur. Knittelsheim
Schrauth Sigmund Landw. München
Schubert Joh. Theod. Chem. Nürnberg
Schuster Hermann Phil. Eichstädt
Schwab Ferdinand Med. Altbessingen
Schwab Ferdinand Oekon. Haschberg
Schwabl Joseph Jur. Regensburg
Schwaner Bernhard Chem. Heidelberg
Schwarz Anton Pharm. Schongau
Schweitzer Leonh. Phil. Lauterbach
Sechann Max Theol. Regensburg
Seethaler Karl Theol. Memmingen
Seidl Joh. Nep. Theol. Rattenhaslach
Seissler Philipp Theol. Sausenheim
Sendlbeck Hermann Phil. Eichstädt
Senft Adam Jur. Amberg
Sickenberger Adolph Phil. Lohr
Siegel Moses Jur. Thüngen
Sigrist Alois Jur. Hirzel
Silbernagel Johann Phil. Klingen
Simet Franz Ser. Phil. Stadtamhof
Skutsch Ludw. Seligm. Theol. München
Smirnow-Nikolaewitsch Phil. Arsamass
Soden Max Freiherr v. Jur. Stuttgart
Soeder Rudolph Jur. Lohr
Solbrig August Phil. München
Sonnenschein Heinrich Theol. Werden
Sporn Siegfried Theol. Merkendorf
Sprickmann - Kerkerink Heinrich Jur. Münster
Springer Joseph Phil. Dillingen
Stablewski Florian v. Theol. Posen
Stach Joseph Phil. Immenstadt
Staffelbach Georg Pharm. Sursee
Staller Anton Jur. Landshut
Stanko Virgil Phil. München
Standinger Karl Jur. Nürnberg
Stechele Ulrich Phil. Waal
Steiger Karl Phil. Limburg
Stein Joseph Phil. Neustadt
Steinhauser Georg Phil. Marienberg
Stengle Ignaz Jur. Miltenberg
Stetter Ludwig Phil. Speyer
Stenmer Hermann Phil. Fresen
Stich Wolfgang Phil. München
Stöger Johann Baptist Phil. München
Stoffel Jakob Phil. Kapellen
Strähuber Max Phil. München
Strehler Friedrich Richard Pharm. Regensburg
Strobl Anton Phil. Mitterfels
Strobl Sebastian Theol. Grottenmühle
Strohmayer Friedr. Phil. Zweibrücken
Stubenrauch Luitpold Phil. Schwabing
Stumpf Ludwig Phil. München
Suchopan Georges Pharm. Czernowitz
Sutor Peter Phil. Berchtesgaden

Swiatowski Madyst Med. Warschau
Swoboda Anton Pharm. Jassy
Tattenbach Christian Graf von Phil.
  Bomberg
Tedeschi Joseph Jur. Trimiers
Thaden August v. Jur. Altona
Thör Friedrich August Med. Kronstadt
Trott Max v. Jur. Rottenburg
Trutzer Emil Phil. Kaiserslautern
Tuczakow les Demetr. Pharm. Belgrad
Ulsamer Eduard Pharm. Landshut
Utz Ludwig Phil. Neuburg
Veit Robert Med. Auerstädt
Vierling Karl Med. Weiden
Vigener Joseph Phil. Attendorf
Voelderndorff - Waradein August
  Freiherr von Phil. München
Vogel Fridolin Med. Hettenschwil
Vogel Georg Theol. Grünstadt
Vogt Heinrich Med. Minfeld
Vollnhals Anton Phil. München
Wagner Bernh. Otto Jur. Ostercappeln
Wagner Joseph Phil. Schönferchen
Wagner Karl Philol. Fulda
Wagner Max Philol. Wegscheid
Waldkirch Franz Graf Jur. München
Weigel Karl Phil. Hayna
Welkard Bernhard Phil. München
Weil Joseph Jur. Kötzting
Weimer Jakob Jur. Niederhadamar
Weintz Adalbert Pharm. Pegnitz
Wels Otto Med. München
Weisenseel Johann Jur. Sanderhofen
Weiss Johann Phil. Donauwetzdorf

Weiss Karl Zahnheilk. Landshut
Wendt Otto Jur. Rostock
Wensauer Simon Phil. Dorfen
Werner Georg Jur. Hilpoltstein
Werner Philipp Med. Edenkoben
Wiesinger Karl Phil. München
Wigard Hugo Phil. Ansbach
Wildberger Heinrich Med. Bamberg
Wilhelm Friedrich Theol. Amberg
Wimmelbacher Georg Med. Rosenbach
Wimmer Johann Nep. Pharm. München
Wild Franz Phil. Rotthalmünster
Winkler Johann Baptist Phil. Mauöd
Winter Karl Phil. Neuburg
Wodsack Georg Philol. Langenau
Wolfle Joseph Phil. München
Wojde Marcellus Med. Lublin
Wuilleret Emanuel Jur. Freiburg
Wurm Konrad Philol. München
Zacher Eugen Phil. München
Zech Wilhelm Anton Phil. Landsberg
Zeiller Robert Anat. München
Zellenkay Alexander Pharm. Jassy
Zeller Joseph Phil. Neuburg
Zick Friedrich Med. Immenstadt
Ziegler Oskar Frhr. v. Jur. Würzburg
Ziomeynski Romuald Chem. Lukow
Zöller Julius Phil. Jägersburg
Zoglmaier Joseph Jur. Pfatter
Zorn Emil Med. Ansbach
Znjewitz Ziwoin Jur. Sracevo
Zürcher Johann Phil. Meuzingen
Zurrer Joseph Theol. Rattenkirchen
Zwehl Joh. Karl v. Jur. Bayreuth

_. ._ _ ._. _ ._ _ _ ._ _ . .

1866—1867

Rector DCXVIII Ignaz von DOELLINGER

OTTO PRINZ von Bayern
Ackermann Wilh. Pharm. Birkenau
Adorno Julius Pharm. Türkheim
Aichberger Franz Jur. München
Aichberger Paul Philol. München
Albrecht Dr. Engelbr. Med. Landshut
Albrecht Edmund Pharm. Sonneburg
Andreis Dr. Silvio
Appel Franz Xaver Phil. Deggendorf
Aschenauer Peter Jur. Kempten
Aster Edmund Jur. Geiersthal
Auracher Adolph Phil. München
Axentijevic Veliko Cam. Belgrad
Baader Lorenz Phil. Spalt
Bachhammer Johann Med. Vilsheim
Bäumler Hans Phil. Ansbach
Baldinger Ludwig Phil. München

Bamann Friedrich Phil. Regensburg
Banberger Oskar Phil. Krumbach
Bauer August Jur. Mittenau
Bauer Heinrich Naturw. Kandel
Bauer Joseph Med. Vilshofen
Bauer Wolfgang Jur. Amberg
Baumgärtl August Jur. Ering
Baur Robert Med. Donaueschingen
Beck Oskar Ludwig August Med. Heiden
Beckerle Dr. Peter Med. Stetten
Berg Balthasar Jur. Ubersheim
Berger Albrecht Phil. Bruck
Bertram Friedrich Jur. Regensburg
Beyer Hermann Jur. Würzburg
Bezold Ernst von Phil. München
Bezold Friedrich Med. Rothenburg
Bezold Ludwig von Phil. München

Bieber Anton Jur. Wallerstein
Bichlmair Dr. Gg. Med. Haidhausen
Binsegger Gottfried Phil. Zug
Birk Fd. August Jur. Lövenich
Blab Dominik Phil. München
Böhm Friedrich Philol. Frankenthal
Böhm Gottfried Jur. Nördlingen
Böhm Heinrich Jur. Bayreuth
Bolka Viktor von Jur. Nabrad
Bönchholtz Karl Jur. Schwerin
Brand Adalbert Med. München
Brandl Franz Phil. Lam
Braun Adolph Jur. Kempten
Braun Karl Jur. Wolfstein
Brehm Franz Med. Bamberg
Bretzel Xaver Jur. Weissenhorn
Bretzel Joseph Phil. Regen
Bruckner Oskar Pharm. Berlad
Büchler Beatus Anton Med. Appenzell
Buedel Johann Phil. München
Buerge Xaver Theol. Hornissen
Buergl Alois Jur. Arth
Buhlinger Alfred Jur. Gernsbach
Burgmayer Wilh. Phil. Partenkirchen
Burkart Ferdinand Jur. Landshut
Busch Sebastian Theol. Neufarn
Butry Wilhelm Philol. Landstuhl
Cardauns Hermann Phil. Köln
Catturich Michael Naturw. Zara
Christ Andreas Philol. Mantelaur
Christmann Karl Phil. München
Cigoi Alois Theol. Goyarn
Clos Alois Phil. Oettingen
Cofler Anton Med. Roveredo
Conrad Albrecht Daniel Phil. Cusel
Daffner Franz Med. Rosenheim
Daniel Ad. Fd. Wilhelm Alb. Jur. Schwerin
Daschner Jakob Phil. Lohhof
Dassberger Georg Jur. Regensburg
Debler Moriz Jur. München
Degl August Phil. Straubing
Deglmann Sigmund Phil. Himmelkron
Dessauer Fd. Franz Phil. Aschaffenburg
Dessauer Hugo von Med. Kochel
Dietzell Burgh. Emil Chem. Ziegenheim
Dietzsch Karl Georg Med. Erlenbach
Dily Adalbert Jur. Zweibrücken
Dillmann Alfred Phil. München
Döderlein Friedrich Phil. Dinkelsbühl
Dörschl Franz Phil. Neustadt
Dolles Georg Forstw. Arzberg
Dolles Wilhelm Jur. Arzberg
Dorffmeister Ad. Med. Hohenaschau
Dotzer Joseph Phil. Regensburg
Drechsler Joseph Jur. Falkenfels
Dreer Martin von Jur. Mindelheim
Dürck Karl Jur. München
Eberl Anton Phil. Furth i/W.

Eberz Joseph Philol. Hadamar
Ebner Anton Phil. Straubing
Ehrensberger Albrecht Jur. Rebdorf
Ehrlich Jakob Med. Schopiloch
Eichhammer Joh. Phil. Partenkirchen
Ellensberger Christ. Pharm. Büdingen
Emmerich Adolph Jur. Wiesbaden
Emmerich Max Jur. Wiesbaden
Endres Karl Phil. München
Emnet Philipp Phil. Niederlustadt
Engelhardt Alfred von Jur. Dorpat
Enhuber Otto von Jur. Münster
Erlacher Peter Phil. München
Ernst Philipp Theol. Würmlos
Ertl Joseph Jur. München
Estermann Heinrich Jur. Essen
Eswein Ludwig Jur. Neustadt a/H.
Ettmayr Korbinian
Faltenbacher Joseph Phil. Bayreuth
Feinaigle Karl Jur. München
Feldkircher Jos. Ant. Philol. Lauterach
Felshof Julius Jur. München
Fenzl Fellx Jur. Denkenreuth
Ferber Gustav Jur. München
Fesemaier Xaver Jur. Eschenbrunn
Fessler Friedrich Theol. Weissenhorn
Fikenscher Wilhelm Phil. Regensburg
Fischer Hieronymus Philol. Sponberg
Fischer Julius August Theol. Dettikow
Flüxl August Phil. München
Forster Ernst Chem. Augsburg
Forster Hugo Jur. Augsburg
Forster Rich. Alb. Math. Augsburg
Frei Nikolaus Theol. Baden
Frenkel David Jur. Kaiserslautern
Friedl Johann Phil. München
Fröhlich August Jur. Waldsassen
Fuchs Ludwig Phil. München
Fürg Franz Xaver Med. München
Fürnrohr Heinr. Med. Regensburg
Fürst Hermann Phil. Schwabmünchen
Furstner Hermann Phil. Augsburg
Gabos Hermann Med. Oles
Gambs Joseph Dr. med. Flossing
Gammeter Ernst Med. Burgdorf
Gareis Heinrich Jur. Amberg
Gareis Karl Jur. Tischenreuth
Gauly Hugo Jur. Kaiserslautern
Gebhart Wilhelm Phil. Landshut
Geiger Johann Jos. Philol. Hassfurt
Geisel Friedrich Pharm. Lünburg
Geistbeck Michael Phil. Friedberg
Geldern Otto Graf von Jur. Thurnstein
Gengler Adam Jur. Bamberg
Genle Wilhelm Jur. Regensburg
Georglowitsch Georg Jur. Belgrad
Gerlach Ludwig Phil. Langenbach
Gerstenecker Joseph Phil. München
Gerstl Alois Phil. München

Ghillany Eduard Pharm. München
Giamara Sebastian Med. Tarasp
Giehrl Ludwig Jur. Bodenwöhr
Gietl Josua Phil. München
Gigerich Joseph Jur. Tittmoning .
Gildemeister Johann Med. Bremen
Gitzenthanner Joh. Jakob Jur. Ebnat
Glaser Leopold Med. Staffelstein
Gleissner Joseph Jur. Bamberg
Göttler Ludwig Phil. Maximilianshütte
Götz August Jur. Landshut
Götzl Eugen Phil. Ansbach
Goldschmitt Ernst Phil. Brendlorenzen
Golzinger Anton Pharm. Landau
Grabmayer Karl von Jur. Bozen
Grandauer Karl Phil. München
Grassl Joseph Phil. Schleissheim
Gratzl Max Phil. Vilshofen
Greding Richard Phil. Bayreuth
Grieshaber Robert Jur. Unterhallau
Grobhoffer Heinr. Jur. Kaiserslautern
Groll Joseph Michael Phil. Kempten
Gruber Franz Philol. Steinsdorf
Grünbaum Hirsch Phil. Schlächtern
Gulielmo August Jur. Landshut
Gundlach Georg Phil. München
Gundlfinger Joseph Pharm. Aichach
Gutermann Bernh. v. Phil. Augsburg
Hähner Karl Hermann Theol. Köln
Haindl Max Jur. Bodenwöhr
Halm Theodor Phil. München
Hammerle Jakob Phil. Whitersweiler
Haneberg Joseph Phil. Sonthofen
Harster Wilhelm Phil. Ellingen
Hasenclever Ludwig Phil. München
Haselwander Albert Med. Regensburg
Hax Ferdinand Pharm. Jassy
Hattler Johann Evang. Jur. Augsburg
Haupt Friedrich von Jur. Bamberg
Hebberling August Phil. Darmstadt
Hebberling Max Jur. Buchten
Hecher Joseph Phil. Jomaning
Hedberg Friedrich Phil. Kila
Heel Joseph Phil. Helmertingen
Heer Eugen Theol. Zurzach
Heguenberg - Dux von Phil. Hof-
    hegnenberg
Hehl Johann August Jur. Rosshaupten
Heindl Georg Jur. Etzenricht
Helfer Peter Theol. Schweiz
Henle Wilhelm Phil. Regensburg
Heinle Alois Phil. Kronburg
Herzog Joseph Jur. Wolkershofen
Hennemann Julius Phil. München
Hennl Johann Peter Jur. Obersaxen
Herberth Karl Med. Frankenthal
Hertter Hermann Jur. Landshut
Hertter Karl Jur. Landshut
Herz Ferdinand Med. St. Ingbert

Herzog Joseph Phil. Münster
Hierther Julius Naturw. Knsel
Hildebrand Franz Jur. Stamsried
Hiller Karl Jur. Tübingen
Hirsch Hugo von Phil. München
Hirschmann Johann Phil. Dingolfing
Höfler Constantin Pharm. Tölz
Höfler Max Phil. Tölz
Hörl Joseph Phil. Parkstein
Hörmann Max Jur. Stadtamhof
Hoffmann Karl Math. Speyer
Hoffmann Mathias Phil. München
Hofmann Karl Phil. München
Hofmeister Heinrich Fr. Georg Jur.
    Ellwürden
Hohblach Wilhelm Phil. München
Holl Karl Jur. München
Holl Wilhelm Jur. Bayreuth
Horn Max Phil. Isen
Hove Joseph von Jur. Münster
Hubel Jakob Theol. Nördlingen
Huber Joseph Dr. Med. Geiselhöring
Huber Lorenz Phil. München
Huber Otto Pharm. München
Huber Theodor Staatsw. Sarnen
Hübbl Wilhelm Jur. Hamburg
Hüber Eugen Jur. München
Hüttinger Anton Phil. Eggenfelden
Hummel Heinrich Phil. Augsburg
Jacober Karl Jur. Glarus
Jacubezky Max Jur. München
Jacobi Oskar Philol. Hersfeld
Jahn Ludwig Pharm. Culmbach
Ibell Karl v. Jur. Ems
Jesersky Alexander Math. Kiew
Idl Heinrich
Illing Wilhelm Jur. Velburg
Jovannovic Miloje Jur. Obermilanowaz
Israel Konrad Naturw. Fritzlar
Junker Karl Philol. Weitersweiler
Jurischits Milan Jur. Schabatz
Kaindl Adolph Phil. Grassau
Kaiser Julius Philol. Mesinang
Kaiser Sebastian Phil. Geisenfeld
Kamerknecht Karl Phil. München
Karakasch Emanuel Pharm. Jassy
Kayser Friedrich Theol. Mühlheim
Kayser Hermann Med. München
Keck Ludwig Phil. Augsburg
Kedrowitsch Dragosl. Pharm. Ugrotz
Kellner Erhard Phil. München
Kienle Joseph v. Forstw. München
Killinger German Jur. Waldsdorf
Kind Theodor Alfred Chem. Chur
Kirsner Julius Pharm. Donaueschingen
Klein Joseph Jur. Weisingen
Klöckner Wilhelm Phil. Lepgarten
Klohn Johann Philol. Keingsberg
Klotz Hermann Med. Insing

Klunge Alfred Pharm. Aubonne
Knappe Wilhelm Jnr. Bamberg
Köck Karl Phil. Landshut
Körte Max Jnr. Betzenstein
Kohl Johann Baptist Phil. Schmolnau
Knorz Ludwig Jur. Fulda
Knollmüller Georg Med. München
Kolb Gustav Phil. München
Kölsch Hermann Med. Neustadt
Kölsch Xaver Jur. Rodalben
Köppel Karl Jur. Passau
Kolbeck Max Jur. Amberg
Koller Joseph Med. Laufen
Koller Wilhelm Phil. Regensburg
Koller Wolfgang Phil. Regensburg
Kollmann Georg Jur. Roding
Kollmayr Joseph Jur. Regensburg
Kollmayr Max Jur. Regensburg
Kretzer Eugen Phil. Irrsee
Kraussold Heinrich Jur. Bayreuth
Kress Oskar Pharm. Erlingen
Krüger Paul Jur. Deggendorf
Krüll Eduard Med. Crivitz
Kubli Ludwig Med. Glarus
Kühn Peter Theol. Oppersheim
Kühnlein Adam Jur. Sulzfeld
Kürschner Gustav Jur. Nürnberg
Kuerzewitsch Urosch Jur. Karanowaz
Kunkel Adam Phil. Lohr
Kutek Franz Gustav Med. Parczer
Lacher Hans Jur. Kempten
Längenfelder Gust. Jur. Burgfarnbach
Laurent Eugen Jur. Zweibrücken
Laater Rudolph Jur. Nürnberg
Lederer Joseph Jur. Oberviechtach
Lemberger Max Jur. Landshut
Lesser W. O. W. Jur. Kiel
Leutgeb Johann Baptist Pharm. Passau
Lewald Ferdinand Jur. Heidelberg
Lichtensteiger Alois Jur. Kikenbach
Liederskron Adolph v. Jur. München
Lindemann Georg Phil. Grafenau
Lindenfels Gustav Jur. Ansbach
Lindner Adolph Forstw. Maltersdorf
Lindner Heinrich Jur. Maltersdorf
Lindner Jakob Phil. München
Lodter Gustav Pharm. Schwabmünchen
Löher Christian Jur. Paderborn
Löw Theodor Eugen Jur. Zweibrücken
Longay Melchior von Naturw. Pest
Ludwig Johann Nep. Chem. München
Lurz Albin Phil. Kirchschönbach
Luther Paul Dr. med. Gnorstadt
Lutteri Anton Jur. Mori
Madlener Joseph Jur. Kriegshaber
Mäder Julius Dag. Jur. St. Gallen
Mahler Alfred Phil. Weissenhorn
Maier Joh. Joseph Philol. Winnweiler
Maier Wilhelm Theol. Wurmansquieck

Markowitc Svet. Jur. Belgrad
Martin Oscar Dr. med. Schwabmünchen
Matejitsch Svet. Jur. Kraojnjewaz
May Joseph Naturw. Hadamar
Mayer Johann Baptist Phil. Dorfen
Mayer Ludwig Philol. München
Mayer Peter Jur. Hollfeld
Mayer Theodor Jnr. Landshut
Mayr Alb. Phil. Polling
Mayr Michael Theol. Forst
Megele Ludwig Jur. Bergzabern
Merl Max Jur. Buxheim
Merzbacher Engen Phil. München
Metzger Joh. Gg. Heinrich Jur. Bayreuth
Meyer Eduard Jur. Nürnberg
Meyer Karl Med. Weissenburg
Meyer Lorenz Jur. Höxter
Michel Ludwig Phil. Landau
Mieczkowski Leo Theol. Barki
Miller Johann Phil. Howaugen
Milovanovic Milis Cam. Warwarin
Mittermayr Dominik Phil. Schnaitsee
Mock Konrad Med. Bergzabern
Möderl Michael Jur. Unteratting
Mörz Alexander Phil. Augsburg
Mohr Karl Jur. Illersheim
Molitor Karl Jur. Brelsach
Mühlbach Johann Phil. Degernfelden
Müller Anton Phil. Altötting
Müller Franz Adolph Med. München
Müller Franz Xaver Med. Tirschenreuth
Müller Heinrich Jur. Nürnberg
Müller Heinrich Jur. Bamberg
Müller Ludwig Dr. Jur. München
Müller Max Phil. Landshut
Müller Ottmar Jur. Nürnberg
Müller Xaver Phil. Zusmarshausen
Musterle Joh. Nep. Pharm. Almansweiler
Nehb Johann Jur. Asselheim
Neithart Robert Chem. Schaffhausen
Nenadovic Alexander Jur. Belgrad
Neubauer Joseph Med. Donauwörth
Neuhaus Ad. Heinrich Jur. Münster
Neuffer Adolph Jur. Regensburg
Neumaier Eginhard Dr. med. München
Neumayor Friedrich Phil. Straubing
Neumayr Melchior Geolog. München
Neumeier Johann Phil. Sachrang
Ney Wilhelm Jur. Mutterstadt
Niebauer Joh. Bapt. Jur. Kleinelnzenried
Normann Gustav Jur. Warnemünde
Notthaft von Weissenstein Max Jur. Amberg
Obermaier Anton Forstw. Forstenried
Oefele Edmund von Phil. München
Oettl Ludwig Phil. München
Oldenburg Rudolph Chem. München
Osswald Georg Phil. München
Ott Joseph Jur. München

Ott Karl Phil. Neustadt
Pabstmann Wenzel Jur. Gössweinstein
Pächtner Friedrich Wilh. Med. Neuburg
Pacher Friedrich von Chem. München
Pauli Georg Math. Wiesbaden
Pengler Karl Pharm. München
Perfall Erhard v. Forstw. Greifenberg
Petermann Adolph Med. Mainkur
Peterzeller Karl Phil. Linkersbaindt
Pfordten Karl von der Jur. München
Pichs Karl Jur. Marburg
Pigenot Ludwig von Phil. Cham
Plank Hugo Jur. München
Popp Wilhelm Phil. Regensburg
Porzelt Heinrich Phil. Cronach
Poschinger Ed. v. Jur. Oberfrauenau
Poschinger Heinrich v. Jur. München
Prantl Karl Phil. München
Prell Gustav Phil. Selb
Preiter Adolph Med. Kempten
Primus Andreas Pharm. München
Prinz Eugen Jur. München
Prinz Robert Jur. München
Protite Lazarus Jur. Pocharewoz
Puder Heinrich Med. München
Putz Heinrich Chem. München
Rächl Max Phil. Neumarkt
Rabder Casimir von Med. Riga
Rapp Adam Med. Bamberg
Rath Balthasar Jur. Harff
Ratzinger Thomas Phil. Rückering
Rauffer Ludwig von Jur. Landshut
Reber Otto Techn. Danborn
Rehm Emil Landw. Nürnberg
Reichart Joseph Pharm. München
Reichenhart Emil Philol. Memmingen
Reiser Alb. Theol. Augsburg
Reiss Johann Jur. Schnaittach
Renauf Eduard Philol. Lawville
Reuschel Eberhard Phil. Lohr
Reuschel Wolfgang Jur. Lohr
Rieder Karl Pharm. Rosenheim
Riederer Albert Dr. med. München
Riederle Karl Phil. Freising
Riedinger Joh. Phil. Phil. Schwanheim
Riedl Richard Chem. Augsburg
Riedl Valentin Ritter von Phil. München
Riegel Joseph Phil. Frauenhofen
Rieks Johann Theol. Bruchhausen
Rieth Georg Med. St. Martin
Ritter Karl Jur. Hardenburg
Rittler Alois Dr. theol. Jedesheim
Ritz Joseph Anton Phil. Ellingen
Röher Adolph Med. Münster
Römmich Emil Pharm. Dürkheim
Rösch Georg Theol. Wettenberg
Rohr Lorenz Phil. Vönningen
Ronneberg Friedrich Med. Münster
Rothenbuecher Karl Jur. Tramersbach

Rothhaas Karl Jur. Langenkandel
Rozyki Leopold von Med. Zajwezkowo
Ruefenacht Adolph Med. Bern
Ruff Theodor Jur. Speyer
Ruhwandl Gottfried Jur. Neumarkt
Rumbucher Adolph Jur. Augsburg
Rummel Franz Dr. med. Würzburg
Rupprecht Christ. Jul. Pharm. München
Sänger Hirsch Theol. Buttenwiesen
Sartorius Ernst Jur. Würzburg
Santer Max Jur. Ansbach
Schäffler Ludwig Phil. München
Schärdinger Franz Jur. Hoch
Schäzler Ernst Phil. Friedberg
Schaflitzl Karl Pharm. Kettenbach
Schamberg Ed. Phil. München
Schamberger Joh. Bapt. Jur. München
Schanzer Johann Med. München
Schelhaas Wilhelm v. Pharm. München
Schermbacher Johann Anton Med.
    Eichstädt
Scherrer Joseph Anton Phil. Sedel
Schenbeck Georg Phil. München
Schicker Karl Phil. Augsburg
Schindler Ed. Phil. Wallis
Schleuniger Johann Friedrich Theol.
    Klingnau
Schlüter Friedrich Phil. Salzwedel
Schmid Johann Baptist Jur. Bernstein
Schmid Julius Phil. Eichstädt
Schmidel Theodor Phil. München
Schmiderer Joh. Jur. Marburg
Schmidt Max Jur. Winhöring
Schmidtmüller Julius Jur. Passau
Schneider Johann Phil. Legau
Schneider Leonh. Phil. Waldmünchen
Schobert Max Jur. Friedenfels
Schödler Karl Phil. Darmstadt
Schöntag Heinrich Pharm. Bayreuth
Schöllwöck Gustav Phil. Auweiler
Schott Karl Phil. Stauffeneck
Schreck Andreas Phil. Frauenzell
Schreiner Philipp Phil. Tiefenthal
Schreyer Franz Xaver Theol. Passau
Schuler Eduard Phil. Hasberg
Schultes Franz Jur. Stadldorf
Schultz Karl Chem. Cöln
Schussmann Sebast. Phil. Waldhausen
Schuster Georg Theol. Neuburg
Schuster Ludwig Phil. München
Schwabe Karl Phil. München
Schwager Konrad Phil. Groslippen
Schwarz Konrad Georg Phil. München
Schwarz Karl Dr. med. Aps
Schwarz Heinrich Phil. Oestrich
Schwerin Hans von Jur. Regensburg
Sellmayr Simon Jur. Mauern
Seydel Max Jur. München
Simmet Max Phil. Erding

Söllheim Georg Jnr. Bayreuth
Soffel Friedr. Julius Philol. München
Sojer Johann Bapt. Theol. Hopfgarten
Solfrank Lorenz Forstw. Regensburg
Sonnenburg-Falkner Ludwig von
  Pharm. Moosburg
Späth Joseph Phil. Sct. Nikola
Span Adam Phil. Antenried
Specht Franz Anton Phil. München
Spönnemann Joh. Jur. Ansbach
Sprenzel Joh. Bapt. Jnr. Solchenried
Springer Joseph Theol. Dillingen
Studelmayr Joseph Phil. Landau
Stadler Adolph Jur. München
Stadlinger Georg Pharm. Laugenzenn
Stancjewitsch Liubomir Landw.
  Belgrad
Steger Otto Phil. München
Stengel Hermann Jnr. Landshut
Stengel Hermann von Jnr. Karlsruhe
Stern Ferd. Dr. med. Ermershausen
Stetter Franz Phil. Angsburg
Stieber Hermann
Stieler Eugen Jnr. München
Stieve Felix Phil. Berlin
Stigler Max Jnr. Schnidhelm
Stiller Jakob Jnr. Kempten
Stimmelmayer Johann Theol. Mitter-
  scheyern
Stöckl Joseph Naturw. Otterfing
Stöckli Stephan Phil. Murri-Egg
Stranb Roderich Jnr. Stockach
Strauss Karl Phil. Mühldorf
Streber Hermann Phil. München
Ströll Joseph Phil. München
Stubenrauch Luitpold Med. München
Stubenvoll Beda Theol. Vilseck
Stumpf Alfred Jur. Aschaffenburg
Sturmfels Wilhelm Pharm. Rossdorf
Summerer Joseph Jnr. Falkenberg
Sutter Alfons Phil. Appenzell
Swillik Joseph Isidor Med. Warschau
Tattenbach Eugen Graf von Jur.
  München
Teissler Guido
Thäter Gottlieb Jnr. Nürnberg
Thedieck Karl Staatsw. Höxter
Thoma Ludwig Phil. Zweibrücken
Trapp Georg Phil. Lahr
Trier Leopold Phil. Nabburg
Tschaffor Ferdinand Phil. Dillingen
Tucher Karl von Jur. Nürnberg
Ullmann Julius Philol. Mako
Utz Friedrich Phil. München
Vasall Anton Jur. Tirschenreuth
Veh Michael Theol. Hochstädt
Vicarino Eduard Med. Freiburg
Vincenti Karl von Phil. München

Völderndorff Otto v. Phil. München
Vogl Franz Jnr. Augsburg
Wagner Ludwig Jnr. Eichstädt
Wagner Theodor Med. Nürnberg
Waibl Franz Xaver Phil. Bernbeuern
Waldenfels Wilhelm v. Jnr. Bayreuth
Waldmann Franz Jos. Philol. Arbonn
Walter Karl Cam. Constanz
Weber Heinrich Chem. Columbus
Weber Leonh. Theol. Meerenschwand
Weckbecker-Sternefeld Ferdln.
  von Phil. München
Weidenbach Julius Phil. Hexenegger
Weil Wilhelm Phil. Niederbrechen
Wein Franz Xaver Med. Landshut
Wein Johann Baptist Phil. Amberg
Weinkauff Karl Jnr. Pirmasens
Welrich Alphons von Techn. Speyer
Weiss Georg Jnr. Godlricht
Weiss Karl Naturw. Landshut
Weiss Ludwig Ad. Phil. Nürnberg
Welsch Hermann Dr. med. Kissingen
Wenk Wilhelm Jur. Rothenburg
Werminghoff Jos. Jur. Frankfurt
Wesener Georg Phil. Hadamar
Widder Moriz Phil. München
Wiedemann Karl Luitpold Pharm.
  Kaufbeuren
Wieninger Max Pharm. Bayerdiessen
Wigard Max Phil. Ansbach
Wiggers Friedrich Karl Jur. Rostock
Willer Joseph Phil. Voglaang
Wimmer Karl Phil. Hartkirchen
Wirsching Franz Med. Germersheim
Wittstein Armand Math. München
Wolff August Pharm. Rothenburg
Wopfner Johann Baptist Phil. München
Wotsch Alois Pharm. Hatzeg
Wunder Joh. Lorenz Phil. Auffhausen
Wutz Joh. Bapt. Pharm. Schwarzhofen
Wygocki Johann Theol. Gerdien
Ysenburg Friedrich Graf von Jur.
  Meerholz
Zahn Karl Med. Edenkoben
Zehrer Christ. Jur. Windischeschenbach
Zeller Michael Dr. med. Neuburg
Zerreis Max Phil. München
Zerrer Max Phil. München
Ziegler Rudolph Phil. Ingolstadt
Zimmermann Jakob Phil. Bözberg
Zink Franz Xaver Jur. Ebersberg
Zink Karl Jur. Schweinfurt
Zipperer Wilhelm Phil. München
Zoglmaier Joseph Jnr. Pfatter
Zündt Max Frhr. von Phil. München
Zwierlein Joseph Phil. München

1867—1868

Rector DCXIX Bernhard Joseph WINDSCHEID

Acker Ludwig Med. Otterberg
Adler Johann Baptist Theol. Lauingen
Ahle Johann Nep. Theol. Langenmosen
Aksentijevits Welleskö Staatsw. Belgrad
Albrecht Edmund Phil. Sonneberg
Ambach David Jur. Würzburg
Amira Karl von Phil. München
Anschütz Friedrich Math. München
Antz Heinrich Phil. Kallstadt
Aschenauer Friedrich Phil. Kempten
Attenberger Johann Baptist Phil. Sachsenkam
Auracker Theodor Phil. München
Baader Viktor Dr. med. Krumbach
Bachl Mathias Dr. med. Pfarrkirchen
Bartholomä Karl Med. Bayreuth
Bary Erwin von Med. München
Baumann Anton Ferd. Phil. München
Baumüller Joseph Phil. Ried
Bayer Joseph Med. Oalgweis
Beck Viktor Pharm. Eichstädt
Beckler Karl Naturw. Vorderburg
Beer Caspar Phil. Augsburg
Bell Markovits Lijnbomir Staatsw. Belgrad
Benz Albert Med. Günzburg
Berchtold Guido Pharm. Königsdorf
Berchtold Victor Pharm. Königsdorf
Bernböck Johann Baptist Theol. Fürstenfeldbruck
Beyerle Karl Max Theol. Speyer
Bezold Friedrich von Phil. München
Bickert Jakob Jur. Kindenheim
Biersack Johann Phil. Schlammersdorf
Birkmeyer Karl Jur. Nürnberg
Hirzer Eugen Phil. Ebersberg
Blanhorn Bernhard Theol. Oberwiesenbach
Blaut Moses Theol. Altenstein
Böhm David Phil. Wallersdorf
Böhm Karl Pharm. München
Bös Anton Theol. Niedersimten
Bösl Stephan Phil. Ruiding
Bogyay Gera von Dr. phil. Kovácsi
Bollinger Otto Dr. med. Mörzheim
Borell Leonhard Jur. Niederkirchen
Bornschlegel Johann Phil. Sesslach
Boyes Joseph Phil. Hamburg
Braaser Kaspar Chem. Volkach
Brechtel Joseph Theol. Edesheim
Brinken Georg Christoph von Med. Hadersleben
Britsch Karl Chem. Baden

Bruger Alois Med. Appenzell
Buchenberger Adolph Cam. Mosbach
Bruckner Otto Med. Berlad
Bruns Karl Wilh. Math. Emden
Caglenard Anton Phil. Disentis
Candelpergher Karl Jur. Roveredo
Carl Adolph Med. Zweibrücken
Chimelli Johann Math. Pergine
Chlingensperg Friedrich von Jur. Nürnberg
Clemens Wilhelm Jur. Guerath
Cofler Anton Med. Roveredo
Coulon Wilh. von Theol. Bayerdiessen
Cousin Peter Jur. Landau
Covi Benedict Jur. Trient
De Crignis Karl Phil. Neuburg
De Crignis Martin Dr. Med. Pfaffenhofen
Däntl Jos. Phil. München
Dalla Rosa Ludwig Med. Trient
Dambacher Anton Phil. Wallerstein
Deffner Michael Phil. München
Dengler Heinrich Phil. Weissenburg
Dengler Wilhelm Phil. Weissenburg
Derleth Moriz Med. Pfaffendorf
Deschauer Julius Phil. Straubing
Dessauer Hugo von Med. München
De Soyres John Phil. Exeter
De Forrenté Heinrich Jur. Sitten
Diepold August Forstw. Pettenhofen
Diugler Hermann Med. München
Dirhelmer Anton Phil. Reimlingen
Dörpinghaus Theodor Jur. Berghausen
Dodel Arnold Naturw. Weingart
Döring Joseph Jur. Bamberg
Dücker Theodor Jur. Höxter
Du Moulin Karl Graf Jur. Bertolzheim
Dupré Gustav Adolph Med. Frankenthal
Durrer Johann Phil. Stanz
Eber Johann Jur. Bayreuth
Ebermayer Georg Med. München
Ebert Albert Pharm. Chicago
Echteler Wilhelm Phil. Legau
Edel Otto Jur. Kronach
Edelmann Max Math. Kempten
Eggenschwiler Conrad Phil. Matzendorf
Egger Xaver Phil. Augsburg
Eigl Johann Phil. Dingolfing
Eismann Max Jur. Floss
Elgas Karl Ludwig Med. Rheinzabern
Elsperger Karl Med. Erlangen
Eminowicz Scherban Med. Bottuschany

Emner Ludwig Phil. Indersdorf
Emmerich Max Jur. Wiesbaden
Enders Michael Med. Hof
Endler Michael
Engel Andreas Pharm. München
Engel Johann Pharm. Jassy
Erlemeyr Ludwig Dr. med. Dillingen
Ernst Julius Phil. Fulda
Escherich Friedr. Phil. Aschaffenburg
Escherich Otto Jur. Wolfstein
Euler Karl Phil. Zweibrücken
Evers Gerhard Theol. Bienen
Ferchl Georg Phil. Ruhpolding ·
Fersemer Joseph Dr. Med. Günzburg
Ferrein Heinrich Pharm. Arnswalde
Fidler August Jur. Eddellack
Fischer Georg Phil. Regensburg
Fischer Georg Phil. Stamsried
Fischer Heinrich Phil. Salzburg
Fischer Joh. Nep. Pharm. Schwabing
Fischer Max Phil. München
Fischer Otto Phil. Freising
Fluhrer Wilhelm Naturw. Marktsteft
Forrer Karl Med. St. Fiden
Forster Richard Chem. Augsburg
Franck Arnold Med. Hof
Frech Friedrich Pharm. Oberkirch
Fricker Bartholomäus Philol. Wittnau
Friedrich Karl
Friedl Anton Phil. Malhingen
Fries Joseph Theol. Augsburg
Frischhut Johann Theol. Malgersdorf
Fuchs Anton Phil. München
Füger Joseph Phil. Zimmern
Flörcke Gustav
Gabler August Phil. Dinkelsbühl
Gabler Hubert Dr. med. Martinszell
Gallus Ferdinand Jur. Seligenstadt
Gartner Johann Med. Flums
Garcia Franz Phil. Segovia
Gaul Ludwig
Geiger Eugen Jur. Landshut
Geisser Alois Phil. München
Geisser Rob. Dr. med. Chaux de fonds
Gentner Franz Phil. Augsburg
Gerich Karl Phil. Frankenthal
Gerstenecker Joh. Phil. München
Giehrl Adolph Forstw. Bodenwöhr
Giessen Heinr. Jur. Kirchheimbolanden
Gimmi Joseph von Phil. Augsburg
Girisch Wilhelm Pharm. Dillingen
Glässgen Joseph Phil. Ebersburg
Glas Mathias Jur. Neufahrn
Gleitsmann Jakob Jur. Lohr
Gmelch Joseph Phil. Rohrbach
Göller Friedrich Jur. Hirschaid
Götzl Oskar Phil. Ansbach
Güz Otto Jur. Tübingen
Gombart Oskar Jur. Ansbach

Govi Benedikt
Goy Hermann Med. Pitschen
Graf Adolph Theol. Zweibrücken
Graf Franz Phil. München
Graff Wilhelm Jur. Doberan
Grandauer Hermann Phil. München
Grashey Alois Pharm. Grönenbach
Granvogl Joseph von Jur. Vilshofen
Grauenreuth Ferdinand Freiherr von
   Phil. München
Graybill James Edward Jur. Macon
Greiner Joseph Wenzel Phil. Neustadt
Greiner Joseph Phil. Welden
Grobhofer Heinr. Jur. Kaiserslautern
Gross Franz Theol. Alsterweiler
Groshut Simon Jur. Roth
Gruber Franz Philol. Teisendorf
Gründl Alois Jur. Straubing
Grundherr Georg von Phil. München
Grundler Johann Baptist Phil. Ober-
   viechtach
Günderrode Justin v. Phil. Frankfurt
Günthner Joseph Phil. München
Güttinger Franz Xaver Phil. München
Guggemos Martin Phil. Kaufbeuren
Gulden Gustav Phil. Zweibrücken
Guttenberger Ad. Jur. Zweibrücken
Hancke Oskar Phil. Berlin
Haas Lorenz Theol. Hunzenberg
Habermann Hugo von Phil. München
Hacker Anton Phil. München
Hacker Joh. Bapt. Dr. med. München
Härtl Lorenz Phil. Neuburg
Haggenmüller Alex. Jur. Grönenbach
Hagl Sebastian Phil. Gallenegg
Hamann Heinrich Theol. Waldsassen
Hanf Max Phil. Allersberg
Harder Theobald Phil. Waldstetten
Harsdorff Freiherr von Jur. Landau
Hartmann August Philol. München
Hartmann Oskar Phil. München
Harzmann Michael Jur. Viereth
Hasler Ferdinand Dr. Jur. München
Hasler Hermann Phil. München
Hasold Constantin Jur. München
Hauermaas Friedrich Jur. Marktsteft
Haug Martin Phil. Oberstaufen
Hauser Georg Jur. Stratwies
Hautmann Georg Jur. Bodenwöhr
Hecht Max Jur. Zweibrücken
Heckel Karl Med. Bamberg
Heerdegen Ferd. Dr. Philol. Nürnberg
Heigl Max Phil. Dornwang
Heindl Gustav Pharm. München
Heinzinger Kaspar Theol. Ilmried
Heinzinger Nepomuk Jur. München
Hell Joseph Phil. Passau
Hellmott Karl Naturw. Grosskerben
Hemmer Karl Theol. Otterberg

Hermann Ernst Phil. München
Herrmann Emil Pharm. Ilshofen
Herrmann Franz Phil. Berg
Herrmann Joh. Pharm. Turun-Magurelle
Herz Ferdinand Dr. Med. Sct. Ingbert
Heym Adolph Jur. Stauf
Hiemer Ludwig Phil. Neesbach
Hierstetter Robert Phil. München
Hingsamer Emeran Phil. Frendenheim
Hirsch Karl Pharm. München
Höchtlen Karl Naturw. Allerheim
Hölzl Johann Dr. Med. München
Hörhammer Paul Phil. Aichach
Höss Franz Phil. Altomünster
Hoff Julius von der Jur. Erkelenz
Hofherr Anton Naturw. Sarching
Hofmann Ernst Forstw. München
Hohmann Eduard Jur. Schwabach
Holderried Thomas Phil. Frankenried
Holl Johann Georg Phil. Augsburg
Horchler Adolph Jur. Regensburg
Horn Max Pharm. Rain
Hornstein Eduard v. Landw. Grüningen
Hostinsky Ottokar Phil. Prag
Huber Anton Phil. Illerbrunn
Huber Christian Phil. Dürkheim
Huber Karl Dr. Med. Speier
Hubeber Theodor Phil. Dillingen
Hüner Gottfried Phil. Landau
Hüttle Martin Phil. Heimenkirchen
Hug Viktor Phil. Günzburg
Humbert Karl Jur. Dürkheim
Hunglinger Ludwig Jur. Osterhofen
Jakob Otto Phil. Berching
Jäger Hugo Forstw. Landshut
Ilmer Valentin Med. Bozen
Ingwersen Amand Jnr. Garding
Jodl Friedrich Phil. München
Jolly Friedrich Dr. Med. München
Jolly Julius Phil. München
Jovannovic Milan Jur. Majdan
Kaiser Johann Phil. Geisenfeld
Kakurlotis Christus Naturw. Tripolis
Kalb August Jur. Engelthal
Karl Johann Dr. Med. Mötzing
Karl Paul Phil. Elterzhausen
Karl Richard
Kaufmann Otto Phil. Diessen
Kaulbach Hermann Phil. München
Kayser Hermann Med. München
Keilberth Joseph Jur. Welden
Keller Anton Dr. Cameralw. Obersinn
Kempter Lothar Jnr. Lauingen
Kessler Adam Theol. Martinshöhe
Ketteler Heinrich Jur. Berthold
Ketterle Johann Pharm. München
Keyssler Heinrich Jur. Bayreuth
Kiessling Friedrich Jur. Bussbach
Klein Jakob Dr. Med. München

Klever Friedrich Wilh. Jur. Duisburg
Knaus Joseph Jur. Minfeld
Knaus Anton Jur. Regensburg
Knittel Theodor Cam. Bruchsal
Koch Heinrich von Landw. Rohrbach
Köck Castulus Phil. Peterskirchen
Köck Jakob Phil. Asbach
Köckenberger Karl Jur. Regensburg
Kögler Wilhelm Jur. Bayreuth
Köllner Joseph Theol. München
König Franz Phil. Oggersheim
Köppel Sigmund Jur. München
Köppel Joseph Phil. Eichstädt
Kössler Joseph Phil. Dürlewang
Köster Ernst Jur. Dürkheim
Koller Wolfgang Jur. Regensburg
Kollmann Oskar Phil. München
Kopp Joseph Phil. Sulzbach
Kormann Michael Phil. Engelsdorf
Korntheuer Andr. Phil. Ziemetshausen
Kourimsky Leop. Chem. Ober-Cernkwe
Kraft Hugo von Techn. München
Kramer Johann Pharm. Schlatt
Kreitmayr Alphons Phil. Höchstädt
Krell Paul Archäol. Stuttgart
Krempelhuber Joh. v. Phil. München
Krieger Paul Jur. Deggendorf
Kronseder Franz Jnr. Straubing
Krüger Otto Jur. Schwerin
Krng Friedrich Dr. Med. Regensburg
Krug Georg Phil. Regensburg
Küchlemeir Guido Philol. Nürnberg
Kugler Johann Alb. Med. Berghausen
Kund Bela von Cam. Talsz.
Kunkel Paul Theol. Seppenkomm
Kuschel Heinrich Theol. Elsersdorf
Lacher Johann Jur. Kempten
Latner Johann Phil. Lain
Landauer Samuel Phil. Hürben
Lang Oskar Jur. Winzingen
Laugwitz Heinrich Theol. Marienau
Lautenbacher Karl Pharm. Mainburg
Lauter Rudolph Jnr. Nürnberg
Lebling Karl Phil. München
Lechner Luitpold Phil. München
Lederer Stephan Theol. Wachenheim
Leeb Emil Phil. Passau
Lehner Christoph Jur. Welden
Leibl Karl Phil. München
Leimbach Hugo Phil. Augsburg
Leinsinger Jakob Philol. München
Leitensdorfer Ant. Phil. Wattersdorf
Leixner Grünberg von Phil. Saar
Lingmann Joseph Jur. Coblenz
Lewi Max (Eismann) Phil. Floss
Libinnes Johann Nep. Theol. Passau
Lichtenstern Joseph Med. Augsburg
Liegl Stephan Phil. Schönmering
Limmer Eduard Phil. Honbach

Lindenmeyer Georg Chem. Ulm
Lindner Karl Phil. Regensburg
Lingg Max Jur. Nesselwang
Lingmann Jur. Coblenz
Lipp Joseph Pharm. Plattling
Löcherer Georg Phil. Findenau
Löher Christian Jur. Paderborn
,Löwe Friedrich Phil. Schweinfurt
Löwenfeld Theodor Med. München
Lonyay Melchior von Staatsw. Pest
Loose Ludwig Phil. Augsburg
Lottenburger Gg. Jur. Vohenstrauss
Lucas Karl Chem. Fulda
Lupin Albert von Phil. München
Lurz Friedrich Phil Lohr
Lutz Johann Baptist Jur. Kirchrath
Mändl Adalbert Phil. Wessobrunn
Märker Heinrich Jur. Grünstadt
Märklstetter Theodor Phil. München
Mässenhausen Luitpold von Phil.
    München
Mahl Johann Nepomuk Phil. Pöttmes
Maier Joh. Joseph Philol. Winnweiler
Maillot Emil von Jur. Speyer
Mantey Arthur von Math. München
Bell Markortsch Ljubomir Staatsw.
    Belgrad
Martin Engen Jur. Eichstädt
Martin Konrad Phil. Aichach
Matejits Suetovar Jur. Kragujewaz
Matthiesen Heinrich Med. Bohmstädt
Mayer Ferdinand Med. Rodling -
Mayer Joseph Med. Mattsies
Mayer Robert Phil. Lauingen
Mayrhofer Xaver Phil. Aindling
Medicus Ludwig Chem. Bergzabern
Meiler Alois Phil. Weiden
Meindl Ernst Jur. Wolnzach
Meinel Georg Philol. Hof
Meiser Karl
Meller Clemens Phil. München
Mellinger Karl Med. Rheinzabern
Menzel Wilhelm Dr. Med. Weingarten
Merzbacher Sigmund Phil. Nürnberg
Menli Georg Phil. Medels
Meyer Gustav Phil. Speyer
Meyer Karl Jur. Ansbach
Meyer Wilhelm Philol. Speyer
Meyr August Phil. Augsburg ·
Micheler Georg Jur. Amberg
Miedreich Franz Jur. Mertesheim
Minor Karl Phil. Stamford
Mohl Ottmar Jur. München
Morgenroth Heinr. Landw. Bamberg
Morgenroth Karl Jur. Bamberg
Du Moulin Karl Graf von Phil. Ber-
    tolzheim
Motter Narziss Med. Tenna
Müller August Phil. München

Müller Edmund Jur. Nürnberg
Müller Georg Phil. Kempten
Müller Georg Jur. Marktheidenfeld
Müller Julius Jur. München
Müller Karl von Phil. Augsburg
Münchmeier Gottlieb Jur. Wunsiedel
Mumm Ernst Jur. Gnoyen
Mumpro Ludwig Jur. Delbrück
Muoth Jakob
Natterer Joseph Phil. Klmrathshofen
Nebelung Ferdinand Med. Nancy
Neyer Ludwig Phil. München
Nett Joseph Phil. München
Neubauer Joseph Med. Donauwörth
Neumayr Ludwig Med. Neustift
Neumayr Ludwig Med. München
Neupert Erhart Pharm. Pilgramsreuth
Obermaier Johann Jur. Mindelstetten
Obermair Ludwig Phil. München
Oberweiler Anton Phil. München
Ochsner Martin Med. Bennau
Odermatt Anton Phil. Stans
OETTINGEN-SPIELBERG. Albr.
    Fürst von
Oppenheimer Anton
Ostermaier Theodor Phil. München
Pachmayr Karl Jur. Pfaffenhofen
Pangrazzi Ludwig Jur. Monte-Classico
Pappathalasinos Adam Philol. Tripolis
Paschner Joseph
Paulovic Alexander Jur. Belgrad
Pastalozza Hugo Graf v. Jur. München
Petri Hermann Phil. München
Peyer Emil Jur. Luzern
Pfeifer Michael Theol. Mohrenhausen
Pick Leopold Med. Pomaz
Ploner Sigmund Jur. Kitzingen
Pohl Eduard Phil. Amberg
Popp Rudolph Forstw. Regensburg
Prahl Albrecht Ernst Jur. Osterligum
Prantner Albrecht Jur. Regensburg
Prestele Franz Jos. Phil. Pfaffenhofen
Praschberger Johann Phil. Nennried
Pranner Johann Pharm. Stadtamhof
Puchner Joseph Techn. Reichenhall
Pummerer Ludwig Phil. München
Raab Ludwig Landw. Regensburg
Rabus Karl Forstw. Oberzenn
Rächl Georg Phil. Neumarkt
Raimund Ulrich
Rakitsch Demeter
Rasp Karl Phil. München
Ratzinger Georg Theol. Rückering
Raufer Georg Theol. Deidesheim
Rebholz Anton Phil. Mindelheim
Rebholz Silvan Theol. Kreenheinstetten
Reid Borkis Med. Amerika
Rehm Karl Jur. Nürnberg

Reichenberger Alexander Phil. Grötschenreuth
Reinarz Heinrich Jur. Düsseldorf
Reindl Karl Jur. Bamberg
Reinhardt Otto Chem. Plieningen
Reithmair Joh. Theol. Schrobenhausen
Remsen J. Chem. New-York
Resch Ludwig Pharm. Abensberg
Reil Broken
Reuschel Ernst Phil. Greding
Reuter Julius Pharm. Helmbrechts
Riedweg Dominik Med. Menzberg
Riepl Johann Jur. Sünching
Riggler Albert Jur. Ueberlingen
Ring Georg Pharm. Roding
Rodowiz Johann Theol. Scawle
Römer Adolph Philol. Dirmstein
Roger Franz
Rösch August Phil. Germersheim
Dalla Rosa Ludwig
Roskoschny Hermann Phil. Prag
Rosner Karl Phil. Freising
Roth Joseph Phil. Bayreuth
Rothermel Karl Pharm. Luxemburg
Rüpel Johann
Rüth Ludwig Med. München
Rüttimann Jakob Jur. Steinhausen
Rummel Theodor Freiherr von Phil. München
Rupertus Jakob Phil. Anweiler
Russel Joseph Phil. Meppen
Ruttmann Ottmar Math. Dinkelsbühl
Sachse Adolph Jur. Schwerin
Sagerer Joseph Jur. Grossmisslberg
Samson Oskar Jur. Dorpat
Sandbichler Armin Med. Kramsach
Sarrazin Richard Jur. Bocholt
Sattler Julius Jur. Bayreuth
Santer Theodor Phil. Mindelheim
Santer Max
Schaber Joseph Phil. Weiler
Schaden Heinrich von Jur. München
Scharf Ferdinand Phil. Donauwörth
Scharinger Franz Sales Jur. Assberg
Schaschelk Heinrich Chem. Chodalitz
Schauer Otto Phil. Sattelpeilnstein
Schellenberger Ferd. Chem. Saaz
Scherer Johann Philol. Augsburg
Scherer Rudolph Ritter v. Theol. Graz
Scherer Wilhelm Pharm. Königgräz
Schener Ludwig Philol. München
Schiber Adolph Jur. Passau
Schillinger Alfred Med. Rosenheim
Schindler Joseph Phil. Parkstetten
Schmalholz Johann Phil. Oberletten
Schmid Anton Joseph Jur. Landshut
Schmid David Phil. Illereichen
Schmid Johann Theol. Gelfingen
Schmidbauer Johann

Schmidt Anton Pharm. Schönbach
Schmidt Friedrich Philol. Hof
Schmöckel Hugo Jur. Cöslin
Schöllhorn Leonhard Jur. Amendingen
Schönbächler Stephan Pharm. Einsiedeln
Schönborn Karl Graf v. Jur. Wiesenthaid
Schöppel Max Phil. Furth
Scholl August Pharm. Hassfurt
Schoyrer Joseph Thomas Jur. Berching
Schrader Gabriel Med. Kiel
Schramm Jakob Theol. Weidenthal
Schreyer Julius Jur. Sulzbach
Schreyer Karl Dr.
Schreyer Max Forstw. München
Schreyer Max Phil. Passau
Schrödl Karl Phil. München
Schütz Friedrich Phil Landshut
Schulz Heinrich Phil. München
Schussmüller Anton Theol. Gars
Schuster Franz Xaver Phil. Hasberg
Schwab Rudolph Med. Burgstadt
Schwaiger Ludwig Phil. München
Schweinberger Max Phil. München
Schweninger Ernst Phil. Neumarkt
Schwerd Julius Math. Speyer
Sebald Friedrich Med. Nürnberg
Segesser Joseph Chem. Luzern
Seibertz Sigbert Jur. Arnsberg
Seidel Rupert Phil. Reisbach
Seidl Franz Xaver Jur. Stadtamhof
Seinsheim-Sünching Ferdinand Graf von Phil. München
Seinsheim Max Graf v. Jur. München
Seitz Michael Jur. Arcsing
Sell Joseph Chr. Med. Hammelburg
Semmelmann Ludw. Pharm. Straubing
Seppeler Georg Philol. Rietberg
Serr Franz Theol. Pirmasens
Servatius Anton Joseph Jur. Adenau
Setzer Wilhelm Med. Kriegsfeld
Sieber Eduard Jur. Germersheim
Siessl Franz Xaver Phil. Schlipfing
Sieghele Karl Jur. Trient
Silbernagel Johann Jur. Klingen
Sodi Karl Jur. Aschaffenburg
Söldner Max Phil. Straubing
Sommadossi Max Phil. Trient
Sommer Erhard Pharm. Amberg
De Soyes John Phil. Exeter
Span Adam Chem. Autenried
Spies Karl von Phil. München
Spönnemann Gottlieb Jur. Ansbach
Spork Ferdinand Graf von Jur. Kinsko
Stadler Anton Phil. Freising
Stanjevitz Ljubomir Staatsw. Belgrad
Stauber Johann Phil. Haslmühle
Steigenberger Max Phil. Landsberg
Stein Philipp Ludwig Phil. Anweiler

Steiner Paul Philol. Kaisheim
Steininger Raimund Jur. Schönberg
Stemann Karl Jur. Regeberg
Stemann August Jur. Segeberg
Stern Otto Jur. Stelnach
Stettler Rudolph von Phil. Könitz
Stich Wolfgang Jur. München
Stifler Max Phil. Passau
Stiglmaier Johann Phil. München
StimmelmayerJoh.Jur.Mittenscheyern
Stöckl Johann Baptist Med. Rosenheim
Stöhr Karl Forstw. Waidmannshell
Strauss Aug. Frhr. von Jur. Würzburg
Strobl Gustav Phil. Mitterfels
Ströll Adolph Phil. München
Strube Karl Philol. Leipzig
Studhalter Joseph Theol. Luzern
Stückle Alois Phil. Mindelheim
Stülz Lorenz Philol. Wolfurt
Süss Adalbert Phil. Regensburg
Taiti Dario Med. Possidente
Tamaschlautz Wassily Chem. Tiflis
Tenschey Joseph Phil. Landshut
Tentsch Jakob Phil. Westheim
Theiser Joseph
Thoma Max Jur. Bacharach
Thoma Eduard Pharm. Neuburg
De Torrenté Heinrich Jur. Sitten
Traber Engelbert Med. Eschenz
Traut Johann Bapt. Phil. Kaiserslautern
Trimpe Michael Theol. Unterlindhof
Trottmann Joseph Phil. Weiden
Ulrich Raimund Med. Küssnath
Ulrich Vincenz Phil. Regensburg
Unterbirker Karl Phil. Neuburg
Urech Friedrich Pharm. Aarau
Varennes Em. von Phil. München
Vequel-Westernach Gottfried Baron
  von Phil. Hohenkammer
Vierling Karl Dr. Med. Weiden
Vigili-Kreuzberg Karl von Jur.
  Roveré della Lona
Voggenreiter Otto Phil. München
Vogt Anselm Theol. Lauchdorf
Vogt Julius Phil. München
Vogt Karl Med. Neustadt
Vollery Anton Med. Estavayer
Von der Hoff Hubert
Vosser Karl Med. Niederkassel
Waagus Theodor Phil. Augsburg
Wachter Heinrich Phil. Regensburg
Wagenhäuser Joh.Naturw.Mechenried
Wahnschaff Theodor Jur. Hamburg
Waibl Dr. Karl Med. Nesselwang

Waldeck Franz Paul Phil. München
Waldenfels A. von Jur. Hof
Waldvogel Johann Phil. Wertach
Wallner Andreas Phil. München
Wand Jakob Med. Mergenheim
Wanderer Julius Pharm. Augsburg
Wanger Georg Med. Winterthur
Waser Hermann Theol. Kettershausen
Weber Christian Jur. München
Weber Karl Phil. Hornbach
Weber Ludwig Jur. Bistenhelm
Wegmann Joseph Jur. Günzburg
Weichselberger Karl Phil. Regensburg
Wein Emmeran Phil. Landshut
Weinzierl Joseph Pharm. Freising
Weiss Jakob Phil. Lambshorn
Weiss Wilhelm Jur. Nürnberg
Weiss Wilhelm Pharm. Friedrichshafen
Welzhofer Karl Phil. München
Westermeier Oskar Phil. Kempten
Weveld Joh. Bapt. v. Forstw. Neuburg
Widmann Eduard Pharm. München
Widemann Karl Chem. Kaufbeuren
Wieninger Max Pharm. Diessen
Willemos-Suhm Rudolph von Phil.
  Rendsburg
Wimmer Wilhelm Jur. Nabburg
Wirthmann Wilhelm Phil. München
Wittelshöfer Moriz Phil. Floss
Wocher Anton Pharm. Schönau
Wöhrle Alois Phil. München
Wolf Friedrich Med. Nördlingen
Wolf Heinrich Phil. München
Wolf Otto Med. Straubing
Wolffhügel Emil Jur. Landau
Wüst Johann Phil. Ingenheim
Wüstendörfer Eduard Phil. München
Wygockl Johann Theol Gardien
Yermoloph Theodor Phil. Paris
Zahn Karl Med. Edenkoben
Zanti Joseph Dr. Med. Unterammergau
Zechmaier Georg Jur. Regensburg
Zeitler Karl Phil. Bayreuth
Zeitlinger Karl Phil. Eiselthum
Zeller Ludwig Phil. München
Zenf Franz Math. Cavelep
Zerzog Ferdinand Med. Erlangen
Zierer Philipp Phil. Maltersdorf
Zitz Karl Eugen Phil. Mainz
Zöllner Adalbert Phil. Zwiesel
Zolltsch Max Med. Ingolstadt
Zollner Franz Phil. Fürstenfeldbruck
Zorn Philipp Phil. Ansbach
Zwack Alois Jur. Cham

1868—1869

Rector DCXX Joseph von POEZL

Abelein Theodor Phil. Passau
Abesser Heinrich Jur. Schwerin
Adamo Albert Phil. München
Adlmannseder Karl Jur. Passau
Aigner Max Phil. Freising
Akinoff Gregor Chem. Tiflis
Albert Franz Phil. Geiselbach
Anschütz Friedrich Math. München
Arco-Valley Max Grf. v. Phil. München
Aschenauer Friedrich Jur. Kempten
Attlmayr Sigmund von Jur. Trient
Auernheimer Georg Forstw. Nürnberg
Auffschneider Karl Phil. Speier
Auracher Franz Phil. München
Axentijevic Welicko Cam. Belgrad
Babel Joseph Phil. Kirchenroth
Babo Adolph von Phil. Freiburg
Bächler Alois Theol. Ruswyl
Büchtold Jakob Philol. Schaffhausen
Bühr Abraham Med. Tholey
Bär Friedrich Phil. München
Baier Sebastian Phil. Esslarn
Balbier August Handelsw. München
Balsch Georg Phil. Jassy
Baltzer Johann Theol. Andernach
Bawelsner Johann Bapt. Jur. Bamberg
Barth Gustav Pharm. Kandern
Bauer Friedrich Techn. Irlbach
Bauer Heinrich Jur. Langenkandel
Bauer Joseph Med. Regensburg
Bauer Leopold Med. Lichtenfels
Bauernschmitt Ignaz Jur. Bamberg
Bayerl Michael Dr. Med. Boxmühl
Bayr Engelbert Phil. Belnberg
Bechtolsheim Max Freiherr v. Phil. München
Beck Karl Pharm. Ottobeuren
Beck Xaver Phil. Aichach
Beckenbauer Franz Phil. Liebenstadt
Becker Heinrich Theol. Bleiwäsche
Beraz Heinrich Dr. Med. München
Berchtold Guido Chem. Königsdorf
Berkefeld Friedrich Jur. Lindau
Bernold Ludwig Med. Wallenstadt
Bessler Friedrich Jur. Ilsfeld
Betz Franz Xaver Jur. Freystadt
Beutner Moriz Med. Erlangen
Beyer Joseph Med. Heydeck
Birk Franz Xaver Jur. Regensburg
Bielmaier Georg Phil. Deggendorf
Bischof Gustav Phil. München
Bitton Johann Kaspar Med. Bamberg
Blaue Richard Phil. Speyer

Bodmann-Bodmann Albert von Jur. Bodmann
Böck Albert Phil. Lauingen
Böck Hermann von Dr. med. München
Böhm Gottfried Jur. Nördlingen
Bühling Ludwig Anton Jur. Huy
Börner Herm. Emil Cam. Freibergsdorf
Bösner Max A. Heinr. Phil. Regensburg
Bogenbergerlgn. Theol. Niedermotzing
Bogner Gustav Adolph Pharm. Steen
Bouer Max Jur. Sulzkotten
Boni Cäsar Jur. Roveredo
Boshart Karl Phil. Ingolstadt
Bottler Max Joseph Pharm. Passau
Bourdeau Johann Phil. Limoges
Brackett Wilhelm Phil. Chicago
Brankamp August Med. Haspe
Brandl Oskar Phil. Göggingen
Brauer Gerhard Jur. Oldenburg
Braun Alois Phil. München
Braun Paul Jur. Amberg
Bredauer Karl Phil. Cham
Bretzl Xaver Jur. Weissenhorn
Brittner Franz August Naturw. Landau
Brüning Paul Jur. Ehrenbreitstein
Bucher Max Phil. Abbach
Buchka Gerh. Friedr. Jur. Schwerin
Buchner Johann Phil. München
Budzinski Adolph Pharm. Jassy
Bühler Balthasar Phil. Chur
Bühring Karl Med. Prestin
Bürkel Anton Phil. München
Burger Julius Forstw. Pilgramsreuth
Bürger Karl Philol. Pruchthal
Burgl Max Phil. Rotthalmünster
Burkhardt Arthur Phil. München
Busch Konrad Theol. Zweibrücken
Butler Theodor Graf v. Phil. München
Butry Wilhelm Philol. Landstuhl
Butzengeiger Math. Phil. Dingolfing
Cagienard Jakob Math. Dissentis
Capatina Anton Pharm. Czernowitz
Cassiotes Demeter Philol. Epirus
Chousmonsis Xenophon Jur. Athen
Condrau August Med. Dissentis
Crailsheim Wilh. v. Staatsw. Hornberg
Cuny Friedrich Jur. Waldmohr
Daffner Franz Dr. med. Rosenheim
Daiser Karl Theol. Hohenpeissenberg
Dassberger Joh. Pharm. Regensburg
Daxenberger Emil Med. München
Decher Friedrich Phil. München
Deibel Ludwig Philol. Kusel

Demierre Beatus Jur. Stüss
Demmel Joseph Jur. Steinweg
Denzinger Georg Phil. Ramsberg
Derleth Moriz Med. Pfaffendorf
Deutler Victor Phil. München
Diehl Julius Dr. Med. Erlangen
Diepolder Joh. Nep. Phil. Beningen
Dietl Theodor Phil. Amberg
Dietsch Waldemar Phil. Ansbach
Diez Moriz Pharm. Kitzingen
Dillis Georg Phil. München
Dippl Wolfgang Phil. Pressath
Döderlein Adolph Pharm. Hof
Dönniger Karl Ritter von Phil. Bern
Döring Ludwig Med. Oberwittbach
Dollinger Mathias Phil. Germanszell
Ducrey Julius Jur. Sion
Durlacher Max Phil. Unnering
Duschl Sebastian Pharm. Altenmarkt
Eberle Georg Jur. Regensburg
Eckert Joseph Phil. Dasing
Egger Ferdinand Forstw. Augsburg
Eicher Joseph Med. Rossrütti
Eidam Eduard Pharm. Gunzenhausen
Eidam Georg Moriz Pharm. Gunzenhaus.
Eisemann Lazarus Phil. Massbach
Emmer Georg Phil. Neuötting
Emrich Hermann Phil. Kusel
Endres Richard Phil. München
Erhard Julius Phil. München
Etzinger Johann Nep. Med. Abensberg
Eyrl Georg von Jur. Bozen
Falkner von Sonnenburg Karl
   Phil. Moosburg
Federkiel Christian Jur. Wildthurm
Fernekess Wilhelm Jur. Wattenheim
Fill Heinrich Philol. Bamberg
Fischbach Anton Theol. Hochdorf
Fleischmann Georg Jur. Kitzingen
Fleissner Ernst Pharm. Vilseck
Flessa Karl Phil. München
Forster Eduard Med. Mainburg
Forster Max Phil. Vilshofen
Forster Franz Jos. Dr. Med. Nonnenhorn
Frank Albert Dr. Med. Unterviechtach
Frank Wilhelm Med. Trier
Frank Konrad Med. Schwabach
Frankl Anton Phil. Murnau
Franta Johann Baptist Phil. München
Franziss Franz Theol. Schönborn
Frauenhofer Johann Phil. Russmühle
Freudenthal Ignaz Jur. Würzburg
Frey Theodor Med. Rheinzabern
Frick Andreas Phil. Schwarzenberg
Friedl Karl Leopold Phil. Schwabach
Fröhlich August Jur. Waldsassen
Frönau Max Phil. München
Fruth Johann Baptist Jur. Kelheim
Fuchs Anton Phil. München

Fuchs Franz Theol. Germersheim
Fuchs Joseph Phil. Deggendorf
Fuchs Mich. Joseph Phil. Augsburg
Fugger-Glött Max Graf von Phil.
   München
Fuss Theophil Pharm. Lichtenfels
Gärtner Adolph Jur. Pforzheim
Gaspari Adolph Phil. Berlin
Gassert Emil Phil. Zweibrücken
Gast Ludwig Phil. Friesenried
Gebele Ernst Hist. Osterbuch
Gehwald Joh. Martin Jur. Ingolstadt
Geib Karl Med. Lambsheim
Geiger Johann Phil. Aufkirch
Geiger Max Jur. Grossmehring
Geisthövel Andreas Jur. Ahlen
Geith Adolph Jur. München
Geldern Otto Graf von Jur. Thurnstein
Gemeinhardt Ernst Jur. Neudrossenfeld
Geret Benjamin Dr. Med. Mering
Girisch Michael Phil. München
Glaser Franz Phil. Eichstädt
Gnaz Ferdinand Phil. Gündlkofen
Göller Friedrich Jur. Hirschaid
Göringer Egmund Phil. München
Gött Georg Phil. München
Gossmann Joseph Dr. Med. München
Grabinger Jos. Phil. Naabsiegenhofen
Graf Andreas Phil. Hahnbach
Graf Friedrich Phil. München
Greding Adolph Phil. Bayreuth
Greding Richard Med. Bayreuth
Greussing August Med. Feldkirch
Groppe Lorenz Theol. Höxter
Gruits Constantin Jur. Belgrad
Grumbacher Otto Jur. Carlsruhe
Grundherr Adolph von Phil. München
Gürthofer Georg Phil. München
Gumpenberg-Peuerbach Karl Frei-
   herr von Phil. München
Guoditsch Svetozar Cam. Poscharevaz
Haas Karl Phil. Wien
Hämmerle Johann Phil. Bronnen
Härtl Franz Phil. Vilsbiburg
Halenke Franz Jur. Passau
Halm Alfred Dr. Med. München
Haselmayer Johann Evangelist Philol.
   Dürrwangen
Handel Peter Math. Finkenbach
Harburger Isak Jur. Bayreuth
Hartels Michael Phil. Düren
Hartinger Michael Phil. Kleinschwand
Hastreiter Joseph Dr. Med. Starnberg
Hatzfeld Richard Pharm. Weinbach
Hauck Robert Jur. Ansbach
Hausladen August Phil. Vohenstrauss
Hebberling Julius Pharm. Memmingen
Heichlinger Anton Theol. Burgau
Heilmann Salomon Phil. Massbach

Heinrich Joseph Phil. Niederlauterbach
Heintz Jakob Theol. Neupfotz
Heintz Karl Phil. München
Heitz Wilhelm Dr. Med. Minfeld
Helferich Ludwig Phil. München
Hellmann Friedrich Jnr. München
Hellmuth Wilhelm Jur. München
Henle Wilhelm Phil. Regensburg
Herold Richard Pharm. Bamberg
Herrmann Karl Phil. Germersheim
Hesrert Ferdinand Med. Zweibrücken
Hinterburger Joseph Jur. Eichstädt
Hirz Max Phil. Forst
Höfl Karl Jur. München
Hössllnger Felix Phil. München
Hoffmann Anton Cam. München
Hofmann Franz Dr. Med. München
Hofmann Luitpold von Phil. Landshut
Hofpauer Karl Pharm. Landshut
Hofstätter Eduard Phil. Augsburg
Hohenberger Hermann Phil. Neuburg
Holle Gustav Pharm. Bayreuth
Hollfelder Georg Phil. Schesslitz
Hopfenbeck Franz X. Jur. Stadtamhof
Huber Ferdinand Phil. Vilshofen
Huber Franz Joseph Phil. Langenried
Huber Johann Phil. München
Huber Thomas Theol. Oggersheim
Hubmann Franz Phil. Amberg
Hübner Adodat Chem. Landau
Hübner Johann Phil. Landau
Jäcklein Georg Phil. Bayreuth
Jäger Ignaz Pharm. Landshut
Illing Karl Phil. Kempten
Jolly Ludwig Cam. München
Kahl Wilhelm Jur. Schweinfurt
Kammel Edmund Pharm. München
Kammerer Alfred Jur. München
Kast Alois Theol. Weissenhorn
Kaufmann Georg Jur. Schney
Kaufmann Leonz Jur. Winikon
Kelch Johann Baptist Phil. Buchdorf
Kellnberger Rupert Jur. Wallersdorf
Kerer Jakob Phil. Waldering
Kern Alois Med. Andwyl
Kester Theodor Phil. Augsburg
Khann Anton Phil. Tölz
Kiener Barthol. Theol. Wolfsbach
Kieninlugers Nikol. Phil. Edelstetten
Kirnberger Theodor Phil. Freising
Kitzinger Joh. Bapt. Phil. Landshut
Klang Joseph Theol. Herxheim
Klein Johann Julius Naturw. Leutschau
Klaus Anton Jur. Dillingen
Klemensievits Karl Pharm. Folticzeny
Knappich Franz Phil. München
Knittl Johann Evangelist Phil. Landshut
Knogler Ludwig Theol. Freising
Kobell Ignaz Phil. Kirchkaslach

Koch Bernhard Forstw. München
Koch Friedrich Forstw. München
Kögel Constantin Phil. Acker
Kölsch Hermann Med. Neustadt
Körber Michael Phil. Windsbach
Kölsch Robert Phil. Rodalben
König Franz Med. Oggersheim
Köster Ernst Jur. Dürkheim
Koller Jakob Jur. Meyerskappel
Kollmayr Samuel Jur. Cham
Konrad Max Phil. München
Korn Adolph Jur. Kreuzburg
Krafft Franz von Jur. München
Krafft Friedrich Phil. München
Krell Georg Phil. Kaiserslautern
Krempelhuber August von Pharm. München
Krettner Anton Phil. München
Krey Oskar Naturw. Leipzig
Kruker Jakob Phil. Zuckerried
Kühles Joseph Phil. München
Kugler Joseph Phil. Königsbach
Kuhn Xaver Phil. München
Lachner Johann Phil. Steinweg
Lamprecht Joseph Pharm. Bamberg
Landerer Joseph Phil. Engelitz
Landes Johann Phil. München
Lang Friedrich Med. Landau
Lang Friedrich Jur. Wegscheid
Lang Karl Phil. Regensburg
Lang Franz Xaver Phil. Buchloe
Langenfass Wilhelm Jur. Erlangen
Lebling Ludwig Phil. München
Le Bret Albrecht Landw. München
Lehmann Walter Med. Leipzig
Leib Friedrich Jur. Bayreuth
Leistle David Phil. Stötten
Leist Albert Forstw. Augsburg
Lenz Johann Med. Galtür
Leo Ottmar Dr. Forstw. Greiz
Lesnievsky Anton Theol. Trysawllo
Leube Ernst Phil. Ludwigsburg
Levington Thomas Phil. Cookham
Lichtensteiger Alois Jur. Rikenbach
Liegl Joseph Phil. Schäferei
Limmer Johann Dr. Med. München
Lindmaier Georg Jur. München
Lindner Eduard Dr. Med. Waldfischbach
Lindpaintner Julius Phil. München
Lippmann Adolph Jur. Landshut
Lodter Gustav Pharm. Schwabmünchen
Loé Wilhelm Phil. München
Löffelholz - Colberg Adolph Freiherr von Forstw. Lichtenhof
Löffl Karl Phil. Eggenfelden
Löwenheim Franz Phil. München
Lohbrouner Franz Xaver Phil. Füssen
Luber Heinrich Jur. München
Lüthi Joseph Med. Rossrüthe

Lukinger Ulrich Phil. München
Lupin Theodor Freiherr von Forstw. München
Luthe Julius Jur. Haltern
Lyncker Otto Phil. Speyer
Mackert Otto Phil. Annweiler
Mader Gebhard Med. Feldkirch
Mahr Friedrich Pharm. München
Maisch Johann Baptist Med. Burgau
Malchus August Cam. Hannover
Mang Max Phil. München
Mallinchrodt Friedrich Med. Wesel
Mandel Karl Jur. Ansbach
Marcovits Jivoin Phil. Posarevaz
Martin Ludwig Jur. Kelheim
Martin Robert Phil. München
Martinstetter Johann Baptist Phil. Deggendorf
Mayer Adalbert Theol. Kirchdorf
Mayer Georg Karl Jur. Bamberg
Mehrl Hermann Pharm. Freilassing
Meier Max Jur. Bamberg
Meinelt Andreas Phil. Bamberg
Melzl Ludwig von Jur. München
Mennacher Theodor Phil. Passau
Merkel Heinrich Jur. Nürnberg
Metz Adolph Chem. Heidelberg
Meyer Adolph Jur. Triengen
Meyer Gustav Med. Oldenburg
Meyer Joseph Jur. Sulz
Meyer Karl Jur. Ansbach
Michel Friedrich Phil. Weissenburg
Mielach Max Pharm. Obernzell
Miller Wilhelm Phil. München
Mitterer Barthelmä Phil. Eisbach
Mögelin Julius Jur. Rothenburg
Mögelin Wilhelm Cam. Rothenburg
Molo Ernst von Pharm. Kempten
Moosmair Moriz Med. Ingolstadt
Morgenroth Edgar Phil. München
Moser Xaver Phil. Babenhausen
Mottes Friedrich Dr. med. Regensburg
Mühlebach Johann Theol. Degerfelden
Müller Joseph Jur. Näfels
Müller Joseph Otto Pharm. Egelshofen
Müller Ludwig Jur. München
Müller Karl Phil. Germersheim
Müller Leo Phil. Kirchdorf
Müller Magnus Phil. Alling
Münchmeier Gottlieb Jur. Wunsiedel
Muggenthaler Ludwig Dr. Jur. Hebertsfelden
Muth Karl Theol. Windorf
Nachreiner Vincenz Phil. München
Nägeli Walter Phil. München
Narr Friedrich Naturw. Würzburg
Natterer Joseph Phil. Martinszell
Nebelung Ferdinand Med. Nancy
Netter Johann Jur. Haunstetten

Neubauer Joseph Med. Donauwörth
Neuffer Georg Phil. Regensburg
Neuhaus Wilhelm Phil. Giffers
Neumaier Franz Xaver Phil. Straubing
Neumeyer Wilhelm Pharm. Berching
Neumayr Ludwig Dr. Med. München
Neuraudter Eduard Med. Längenfeld
Ney Friedrich Phil. München
Nieder Andreas Med. Missolunghi
Niedermair Magnus Phil. Walda
Niedermayer Joh. Phil. Regensburg
Niepeiller Eug. Naturw. Kaiserslautern
Nobiling Alfred Dr. Med. München
Nock Joseph Theol. Osterhofen
Obenberger August Med. München
Oberle Anton Jur. München
Oberleitner Martin Phil. Rosenheim
Obermann August Chem. Nordhausen
Oberprieler Jakob Chem. Freising
Oberst Max Phil. Regensburg
Oefele Edmund Baron von Jur. München
Oekonomides Georg Phil. Piräus
Orterer Georg Phil. Wörth
Ott-Adam Pharm. Augsburg
Ott Karl Phil. München
Pachmayr Adrian Phil. München
Palmberger Johann Pharm. München
Panzer Alois Jur. München
Paranikas Mathias Philol. Epirus
Paschen Franz Friedrich Jur. Bützow
Paur Jakob von Pharm. Amberg
Paur Ludwig Pharm. Augsburg
Pavlovitsch Alexander Jur. Belgrad
Pechmann Joh. Fhr. v. Chem. Nürnberg
Peckert Joachim Phil. Landshut
Peltar Arthur Jur. Brünn
Pentenrieder Bernhard Phil. München
Perchtold Adalb. Jur. Ruhmannsfelden
Pertmer Martin Phil. Lauregno
Peters Friedrich Jur. Siedenbolletin
Peyer Titus Jur. Willisau
Pfeufer Christian Phil. Nürnberg
Pfister Joseph Theol. Gruel
Pflaum Franz Wilhelm Pharm. Passau
Pichler Karl Phil. Langenpreising
Piktorsky Peter Paläont. Wornnesch
Pistner Joseph Phil. Kleinlaudenbach
Planck Hermann Phil. München
Platzer Karl Phil. Aschaffenburg
Plessien Guido von Cam. Schwerin
Pochon Joseph Jur. Cugy
Podewils Clem. Frhr. v. Phil. Landshut
Pöhlmann Wilh. Pharm. Himmelskron
Pöppl Gustav Pharm. Passau
Popowits Sima Jur. Aletzinatz
Popp Adolph Med. Regensburg
Popp Ludwig Dr. Med. München
Portà Otto Med. Schuls
Poschinger Hnr. Ritter v. Jur. München

Prantner Albert Jur. Regensburg
Premer Karl Pharm. Röttenbach
Prinz Eugen Jur. München
Pröls Georg Phil. Amberg
Puschmann Theodor Med. Bunzlau
Raab Joseph Phil. Obereichhof
Raith Vincenz Jur. Pfreimd
Rackl Joseph Phil. Altmannstein
Rechenmacher Ant. Pharm. Kirchdorf
Redwitz Melchior Frhr. v. Jur. München
Reed John Phil. Frankfort
Rehm Julius Pharm. Memmingen
Reichmann Ferdinand Med. Wiesbaden
Reichmann Jakob Jur. Wiesbaden
Reindel Hieronymus Jur. Bamberg
Reisch Bernhard Pharm. Neuburg
Reisenegger Anton Jur. Regensburg
Reisenegger Max Phil. Regensburg
Reményi Viktor. Baron Staatsw. Enged
Renk Friedrich Phil. München
Renz Friedrich Phil. Angsburg
Reuschel Heinrich Forstw. Ansbach
Rigganer Johann Bapt. Jur. München
Rist Ernst Phil. Kempten
Röhrl Anton Pharm. Leitenhausen
Rogl Theodor Phil. Geiselhöring
Rosskopf Johann Bapt. Phil. Eichstädt
Rockstroh Wilhelm Phil. Brand
Röher August Jur. Woltross
Roller Friedrich Cam. Tübingen
Rohr Lorenz Philol. Venningen
Ruff Theodor Jur. Speyer
Rummel Franz Dr. Med. Schillingsfürst
Sanctjohanser Caspar Phil. Lenggries
Sanctjohanser Jakob Phil. Lenggries
Saradjeff David Naturw. Tiflis
Sattler August Jur. Kirchheimbolanden
Sauer Adam Theol. Diedesfeld
Schäfer Heinrich Jur. Neustadt
Schäffer Joseph Pharm. Landsberg
Schamberg August Phil. München
Schaidl Hermann Forstw. Immünster
Schaper Karl Chem. Sölten
Scharinger Franz Jur. Arsberg
Schedtler Jak. Karl Math. Amöneburg
Scheiber Jakob Phil. Thalkirchdorf
Scheibmaier Joseph Phil. München
Scheller Ernst Phil. Augsburg
Scherrer Heinrich Med. Lambsheim
Schertl Christoph Phil. Gressenwöhr
Schiedermaier Ludw. Phil. Straubing
Schiele Franz Med. Mannholz
Schiessl Max Phil. München
Schillinger Adalbert Phil. Rosenheim
Schillinger Alph. Dr. Med. Rosenheim
Schlagintweit Jul. Pharm. Straubing
Schleifer Julius Pharm. Pless
Schleiss von Löwenfeld Max Med.
   Amberg

Schlegel Joh. Georg Pharm. Neuburg
Schlosser Max Phil. Landsberg
Schmeltzer Georg Phil. Zweibrücken
Schmettau Samuel Pharm. Kronstadt
Schmid Anton Franz Philol. Neuenkirch
Schmid Heinrich Dr. Med. Regensburg
Schmid Karl Jur. Regensburg
Schmidt Friedrich Karl Jur. Rostock
Schmidt Heinrich August Philol. Idstein
Schmieg Christian Jur. Kocherthürn
Schneider Joseph Phil. Eichstädt
Schneider Georg Jur. Edenkoben
Schnell Georg Philol. Reutinen
Schneider Joseph Theol. Luzern
Schnurbein Markus Freiherr v. Phil.
   München
Schober Hermann Phil. Friedberg
Schöb Johann Phil. Gams
Schön Karl Phil. München
Scholler Clemens Phil. Nürnberg
Schormeier Alph. Phil. Unterschönbach
Schreyer Adolph Chem. München
Schricker Johann Phil. Regensburg
Schröter Simon Math. Marlborough
Schuch Hermann Pharm. Regensburg
Schuh Georg Phil. Fürth
Schuhmann Joseph Philol. Fürth
Schulte Eberhard Chem. Günne
Schultes Franz Jur. Stadtdorf
Schulz Heinrich Jur. München
Schumacher Karl Otto Jur. Ober-
   moschel
Schuster Adolph Dr. Med. München
Schuster Joseph Phil. München
Schwaab Rudolph Dr. Med. Burgstadt
Schwab Alois Phil. Mariakirchen
Schwabl Karl Jur. München
Schwaiger Julius Jur. Ebersberg
Schwarz Franz Xaver Phil. Barnstein
Schwerd Julius Math. Speyer
Schwerzmann Anton Theol. Risch
Schworm Georg Med. Ebertsheim
Scomazzoni Joseph Med. Ala
Seboldt Jakob Phil. Regensburg
Seeanner Martin Theol. Altfrauenhofen
Seefried von Buttenheim Alfred
   Jur. Bamberg
Seidl Franz Xaver Jur. Stadtamhof
Sendlbeck Moriz Jur. Eichstädt
Sepp Johann Philol. Augsburg
Sepp Simon Phil. München
Seppeler Georg Philol. Rietberg
Siacos Joseph Philol. Hydra
Sievers Heinrich Jur. Bonn
Singhol Friedrich Jur. Schwerin
Sintzenich Georg Phil. München
Söldner Ignaz Phil. Straubing
Späth Michael Phil. Kolbermoor
Specht Georg Franz Jur. Würzburg

Speckbacher Math. Theol. Schlottham
Stadelmayr Friedr. Dr. Med. Landau
Stammler Vitus Phil. Vilsbiburg
Stadler Anton Phil. Freising
Steger Joseph Jur. Eichstädt
Steinhuber Peter Pharm. Aldenbach
Steinlechner Paul Dr. Jur. Wattens
Sterr Ignaz Jur. Rabenstein
Stelz Christian Phil. Höchst
Sternecker Wilhelm Jur. Pegnitz
Stieler Guido Dr. Med. München
Stockbauer Jak. Philol. Oberkreuzberg
Stocker Alois Phil. Baar
Stöckl Johann Baptist Med. Rosenheim
Streber Alois v. Techn. Niederviechtach
Ströll Moriz Phil. München
Ströll Paul Phil. München
Stromer Gottlieb Freiherr von Phil.
 Nürnberg
Stubenrauch Herm. v. Phil. Straubing
Stützle Franz Xaver Pharm. Buchau
Stüver Franz Med. St. Louis
Süsstrunk Johann Jur. Reutlingen
Sutor Johann Forstw. Berchtesgaden
Sztoisits Juan Pharm. Zenta
Szymowsky Gustav Med. Siedlce
Takács Ludwig Jur. Pest
Tattenbach Christian Graf von Jur.
 Landshut
Taucher Heinrich Phil. Passau
Tecini Julius von Jur. Trient
Tempel Richard Jur. Winnweiler
Thanner Johann Baptist Phil. Bärnau
Theophanopulos Demeter Jur. Argos
Thambusch Karl Jur. Würzburg
Thurmayr Ludwig Phil. Taufkirchen
Tischler Ignaz Phil. Landshut
Unverdorben Joseph Jur. Passau
Uttendorfer Emil Philol. München
Utzschneider Sebast. Phil. Riedhausen
Vanselow Clemens Pharm. Auerbach
Vasmer Heinrich Med. Ostbevern
Vieli Balthasar Jur. Rhäzüns
Vierling Joseph Pharm. Weiden
Vogel Karl Phil. München
Vogt Heinrich Philol. Wassertrüdingen
Voith Georg Phil. Straubing
Vordermayr Johann Phil. Ingleiten

Wachter Oskar von Jur. Memmingen
Wagner Joseph Theol. St. Castl
Wagner Karl Chem. St. Lambrecht
Waibel Johann Evang. Jur. Oberdorf
Walther August Jur. Erlangen
Walther Karl Arnold Theol. Solothurn
Walli Otto Jur. Karlsruhe
Wand Jakob Med. Lautersheim
Wegener August Jur. Teterow
Weichardt Karl Chem. Jena
Weidemann Albert Jur. Meiningen
Weigl Max Jnr. München
Weil Adolph Phil. München
Weingärtner Anton Phil. Deggendorf
Weinzierl Joseph Chem. Freising
Weiss Theobald Phil. München
Weissenfeld Joseph Jur. Bamberg
Welsch Albert Med. Kissingen
Wellert Cäsar Jur. Willisau
Welzhofer August Phil. München
Wenz Karl Phil. Weissenburg
Werner Georg Jur. Hiltpoltstein
Widmann Max Phil. München
Wiesend Karl Jnr. Pegnitz
Wilhelm Wilhelm Phil. Illereichen
Wilmowski Richard von Jur. Schlawe
Winder Engelbert Philol. Bildstein
Wittenbauer Anton Pharm. Miesbach
Wismeyer Anton Phil. München
Wohlschläger Joseph Phil. Langen-
 preising
Wolfinger Franz Xaver Phil. Miesbach
Wüst Jakob Theol. Bremgarten
Wyrsch Alois Jur. Buochs
Zagareli Alexander Philol. Tiflis
Zahler Mathias Theol. Oxenbronn
Zahn August Phil. Edenkoben
Zeidler Ernst Philol. Hildesheim
Zell Franz Joseph Theol. Augsburg
Zeni Franz Math. Cavalese
Ziegler Adolph Phil. München
Ziegler Karl Pharm. Waldsassen
Zieglwallner Wilh. Pharm. München
Zierl Friedrich Phil. Amerang
Zingg Karl Philol. St. Gallen
Zürcher Karl Cam. Zug
Zwehl Theodor von Jur. München
Zwerschina Joseph Chem. München

1869—1870

Rector DCXXI Max von PETTENKOFER

Abelein Theodor Jur. Passau
Abérél Julius Pharm. Passau
Ackermann Hermann Phil. Rasteck

Adami Heinrich Theol. Dreisen
Adermaier Anton Phil. Haag
Aichberger Paul Med. München

Aigner Max Jur. Haidhausen
Akimoff Gregor Cameralw. Tiflis
Alberti Julius Jur. Hademar
Amstad Gottfried Med. Stans
Ammon Ludwig von Phil. Regensburg
Arbeiter Adolph Med. Auerbach
Arco-Valley E. Graf v. Phil. München
Arco-Valley M. Graf v. Jur. München
Aubele Adolph Theol. Dillingen
Auer Hugo von Phil. Aufhausen
Axthalb Wilhelm v. Forstw. Bodenwohr
Baader Joseph Phil. Zweibrücken
Baader Lorenz Jur. Spalt
Babel Joseph Jur. Kirchenrath
Bär Ludwig Phil. München
Balsch Georg Jur. Jassy
Balsch Michael Phil. Jassy
Balsch Paul Phil. Jassy
Bally Karl von Forstw. Augsburg
Bauk Karl Jur. Köslin
Bauer Joseph Dr. Med. Regensburg
Bauer Ludwig Phil. Augsburg
Bauernfeind August Phil. Schwabach
Bauernschmitt Ignaz Jur. Bamberg
Baumann Friedrich Theol. Germering
Baumgärtner Ferd. Phil. Illertissen
Baur Karl Phil. München
Bayrhammer Friedr. Phil. Reichenhall
Beck-Rainer Julius Med. Wallerstein
Bedat Franz Med. München
Beer Kaspar Chem. Augsburg
Beetz Felix Med. München
Rennighof Heinrich Med. Frankenthal
Berg Max Jur. Regensburg
Berger Johann Pharm. München
Berghofer Karl Pharm. Passau
Bezold Friedrich von Hist. München
Bichlmayer Anton Med. Osterwarngau
Billinger Otto Phil. Abensberg
Birk Franz Xaver Philol. Regensburg
Birzer Eugen Jur. Regensburg
Blab Dominik Jur. München
Blanalt Karl Phil. St. Blaise
Blawaczynski Aurel Med. Kolitz
Böck Albert Jur. Burghagel
Bögler Otto Phil. Rindenburg
Bollweg Otto Cam. Heidelberg
Borell Georg Dr. Med. Niederkirchen
Bornschlegel Joh. Gg. Jur. Sesslach
Boshart Karl Jur. Garmisch
Bothschafter Osw. Philol. Hohenbrunn
Brandl Andreas Phil. München
Branan Joseph Jur. Cincinnati
Braun Johann Dr. Med. Erlangen
Bretzel Xaver Jur. Weissenhorn
Bretzl Joseph Jur. Regen
Brewer Hugo Pharm. Gladbach
Brüggemann Friedrich Jur. Cöln
Brunhuber August Phil. Burghausen

Brunn Leopold Philol. Wiesbaden
Brunner Franz Xaver Jur. Hunderdorf
Buchheit Johann Theol. Münschweiler
Buchner Johann Med. München
Buchner Max Dr. Med. München
Büchi Joseph Philol. Frauenfeld
Bürkel Karl Phil. München
Büsterbach Martin Jur. Cöln
Busch Conrad Theol. Zweibrücken
Candreia Jakob Philol. Stürwes
Chania Johann Pharm. Gnrahomora
Clausen Jakob Pharm. Schleswig
Conrad Albert Daniel Jur. Kusel
Custor Johann Med. Neuchatel
Damm Matthäus Theol. Alsterweiler
Dantmann Joseph Pharm. Reichenhall
Dax Joseph Oberzwieslau
Deflorin Jakob Jur. Dessentis
Demme Karl Phil. Hanau
Demmel Peter Phil. Hösacker
Dempwolff August Cam. Nürnberg
Dennig Gustav Cam. Freiburg
Derleth Moriz Med. Pfaffendorf
Deschauer Cornelius Phil. Straubing
Dessauer Friedrich Med. Wien
D'Ester Joseph Theol. Vollendar
Detten Clemens von Jur. Recklinghausen
Deutschmann Karl Philol. Hademar
Dietzsch Karl Georg Med. Erlenbach
Dilg Adalbert Jur. Zweibrücken
Drissl Leo Jur. Camberg
Ducrue Joseph Phil. Neuburg
Dusch Friedrich Philol. Bamberg
Dyer Ludwig Phil. Chicago
Ebitsch Franz Phil. Bamberg
Ekrich Franz Theol. Schifferstadt
Eder Anton Theol. Oberwangenbach
Eder Franz Phil. Hartkirchen
Ederer Karl Phil. München
Edinger Adam Phil. Körborn
Ehrensberger A. Dr. Med. Amberg
Emrich Friedrich Jur. Fischach
Endres Karl Jur. München
Engeter Friedrich Dr. Chem. Zombar
Engelhard Joh. Forstw. Aschaffenburg
Enhuber Otto v. Jur. München
Erhard Georg Pharm. München
Ernst Christian Math. Schlüchtern
Esau Julius Math. Hademar
Eswein Ludw. Alex. Jur. Ludwigshafen
Fahrnberger Joseph Pharm. München
Fanger Joh. Bapt. Jur. Schrobenhausen
Fehr Karl Jur. Frauenfeld
Ferner Wilhelm Phil. Oberhochstädt
Fink Karl Med. Pottenstein
Fischer Ernst Phil. München
Fischer Franz Med. Jenbach
Fischer Franz Eberh. Theol. Jettingen

Fischer Hermann Med. München
Fischer Max Jur. München
Flasch Adam Philol. Helmstädt
Flörke Gustav Phil. Rostock
Fodor Joseph Dr. Med. Fünfkirchen
Foohs Anton Phil. Göllheim
Fraas Karl Phil. München
Frank Adolph Pharm. Obermoschel
Frank Hermann Med. Obermoschel
Frenkel David Jur. Kaiserslautern
Frese Friedrich Jur. Bruel
Fressl Johann Jur. München
Friedrich Franz Phil. München
Fries Max Jur. Hof
Fröbel Wilhelm Naturw. New-Orleans
Fröhlich Johann Bapt. Phil. Mainburg
Fromm August Chem. Römhild
Fuchs Joseph Phil. München
Fugger Georg Graf von Kirchberg-Weissenhorn Phil. Augsburg
Galy Ludwig von Hist. Pest
Gärtner Ludwig Jur. München
Gagermaier Michael Theol. Wörth
Gässler Wilhelm von Pharm. München
Ganhe Hermann Jur. Kaldenkirchen
Geib Karl Med. Lambsheim
Geiger Ed. Ephr. Theol. Grossmehring
Geiss Friedrich Phil. Münnerstadt
Gerbig Karl Jur. München
Geret Karl Joseph Pharm. Mering
Geyer Eduard Jur. Landau
Gierlichs Franz Jur. Cöln
Gillitzer Karl Pharm. Augsburg
Gink Heinrich Phil. Zweibrücken
Girstenbräu Franz Theol. Augsburg
Gissler Bernhard Cam. Villingen
Glück Georg Phil. Massing
Glüsing Heinrich B. Med. Bardenfleth
Godin August Freiherr von Staatsw. Sigmaringen
Gossmann Jakob Med. Frammersbach
Graf Karl Friedr. Pharm. München
Grafenreuth M. Frhr. v. Phil. München
Grassl Rudolph Phil. Regen
Gressel Augustin Jur. Trient
Gröpper Johann Jur. Münster
Gross Wilhelm Med. Southofen
Gruber Max Phil. Hemau
Grüber Erwin Jur. Arnsberg
Günderrode Justin Jur. Frankfurt
Günther Martin Theol. Immesheim
Güttl Karl Phil. München
Guggenberger Georg Phil. Rosenheim
Guttenberger Ad. Jur. Zweibrücken
Gutzler Joseph Phil. München
Haag Ludwig Jur. Würzburg
Haager Bartholomä Theol. Lohnsfeld
Haager Gustav Naturw. Freising
Hänle Ernst Phil. München

Härtl Franz Jur. Vilsbiburg
Hagen Rudolph v. Jur. Duderstadt
Hagmann Franz Naturw. Dollhof
Hagnauer Arnold Med. Aarau
Haiss Wilhelm Med. München
Harburger Heinrich Phil. Bayreuth
Hartinger Michael Theol. Bertolzhofen
Hartl Alois Theol. Nassenhausen
Hartmann Sebastian Med. Gemünden
Haslauer Joseph Theol. Halbergmoos
Hauser Johann Georg Jur. Stratwies
Heel Heinrich Theol. Heimertingen
Hegnenberg Lothar Graf Dux von Jur. München
Heindl Gustav Pharm. Immenstedt
Heinrich Georg Phil. Petersthal
Heinrich Georg Johann Phil. Mitbichel
Helferich Heinrich Phil. München
Hellmuth Clemens Phil. München
Helmreich Georg Phil. Büchenbach
Hermanseder Joseph Phil. Sulzbach
Herrmann Eduard Phil. Bayreuth
Herold Ernst Phil. Trient
Hertlein Georg Philol. Mannheim
Hess Oskar Phil. Schwebach
Heuberger Joseph Phil. Eichstädt
Heydenreich Theodor Phil. München
Heymann Sigmund Jur. Hamburg
Hiebmaier Friedrich Phil. München
Hiertels Georg Theol. München
Hierthes Philipp Med. Kusel
Hilger Lorenz Theol. Richard
Hill Franz Philol. Fulda
Hillmaier Jakob Theol. Landesberied
Hilz Joseph Dr. Jur. München
Hinüber Karl Cam. Volkmarshausen
Hirschwälder Franz Theol. Breslau
Höfler Karl Med. Tölz
Höpfl Johann Jur. Tirschenreuth
Höpfl Joseph Pharm. Tirschenreuth
Hoffmann Rudolph Philol. Burlach
Hofmann Michael Phil. Mombrunn
Holländer Andreas Theol. Edesheim
Hotz Johann Med. Baar
Huber Anton Med. Illerbrunn
Hübschmann Friedrich Zahnheilk. Hof
Hüber Theodor Med. Dillingen
Hunglinger Ludwig Jur. Passau
Hutter Hermann Phil. Kaufbeuren
Jäckel Franz Med. Fulda
Jäger Valentin Phil. Augsburg
Jankovic Stephan Cam. Belgrad
Jehle Johann Phil. Münsterhausen
Immler Leopold Phil. Augsburg
Jörg Edmund Phil. Landshut
Itzerott Friedrich Med. Klausthal
Keller Anton Phil. München
Keller Beatus Jur. Breungarten
Kemmer Paul Phil. Bamberg

Ker Karl Pharm. München
Kesling Emanuel Freiherr von Phil.
   Wildenberg
Kestner Ernst Philol. Detmold
Keust Bernhard Jur. Härkingen
Kieffer Eugen Phil. Bergzabern
Kimpen Johann Med. Süchteln
Kispert Gustav Med. Rentti
Kissel Ferdinand Math. Bolanden
Klein Karl Phil. Solothurn
Kniebühler Franz Albrecht Pharm.
   Endingen
Knittl Max Jur. Dietmansz
Knobloch Johann Baptist Phil. Tölz
Knollmüller Georg Dr. Med. Au
Köck Heinrich Phil. München
Köhler Eugen Dr. Chem. Augsburg
Köpping Johann Karl Chem. Dresden
Koffler Johann Phil. München
Kohn Eugen Jur. Dapfen
Kollmann Oskar Jur. München
Kormann Michael Philol. Engelsberg
Kottenkamp Richard Med. Augsburg
Krafft Ludwig Pharm. Bergzabern
Kramm Franz Philol. Fulda
Kratzer Eustach Jur. Thüngfeld
Kraus Karl Phil. Regensburg
Krause Johann Naturw. Naumburg
Krazeisen Karl Phil. München
Krempl Alphons Phil. Görlsried
Krey Oskar Naturw. Leipzig
Krieger Theodor Phil. Speyer
Krieglsteiner Karl Med. Kempten
Kruger Karl August Pharm. München
Kühnlein Rudolph Philol. Sulzfeld
Kullmann Albert Philol. Wüllingerrode
Künzner Johann Evangelist Phil. Aindorf
Kwasniowski Wlad. Med. Westlowka
Lacher Otto Phil. Monheim
Landgraf Wilhelm Jur. Kulmbach
Landmann Erhard Phil. Biburg
Lang Edmund Jur. Buchen
Laub Karl Phil. Zaumberg
Laubmann Friedrich Phil. München
Legler David Jur. Glarus
Leher Heinrich Pharm. Neuhaus
Leichter-Schenk Peter Phil. Frank-
   furt
Leidinger Wilhelm Pharm. Augsburg
Leins Johann Phil. Bietenhausen
Lenk-Dittersberg E. v. Phil. Zandt
Leschner Hermann Med. München
Leupold Otto Chem. Zofingen
Leyden Casimir Graf Phil. München
Liebl Johann Baptist Phil. München
Lilien Hermann Freiherr von Theol.
   Opferdicke
Lindhuber Franz Seraph Jur. Unter-
   grasensee

Linck Karl Friedr. v. Phil. München
Linsenmair Albert Phil. Ziemetshausen
Linsenmayr Anton Phil. München
Lizius Maximilian Forstw. Augsburg
Lochbrunner Franz J. Phil. Immel-
   stetten
Lodter Gustav Pharm. Schwabmünchen
Loibl Franz Joseph Phil. Franberg
Lorey Caspar Med. Fulda
Lottner Ludwig Phil. München
Lotzbeck Albert Phil. Babenhausen
Lunz Theodor Jur. Hof
Luthe Julius Jur. Haltern
Luzardo Charles P. Dr. Jur. Zara
Mähler Franz Paul Phil. München
Männer Karl Phil. Märzalben
März Johann Baptist Phil. Amberg
Maier Georg Theol. Nandlstadt
Maillot de la Treille Adolph Frei-
   herr von Naturw. Speyer
Majer Karl Pharm. München
Mair Ludwig Phil. Amberg
Mann Karl Jur. Bayreuth
Mantel Otto Jur. Himelthal
Marquard Eugen Jur. Cöslin
Mayer Anton Phil. Rainding
Mayer Heinrich Dr. Med. Regensburg
Mayer Joseph Math. Tirscheureuth
Mayer Roman Pharm. Salzburg
Mayer Wilhelm Phil. München
Mayerhofer Anton Phil. Falkenberg
Mayerhofer Johann Phil. Simbach
Mayrhofer Joseph Phil. Kindberg
Meissner Wilh. Forstw. Behringersdorf
Meissner Wilhelm Theol. Lauterbach
Melchers Karl M. Jur. Jüchen
Melis Christ. Philol. Nürnberg
Merzbacher Sigmund Jur. Nürnberg
Meyer Gustav Jur. Speyer
Meyer Michael Phil. Allersweiler
Micheler Joseph Phil. Scheppach
Mittermayr Dominik Med. Schneitsee
Möller Hermann Philol. Süderbrarup
Möller Reinh. v. Phil. Sommerpholen
Molitor Eduard Phil. Reichling
Moreno-Osorio Friedr. Phil. Puebla
Moser Heinrich Jur. München
Moser Karl Phil. Freising
Moser Robert Forstw. München
Mahlberger Hugo Christ. Phil. Alsenz
Müller Adolph Med. Ansbach
Müller Anton Jur. Altötting
Müller Friedrich Paul Theol. Augsburg
Müller Georg Theol. Kempten
Müller Joseph Anton Jur. Kattwil
Müller Karl Phil. Bogen
Müller Max Med. Landshut
Müller Otto Phil. Altötting
Müller Robert Georg Theol. Zug

Münch August Chem. Hof
Münsterer Joachim Phil. Landshut
Muggenthaler Ludwig Dr. Jur. Habertsfelden
Myriantheus Laurent Philol. Levkosia
Neger Ludwig Jur. München
Neidhart Martin Med. Dillingen
Nentwig Albert Phil. Hochdorf
Neu Wilhelm Math. Kaiserslautern
Neudecker Max Phil. Laufen
Nicklas Johann Nep. Phil. Lauingen
Nowakovitsch Djeko Jur. Lozniza
Nusser Ludwig Phil. Günzburg
Obenberger August Med. München
Oeffner August Med. Piräus
Oeller Johann Nepomuk Phil. Obernzell
Oertzen Friedrich v. Jur. Woltow
Oettl August Phil. Stepperg
Oppert Theodor Phil. Landau
Orschiedt Herm. R. Naturw. Contwig
Ortolf Maximilian Phil. Konradshofen
Oswald Eduard Jur. München
Palme Bonifaz Phil. München
Papanastasius Eustach Med. Thessfalomagn
Pavlovitsch Alexander Jur. Mlava
Pfeffer Alois Jur. Ottmanszell
Pfistermeister Franz Xaver Ritter von Phil. München
Pfretschner Norbert Chem. Jenbach
Philips Joh. Heinr. Theol. Osnabrück
Podhayski Felix Pharm. Jassy
Pöllinger Michael Phil. Regensburg
Popp Friedrich Phil. Regensburg
Porzelt Heinrich Jur. Kronach
Prachow Adr. v. Archäol. Petersburg
Prantner Ludwig Phil. Regensburg
Prechtl Johann Med. Schrobenhausen
Predeck Hermann Jur. Paderborn
Prestele Ernst Phil. München
Primbs Eugen Phil. Augsburg
Priustner Wilhelm Phil. Beilngries
Puder Heinrich Med. Dürkheim
Quadt Wykradt-Isny Bertram Erbgraf von Jur. Stuttgart
Radwojowitsch Gioka Cam. Belgrad
Raimann Johann Theol. Goldingen
Rauner Adolph Jur. Oberhausen
Reggel Franz Phil. Schifferstadt
Regler Joseph Dr. Med. Landshut
Reichhardt Max Phil. München
Rein Isak Jur. Regensburg
Reinhold Karl Jur. Vlotho
Reisenegger Friedr. Phil. Regensburg
Reissermaier Jakob Phil. Anfroth
Ressler Karl Jur. München
Reth Karl Phil. Obergünzburg
Reuter Gottlieb Philol. Erlangen
Rheinart Rudolph Jur. Saarburg

Richter Ludwig Phil. München
Rid Ludwig Phil. Weilheim
Riederer Hermann Pharm. München
Riester Gustav Phil. Niederhochstädt
Roder Felix Julius Jur. Thurnau
Rodowicz Johann Theol. Szawle
Röbel Wilhelm Pharm. Landstuhl
Rogister Friedrich v. Phil. München
Rohrmüller Max Phil. Passau
Roper Jourdan Phil. Bowling-Green
Rose Heinrich Jur. Hameln
Rosenbusch Georg Adolph Med. Göttingen
Rosenkranz Anton R. Jur. Paderborn
Roth Emanuel Med. Schlawe
Roth Friedrich Med. Uffenheim
Roth Hermann Phil. Regensburg
Roth Joseph Med. München
Roth Max Pius Med. Bamberg
Rothhaas Georg Jur. Kandel
Rott Friedrich Jur. Viereth
Rutach Alexander Jur. Schwerin
Rüth Ludwig Dr. Med. München
Rummel Waldau Frhr. v. Phil. München
Rummelsberger Ign. Philol. Schwalg
Sammereyer Adolph Phil. Straubing
Sundbühler Friedrich Med. Voldop
Saradjeff David Chem. Tiflis
Sassmann Ernst Med. Wiesbaden
Sauter Max Theol. München
Schaab Peter Jur. Trier
Schachtler Johann Philol. Altstätt
Schacky Sigm. Frhr. v. Phil. Thierlstein
Schäffer Gottfried Phil. Neuhausen
Schäffer Wilhelm Jur. Ansbach
Scharrer Johann Nep. Phil. Wegscheid
Schatzmann Hans Jur. Windisch
Schedel Adolph Pharm. Kaufbeuren
Schermer Joseph Phil. München
Scheuplein Johann R. Phil. Hirschfeld
Schimpf Karl Jur. Kissingen
Schleip Karl Hist. Kusel
Schlosser Joseph Phil. Rosenheim
Schlüter Hugo Med. Neustadt
Schmederer Heinrich Naturw. Münster
Schmid Albert Pharm. Regensburg
Schmid Max August Pharm. Schönberg
Schmidbauer Wolfgang Karl Phil. Fegersmühle
Schmidt Albert Ed. Pharm. Wunsiedel
Schmitz Theodor Phil. München
Schneider August Phil. Altenstein
Schneider Eugen Jur. Koblenz
Schneider Richard Jur. Koblenz
Schnepf Max Phil. Neuburg
Schönborn Fr. Grf. v. Jur. Wiesenthaid
Schötensack Herm. Med. Nordhausen
Schreyer Adolph Chem. München
Schrimpf Wilhelm Theol. Monheim

Schubinger Johann Jur. Uznach
Schülein Julius Phil. Eschenau
Schuler Ernst Math. Waizenbach
Schuler Eduard Jur. Hasberg
Schuler Friedrich Jur. Glarus
Schumann Joh.AntonMath. Dinkelsbühl
Schuster Joseph Med. München
Schuster Otto Phil. München
Schwaiblmaier Georg Phil. Wolfraths-
    hausen
Schwarz Karl Andreas Jur. Nürnberg
Schwarz Salomon Med. Otternwitz
Schwarzmaier Julius Pharm. Garmisch
Schwerdtfeger Ed.Pharm.Memmingen
Schwoner Albert Phil. Neudorf
Sedlmayr Alphons Phil. München
Sefrin Nikolaus Theol. Contwig
Seibel August Pharm. Mallersdorf
Selbertz Heribert Jnr. Arnsberg
Seinsheim - Seinching Ferdinand
    Graf von Jur. München
Senger Joseph Phil. Königswart
Seymann Eduard A. Pharm. Crajova
Sieber Alfred Pharm. Mühldorf
Simet Georg Jur. Stadtamhof
Simmet Ludwig Phil. Freinsheim
Simon Albert Med. Eltville
Sindersfer ger Joseph Pharm.Nabburg
Singhol August Jur. Schwerin
Socher Alexius Phil. Waad
Späth Anton Phil. München
Spönemann Joseph Jur. Ansbach
Spies Karl von Jur. München
Stangl Anton Pharm. Osterhofen
Stanojevitsch Peter S. Jur. Belgrad
Stanojevitsch Ljubomir Jur. Belgrad
Stattenberger Johann Phil. Freising
Stefenelli Theodor v. Phil.Regensburg
Stelz Ludwig Phil. Höchst
Stifler Franz Forstw. Passau
Stocker Alois Naturw. Baar
Stöger Michael Phil. Zwiesel
Stöttner Michael Theol. Altötting
Strauven Joseph L. Jur. Düsseldorf
Strehler Friedrich Naturw. München
Streintz Oskar Alb. Med. Graz

Streintz Heinrich Math. Graz
Strelin Karl Med. Fürth
Strobel Franz Ludw. Pharm. Moosburg
Strobl Sebastian Philol. Grottenmühle
Struich Ignaz Med. Ukerath
Stubenrauch Adalb. v. Phil. München
Subbolin Viktor Med. Kiew
Sutner Severin Pharm. Freising
Szerdahelyi Adolph von Techn. Gross-
    wardlein
Thaler Johann Jur. Wiesenthaid
Themistokles Andr. Philol. Cypern
Thull Robert Phil. Villers
Theodorovitsch Mich. Cam. Belgrad
Thurmayr Adolph Pharm. Taufkirchen
Tiesenhausen Gr. N. Jur. Selly
Todt Heinrich Philol. Rothenburg
Triendl Joseph Philol. Johanniskirchen
Troppmann Johann Jur. Wurz
Tschurtschenthaler EmilJur.Botzen
Tutschek Karl Phil. München
Ulmer Heinrich Pharm. Hersbruck
Ummert Andreas Jur. Heppdiel
Usedom Karl Alfred v. Philol. Jülich
Utz Christian Med. München
Vanselow Franz Mart. Pharm. Auerbach
Vanselow Karl Phil. Auerbach
Vierzigmann Dan.Med.Herzogenaurach
Vischer Robert Phil. Stuttgart
Vogg Ludwig Phil. Günzburg
Vogel Karl Phil. München
Vogl Hermann Phil. Nördlingen
Vogt Johann Zahnheilk. Tilsit
Volkmann Jos. Theol. Neustadt
Voll Karl v. Pharm. München
Vollert Maximilian Jnr. Weimar
Vomberg Gustav Philol. Fulda
Wachter Adolph v. Phil. Memmingen
Wachter Joh. Bapt. Phil. Nordhalben
Wagner Norbert Philol. Passau
Wagus Martin Phil. Englburg
Waitz Heinrich Med. Göttingen
Walch Anton Jur. Regensburg
Waldenfels Hans Wilhelm Ferdinand
    Freiherr von Phil. Bayreuth

1870—1871

Rector DCXXII Friedrich Wilhelm Benjamin von GIESEBRECHT

Acker Jakob Phil. Eppstein
Adam Ottmar F. Emil Jnr. Ulm
Adameck Gottlieb Phil. Hlinsko
Adami Christophoro Math. Pomarolo
Adlerstein Arnold Phil. Bamberg

Alemann Jakob Med. Sct. Stephan
Altinger Friedrich Phil. Landshut
Altwegg Johannes Jur. Herrnhof
Antz Heinrich Jur. Kallstadt

Arco-Zinneberg Franz Graf v. Phil. München
Arnard Karl von Phil. München
Atzberger Joseph Phil. München
Aubry August Pharm. München
Avancini Cäsaro Jur. Zevico
Bacher Albert Jur. Frankfurt
Ballweg Otto Cam. Heidelberg
Bamann Eduard Pharm. Deggendorf
Bapplades Demetrius Med. Betolia
Bartsch Ernst Med. Rostock
Baur Alois Phil. Mittich
Bauer Leopold Med. Lichtenfels
Baur Franz Joseph Theol. Kleinkötz
Beck Stephan Theol. Oberroth
Bendorff Robert Pharm. Jassy
Berendsohn Otto Math. Meran
Berlin Heinrich Jur. Ausbach
Berthold Albert Jur. Elberfeld
Besnard Karl von Jur. Zweibrücken
Bieringer Eduard Phil. Mainburg
Biermaus Leo Med. Aachen
Bino Ludwig Phil. München
Böger Richard Jur. Sachsenhausen
Bögler Friedrich Phil. Neuburg
Bönin Franz de Paula Theol. Aachdorf
Börger. Eberhard Philol. Elspe
Bombard Wilhelm Pharm. Regensburg
Boshard Wilhelm Math. Garmisch
Braun Otto Jur. Constanz
Braun Wilhelm Math. Colmberg
Brittner August Naturw. Landau
Bückl Jakob Philol. Neuburg
Brückner Max Philol. Ansbach
Bründl Eduard Pharm. Bayreuth
Brüning Georg Jur. Rotzlar
Brunbauer Paul Phil. Ginslaried
Brunner Franz Phil. Ingolstadt
Buchner Max J. A. Pharm. München
Buck Joseph Theol. Baldegg
Büttner Johann Georg Phil. Püchitz
Bulling Anton Phil. Mühldorf.
Buss Emil Med. Dingolfing
Castle Franklin Dr. Med. Philadelphia
Caume Joseph Phil. Verona
Charmantas Demetrius Med. Nauplia
Cressirer Max Phil. Landshut
Dändlicker Karl Hist. Robas
Däntl Joseph Med. München
Däuwel Johannes Phil. Oberlustadt
Decker Friedrich Math. Ansbach
Demetriades Athamas Archäol. Athen
Demharter Karl Forstw. Zusmarshausen
Deschauer Lothar Philol. Straubing
Dietsch Christoph Karl Math. Bayreuth
Dirr Max Phil. Feldkirchen
Distler Johann Jur. Hollfeld
Dobroslawin Alexis Med. Kaluga
Doldi Max Med. Mickhausen

Dollinger Karl Jur. Gesamszell
Dordi Guido Jur. Trient
Dorschky Georg Jur. Hof
Dostler Karl Phil. Welden
Duerue Joseph Math. Neuburg
Ducinkiewicz H. F. v. Pharm. Ismail
Echinger Rupert Phil. Mittenfels
Eckhardt Friedrich Jur. Marburg
Eckmüller Ludwig Phil. Regensburg
Eder Johann Phil. Grafing
Eisenlohr Heinrich Jur. Lahr
Eisenschmid Peter Phil. München
Eisert Joh. Matthäus Realw. Dettingen
Eismann Max Jur. Floss
Emonts Georg Phil. Speyer
English Dan. B. Jur. Bardentown
Escherich Friedrich Jur. Aschaffenburg
Eschwig Anton Phil. Pless
Esebeck August Frhr. v. Med. München
Evers Franz Jur. Harburg
Faller Karl Phil. Obermoschel
Faull Rudolph A. L. Jur. Schwerin
Feder Ludwig Phil. München
Feinberg Chelmar Med. Kowno
Ficker Adolph Phil. Wien
Fielitz Oskar Cam. Riga
Fink Joseph Phil. Oberreute
Fink Philipp Phil. Erbendorf
Fischer Aegid Med. Abensberg
Fischer Georg Jur. Stamsried
Flora Anton Pharm. Mals
Flunk Mathias Theol. Aichach
Frank Konrad Med. Windsheim
Frank Hermann Med. Obermoschel
Franta Wenzeslaus Phil. München
Franz Ehrenfried Albrecht Phil. Eichstädt
Frech Wilhelm Med. Wiesbaden
Fries Karl August Forstw. Orb
Fuchs Joh. Evangel. Phil. Herschenhofen
Fuchs Julius Phil. Regensburg
Fürtner Joseph Med. München
Gailer Lorenz Hist. Arnbach
Gaul Oskar Philol. Burghausen
Gebhard Johann Phil. Landshut
Gebhardt Joh. Friedr. Med. Uffenheim
Gebhardt Jos. Jur. Kirchenehrenbach
Geiger Michael Philol. Welcher
Geigy Alfred Cam. Basel
Geistbeck Michael Phil. Friedberg
Gentil Max Jur. München
Gink Heinrich Jur. Zweibrücken
Giessler Hermann Pharm. Constanz
Gietl Heinrich M. J. Phil. München
Göbl Sebastian Phil. Habach
Göschen Richard Rob. Jur. Halle
Götz Leonhard Pharm. Wiesenbronn
Groppengiesser Friedr. Med. Schwerin
Greiner Joseph Med. Weiden
Gresbeck Berthold Phil. Mallersdorf

Gretler Karl August Phil. Weiler
Greussing Julius August Med. Feldkirch
Groshut Simon Jur. Ratt
Gross Karl Phil. Göllheim
Gruber Isidor Phil. Vegging
Grünewald Max Phil. München
Grundler Joh. Bapt. Med. Oberviechtach
Guggemos August Pharm. München
Gummi Otto Naturw. München
Hang Ludwig Jur. Regensburg
Häfeli Arnold Theol. Klingnau
Hänle Albert Phil. München
Hänle Ernst Jur. München
Hafen Karl Phil. Winnweiler
Hailer Eduard Phil. München
Haller von Hallerstein Julius Freiherr, Phil. Mindelheim
Hamburger Valentin Phil. Schifferstadt
Hammermayer Georg Med. Ingolstadt
Handel Peter Math. Finkenbach
Haqué Franz Pharm. Sereth
Hartl Martin Theol. Nassenhausen
Harteis Michael Med. Dürrn
Hartlieb Alois von Phil. Memmingen
Hartmann Johann Phil. Ottobeuren
Hartung Johann Wolfg. Phil. Hollfeld
Hasgenkopf Joh. Pharm. Wullenstetten
Hauptmann Karl Phil. Zweibrücken
Hecht Max Jur. Zweibrücken
Heckelsberg Peter Jur. Hangelar
Heide Heinrich Phil. Gravenswangen
Heidenhain Friedr. J. Phliol. Graudenz
Heimer Max Phil. Wertingen
Heiss Ernst Phil. München
Heitkamp Ludwig Philol. Wehdem
Helbling Ludw. Phil. Anzing
Helfrich Heinrich Med. München
Hellfritsch Xaver Phil. Neuburg
Hellmuth Max Phil. München
Helmsauer Benno Phil. München
Henle Adolph Phil. Regensburg
Heurung Julius Phil. München
Heuss Eduard v. Jur. München
Hierthes Philipp Julius Med. Cusel
Immelmann Johann Phil. Dammheim
Höfler Karl Med. Tölz
Hölzl Franz Xaver Theol. Burghausen
Hönig Friedrich Math. Landshut
Höring Ernst Jur. Heilbronn
Hörmann Otto v. Dr. Med. München
Hösslin Hermann v. Phil. München
Hubbauer Friedrich Phil. Ilzstedt
Huber Johann Dr. Theol. Massing
Huber Joh. Richard Theol. Besenbürn
Huber Joseph Pharm. Waischenfeld
Huber Joseph Theol. Dorfen
Huber Oskar Pharm. Geiselhöring
Hubschmann Heinr. Orientalw. Erfurt
Hulewitz Michael v. Jur. Kescianki

Hummel Karl Med. Langerringen
Jakow Belisar Pharm. Sistov
Jaspers Karl Jur. Jever
Jaud Anton Pharm. Neumarkt
Innken Theod. Jur. Feddewardergreden
Intlekofer Rudolph Med. Offenburg
Juvalta Leonhard Phil. Bergün
Kahlen Theodor Math. Düren
Kaisenberg Heinr. Jul. Phil. Landshut
Kalkstein Theodor v. Cam. Jablau
Kaltenbrunner Ferd. Phil. Kirchdorf
Karle Gustav Adolph Phil. Sigmaringen
Karli Joseph A. Theol. Zusikon
Kelper Ludwig Phil. Rathsweiler
Ketterle Anton Phil. München
Kiermayr Johann Med. Niederpöring
Kinsky August Graf v. Jur. Bürgstein
Kleitner Leonhard Phil. Augsburg
Klemm Ferdinand Phil. Amberg
Kling Lorenz Phil. Beuern
Knauer Joseph Phil. Rain
Königer Michael Jur. Mering
Konanz Karl Cam. Bretten
Körner Eugen Phil. München
Koller Franz Med. Laufen
Konophaos Spyridion Jur. Athen
Kraft Georg Johann Phil. Holzingen
Kraus Andreas Jur. München
Krecke Otto Med. Salzulfen
Krieg Georg Jur. Strassginch
Krüger Georg Med. Schwerin
Kühn Peter Phil. Oggersheim
Kugler Joseph Jur. Augsburg
Kusomitopulos Georg Med. Kalamai
Kux Joseph Jur. Erkelenz
Lamprecht Joseph Chem. Bamberg
Landauer Robert Pharm. Augsburg
Landerer Nikolaus Phil. Unterjoch
Landes Johann B. Theol. München
Lang Ferdinand Ludwig Med. Landau
Lardelli Thomas Med. Poschiavo
Lauk Karl Pharm. Weikardshof
Lehner Bartholomäus Jur. Rottendorf
Liebl Joseph Philol. Hof
Liebert Frz. Xav. O.S.B. Theol. Augsburg
Linder Fritz Pharm. Rothenburg
Lindner Wilhelm Phil. Mallersdorf
Linz Wilhelm Jur. Coblenz
Lipp Johann Philol. Schottwald
Lipps Karl Pharm. Freinsheim
Löwe Friedrich Jur. Schweinfurt
Loibl Heinrich Phil. Amberg
Lanscàr Joseph Jur. Fünfkirchen
Loretan Gustav Jur. Lenkerbaden
Lorenz Ferdinand Jur. Oberfledungen
Lotmar Benedikt Ph. Jur. Frankfurt
Lukacs Ladislaus Pharm. Bukarest
Lurz Michael Phil. Unterhohenried
Magerl Joseph Phil. Giesing

Maier Franz Phil. Bamberg
Majer Gustav Pharm. München
Maillot de la Treille Adolph Freiherr von Phil. Speyer
Mair Ludwig Jur. München
Mann Karl Phil. München
Mandel Karl Jur. Ansbach
Markovic Tichomil Jur. Belgrad
Markovitsch Zivoin Cam. Belgrad
Martin Karl Naturw. Jever
Mathi Joseph Philol. Hademar
Marx August Philol. Kaiserslautern
Mayer Friedrich Math. Kempten
Mayer Joseph Alois Med. Matsies
Mayerhausen Hermann Phil. Weltnau
Mayr Karl Phil. Grafrath
Max Alexander Pharm. Bottuschan
Melchert Hermann Med. San Paulo
Mettenleitner Joh.Bapt. Phil. Kempten
Mettenleitner Mich. Jur. Regensburg
Metzkopp Ferdinand Phil. München
Meyer Gustav Jur. Speyer
Meyer Joseph Phil. Ingolstadt
Meyer Wilhelm Philol. Nördllugen
Miller Ambros Theol. Immelstetten
Miller Hugo Phil. Obergermeringen
Mitell Reinhold Philol. Leipzig
Mörtl Michael Theol. Hauzenberg
Mohr Otto Phil. Landau
Moudlicht Heinrich Pharm. Bottuschan
Moosbauer Eduard Phil. Hohenau
Moreau Max Frhr. v. Phil. München
Morodey Konrad Phil. St. Ulrich
Moser Johann Nep. Phil. Kimratshofen
Müller Franz Dr. Med. Tirschenreuth
Müller Friedr. Paulus Theol. Augsburg
Müller Georg Phil. Berlin
Müller Hermann Phil. München
Müller Johann Jur. Jever
Müller Johann Baptist Phil. München
Müller Julius Jur. Speyer
Müller Karl Jur. Meiningen
Müller Marzell Jur. Gersau
Neudecker Georg Jur. Altdorf
Neustein Hermann Phil. Lockern
Niclas Emil Med. Bayreuth
Niclas Johann Jakob Philol. Bayreuth
Niedermayer Karl Theol. Freising
Niggl Karl Theol. Thannhausen
Nischler Anton Phil. Vohenstrauss
Nothhaas Leonhard Phil. Waldmünchen
Novak Joseph Med. Völkermarkt
Novacowic Djoco Jur. Zeitschar
Obermeier Joseph Philol. Deggendorf
Oppacher Johann B. Chem. Rosenheim
Ortner Engelbert Phil. Eschenau
Osberger Georg Jur. Nürnberg
Oswald Georg Jur. München
Ott Adolph Phil. Eggen

Ott Willibald Phil. Freising
Otto Julius Jur. Pforzheim
Ow Emil v. Med. Büdingen
Paulsen Eduard Med. St. Thomas
Paulus Eduard Jur. Wieserfelden
Paur Emil Phil. Augsburg
Pechmann Friedrich Freiherr von Jur. München
Peltzer Wilhelm Jur. Cösfeld
Perfall Karl Theodor Freiherr von Phil. Greifenberg
Petrich Paul Jur. Posen
Pfetten-Arnbach Karl Freiherr von Phil. Niederarnbach
Pfleger Franz Jur. Regensburg
Pfeufer Eduard Phil. Nürnberg
Pickel Johannes Philol. Nürnberg
Piderit Otto G. Ph. Phil. Hanau
Pigenot Joseph v. Math. München
Platz Friedrich Wilhelm Phil. Speyer
Pleininger Cajetan Phil. Oberhaus
Plenk Johann Math. Maxhütte
Pointmayr Joseph Pharm. Fürstenzell
Popp Matthäus Theol. Margarethenried
Poppovitsch Basilius Cam. Belgrad
Poschinger Eduard v. Phil. Frauenau
Preuss Otto Jur. Detmold
Prinz Johann Hubert Jur. Eschweiler
Prinzinger August Jur. Nonnthal
Probst Johann Pharm. Bartlberg
Proschberger Johann Philol. Neuried
Protic Nikolaus Staatsw. Belgrad
Prunhuber Wilhelm Phil. Eschenbach
Räsfeldt Hermann Freiherr von Phil. München
Rainprechter Christ. Pharm. Zwiesel
Roll Adolph Phil. Landshut
Ramboldi Max Graf von Phil. München
Ramberg Günther Phil. München
Rapp Martin Theol. Honsolgen
Rebmann Jakob Phil. Speyer
Reder Joseph Phil. Steyr
Reibmayr Alois Med. Botzen
Reichert Georg Phil. Bamberg
Reindl Joseph Theol. Neumarkt
Reinhard Eduard Dr. Med. Weiden
Reiser Ferdinand Phil. München
Renn Emil Phil. München
Renta Basilius Theol. Banilla
Rheinberger Eugen Phil. Pirmasens
Richter Friedr. Wilh. Jur. Fredeburg
Rieder Ferdinand Phil. Straubing
Rock Ludwig K. August Phil. München
Röckl Alphons Phil. München
Röhrer Michael Jur. Bamberg
Rogler Johann Adam Chem. Brand
Romstöck Franz Sal. Math. Neumarkt
Rosner Karl Med. Freising
Röttger Karl Jur. Aschaffenburg

29

Roth Georg Phil. Dachsberg
Roth Karl Med. Bamberg
Rothlauf Benedikt Math. Weismain
Ruciuski Stanislaus Chem. Warschau
Rupprecht Ernst Phil. München
Rupprecht Theodor Phil. München
Salb Georg Jur. Sesslach
Salm Ortwin Naturw. Coblenz
Sandner Karl F. A. Phil. Augsburg
Sarikas Leonidas Jur. Chios
Schamper Peter Phil. Pelling
Schardig Johann Phil. Zengendorf
Schedel von Greissenstein Otto
    Phil. München
Scheitle Alois Theol. Ettringen
Scherer Karl Jur. Gülchsheim
Schierlinger Steph. Forstw. Würzburg
Schiffl Alois Theol. Waldkirchen
Schiffmacher Karl Phil. Weingarten
Schillinger Adolph Phil. Rosenheim
Schmid Alois Phil. Halusbäch
Schmid Max Phil. Wörth
Schmidt Emil Phil. Rothhausen
Schmidt Heinrich August Math. Idstein
Schmidtlein Karl Med. München
Schnall Mathias Theol. Aretsried
Schneider August Phil. München
Scholler Heinr. Aug. Jur. Regensburg
Scholoin Robert W. E. J. Jur. Hamburg
Schomburgk Wilhelm Hist. Leipzig
Schrauth Karl Phil. München
Schreyern Karl von Jur. Reichenhall
Schrieker Franz J. Philol. Ebnath
Schütlein Max Phil. Eschenau
Schürmann Gust. Chem. Recklinghausen
Schürmann Melchior Theol. Sempach
Schumann Karl M. Naturw. Görlitz
Schuster Otto Jur. München
Schwaiger Sebast. Pharm. Ebersberg
Schwarz Johann Pharm. Straubing
Schweizer Joh. J. Med. Schönlzsweil
Schweykart Karl Phil. Neuburg
Schweykart Paul Jur. München
Sebert Joseph Jur. Pottenstein
Sedlmayr Anton Pharm. München
Seiberth Karl Pharm. Vilshofen
Seidl Joseph Philol. Göttersberg
Seiffert Wilhelm Pharm. München
Semmelbauer Adolph Pharm. Baben-
    hausen
Seer Franz Phil. Pirmasens
Seuffert Joseph Kaspar Jur. Bamberg
Sieber Alfred Pharm. Mühldorf
Siebert Moriz Med. Hademar
Siessl Franz Philol. Schlipfing
Smith Byrol K. Phil. Humboldt
Spatzenegger Rupert Jur. Salzburg
Specht Thomas Theol. Ettringen
Sprengler Joseph Phil. Augsburg

Stefanowitz H. Jur. Knirschevatz
Steckenbiller Johann Evangelist
    Theol. Landshut
Steinmann Julius Philol. Trimbach
Stemmer Johann Phil. Günzelhofen
Stengel P. O. S. B. Karl Steph. Math.
    Prichsenstadt
Stiegler Johann Phil. Edersfeld
Stille Gustav Med. Steinau
Stoss Ludwig Forstw. Obernburg
Strauss Georg Math. München
Strobel Otto Phil. Moosburg
Stüver Franzis Louis Med. St. Louis
Stumpf Max Phil. München
Thalmayr Joseph Theol. Dorfen
Thalmayr Mathias Phil. Dorfen
Thoma Peter Hist. Set. Peter
Thoms Oskar Pharm. Neuburg
Triendl Heinrich Phil. Johannskirchen
Urban Franz Phil. München
Val de Lièvre Anton Dr. Jur. Trient
Velten Wilhelm Dr. Phil. Karlsruhe
Vitzthum Max Phil. Freising
Vögelé Joseph Naturw. Leibstadt
Vogel Johann Baptist Phil. Regen
Volk Joseph Phil. München
Volkmann Joseph Theol. Neustadt
Vossschulte A. Hubert Med. Emsdetten
Wachter Bernhard Jur. Regensburg
Wagemann Friedrich Jur. Celle
Wagner Adam Phil. Hayna
Waldeck Franz Paul Jur. Passau
Waller Max Phil. Mantel
Waltenberger Georg Phil. Unterran-
    ningen
Walther Julius Pharm. Passau
Wegele Hugo Phil. Würzburg
Wehner Anton Phil. München
Weichmann Anton Phil. Regensburg
Weltz Friedrich Georg Med. Speyer
Welzhofer Heinrich Phil. München
Weiss Johann Evang. Phil. Weismühl
Wetli Jakob Lorenz Theol. Oberwyl
Wiest Wilhelm Jur. Ellwangen
Wille Valentin Phil. Deutenkofen
Willibald Ferdinand von Phil. München
Wimmer Albert Philol. Amsham
Wisnet Gottfried Phil. Passau
Wittelshofer Moriz Jur. Floss
Wittmann Jos. Forstw. Finkenhammer
Wölzl Gotthard Phil. München
Wolfrum Karl Math. München
Wündisch Ernst Jur. Germersheim
Wütterich Alfred Jur. Bern
Wunderlich Christian Karl Forstw.
    Schwarzenbach
Wurzer Bernhard Jur. Dillingen
Zahn August Jur. Edenkoben
Zetl Wilhelm Pharm. Rosenheim

Ziegler Anton Phil. München
Zöhnle Adalbert Phil. München
Zorn Eduard Philol. Ansbach

Zorn Philipp Jur. Ansbach
Zottmann Max Jur. Appersdorf
Zust Irenäus Med. Sursen

1871—1872

Rector DCXXIII Ignaz von DOELLINGER III

Abele Oskar Pharm. Rottweil
Acker Ludwig Dr. Med. Edenkoben
Aichinger Joseph Math. Wörth
Albert Anton Phil. Bamberg
Allfeld Philipp Phil. Landshut
Arbeiter Adolph Med. Weiden
Arnold Karl Phil. Edenkoben
Arnold Clemens Phil. München
Arnold Theodor Med. Solothurn
Assmus Karl Med. München
Auer Friedrich Jur. Mezingen
Bacher Max Phil. Augsburg
Bachmeyer Wilhelm Phil. Forchheim
Back Alfred Pharm. Pöttmes
Baronner Alois Theol. Mittenwald
Battaglia Nikolaus Jur. Zug
Bauer Franz Math. Mittich
Bauernfeind Georg Phil. Biern
Baumann Joh. Ulrich Jur. Olmishausen
Baumgärtner Ferd. Med. Illertissen
Baumgärtner Rich. Phil. Illertissen
Bayer Nivard Phil. Hofheim
Bechtolsheim Max Freiherr von Phil.
    München
Beck Xaver Med. Aichach
Beck Joseph Realw. Wünschenbach
Beck Oskar Phil. Nördlingen
Becker Adolph Med. Niederhochstadt
Behrendt Wilhelm Jur. Gadenburg
Behring Wilhelm Phil. Elbing
— Bekessy Ladislaus Naturw. Besnyo
Bernhard Friedrich Theol. Donauwörth
Bernhart Karl Chem. Messenhausen
Bernstorff Wilhelm v. Jur. Schwerin
Berthl Anton Phil. München
Bessler Andreas Phil. Hundshof
Biedermann Georg Philol. Würzburg
Bieger Georg Pharm. Bamberg
Bieger Joseph Phil. Bamberg
Bischof Gustav Jur. München
Bitton Johann Kaspar Med. Bamberg
Blanolt Georg Med. Neuenburg
Bleicher Julius Phil. München
Blezger Eberhard Pharm. Ellwangen
Bloch Joseph Samuel Phil. Unkla
Block Karl Otto Med. Neufahrwasser
Bös Johann Jur. Zeiskam
Boneberger Ad. Pharm. Nesselwang

Boshart Karl Jur. Garmisch
Brand Joseph Pharm. München
Braun Georg Theol. Stiessberg
Braun Karl Jur. Augsburg
Braun Wilhelm Math. Königshofen
Braunsberger Otto Theol. Augsburg
Dreher Joseph Phil. Steinbach
Brehme Oskar Karl Jur. Rossla
Brehm Franz Philipp Med. Bamberg
Brendel Leo Med. Lemberg
Breuning Wilhelm Phil. Regensburg
Brigl Karl Med. Girlan
Broye Julius Jur. Freiburg
Brunner Johann Adam Phil. Zwiesel
Brunner Joseph Math. München
Buchheit Johann Phil. Münchsweiler
Buchwald Gustav von Jur. Eisenach
Büdel Johann Med. München
Bürgel Heinrich Phil. München
Büttner Sebastian Realw. Ganzhofen
Burgmaier Karl Phil. Pfarrkirchen
Carl Adolph Med. Zweibrücken
Caspar Paul Jur. Weringerode
Caspar Peter Med. Kublis
Chatelanat Alexis Philol. Lausanne
Chodorowski Anton Med. Gredno
Cohausen Karl v. Med. Trier
Constantinides Georg Philol. Nausa
Cordes Karl Friedrich Phil. Halligdorf
Daffner Max Jur. Bayreuth
Dahlem Eugen Phil. Schwalbenmühle
Deibel Ludwig Cam. Kusel
Deisbeck Andreas Pharm. München
Dengler Heinrich Med. Weissenburg
Derenm Adolph Jur. Zweibrücken
Deyrer Joseph Johann Cam. Neuburg
Dieminger Franz Phil. Reinhartshausen
Diepolder Joh. Nep. Theol. Benningen
Diehl August Jur. München
Dietl Eduard Phil. Vohenstrauss
Dietzsch Karl Georg Med. Erlenbach
Diez Rudolph Med. Augsburg
Djordjevits Michael Jur. Belgrad
Ditterich Karl Phil. Erlangen
Doblinger Herm. Forstw. Rosenheim
Dobner Joseph Theol. Regensburg
Dörr Franz Philol. Kirburg
Dörr Otto Math. Messenheim

28*

Dubois Edmund Phil. München
Düll August Math. Eichstädt
Dümür Albert Phil. München
Dückerhoff Paul Fr. Jur. Zeitz
Duschl Sebastian Pharm. Donaustauf
Ebenau Friedrich Med. Frankfurt
Eberl Max Phil. München
Eder Johann Phil. Berching
Effert Gottlieb Math. Herabruck
Egenolf Peter Phil. Offheim
Eggensberger Max Phil. Augsburg
Eggerdinger Alois Phil. Harpolden
Eglhuber Alois Jur. Hashain
Eisen Ernst Jur. Nürnberg
Emeis Heinr. Th. Dr. Med. New-York
Emerich Friedrich Jur. Fischach
Emmerich Rudolph Phil. Speyer
Emmrich Rudolph Jur. Meiningen
Endres Richard Jur. München
Erl Rudolph Phil. München
Esch Ferdinand Med. Herdecke
Fahrnberger Joseph Pharm. München
Falkenstein er JosephPharm.Landshut
Falkner von Sonnenburg Jur.
　　Moosburg
Falter Karl Pharm. Kempten
Farr Eduard Pharm. Ulm
Fehlner Albert Philol. Eichstädt
Feldl Joseph Phil. Pest
Fenner Hans Phil. Dübendorf
Fenzl Felix Med. Denkenreuth
Feust Julius Phil. Fürth
Fikentscher Georg Med. Hof
Fillweber Franz Pharm. Kronach
Fischer Philipp Chem. Hardt
Fitzan Karl Friedrich Naturw. Breslau
Fläxl August Staatsw. München
Flessa Ferdinand Phil. München
Fliesen Wilhelm Jur. Kaiserslautern
Flathgraf Joseph Jur. Cöln
Forkenbach Theod.Jur.Lüdinghausen
Forsthuber MaxJosephPhil. Landstuhl
Frainier Ludwig Pharm. Würzburg
Fraisse Paul Hermann Med. Naumburg
Francksen Friedrich Med. Düke
Franz Alfred Andreas Jur. Naumburg
Freitag Johann Phil. München
Freudenreich Ed. v. Jur. Bern
Frick Adolph Jur. Rostock
Frobenius Karl Phil. Ansbach
Frommel Alfred Jur. Augsburg
Fuchs Adam Phil. Amberg
Fuchs August Jur. Landau
Fuchs Johann Ev. Phil. Herschenhofen
Fuchs Rudolph Naturw. Braunschweig
Fuchs Theobald S. A. Phil. Schroben-
　　hausen
Fürholz Wilhelm Jur. Solothurn
Fürst Franz Jur. Kappel

Fürstenau Wilhelm Jur. Hanau
Gabler August Jur. Dinkelsbühl
Garvens Eduard H. Med. Hamburg
Gatterer Ernst Phil. Levico
Gatterer Julius Jur. Levico
Gebhardt Ignaz Phil. München
Gerich Karl Med. Frankenthal
Gerster Franz Karl Math. Regensburg
Gescher Karl Phil. Ehrenbreitstein
Geyer Lorenz Pharm. Vielitz
Gissler Bernhard Jur. Villingen
Glockengiesser Friedr.Pharm.Lindau
Götz Max Pharm. Augsburg
Goilov Gregor Phil. Bottuschany
Gossner Karl Pharm. Augsburg
Gottschalk Günther H. Jur. Görsbach
Gradl Georg Realw. Regensburg
Grafenstein Jos. Karl v. Phil.Burggrub
Greiml Hermann Phil. München
Gröbl Johann Nep. Phil. Ingolstadt
Gross Gustav Phil. Bamberg
Gschaider Adolph Phil. München
Gülle Louis Jur. Stettin
Günther Rudolph Phil. Augsburg
Gulden Gustav Jur. Zweibrücken
Gulielmo Joseph Pharm.Nymphenburg
Gutermann Engelb. Math. Regensburg
Guttenberger AdolphJur.Waldemohr
Häffner Karl August Phil. Neuensorg
Hänslmayr Ludw. Pharm. Pfaffenhofen
Hager Karl Theol. München
Hamel Paul Jur. Paris
Hammerle Jakob Dr. Med. Welters
　　weiler
Handl Heinrich Phil. Regensburg
Hanika Nikolaus Med. Oehsenfurt
Hann Franz Gustav Phil. Kremsmünster
Hann Max Ferd. Phil. Rotthalmünster
Hanow Rudolph Jur. Stettin
Harteneck Karl Phil. Rhedt
Hartert Wilhelm Med. Melsungen
Hartmann Moriz Med. Fulda
Hasselt Karl Pharm. Oberzenn
Hebel Ernst Phil. Legau
Heck Eduard Med. Asselheim
Hegnauer Nutin Med. Igis
Heinichen Eduard Jur. Hildesheim
Heinis Eduard Phil. Therwel
Helbing Karl Phil. München
Helmkampf Hermann Med. Grund
Heng Friedrich Jur. Wachenheim
Henkel Moriz Phil. Aschaffenburg
Henle Wilhelm Jur. Regensburg
Henner Theodor Jur. Würzburg
Hermann Ernst Med. München
Herold Karl Phil. Nürnberg
Herrmann Emil Jur. Heidelberg
Hertz Jakob Med. Dzialoszyn
Hesse Ludwig Med. Essen

Heuschmann Hans Phil. Garmersreuth
Heyde Max Phil. Bayreuth
Hintermayer Anselm Phil. Wasser-
trüdingen
Hintermayer Martin Phil. Wasser-
trüdingen
Höfler Max Med. Tölz
Hörmann von Hörlach Joseph Phil.
Rosenheim
Hörmann Ludwig von Phil. Augsburg
Hörrmann Max Pharm. Büchlberg
Hörning Karl Med. Fulda
Hoffmann Fritz Phil. Augsburg
Hoffmann Jakob Phil. Schwanheim
Hoffmann Johann Joseph Jur. Passau
Hoffmann Karl Phil. Elbersdorf
Hofmann August Phil. Rupertshütten
Hofpaur Karl Pharm. Landshut
Holl Georg Med. Augsburg
Huber Joseph Pharm. Schönberg
Hudler Ludwig Phil. Mittelstetten
Huber Johann Baptist Phil. Heideck
Huber Max Phil. Schrobenhausen
Huber Theodor Med. Dillingen
Hüther Adalbert Phil. München
Hutter Gundekar Phil. Eichstädt
Huttner Bernhard Phil. Wertingen
Hüttinger Anton Dr. Med. Simbach
Janssen Joseph Med. Orefeld
Jäckel Franz Med. Fulda
Jaud Joseph Phil. München
Jenner Hermann Med. Schwartau
Jenner Wilhelm Med. Schwartau
Joachim Erich Julius Philol. Nimptsch
Jolly Julius Philol. München
Isch Benedikt Naturw. Lyss
Julius Leopold Archäol. Dessau
JungwirthGeorgNaturw.Stockenrenth
Käser Viktor Med. Stüsslingen
Kahl Wilhelm Jur. Schweinfurt
Kahlen Theodor Math. Düren
Kaindl Adolph Med. Grassau
Kalbeck Max Julius Phil. Breslau
Kalvoda Ludwig Phil. Anjzad
Kaupisch Paul Philol. Stolberg
Keim Karl Friedr. Philol. Ludwigshafen
Keller Ludwig Phil. München
Ker Karl Pharm. München
Keyfel Anton Phil. Aukirchen
Khann Anton Jur. Tölz
Kipp Friedrich Arnold Med. Unna
Kirchberg Franz Med. Warsfelde
Kleemann Karl Naturw. Sappenfeld
Klein Georg Phil. Oggesheim
Klettner Leonhard Philol. Augsburg
Knorr Thomas Phil. München
Köberle Joseph Phil. Enzisweiler
Koch Hugo Ludwig Med. Uthleben
Köllner Joseph Theol. München

Kölsch Karl Jur. Neustadt
Kölsch Robert Med. München
König Dietrich Philol. Amsterdam
Königshöfer Oskar Med. Passau
Körte Gustav Philol. Berlin
Kohl Ludwig Med. Schwabach
Kohl Wilhelm Pharm. Schwabach
Kolbmann Georg Bernh. Jur. Nürnberg
Koller Jakob Jur. Meierskappel
Koller Karl Pharm. Günzburg
Kordenter Friedr. Philol. Sigmaringen
Krafft Ludwig Pharm. Bergzabern
Krallinger Joh. Bapt. Phil. Renzling
Kranold Friedrich Jur. Osnabrück
Kratzer Michael Phil. Neumarkt
Kraus Friedr. Ernst Pharm. Darmstadt
Krause Hermann Med. Naumburg
Krazeisen Karl Jur. München
Kremplhuber August von Pharm-
München
Krieger Ludwig Phil. Dingolfing
Krieger Rudolph Phil. Straubing
Krieglsteiner Karl Dr. Med. Kempten
Krönig Wilhelm Jur. Paderborn
Krug Georg Jur. Regensburg
Krüger Franz Pharm. Schellenberg
Kugelmann Georg Phil. Bobingen
Kuhne Hans Philol. Derenthal
Kuntschen Joseph Jur. Sitten
Kunz Alexander Philol. München
Lacher Otto Med. Mannheim
Lameran Ferdinand Freiherr von Jur.
Landau
Lang Albin Phil. Kempten
Lang Otto Philol. München
Langbehn Julius Math. Kiel
Laufer Ernst Med. Eglisau
LautenbacherLudw.Pharm.Straubing
Lautenhammer Roder. Phil. München
Lautenschlager Joseph Phil. Wolf-
rathshausen
LautenschlagerJos.Phil.Regensburg
Lehmann Friedrich Jur. Jever
Lehr Gustav Med. Wiesbaden
Lehrnbecher Ignaz Dr. Med. Schwarz-
hofen
Leibl Johann Med. Köln
Leinfelder Alois Phil. Schäfstall
Lengauer Joseph Phil. Rosenheim
Lessing Karl Gustav Med. Hamburg
Leyden Casimir Graf v. Jur. München
Lickteig Johann Phil. Dansieders
Liebhardt Joseph Phil. Bruck
Liederskron Adolph v. Med. Binswang
LindenbergerKarlPharm.Regensburg
Löb Karl Med. Hachenburg
Locher Joseph Philol. Aulendorf
Löffl Joseph Pharm. Eggenfelden
Lossen Aus. Aug. Jur. Concordiahütte

Löw Max Phil. Zweibrücken
Luber Paul Phil. Hirschau
Ludwig Adolph Phil. München
Lübecke Max Jur. Rostock
Lüderitz Martin von Chem. München
Lüger Anton Pharm. Thingen
Lugo Hermann Pharm. Schwetzingen
Lukaos Ladislaus Med. Bukarest
Luthmer Hans Philol. Goslar
Luxburg Nik. Graf v. Phil. München
Macher Hermann Med. Hof
Mändl Joseph Phil. Tittmoning
Mahr Ludwig Phil. Buttenheim
Maier Richard Theol. Gabelbachgreuth
Mannseicher Georg Theol. Wörth
Martin Johann Phil. Veyrler
Marzell Oskar Pharm. Regensburg
Marzell Theodor Phil. Regensburg
Mark Joseph Phil. Kaiserslautern
Mathäus Leonhard Philol. Mühlfeld
Matulka Max Emm. Phil. Eichstädt
Mayer Ferdinand Med. Amberg
Mayer Wilhelm Jur. Nürnberg
Mayerhöfer Anton Philol. Falkenberg
Mayerhöfer Johann Philol. Passau
Mayr Friedrich Med. Regensburg
Mayr Johann Phil. München
Medler Joseph Realw. Hünfeld
Mehringer Michael Theol. Bernlohe
Mellinger Karl Med. Rheinzabern
Merkel Friedrich Jur. Detmold
Merkel Johann Jur. Halle
Mertens Viktor Philol. Crefeld
Mess Friedrich Phil. München
Messmer Hermann Phil. Rothenburg
Metaxas Alexander Jur. Athen
Metz Gustav Med. Hohnstadt
Metzler Friedrich Jur. Bamberg
Meyer Alfred Jur. München
Meyer Alois Jur. Ruswil
Meyer Hans Phil. Berlin
Meyer Karl August Jur. Detmold
Meyn Eugen Jur. Altona
Miohelletti Johann Bapt. Philol. Prè
Milnér Emanuel Dr. Jur. Prag
Miovic Jakob Math. Derms
Mirbach Rudolph v. Med. Schlosswinden
Mohr Karl Theodor Jur. Ubersheim
Molitor Karl Jur. Bruchsal
Moroff August Math. Hof
Moser Bernhard Phil. Hindelang
Moser Franz Seraph Phil. Pfarrkirchen
Mühldorfer Max Pharm. Passau
Mühlenbruch Wilhelm Jur. Grabow
Müller Adalbert Jur. Nordhausen
Müller Andreas Math. Teuschnitz
Müller August Phil. Kreuzweiser
Müller Karl Theol. Gunzenheim
Müller Karl Phil. München

Müller Max Med. Landshut
Müller Otto Jur. Werden
Müller Richard Phil. München
Müller Roland von Jur. Schwerin
Müllner Karl Phil. Kremsmünster
Münz Ludwig Med. Gau-Aschach
Müruseer Joseph Naturw. Bairawies
Muhl Joseph Ludwig Philol. Bergenhusen
Muschgay Joseph von Pharm. Horb
Nadler Anton Phil. Aichach
Nagy Julius Phil. Harsina
Needer August Phil. München
Nehring Fritz Jur. Beckendorf
Neumaier Xaver Jur. Straubing
Niezoldi Raimund Jur. Bamberg
Nothhaft Johann Phil. München
Oberkamp Karl von Jur. München
Obermaier Franz Sales Phil. Landau
Oberst Max Med. Regensburg
Ochsenreiter Franz Xaver Phil. Hammermühle
Oefele Xaver Med. Dillingen
Opel Rudolph Jur. Hof
Ost Max Cam. Dillingen
Otto Max Jur. Hamm
Pachmayr Adrian Jur. München
Palfi Karl Naturw. Várvalva
Palmberger Johann Baptist Pharm. München
Pauli Richard Franz Dr. Med. Landau
Pentz Franz von Jur. Gremmlin
Petz Johann Phil. München
Petzenbacher Anton Phil. Tegernsee
Pfannenstiel Ad. Pharm. Ziegelsdorf
Pfeffer Alois Jur. Ottmanszell
Pfister Christ. Max Landw. Pappenheim
Platzer Karl Med. Aschaffenburg
Plüss Rudolph Pharm. Aasburg
Pöllath Michael Phil. München
Pointmayr Joseph Med. Fürstenzell
Pollack Heinrich Jur. Dillingen
Ponath Georg Phil. Windischeschenbach
Popp Wilhelm Med. Regensburg
Poppadie Swetozar Jur. Negotina
Poppovitsch Waser Cam. Belgrad
Pordes David Pharm. Lemberg
Porzelt Heinrich Jur. Cronach
Potschweid Friedrich Med. Würzburg
Preidt Andreas Pharm. Zeiden
Preysing Max Graf von Phil. München
Prinz Gustav Pharm. Wassertrüdingen
Prümers Rodgero Philol. Burgsteinfurt
Queuselt Eberhard Jur. Hildesheim
Radiwojewitsch Gioka Naturw. Belgrad
Rütz Nikolaus Med. Schüpfen
Raitmann Joseph Pharm. Roman
Rosshofer Georg Theol. Nymphenburg
Rast Alphons Med. Würzburg

Ranner Adolph Jur. Rott
Rebholz Anton Jur. Mindelheim
Regensburger Martin Phil. San Francisco
Regnet Karl Phil. München
Reichenberger Silvan Philol. Warmsteinach
Reichert Ritter v. Friedr. Med. Amberg
Reidelbach Hans Phil. Oberriedenbach
Rein Isak Jur. Regensburg
Reindel Hieronymus Jur. Bamberg
Reiner Joseph Math. Traunstein
Reinhard Wilhelm Med. Melsungen
Reinsch Friedrich Aug. Phil. Nürnberg
Reiser Joseph Pharm. Bamberg
Rendle Max Phil. Augsburg
Ressler Karl Jur. München
Rettich Franz X. v. Philol. Sigmaringen
Reuter F. Oskar Jur. Bamberg
Richter Daniel Orient. Chzanow
Rieder Otto Konrad Phil. Weissenburg
Riedl Max Pharm. Kraiburg
Rieger Adolph Phil. München
Riegler Xaver Pharm. Straubing
Rizinos Anton Jur. Colos
Roscher Gustav Jur. Elze
Roth Karl Med. München
Roth Friedrich Med. Uffenheim
Rothdauscher Hr. Pharm. Pfaffenberg
Rothschild Nathan Phil. München
Rottach Heinrich Phil. Leubas
Rotter Emil Med. Nürnberg
Rubach Alexander Jur. Schwerin
Ruckli Moriz Jur. Hiltisrieden
Rudert Bruno Ernst Jur. Planitz
Ruedl Karl Med. Zizers
Ruess Franz Xaver Phil. Görrisried
Rullmann Karl Med. Kesselstadt
Salger Karl Phil. Burgheim
Sander Christian Jur. Verden
Sándor Johann Naturw. Almás
Sauter Richard Med. Constanz
Schäffer Joseph Pharm. Grosswardein
Schanzenbach Ernst Phil. München
Schauer Ludwig Theol. Adelzhofen
Scherrer Christian Jur. Mittersweiler
Scheurer Adalbert Forstw. Marktbreit
Schiele Franz Med. Mannholz
Schierlinger Franz Phil. Würzburg
Schinke Adolph Med. Hedemünde
Schläger Hermann Med. Hannover
Schlessinger Karl Pharm. Jassy
Schlichting Franz X. Phil. Kohlwald
Schlichting Friedrich Pharm. Ansbach
Schlissleder Jos. Phil. Wasserburg
Schlund Michael Phil. Eggelsheim
Schmerl Heinrich Jur. Einersheim
Schmid August Forstw. Würzburg
Schmid Johann Jur. Wals

Schmid Julius Philol. Eichstädt
Schmid Michael Phil. München
Schmidt Alfred Phil. München
Schmidt Heinrich Ludwig Jur. Rostock
Schmidt Hermann Jur. Dedersdorf
Schmidt Rudolph Phil. Parchim
Schmidt Wilhelm Philol. Hof
Schmitz Alfons Math. Regensburg
Schmitzberger Jos. Med. Handenberg
Schneider Clemens Phil. München
Schneider Franz Jur. Koblenz
Schneider Georg Jur. Edenkoben
Schneider Heinrich Jur. Landau
Schneider Ignaz Philol. Bamberg
Schneider Joseph Naturw. Eichstädt
Schoch Albert Jur. Lichtensteig
Scholl Friedrich Karl Phil. Rüdesheim
Scholz Franz Jur. Donauwörth
Schöttl Ignaz Phil. Geretshausen
Schrade Karl Pharm. Ulm
Schrank Michael Phil. Frontenhausen
Schrandolph Ignaz Theol. Sonthofen
Schreiber Friedrich Jur. Arth
Schröder Oskar Phil. München
Schuh Georg Jur. Fürth
Schuhmacher K. Otto Jur. Obermoschel
Schulhof Richard Jur. Prag
Schwab Julius Philol. Constanz
Schwabe Karl Jur. München
Schwaiger Joseph Pharm. Ebersberg
Schwappach Adam Forstw. Bamberg
Schwarz Konrad Dr. Med. München
Schwarz Johann Baptist Phil. Wallerstein
Schweyer Hermann Pharm. Bopfingen
Schwink Richard Jur. Würzburg
Seeligsberg Jakob Phil. Cronach
Seewald Max Rudolph Pharm. München
Seiler Mathias Cam. Heidelberg
Seitz Friedrich Wilhelm Phil. Weilburg
Sel Joseph Pharm. Deggendorf
Sendner Johann Baptist Jur. Höchstädt
Sichling Jakob Joh. Naturw. Nürnberg
Sickenberger Hermann Phil. München
Sieben Adolph Phil. Billigheim
Sigl Johann Ev. Philol. Damenstift
Simmerbauer Theodor Phil. Berg
Simon Gustav Phil. Neupfalz
Sintenis Gustav Ernst Jur. Alt-Sahten
Sittig Christian Julius Med. Kulubach
Sohn Joseph Jur. Aschaffenburg
Solger Bernh. Dr. Med. Untermerzbach
Spät Franz Phil. Moosburg
Spanrofft Karl Wilh. Pharm. Amberg
Spengel Leonhard Pharm. München
Spieler Johann Phil. Mittlödy
Spiess Georg Phil. Bamberg
Stadelbauer Friedr. Jur. Regensburg
Starker Gustav Naturw. Stuttgart
Stechele Max Med. Dinkelscherben

Steinberger Alfons Philol. München
Steinmetz Georg Philol. Nürnberg
Stephan Richard Jur. Delitch
Sterki Viktor Med. Solothurn
Stern Joseph Forstw. Stephanposchingen
Stöhr Max Phil. München
Stohlmann August Med. Gütersloh
Stollreither Max Med. Mindelheim
Stojanowitsch Jasso Naturw. Negotin
Streber Alois v. Pharm. Niederviehbach
Ströll Moriz Jur. München
Struich Ignaz Med. Ucherath
Stubenrauch Frz. v. Phil. Nantesbuch
Sutter Theodor Phil. Essingen
Suttner Ludwig Phil. München
Thalhammer Joseph Phil. Thalham
Thelemann Heinr. Jur. Aschaffenburg
Thielmann Philipp Phil. Kaiserslautern
Thumbach Alois Phil. Schönleiten
Thurn und Taxis Nikolaus Fürst von Phil. Regensburg
Timme Ferdinand Med. Coblenz
Topp Rudolph Jur. Braunschweig
Tzetzes Johannes Dem. Philol. Jamina
Uhl Franz Xaver Phil. Kirchenthumbach
Ulrich Gustav Med. Marburg
Urban August Pharm. Vilsbiburg
Uth Friedrich Math. Fulda
Verstl Jakob Phil. Passau
Vogt Richard Jur. Neustadt
Vogtherr Franz Realw. Stübach .
Voit Erwin Phil. München
Voithenleitner Johann Phil. Langenpreising
Wachter Adolph Ev. Jur. Memmingen
Wagner Sebastian Phil. Landshut
Walber Friedrich Jur. Hof
Waldenfels H. Frhr. v. Jur. Bayreuth
Waldschmitt Otto E. Phil. Albersweiler
Walker Theodor Jur. Solothurn
Walser Max Med. Schwabhausen
Walter Joseph Jur. Burgberg
Washeim Max Pharm. Rothenburg
Weber Heinrich Pharm. Neuburg
Weber Heinrich Jur. Nürnberg
Weber Kaspar Jur. Leuggern
Wegele Franz Xaver Phil. Pflugdorf

Wegelin Adolph Phil. Set. Gallen
Weibel Joseph Jur. Eschenbach
Weingartner Andr. Philol. Luzern
Weinschütz August Phil. Speyer
Weiss Andreas Phil. Aschheim
Weiss Jakob Jnr. Edenkoben
Weiss Quirin Theol. Holzkirchen
Weith Heinrich Naturw. Homburg
Weitz P. A. Wilh. Phil. Fischbacherhütte
Welker Karl Eugen Phil. Oberminchen
Welsch Albert Dr. Med. Kissingen
Welty Eduard Jur. Greenville
Weninger Johann Math. Straubing
Wentz Karl Jur. Potsdam
Weppler Johann Phil. Bellheim
Wesener Franz Jur. Paderborn
Wesfels Theodor Jnr. Osnabrück
West Adolph Jnr. Mannheim
Westerburg Eugen Philol. Weilburg
Widmer Alois Jur. Luzern
Wild Karl Phil. Zweibrücken
Winter Karl Med. Neuburg
Wittmann Pius Hist. Augsburg
Wroblewski Sigism. Naturw. Grodno
Wochinger Otto Phil. Hölzhof
Wohnlich Johann Baptist Phil. Murnau
Wolf Max Jur. München
Wolfrum Karl Math. München
Würschmidt August Med. Kronach
Würth Ludwig Jur. Leipheim
Wuits Michael Staatsw. Belgrad
Wunderlich Bernhard Chem. Landshut
Wutz Joseph Phil. Schönthal
Zyscewski von Leon Pharm. Busk
Zemsch Friedr. W. Pharm. Rothenburg
Zenetti Alfred Phil. Lauingen
Zenetti Arnold Phil. Neustadt
Zenker Julius Med. München
Zieger Friedrich Bernh. Jur. Rothwein
Ziegler Max Phil. Neuburg
Zierer Georg Math. Stadtamhof
Zink Adolph Hermann Jur. Uffenheim
Zink Eduard Phil. Straubing
Zimigrodzki Michael v. Phil. Medówka
Zöllner Adalbert Jur. Zwiesel
Zueckschwerdt Bernhard Jur. Nänsen
Zwiebel Johann Phil. Roth